目录

U0572117

第1篇 新手入门

第1章 Excel 2013入门基础

第2章 编辑工作表中的单元格

第2篇 财务人员必备技能

第3章 输入与编辑财务数据

第4章 制作常见财务单据和统计表

第5章 Excel在会计记账中的应用

第3篇 财务综合应用案例

第6章 使用Excel进行工资核算

第7章 使用Excel进行固定资产核算

第8章 使用Excel管理企业进销存

第9章 使用Excel管理往来账务

第10章　使用Excel处理月末账务

第11章　使用Excel编制会计报表

第12章　使用Excel进行财务分析

第13章 使用Excel分析企业筹资决策

第14章 使用VBA创建财务管理系统

第15章 财务报表数据的共享与安全

第 **1** 篇

新手入门

Excel 2013 是微软公司推出的 Microsoft Office 2013 办公系列软件的一个重要组成部分，主要用于电子表格处理，可以高效地完成各种表格和图的设计，进行复杂的数据计算和分析，大大提高了数据处理的效率。本篇学习 Excel 2013 入门的基本操作。

第 1 章

Excel 2013 入门基础

● **本章导读**

Excel 2013 是目前非常流行的办公软件，广泛应用于会计和财务管理中。本章将开始学习 Excel 2013 的基础知识，包括 Excel 2013 的工作界面、Excel 2013 中工作簿和工作表的概念及基本操作等。

● **学习目标**

◎ 了解 Excel 2013 的应用领域
◎ 掌握 Excel 2013 的安装与卸载
◎ 认识 Excel 2013 的工作界面
◎ 掌握 Excel 2013 中工作簿的基本操作
◎ 掌握 Excel 2013 中工作表的基本操作

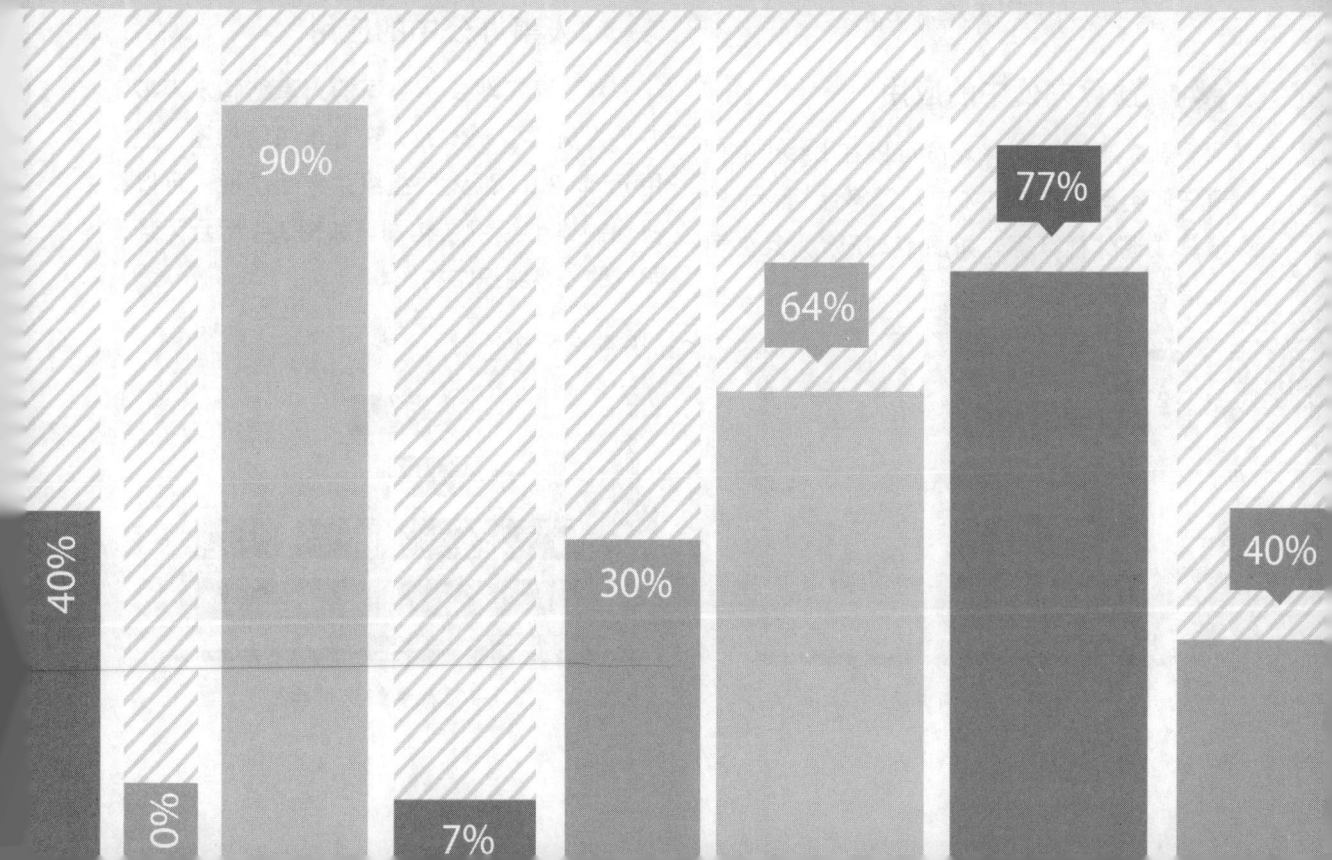

1.1 Excel的应用领域

Excel 属于办公软件，其主要应用领域是办公。一般来说，凡是制作表格，都可以用 Excel，而且对需要大量计算的表格特别适用。下面介绍 Excel 的主要应用领域。

1 财务办公中的应用

在财务办公中的应用主要表现在制作财务会计报表，常见的报表包括资产负债表、现金流量表、利润表等。使用 Excel 强大的计算功能，可以快速计算报表中的数据。如图 1-1 所示为小企业会计准则下的现金流量表。

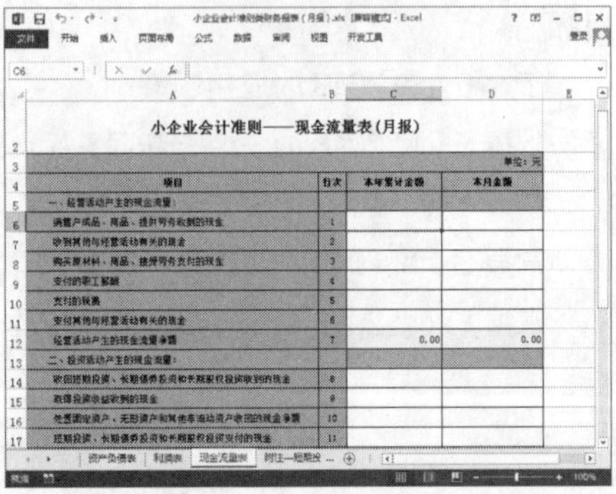

图 1-1　现金流量表

2 预算办公中的应用

预算部门的办公人员可以在 Excel 中创建任何类型的预算，如市场预算计划、活动预算或退休预算等。如图 1-2 所示为某公司促销活动费用预算表。

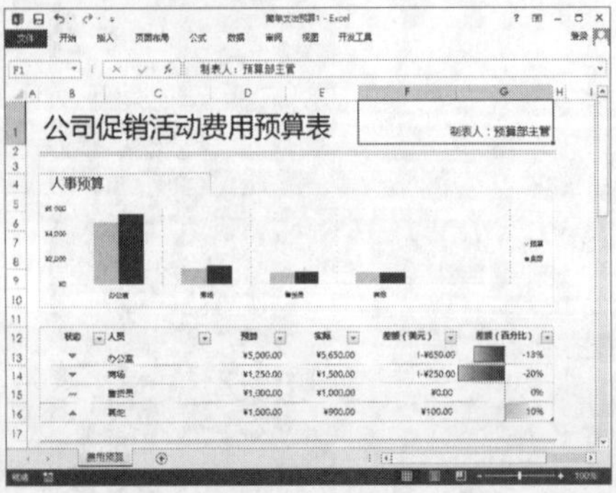

图 1-2　预算表

3 销售办公中的应用

Excel 可以用于统计销售人员的销售数据，如销售统计表、产品销售清单等。如图 1-3 所示为汽车销售公司的季度销售报表。

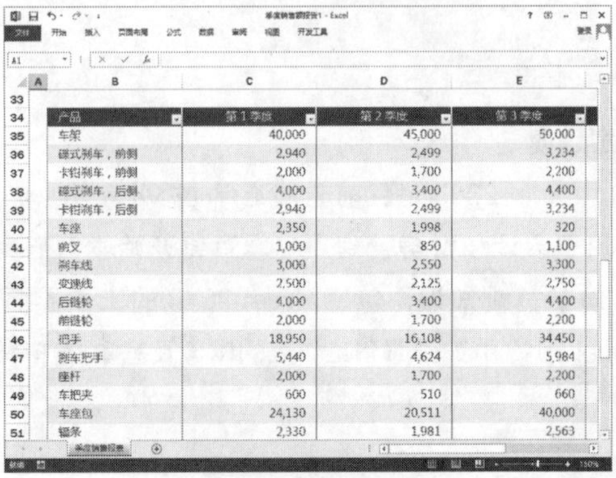

产品	第 1 季度	第 2 季度	第 3 季度
车架	40,000	45,000	50,000
碟式刹车，前刹	2,940	2,499	3,234
卡钳刹车，前刹	2,000	1,700	2,200
碟式刹车，后刹	4,000	3,400	4,400
卡钳刹车，后刹	2,940	2,499	3,234
车座	2,350	1,998	320
前叉	1,000	850	1,100
刹车线	3,000	2,550	3,300
变速线	2,500	2,125	2,750
后链轮	4,000	3,400	4,400
前链轮	2,000	1,700	2,200
把手	18,950	16,108	34,450
刹车把手	5,440	4,624	5,984
座杆	2,000	1,700	2,200
车把夹	600	510	660
车座包	24,130	20,511	40,000
链条	2,330	1,981	2,563

图 1-3　销售报表

4 人事办公中的应用

为了更好地展示公司的人事结构，人事办公人员需要制作人力资源组织结构图。使用 Excel 2013 强大的组织结构图功能，可以快速制作出组织结构图。如图 1-4 所示为某学校的人事组织结构图。

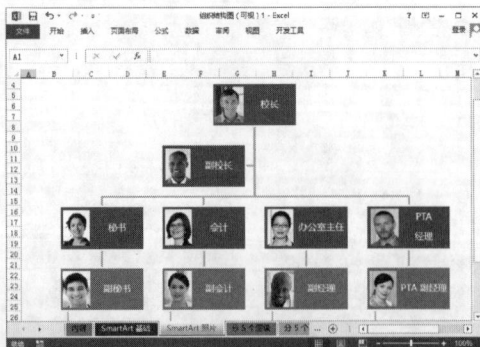

图 1-4　人事组织结构图

5 工作计划中的应用

Excel 是创建专业计划或有用计划程序（如每周课程计划、市场研究计划、年底税收计划，以及有助于安排每周膳食、聚会或假期的计划工具）的理想工具。如图 1-5 所示是一个一周课程计划表。

图 1-5 一周课程计划表

1.2 Excel 2013的安装与卸载

在使用 Excel 2013 前，首先需要在计算机上安装该软件。同样地，如果不需要再使用 Excel 2013，可以从计算机中卸载该软件。下面介绍安装与卸载 Excel 2013 的方法。

1.2.1 安装 Excel 2013

Excel 2013 是 Office 2013 的组件之一，若要安装 Excel 2013，首先要启动 Office 2013 的安装程序，然后按照安装向导的提示一步一步地操作，即可完成 Excel 2013 的安装。具体的操作步骤如下。

步骤 1 将 Office 2013 的安装光盘插入电脑的 DVD 光驱中，双击其中的可执行文件，即可打开【选择所需的安装】界面，如图 1-6 所示。

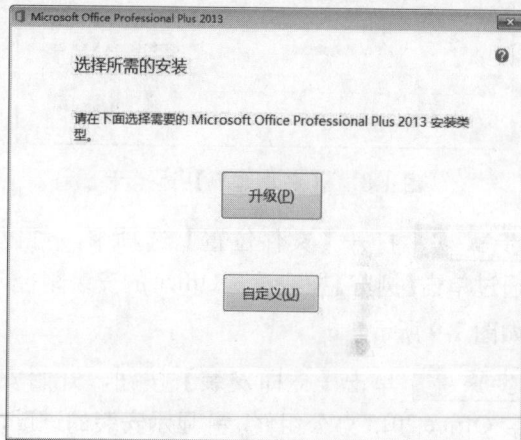

图 1-6 选择所需的安装

步骤 2 Office 2013提供了两种安装方式，这里选择自定义安装方式。单击【自定义】按钮，打开如图 1-7 所示的【升级】选项卡，在其中选择【保留所有早期版本】单选按钮。

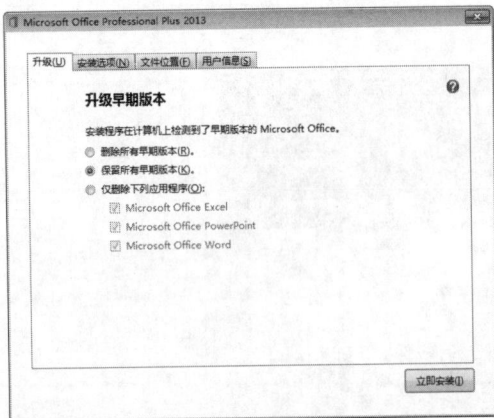

图 1-7 选择安装的版本

步骤 3 打开【安装选项】选项卡，在其中可以自定义 Office 程序的运行方式，这里可以采用系统默认设置，如图 1-8 所示。

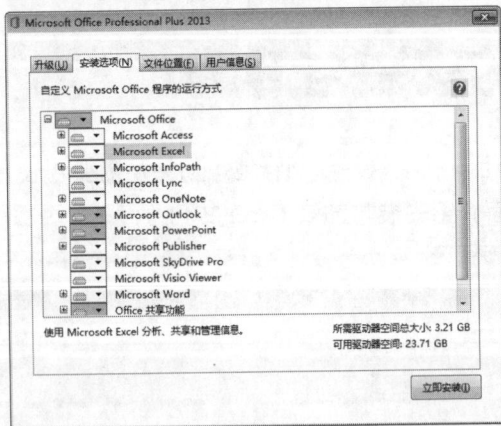

图 1-8 【安装选项】选项卡

步骤 4 打开【文件位置】选项卡，可以通过单击【浏览】按钮设置 Office 的安装路径，如图 1-9 所示。

步骤 5 单击【立即安装】按钮，开始安装 Office 2013 办公组件，并显示安装的进度，如图 1-10 所示。

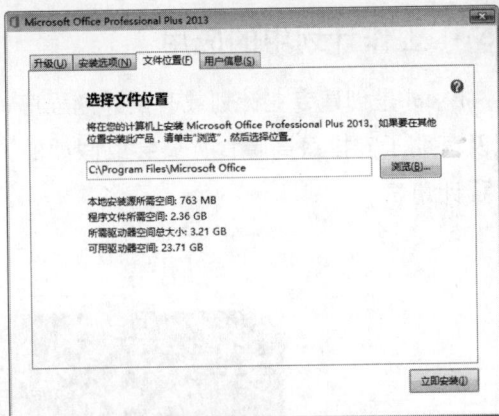

图 1-9 【文件位置】选项卡

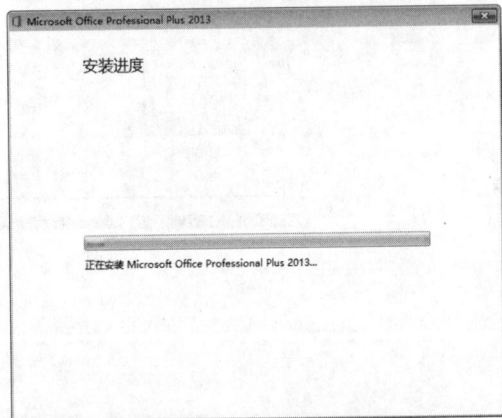

图 1-10 安装进度

步骤 6 安装完毕后，将弹出安装成功信息提示对话框，单击【关闭】按钮，完成 Office 2013 的安装，Excel 2013 也同时安装成功，如图 1-11 所示。

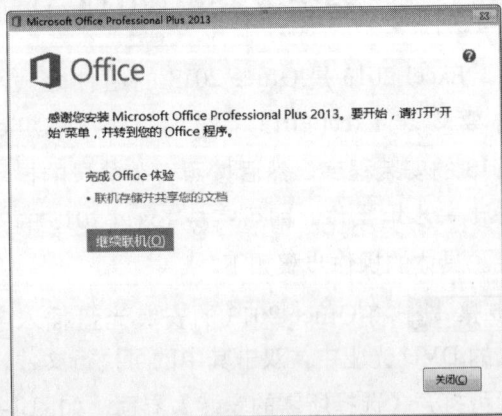

图 1-11 安装完成

1.2.2 卸载 Excel 2013

由于 Excel 2013 是 Office 2013 的组件之一，当不需要使用 Excel 2013 时，主要有两种方法可清除该组件：第一种是直接卸载 Excel 2013 组件，第二种是卸载 Office 2013 应用程序。两者之间不同的是，使用前者可保留 Office 2013 的其他组件。

1 卸载 Excel 2013 组件

具体的操作步骤如下。

步骤 1 单击任务栏中的【开始】按钮，在弹出的列表中选择【控制面板】选项，如图 1-12 所示。

图 1-12 选择【控制面板】选项

步骤 2 打开【控制面板】窗口，然后选择【程序】下的【卸载程序】选项，如图 1-13 所示。

图 1-13 【控制面板】窗口

步骤 3 打开【卸载或更改程序】窗口，在列表中选择 Microsoft Office Professional Plus 2013 选项，单击上方的【更改】按钮，如图 1-14 所示。

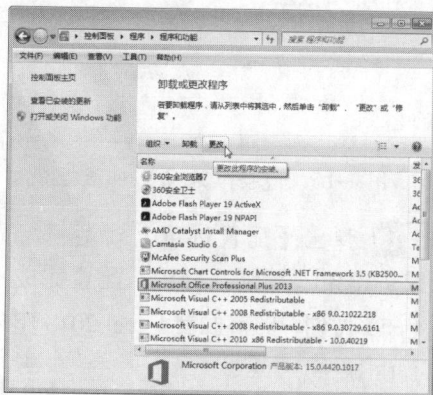

图 1-14 【卸载或更改程序】窗口

提示 选择该选项后，右击鼠标，在弹出的快捷菜单中选择【更改】菜单命令，可实现同样的功能。

步骤 4 弹出 Microsoft Office Professional Plus 2013 对话框，选择【添加或删除功能】单选按钮，单击【继续】按钮，如图 1-15 所示。

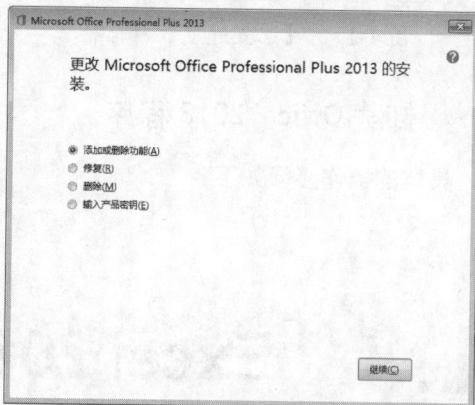

图 1-15 Microsoft Office Professional Plus 2013 对话框

步骤 5 弹出【安装选项】对话框，单击 Microsoft Excel 前面的下拉按钮，在弹出的下拉列表中选择【不可用】选项，单击【继续】按钮，如图 1-16 所示。

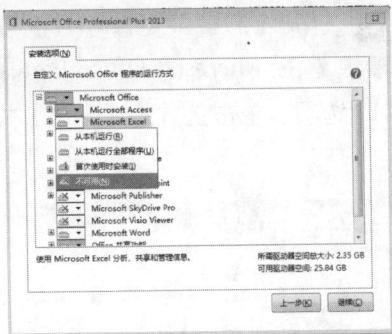

图 1-16　【安装选项】对话框

步骤 6 弹出【配置进度】对话框，显示出配置进度条。稍候几分钟，配置完成，单击【关闭】按钮，即可卸载 Excel 2013 组件，如图 1-17 所示。

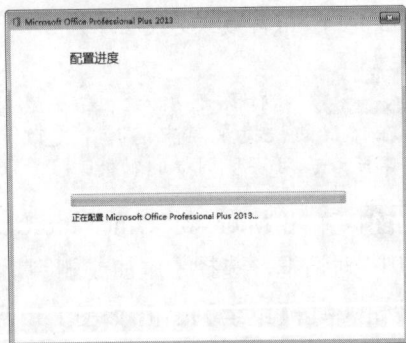

图 1-17　【配置进度】对话框

2 卸载 Office 2013 程序

具体的操作步骤如下。

步骤 1 在图 1-14 中单击【卸载】按钮，或者在图 1-15 中选择【删除】单选按钮，然后单击【继续】按钮，将弹出【安装】对话框，询问是否从计算机上删除 Office 2013 应用程序及所有组件，单击【是】按钮，如图 1-18 所示。

图 1-18　【安装】对话框

步骤 2 弹出【卸载进度】界面，显示出卸载进度条。稍候几分钟，卸载完成，单击【关闭】按钮，即可卸载 Office 2013 程序，如图 1-19 所示。

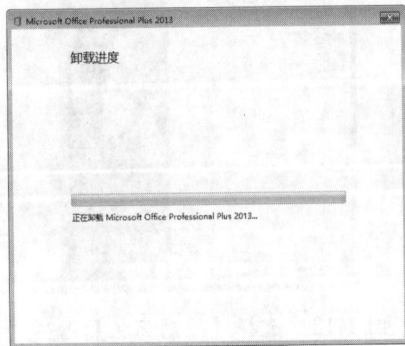

图 1-19　【卸载进度】界面

1.3　Excel 2013的启动与退出

在系统中安装好 Excel 2013 之后，要想使用该软件编辑与管理表格数据，还需要启动 Excel。下面介绍启动与退出 Excel 2013 的方法。

1.3.1　启动 Excel 2013

用户可以通过 3 种方法启动 Excel 2013。

1 通过【开始】菜单启动

单击桌面任务栏中的【开始】按钮，在弹出的菜单中选择【所有程序】→ Microsoft Office 2013 → Excel 2013 菜单命令，即可启动 Excel 2013，如图 1-20 所示。

图 1-20　通过【开始】菜单启动

2 通过桌面快捷方式图标启动

双击桌面上的 Excel 2013 快捷方式图标 ，即可启动 Excel 2013，如图 1-21 所示。

图 1-21　通过桌面快捷方式图标启动

3 通过打开已存在的 Excel 文档启动

在计算机中找到一个已存在的 Excel 文档（扩展名为 .xlsx），双击该文档图标，即可

启动 Excel 2013，如图 1-22 所示。

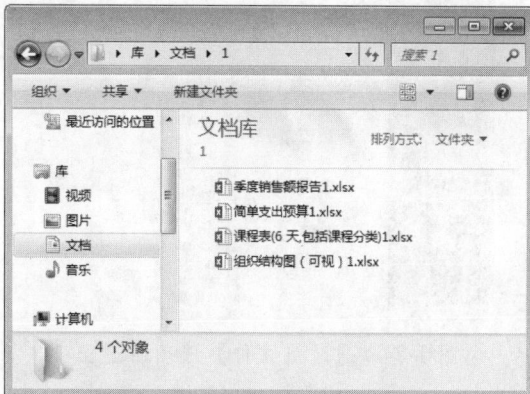

图 1-22　选择已经存在的 Excel 文档

提示　通过前两种方法启动 Excel 2013 时，Excel 2013 会自动创建一个空白工作簿，如图 1-23 所示。通过第 3 种方法启动 Excel 2013 时，Excel 2013 会打开已经创建好的工作簿。

图 1-23　创建的空白文档

1.3.2 退出 Excel 2013

与退出其他应用程序类似，通常有 5 种方法可退出 Excel 2013。

1 通过文件操作界面退出

在 Excel 工作窗口中，选择【文件】选项卡，进入文件操作界面，选择左侧的【关闭】选项，即可退出 Excel 2013，如图 1-24 所示。

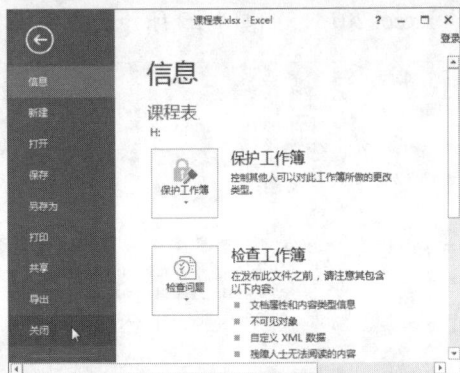

图 1-24　通过【文件】选项卡退出

2　通过【关闭】按钮退出

该方法最为简单直接，在 Excel 工作窗口中，单击右上角的【关闭】按钮×，即可退出 Excel 2013，如图 1-25 所示。

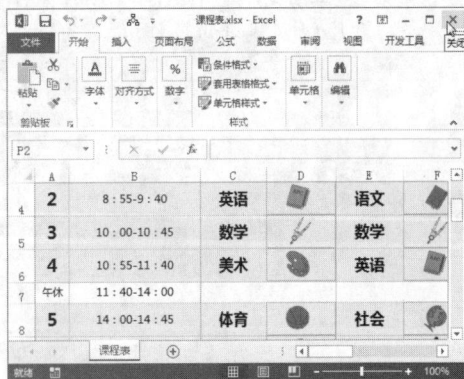

图 1-25　通过【关闭】按钮退出

3　通过控制菜单图标退出

在 Excel 工作窗口中，单击左上角的 [X]

图标，在弹出的菜单中选择【关闭】菜单命令，即可退出 Excel 2013，如图 1-26 所示。

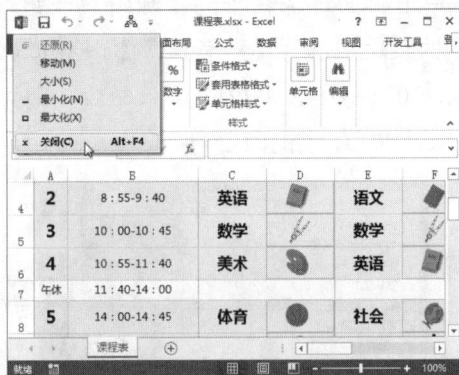

图 1-26　通过控制菜单图标退出

4　通过任务栏退出

在桌面任务栏中，选中 Excel 2013 图标，右击鼠标，在快捷菜单中选择【关闭窗口】菜单命令，即可退出 Excel 2013，如图 1-27 所示。

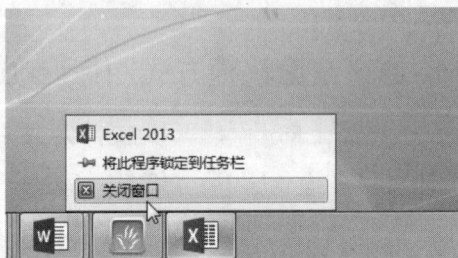

图 1-27　通过任务栏退出

5　通过组合键退出

选中 Excel 窗口，按 Alt+F4 组合键，即可退出 Excel 2013。

1.4　Excel 2013的工作界面

每个 Windows 应用程序都有其独立的窗口，Excel 2013 也不例外。启动 Excel 2013 后，将打开 Excel 的窗口。Excel 2013 的窗口主要由工作区、【文件】选项卡、标题栏、功能区、编辑栏、快速访问工具栏和状态栏等 7 部分组成，如图 1-28 所示。

图 1-28　Excel 2013 工作界面

1.4.1　认识 Excel 的工作界面

在了解了 Excel 工作界面的基本结构后，下面详细介绍各组成部分的用途和功能。

1　工作区

工作区是 Excel 2013 操作界面中用于输入数据的区域，由单元格组成，如图 1-29 所示。

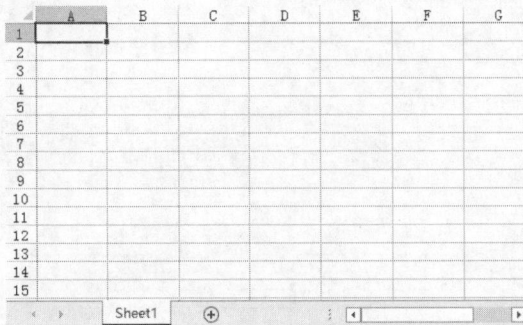

图 1-29　工作区

2　【文件】选项卡

选择【文件】文件卡，会显示一些基本选项，包括【新建】、【打开】、【保存】、【打印】、【选项】等，如图 1-30 所示。

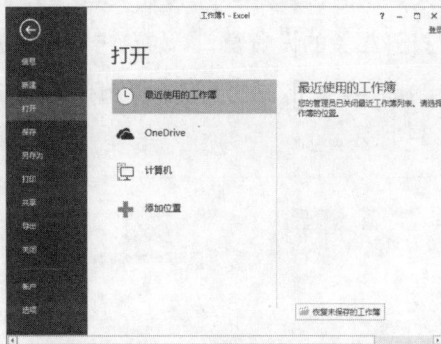

图 1-30　【文件】选项卡

3　标题栏

默认状态下，标题栏左侧显示快速访问工具栏，标题栏中间显示当前编辑表格的文件名称。启动 Excel 时，默认的文件名为"工作簿1"，如图 1-31 所示。

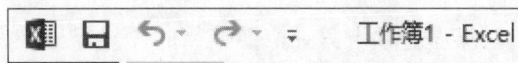

图 1-31　标题栏

4　功能区

Excel 2013 的功能区由各种选项卡和包含在选项卡中的各种命令按钮组成，利用它可以轻松地查找以前隐藏在复杂菜单和工具栏中的命令和功能，如图 1-32 所示。

图 1-32　功能区

每个选项卡中包括多个组，如【插入】选项卡中包括【表格】、【插图】和【图表】等组，每个组中又包含若干个相关的命令按钮，如图 1-33 所示。

图 1-33　【插入】选项卡

某些组的右下角有 □ 按钮，单击此按钮，可以打开相关的设置窗口。如单击【剪贴板】右下角的 □ 按钮，打开的【剪贴板】窗格如图 1-34 所示。

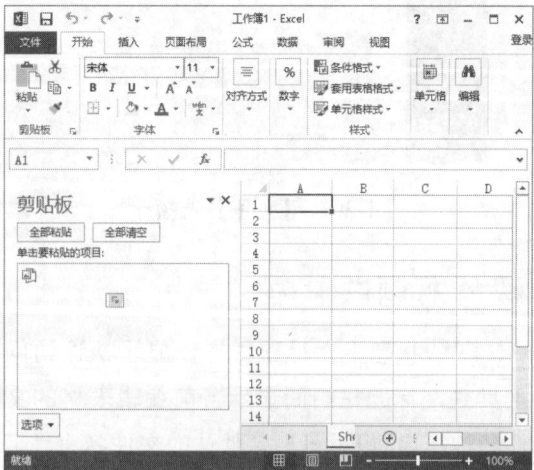

图 1-34　【剪贴板】窗格

某些选项卡只在需要使用时才显示出来。如选择图表时，会添加【设计】和【格式】选项卡，这些选项卡为操作图表提供了更多适合的命令，如图 1-35 所示。当没有选定这些对象时，与之相关的这些选项卡则会隐藏起来。

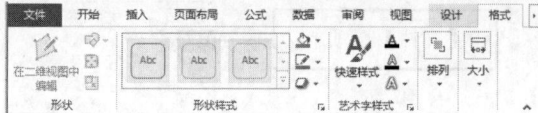

图 1-35　【格式】选项卡

> **提示**　Excel 默认选择的选项卡为【开始】选项卡，使用时，可以通过单击来选择其他需要的选项卡。

5　编辑栏

编辑栏位于功能区的下方、工作区的上方，用于显示和编辑当前活动单元格的名称、数据或公式，如图 1-36 所示。

图 1-36　编辑栏

名称框用于显示当前单元格的地址和名称，当选择单元格或区域时，名称框中将出现相应的地址名称。使用名称框可以快速转到目标单元格中，例如在名称框中输入"D15"，按 Enter 键即可将活动单元格定位为第 D 列第 15 行，如图 1-37 所示。

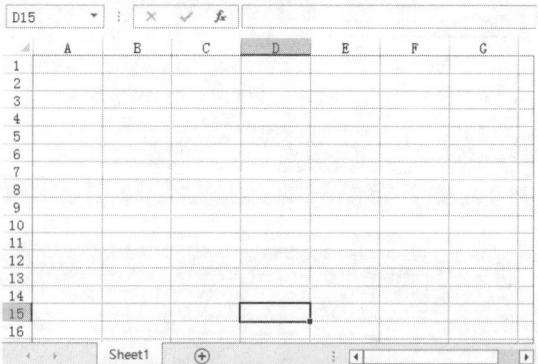

图 1-37　定位单元格

公式框主要用于在活动单元格中输入、修改数据或公式。当向单元格中输入数据或公式时，在名称框和公式框之间会出现两个按钮，单击【确定】按钮 ✓，可以确定输入或修改该单元格的内容，同时退出编辑状态；

单击【取消】按钮 ×，则可取消对该单元格的编辑，如图 1-38 所示。

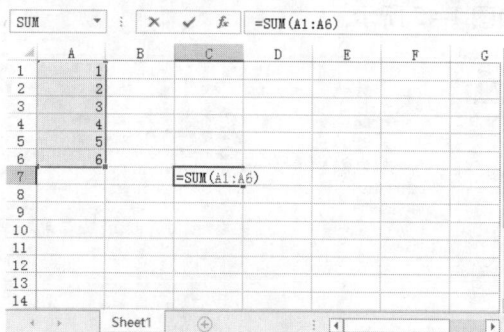

图 1-38 编辑栏的公式框

6 快速访问工具栏

快速访问工具栏位于标题栏的左侧，它包含一组独立于当前功能区中选项卡的命令按钮，默认的快速访问工具栏中包含【保存】、【撤销】和【恢复】等命令按钮，如图 1-39 所示。

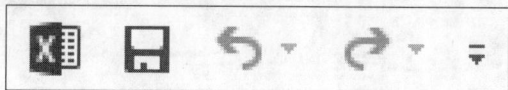

图 1-39 快速访问工具栏

单击快速访问工具栏右边的下拉按钮，在弹出的下拉菜单中，可以自定义快速访问工具栏中的命令按钮，如图 1-40 所示。

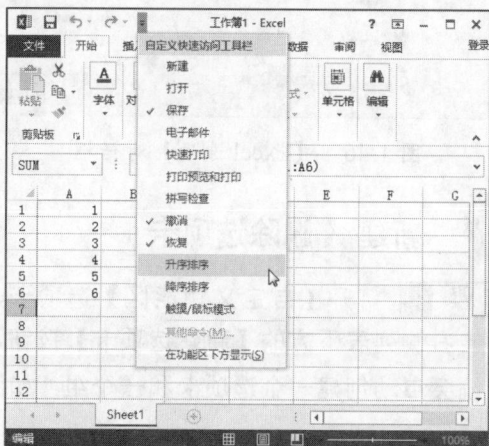

图 1-40 下拉菜单

7 状态栏

状态栏用于显示当前数据的编辑状态、选定数据统计区、页面显示方式以及调整页面显示比例等，如图 1-41 所示。

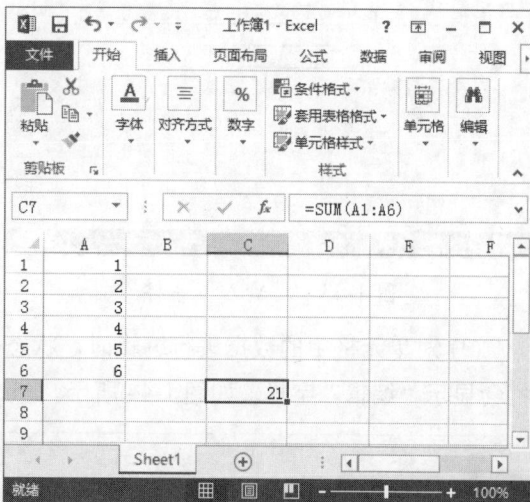

图 1-41 状态栏

在 Excel 2013 的状态栏中显示的 3 种状态如下。

(1) 对单元格进行任何操作，状态栏会显示"就绪"字样，如图 1-42 所示。

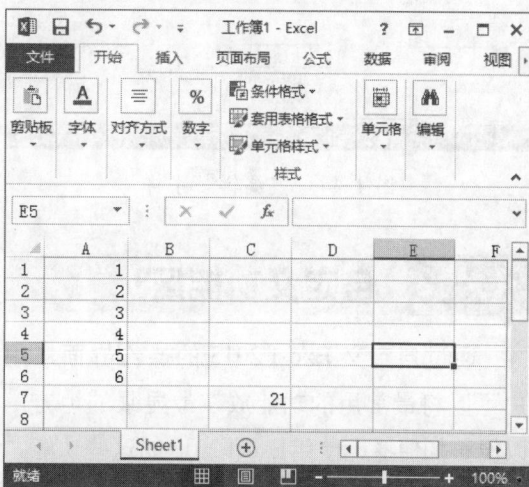

图 1-42 "就绪"字样

(2) 向单元格中输入数据时，状态栏会显示"输入"字样，如图 1-43 所示。

图 1-43　"输入"字样

（3）对单元格中的数据进行编辑时，状态栏会显示"编辑"字样，如图 1-44 所示。

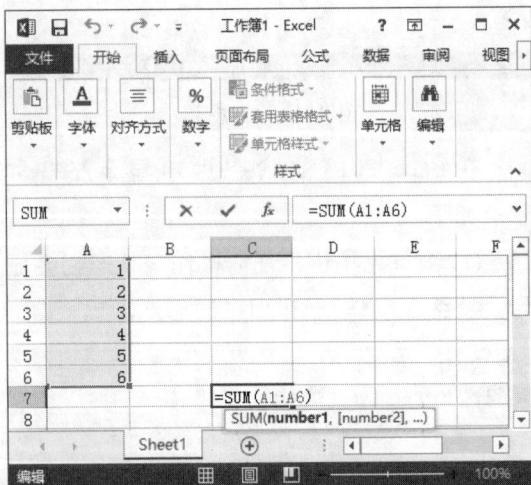

图 1-44　"编辑"字样

1.4.2　自定义功能区

通过自定义 Excel 2013 的操作界面，用户可以将最常用的功能放在最显眼的地方，以便更加便捷地使用Excel 2013的这些功能。其中功能区中的各个选项卡可以由用户自定义，包括功能区中选项卡、组、命令的添加、删除、重命名、次序调整等。

自定义动能区的具体步骤如下。

步骤 1 在功能区的空白处右击，从弹出的快捷菜单中选择【自定义功能区】菜单命令，如图 1-45 所示。

图 1-45　自定义功能区

步骤 2 打开【Excel 选项】对话框，在【自定义功能区】选项卡中可以实现功能区的自定义，如图 1-46 所示。

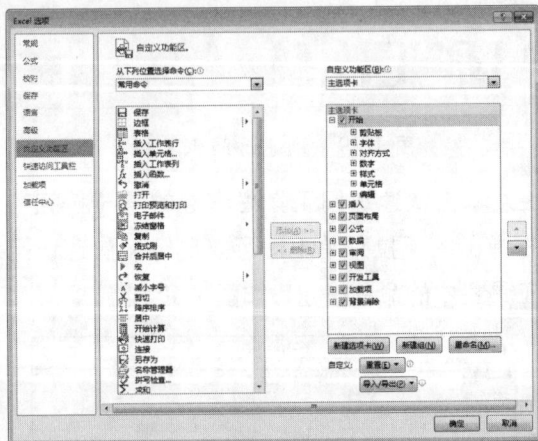

图 1-46　【Excel 选项】对话框

1　新建／删除选项卡

步骤 1 打开【自定义功能区】选项卡，单击右侧列表下方的【新建选项卡】按钮，系统会自动创建一个选项卡和一个组，如图 1-47 所示。

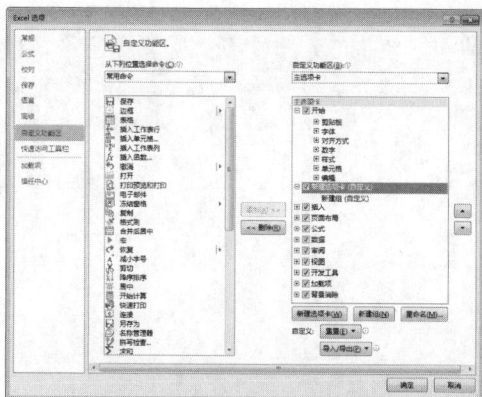

图 1-47 单击【新建选项卡】按钮

步骤 2 单击【确定】按钮，功能区中即会出现新建的选项卡，如图 1-48 所示。

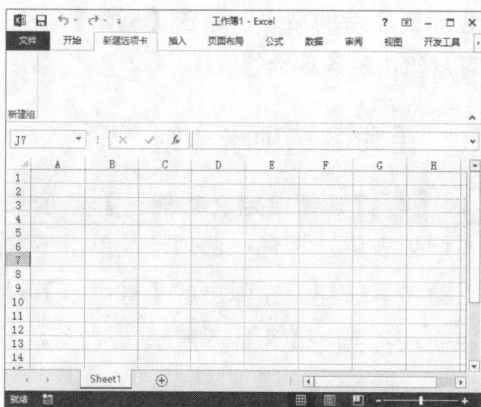

图 1-48 添加新选项卡

步骤 3 在【Excel 选项】对话框右侧列表中选择新添加的选项卡，单击【删除】按钮，即可从功能区中删除此选项卡，如图 1-49 所示。

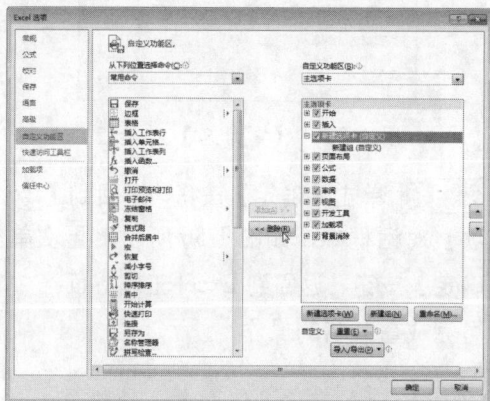

图 1-49 单击【删除】按钮

步骤 4 单击【确定】按钮，返回到 Excel 工作界面中，可以看到新添加的选项卡消失，如图 1-50 所示。

图 1-50 删除新建的选项卡

2 新建／删除组

步骤 1 打开【自定义功能区】选项卡，在右侧列表中选择任一选项卡，单击下方的【新建组】按钮，系统则会在此选项卡中创建组，如图 1-51 所示。

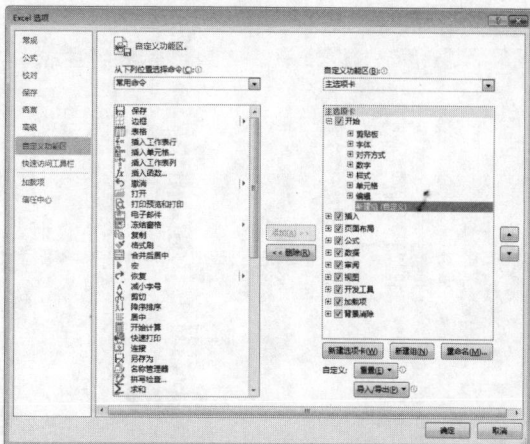

图 1-51 单击【新建组】按钮

步骤 2 单击【确定】按钮，返回到 Excel 工作界面中，可以看到新添加的组，如图 1-52 所示。

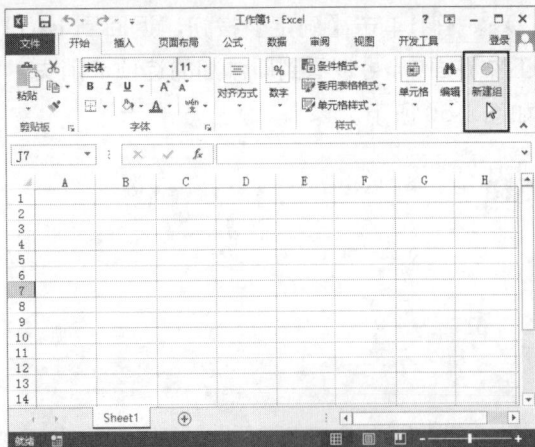

图 1-52　添加新组

图 1-54　添加命令

步骤 3 在【Excel 选项】对话框右侧列表中选择添加的组，单击【删除】按钮，即可从选项卡中删除此组。

步骤 3 在【Excel 选项】对话框右侧列表中选择要删除的命令，单击【删除】按钮，即可从组中删除此命令。

③ 添加／删除命令

步骤 1 打开【自定义功能区】选项卡，在右侧列表中选择要添加命令的组，在左侧列表中选择要添加的命令，然后单击【添加】按钮，即可将此命令添加到指定组中，如图 1-53 所示。

④ 重命名选项卡、组、命令

步骤 1 打开【自定义功能区】选项卡，在右侧列表中选择任一选项卡，单击下方的【重命名】按钮，在弹出的【重命名】对话框中输入名字，如图 1-55 所示。

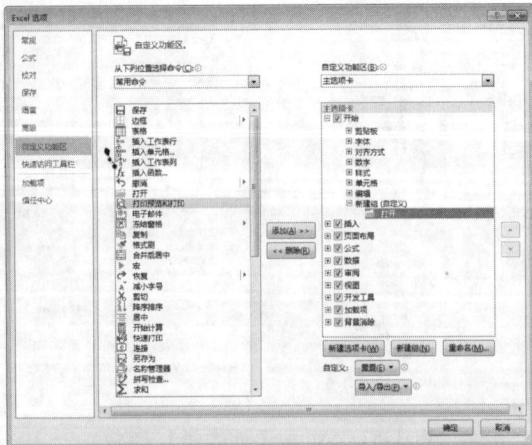

图 1-53　选择要添加的命令

图 1-55　【重命名】对话框

步骤 2 单击【确定】按钮，即可在功能区中找到这些命令，如图 1-54 所示。

步骤 2 单击【确定】按钮，返回到【Excel 选项】对话框中，如图 1-56 所示。再次单击【确定】按钮，返回到 Excel 工作界面当中，即可完成重命名的操作。

▶ **提示**　重命名组和命令的操作与此相同。

图 1-56　【Excel 选项】对话框

图 1-58　重置功能区

5　调整选项卡、组、命令的次序

打开【自定义功能区】选项卡，在右侧【主选项卡】列表框中，选中需要调整次序的选项卡、组或命令，然后单击【上移】按钮、【下移】按钮，可以调整选项卡、组、命令的次序，如图 1-57 所示。

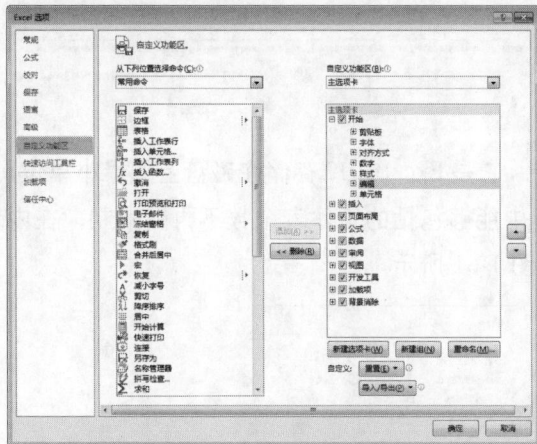

图 1-57　上移或下移次序

如果想要重置功能区，则可以在【Excel 选项】对话框【自定义功能区】选项卡中单击【重置】按钮进行重置操作，如图 1-58 所示。

1.4.3　自定义状态栏

在状态栏上右击，弹出快捷菜单，可以通过选择或撤选相关菜单项，在状态栏上显示或隐藏信息，如图 1-59 所示。如这里撤选【显示比例】选项，可以看到 Excel 2013 工作界面右下角的显示比例数据消失，如图 1-60 所示。

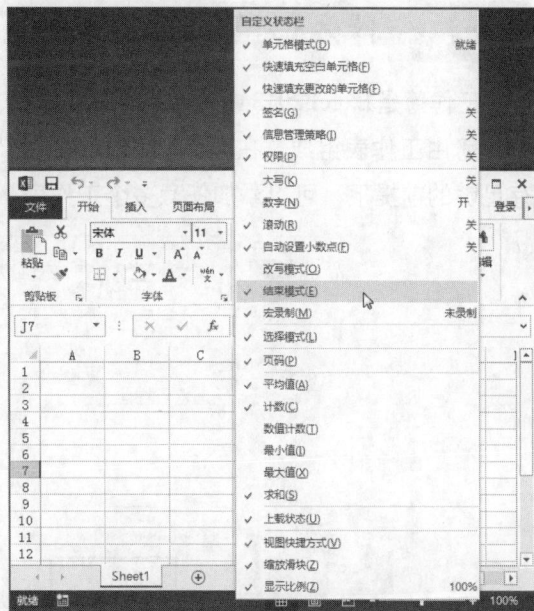

图 1-59　状态栏的快捷菜单

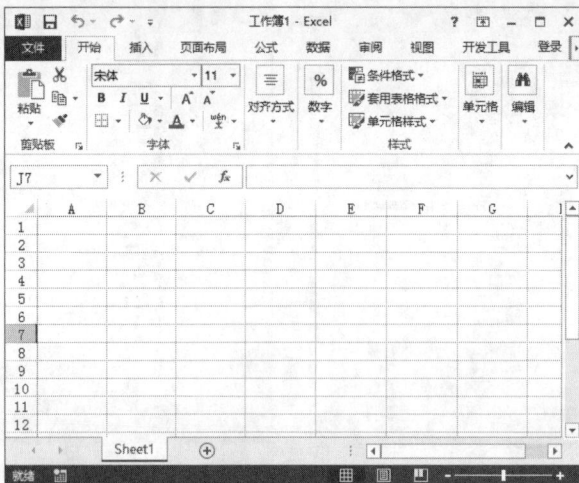

图 1-60   数据隐藏

1.5 工作簿的基本操作

Excel 2013 对工作簿的操作主要有新建、保存、打开、切换以及关闭等。

1.5.1 什么是工作簿

工作簿是 Excel 2013 中处理和存储数据的文件，它是 Excel 2013 存储在磁盘上的最小单位。工作簿由工作表组成，在 Excel 2013 中，工作簿中能够包括的工作表个数不再受限制，在内存足够的前提下，可以添加任意多个工作表，如图 1-61 所示。

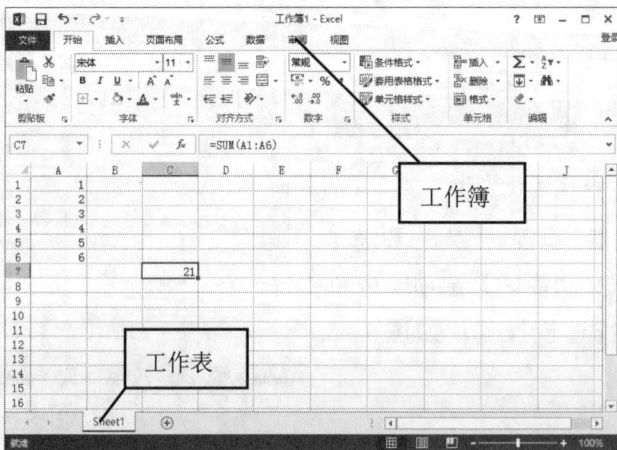

图 1-61   工作簿与工作表

1.5.2　创建空白工作簿

使用 Excel 工作,首先要创建一个工作簿。创建空白工作簿的方法有以下 4 种。

1　启动自动创建

启动 Excel 后,它会自动创建一个名称为"工作簿 1"的工作簿,如图 1-62 所示。

图 1-62　空白工作簿

如果已经启动了 Excel,还可以通过下面 3 种方法创建新的工作簿。

2　使用快速访问工具栏

单击快速访问工具栏右侧的【新建】按钮,在弹出的下拉菜单中选择【新建】菜单命令,即可新建一个工作簿,如图 1-63 所示。

图 1-63　【新建】菜单命令

3　使用【文件】选项卡

步骤 1　选择【文件】选项卡,在打开的界面中选择【新建】选项,在右侧窗格中选择【空白工作簿】选项,如图 1-64 所示。

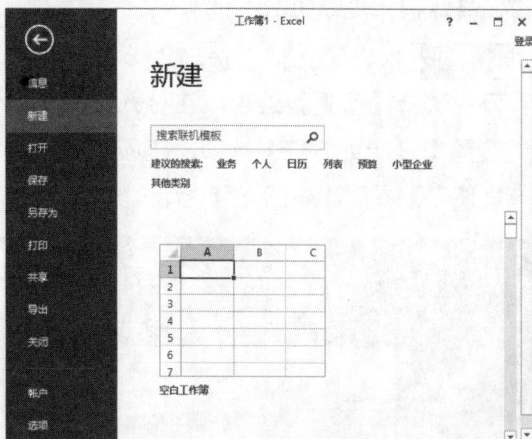

图 1-64　【新建】界面

步骤 2　随即创建一个新的空白工作簿,如图 1-65 所示。

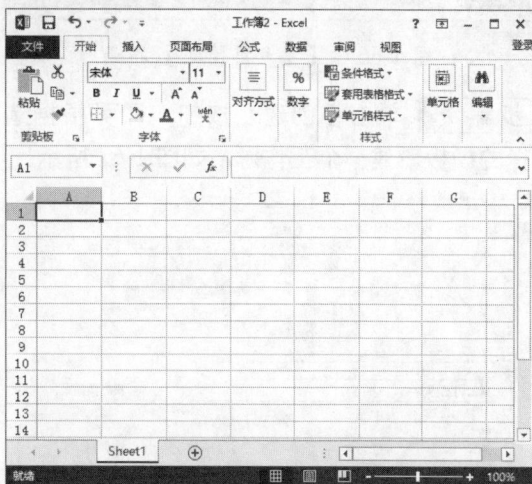

图 1-65　空白工作簿

4　使用组合键

按 Ctrl + N 组合键即可新建一个工作簿。

1.5.3 使用模板快速创建工作簿

Excel 2013 提供了很多默认的工作簿模板，使用模板可以快速地创建同类别的工作簿，具体操作步骤如下。

步骤 1 选择【文件】选项卡，在打开的界面中选择【新建】选项，在打开的界面中再选择【资产负债表】选项，随即打开【资产负债表】界面，如图 1-66 所示。

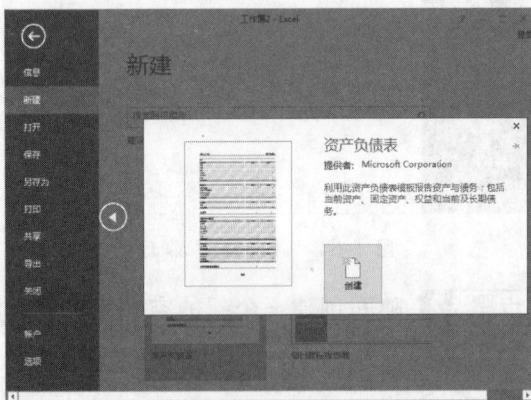

图 1-66 【资产负债表】界面

步骤 2 单击【创建】按钮，即可根据选择的模板新建一个工作簿，如图 1-67 所示。

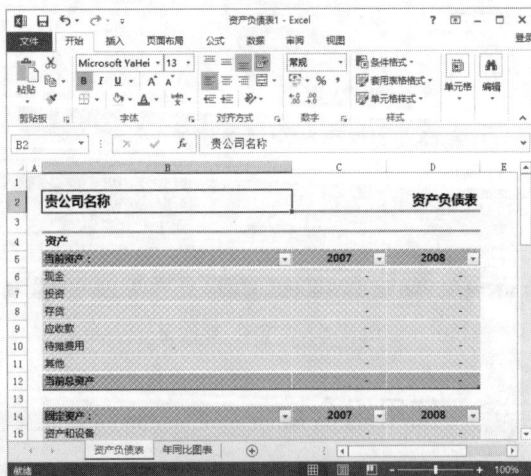

图 1-67 使用模板创建工作簿

1.5.4 保存工作簿

保存工作簿的方法有多种，常见的有初次保存工作簿、保存已有的工作簿等，下面分别进行介绍。

1 初次保存工作簿

工作簿创建完毕之后，就要将其进行保存以备今后查看和使用。在初次保存工作簿时，需要指定工作簿的保存路径和保存名称，具体操作如下。

步骤 1 在 Excel 工作界面中，选择【文件】选项卡，在打开的界面中选择【保存】选项，或按 Ctrl+S 组合键，也可以单击快速访问工具栏中的【保存】按钮，如图 1-68 所示。

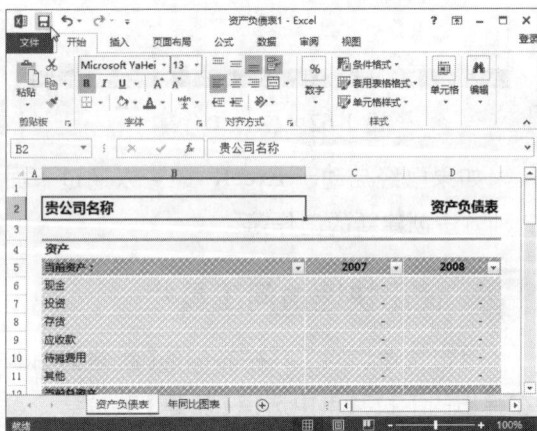

图 1-68 单击【保存】按钮

步骤 2 进入【另存为】界面，在其中选择工作簿保存的位置，这里选择【计算机】选项，如图 1-69 所示。

步骤 3 单击【浏览】按钮，打开【另存为】对话框，在【文件名】文本框中输入工作簿的保存名称，在【保存类型】下拉列表框中选择文件保存的类型，设置完毕后，单击【保存】按钮即可，如图 1-70 所示。

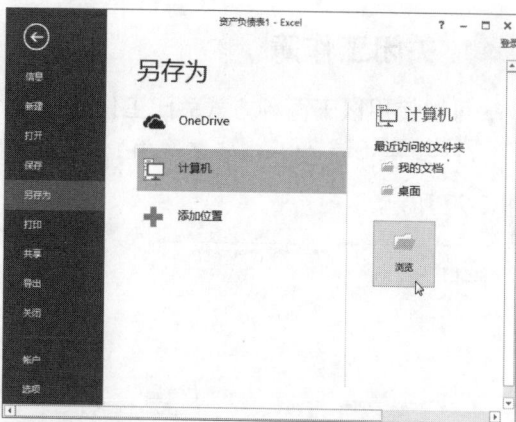

图 1-69 【另存为】界面

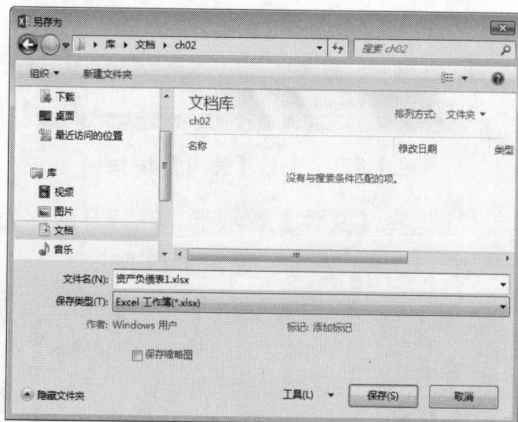

图 1-70 【另存为】对话框

2 保存已有的工作簿

对于已有的工作簿,当打开并修改完毕后,只需单击快速访问工具栏上的【保存】按钮,就可以保存已经修改的内容。还可以选择【文件】选项卡,在打开的界面中选择【另存为】选项,然后选择保存位置为【计算机】,最后单击【浏览】按钮,打开【另存为】对话框,以其他名称保存或保存到其他位置。

1.5.5 打开和关闭工作簿

当用户需要使用 Excel 文件时,需要打开工作簿。而当用户不需要工作簿时,则需要关闭。

1 打开工作簿

打开工作簿的方法有两种。

(1)在文件图标上双击,如图 1-71 所示,即可使用 Excel 2013 打开此文件,如图 1-72 所示。

图 1-71 工作簿图标

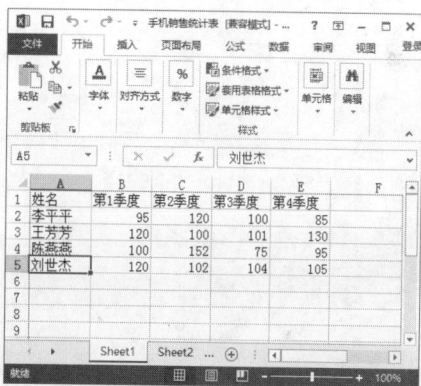

图 1-72 打开 Excel 工作簿

(2)在 Excel 2013 操作界面中选择【文件】选项卡,在打开的界面中选择【打开】选项,选择【计算机】选项,如图 1-73 所示。单击【浏览】按钮,打开【打开】对话框,在其中找到文件保存的位置,并选中要打开的文件,如图 1-74 所示。

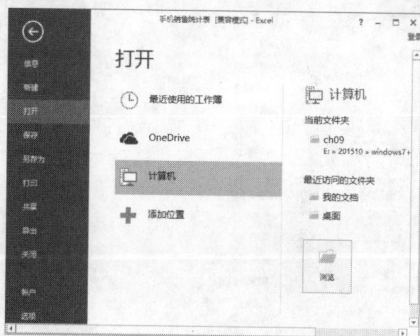

图 1-73 【打开】界面

图 1-74 【打开】对话框

单击【打开】按钮，即可打开 Excel 工作簿，如图 1-75 所示。

图 1-75 打开工作簿

提示 也可以使用组合键 Ctrl+O 打开文件或单击快速访问工具栏中的下拉按钮，在打开的下拉列表中选择【打开】选项，打开【打开】对话框，在其中选择要打开文件，进而打开需要的工作簿，如图 1-76 所示。

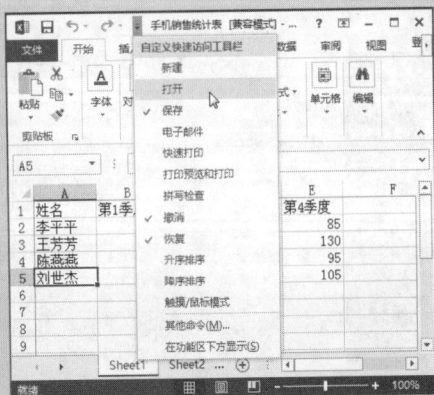

图 1-76 用快速访问工具栏打开文件

2 关闭工作簿

可以使用以下两种方式关闭工作簿。

(1) 单击窗口右上角的【关闭】按钮，如图 1-77 所示。

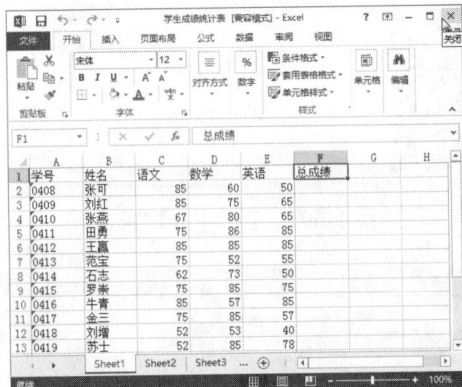

图 1-77 单击【关闭】按钮

(2) 选择【文件】选项卡，在打开的界面中选择【关闭】选项，如图 1-78 所示。

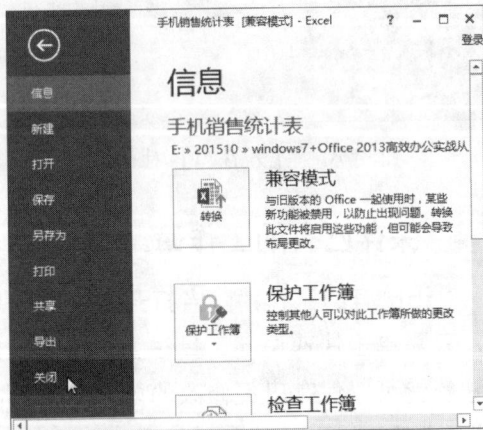

图 1-78 选择【关闭】选项

在关闭 Excel 2013 文件之前，如果所编辑的表格没有保存，系统会弹出保存提示对话框如图 1-79 所示。

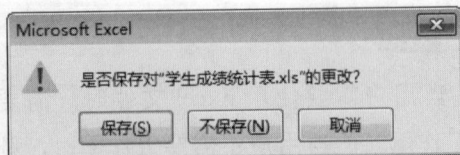

图 1-79 信息提示框

单击【保存】按钮，将保存对表格所做的修改，并关闭 Excel 2013 文件；单击【不保存】按钮，则不保存对表格的修改，并关闭 Excel 2013 文件；单击【取消】按钮，不关闭 Excel 2013 文件，返回 Excel 2013 界面继续编辑表格。

1.5.6 工作簿的移动和复制

移动是指工作簿在原来的位置上消失，而出现在指定的位置上；复制是指工作簿在原来的位置上保留，且在指定的位置上建立源文件的副件。

1 工作簿的移动

步骤 1 选择要移动的工作簿文件。如果要移动多个，可在按住 Ctrl 键的同时单击要移动的工作簿文件，如图 1-80 所示。

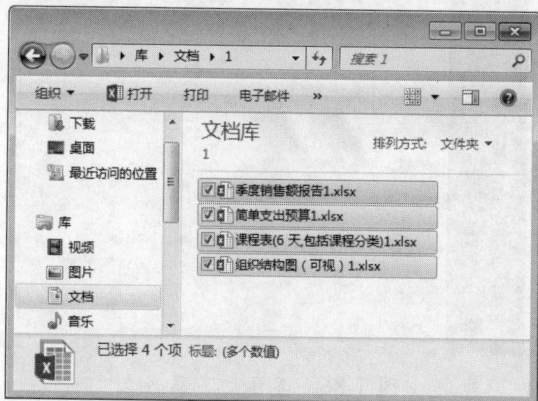

图 1-80 选择要移动的工作簿

步骤 2 按 Ctrl+X 组合键剪切选择的工作簿文件。或单击鼠标右键，在弹出的快捷菜单中选择【剪切】菜单命令，Excel 会自动地将选择的工作簿移动到剪贴板中，如图 1-81 所示。

图 1-81 选择【剪切】菜单命令

步骤 3 打开要移动到的目标文件夹，按 Ctrl+V 组合键粘贴文档；或单击鼠标右键，在弹出的快捷菜单中选择【粘贴】菜单命令，即可将剪贴板中的工作簿移动到当前的文件夹中，如图 1-82 所示。

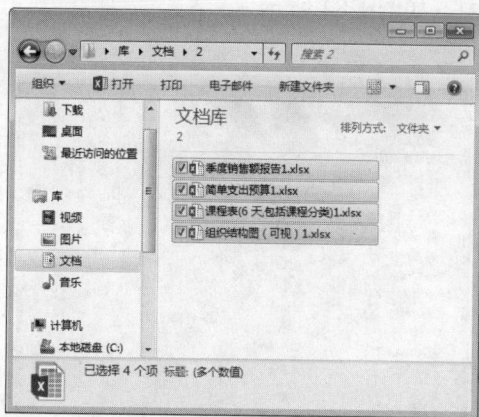

图 1-82 粘贴要移动的工作簿

2 工作簿的复制

步骤 1 选择要复制的工作簿文件。如果要复制多个，可在按住 Ctrl 键的同时单击要复制的各工作簿文件。然后按 Ctrl+C 组合键，或单击鼠标右键，在弹出的快捷菜单中选择【复制】菜单命令，复制选择的工作簿文件，如图 1-83 所示。

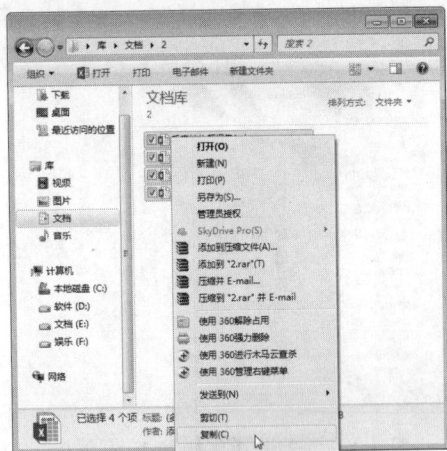

图 1-83　选择【复制】菜单命令

步骤 2 打开要复制到的目标文件夹，按 Ctrl+V 组合键粘贴文档；或单击鼠标右键，在弹出的快捷菜单中选择【粘贴】菜单命令，即可将剪贴板中的工作簿复制到当前的文件夹中，如图 1-84 所示。

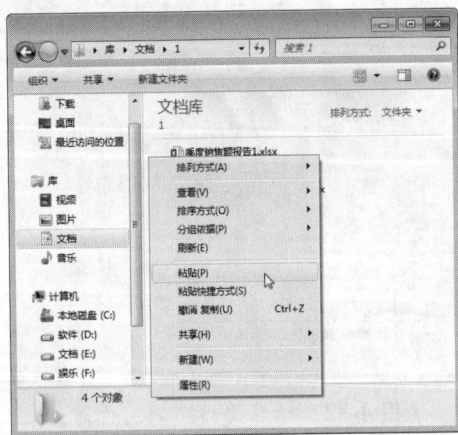

图 1-84　选择【粘贴】菜单命令

1.5.7　设置工作簿的属性

　　工作簿的属性包括大小、作者、创建日期、修改日期、标题、备注等信息，有些信息是由系统自动生成的，如大小、创建日期、修改日期等，有些信息是可以修改的，如作者、标题等。

　　修改属性的具体步骤如下。

步骤 1 选择【文件】选项卡，在打开的界面中选择【信息】选项，右侧将显示此文档的信息，包括基本属性、相关日期、相关人员等，如图 1-85 所示。

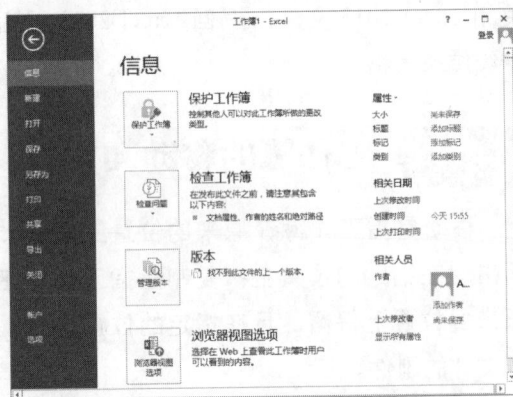

图 1-85　【信息】界面

步骤 2 单击【显示所有属性】按钮，即可显示更多的属性，如图 1-86 所示。

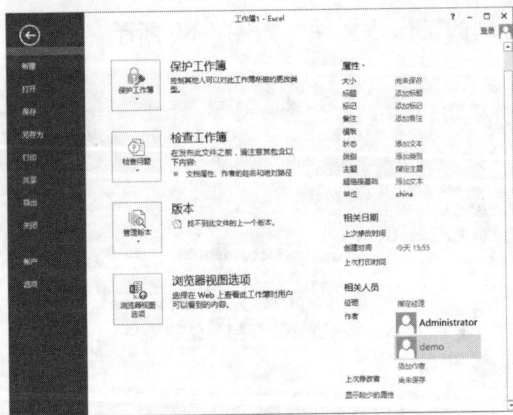

图 1-86　显示更多属性

步骤 3 修改标题。单击【标题】选项，然后输入标题名称即可，如图 1-87 所示。

步骤 4 修改作者。在【作者】右侧的作者名称处右击，在弹出的快捷菜单中选择【编辑属性】菜单命令，弹出【编辑人员】对话框，在【输入姓名或电子邮件地址】文本框中输入作者名称，然后单击【确定】按钮完成作者的修改操作，如图 1-88 所示。

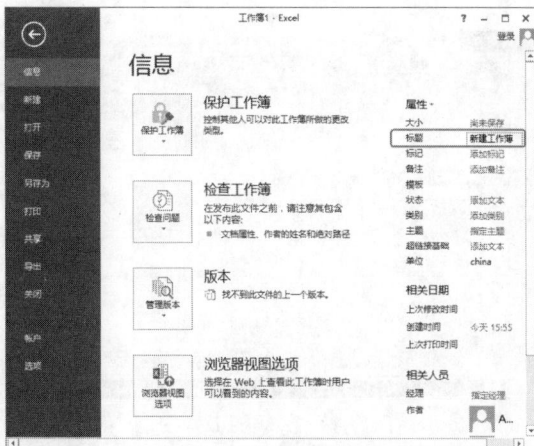

图 1-87 修改标题

图 1-88 【编辑人员】对话框

1.6 工作表的基本操作

工作表是工作簿的组成部分。默认情况下，新创建的工作簿中只含有 1 个工作表，名称为 Sheet1。使用工作表，可以组织和分析数据。用户可以对工作表进行插入、删除、重命名、显示、隐藏等操作。

1.6.1 插入工作表

在 Excel 2013 中，新建的工作簿只有一个工作表。如果该工作簿需要保存多个不同类型的工作表，就需要在工作簿中插入新的工作表，具体操作如下。

步骤 1 打开需要插入工作簿的文件，在文档窗口中单击工作表 Sheet1 的标签，然后单击【开始】选项卡【单元格】组中的【插入】按钮，在弹出的下拉列表中选择【插入工作表】选项，如图 1-89 所示。

步骤 2 即可插入新的工作表，如图 1-90 所示。

步骤 3 用户也可以使用快捷菜单插入工作表。在工作表 Sheet1 的标签上右击鼠标，

在弹出的快捷菜单中选择【插入】菜单命令，如图 1-91 所示。

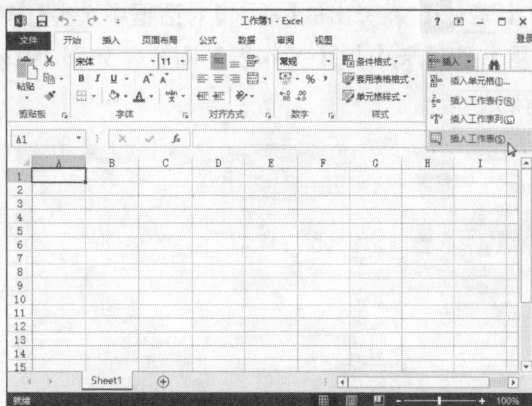

图 1-89 【插入工作表】选项

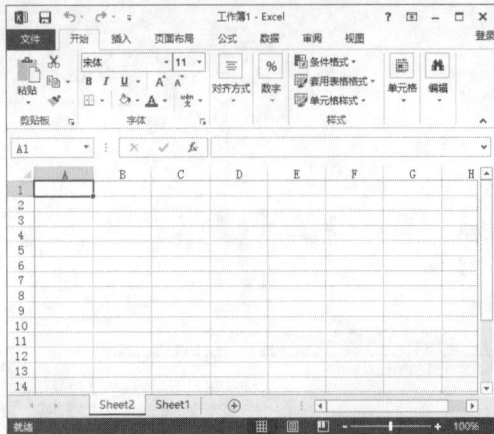

图 1-90　插入一个工作表

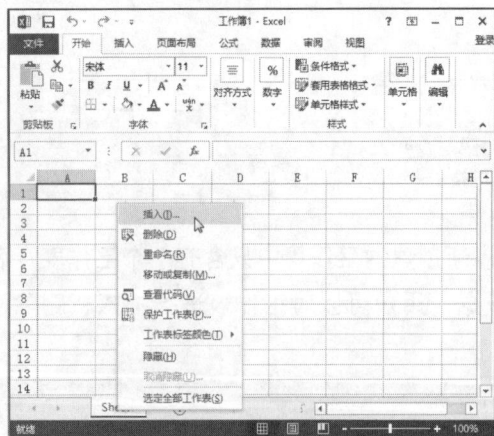

图 1-91　选择【插入】菜单命令

步骤 4 在弹出的【插入】对话框中选择【常用】选项卡中的【工作表】图标，如图 1-92 所示。

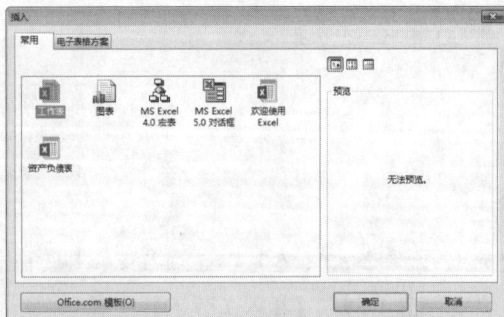

图 1-92　【插入】对话框

步骤 5 单击【确定】按钮，即可插入新的工作表，如图 1-93 所示。

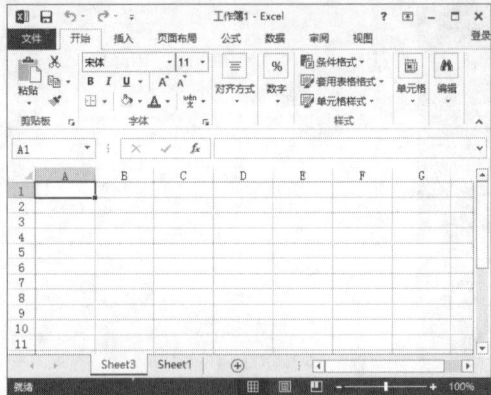

图 1-93　插入新的工作表

> **注意** 实际操作中，插入的工作表数要受所使用的计算机内存的限制。

1.6.2 选择单个或多个工作表

在操作 Excel 工作表之前，必须先选择工作表。工作簿中的工作表的默认名称是 Sheet1。默认状态下，当前工作表为 Sheet1。

1 选择单个 Excel 工作表

用鼠标选择 Excel 工作表是最常用、最快速的方法，只需在 Excel 工作窗口最下方的工作表标签上单击即可。不过这样只能选定单个工作表，如图 1-94 所示。

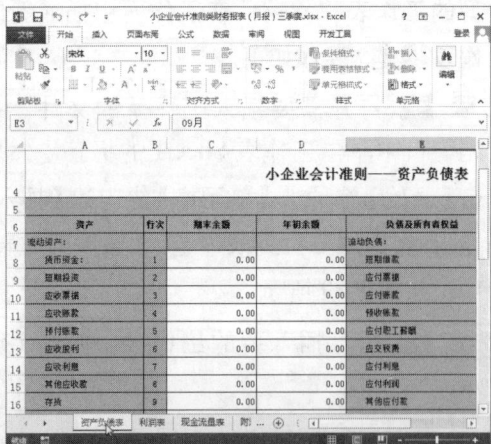

图 1-94　选择单个工作表

2 选择不连续的多个工作表

要选择不连续的多个 Excel 工作表，按住 Ctrl 键的同时逐个单击各 Excel 工作表即可，如图 1-95 所示。

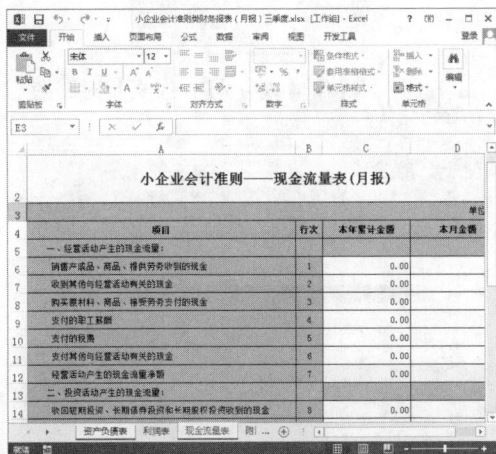

图 1-95 选择不连续的多个工作表

3 选定连续的多个 Excel 表格

步骤 1 在 Excel 工作窗口下方的第一个工作表标签上单击，选定该 Excel 工作表，如图 1-96 所示。

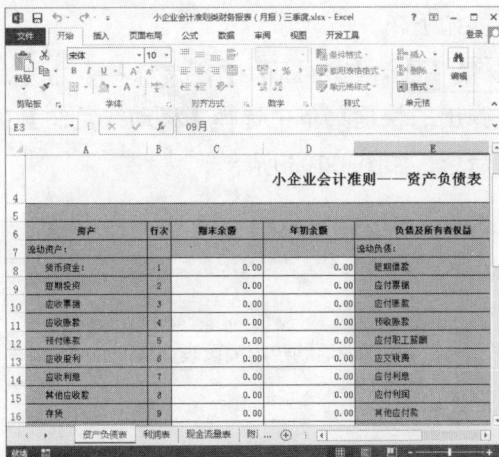

图 1-96 选定第一个工作表

步骤 2 按住 Shift 键的同时选定最后一个工作表的标签，即可选定连续的多个 Excel 工作表，如图 1-97 所示。

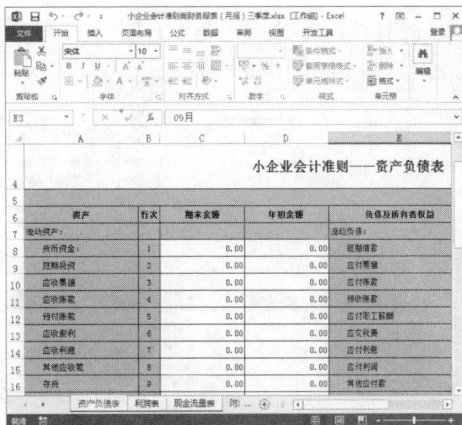

图 1-97 选择连续的多个工作表

1.6.3 工作表的复制和移动

Excel 2013 工作簿中的工作表可以移动与复制，下面介绍具体操作。

1 移动工作表

移动工作表最简单的方法是使用鼠标操作，在同一个工作簿中移动工作表的方法有以下两种。

1) 直接拖曳法

步骤 1 选择要移动的工作表的标签，按住鼠标左键不放，拖曳鼠标指针到工作表的新位置，黑色倒三角图标会随鼠标指针移动，如图 1-98 所示。

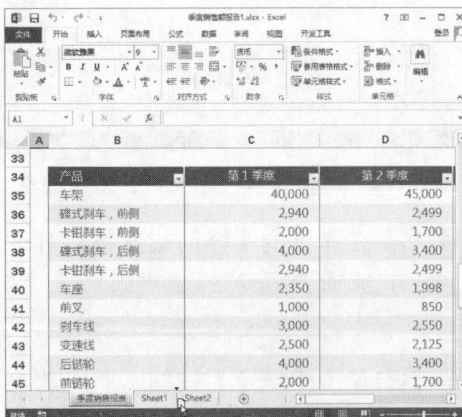

图 1-98 出现黑色倒三角图标

步骤 2 释放鼠标左键，工作表即被移动到新的位置，如图 1-99 所示。

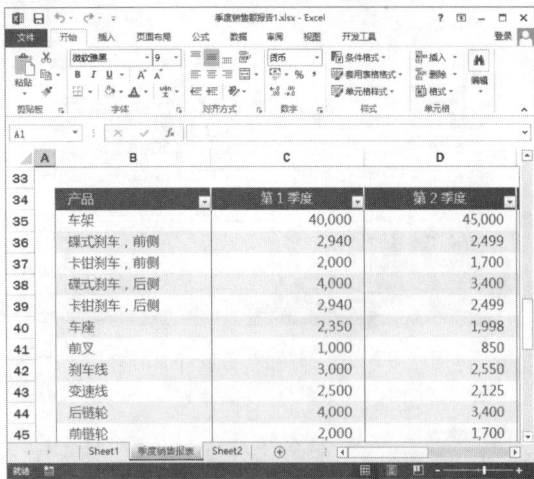

图 1-99 移动工作表的位置

2) 使用快捷菜单法

步骤 1 在要移动的工作表标签上右击，从弹出的快捷菜单中选择【移动或复制】菜单命令，如图 1-100 所示。

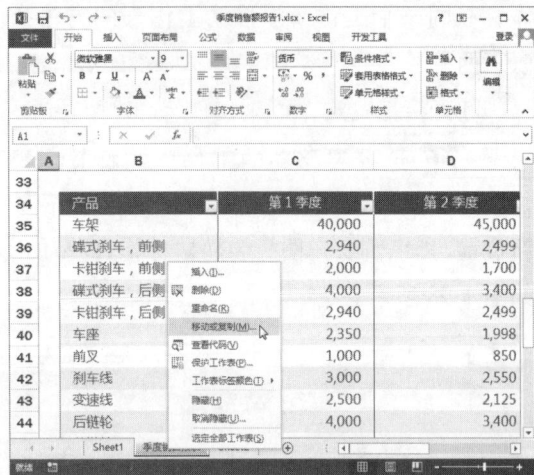

图 1-100 选择【移动或复制】菜单命令

步骤 2 在弹出的【移动或复制工作表】对话框中选择要插入的位置，如图 1-101 所示。

步骤 3 单击【确定】按钮，即可将当前工作表移动到指定的位置，如图 1-102 所示。

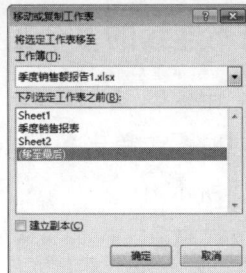

图 1-101 【移动或复制工作表】对话框

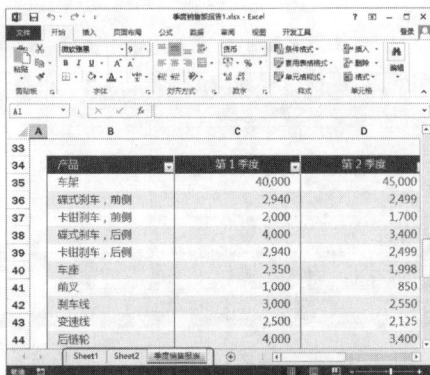

图 1-102 移动工作表的位置

另外，不但可以在同一个 Excel 工作簿中移动工作表，还可以在不同的工作簿中移动。若要在不同的工作簿中移动工作表，则要求这些工作簿必须是打开的，具体的操作步骤如下。

步骤 1 在要移动的工作表标签上右击，在弹出的快捷菜单中选择【移动或复制】菜单命令，如图 1-103 所示。

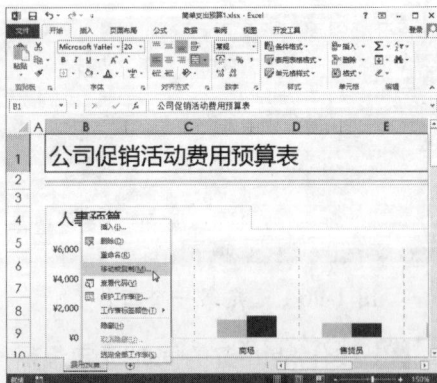

图 1-103 【移动或复制】菜单命令

步骤 2 弹出【移动或复制工作表】对话框，在【将选定工作表移至工作簿】下拉列表中选择要移动到的目标位置，在【下列选定工作表之前】列表框中选择要插入的位置，如图 1-104 所示。

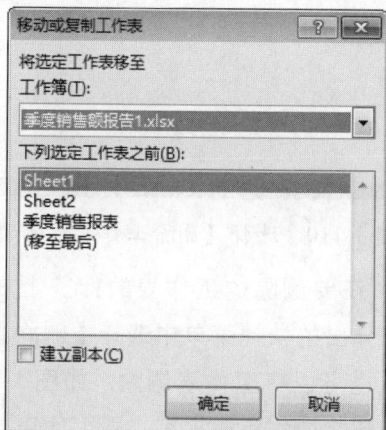

图 1-104　【移动或复制工作表】对话框

步骤 3 单击【确定】按钮，即可将当前工作表移动到指定的位置，如图 1-105 所示。

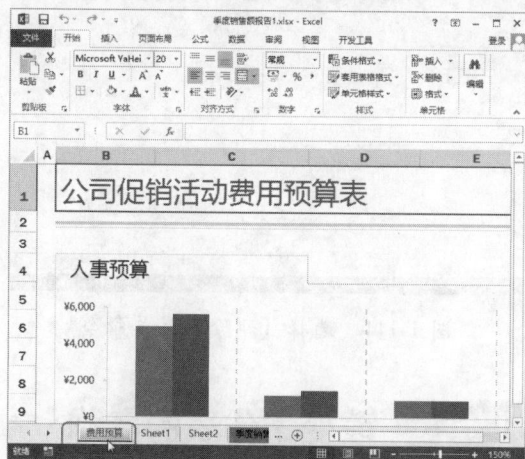

图 1-105　移动工作表

2　复制工作表

用户可以在一个或多个 Excel 工作簿中复制工作表，方法有以下两种。

1）使用鼠标复制

用鼠标复制工作表的步骤与移动工作表的步骤相似，只是在拖动鼠标的同时按住 Ctrl 键即可。具体方法为：选择要复制的工作表，按住 Ctrl 键的同时拖动鼠标指针到工作表的新位置，黑色倒三角图标会随鼠标指针移动。释放鼠标左键，工作表即被复制到新的位置，如图 1-106 所示。

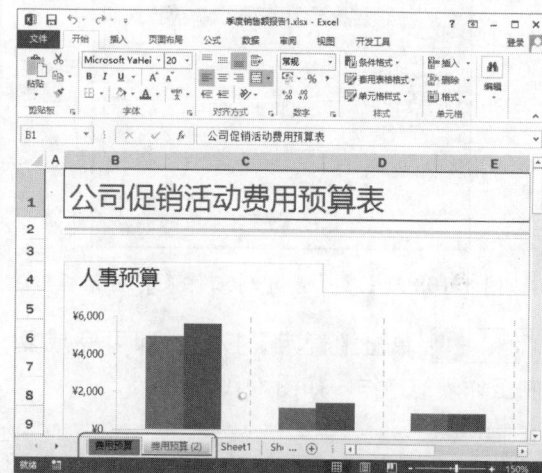

图 1-106　复制工作表

2）使用快捷菜单复制

步骤 1 选择要复制的工作表，在工作表标签上右击，从弹出的快捷菜单中选择【移动或复制】菜单命令，如图 1-107 所示。

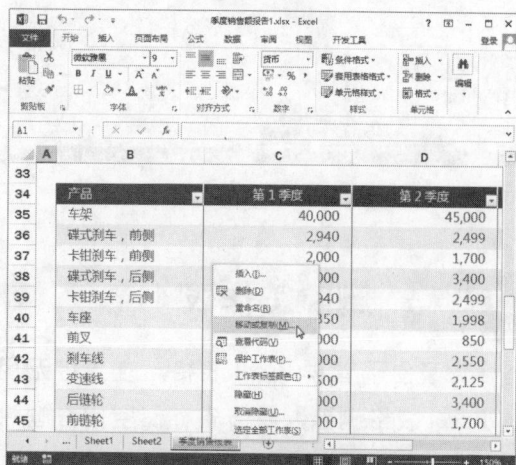

图 1-107　【移动或复制】命令

步骤 2 在弹出的【移动或复制工作表】对话框中选择要复制到的目标工作簿和插入

的位置，然后选中【建立副本】复选框，如图 1-108 所示。

图 1-108 【移动或复制工作表】对话框

步骤 3 单击【确定】按钮，即可完成复制工作表的操作，如图 1-109 所示。

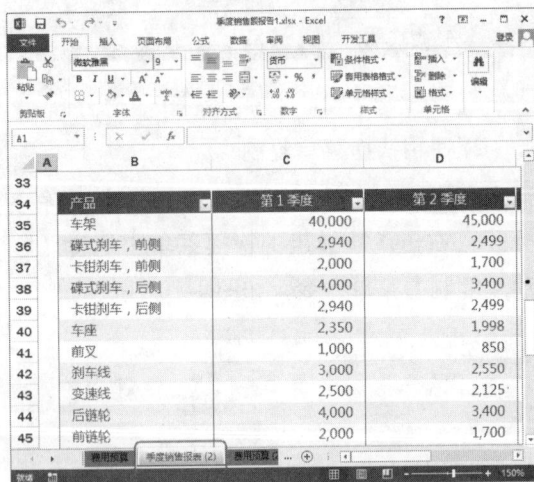

图 1-109 复制工作表

1.6.4 删除工作表

为了便于管理 Excel 表格，应当将无用的 Excel 表格删除，以节省存储空间。删除 Excel 表格的方法有以下两种。

（1）选择要删除的工作表，然后单击【开始】选项卡【单元格】组中的【删除】按钮，在弹出的下拉列表中选择【删除工作表】选项，即可将选择的工作表删除，如图 1-110 所示。

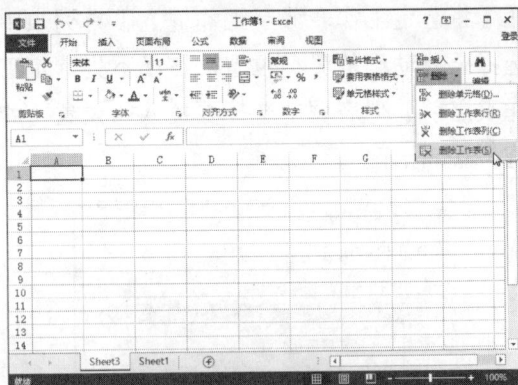

图 1-110 选择【删除工作表】选项

（2）在要删除的工作表的标签上右击鼠标，在弹出的快捷菜单中选择【删除】菜单命令，也可以将工作表删除，如图 1-111 所示。该删除操作不能撤销，即工作表被永久删除。

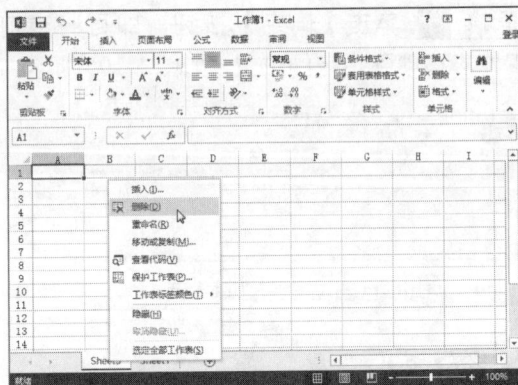

图 1-111 选择【删除】菜单命令

1.6.5 改变工作表的名称

每个工作表都有自己的名称，默认情况下以 Sheet1、Sheet2、Sheet3 等命名工作表。这种命名方式不便于管理工作表，因此用户可以对工作表进行重命名操作，以便更好地管理工作表。重命名工作表的方法有两种，分别是在标签上直接重命名和使用快捷菜单重命名。

1 在标签上直接重命名

步骤 1 新建一个工作簿，双击要重命名的工作表的标签 Sheet1(此时该标签以高亮显示)，进入可编辑状态，如图 1-112 所示。

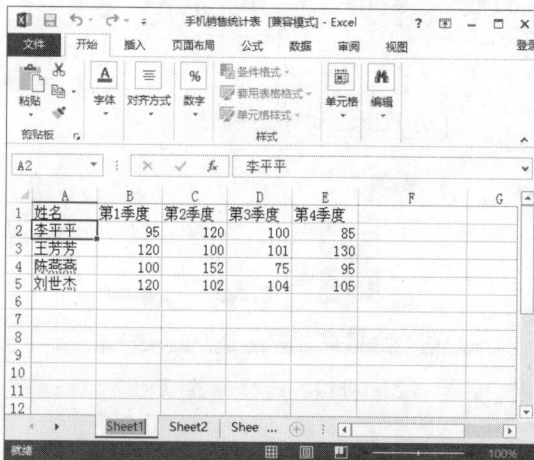

图 1-112 进入可编辑状态

步骤 2 输入新的标签名，即可完成对该工作表标签的重命名操作，如图 1-113 所示。

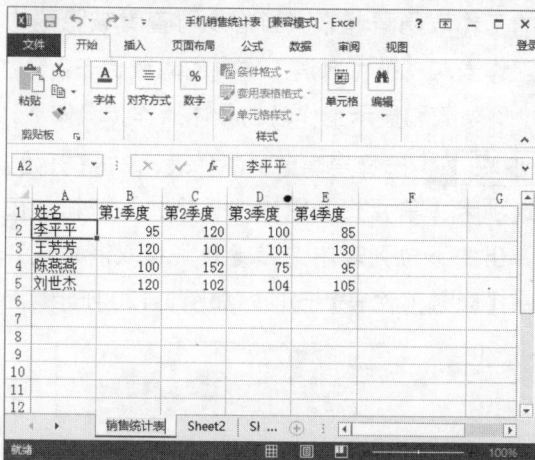

图 1-113 重命名工作表

2 使用快捷菜单重命名

步骤 1 在要重命名的工作表标签上右击，从弹出的快捷菜单中选择【重命名】菜单命令，如图 1-114 所示。

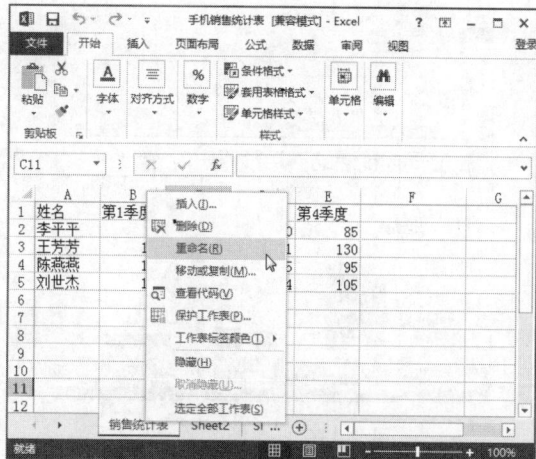

图 1-114 选择【重命名】菜单命令

步骤 2 此时工作表标签以高亮显示。然后在标签上输入新的标签名，即可完成工作表的重命名，如图 1-115 所示。

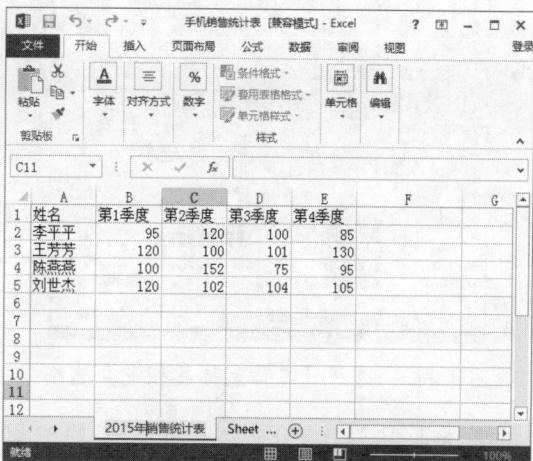

图 1-115 重命名工作表

1.6.6 改变工作表标签颜色

Excel 软件提供有工作表标签的美化功能，用户可以根据需要对标签的颜色进行设置，以便于区分不同的工作表。

步骤 1 打开随书光盘中的"素材 \ch01\ 季度销售额报告 1.xlsx 文件"，选择要设置颜色的工作表标签，如这里选择工作簿当中的"费用预算"工作表，如图 1-116 所示。

31

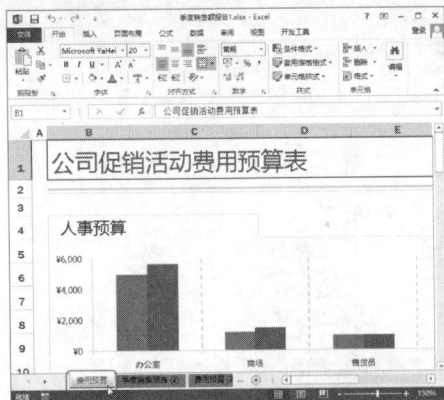

图 1-116 选择工作表

步骤 2 单击【开始】选项卡【单元格】组中的【格式】按钮，在弹出的下拉列表中选择【工作表标签颜色】选项，如图 1-117 所示。

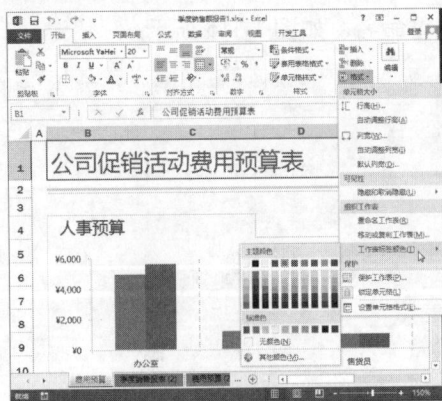

图 1-117 选择【工作表标签颜色】选项

步骤 3 从弹出的列表中选择需要的颜色，即可为工作表标签添加颜色，如图 1-118 所示。

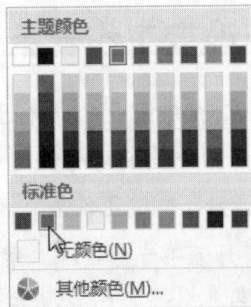

图 1-118 选择颜色

步骤 4 也可以在工作表标签上右击，从弹出的快捷菜单中选择【工作表标签颜色】菜单命令，然后在右侧的颜色列表中选择需要的颜色即可，如图 1-119 所示。

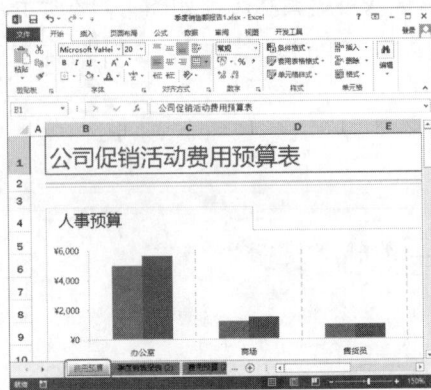

图 1-119 选择标签颜色

1.6.7 显示和隐藏工作表

为了防止他人查看工作表中的数据，可以设置工作表的隐藏功能，将包含重要数据的工作表隐藏起来。当想要再查看被隐藏的工作表时，则可取消工作表的隐藏状态。

隐藏和显示工作表的具体操作步骤如下。

步骤 1 选择要隐藏的工作表，单击【开始】选项卡【单元格】组中的【格式】按钮，在弹出的下拉列表中选择【隐藏和取消隐藏】→【隐藏工作表】选项，如图 1-120 所示。

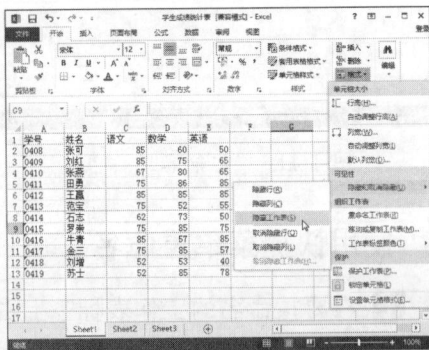

图 1-120 选择【隐藏工作表】选项

> **注意** Excel 不允许隐藏一个工作簿中的所有工作表。

步骤 2 选择的工作表即被隐藏，如图 1-121 所示。

步骤 3 单击【开始】选项卡【单元格】组中的【格式】按钮，在弹出的下拉列表中选择【隐藏和取消隐藏】→【取消隐藏工作表】选项，如图 1-122 所示。

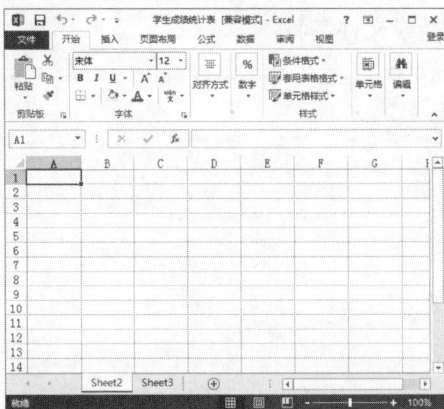

图 1-121　隐藏选择的工作表

图 1-122　选择【取消隐藏工作表】选项

步骤 4 打开【取消隐藏】对话框，在其中选择要显示的工作表，如图 1-123 所示。

步骤 5 单击【确定】按钮，即可取消工作表的隐藏状态，如图 1-124 所示。

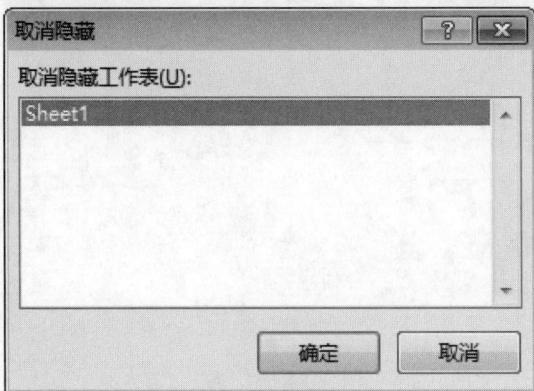

图 1-123　【取消隐藏】对话框

图 1-124　取消工作表的隐藏状态

1.7 疑难问题解答

问题 1：在删除工作表时，为什么总弹出"此操作将关闭工作簿并且不保存……"的提示信息？

解答：出现这种情况，请检查要删除的工作表是否是该工作簿中的唯一工作表，如果是，则会弹出上述错误提示信息。所以，若要避免该情况的出现，删除后要保证工作簿中至少保留一个工作表。

问题 2：在将工作表另存为工作簿时，为什么总提示"运行时错误 1004"信息？

解答：出现这种情况时，请先检查文件要另存的路径是否存在，或要保存的工作簿与当前打开的工作簿是否同名。如果是，请更改保存路径或文件名称。

第 **2** 章

编辑工作表中的单元格

● **本章导读**

　　单元格是工作表中行列交汇处的区域，它可以保存数值、文字和声音等数据。在 Excel 中，单元格是编辑数据的基本元素。因此，要学习好 Excel，就必须掌握正确的操作单元格的方法。本章将为读者介绍工作表中单元格的基本操作，如选择单元格、调整单元格、复制与移动单元格等。

● **学习目标**

◎　掌握选择单元格的方法

◎　掌握调整单元格的方法

◎　掌握复制和移动单元格区域的方法

◎　掌握插入和删除单元格的方法

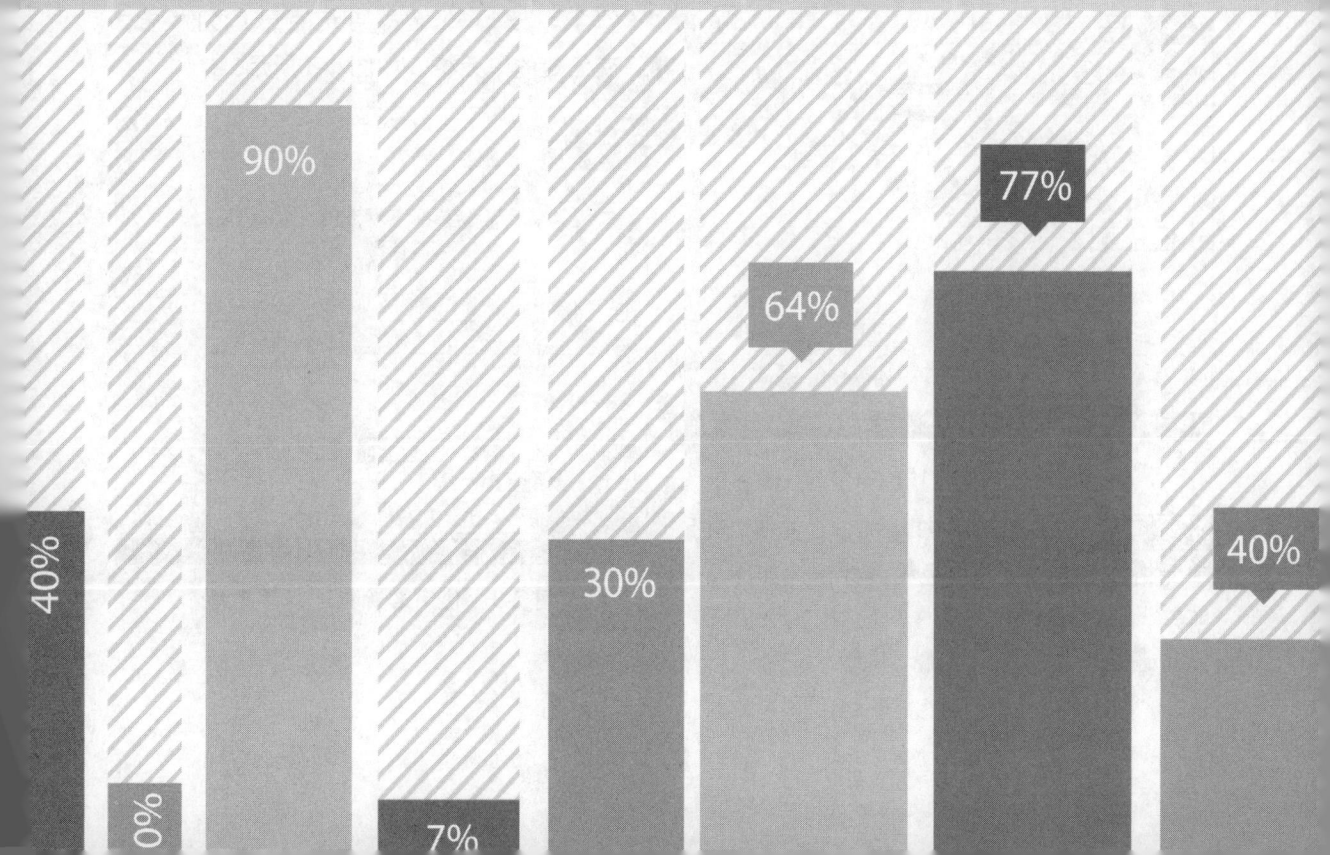

2.1 选择单元格

要对单元格进行编辑操作，必须先选择单元格或单元格区域。启动 Excel 并创建新的工作簿时，单元格 A1 处于自动选定状态。

2.1.1 选择一个单元格

单元格处于选定状态后，单元格边框线会变成黑粗线，表示此单元格为当前单元格。当前单元格的地址显示在名称框中，内容显示在当前单元格和编辑栏中。选定一个单元格的常用方法有以下 3 种。

1 使用鼠标选定

使用鼠标选定单元格是最常用、最快速的方法，只需在单元格上单击即可。具体的操作步骤如下。

步骤 1 在工作表格区内，鼠标指针会呈白色 ✛ 形状，如图 2-1 所示。

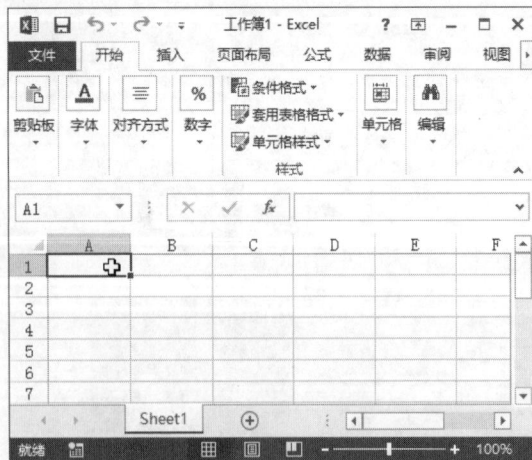

图 2-1　鼠标指针呈 ✛ 形状

步骤 2 单击单元格即被选定，变为活动单元格，其边框以深绿色粗线标识，如图 2-2 所示。

图 2-2　单击选择单元格

2 使用名称框选定

在名称框中输入目标单元格的地址，如"C5"，按 Enter 键即可选定第 C 列和第 5 行交汇处的单元格，如图 2-3 所示。

图 2-3　使用名称框选择单元格

3 使用方向键选定

使用键盘上的上、下、左、右 4 个方向键，也可以选定单元格，按一次则可选定下一个相应的单元格。例如，默认选定的是 A1 单元格，按一次↓键则可选定 A2 单元格，再按一次→键则可选定 B2 单元格，如图 2-4 所示。

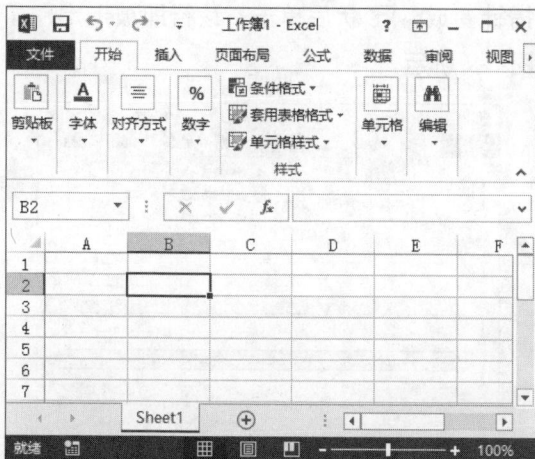

图 2-4　使用方向键选择单元格

2.1.2 选择连续的区域

在 Excel 工作表中，若要对多个单元格进行相同的操作，可以先选择单元格区域。选择单元格区域的方法有 3 种，下面以选择对角点 A2、D6 为矩形区域（A2:D6）为例进行介绍。

1 使用鼠标拖曳法选择

将鼠标指针移到该区域左上角的单元格 A2 上，按住鼠标左键不放，向该区域右下角的单元格 D6 拖曳，即可将单元格区域 A2:D6 选定，如图 2-5 所示。

2 使用组合键选择

单击该区域左上角的单元格 A2，按住 Shift 键的同时单击该区域右下角的单元格 D6，即可选定单元格区域 A2:D6，结果如图 2-5 所示。

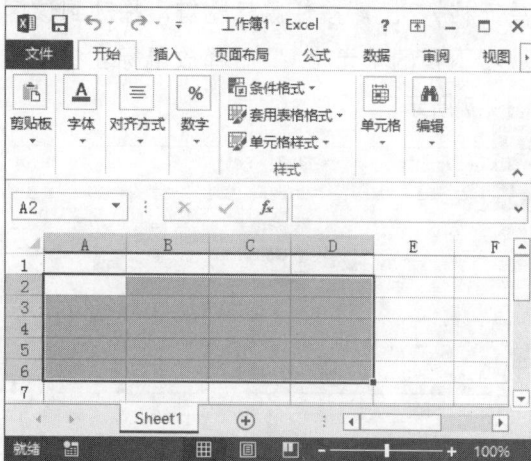

图 2-5　选择单元格区域

3 使用名称框选择

在名称框中输入单元格区域名称 A2:D6，如图 2-6 所示，按 Enter 键，即可选定 A2:D6 单元格区域，结果如图 2-5 所示。

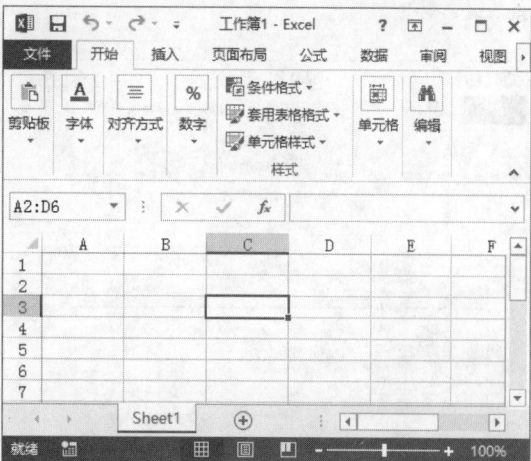

图 2-6　使用名称框选择单元格区域

2.1.3 选择不连续的区域

选择不连续的单元格区域也就是选择不相邻的单元格或单元格区域，具体的操作步骤如下。

步骤 1 选择第 1 个单元格区域 (例如单元格区域 A2:C3)。将指针移到该区域左上角的单元格 A2 上，按住鼠标左键，拖动到该区域右下角的单元格 C3 后释放鼠标左键，如图 2-7 所示。

图 2-7　选择第一个单元格区域

步骤 2 按住 Ctrl 键，拖动鼠标选择第 2 个单元格区域(如单元格区域 C6:E8)，如图 2-8 所示。

图 2-8　选择另外一个单元格区域

步骤 3 使用同样的方法可以选择多个不连续的单元格区域。

2.1.4　选择行或列

要对整行或整列的单元格进行操作，必须先选定整行或整列的单元格。

1　选择一行

将鼠标指针移动到要选择的行号上，当指针变成 ➡ 形状后单击，该行即被选定，如图 2-9 所示。

图 2-9　选择一行

2　选择一列

将鼠标指针移动到要选择的列标上，当指针变成 ⬇ 形状后单击，该列即被选定，如图 2-10 所示。

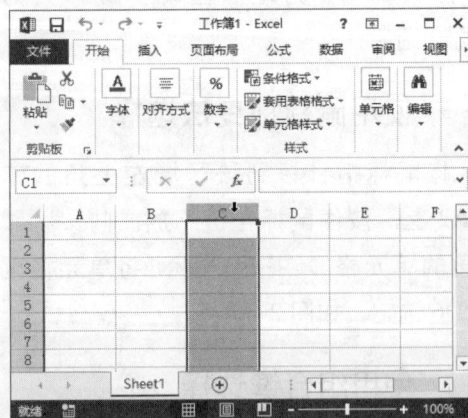

图 2-10　选择一列

3　选择连续的多行

选择连续的多行的方法有以下两种。

1) 方法一

步骤 1　将鼠标指针移动到起始行号上，指针变成 ✛ 形状，如图 2-11 所示。

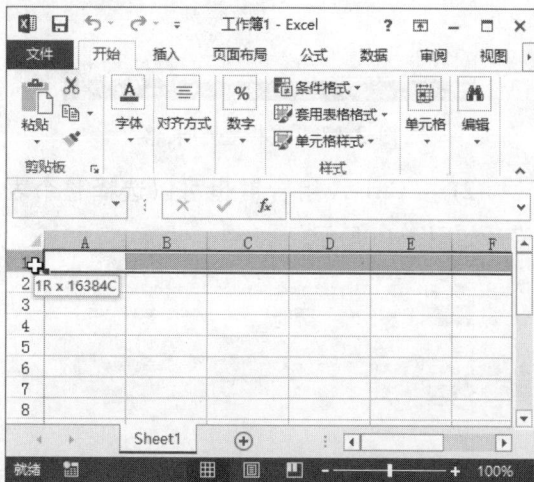

图 2-11　鼠标指针放在起始行

步骤 2　单击并向下拖曳至终止行，然后松开鼠标左键即可，如图 2-12 所示。

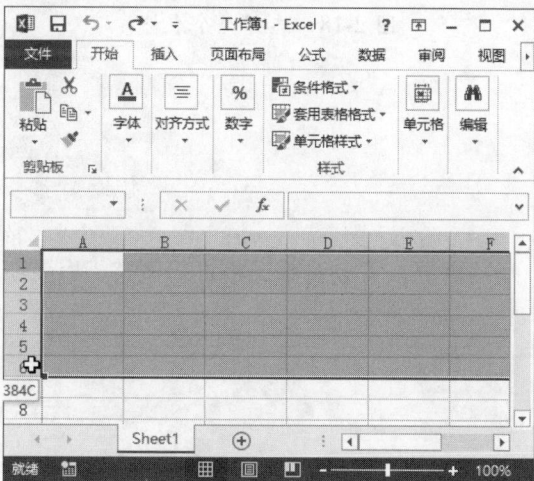

图 2-12　向下拖曳鼠标

2) 方法二

步骤 1　单击连续行区域中第 1 行的行号，如图 2-13 所示。

图 2-13　选择第 1 行

步骤 2　按住 Shift 键的同时单击该区域中最后一行的行号，如图 2-14 所示。

图 2-14　选择最后一行

4　选择不连续的多行

若要选定不连续的多行，只需按住 Ctrl 键，然后依次选定需要的行即可，如图 2-15 所示。

图 2-15　选择不连续的多行

5 选择不连续的多列

若要选定不连续的多列，只需按住 Ctrl 键，然后依次选定需要的列即可，如图 2-16 所示。

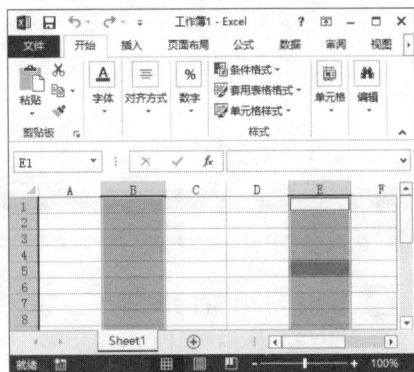

图 2-16 选择不连续的多列

2.1.5 选择所有单元格

选择所有单元格，即选择整个工作表，方法有以下两种。

(1) 单击工作表左上角行号与列标相交处的【选定全部】按钮 ◢，即可选定整个工作表，如图 2-17 所示。

图 2-17 选择整个表格

(2) 按 Ctrl+A 组合键也可以选择整个表格，如图 2-18 所示。

图 2-18 选择整个表格

2.2 调整单元格

通常单元格的大小是 Excel 默认设置的。根据需要，可以对单元格进行调整，以使所有单元格的内容都显示出来。

2.2.1 单元格的合并与拆分

合并与拆分单元格是最常用的调整单元格的方法。

1 合并单元格

合并单元格是指在 Excel 工作表中，将两个或多个选定的相邻单元格合并成一个单元格。方法有以下两种。

（1）用【对齐方式】选项组进行设置，具体的操作步骤如下。

步骤 1 打开随书光盘中的"素材 \ch02\ 办公用品采购清单 .xlsx"文件，选择单元格区域 A1:F1，如图 2-19 所示。

图 2-19　选择单元格区域

步骤 2 在【开始】选项卡单击【对齐方式】组中 合并后居中 图标右边的下拉按钮，在弹出的列表中选择【合并后居中】选项，如图 2-20 所示。

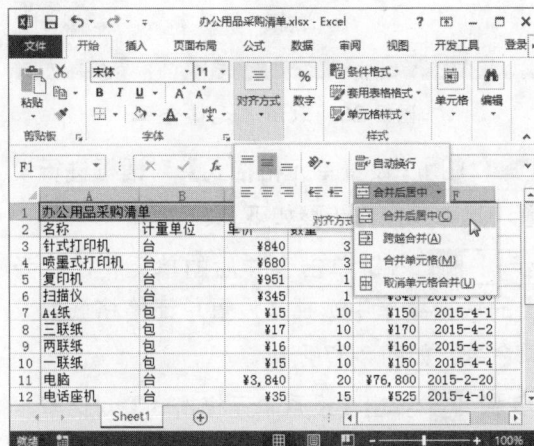

图 2-20　选择【合并后居中】选项

步骤 3 该表格标题行即合并且居中，如图 2-21 所示。

图 2-21　合并后居中

（2）用【设置单元格格式】对话框进行设置，具体的操作步骤如下。

步骤 1 选择单元格区域 A1:F1，在【开始】选项卡单击【对齐方式】组右下角的 按钮，弹出【设置单元格格式】对话框，如图 2-22 所示。

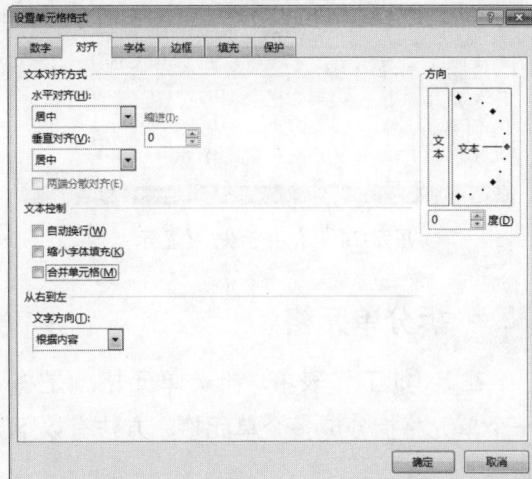

图 2-22　【设置单元格格式】对话框

步骤 2 选择【对齐】选项卡，在【文本对齐方式】区域的【水平对齐】下拉列表中选择【居中】选项，在【文本控制】区域选中【合并单元格】复选框，然后单击【确定】按钮，如图 2-23 所示。

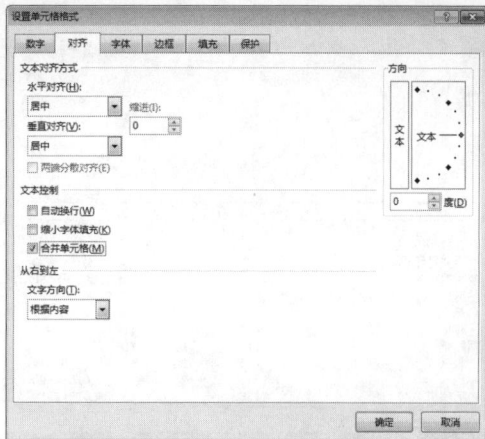

图 2-23 【对齐】选项卡

步骤 3 该表格标题行即合并且居中，结果如图 2-24 所示。

图 2-24 合并后居中显示

2 拆分单元格

在 Excel 工作表中，拆分单元格就是将一个单元格拆分成多个单元格，方法有以下两种。

(1) 用【对齐方式】选项组进行设置，具体的操作步骤如下。

步骤 1 选择合并后的单元格，在【开始】选项卡单击【对齐方式】组中右边的下拉箭头，在弹出的列表中选择【取消单元格合并】选项，如图 2-25 所示。

图 2-25 【取消单元格合并】选项

步骤 2 该表格标题行即被取消合并，恢复成合并前的单元格，如图 2-26 所示。

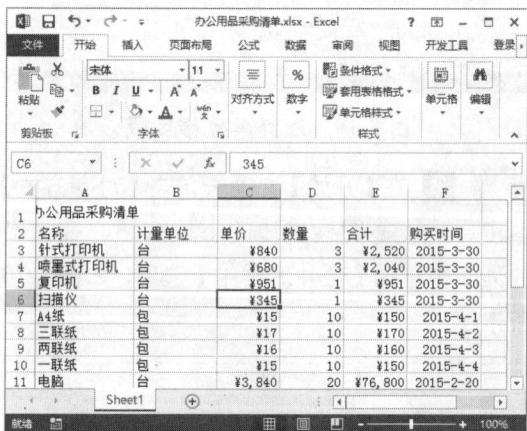

图 2-26 取消单元格合并

(2) 用【设置单元格格式】对话框进行设置，具体的操作步骤如下。

步骤 1 右键单击合并后的单元格，在弹出的快捷菜单中选择【设置单元格格式】菜单命令，如图 2-27 所示。

步骤 2 弹出【设置单元格格式】对话框，在【对齐】选项卡中取消【合并单元格】复选框的选中状态，然后单击【确定】按钮，即可取消单元格的合并状态，如图 2-28 所示。

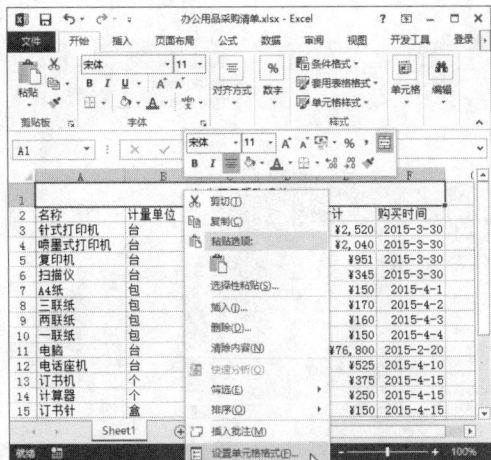

图 2-27 【设置单元格格式】菜单命令

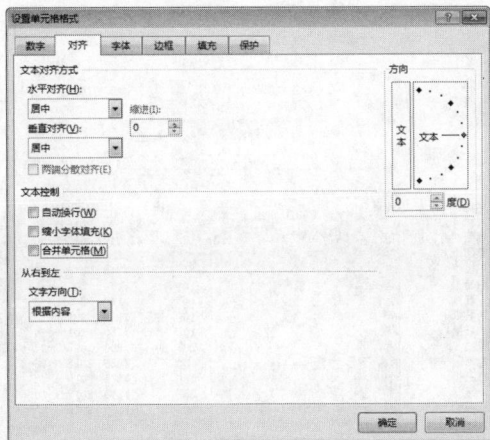

图 2-28 【设置单元格格式】对话框

2.2.2 调整列宽

在 Excel 工作表中，如果单元格的宽度不足以使数据显示完整，则数据在单元格里会以科学计数法表示或被填充成"######"的形式。当列被加宽后，数据就会显示出来。根据不同的情况，可以选择使用以下方法调整列宽。

1 拖动列标之间的边框

步骤 1 将鼠标指针移动到两列的列标之间，当指针变成 ✛ 形状时，按住鼠标左键向

左拖曳可以使列变窄，向右拖曳则可使列变宽，如图 2-29 所示。

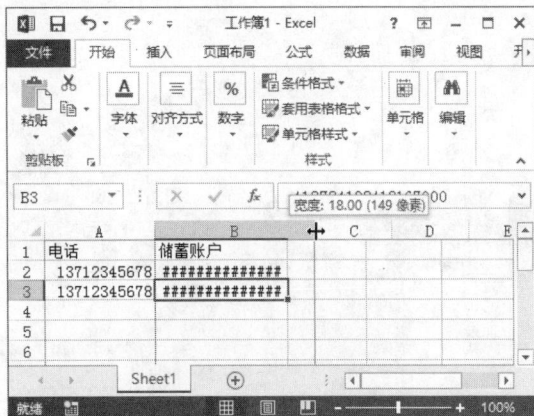

图 2-29 拖动列宽

步骤 2 拖曳时，将显示出以点和像素为单位的宽度工具提示。拖曳完成后，释放鼠标，即可显示出全部数据，如图 2-30 所示。

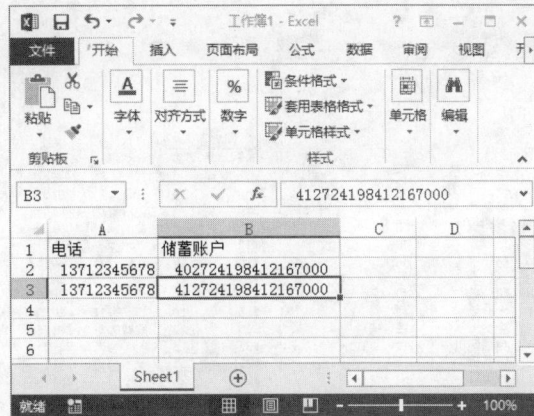

图 2-30 正常显示数据

2 调整多列的列宽

步骤 1 打开随书光盘中的"素材\ch02\办公用品采购清单.xlsx"文件，选择 B、C 和 E 等 3 列数据，将鼠标指针移动到 E 列的右边框上，按住鼠标左键并拖动到合适的位置，如图 2-31 所示。

步骤 2 释放鼠标左键，B 列、C 列和 E 列

等 3 列的宽度都会得到调整且宽度相同，如图 2-32 所示。

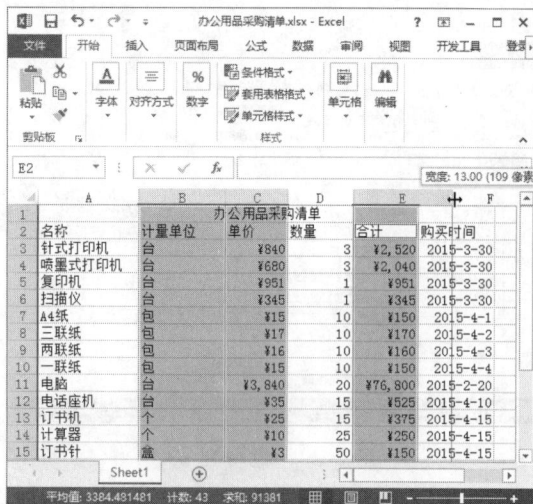

图 2-31　选择列数据

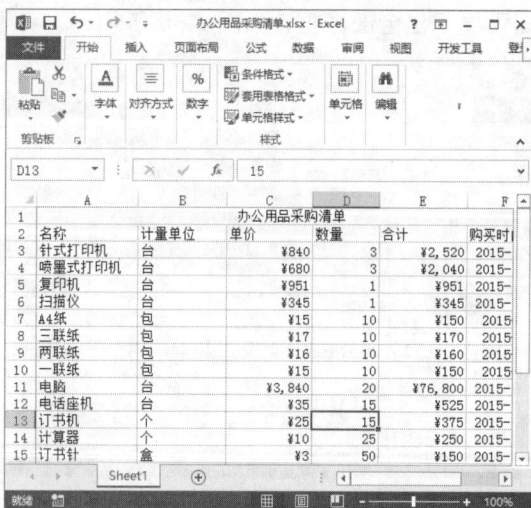

图 2-32　调整列宽

3 使用快捷菜单调整列宽

步骤 1 打开随书光盘中的"素材\ch02\办公用品采购清单.xlsx"文件，同时选择 B 列和 C 列，如图 2-33 所示。

步骤 2 在列标上右击，从弹出的快捷菜单中选择【列宽】菜单命令，如图 2-34 所示。

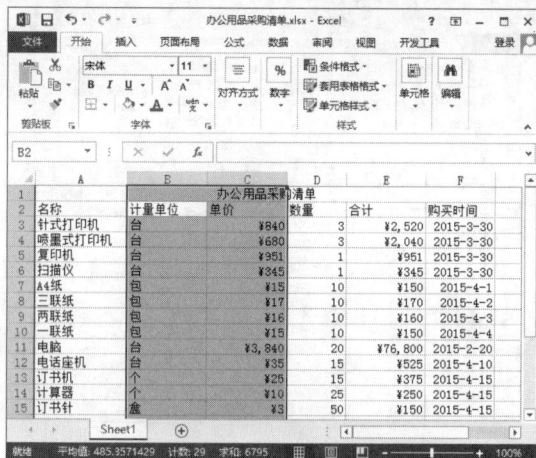

图 2-33　选择两列

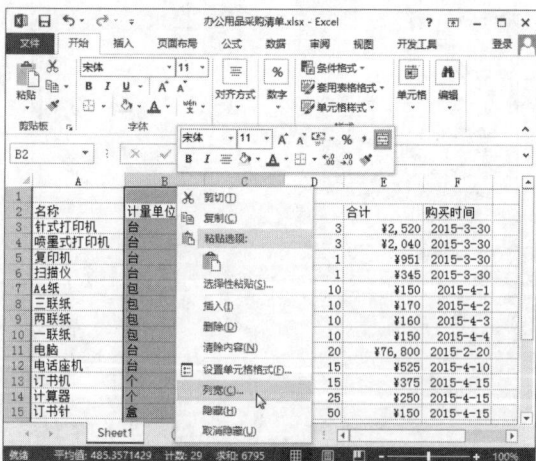

图 2-34　选择【列宽】菜单命令

步骤 3 弹出【列宽】对话框，在【列宽】文本框中输入 8，然后单击【确定】按钮，如图 2-35 所示。

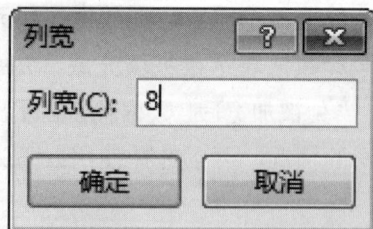

图 2-35　【列宽】对话框

步骤 4 B 列和 C 列即被调整为宽度均为 8 的列，如图 2-36 所示。

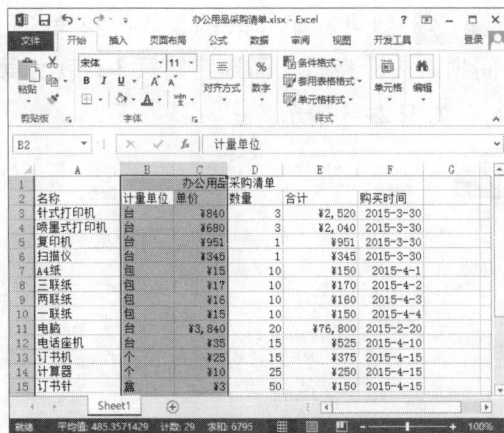

图 2-36 调整列宽

2.2.3 调整行高

在输入数据时，Excel 能根据输入字体的大小自动地调整行的高度，使其能容纳行中最大的字体。用户也可以根据自己的需要来设置行高。调整行高可使用快捷菜单，也可手工操作。

具体的操作步骤如下。

步骤 1 打开随书光盘中的"素材 \ch02\ 办公用品采购清单 .xlsx"文件，选择需要调整高度的第 3 ～ 5 行，如图 2-37 所示。

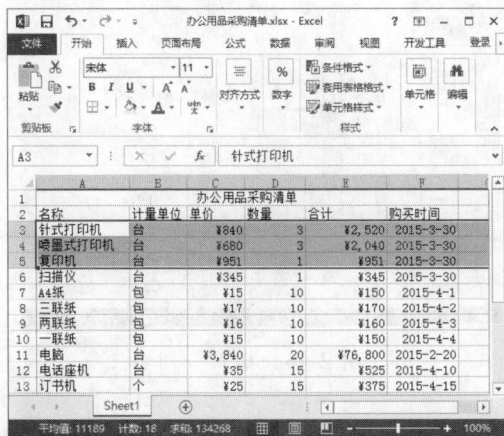

图 2-37 选择 3 行

步骤 2 在行号上右击，从弹出的快捷菜单中选择【行高】菜单命令，如图 2-38 所示。

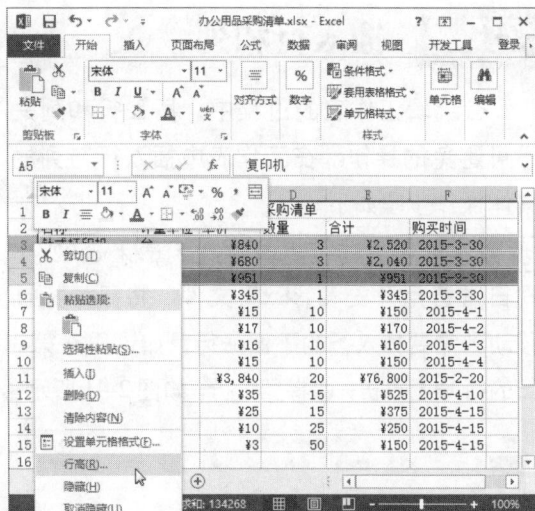

图 2-38 选择【行高】菜单命令

步骤 3 在弹出的【行高】对话框的【行高】文本框中输入 25，然后单击【确定】按钮，如图 2-39 所示。

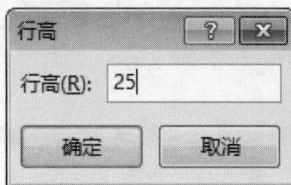

图 2-39 【行高】对话框

步骤 4 可以看到第 3 ～ 5 行的行高均被设置为 25 了，如图 2-40 所示。

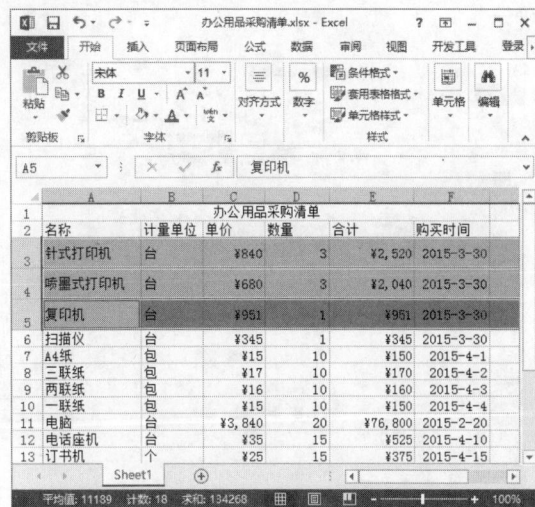

图 2-40 调整行高

2.2.4 插入行和列

在编辑工作表的过程中，插入行和列是不可避免的操作。在工作表中插入行与列的具体操作步骤如下。

步骤 1 打开随书光盘中的"素材\ch02\公司日常费用开支表.xlsx"文件，将鼠标指针移动到需要插入行的下面一行，如这里在第3行的行号上单击，选择第3行，如图2-41所示。

图 2-41　选择第 3 行

步骤 2 单击【开始】选项卡【单元格】组中的【插入】下拉按钮，在弹出的下拉列表中选择【插入工作表行】选项，如图2-42所示。

图 2-42　选择【插入工作表行】选项

步骤 3 即可在工作表的第2行和第3行中间插入一个空行，而选定的第3行变为第4行，如图2-43所示。

图 2-43　插入一行

步骤 4 插入列的方法与插入行相同，选择需要插入列左侧的列号，然后单击【开始】选项卡【单元格】组中的【插入】下拉按钮，在弹出的下拉列表中选择【插入工作表列】选项，即可在工作表中插入一列，如图2-44所示。

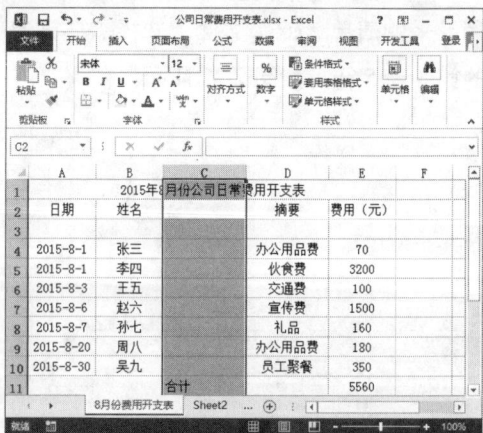

图 2-44　插入一列

2.2.5 删除行和列

工作表中如果不需要某一个数据行或列，可以将其删除，具体的操作步骤如下。

步骤 1 打开随书光盘中的"素材 \ch02\ 公司日常费用开支表 .xlsx"文件，将鼠标指针移动到第 6 行的行号上单击，选定第 6 行，如图 2-45 所示。

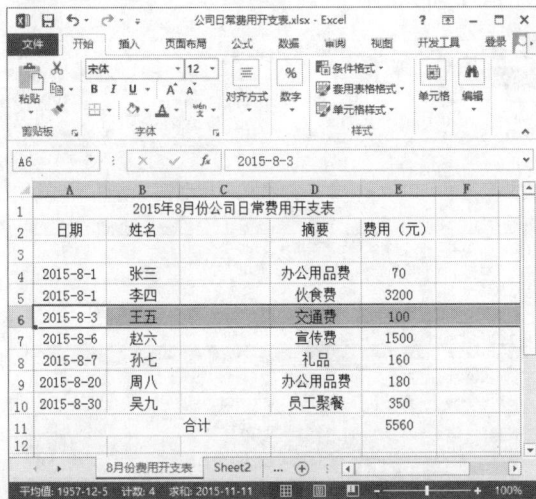

图 2-45　选择第 6 行

步骤 2 在【开始】选项卡单击【单元格】组中的【删除】按钮，在弹出的下拉列表中选择【删除工作表行】选项，如图 2-46 所示。

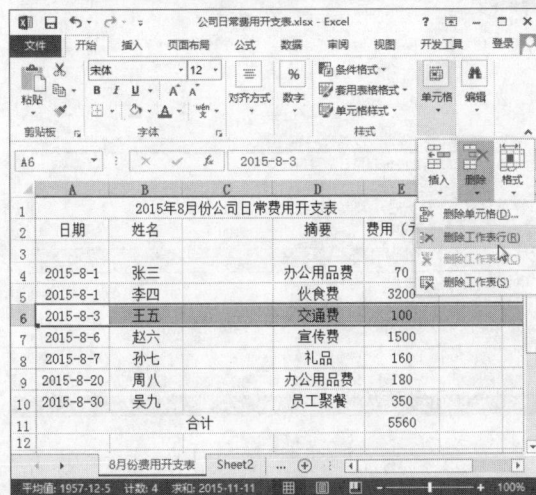

图 2-46　选择【删除工作表行】选项

步骤 3 工作表中的第 6 行记录即被删除，而原来第 7 行的内容自动调整为第 6 行，如图 2-47 所示。

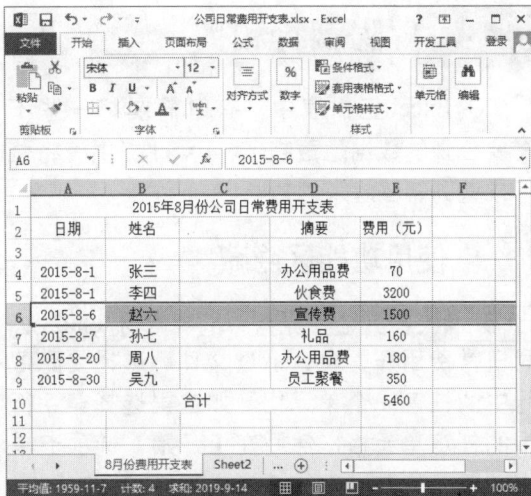

图 2-47　删除选定的行

步骤 4 删除列的方法与删除行相同。只需选定需要删除的列，然后单击【开始】选项卡【单元格】组中的【删除】按钮，在弹出的下拉列表中选择【删除工作表列】选项即可，如图 2-48 所示。

图 2-48　删除选择的列

> **提示**　除了使用功能区中的【删除】按钮来删除工作表中的行与列外，还可以使用右键菜单命令来删除，具体的操作为选定要删除的行与列，然后单击鼠标右键，在弹出的快捷菜单中选择【删除】菜单命令。

2.2.6 隐藏行和列

在 Excel 工作表中，有时需要将一些不需要公开的数据隐藏起来。Excel 提供有将整行或整列隐藏起来的功能。

1 使用功能区隐藏

步骤 1 打开随书光盘中的"素材 \ch02\ 公司日常费用开支表 .xlsx"文件，选择要隐藏行中的任意一个单元格，如这里选择第 5 行中的任意单元格，然后在【开始】选项卡单击【单元格】组中的【格式】按钮，在弹出的下拉列表中选择【隐藏和取消隐藏】→【隐藏行】选项，如图 2-49 所示。

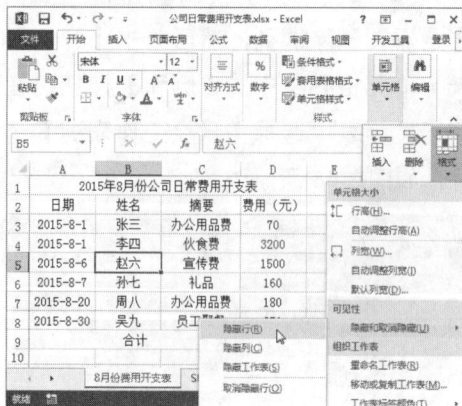

图 2-49 选择【隐藏行】选项

步骤 2 工作表中选定的第 5 行即被隐藏起来了，如图 2-50 所示。

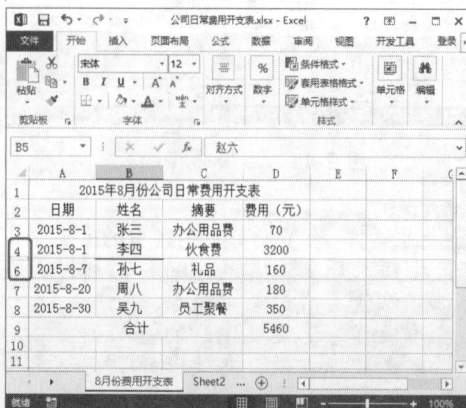

图 2-50 选定的行被隐藏

2 拖动鼠标隐藏

步骤 1 将鼠标指针移至第 5 行和第 6 行行号的中间位置，此时指针变为 ✛ 形状，如图 2-51 所示。

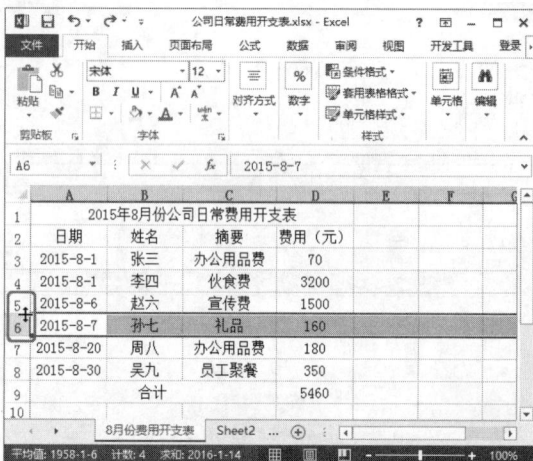

图 2-51 移动指针至行中间

步骤 2 向上拖动鼠标使第 6 行超过第 5 行，即可隐藏第 5 行，如图 2-52 所示。

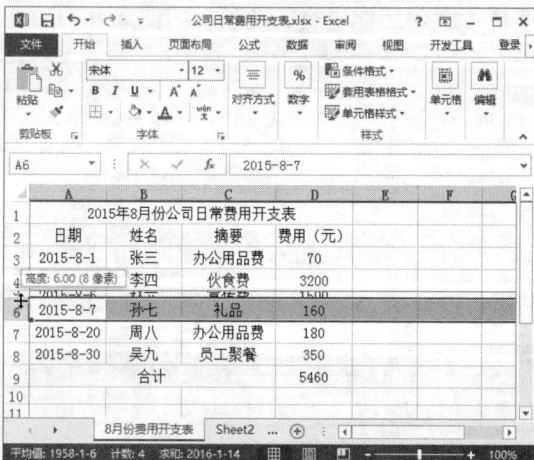

图 2-52 隐藏行

2.2.7 显示隐藏的行和列

将行或列隐藏后，这些行或列中单元格的数据就变得不可见了。如果需要查看这些数据，就需要将这些隐藏的行或列显示出来。

1 使用功能区显示隐藏的行

步骤 1 打开随书光盘中的"素材 \ch02\ 公司日常费用开支表 .xlsx"文件，如图 2-53 所示。

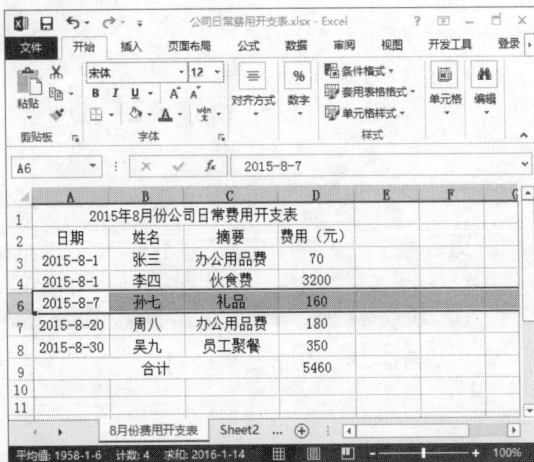

图 2-53　打开工作簿

步骤 2 选择第 4、6 行，在【开始】选项卡单击【单元格】组中的按钮，在弹出的下拉列表中选择【隐藏和取消隐藏】→【取消隐藏行】选项，如图 2-54 所示。

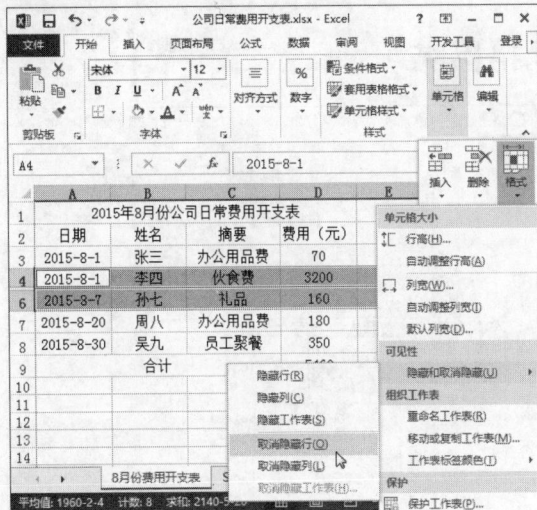

图 2-54　选择【取消隐藏行】选项

步骤 3 工作表中被隐藏的第 5 行即可显示出来，如图 2-55 所示。

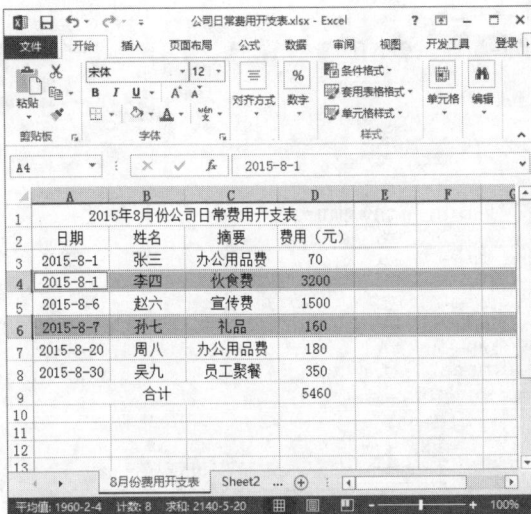

图 2-55　显示隐藏的行

2 拖动鼠标显示隐藏的列

步骤 1 打开随书光盘中的"素材 \ch02\ 公司日常费用开支表 .xlsx"文件，并隐藏 C 列数据，如图 2-56 所示。

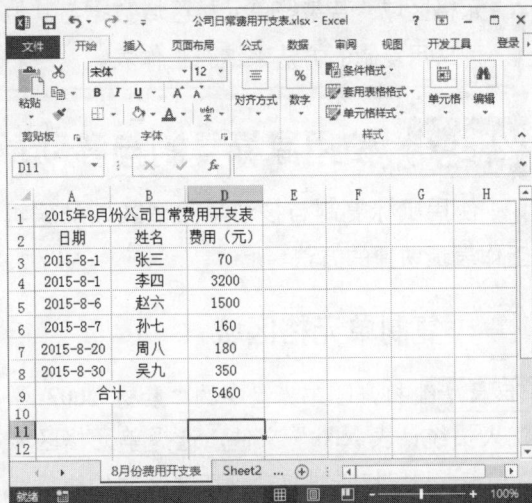

图 2-56　隐藏 C 列数据

步骤 2 将鼠标指针移动到 B 列和 D 列中间偏右处，指针变成 ╫ 形状，如图 2-57 所示。

步骤 3 按住鼠标左键向右拖动，直到 C 列显示出来，如图 2-58 所示。

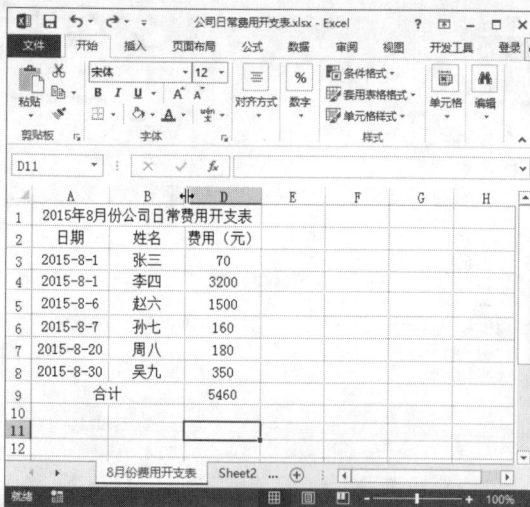

图 2-57　移动鼠标

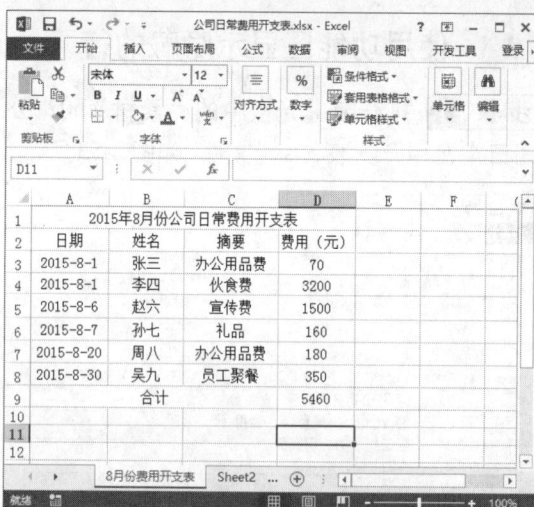

图 2-58　显示隐藏的列

2.3　复制与移动单元格区域

在编辑 Excel 工作表时，若数据放错了位置，不必重新输入，可将其移动到正确的单元格区域；若某些单元格区域数据与其他区域数据相同，为了避免重复输入，提高效率，可采用复制的方法来编辑工作表。

2.3.1　使用鼠标复制与移动单元格区域

使用鼠标复制与移动单元格区域是编辑工作表最快捷的方法。

1　复制单元格区域

步骤 1　打开随书光盘中的"素材 \ch02\ 学院人员统计表 .xlsx"文件，选择单元格区域 B2:B9，将鼠标指针移动到所选区域的边框线上，指针变成 形状，如图 2-59 所示。

步骤 2　按住 Ctrl 键，当鼠标指针右上角出现"+"时，拖动到单元格区域 E2:E9，即可将单元格区域 B2:B9 中的数据复制到新的位置，如图 2-60 所示。

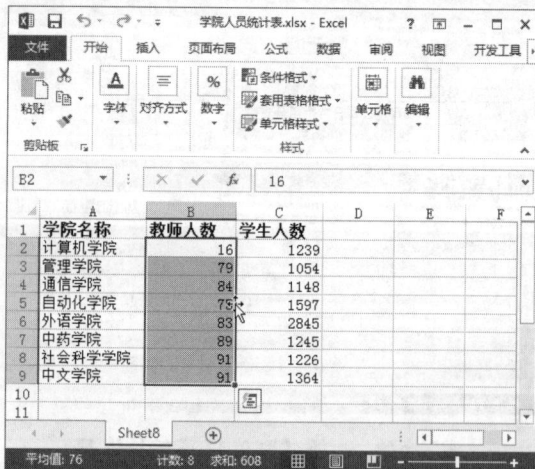

图 2-59　选择要复制的单元格区域

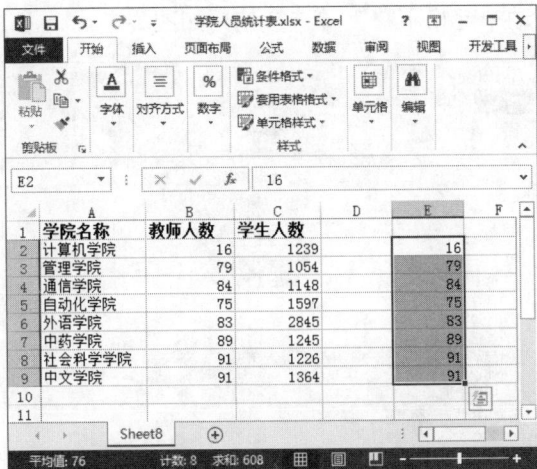

图 2-60 复制单元格区域

2 移动单元格区域

在上述操作中，拖动单元格区域时不按住 Ctrl 键，即可移动单元格区域，如图 2-61 所示。

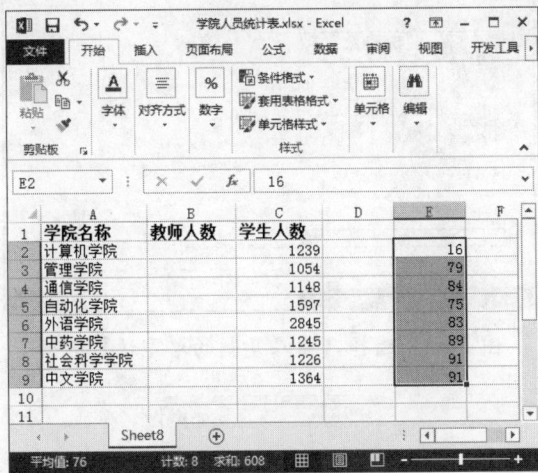

图 2-61 移动单元格区域

2.3.2 利用剪贴板复制与移动单元格区域

利用剪贴板复制与移动单元格区域是编辑工作表常用的方法之一。

1 复制单元格区域

步骤 1 打开随书光盘中的"素材\ch02\学院人员统计表.xlsx"文件，选择单元格区域 A3:C3，并按 Ctrl+C 组合键进行复制，如图 2-62 所示。

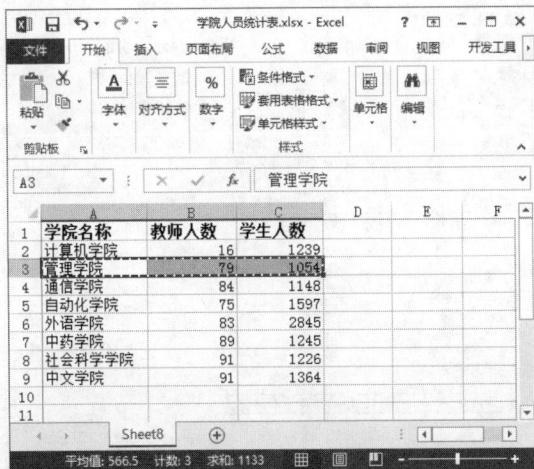

图 2-62 复制单元格区域

步骤 2 选择目标位置（如选定目标区域的第 1 个单元格 A11），按 Ctrl+V 组合键，A3:C3 单元格区域即被复制到单元格区域 A11:C11 中，如图 2-63 所示。

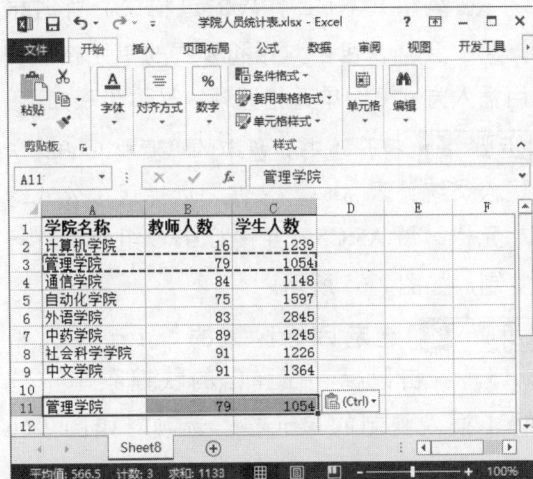

图 2-63 粘贴单元格区域

② 移动单元格区域

移动单元格区域的方法是先选择单元格区域，按 Ctrl+X 组合键将此区域剪切到剪贴板中，然后通过粘贴（按 Ctrl+V 组合键）的方式移动到目标区域，如图 2-64 所示。

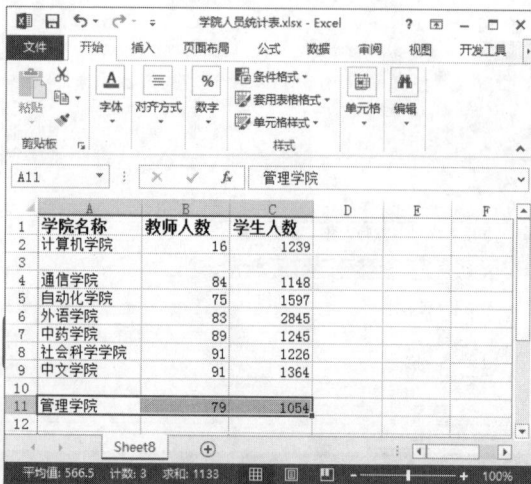

图 2-64　移动单元格区域

2.3.3 用插入方式复制单元格区域

在编辑 Excel 工作表的过程中，有时根据需要会插入包含数据和公式的单元格。使用插入方式复制单元格区域的具体步骤如下。

步骤 1 打开随书光盘中的"素材 \ch02\ 学院人员统计表 .xlsx"文件，选择包含公式的单元格区域 A5:C5，并按 Ctrl+C 组合键进行复制，如图 2-65 所示。

步骤 2 选定目标区域的第 1 个单元格 A13，右击鼠标，在弹出的快捷菜单中选择【插入复制的单元格】选项，如图 2-66 所示。

步骤 3 弹出【插入粘贴】对话框，选中【活动单元格下移】单选按钮，如图 2-67 所示。

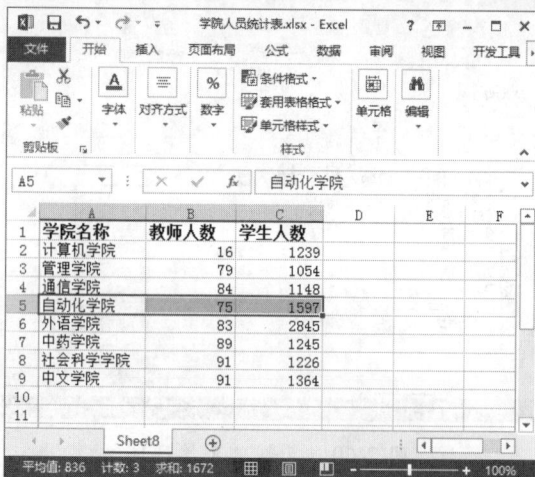

图 2-65　复制单元格区域

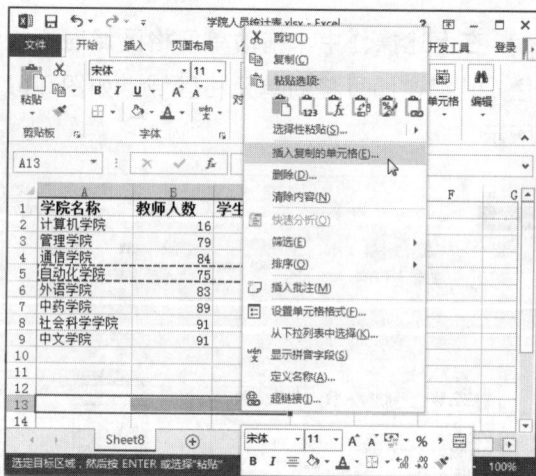

图 2-66　选择【插入复制的单元格】选项

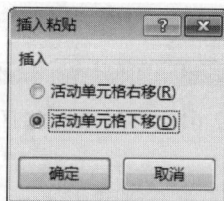

图 2-67　【插入粘贴】对话框

步骤 4 单击【确定】按钮，即可将复制的数据插入到目标单元格中，如图 2-68 所示。

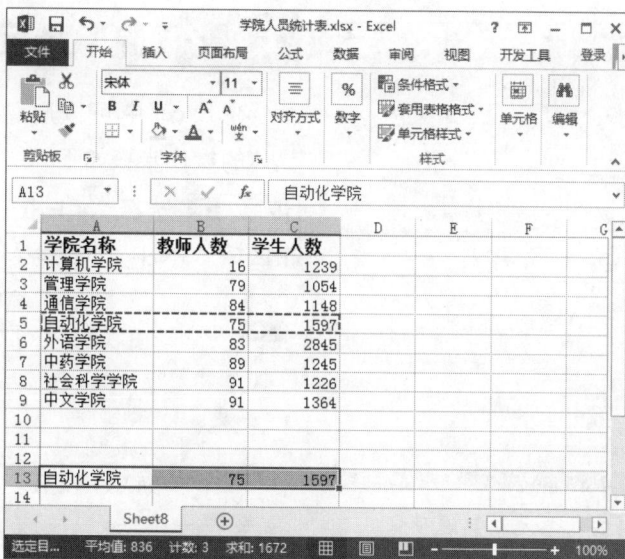

图 2-68　粘贴复制的单元格区域

2.4 单元格的基本操作

在 Excel 工作表中，对单元格的操作包括插入、删除、清除等。

2.4.1 插入单元格

在 Excel 工作表中，可以在活动单元格的上方或左侧插入空白单元格，同时将同一列中的其他单元格下移或将同一行中的其他单元格右移。具体的操作步骤如下。

步骤 1 打开随书光盘中的"素材\ch02\学院人员统计表.xlsx"文件，选择要插入空白单元格的单元格区域 A4:C4，如图 2-69 所示。

步骤 2 在【开始】选项卡单击【单元格】组中的【插入】按钮右侧的下拉按钮，在弹出的下拉列表中选择【插入单元格】选项，如图 2-70 所示。

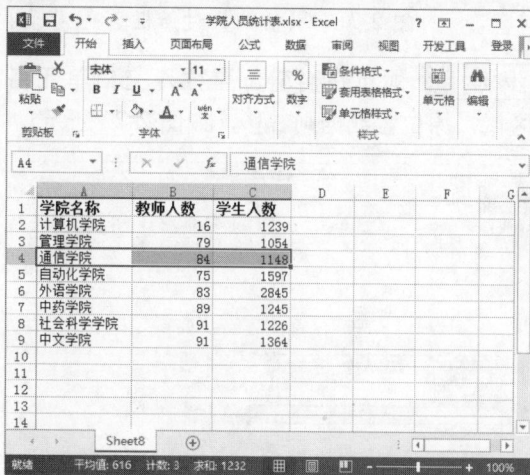

图 2-69　选择单元格区域

步骤 3 弹出【插入】对话框，选中【活动单元格右移】单选按钮，单击【确定】按钮，如图 2-71 所示。

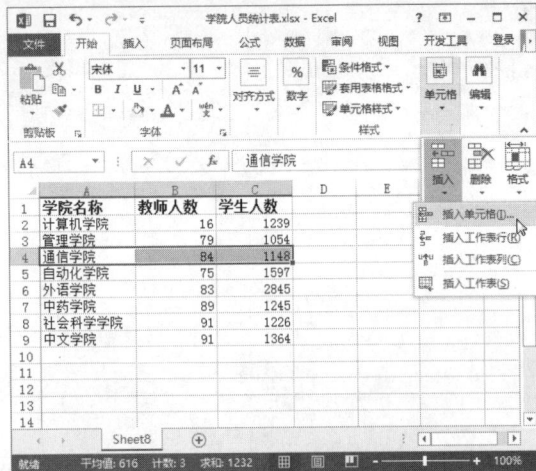

图 2-70　选择【插入单元格】选项

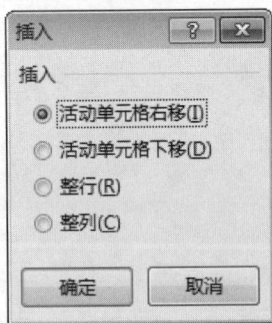

图 2-71　【插入】对话框

步骤 4　即可在当前位置插入空白单元格区域，原位置数据则右移，如图 2-72 所示。

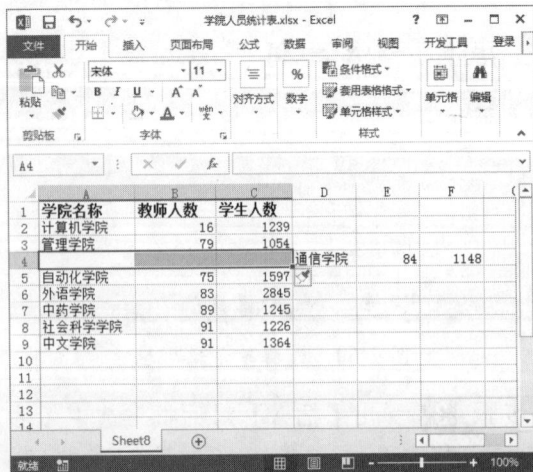

图 2-72　右移数据

2.4.2　删除单元格

在 Excel 中可以删除不需要的单元格，具体的操作步骤如下。

步骤 1　选择 2.4.1 小节中插入的空白单元格区域 A4:C4，如图 2-73 所示。

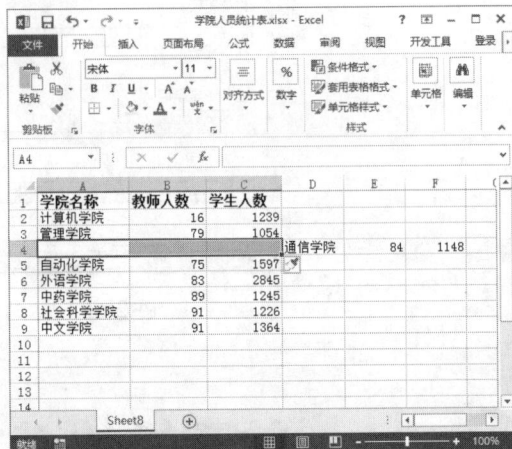

图 2-73　选择单元格区域

步骤 2　在【开始】选项卡单击【单元格】组中【删除】按钮右侧的下拉按钮，在弹出的下拉列表中选择【删除单元格】选项，如图 2-74 所示。

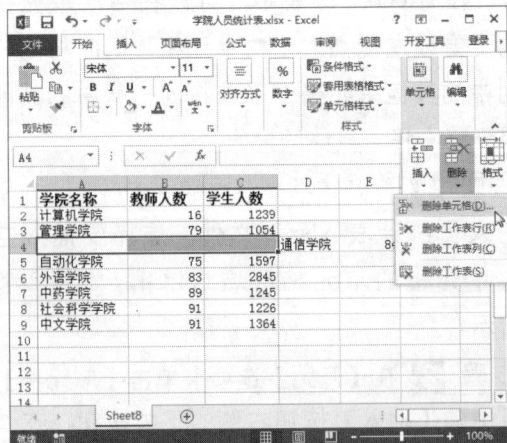

图 2-74　选择【删除单元格】选项

步骤 3　弹出【删除】对话框，选中【下方单元格上移】单选按钮，单击【确定】按钮，如图 2-75 所示。

步骤 **4** 选中的单元格即被删除，同时下方的单元格上移一行，如图 2-76 所示。

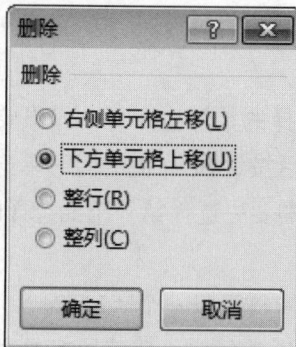

图 2-75　【删除】对话框

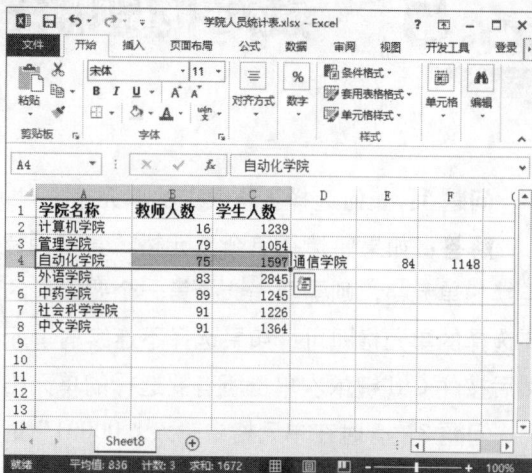

图 2-76　删除选择的单元格

2.4.3　清除单元格

清除单元格即是删除单元格内容（公式和数据）、格式（包括数字格式、条件格式和边框）以及所有附加的批注，具体的操作步骤如下。

步骤 **1** 打开随书光盘中的"素材 \ch02\ 学院人员统计表 .xlsx"文件，选择要清除内容的单元格或单元格区域 A7:C7。

步骤 **2** 在【开始】选项卡单击【编辑】组中的【清除】按钮，在弹出的下拉列表中选择【全部清除】选项，如图 2-77 所示。

步骤 **3** 单元格 A7:C7 中的数据和公式被全部删除，如图 2-78 所示。

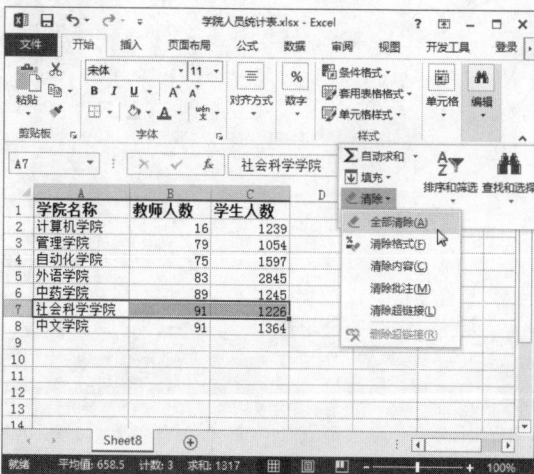

图 2-77　【全部清除】选项

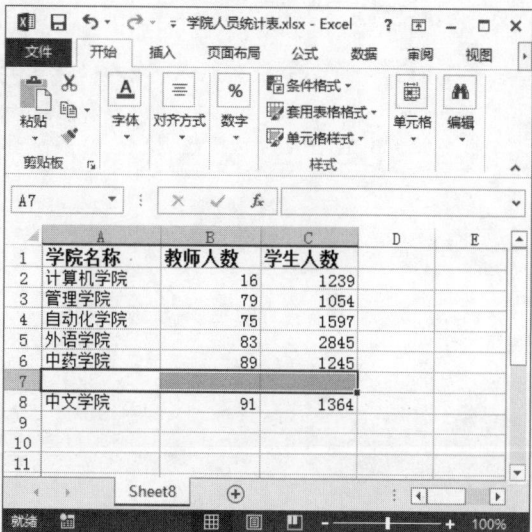

图 2-78　清除单元格

2.5 疑难问题解答

问题 1：如何选择工作表中的单元格？

解答：如果要选择单个单元格，直接用鼠标单击要选择的单元格即可；如果要选择多个连续的单元格，则需要先选择第一个要选择的单元格，然后按住 Shift 键的同时单击最后一个要选择的单元格即可；如果选择不连续的单元格区域，则需要先选择第一个要选择的单元格，然后按住 Ctrl 键依次单击所有要选择的单元格即可。

问题 2：有时在单元格中输入"00001"时，为什么会直接显示一个"1"呢？

解答：出现这种情况，一般是由于单元格格式不匹配造成的，为此可以对其进行单元格格式的设置。在该单元格的右键快捷菜单中选择【设置单元格格式】选项，弹出【设置单元格格式】对话框，切换至【数字】选项卡，在左侧【分类】列表框中选择【自定义】选项，在右侧【类型】文本框中输入"00000"即可。

第 **2** 篇
财务人员必备技能

要成为一名合格的财务人员，需要掌握输入与编辑财务数据的方法、制作常见财务表单和统计表的方法及 Excel 在会计记账中的应用等知识。

以科学计数法显示，如图 3-5 所示。

图 3-4 换行显示数据

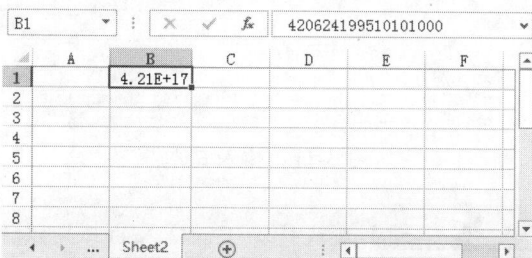

图 3-5 按数字类型的数据处理

在输入数字时，在数字前面添加一个英文状态下的单引号"'"即可解决该问题，如图 3-6 所示。

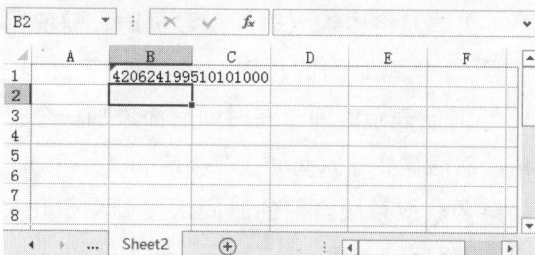

图 3-6 在数字前面添加一个单引号

添加单引号后，虽然能够以数字形式显示完整的文本，但单元格左上角会显示一个绿色的倒三角标记，提示存在错误。单击该单元格，其前面会显示一个错误图标。单击图标右侧的下拉按钮，在弹出的下拉列表中选择【错误检查选项】选项，如图 3-7 所示，弹出【Excel 选项】对话框，在【错误检查规则】

区域中取消选中【文本格式的数字或者前面有撇号的数字】复选框，单击【确定】按钮，如图 3-8 所示。经过以上设置以后，系统将不再对此类错误进行检查，即不会显示绿色的倒三角标记。

> 提示 若只是想隐藏当前单元格的错误标记，在图 3-7 中，选择【忽略错误】选项即可。

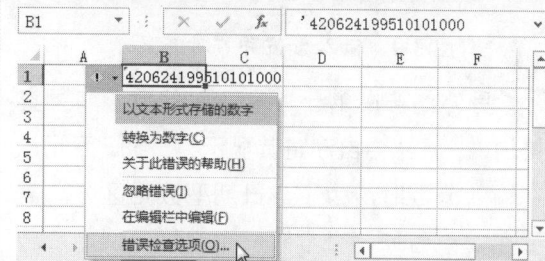

图 3-7 选择【错误检查选项】选项

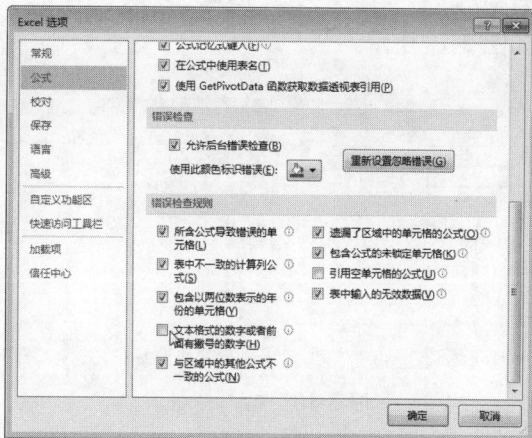

图 3-8 【Excel 选项】对话框

3.1.2 输入数值

在 Excel 中输入数值是最常见的操作了。数值型数据可以是整数、小数、分数或科学计数等，它是 Excel 中使用最多的数据类型。输入数值型数据与输入文本的方法相同，这里不再赘述。

与输入文本不同的是，在单元格中输入

数值型数据时，在默认情况下，Excel 会将其对齐方式设置为右对齐，如图 3-9 所示。

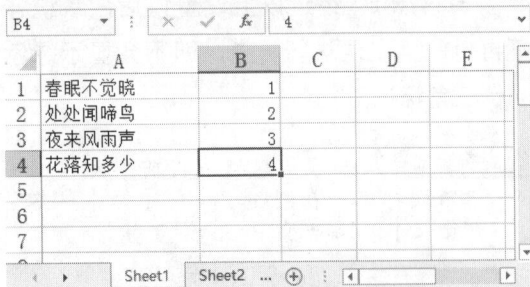

图 3-9 输入数值并右对齐显示

另外，若在单元格中输入分数，如果直接输入，系统会自动将其显示为日期。因此，在输入分数时，为了与日期型数据区分，需要在其前面加一个零和一个空格。例如，若输入"1/3"，则显示为日期形式"1 月 3 日"，若输入"0 1/3"，才会显示为分数"1/3"，如图 3-10 所示。

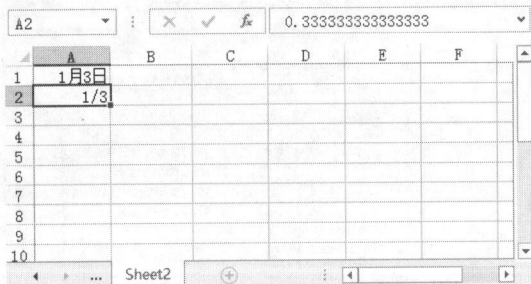

图 3-10 输入分数

3.1.3 输入日期和时间

日期和时间也是 Excel 工作表中常见的数据类型。在单元格中输入日期和时间型数据时，默认情况下，Excel 会将其对齐方式设置为右对齐。若要在单元格中输入日期和时间，需要遵循特定的规则。

1 输入日期

在单元格中输入日期型数据时，需使用

斜线 (/) 或者连字符 (-) 分隔日期的年、月、日。例如，可以输入"2015/11/11"或者"2015-11-11"来表示日期，但按 Enter 键后，单元格中显示的日期格式均为"2015/11/11"。如果要获取系统当前的日期，按 Ctrl+; 组合键即可，如图 3-11 所示。

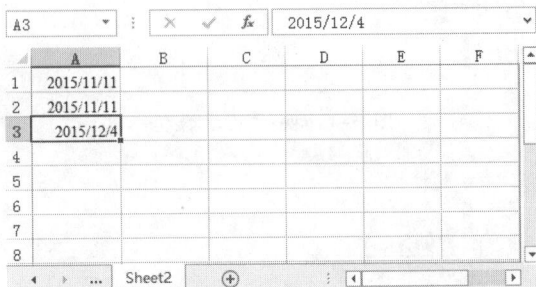

图 3-11 输入日期

> **提示** 默认情况下，输入的日期以类似"2015/11/11"的格式来显示。用户还可设置单元格的格式来改变其显示的形式，具体操作步骤将在后面详细介绍。

2 输入时间

在单元格中输入时间型数据时，需使用冒号 (:) 分隔时间的小时、分、秒。若要按 12 小时制表示时间，在时间后面添加一个空格，然后需要输入 am(上午) 或 pm(下午)。如果要获取系统当前的时间，按 Ctrl+Shift+; 组合键即可，如图 3-12 所示。

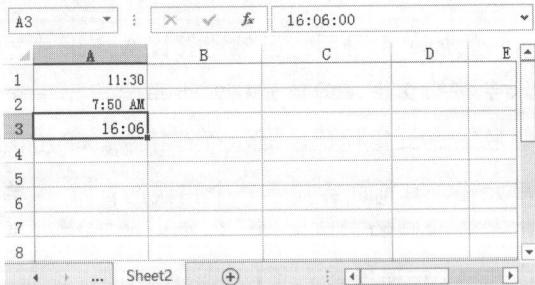

图 3-12 输入时间

提示 如果 Excel 不能识别输入的日期或时间，则将其作为文本进行处理，并在单元格中靠左对齐，如图 3-13 所示。

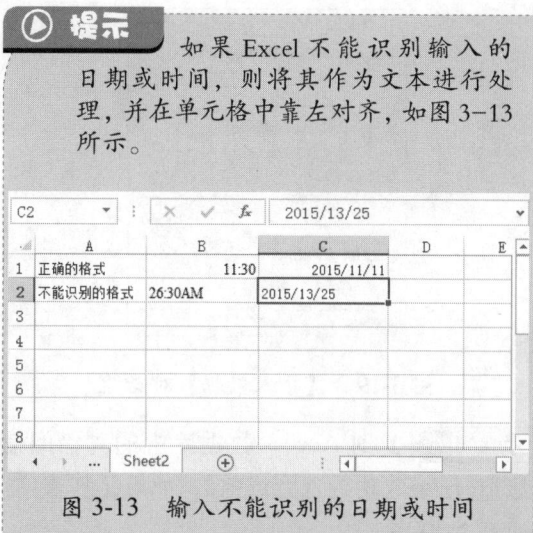

图 3-13 输入不能识别的日期或时间

3.1.4 输入特殊符号

在 Excel 工作表中的单元格内可以输入特殊符号，具体操作如下。

步骤 1 选中需要插入特殊符号的单元格，如这里选择单元格 A1，然后单击【插入】选项卡【符号】组中的【符号】按钮，即可打开【符号】对话框。选择【符号】选项卡，在【子集】下拉列表中选择【数学运算符】选项，从弹出的列表框中选择"√"，如图 3-14 所示。

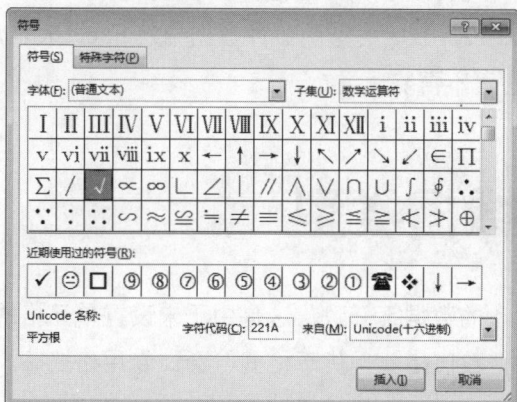

图 3-14 选择特殊符号"√"

步骤 2 单击【插入】按钮，再单击【关闭】按钮，即可完成特殊符号的插入操作，如图 3-15 所示。

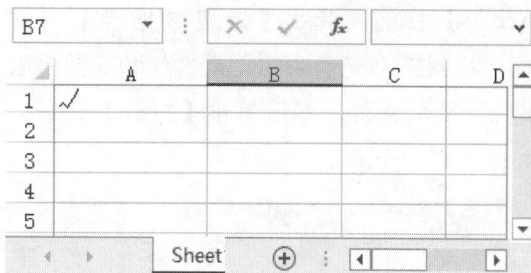

图 3-15 插入特殊符号"√"

3.1.5 导入外部数据

在 Excel 中，用户可以方便地导入外部数据，从而实现数据共享。选择【数据】选项卡，在【获取外部数据】组中可以看到，用户可将 Access 数据库、网站、txt 等类型的文件数据导入到 Excel 中。除了这 3 种类型的文件外，单击【自其他来源】下拉按钮，在弹出的下拉列表中可以看到，系统还支持从 SQL Server、XML 等文件中导入数据，如图 3-16 所示。

图 3-16 【获取外部数据】组

以导入 Access 数据库的数据为例，导入外部数据的具体操作步骤如下。

步骤 1 打开 Excel 表格，选择【数据】选项卡，单击【获取外部数据】组的【自

Access】按钮，弹出【选取数据源】对话
框，找到随书光盘中的"素材\ch03\图书管
理.accdb"文件，然后单击【打开】按钮，
如图 3-17 所示。

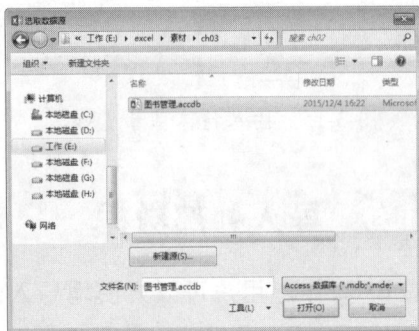

图 3-17　【选取数据源】对话框

步骤 2 弹出【选择表格】对话框，选择
需要导入的表格，单击【确定】按钮，如图 3-18
所示。

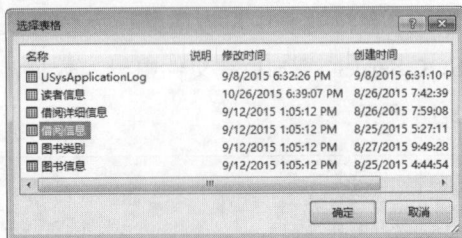

图 3-18　【选择表格】对话框

步骤 3 弹出【导入数据】对话框，单击【确
定】按钮，如图 3-19 所示。

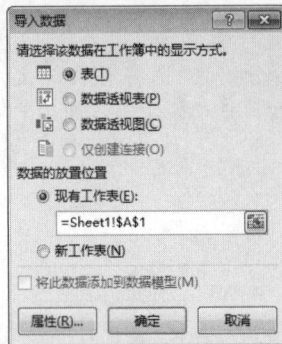

图 3-19　【导入数据】对话框

步骤 4 此时 Access 数据库中的"借阅信
息"表已经成功导入到当前的 Excel 工作表中，
如图 3-20 所示。

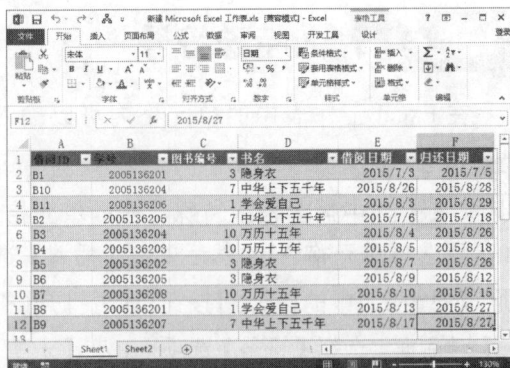

图 3-20　成功导入 Access 数据库中的数据表

使用同样的方法，用户还可将网站、
txt、XML 等类型的文件数据导入 Excel 表中，
这里不再赘述。

3.2　设置单元格的数据类型

有时 Excel 单元格中显示的数据和用户输入的数据不一致，这是由于未设置单元格的
数据类型造成的，Excel 单元格的数据类型包括数值格式、货币格式、会计专用格式等。
本节为读者介绍如何设置单元格的数据类型。

3.2.1　常规格式

Excel 单元格的常规格式是不包含特定格式的数据格式，Excel 中默认的数据格式即为常

规格式。如图 3-21 所示，左列为常规格式，中列为文本格式，右列为数值格式。

图 3-21　常规格式

> **提示**　选定单元格后，按 Ctrl + Shift + ~ 组合键，可以将选定的单元格设置为常规格式。

3.2.2　数值格式

数值格式可用于设置小数点的位数；当使用数值表示金额时，还可设置是否使用千位分隔符。具体的操作步骤如下。

步骤 1　打开随书光盘中的"素材 \ch03\ 千古网络销售 .xlsx"文件，选择区域 B3:F7，右击鼠标，在弹出的快捷菜单中选择【设置单元格格式】菜单命令，如图 3-22 所示。

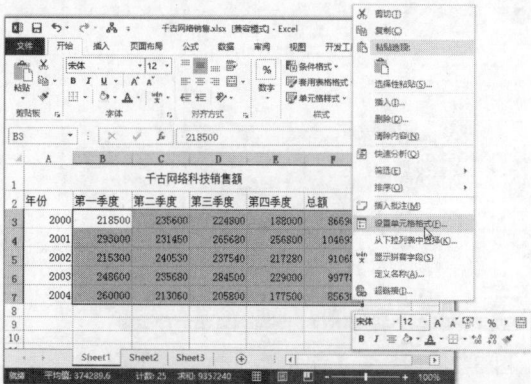

图 3-22　选择【设置单元格格式】菜单命令

步骤 2　弹出【设置单元格格式】对话框，选择【数字】选项卡，在【分类】列表框中选择【数值】选项，在右侧设置小数位数为 2，然后选中【使用千位分隔符】复选框，如图 3-23 所示。

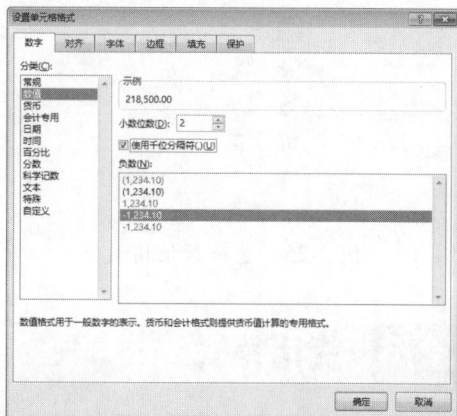

图 3-23　【设置单元格格式】对话框

步骤 3　单击【确定】按钮，选定区域中的数值自动以千位分隔符的形式呈现出来，并保留 2 位小数位数，如图 3-24 所示。

图 3-24　设置数值格式

> **提示**　选择区域以后，在【开始】选项卡单击【数字】组右下角的按钮，同样会弹出【设置单元格格式】对话框，用于设置格式。或者在【数字】组直接单击【常规】下拉按钮，在弹出的下拉列表中选择其他的格式，并通过下方的或 % 等按钮设置货币符号、千位分隔符等，如图 3-25 所示。

图 3-25　选择数值格式

3.2.3　货币格式

货币格式主要用于设置货币的形式，包括货币类型和小数位数。当需要使用数值表示金额时，可以将格式设置为货币格式，具体的操作步骤如下。

步骤 1 打开随书光盘中的"素材\ch03\千古网络销售.xlsx"文件，选定要设置数据类型的单元格或单元格区域，打开【设置单元格格式】对话框，选择【数字】选项卡，在【分类】列表框中选择【货币】选项，在右侧设置【小数位数】为1，单击【货币符号】右侧的下拉按钮，在弹出的下拉列表中选择￥，如图3-26所示。

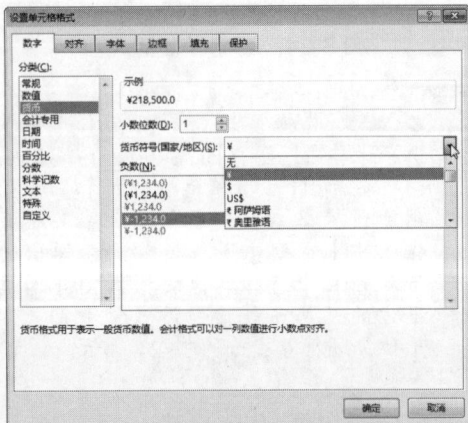

图 3-26　【设置单元格格式】对话框

步骤 2 单击【确定】按钮，选定区域中的数值自动添加￥符号，并保留1位小数位数若在空白单元格中输入其他数值，会呈现出相同的货币格式，如图3-27所示。

图 3-27　设置货币格式

3.2.4　会计专用格式

会计专用格式也用于设置货币的形式，它与货币格式不同的是，会计专用格式可以将数值中的货币符号对齐。具体的操作步骤如下。

步骤 1 打开随书光盘中的"素材\ch03\工资发放记录.xlsx"文件，选择区域 D2:H7，右击鼠标，在弹出的快捷菜单中选择【设置单元格格式】菜单命令，如图3-28所示。

图 3-28　选择【设置单元格格式】菜单命令

步骤 2 弹出【设置单元格格式】对话框，选择【数字】选项卡，在【分类】列表框中选择【会计专用】选项，在右侧设置【小数位数】为1，单击【货币符号】右侧的下拉按钮，在弹出的下拉列表中选择¥，如图3-29所示。

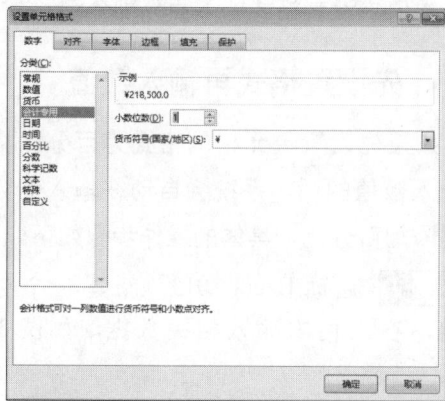

图 3-29　会计专用数据设置

步骤 3 单击【确定】按钮，选定区域中的数值自动添加¥符号，并保留1位小数位数，且每个数值的货币符号均会对齐，如图3-30所示。

图 3-30　会计专用数据格式

注意 将货币格式与会计专用格式比较后可以看到，货币数据格式的货币符号没有对齐，如图3-31所示。

图 3-31　货币数据格式

3.2.5 日期和时间格式

在单元格中输入日期和时间时，Excel 以默认的日期/时间格式显示。通过设置，使其显示为不同的日期/时间格式，具体的操作步骤如下。

步骤 1 启动 Excel 2013，新建一个空白文档，在表格内输入相关的数据内容，如图3-32所示。

图 3-32　输入数据

步骤 2 选择区域 B3:B6，右击鼠标，在弹出的快捷菜单中选择【设置单元格格式】菜单命令，弹出【设置单元格格式】对话框。选择【数字】选项卡，在【分类】列表框中选择【日期】选项，在右侧设置类型为【2012年3月14日】，如图3-33所示。

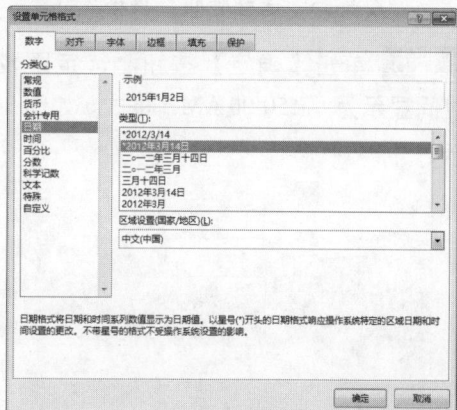

图 3-33　选择日期数据格式

步骤 3 单击【确定】按钮，选定区域中的日期显示为"2015年1月2日"格式，如图3-34所示。

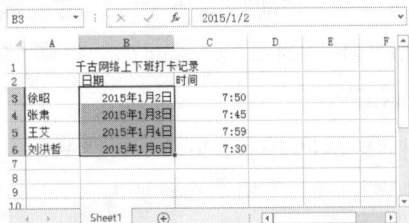

图3-34 以日期格式显示数据

步骤 4 接下来设置时间格式。选择区域C3:C6，右击鼠标，在弹出的快捷菜单中选择【设置单元格格式】菜单命令，弹出【设置单元格格式】对话框，选择【数字】选项卡，在【分类】列表框中选择【时间】选项，在右侧设置类型为【1:30:55 PM】，表示设置格式为12小时制，如图3-35所示。

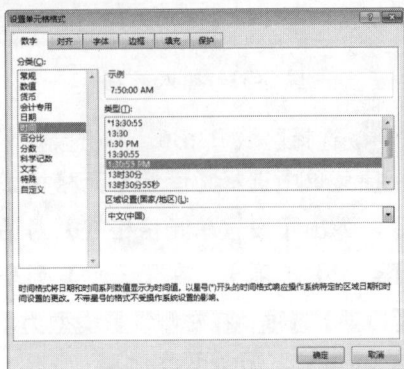

图3-35 选择时间数据格式

步骤 5 单击【确定】按钮，选定区域中的时间显示为"7:50:00 AM"格式，如图3-36所示。

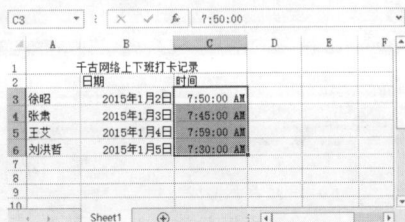

图3-36 以时间数据格式显示

3.2.6 百分比格式

将单元格中的数值设置为百分比格式时，分为两种情况：先设置格式再输入数值和先输入数值再设置格式。下面分别介绍。

1 先设置格式再输入数值

如果先设置单元格的格式为百分比格式再输入数值的话，系统会自动在输入的数值末尾添加百分比。具体的操作步骤如下。

步骤 1 启动 Excel 2013，新建一个空白文档，在表格内输入相关数据，如图3-37所示。

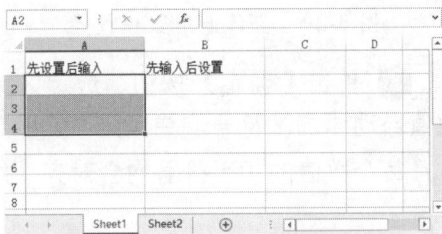

图3-37 输入数据

步骤 2 选择区域A2:A4，右击鼠标，在弹出的快捷菜单中选择【设置单元格格式】菜单命令，弹出【设置单元格格式】对话框，选择【数字】选项卡，在【分类】列表框中选择【百分比】选项，在右侧设置【小数位数】为1，如图3-38所示。

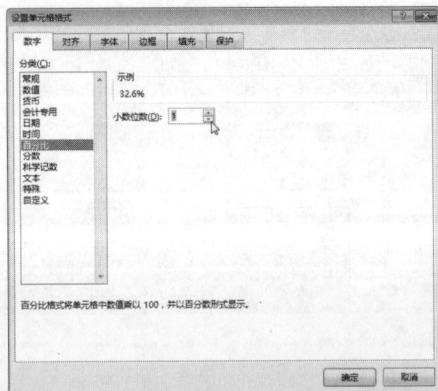

图3-38 【设置单元格格式】对话框

步骤 3　单击【确定】按钮，在 A2:A4 区域内输入数值，输入的数值将保留 1 位小数，且末尾会添加"%"符号，如图 3-39 所示。

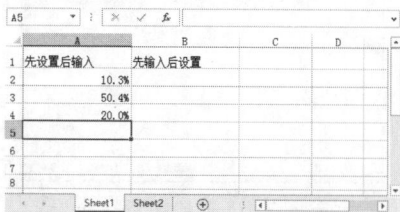

图 3-39　以百分比格式显示数据

2　先输入数值再设置格式

该方法与先设置格式再输入数值不同的是，在改变格式的同时，系统会自动将原有的数值乘以 100。具体的操作步骤如下。

步骤 1　在区域 B2:B4 中输入与前一列相同的数据，然后选择该区域，并在【设置单元格格式】对话框中设置单元格的格式为【百分比】，如图 3-40 所示。

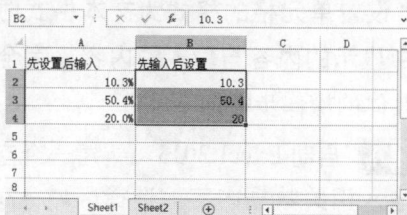

图 3-40　输入数据

步骤 2　设置完成后，单击【确定】按钮，系统自动将输入的数值乘以 100，然后保留了 1 位小数位数，且末尾会添加"%"符号，如图 3-41 所示。

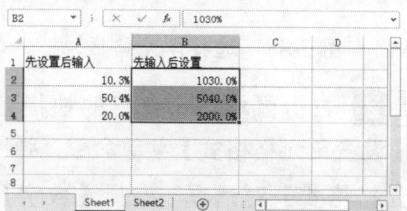

图 3-41　设置数据格式

3.2.7　分数格式

当用户在单元格中直接输入分数时，若没有设置相应的格式，系统会自动将其显示为日期格式。如何设置单元格的格式为分数格式，具体的操作步骤如下。

步骤 1　启动 Excel 2013，新建一个空白文档，选择区域 A1:A4，如图 3-42 所示。

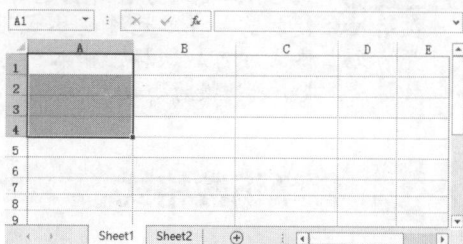

图 3-42　选择单元格区域

步骤 2　右击鼠标，在弹出的快捷菜单中选择【设置单元格格式】菜单命令，弹出【设置单元格格式】对话框，选择【数字】选项卡，在【分类】列表框中选择【分数】选项，在右侧设置【类型】为【分母为一位数 (1/4)】，如图 3-43 所示。

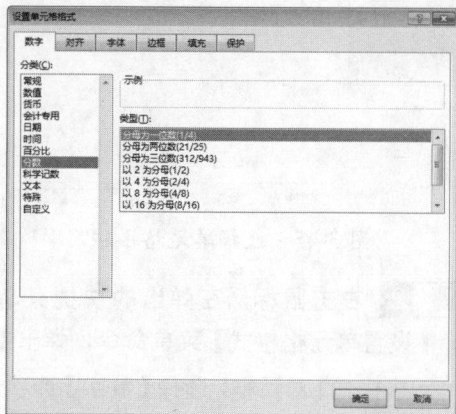

图 3-43　【设置单元格格式】对话框

步骤 3　单击【确定】按钮，在 A1:A4 区域内输入数字，系统会将其转换为分数格式，且分数的分母只有一位，在编辑栏中还会显示出分数经过运算后的小数，如图 3-44 所示。

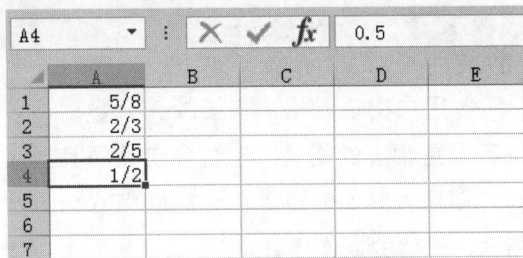

图 3-44　以分数格式显示数据

> **提示**　如果不需要对分数进行运算，在输入分数之前，将单元格的格式设置为文本格式即可。这样，输入的分数就不会减小或转换为小数。

3.2.8　科学记数格式

如果在单元格中输入的数值较大时，默认情况下，系统会自动将其转换为科学记数格式，或者也可以直接设置单元格的格式为科学记数格式。具体的操作步骤如下。

步骤 1　启动 Excel 2013，新建一个空白文档，选择区域 A1:A4，如图 3-45 所示。

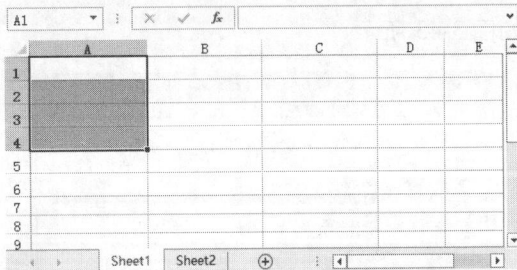

图 3-45　选择单元格区域

步骤 2　右击鼠标，在弹出的快捷菜单中选择【设置单元格格式】菜单命令，弹出【设置单元格格式】对话框，选择【数字】选项卡，在【分类】列表框中选择【科学记数】选项，在右侧设置【小数位数】为 1，如图 3-46 所示。

步骤 3　单击【确定】按钮，在 A1:A4 区域内输入数字，系统会将其转换为科学记数格式，如图 3-47 所示。

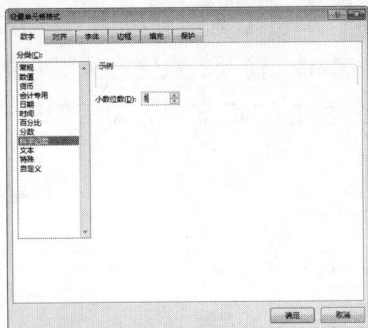

图 3-46　设置数据格式

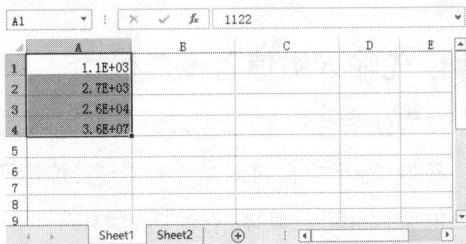

图 3-47　以科学记数格式显示数据

3.2.9　文本格式

当设置单元格的格式为文本格式时，单元格中显示的内容与输入的内容是完全一致的。具体的操作步骤如下。

步骤 1　启动 Excel 2013，新建一个空白文档，输入相关数据内容，选择区域 A2:C4，如图 3-48 所示。

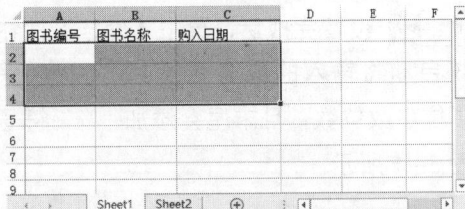

图 3-48　选择单元格区域

步骤 2　右击鼠标，在弹出的快捷菜单中选择【设置单元格格式】菜单命令，弹出【设置单元格格式】对话框，选择【数字】选项卡，在【分类】列表框中选择【文本】选项，如图 3-49 所示。

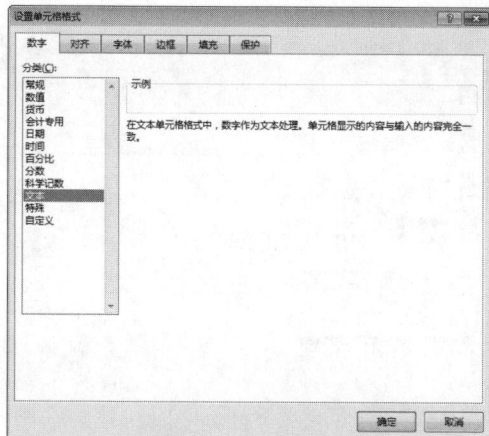

图 3-49　设置数据格式

步骤 3 单击【确定】按钮，在 A2:C4 区域内输入内容，可以看到，输入的内容与显示的内容完全一致，如图 3-50 所示。若没有设置其为文本格式，在 A2 中输入"001"时，系统会默认将 0 忽略不计，只显示为"1"。

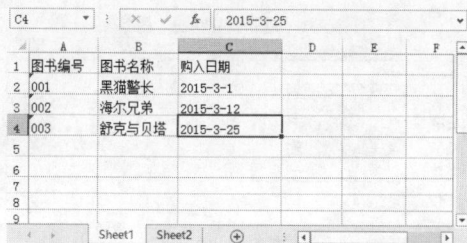

图 3-50　以文本格式显示数据

3.2.10　特殊格式

当输入邮政编码、电话号码等全部由数字组成的数据时，可以将其设置为文本格式或者特殊格式，从而避免系统默认为是数值格式。设置单元格格式为特殊格式的具体操作步骤如下。

步骤 1 启动 Excel 2013，新建一个空白文档，输入相关数据内容，选择区域 B2:B6，如图 3-51 所示。

步骤 2 右击鼠标，在弹出的快捷菜单中选择【设置单元格格式】菜单命令，弹出【设置

单元格格式】对话框，选择【数字】选项卡，在【分类】列表框中选择【特殊】选项，在右侧设置【类型】为【邮政编码】，如图 3-52 所示。

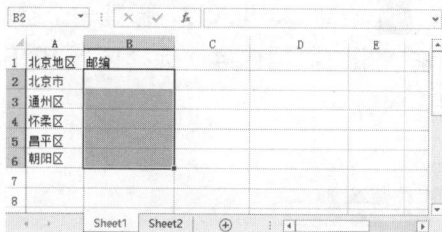

图 3-51　选择单元格区域

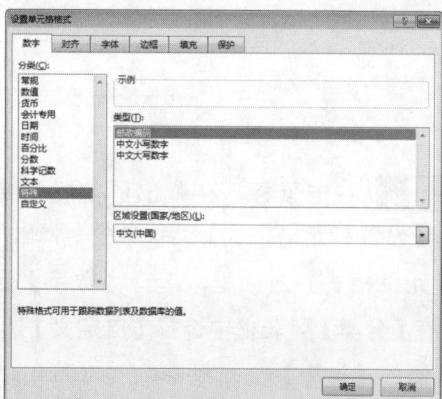

图 3-52　设置数据格式

步骤 3 单击【确定】按钮，在 B2:B6 区域内输入内容，单元格的格式均为【邮政编码】格式，如图 3-53 所示。

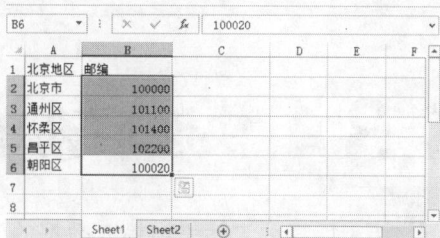

图 3-53　以邮政编码的方式显示数据

3.2.11　自定义格式

若以上的格式均不能满足需求，用户还可以自定义格式。例如，若需要在单价后面添加货币单位"元"，如果直接把单位写在

单价后面，单元格内的数字是无法进行数学运算的。这时可以设置自定义格式，具体的操作步骤如下。

步骤 **1** 启动 Excel 2013，新建一个空白文档，输入相关数据内容，选择区域 B2:B5，如图 3-54 所示。

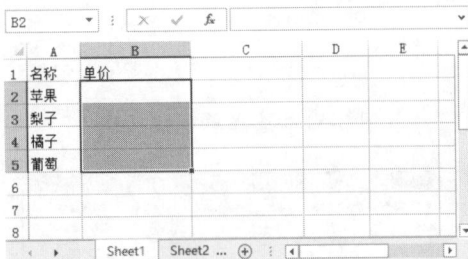

图 3-54　选择单元格区域

步骤 **2** 右击鼠标，在弹出的快捷菜单中选择【设置单元格格式】菜单命令，弹出【设置单元格格式】对话框，选择【数字】选项卡，在【分类】列表框中选择【自定义】选项，在右侧的【类型】文本框中输入"0.00 "元""，如图 3-55 所示。

> **提示** 这里 0 或者 # 都是 Excel 中的数字占位符，一个占位符表示一个数字。用户也可以选择【类型】列表框中提供的选项，设置其他的自定义格式。

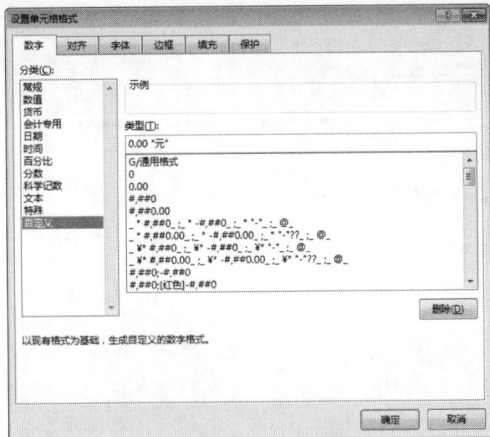

图 3-55　设置数据格式

步骤 **3** 单击【确定】按钮，在 B2:B5 区域内输入单价时，系统会保留 2 位小数，并在输入的单价值后面添加货币单位"元"，并且该格式不会影响单元格进行加减乘除等运算，如图 3-56 所示。

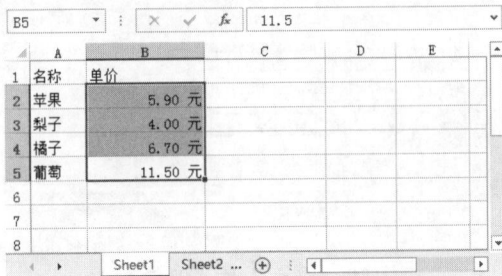

图 3-56　以自定义格式显示数据

3.3　快速填充单元格数据

为了提高向工作表中输入数据的效率，降低输入错误率，Excel 提供有快速输入数据的功能。常用的快速填充表格数据的方法包括使用填充柄填充、使用填充命令填充等。

3.3.1　使用填充柄

填充柄是位于单元格右下角的方块，使用它可以有规律地快速填充单元格，具体的操作步骤如下。

步骤 **1** 启动 Excel 2013，新建一个空白文档，输入相关数据内容。然后将指针定位在单元格 B2 右下角的方块上，如图 3-57 所示。

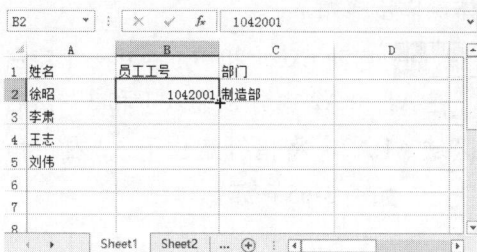

图 3-57　定位指针位置

步骤 2 当指针变为 **+** 形状时，向下拖动鼠标到 B5，即可快速填充选定的单元格。可以看到，填充后的单元格与 B2 的内容相同，如图 3-58 所示。

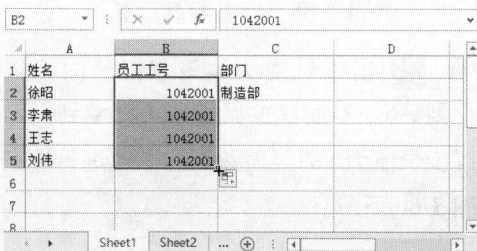

图 3-58　快速填充数据

填充后，右下角有一个【自动填充选项】图标 **⊞**，单击图标 **⊞** 右侧的下拉按钮，在弹出的下拉列表中可设置填充的内容，如图 3-59 所示。

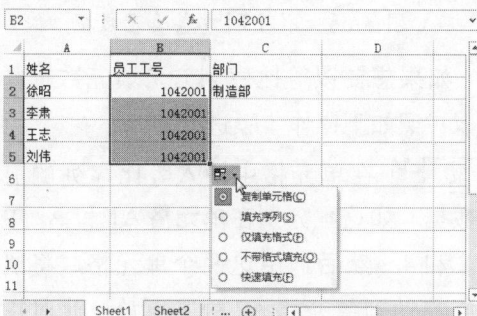

图 3-59　设置填充内容

默认情况下，系统以【复制单元格】的形式进行填充。若选择【填充序列】选项，B3:B5 中的值将以 1 为步长进行递增，如

图 3-60 所示。若选择【仅填充格式】选项，B3:B5 的格式将与 B2 的格式一致，但并不填充内容。若选择【不带格式填充】，B3:B5 的值将与 B2 一致，但并不应用 B2 的格式。

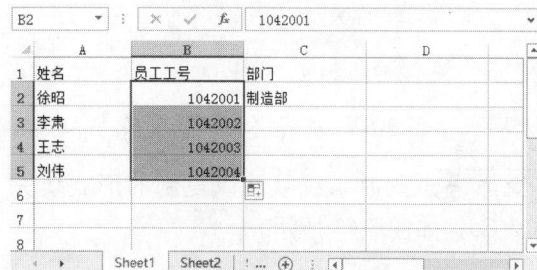

图 3-60　以序列方式填充数据

> **提示**　对于数值序列，在使用填充柄的同时按住 Ctrl 键，单元格会默认以递增的形式填充，类似于选择【填充序列】选项。

3.3.2　使用填充命令

除了使用填充柄进行填充外，还可以使用填充命令快速填充。具体的操作步骤如下。

步骤 1 启动 Excel 2013，新建一个空白工作簿，在其中输入相关数据。选择区域 C2:C5，如图 3-61 所示。

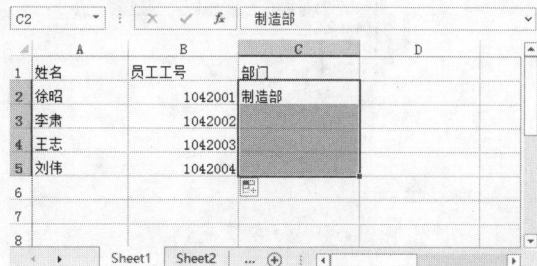

图 3-61　选择单元格区域

步骤 2 在【开始】选项卡的【编辑】组中单击【填充】右侧的下拉按钮，在弹出的下拉列表中选择【向下】选项，如图 3-62 所示。

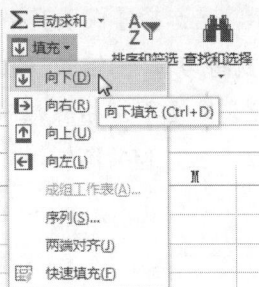

图 3-62　选择【向下】选项

步骤 3 此时系统默认以复制的形式填充 C3:C5，如图 3-63 所示。

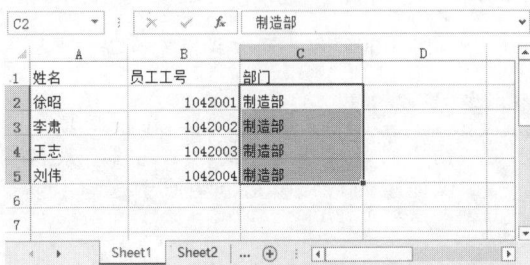

图 3-63　向下填充内容

提示 在步骤 2 中若选择【向右】、【向上】等选项，可实现不同方向的快速填充。如图 3-64 所示为向右填充的显示效果。

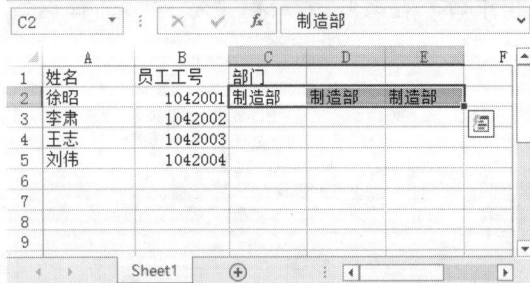

图 3-64　向右填充内容

3.3.3　数值序列填充

对于数值型数据，不仅能以复制、递增的形式快速填充，还能以等差、等比的形式快速填充。使用填充柄，可以以复制和递增的形式快速填充。以等差的形式快速填充的具体操作步骤如下。

步骤 1 启动 Excel 2013，新建一个空白文档，在 A1 和 A2 中分别输入 1 和 3，然后选择区域 A1:A2，将指针定位于 A2 右下角的方块上，如图 3-65 所示。

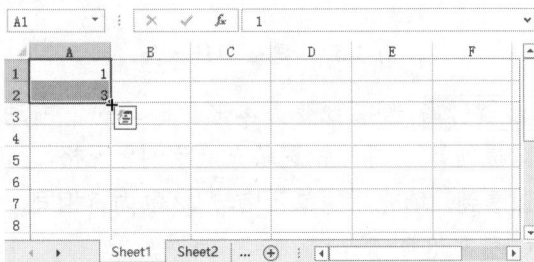

图 3-65　放置指针位置

步骤 2 当指针变为 ✚ 形状时，向下拖动鼠标到 A6，然后释放鼠标，可以看到，单元格以步长值为 2 的等差数列的形式进行填充，如图 3-66 所示。

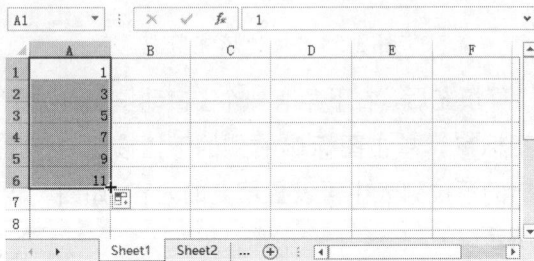

图 3-66　以序列方式填充数据

如果想要以等比序列方法填充数据，则可以按照如下操作步骤进行。

步骤 1 在单元格中输入等比序列的前两个数据，如这里分别在单元格 A1 和 A2 中输入 2 和 4。然后选中这两个单元格，将鼠标指针移动到单元格 A2 的右下角，此时指针变成 ✚ 形状，按住鼠标右键向下拖动至该序列的最后一个单元格，释放鼠标，从弹出的下拉菜单中选择【等比序列】选项，如图 3-67 所示。

图 3-67　选择【等比序列】选项

步骤 2 即可将该序列的后续数据依次填充到相应的单元格中，如图 3-68 所示。

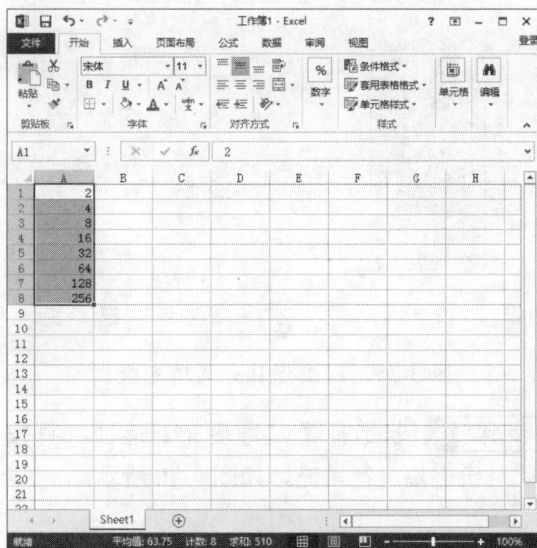

图 3-68　快速填充等比序列

3.3.4　文本序列填充

除了可以使用填充命令进行数值序列的填充之外，用户还可使用填充柄来填充文本序列，具体的操作步骤如下。

步骤 1 启动 Excel 2013，新建一个空白文档，在 A1 单元格中输入文本"床前明月光"，然后将指针定位于 A1 右下角的方块上，如图 3-69 所示。

图 3-69　放置指针位置

步骤 2 当指针变为╋形状时，向下拖动鼠标到 A5 然后释放。可以看到，单元格将按照相同的文本进行填充，如图 3-70 所示。

图 3-70　以文本序列填充数据

3.3.5　日期／时间序列填充

对日期／时间序列填充时，同样有两种方法：使用填充柄和使用填充命令。不同的是，对于文本序列和数值序列填充，系统默认以复制的形式填充；而对于日期／时间序列，默认以递增的形式填充。具体的操作步骤如下。

步骤 1 启动 Excel 2013，新建一个空白文档，在 A1 中输入日期"2015/12/24"，然后将指针定位于 A1 右下角的方块上，如图 3-71 所示。

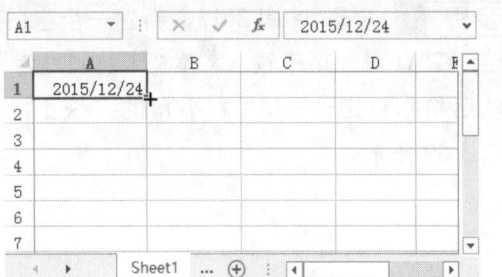

图 3-71　输入日期

步骤 2 当指针变为 **+** 形状时，向下拖动鼠标到 A8 然后释放，可以看到，单元格默认以天递增的形式进行填充，如图 3-72 所示。

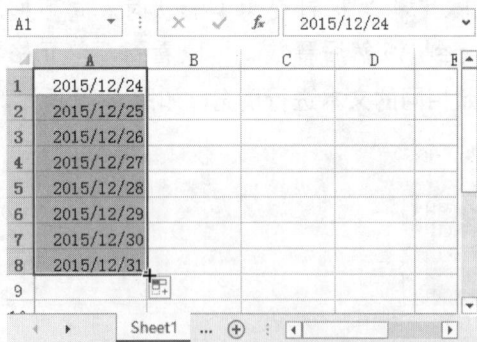

图 3-72　以天递增方式填充数据

提示 按住 Ctrl 键不放，再拖动鼠标，这时单元格将以复制的形式进行填充，如图 3-73 所示。

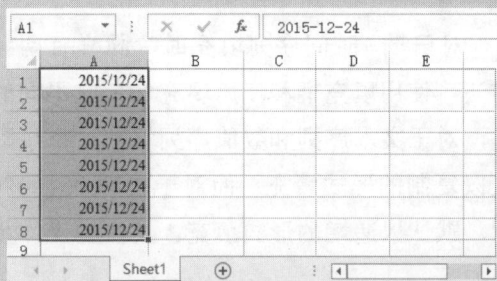

图 3-73　以复制方式填充数据

步骤 3 填充后，单击图标 右侧的下拉按钮，会弹出填充的各个选项。可以看到，默认情况下，系统是以【填充序列】的形式进行填充，如图 3-74 所示。

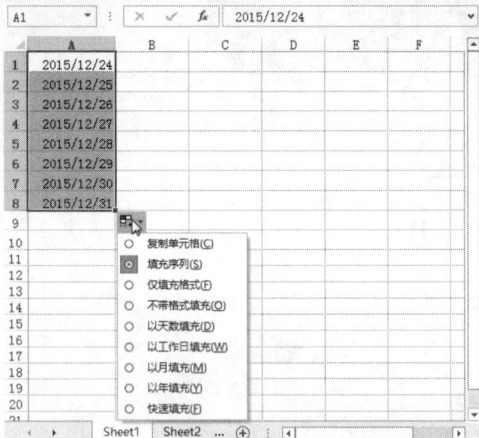

图 3-74　以【填充序列】方式填充数据

步骤 4 若选择【以工作日填充】选项，每周工作日为 5 天，因此将以原日期作为周一，按工作日递增进行填充，不包括周六、周日，如图 3-75 所示。

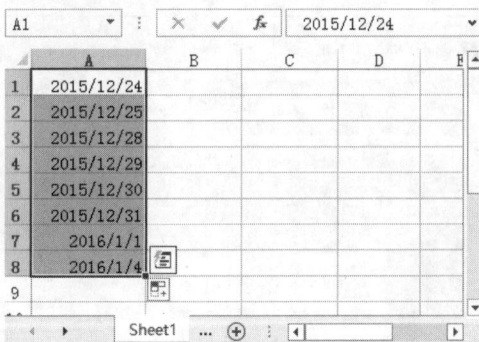

图 3-75　以工作日方式填充数据

步骤 5 若选择【以月填充】选项，将按照月份递增进行填充，如图 3-76 所示。

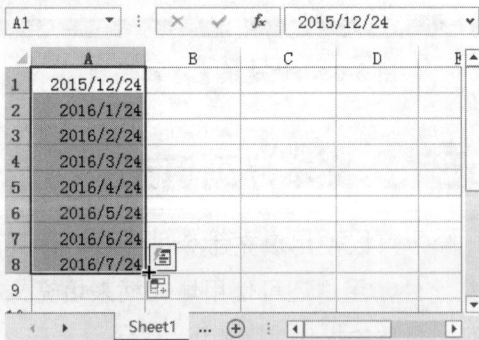

图 3-76　以月份递增方式填充数据

步骤 6 若选择【以年填充】选项，将按照年份递增进行填充，如图 3-77 所示。

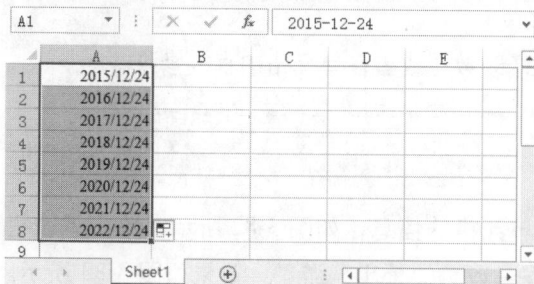

图 3-77　以年递增方式填充数据

3.3.6 自定义序列填充

在进行一些较特殊的有规律的序列填充时，若以上的方法均不能满足需求，用户还可以自定义序列填充。具体的操作步骤如下。

步骤 1 启动 Excel 2013，新建一个空白文档，选择【文件】选项卡，进入文件操作界面，选择【选项】选项，如图 3-78 所示。

图 3-78　文件操作界面

步骤 2 弹出【Excel 选项】对话框，单击左侧的【高级】选项，然后在右侧的【常规】区域单击【编辑自定义列表】按钮，如图 3-79 所示。

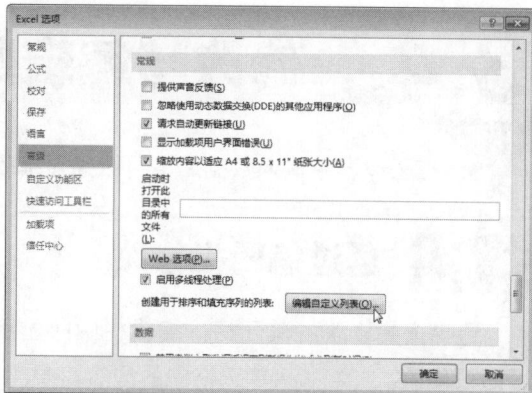

图 3-79　【Excel 选项】对话框

步骤 3 弹出【自定义序列】对话框，在【输入序列】文本框中依次输入自定义的序列，单击【添加】按钮，如图 3-80 所示。

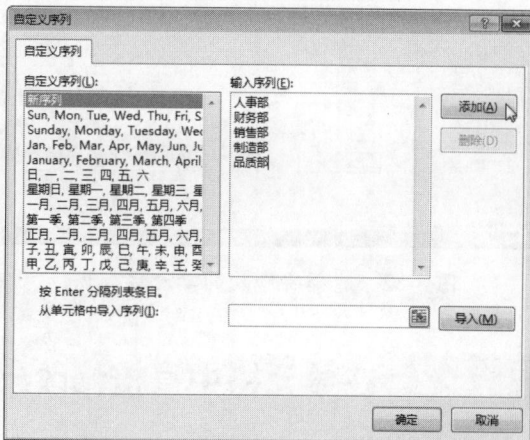

图 3-80　【自定义序列】对话框

步骤 4 添加完成后，依次单击【确定】按钮，返回到工作表中。在 A1 中输入"人事部"，然后拖动填充柄，系统将以自定义序列填充单元格，如图 3-81 所示。

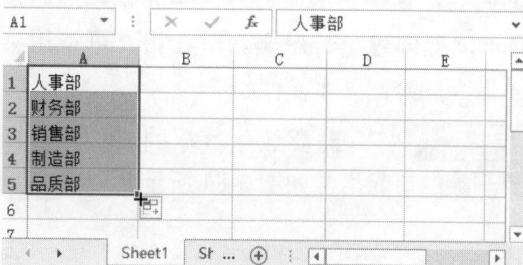

图 3-81　自定义填充序列

3.4 修改与编辑数据

在工作表中输入数据后，可以通过编辑栏修改数据或者在单元格中直接修改。

3.4.1 通过编辑栏修改

选择需要修改的单元格，编辑栏中即显示该单元格的信息，如图 3-82 所示，单击编辑栏后即可修改。如将 C9 单元格中的内容"员工聚餐"改为"外出旅游"，效果如图 3-83 所示。

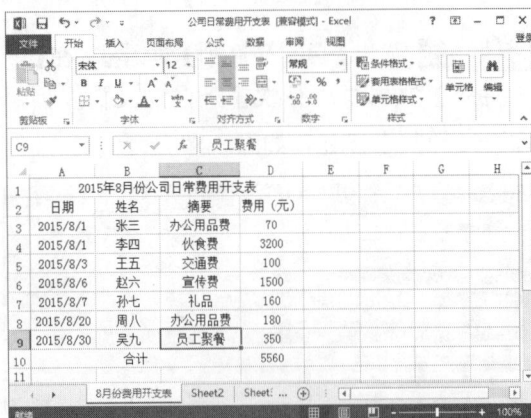

图 3-82　选择要修改的单元格数据

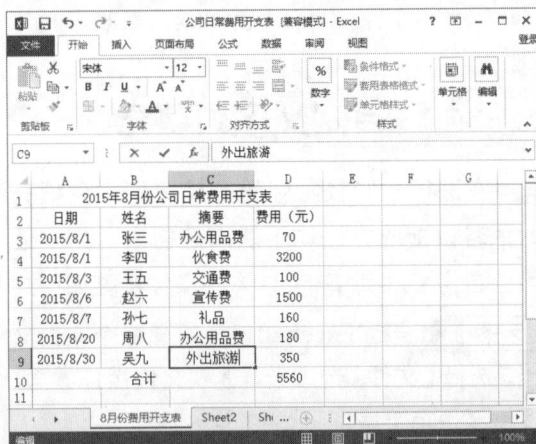

图 3-83　修改单元格数据

3.4.2 在单元格中直接修改

选择需要修改的单元格，直接输入数据，原单元格中的数据将被覆盖。也可以双击单元格或者按 F2 键，单元格中的数据被激活，然后即可直接修改。

3.4.3 删除单元格中的数据

若只是想清除某个（或某些）单元格中的内容，选中要清除内容的单元格，然后按 Delete 键即可。若想删除单元格，可使用菜单命令删除，具体操作如下。

步骤 1 打开需要删除数据的文件，选择要删除的单元格，如图 3-84 所示。

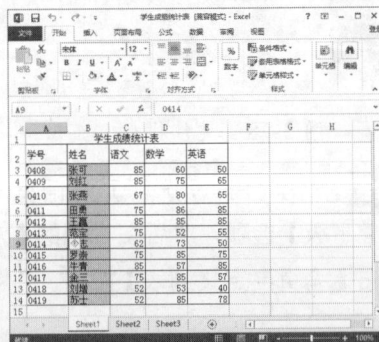

图 3-84　选择要删除的单元格

步骤 2 在【开始】选项卡【单元格】组中单击【删除】按钮，在弹出的下拉列表中选择【删除单元格】选项，如图 3-85 所示。

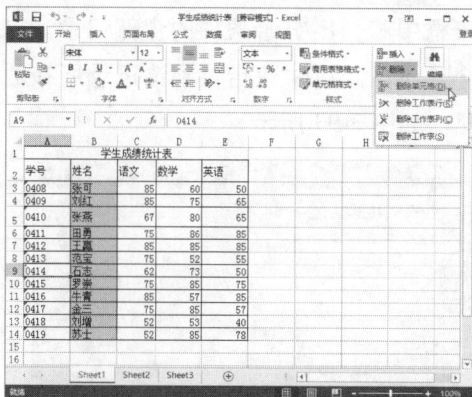

图 3-85　选择【删除单元格】选项

步骤 3 弹出【删除】对话框，选择【右侧单元格左移】单选按钮，如图 3-86 所示。

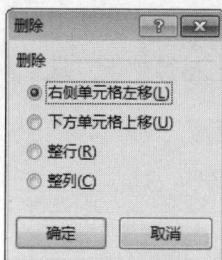

图 3-86　【删除】对话框

步骤 4 单击【确定】按钮，即可将右侧单元格中的数据向左移动一列，如图 3-87 所示。

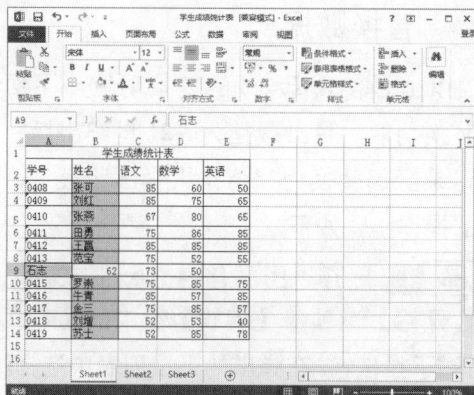

图 3-87　删除后的效果

步骤 5 将指针移至 D 处，当变成 形状时右击鼠标，在弹出的快捷菜单中选择【删除】菜单命令，如图 3-88 所示。

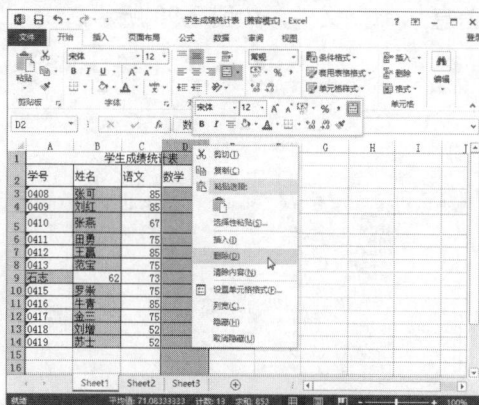

图 3-88　选择【删除】菜单命令

步骤 6 即可删除 D 列中的数据，同样右侧单元格中的数据也会向左移动一列，如图 3-89 所示。

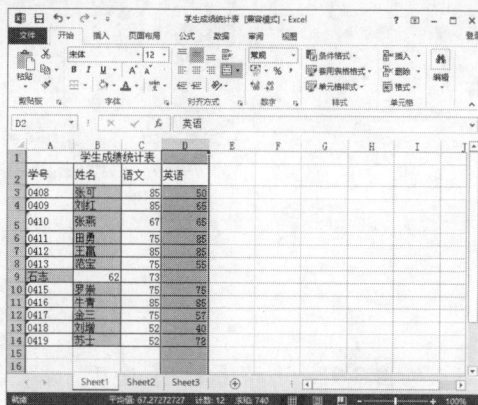

图 3-89　删除数据

3.4.4　查找和替换数据

Excel 2013 提供的查找和替换功能，可以帮助用户快速定位到要查找的信息，还可以批量地修改信息。

1 查找数据

下面以"图书信息"表为例，查找出版

社为"21 世纪出版社"的记录，具体的操作步骤如下。

步骤 1 打开随书光盘中的"素材 \ch03\ 图书信息 .xlsx"文件，如图 3-90 所示。

图 3-90　素材文件

步骤 2 在【开始】选项卡的【编辑】组中单击【查找和选择】下拉按钮，在弹出的下拉列表中选择【查找】选项，如图 3-91 所示。

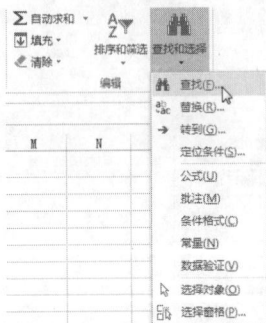

图 3-91　选择【查找】选项

步骤 3 弹出【查找和替换】对话框，在【查找内容】文本框中输入"21 世纪出版社"，如图 3-92 所示。

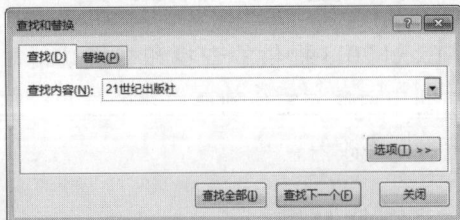

图 3-92　【查找和替换】对话框

提示 按 Ctrl+F 组合键，也可弹出【查找和替换】对话框。

步骤 4 单击【查找全部】按钮，在下方列表框中将列出符合条件的全部记录。单击一个记录，即可快速定位到该记录所在的单元格，如图 3-93 所示。

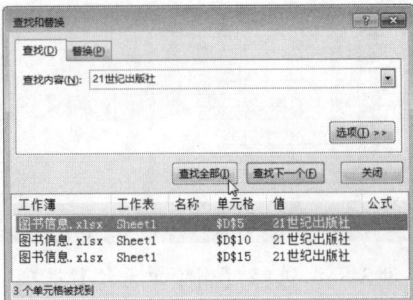

图 3-93　开始查找

提示 单击【选项】按钮，还可以设置查找的范围、格式、是否区分大小写、是否单元格匹配等，如图 3-94 所示。

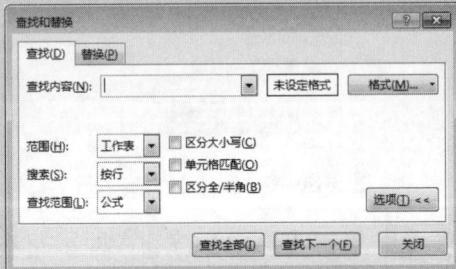

图 3-94　展开【选项】设置参数

2　替换数据

以上是使用 Excel 的查找功能，下面使用替换功能，将出版社为"21 世纪出版社"的记录全部替换为"清华大学出版社"，具体的操作步骤如下。

步骤 1 打开"图书信息 .xlsx"文件，单击【开始】选项卡【编辑】组中的【查找和选择】下拉按钮，在弹出的下拉列表中选择【替换】选项。

步骤 **2** 弹出【查找和替换】对话框，在【查找内容】文本框中输入要查找的内容，在【替换为】文本框中输入替换后的内容，如图 3-95 所示。

步骤 **3** 设置完成后，单击【查找全部】按钮，在下方列表框中将列出符合条件的全部记录，如图 3-96 所示。

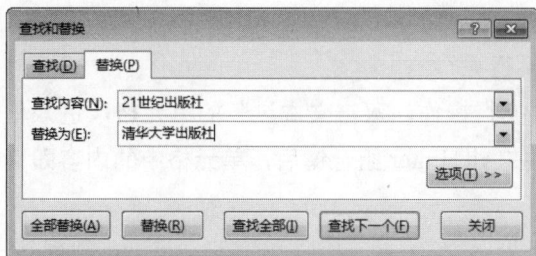

图 3-95 【查找和替换】对话框

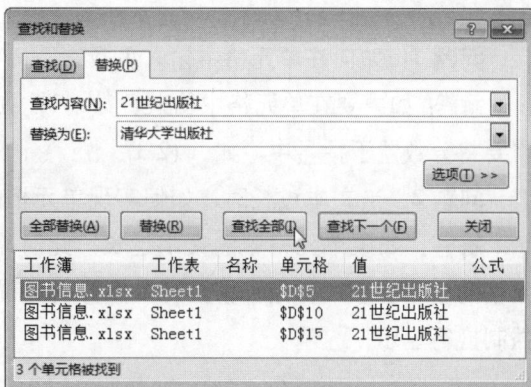

图 3-96 开始查找

步骤 **4** 单击【全部替换】按钮，弹出 Microsoft Excel 信息提示框，提示已完成替换操作，如图 3-97 所示。

步骤 **5** 单击【确定】按钮，然后单击【关闭】按钮，关闭【查找和替换】对话框。返回到 Excel 表中，所有为"21 世纪出版社"的记录均替换为"清华大学出版社"，如图 3-98所示。

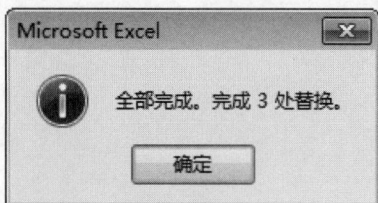

图 3-97 信息提示框

图 3-98 替换数据

提示 在进行查找和替换时，如果不能确定完整的搜索信息，可以使用通配符？和 * 来代替不能确定的部分信息。其中，？表示一个字符，* 表示一个或多个字符。

3.5 疑难问题解答

问题 1：如何在单元格中输入负数？

解答：如果要在单元格中输入负数，只需在数字前输入"减号"；但是如果负数是分数的话，需要将分数置于括号中，如－(2/3)。

问题 2：当文本过长时，如何实现单元格的换行呢？

解答：如果单元格中的文本过长，此时需要换行操作。双击文本过长的单元格，进入单元格的编辑状态，将指针移至需要换行的位置，按 Alt+Enter 组合键后，单元格中的内容即可强制换行显示。

第 4 章

制作常见财务单据和统计表

● **本章导读**

　　企业在日常经营活动中，必然会有一些费用的产生，这就需要财务人员制作相应的财务单据，如对于企业各个部门的日常费用，财务部门需要制作费用统计表；对于企业员工的差旅费，财务人员需要制作差旅费报销等。总之，为了更好地开展财务工作、规范财务制度，企业需要根据自身的实际经营情况，设计并制作出适合本企业财务工作的单据和统计表。

● **学习目标**

◎ 掌握制作单据粘贴单的方法
◎ 掌握制作差旅费报销单的方法
◎ 掌握制作往来客户一览表的方法
◎ 掌握制作费用统计表的方法
◎ 掌握制作会计科目表的方法

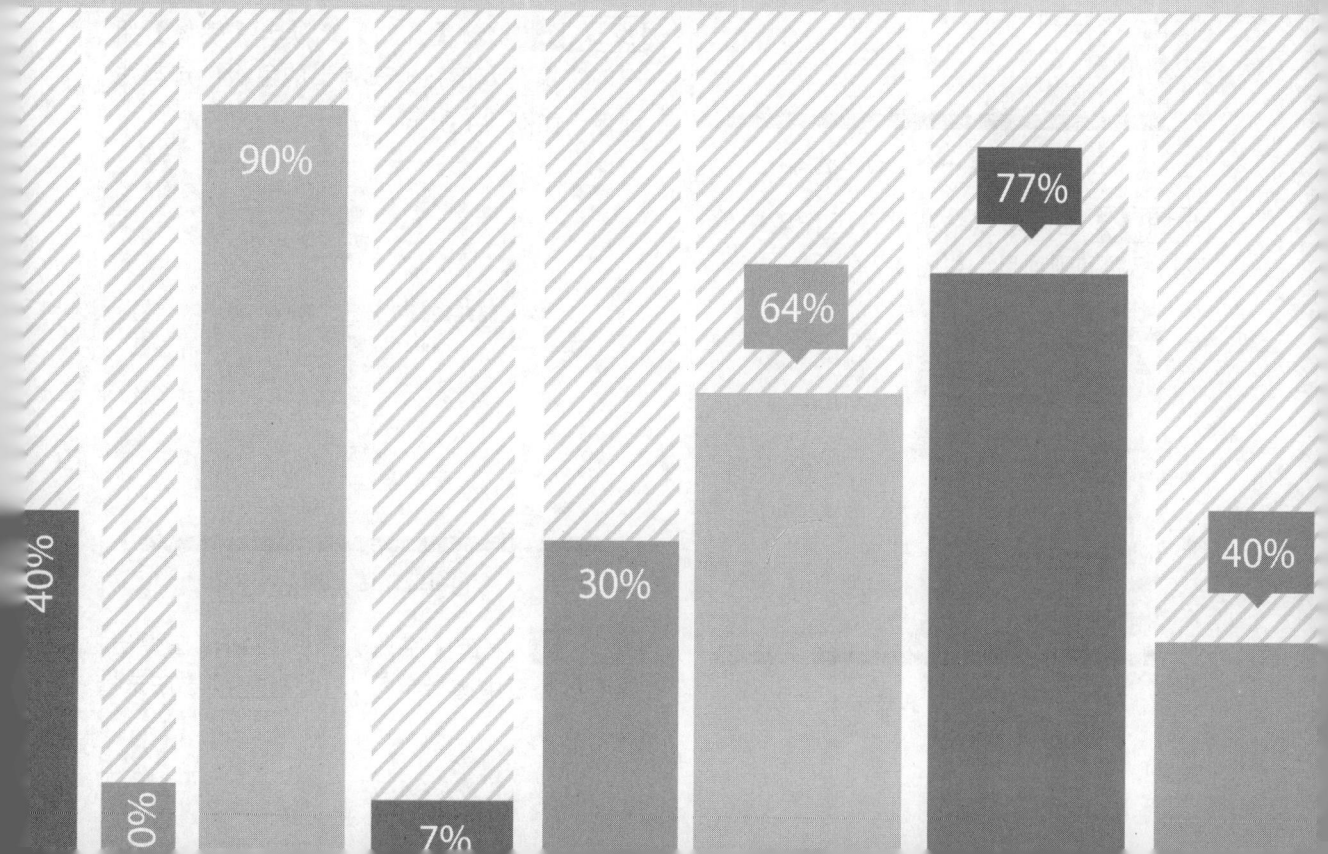

90%

77%

64%

40%

30%

0%

7%

40%

4.1 制作单据粘贴单

根据公司财务规定，对于一些费用单据，需要将其粘贴到单据粘贴单当中，以便分类地进行保存和归档。为此，财务人员需要制作单据粘贴单。

4.1.1 新建单据粘贴单

单据粘贴单的主要内容包括公司名称、填写单据粘贴的日期、单据金额、报销人等信息，新建单据粘贴单的操作步骤如下。

步骤 1 启动 Excel 2013，新建一个空白工作簿，重命名 Sheet1 为"单据粘贴单"，如图 4-1 所示。

图 4-1 新建一个空白工作簿

步骤 2 在"单据粘贴单"工作表中输入表格标题和列项目，如图 4-2 所示。

图 4-2 输入表格信息

步骤 3 选择 A1:L1 单元格区域，单击【开始】选项卡【对齐方式】组中的【合并后居中】按钮，即可合并 A1:L1 单元格区域，并居中显示单元格数据，如图 4-3 所示。

图 4-3 设置表格标题

步骤 4 单击【开始】选项卡【字体】组中的【填充】按钮，在弹出的色板中选择浅绿色，如图 4-4 所示。

图 4-4 填充颜色

步骤 5 单击【字号】下拉按钮，在弹出的下拉列表中选择字号为 14，如图 4-5 所示。

图4-5 设置文字字号大小

步骤 6 设置完毕后,返回到工作表,更改字号并填充单元格区域后的显示效果如图4-6所示。

图4-6 更改文字字号和填充颜色

步骤 7 选择E2:K3单元格区域,右击鼠标,在弹出的快捷菜单中选择【设置单元格格式】菜单命令,打开【设置单元格格式】对话框,设置【水平对齐】方式为【居中】,【垂直对齐】方式为【居中】,并选中【合并单元格】复选框,如图4-7所示。

步骤 8 选择【字体】选项卡,设置【字体】为【华文行楷】,【字号】为24,字体【颜色】为黑色,如图4-8所示。

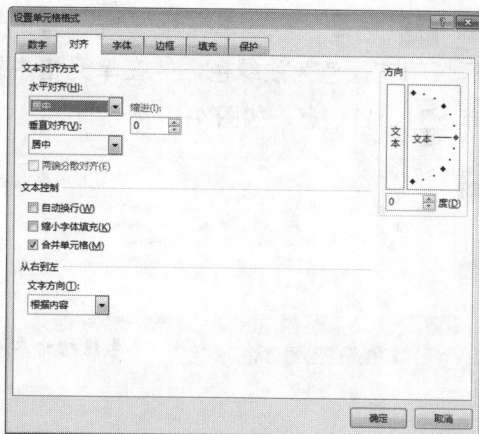

图4-7 【对齐】选项卡

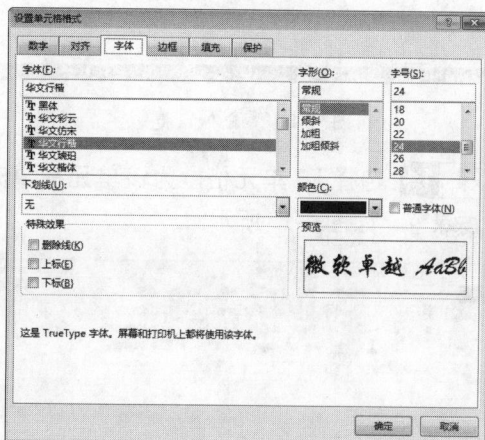

图4-8 【字体】选项卡

步骤 9 单击【确定】按钮,返回到工作表,设置单元格格式后的显示效果如图4-9所示。

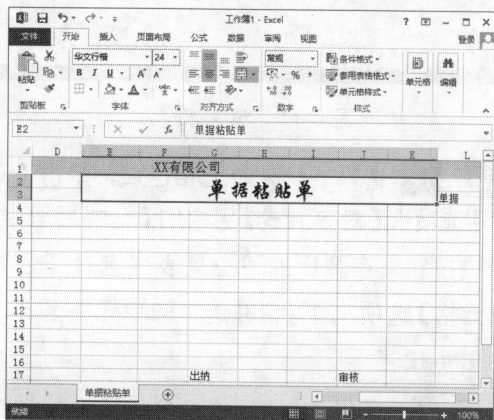

图4-9 设置单元格格式的效果

步骤 10 选择 A3:D3 单元格区域，为单元格区域填充颜色为浅绿色，并在单元格中输入年、月、日信息，如图 4-10 所示。

图 4-10　输入信息

步骤 11 选择 L3 单元格，为该单元格填充为浅绿色，如图 4-11 所示。

图 4-11　填充颜色

步骤 12 选择 A4:E4 单元格区域，单击【开始】选项卡【对齐方式】组中的【合并后居中】下拉按钮，在弹出的下拉列表中选择【合并单元格】选项，即可合并选中的单元格区域，如图 4-12 所示。

步骤 13 选中 A4 单元格，单击【开始】选项卡【字体】组中的【下划线】按钮，为文字添加下划线效果，如图 4-13 所示。

图 4-12　合并单元格

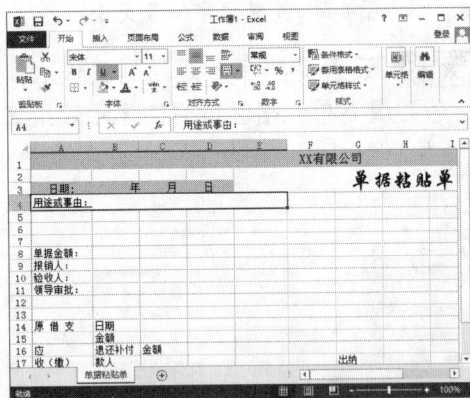

图 4-13　添加文本下划线

步骤 14 选择 A5:E7 单元格区域，单击【开始】选项卡【对齐方式】组中的【合并后居中】下拉按钮，在弹出的下拉列表中选择【合并单元格】选项，即可合并选中的单元格区域，如图 4-14 所示。

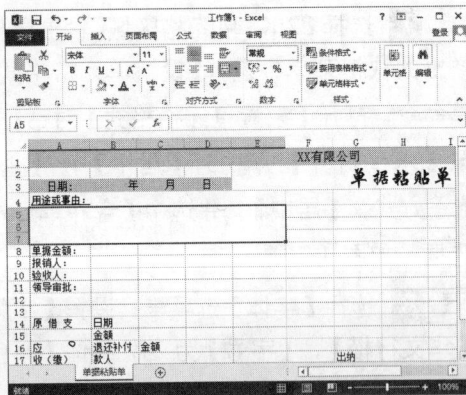

图 4-14　合并单元格

步骤 15 合并 B8:E8、B9:E9、B10:E10、B11:E11 单元格区域，效果如图 4-15 所示。

图 4-15 合并单元格

步骤 16 合并 A12:E13 单元格区域，效果如图 4-16 所示。

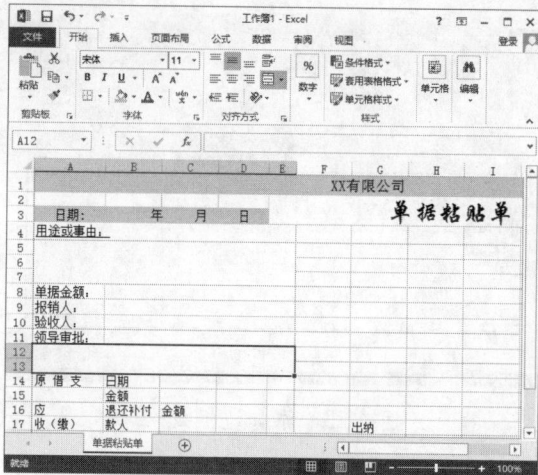

图 4-16 合并单元格

步骤 17 选择 A11 单元格，为单元格数据添加下划线，然后合并 A14:A15 单元格区域，如图 4-17 所示。

步骤 18 合并 C14:E14、C15:E15 单元格区域，效果如图 4-18 所示。

图 4-17 添加文本下划线

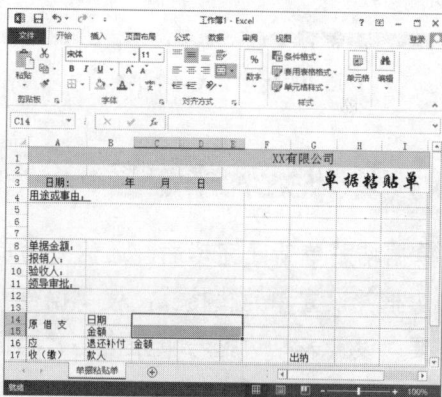

图 4-18 合并单元格

步骤 19 选中 B16 单元格，将鼠标指针放置在"还"和"补"两字之间，按 Alt+Enter 组合键，强制换行显示单元格数据，如图 4-19 所示。

图 4-19 强制换行

步骤 20 选择 C17 和 H17 单元格，为单元格添加浅绿色填充效果，如图 4-20 所示。

图 4-20　填充单元格

4.1.2　设置表格边框

单据粘贴单新建完毕后，还需要为单据添加边框并设置单元格格式，使单据符合实际需要。设置表格边框与单元格格式的操作步骤如下。

步骤 1 选中 A4:L16 单元格区域，右击鼠标，在弹出的快捷菜单中选择【设置单元格格式】选项，在打开的对话框中选择【边框】选项卡，在【线条】区域的【样式】列表框中选择线条样式，然后单击【外边框】按钮，如图 4-21 所示。

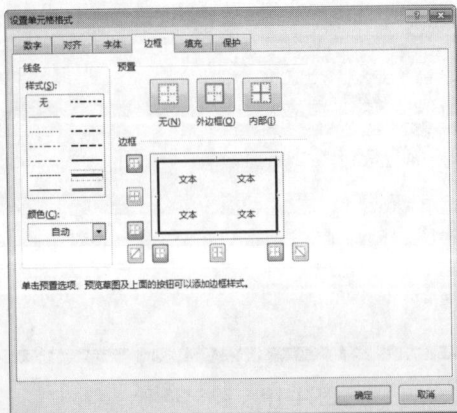

图 4-21　【边框】选项卡

步骤 2 单击【确定】按钮，即可为单元格区域添加边框效果，如图 4-22 所示。

图 4-22　添加外边框

步骤 3 选择 A8:E10 单元格区域，然后单击【开始】选项卡【字体】组中的【所有边框】按钮，为该单元格区域添加边框效果，如图 4-23 所示。

图 4-23　添加边框效果

步骤 4 按照步骤 3 的方法为其他单元格区域添加边框效果，如图 4-24 所示。

步骤 5 选择 F4:L16 单元格区域，合并该单元格区域，效果如图 4-25 所示。

步骤 6 在合并后的单元格中输入"单据粘贴处"文字信息，然后打开【设置单元格格式】对话框，在其中设置输入文字的字体样式、字号与颜色等信息，如图 4-26 所示。

图 4-24 为其他单元格添加边框

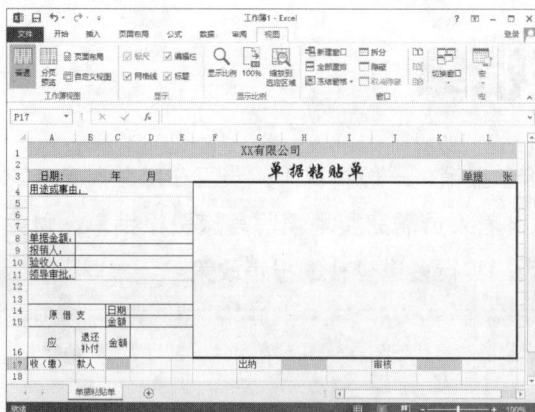

图 4-25 合并单元格

图 4-26 【字体】选项卡

步骤 7 单击【确定】按钮，返回到工作表中，输入文字的效果如图 4-27 所示。

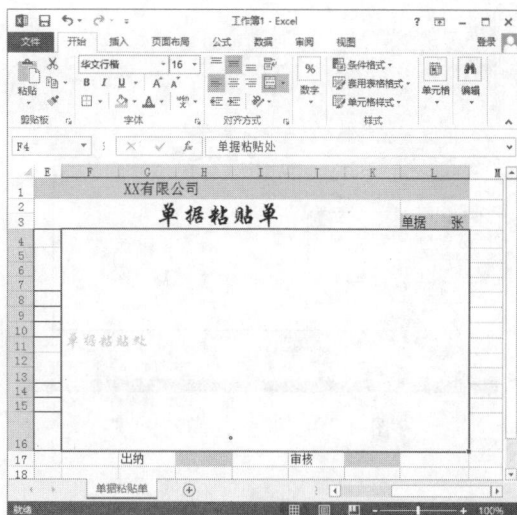

图 4-27 输入文字

步骤 8 选中 F4 单元格，单击【开始】选项卡【对齐方式】组中的【居中】按钮，即可将该单元格中的文本居中显示，如图 4-28 所示。

图 4-28 居中显示文字

步骤 9 调整表格的行高与列宽至合适位置，如图 4-29 所示。

步骤 10 在【视图】选项卡【显示】组中取消【网格线】复选框的选中状态。至此，就完成了单据粘贴单的制作，最后将其保存即可，如图 4-30 所示。

图 4-29　调整行高与列宽

图 4-30　取消显示网格线

4.2　制作差旅费报销单

公司员工因出差而发生的差旅费公司应给予报销。一般情况下，员工在出差前会从财务部门预支一定数额的资金；出差结束后，出差人员需完整地填写差旅费报销单，财务部门会根据员工上交的原始凭证上的实际金额，实行多退少补的报销政策。

4.2.1　新建差旅费报销单

差旅费报销单的主要内容包括员工姓名、所属部门、职务、出差事由、费用明细、金额等。新建差旅费报销单的操作步骤如下。

步骤 1 启动 Excel 2013，新建一个空白工作簿，重命名 Sheet1 为"差旅费报销单"，如图 4-31 所示。

步骤 2 根据实际情况依次输入表格标题和所需的列项目，如图 4-32 所示。

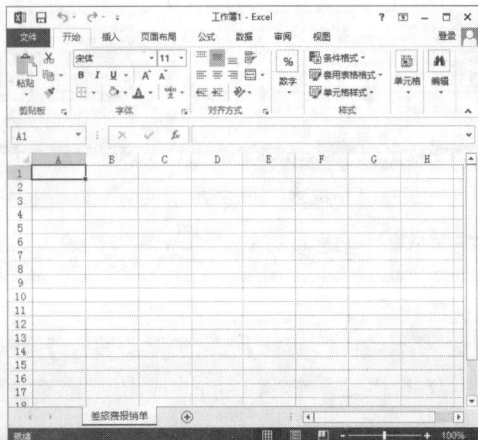

图 4-31　新建一个空白工作簿

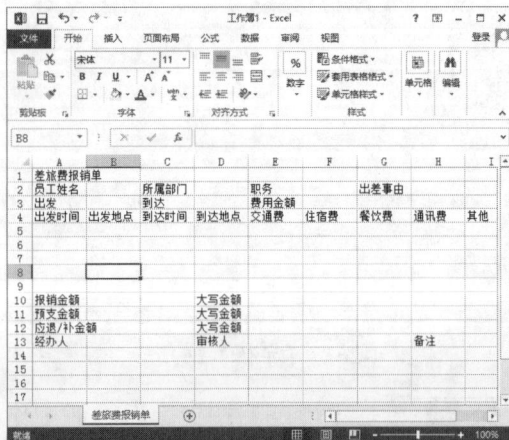

图 4-32　输入表格信息

4.2.1　设置差旅费报销单

差旅费报销单创建完成后，还需要对报销单中的数据和单元格式进行设置，从而使差旅费报销单符合相关规定和实际需要。具体的操作步骤如下。

步骤 1 选择 A1:I1 单元格区域，右击鼠标，在弹出的快捷菜单中选择【设置单元格格式】菜单命令，打开【设置单元格格式】对话框，选择【对齐】选项卡，设置【水平对齐】方式为【居中】、【垂直对齐】方式为【居中】，并选择【合并单元格】复选框，如图 4-33 所示。

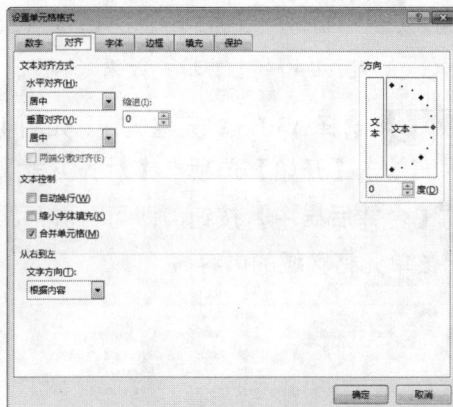

图 4-33　【对齐】选项卡

步骤 2 选择【字体】选项卡，设置【字体】样式为【华文楷体】，【字形】为【常规】，【字号】为 18，字体【颜色】为黑色，如图 4-34 所示。

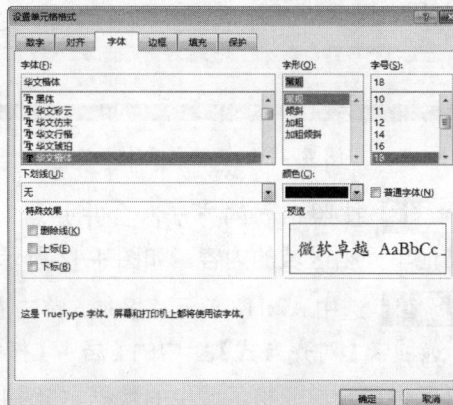

图 4-34　【字体】选项卡

步骤 3 单击【确定】按钮，返回到工作表当中，表格标题的显示效果如图 4-35 所示。

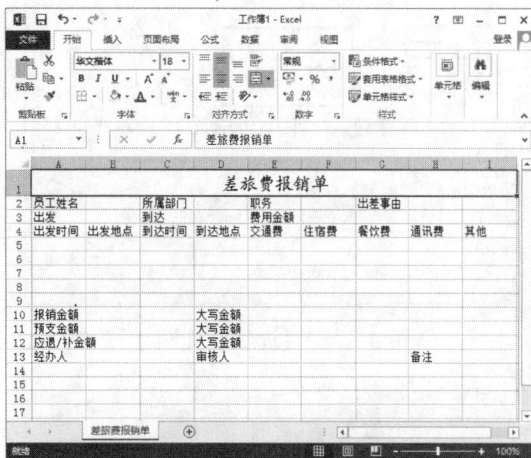

图 4-35　设置表格标题

步骤 4 选择 A2:I12 单元格区域，打开【设置单元格格式】对话框，在【字体】选项卡中设置【字体】样式为【华文楷体】，如图 4-36 所示。

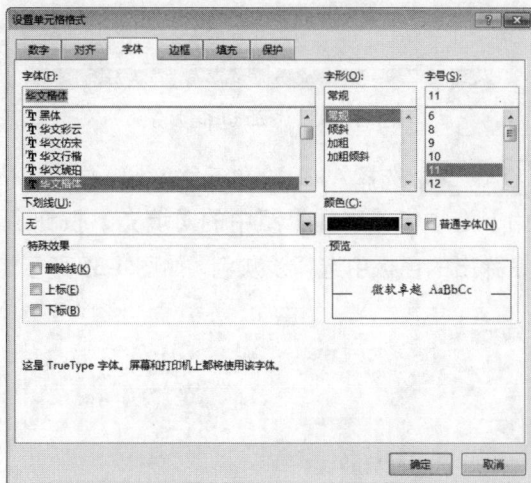

图 4-36　【字体】选项卡

步骤 5 选择【边框】选项卡，设置表格的边框样式，如图 4-37 所示。

步骤 6 单击【确定】按钮，返回到工作表当中，添加表格边框后的显示效果如图 4-38 所示。

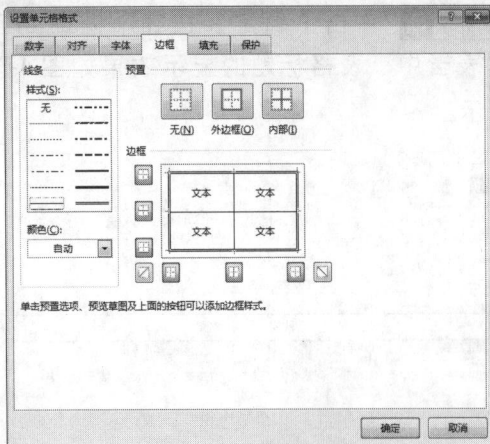

图 4-37 【边框】选项卡

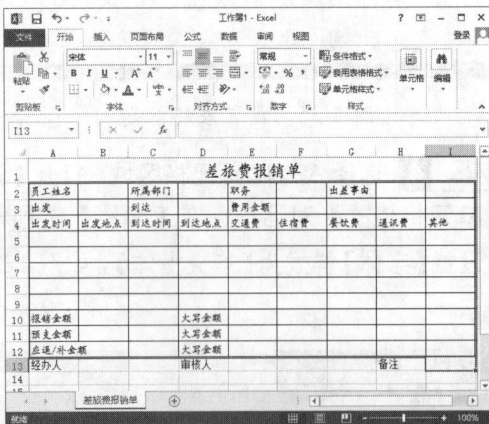

图 4-38 添加边框效果

步骤 7 选择 A13:I13 单元格区域，单击【开始】选项卡【字体】组中的【填充】按钮，在弹出的色板中选择浅灰色，如图 4-39 所示。

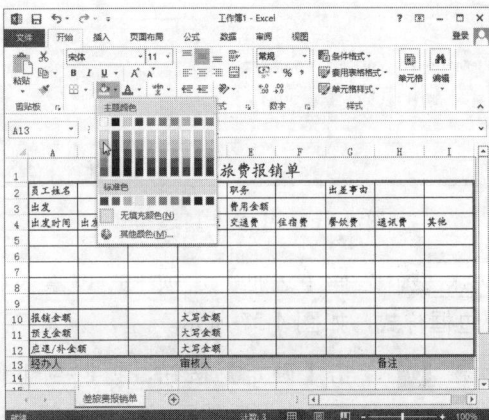

图 4-39 选择填充颜色

步骤 8 选择完毕后，返回到工作表当中，可以看到添加填充效果的单元格区域，如图 4-40 所示。

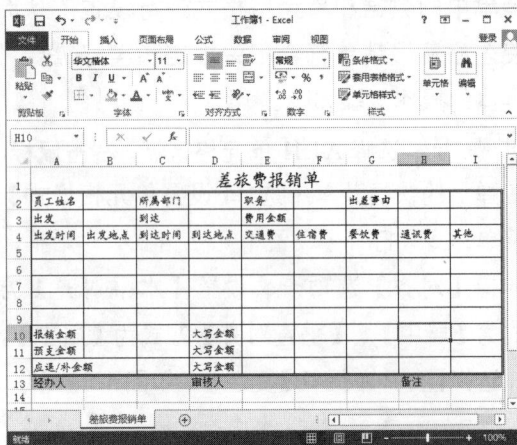

图 4-40 查看填充效果

步骤 9 选择 A3:B3 单元格区域，如图 4-41 所示。单击【开始】选项卡【对齐方式】组中的【合并后居中】按钮，即可合并后居中显示该单元格区域的内容。

图 4-41 合并单元格

步骤 10 按照相同的方法，合并并居中显示其他单元格区域的内容，如图 4-42 所示。

步骤 11 选中 A2:I12 单元格区域，单击【开始】选项卡【对齐方式】组中的【居中】按钮，即可居中显示单元格区域中的数据，如图 4-43 所示。

图 4-42　合并其他单元格

图 4-43　居中显示数据

步骤 12 选择 J2:J12 单元格区域，打开【设置单元格格式】对话框，在【对齐】选项卡中设置【水平对齐】方式为【常规】，【垂直对齐】方式为【居中】，选择【合并单元格】复选框，然后单击【方向】区域中的【文本】按钮，如图 4-44 所示。

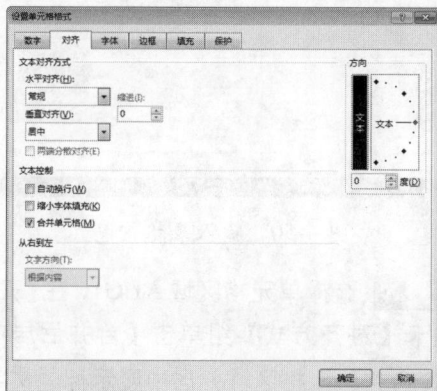

图 4-44　【对齐】选项卡

步骤 13 单击【确定】按钮，返回到工作表当中，可以看到 J2:J12 单元格区域数据的显示效果，如图 4-45 所示。

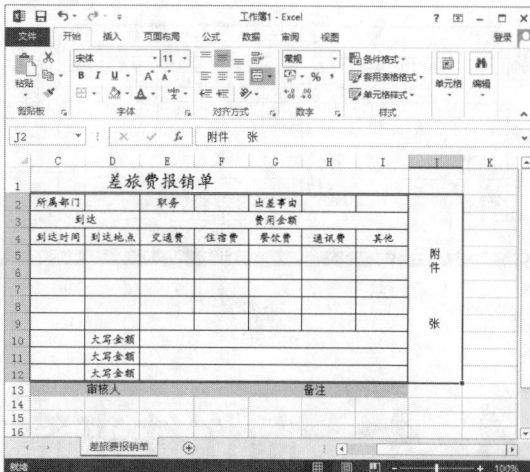

图 4-45　设置单元格格式效果

步骤 14 单击【保存】按钮，打开【另存为】对话框，在【文件名】文本框中输入文件名，并选择文件的保存类型，如图 4-46 所示。

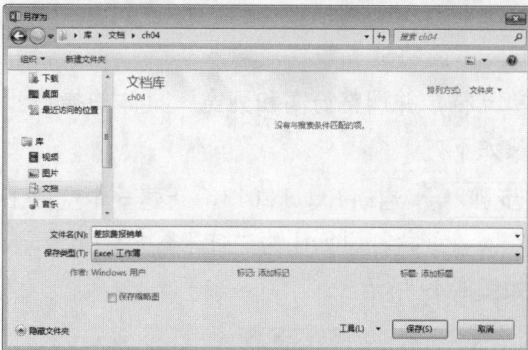

图 4-46　【另存为】对话框

步骤 15 单击【保存】按钮，返回到工作簿当中，可以看到工作簿的名称更改为"差旅费报销单"，如图 4-47 所示。

步骤 16 选择【文件】选项卡，在打开的界面中选择【打印】选项，即可在打印预览区域显示打印效果，如图 4-48 所示。

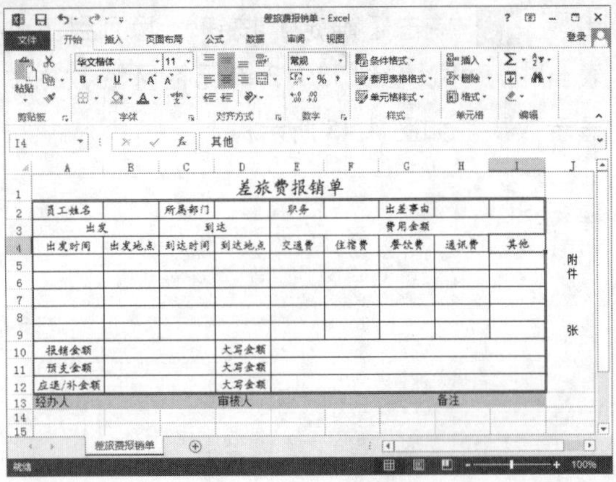

图 4-47　保存工作簿

图 4-48　工作表打印效果

4.3　制作往来客户一览表

为方便管理与企业有经济业务往来的单位或个人，财务部门需要建立客户一览表，来保存这些单位或个人的相关信息。一般情况下，往来客户一览表的内容主要包括企业名称、法人代表、联系人、联系电话、联系地址、电子邮箱和银行账号等。

4.3.1　新建往来客户一览表

下面将建立表格，输入基础数据，合并单元格，并调整行高和列宽。具体的操作步骤如下。

步骤 1　启动 Excel 2013，新建一个空白工作簿，重命名 Sheet1 为"往来客户一览表"，如图 4-49 所示。

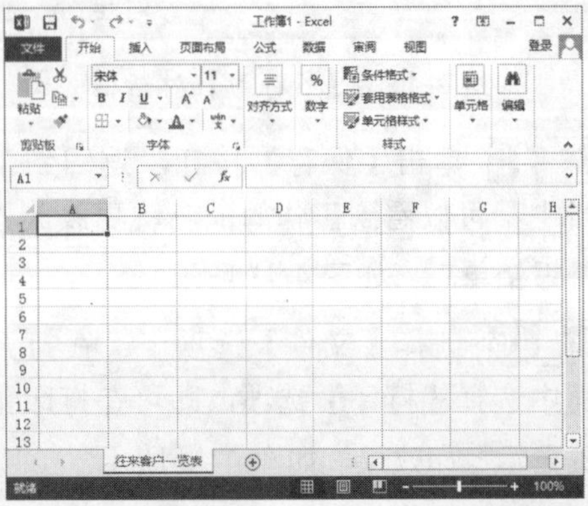

图 4-49　新建一个空白工作簿

步骤 2　在表格中输入往来客户一览表中相应的文本内容，如图 4-50 所示。

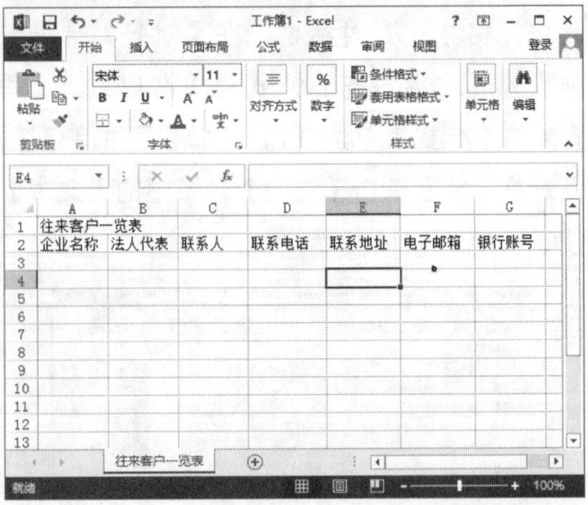

图 4-50　输入表格信息

步骤 3　选择单元格区域 A1:G1，在【开始】选项卡【对齐方式】组单击【合并后居中】按钮，合并单元格区域并居中显示标题文字，如图 4-51 所示。

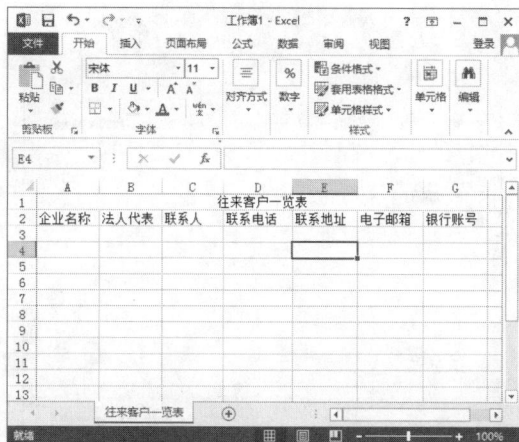

图 4-51 合并后居中显示表格标题

图 4-53 设置文字字体

步骤 4 选中 A1 单元格，单击【开始】选项卡【字体】组中的【字体大小】按钮，在弹出的下拉列表中设置文字字号为 18，如图 4-52 所示。

图 4-52 设置文字字号

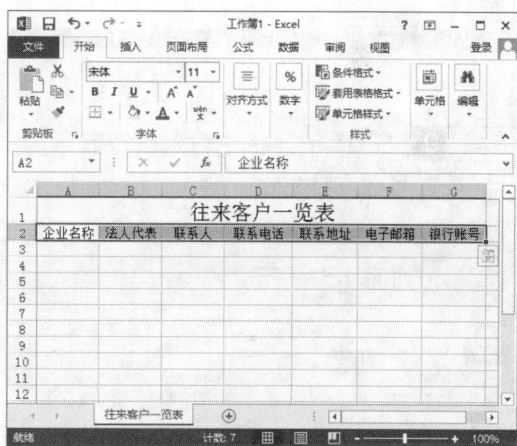

图 4-54 居中显示标题行

步骤 5 单击【宋体】下拉按钮，在弹出的下拉列表中选择【华文楷体】选项，设置标题文字为华文楷体，如图 4-53 所示。

步骤 6 选中列标题行，单击【开始】选项卡【对齐方式】组中的【居中】按钮，居中显示列标题行，如图 4-54 所示。

步骤 7 选中 A3 单元格，在其中输入企业的名称。然后调整 A 列的列宽，使企业名称全部显示在一个单元格中，如图 4-55 所示。

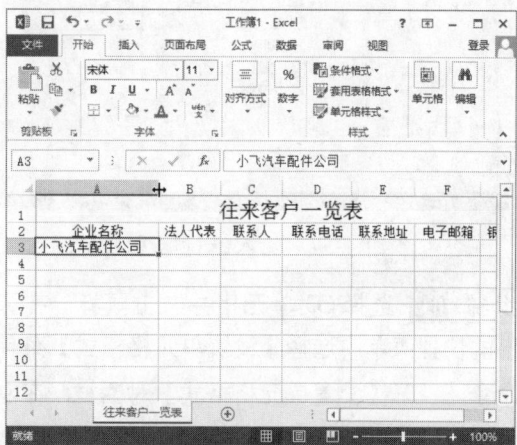

图 4-55 输入客户信息

步骤 8 输入企业的其他信息，包括法人代表、联系人、联系电话等，然后在 F3 单元格中输入企业的联系电子邮件地址。输入完毕后，将光标放置在邮箱地址上，在下方显示相关的提示信息，如图 4-56 所示。

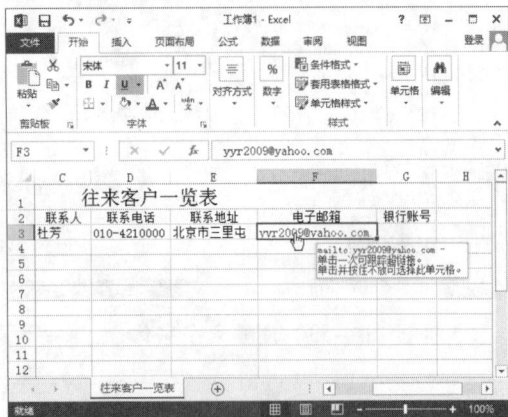

图 4-56　输入客户的电子邮箱

步骤 9 在 G3 单元格中输入银行账号。由于银行账号数字比较长，默认以科学技术法的方式显示，这里可以看到银行账号不能正确显示，如图 4-57 所示。

图 4-57　输入银行账号

步骤 10 选择 G3 单元格并右击鼠标，在弹出的快捷菜单中选择【设置单元格格式】菜单命令，打开【设置单元格格式】对话框，在左侧列表框中选择【文本】选项，如图 4-58 所示。

步骤 11 单击【确定】按钮，返回到工作表中，可以看到 G3 单元格中的银行账号正确显示，如图 4-59 所示。

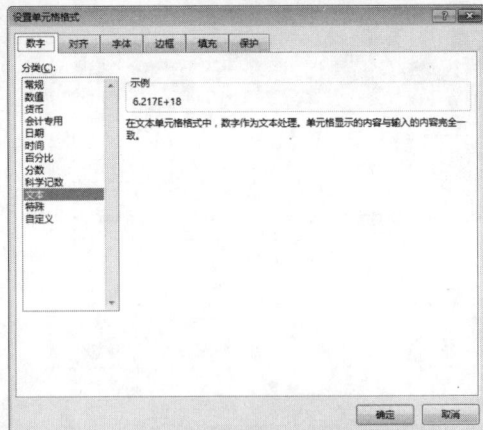

图 4-58　【数字】选项卡

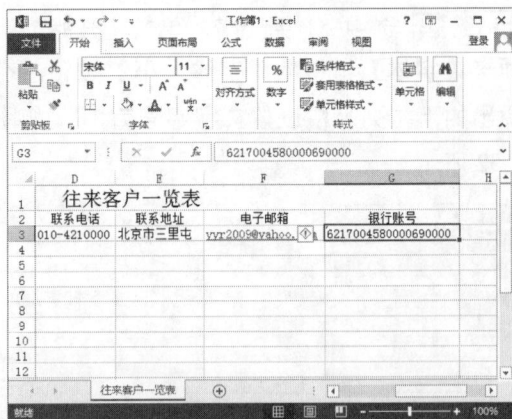

图 4-59　正确显示银行账号

步骤 12 按照输入第一个企业的方法，输入其他企业的相关信息，最终的显示效果如图 4-60 所示。

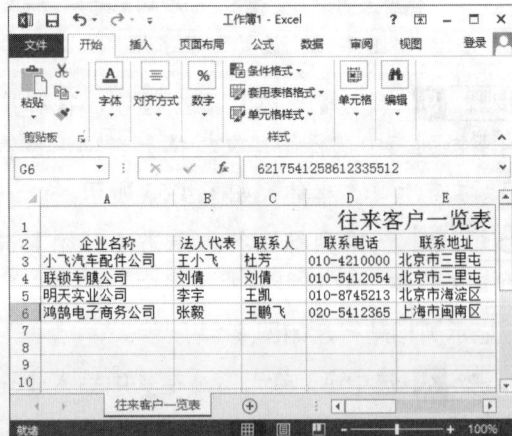

图 4-60　输入其他客户信息

4.3.2　设置文字格式

下面设置文字格式，使表格更加美观。具体的操作步骤如下。

步骤 1 选择 A2:G2 单元格区域，在【开始】选项卡【字体】组中设置字体为【楷体】、字号为 12，并单击【加粗】按钮。在【对齐方式】组中设置【对齐方式】为【居中】，如图 4-61 所示。

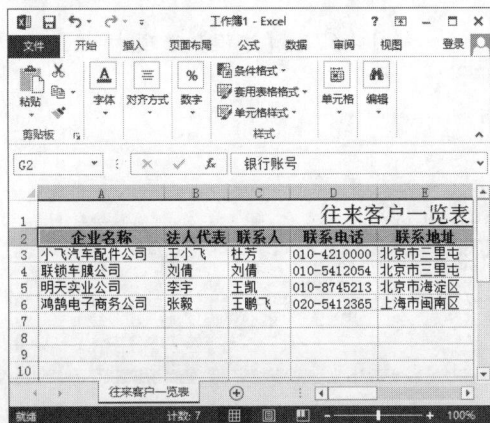

图 4-61　设置列标题格式

步骤 2 选择 A2:G2 单元格区域，右击鼠标，在弹出的快捷菜单中选择【设置单元格格式】菜单命令，打开【设置单元格格式】对话框，选择【填充】选项卡，在【背景色】区域选择要填充的颜色，如图 4-62 所示。

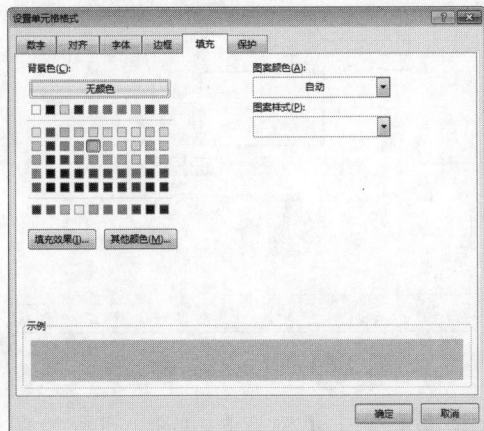

图 4-62　设置填充色

步骤 3 单击【确定】按钮，返回到工作表，单元格区域的填充效果如图 4-63 所示。

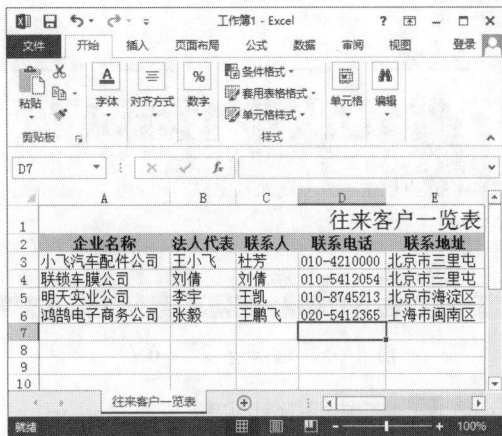

图 4-63　填充单元格区域

步骤 4 选择单元格区域 A3:G6，在【开始】选项卡【字体】组中设置字号为 12，在【对齐方式】组中设置【对齐方式】为【居中】，如图 4-64 所示。

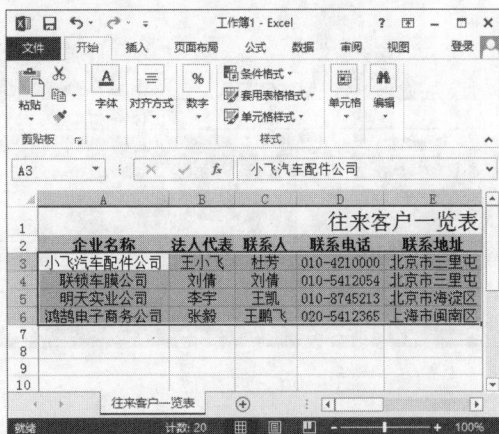

图 4-64　设置数据单元格格式

4.3.3　设置表格边框

为表格添加边框的具体操作步骤如下。

步骤 1 在"往来客户一览表"工作表中选择第 2 ～ 6 行，如图 4-65 所示。

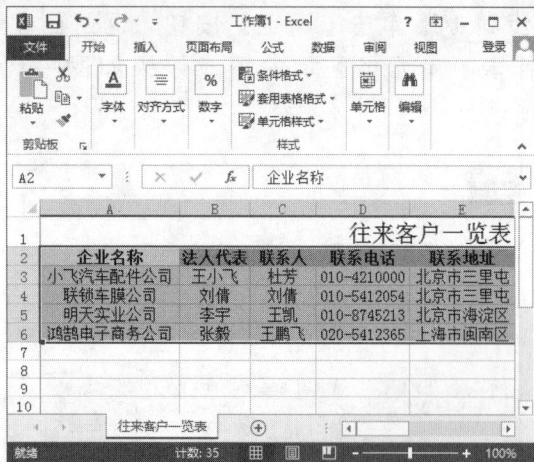

图 4-65　选择第 2～6 行

步骤 2 将鼠标指针放置在第 2～6 行，待变成➕形状后，按住鼠标左键向下拖动以调整行高。调整完毕后，松开鼠标即可，如图 4-66 所示。

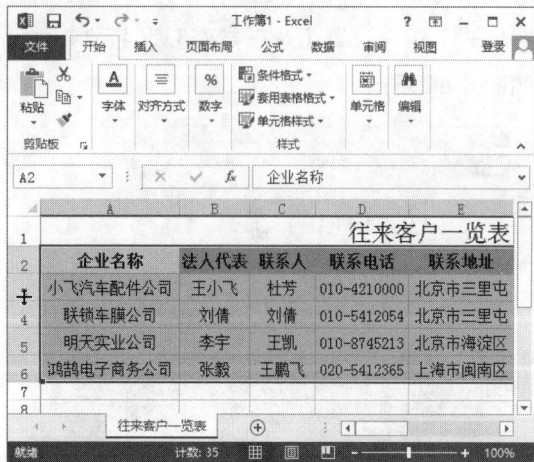

图 4-66　调整行高

步骤 3 选择 A2:G6 单元格区域，右击鼠标，在弹出的快捷菜单中选择【设置单元格格式】菜单命令，打开【设置单元格格式】对话框，选择【边框】选项卡，在【线条】区域的【样式】列表中选择粗直线，单击【预置】区域的【外边框】按钮，如图 4-67 所示。

步骤 4 单击【确定】按钮，即可为表格添加外边框，如图 4-68 所示。

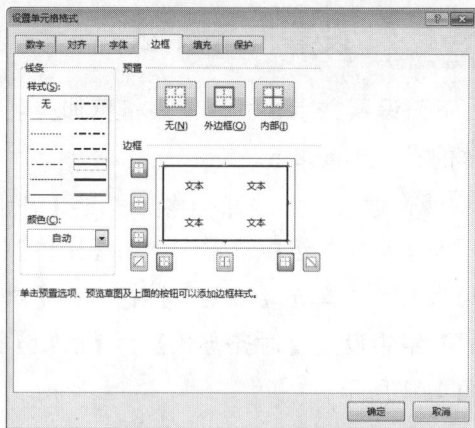

图 4-67　【边框】选项卡

图 4-68　为表格添加外边框

步骤 5 在【线条】区域的【样式】列表中选择细直线，单击【预置】区域的【内部】按钮，然后在【边框】区域预览设置的边框样式，如图 4-69 所示。

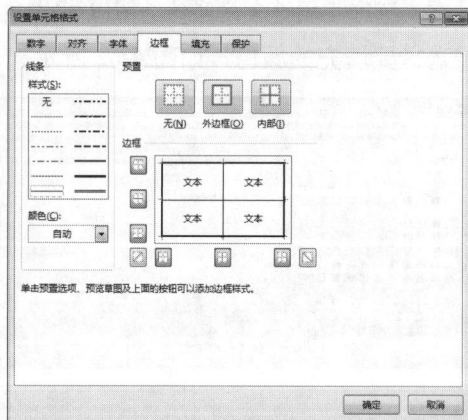

图 4-69　【边框】选项卡

步骤 6 单击【确定】按钮，即可为表格添加内边框，如图 4-70 所示。

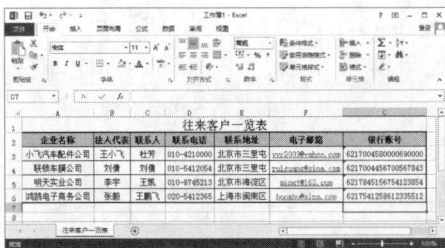

图 4-70　为表格添加内边框

操作完成后，保存工作表并将其命名为"往来客户一览表"。至此，往来客户一览表就制作完成了。

4.4　制作费用统计表

为了更好地反映企业资金的运用情况，财务部门应该及时做好费用统计工作，以便将企业的费用支出控制在合理的范围当中。企业常见的费用统计表包括日常费用统计表和医疗费用统计表。

4.4.1　制作日常费用统计表

日常费用统计表记录了企业中各个部门的日常消耗，它能很好地反映企业资金的运行情况，统计分析各个部门的费用使用情况。日常费用统计表的主要内容包括时间、员工姓名、所属部门、费用类别、金额和备注等。

制作日常费用统计表的操作步骤如下。

步骤　1　新建一个工作簿，并将其重新命名为"日常费用统计表"，然后根据实际情况依次输入表格标题和所需的列项目，如图 4-71 所示。

步骤　2　在表格中输入表格标题和列项目，然后设置单元格格式、文本颜色与大小，同时调整行高和列宽，如图 4-72 所示。

图 4-71　输入表格标题和所需的列项目

图 4-72　设置标题及单元格格式

步骤 3 根据各部门 11 月份的费用记录，在工作表中输入各列信息，如图 4-73 所示。

图 4-73 输入各列信息

步骤 4 选中 A3:A22 单元格区域，打开【设置单元格格式】对话框。在【数字】选项卡的【分类】列表框中选择【自定义】选项，然后在【类型】文本框中输入"0000"，如图 4-74 所示。

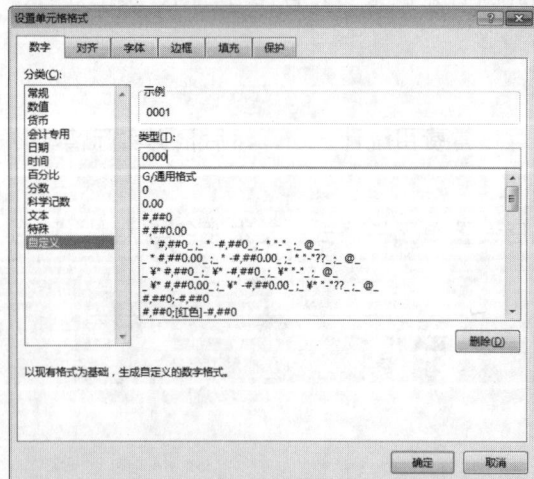

图 4-74 【数字】选项卡

步骤 5 单击【确定】按钮，即可完成数字的设置操作，如图 4-75 所示。

步骤 6 选中 C3:E22 单元格区域，然后单

击【对齐方式】选项组中的【居中】按钮，即可将所选单元格区域内的文字居中对齐，如图 4-76 所示。

图 4-75 设置数字格式

图 4-76 居中对齐文本

步骤 7 选中 F3:H22 单元格区域，然后在【数字】组中的【数字格式】下拉列表中选择【货币】选项，如图 4-77 所示，这样数据以货币形式显现，如图 4-78 所示。

步骤 8 选中 H3 单元格，在其中输入公式"=F3-G3"，如图 4-79 所示。按 Enter 键，即可显示出计算结果，如图 4-80 所示。

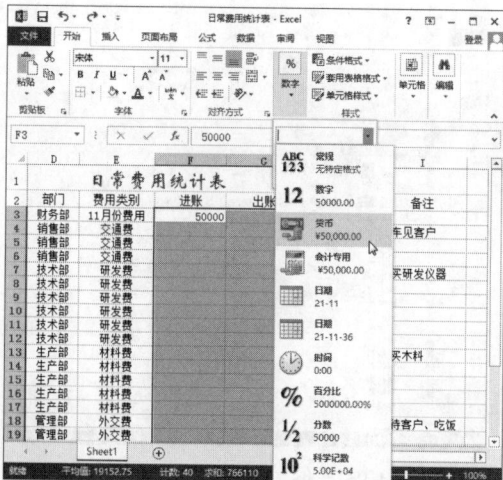

图 4-77　选择【货币】选项

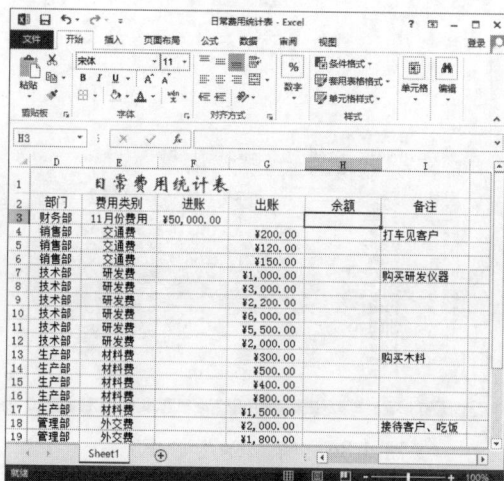

图 4-78　货币格式显现

图 4-79　输入公式"=F3-G3"

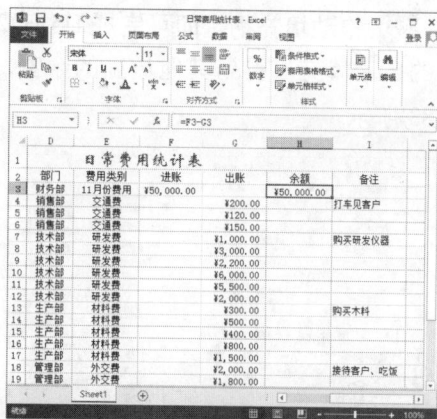

图 4-80　计算 1 号员工的余额

步骤 9　选中 H4 单元格，并在其中输入公式"=H3+F4-G4"，如图 4-81 所示。然后按 Enter 键，即可计算出 2 号员工的余额，如图 4-82 所示。

图 4-81　输入公式"=H3+F4-G4"

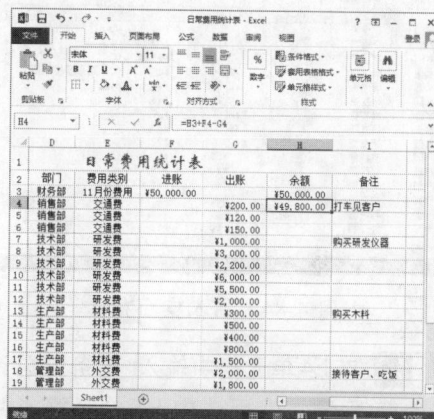

图 4-82　计算 2 号员工的余额

101

步骤 10 拖动填充柄，即可完成 H5:H22 单元格的自动填充，得到其他员工的余额，如图 4-83 所示。

图 4-83　自动填充单元格

步骤 11 选中第 4 行然后右击，从弹出的快捷菜单中选择【插入】菜单命令，打开【插入】对话框。在该对话框中选择【整行】单选按钮，然后单击【确定】按钮，即可在选中的行的上方添加一行，如图 4-84 所示。

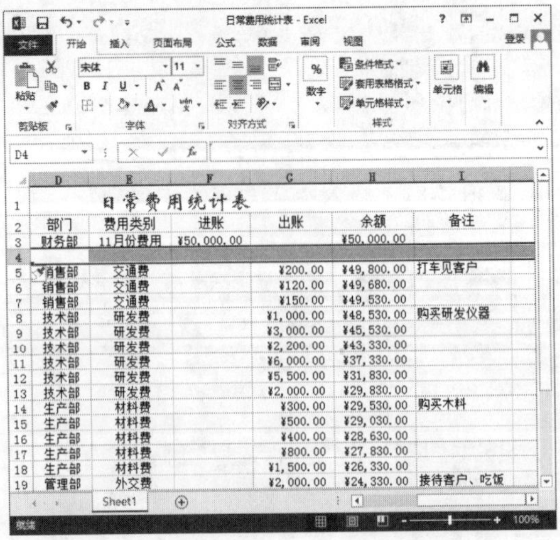

图 4-84　插入空白行

步骤 12 在 E4 单元格中输入"财务部总计"，如图 4-85 所示。然后选中 F4 单元格，并在其中输入公式"=F3"，如图 4-86 所示。

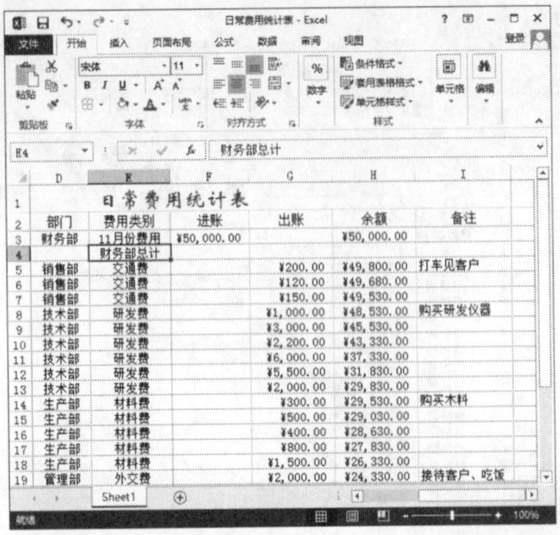

图 4-85　输入"财务部总计"

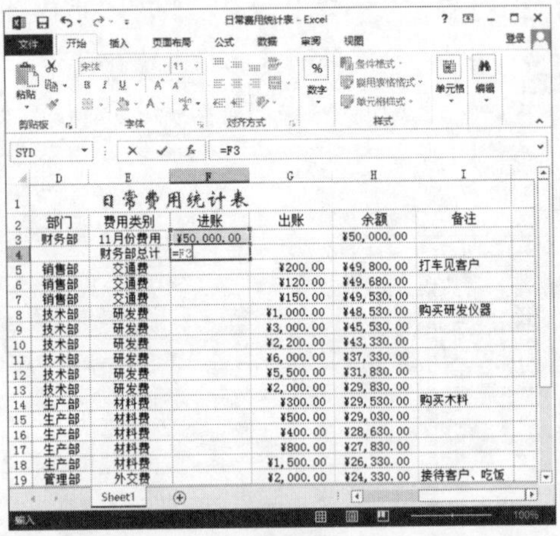

图 4-86　输入公式"=F3"

步骤 13 按 Enter 键，即可计算出 11 月份公司财务部进账总计，如图 4-87 所示。

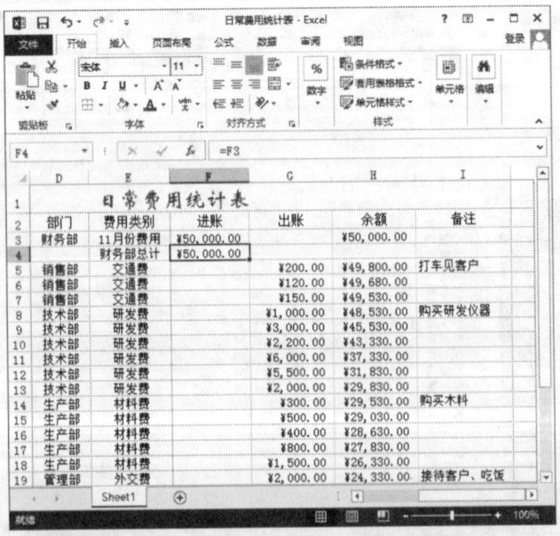

图 4-87　11 月份公司财务部进账总计

步骤 14 运用同样的方法在第 8 行处插入一个空白行，然后在 E8 单元格中输入"销售部总计"，如图 4-88 所示。

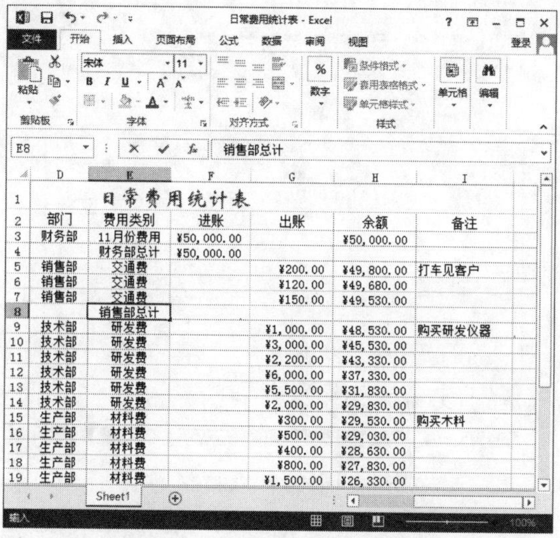

图 4-88 输入"销售部总计"

步骤 15 选中 G8 单元格，并在其中输入公式"=G5+G6+G7"，如图 4-89 所示。然后按 Enter 键，即可计算出 11 月份公司销售部出账总计，如图 4-90 所示。

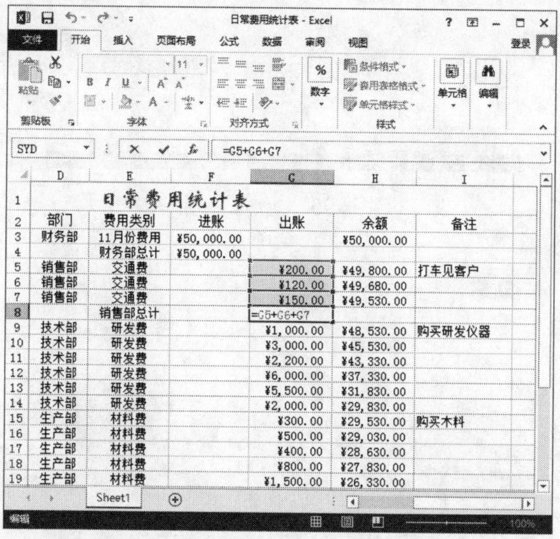

图 4-89 输入公式"=G5+G6+G7"

步骤 16 运用同样的方法，即可计算出技术部、生产部和管理部的总费用，如图 4-91 所示。

图 4-90 11 月份公司销售部出账总计

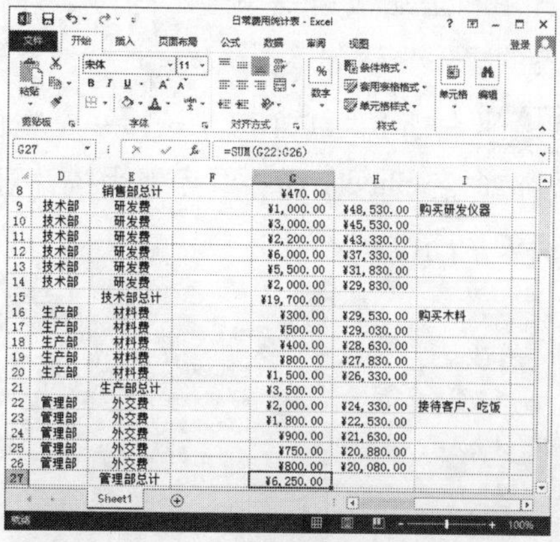

图 4-91 计算其他部门费用总和

步骤 17 选中 A2:I27 单元格区域，单击【开始】选项卡【字体】组中的【边框】按钮，在弹出的下拉列表中选择【所有边框】选项，即可为单元格区域添加边框效果，如图 4-92 所示。

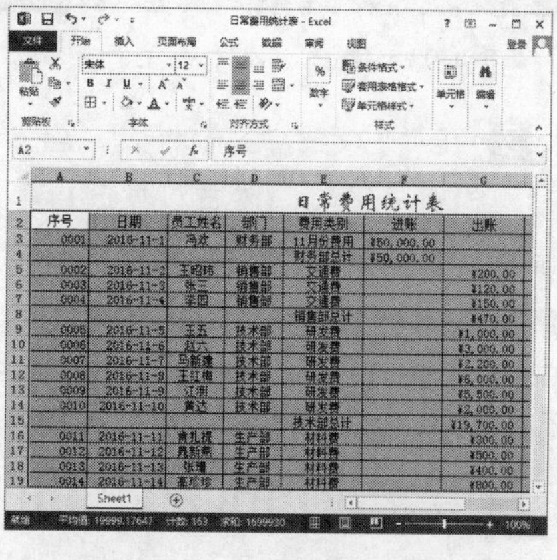

图 4-92 添加表格边框

4.4.2 制作医疗费用统计表

企业为员工缴纳医疗保险，一旦员工生病住院，就可以依照国家和企业规定进行医疗费用的报销。财务人员制作的医疗费用统计表就是用于系统地统计员工的医疗费用情况，从而对员工医疗费用的报销进行管理的一种表格。

医疗费用统计表的内容主要包括报销日期、员工姓名、所属部门、医疗报销种类、医疗费用和企业报销金额等。制作医疗费用统计表的操作步骤如下。

步骤 1 启动 Excel 2013，新建一个空白工作簿，重命名 Sheet1 为"医疗费用统计表"，如图 4-93 所示。

图 4-93 新建一个空白工作表

步骤 2 在"医疗费用统计表"工作表中输入标题和项目信息，然后对其进行单元格格式设置，并适当地调整列宽和行高，如图 4-94 所示。

步骤 3 选择 A3 单元格，在该单元格中输入 1，如图 4-95 所示。

步骤 4 选中 A3 单元格，将鼠标放置在 A3 单元格的右下角，按下鼠标左键不放，向下复制单元格内容至 A16 单元格。然后单击单元格右下角的 按钮，在弹出的列表中选择【填充序列】单选按钮，如图 4-96 所示。

图 4-94 输入表格信息

图 4-95 输入序号

图 4-96 填充序列

步骤 5　返回到工作表当中，可以看到单元格区域以序列的方式填充数据，如图 4-97 所示。

图 4-97　以序列方式填充单元格

步骤 6　一般情况下，企业报销的医疗费用种类有所限制，这里需要在【医疗报销种类】列设置数据的有效性。选中 E 列，单击【数据】选项卡【数据工具】组中的【数据验证】按钮，打开【数据验证】对话框，在【允许】下拉列表中选择【序列】选项，在【来源】文本框中输入报销的种类，如图 4-98 所示。

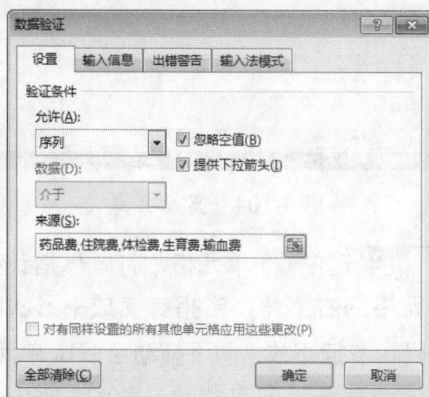

图 4-98　【设置】选项卡

> **提示**　输入来源内容时，各序列项间必须用英文状态下的逗号隔开，否则不能以序列显示。

步骤 7　选择【输入信息】选项卡，在【标题】文本框中输入"请输入医疗报销种类！"，

在【输入信息】文本框中输入"可以单击下拉箭头按钮从下拉列表中选择！"，如图 4-99 所示。

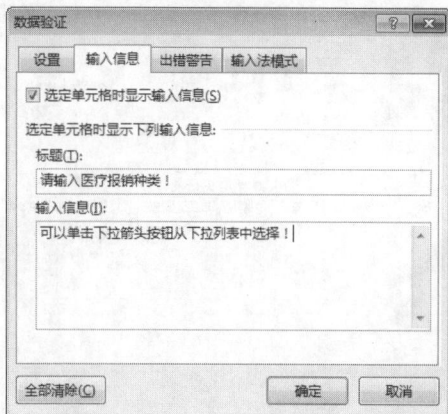

图 4-99　【输入信息】选项卡

步骤 8　选择【出错警告】选项卡，在【样式】下拉列表中选择【停止】选项，在【标题】文本框中输入"超出企业报销范围！"，在【错误信息】文本框中输入"请单击下拉箭头按钮从下拉列表中选择！"，如图 4-100 所示。

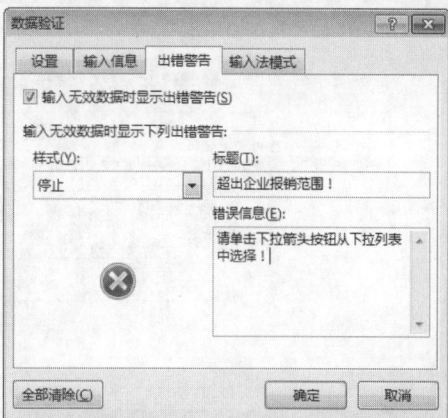

图 4-100　【出错警告】选项卡

> **提示**　在【数据验证】对话框中，【出错警告】选项卡的【样式】下拉列表中有【停止】、【信息】和【警告】等 3 种输入无效数据时的响应方式。【停止】选项表示阻止输入无效数据，【信息】选项表示显示可输入无效数据的信息，【警告】选项表示可显示警告信息。

步骤 9 单击【确定】按钮，返回到工作表。选中 E3 单元格，即可在右侧显示一个下拉按钮和设置的提示信息，如图 4-101 所示。

图 4-101　设置的提示信息

步骤 10 单击下拉按钮，在弹出的下拉列表中可以选择医疗报销的种类，如图 4-102 所示。

图 4-102　下拉列表

步骤 11 一般情况下，企业只报销医疗费用的一部分，这里按照医疗费用的 80% 来计算企业报销金额。选中 G3 单元格，在编辑栏中输入公式 "=IF(F3="","",F3*0.8)"，如图 4-103 所示。

图 4-103　输入公式

步骤 12 按 Enter 键，即可计算出企业报销金额，在编辑栏中显示公式，如图 4-104 所示。

图 4-104　显示公式

步骤 13 选中 G3 单元格，将鼠标指针移动到单元格的右下角，当指针变成 ✚ 形状时，按住鼠标左键不放，向下拖动至 G16 单元格，然后释放鼠标，即可将单元格 G3 的公式填充复制到单元格区域 G4:G16 中，如图 4-105 所示。

步骤 14 在"医疗费用统计表"中输入报销日期、员工姓名和所属部门等信息，如图 4-106 所示。

图 4-105　填充公式

图 4-106　输入医疗费用统计表信息

步骤 15 根据实际情况在医疗报销种类列表中选择员工的报销种类，并输入医疗费用，这时企业报销金额会自动显示，如图 4-107所示。

图 4-107　自动显示报销金额

步骤 16 按照实际情况输入其他员工的报销种类和医疗费用，如图 4-108 所示。

图 4-108　输入其他员工的数据

步骤 17 选择 A3:G16 单元格区域，然后单击【开始】选项卡【对齐方式】组中的【居中】按钮，即可居中显示表格数据，如图 4-109所示。

图 4-109　居中显示数据

步骤 18 选择 F3:G16 单元格区域，打开【设置单元格格式】对话框，在【分类】列表中选择【会计专用】选项，【小数位数】设置为 2，如图 4-110 所示。

图 4-110　【设置单元格格式】对话框

图 4-111　数据以会计格式显示

步骤 **19** 单击【确定】按钮，返回到工作表中，可以看到数据以会计专用格式显示，如图 4-111 所示。

步骤 **20** 选中 A1:G16 单元格区域，单击【开始】选项卡【字体】组中的【边框】按钮，在弹出的下拉列表中选择【所有边框】选项，即可为表格添加边框效果，如图 4-112 所示。

图 4-112　为表格添加边框

4.5　制作会计科目表

会计科目表是对会计对象的具体内容进行项目的分类核算。会计科目表一般按会计要素分为资产类科目、负债类科目、所有者权益科目、成本类科目和损益类科目 5 大类，如图 4-113 所示。

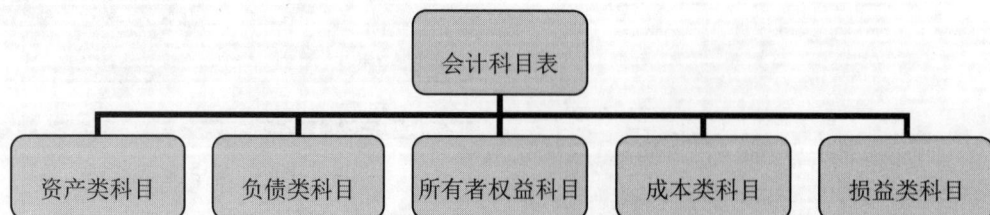

图 4-113　会计科目分类

会计科目一般包括一级科目、二级科目和明细科目等，内容包括科目编号、总账科目、科目级次和借贷方向等。财务部门设定好科目后，才能利用 Excel 2013 创建会计科目表。

4.5.1　创建会计科目表

下面以执行会计制度的企业为例来建立会计科目表，具体的操作步骤如下。

步骤 1　在 Excel 2013 中新建一个空白工作簿，并保存为"会计科目表"，如图 4-114所示。

图 4-114　新建一个空白工作簿

步骤 2　在单元格 A1 ～ G1 中分别输入"科目编号""总账科目""明细科目""余额方向""科目级次""期初余额（借）"和"期初余额（贷）"，并调整列宽，使文字能够完全显示，如图 4-115 所示。

图 4-115　输入标题信息

步骤 3　根据事先设定好的会计制度，在工作表单元格区域 A2:A162 输入"科目编号"，在单元格区域 B2:B162 输入"总账科目"，在单元格区域 C2:C162 输入"明细科目"，如图 4-116 所示。

图 4-116　输入数据

步骤 4　调整单元格的宽度，并选择单元格区域 D2:D162，如图 4-117 所示。

图 4-117　调整单元格的宽度

步骤 5　在【数据】选项卡【数据工具】组中单击【数据验证】按钮，在弹出的下拉列表中选择【数据验证】选项，如图 4-118所示。

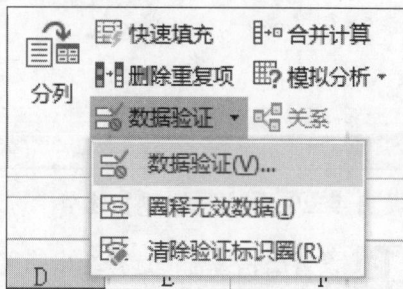

图 4-118　【数据验证】选项

步骤 6　弹出【数据验证】对话框，选择【设置】选项卡，在【允许】下拉列表中选择【序列】选项，在【来源】文本框中输入"借,贷"，如图 4-119 所示。

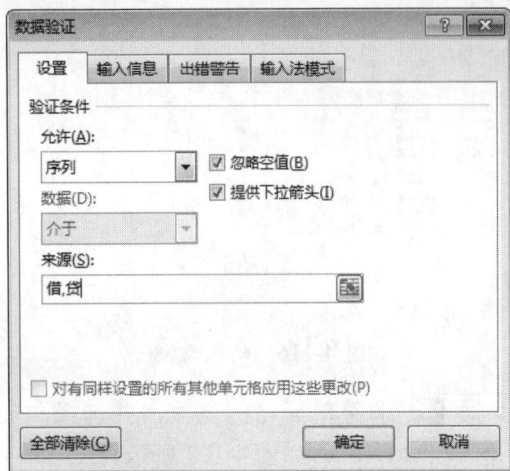

图 4-119 【设置】选项卡

步骤 7 设置输入信息。选择【输入信息】选项卡，在【标题】文本框中输入"选择余额方向"，在【输入信息】文本框中输入"从下拉列表中选择该科目的余额方向！"，如图 4-120 所示。

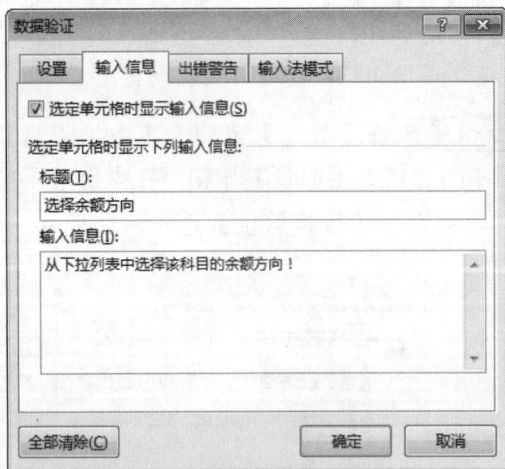

图 4-120 【输入信息】选项卡

步骤 8 设置出错警告。选择【出错警告】选项卡，在【标题】文本框中输入"出错了"，在【错误信息】文本框中输入"余额方向只有'借'和'贷'！"，然后单击【确定】按钮，如图 4-121 所示。

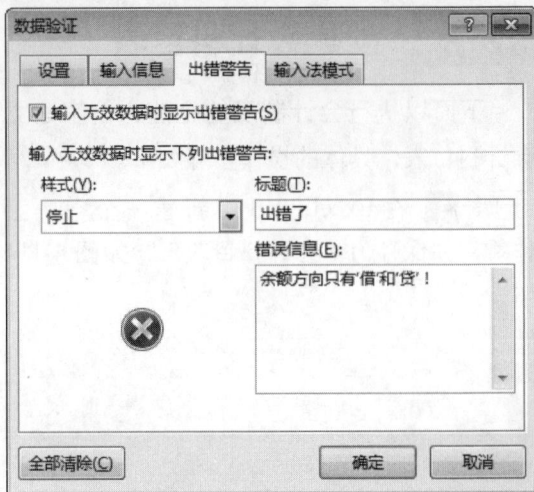

图 4-121 【出错警告】选项卡

步骤 9 设置后，选择【余额方向】列中的单元格时，会给出提示信息；单击单元格后面的下拉按钮，会弹出含有"借"和"贷"的列表以供选择，如图 4-122 所示。当输入的内容不在"借"和"贷"的范围时，则会给出警告信息，如图 4-123 所示。

	A	B	C	D	E
1	科目编号	总账科目	明细科目	余额方向	科目级次
2	1001	现金			
3	1002	银行存款		借	
4	100201	银行存款	建行	贷	
5	100202	银行存款	工行		从下拉列表中选
6	1009	其他货币资金			择科目的余额
7	1101	短期投资			方向！
8	110101	短期投资	股票		
9	110102	短期投资	债券		
10	110103	短期投资	基金		
11	110110	短期投资	其他		
12	1102	短期投资跌价准备			
13	1111	应收票据			
14	1121	应收股利			
15	1122	应收利息			

图 4-122 设置余额方向

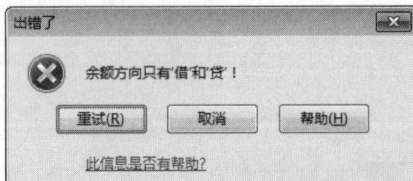

图 4-123 信息提示框

步骤 10 以从列表中选择的方法完成【余额方向】列中所有余额方向的选择操作，如图 4-124 所示。

图 4-124 选择余额方向

步骤 11 选择单元格区域 E2:E162，如图 4-125 所示。

图 4-125 选择单元格区域

步骤 12 在【数据】选项卡【数据工具】组中单击【数据验证】按钮，在弹出的下拉列表中选择【数据验证】选项，在弹出的【数据验证】对话框中选择【设置】选项卡，在【允许】下拉列表中选择【序列】选项，在【来源】文本框中输入"1,2"，然后单击【确定】按钮，如图 4-126 所示。

步骤 13 返回工作表，选择单元格 E2，单击右侧的下拉按钮，在弹出的下拉列表中选择科目级次。以同样的方法完成本列所有科目级次的操作，如图 4-127 所示。

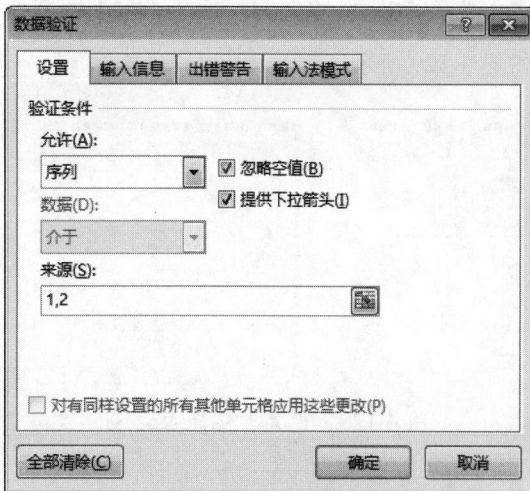

图 4-126 【设置】选项卡

图 4-127 设置科目级别

4.5.2 设置会计科目表

会计科目表制作完成后，还需要对文本和单元格进行格式设置操作，具体的操作步骤如下。

步骤 1 选择 A1:G1 单元格区域，在【开始】选项卡【字体】组【字体】下拉列表中选择【黑体】选项，在【字号】下拉列表中选择 14，然后单击【加粗】按钮，并调整各列列宽，使文字显示完全，如图 4-128 所示。

步骤 2 在【开始】选项卡【字体】组中单击【填充颜色】按钮，在弹出的下拉列表中选择【蓝色、着色1、淡色40%】选项，如图4-129所示。

图4-128　设置表格标题文字

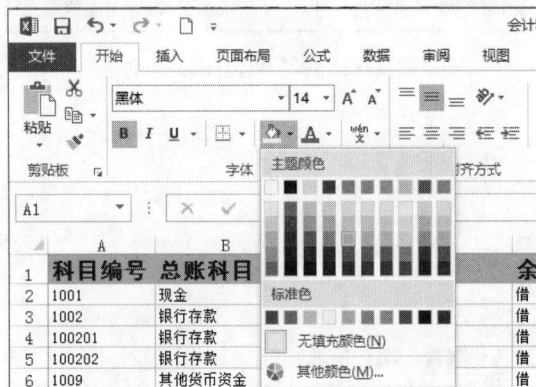

图4-129　为单元格添加填充颜色

步骤 3 在【开始】选项卡【单元格】组中单击【格式】按钮，在弹出的下拉列表中选择【行高】选项，如图4-130所示。

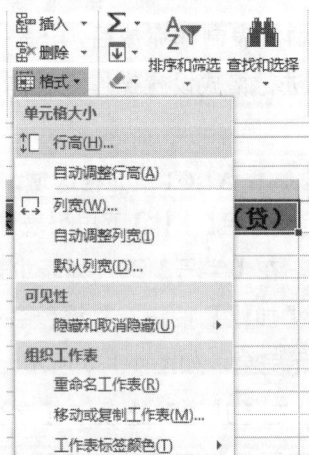

图4-130　选择【行高】选项

步骤 4 打开【行高】对话框，在【行高】文本框中输入"25"，然后单击【确定】按钮，完成行高的设置，如图4-131所示。

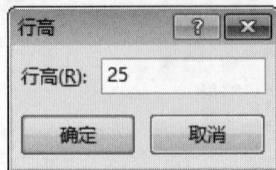

图4-131　【行高】对话框

步骤 5 单击【开始】选项卡【对齐方式】组中的【垂直居中】按钮▤和【水平居中】按钮▤，将标题行的文字居中，如图4-132所示。

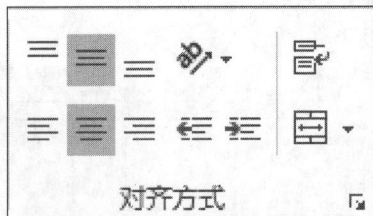

图4-132　【对齐方式】组

步骤 6 选择单元格区域A2:G162，设置字号为11，并单击【开始】选项卡【对齐方式】选项组中的【垂直居中】按钮▤和【水平居中】按钮▤，将选择的文字对齐，如图4-133所示。

图4-133　设置对齐方式

步骤 7 在【开始】选项卡【单元格】组中单击【格式】按钮，在弹出的下拉列表中选择【行高】选项，在弹出的【行高】对话框【行高】文本框中输入"18"，然后单击【确定】按钮，如图4-134所示。

步骤 8 选择A1:G162单元格区域，在【开始】选项卡【单元格】选项组中单击【格式】

按钮，在弹出的下拉列表中选择【自动调整列宽】选项，使单元格数据区域的列宽自动调整，如图 4-135 所示。

图 4-134　【行高】对话框

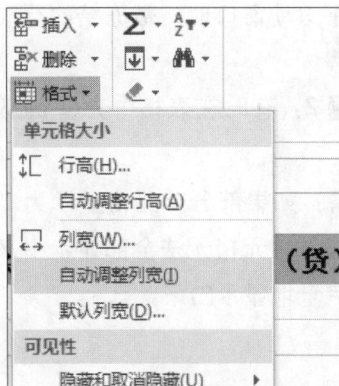

图 4-135　【自动调整列宽】选项

步骤 9 设置后的会计科目表如图 4-136 所示。

步骤 10 单击快速工具栏中的【保存】按钮，保存工作簿，即可完成会计科目表的制作，如图 4-137 所示。

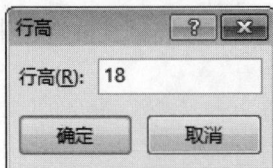

图 4-136　会计科目表

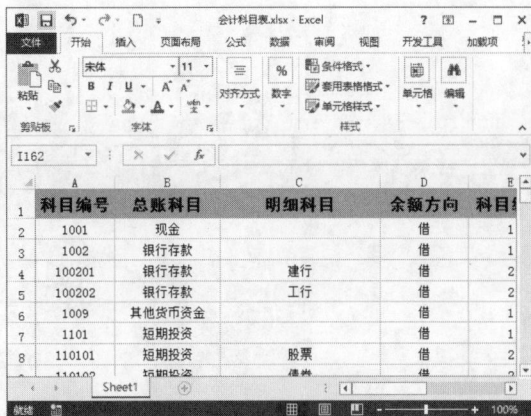

图 4-137　保存会计科目表

4.6　疑难问题解答

问题 1：对于大型表格来说，如何使得标题行或列始终显示在屏幕上呢？

解答：由于表格中的项目较多，需要滚动窗口查看或编辑时，标题行或标题列会被隐藏，这样非常不利于数据的查看。所以对于大型的表格来说，可以通过冻结窗格的方法来使标题行或列始终显示在屏幕上，只需要选定某个单元格，然后在【视图】选项卡【窗口】组中单击【冻结窗格】下拉按钮，从弹出的下拉列表中选择【冻结拆分窗格】选项。此时无论向右还是向下滚动窗口时，被冻结的行和列始终显示在屏幕上，同时工作表中还将显示水平和垂直冻结线。

问题 2：有时在表格中会看到部分单元格中显示的是"##########"符号，这是什么原因呢？

解答：如果部分单元格显示为"##########"符号，这并不表示公式有问题，而是因为数字太长，单元格无法全部显示出来，此时，可以通过拖动列标或者直接双击来调整列宽，将数据完全地显示出来。

第5章

5

第 章

Excel 在会计记账中的应用

● **本章导读**

　　会计记账是会计人员最主要的工作。会计记账
必须符合"有借必有贷、借贷必相等"的记账规则。
记账时，首先要根据具体的经济业务填制会计凭证，
包括原始凭证和记账凭证；然后根据审核无误的会
计凭证登记会计账簿，包括明细账和总分类账等。

● **学习目标**

◎ 掌握填制原始凭证的方法
◎ 掌握填制记账凭证的方法
◎ 掌握填制现金日记账簿的方法

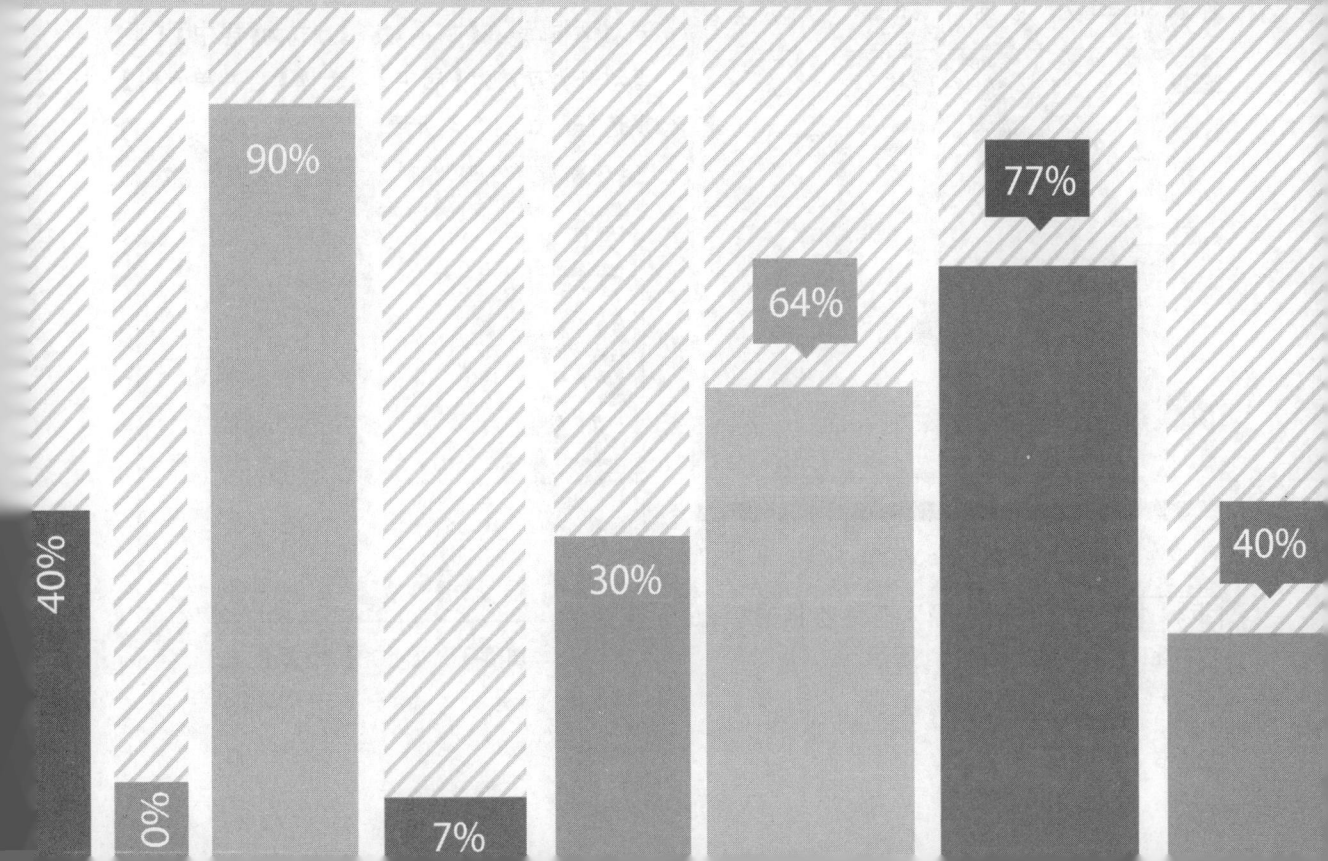

40%

0%

90%

7%

30%

64%

77%

40%

5.1 填制原始凭证

原始凭证又称单据，是在经济业务发生时，由业务经办人员直接取得或者填制，用以表明某项业务已经发生或完成情况，并明确有限经济责任的一种凭证。一般情况下，原始凭证分为外来原始凭证和自制原始凭证。

5.1.1 填制外来原始凭证

外来原始凭证，即当企业发生经济业务时，从外单位取得的凭证，如企业采购商品时取得的增值税专用发票或收据、企业销售商品时取得的现金支票等。

例如 2016 年 5 月 10 日，微云公司购买天意公司的商品，微云公司交付给天意公司货款 5800 元，为此，天意公司给微云公司开出了一张收据。对于微云公司来说，这个收据就是外来原始凭证，填制这张原始凭证的操作步骤如下。

步骤 1 新建一个空白工作簿，重命名工作表 Sheet1 为"收据"，如图 5-1 所示。

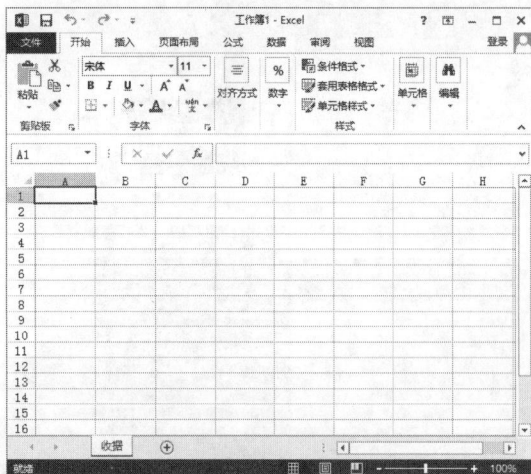

图 5-1 新建一个空白工作簿

步骤 2 在工作表中输入有关收据的标题信息和项目信息，如图 5- 所示。

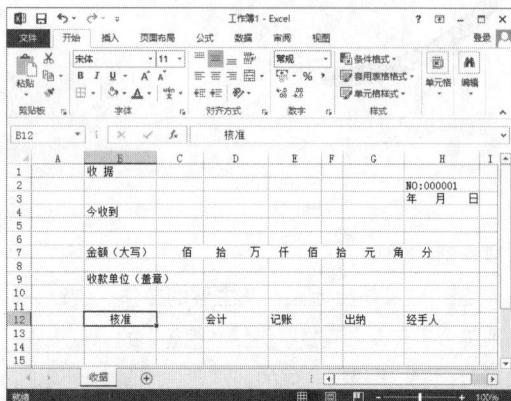

图 5-2 输入表格信息

步骤 3 选择 B2:G2 单元格区域，然后右击鼠标，在弹出的快捷菜单中选择【设置单元格格式】菜单命令，打开【设置单元格格式对话框,设置【水平对齐】方式为【居中】、【垂直对齐】方式为【居中】，选择【合并单元格】复选框，如图 5-3 所示。

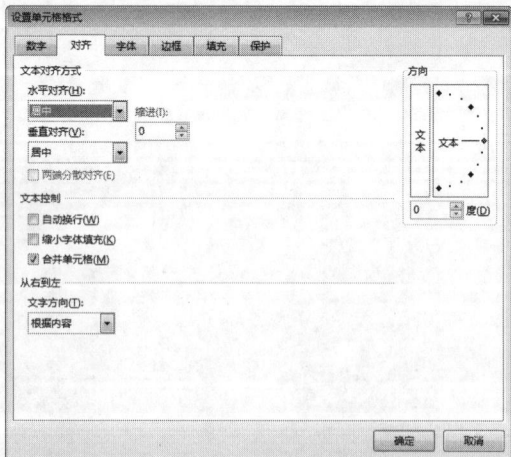

图 5-3 【对齐】选项卡

步骤 4 选择【字体】选项卡，设置【字形】为【常规】，【字体】为【宋体】，【字号】为 26，字体【颜色】为【黑色】，如图 5-4 所示。

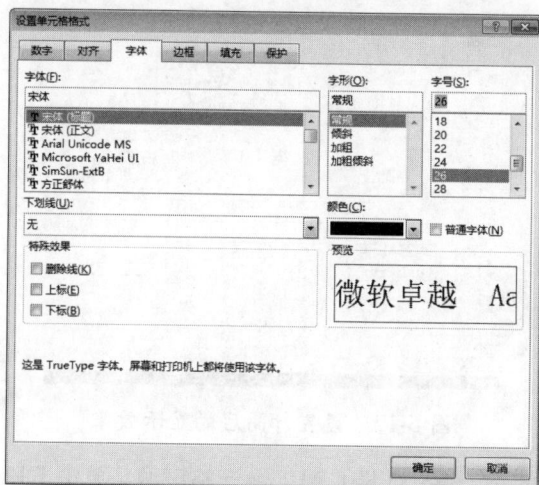

图 5-4　【字体】选项卡

步骤 5 单击【确定】按钮，返回到工作表当中，设置之后的显示效果如图 5-5 所示。

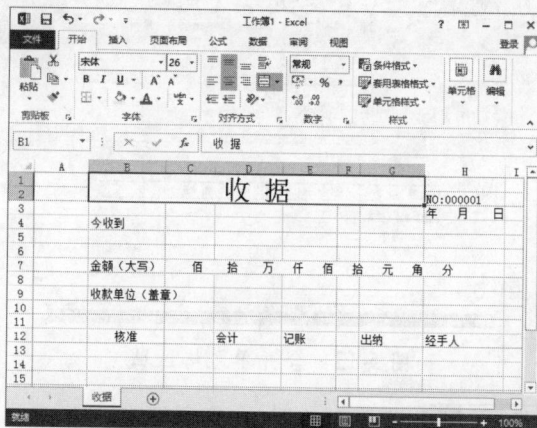

图 5-5　设置表格字体样式

步骤 6 选择 H2 单元格，设置【字号】为 14，【字体】为【宋体】，设置之后的显示效果如图 5-6 所示。

步骤 7 选择 B3:H3 单元格区域，打开【设置单元格格式】对话框，设置【水平对齐】方式为【靠右（缩进）】，【垂直对齐】方式

为【居中】，然后选择【合并单元格】复选框，如图 5-7 所示。

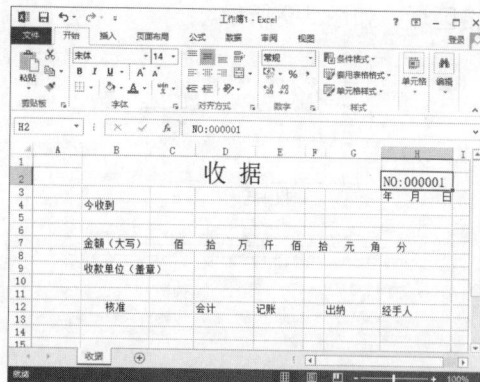

图 5-6　设置文字字体与字号

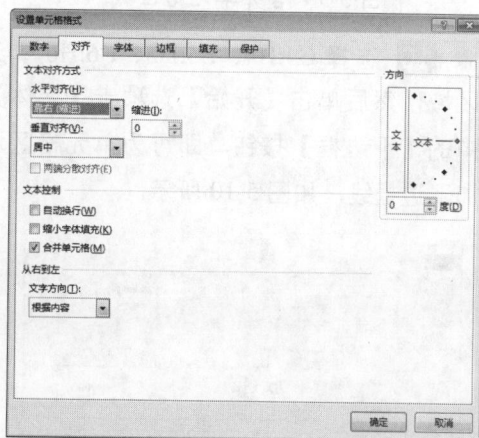

图 5-7　【对齐】选项卡

步骤 8 单击【确定】按钮，返回到工作表当中，可以看到设置之后的效果，如图 5-8 所示。

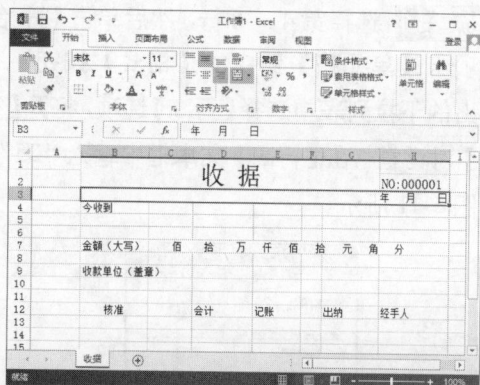

图 5-8　设置单元格后的效果

步骤 9 选择 B4 单元格区域，设置【字号】为 14，然后合并 C4:H4、B5:H5、B6:H6 单元格区域，如图 5-9 所示。

图 5-9 合并单元格区域

步骤 10 选择 C4:H4、B5:H5、B6:H6 单元格区域，然后单击【开始】选项卡【字体】组中的【下边框】按钮，即可为单元格区域添加下边框线，如图 5-10 所示。

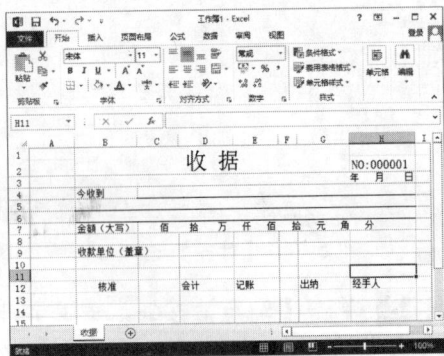

图 5-10 添加下边框线

步骤 11 选择第 4～6 行，然后单击【开始】选项卡【单元格】组中的【格式】按钮，在弹出的下拉列表中选择【行高】选项，打开【行高】对话框，在【行高】文本框中输入"25"，如图 5-11 所示。

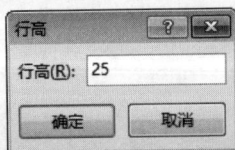

图 5-11 【行高】对话框

步骤 12 单击【确定】按钮，返回到工作表当中，调整行高之后的显示效果如图 5-12 所示。

图 5-12 设置行高后的显示效果

步骤 13 选择 C7:H7 单元格区域，单击【开始】选项卡【对齐方式】组中的【合并后居中】按钮，即可合并单元格区域，并居中显示单元格数据，如图 5-13 所示。

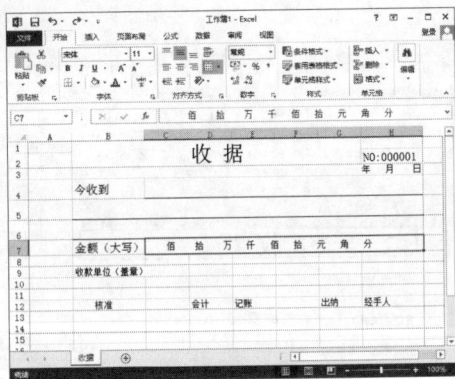

图 5-13 合并单元格区域

步骤 14 选择合并后的 C7 单元格，然后单击【开始】选项卡【字体】组中的【下边框】按钮，为该单元格添加下边框效果，如图 5-14 所示。

步骤 15 选择 B9:E10 单元格区域，打开【设置单元格格式】对话框，设置【水平对齐】方式为【常规】、【垂直对齐】方式为【居中】，然后选择【合并单元格】复选框，如图 5-15 所示。

图 5-14　添加表格下边框线

图 5-15　【对齐】选项卡

步骤 16 选择【字体】选项卡，设置【字体】为【宋体】、【字形】为【常规】、【字号】为 14，字体【颜色】为黑色，如图 5-16 所示。

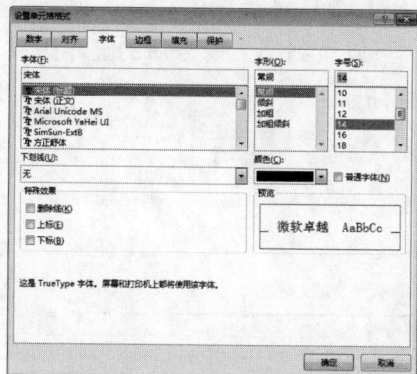

图 5-16　【字体】选项卡

步骤 17 单击【确定】按钮，返回到工作表中，设置之后的数据显示效果如图 5-17 所示。

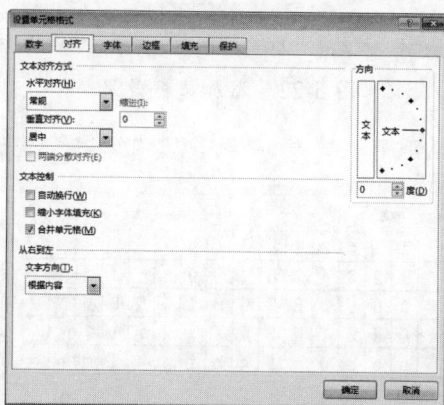

图 5-17　数据显示效果

步骤 18 选择 G10 单元格，单击【插入】选项卡【符号】组中的【符号】按钮，打开【符号】对话框，在其中选择人民币符号，如图 5-18 所示。

图 5-18　【符号】对话框

步骤 19 单击【确定】按钮，返回到工作表，即可在单元格中插入￥符号，如图 5-19 所示。

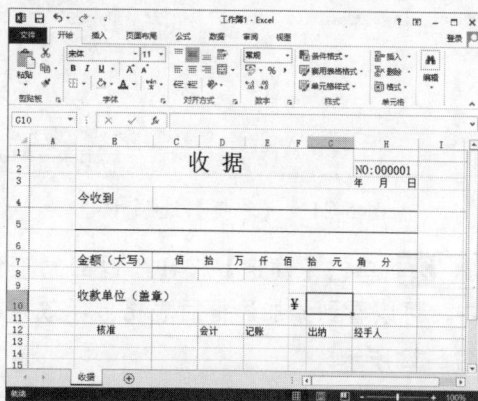

图 5-19　插入符号

步骤 20 选择 G10:H10 单元格区域，然后合并单元格，并为单元格添加下边框效果，如图 5-20 所示。

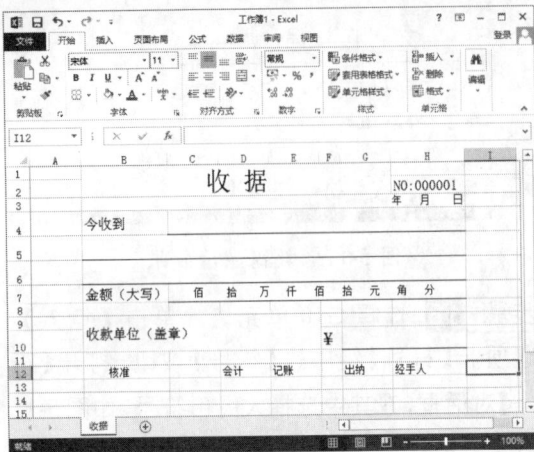

图 5-20 合并单元格并添加下划线

步骤 21 选择 B4:I11 单元格区域，打开【设置单元格格式】对话框，选择【边框】选项卡，在【样式】列表框中选择线条样式，然后单击【外边框】按钮，如图 5-21 所示。

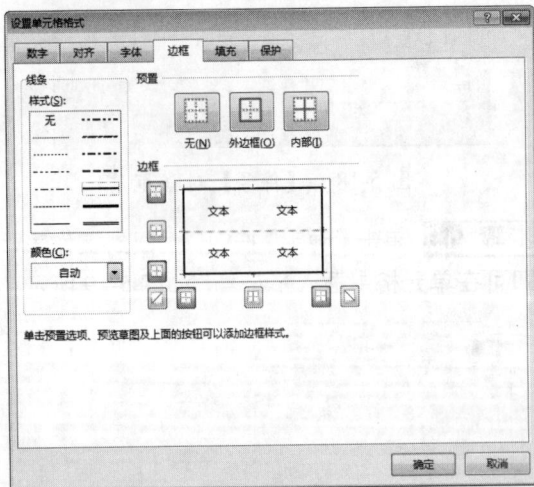

图 5-21 【边框】选项卡

步骤 22 单击【确定】按钮，返回到工作表中，可以看到添加边框后表格显示效果，如图 5-22 所示。

步骤 23 选择 I4 单元格，然后单击【插入】选项卡【符号】组中的【符号】按钮，打开【符号】对话框，在其中选择自己需要的符号，如图 5-23 所示。

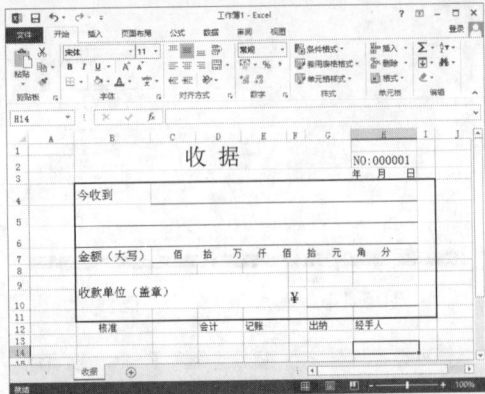

图 5-22 添加边框效果

图 5-23 【符号】选项卡

步骤 24 单击【确定】按钮，返回到工作表中，可以看到插入符号后的显示效果，如图 5-24 所示。

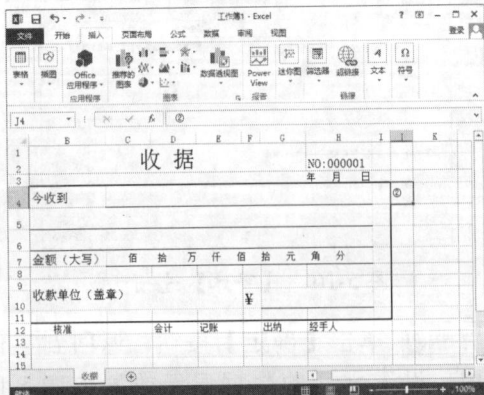

图 5-24 插入符号效果

步骤 25 在符号后面输入相关文字信息。一般情况下，收据有 3 联：第 1 联是存根联（白色），第 2 联是客户联（红色），第 3 联是记账联（黄色）。因此这里输入"客户（红）"，如图 5-25 所示。

图 5-25　输入表格信息

步骤 26 选择 I4:I11 单元格区域，打开【设置单元格格式】对话框，在【对齐】选项卡【文本控制】区域中选择【合并单元格】复选框，然后单击【方向】区域中的【文本】按钮，如图 5-26 所示。

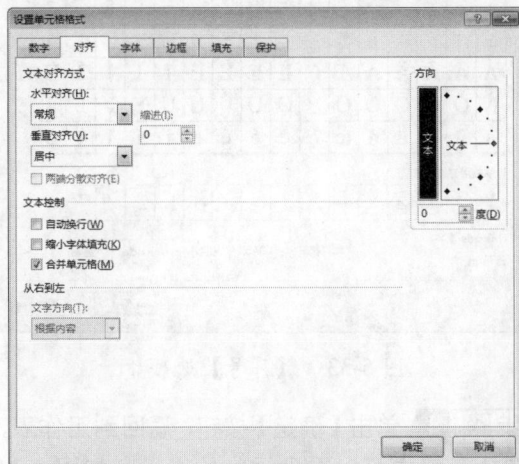

图 5-26　【对齐】选项卡

步骤 27 单击【确定】按钮，返回到工作表中，可以看到设置之后的数据显示效果，如图 5-27 所示。

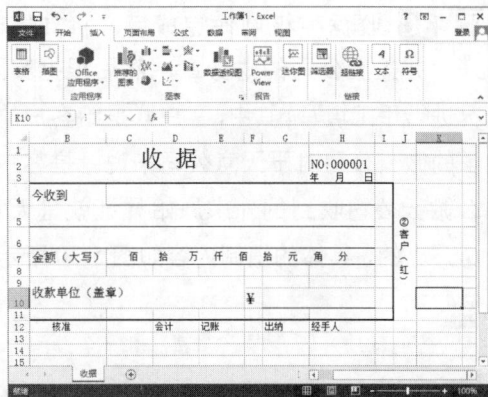

图 5-27　文本显示效果

步骤 28 在【视图】选项卡【显示】组中取消【网格线】复选框的选中状态，如图 5-28 所示。

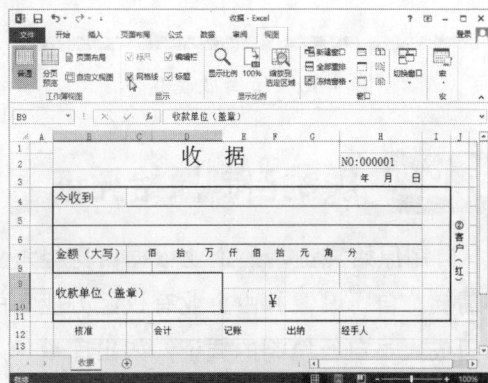

图 5-28　取消选中【网格线】复选框

步骤 29 返回到工作表，可以看到取消网格线显示之后的效果，如图 5-29 所示。

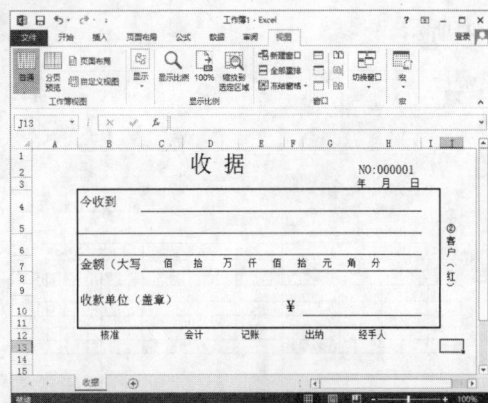

图 5-29　取消网格线

121

步骤 30 收据模板制作完成后，将其打印出来，并盖上公司的财务章，然后根据实际情况进行手工填写。其中，客户联是给客户的，这里的微云公司对于天意公司来说就是客户，那么微云公司收到的外来原始凭证就是天意公司开出的，具体的填制内容如图 5-30 所示。

图 5-30　填写收据信息

5.1.2　填制自制原始凭证

自制原始凭证，是企业根据自身经济业务需要，自行设置并由企业有权经办业务的部门或人员自行填制的凭证，如出库单、入库单、领料单、收料单等。

步骤 1 新建一个空白工作簿，重命名 Sheet1 为"收料单"，然后根据实际情况制作收料单的内容，并设置单元格格式，如图 5-31 所示。

图 5-31　创建收料单表格信息

步骤 2 在编号、材料名称、规格等信息下方，根据实际情况输入收料信息，然后设置单元格数据的对齐方式为【居中对齐】，如图 5-32 所示。

图 5-32　输入收料单信息

步骤 3 选择 H6 单元格，然后单击【插入】选项卡【符号】组中的【符号】按钮，打开【符号】对话框，在其中选择人民币符号，如图 5-33 所示。

图 5-33　【符号】选项卡

步骤 4 单击【确定】按钮，返回到工作表，在单元格中可以看到添加的符号，如图 5-34 所示。

步骤 5 在符号后面输入数值，并居中显示数值，如图 5-35 所示。

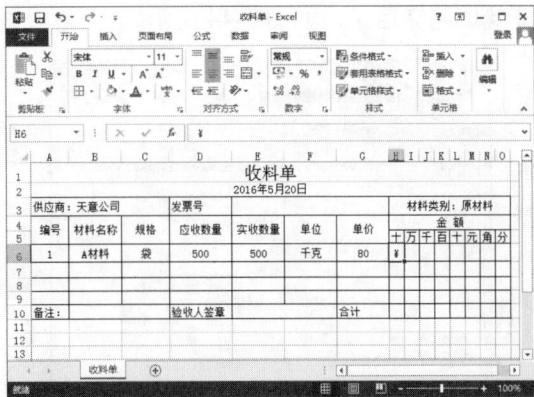

图 5-34　添加符号

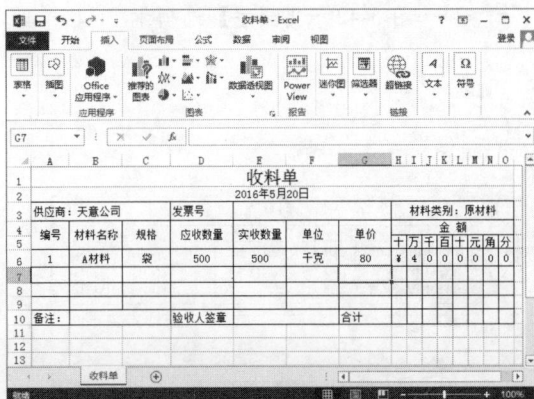

图 5-35　输入数据信息

步骤 6 按照相同方法，在下方输入另外一条收料信息，并居中显示数据信息，如图 5-36 所示。

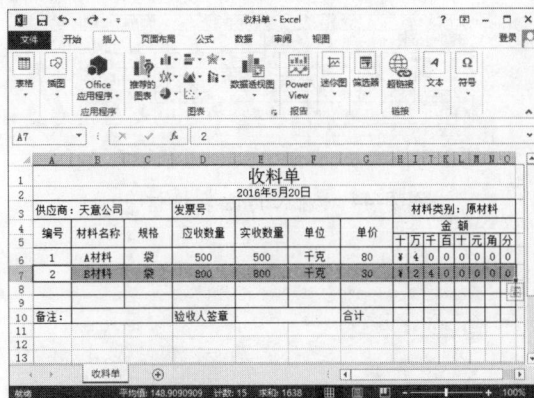

图 5-36　输入其他收料单信息

步骤 7 选择 H10 单元格，然后单击【插入】选项卡【符号】组中的【符号】按钮，打开【符

号】对话框，在其中选择人民币符号，如图 5-37 所示。

图 5-37　【符号】选项卡

步骤 8 单击【确定】按钮，返回到工作表，可以看到添加的符号信息，如图 5-38 所示。

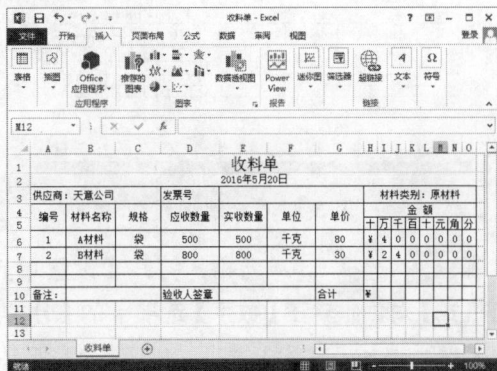

图 5-38　添加符号

步骤 9 在符号后面输入两种材料的合计金额，如图 5-39 所示。

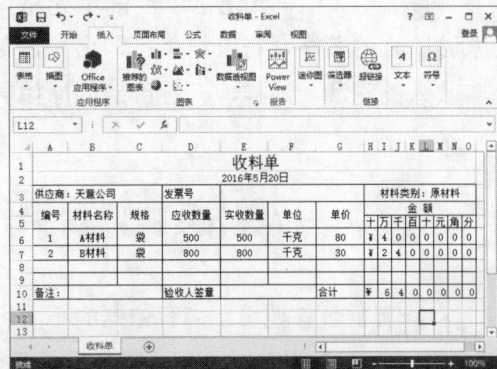

图 5-39　输入材料合计值

123

步骤 10 单击【插入】选项卡【插图】组中的【形状】按钮，在弹出的下拉列表中选择【直线】选项，如图 5-40 所示。

图 5-40　选择要绘制的形状

步骤 11 在工作表中【合计】值上方的位置绘制直线，如图 5-41 所示。

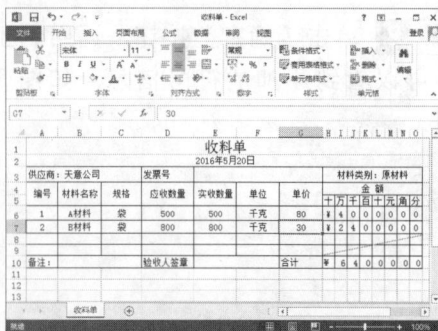

图 5-41　绘制直线

步骤 12 选择 E3 单元格，打开【设置单元格格式】对话框，在【数字】选项卡的【分类】列表框中选择【文本】选项，如图 5-42 所示。

步骤 13 单击【确定】按钮，返回到工作表中，在 E3 单元格中输入收到的发票号码，如图 5-43 所示。

步骤 14 选择 E10 单元格，在该单元格中输入验收人的名字，将收料单打印出来，盖上验收人的签章。这样，一份自制的原始凭证就填制完后了，如图 5-44 所示。

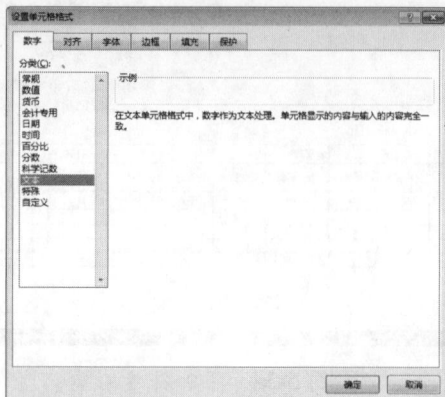

图 5-42　【数字】选项卡

图 5-43　输入发票号码

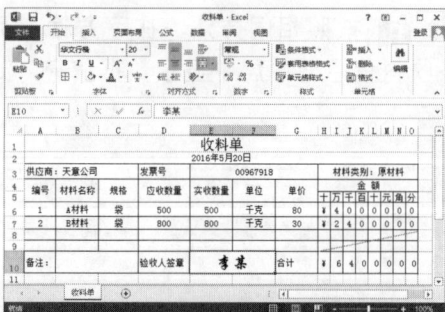

图 5-44　输入其他表格信息

5.2　填制记账凭证

记账凭证按照填制内容依据的不同可以有不同的分类，但企业在实际的经济业务中，主要会用到专用记账凭证、通用记账凭证和汇总记账凭证，其中以通用记账凭证应用最为广泛。

5.2.1 制作记账凭证表单

记账凭证主要包括凭证名称、编制凭证的日期及编号、接受凭证单位的名称、经济业务的数量和金额、填制凭证单位的名称和有关人员的签章等。

制作记账凭证的操作步骤如下。

步骤 1 新建一个工作簿，保存为"记账凭证"，如图 5-45 所示。

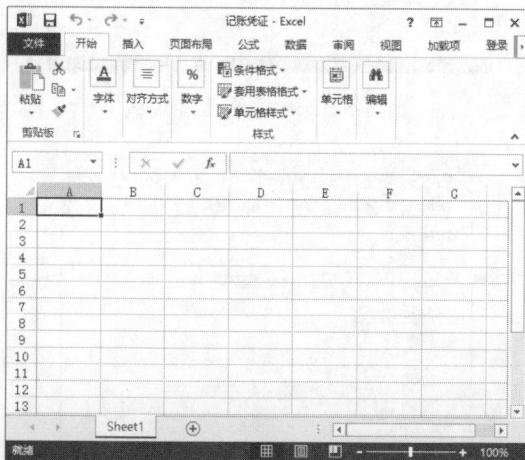

图 5-45　新建工作簿

步骤 2 向工作表中输入记账凭证中的标题、单位、摘要等信息，如图 5-46 所示。

图 5-46　输入表格信息

步骤 3 设置标题行文字格式为合并后居中、黑体、16 号。正文部分文字格式为宋体、11 号，分别合并单元格区域 A3:A4、B3:D3、E3:E4、F3:F4，并设置所有单元格的对齐方式为【垂直居中】，如图 5-47 所示。

图 5-47　设置单元格格式

步骤 4 设置单元格区域 B4:D4 的对齐方式为【水平居中】，并分别对所有的单元格区域设置合适的行高和列宽，如图 5-48 所示。

图 5-48　设置单元格对齐方式

步骤 5 选择单元格区域 A3:F11，在【开始】选项卡【字体】组中单击【边框】下拉按钮，在弹出的下拉列表中选择【所有框线】选项，如图 5-49 所示。

步骤 6 设计的会计凭证表如图 5-50 所示。

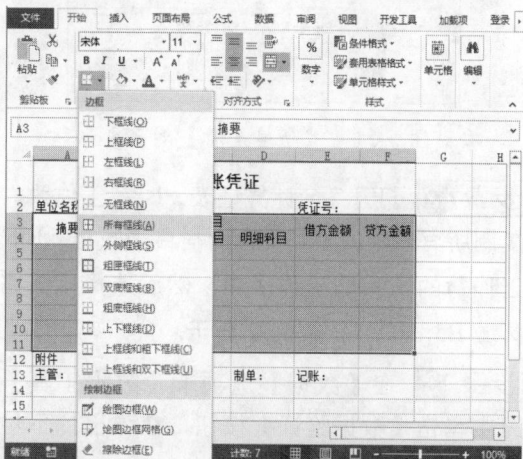

图 5-49　选择【所有边框】选项

图 5-50　记账凭证单

5.2.2　创建科目编号下拉菜单

记账凭证中的科目编号并不是手工输入的，这里需要创建科目编号的下拉菜单，以方便选择。具体操作步骤如下。

步骤 1 打开随书光盘中的"素材\ch05\会计科目表数据.xlsx"工作簿，选择单元格区域A2:A162，单击【公式】选项卡【定义的名称】组中的【定义名称】按钮，弹出【新建名称】对话框，在【名称】文本框中输入"科目编号"，单击【确定】按钮，如图 5-51 所示。

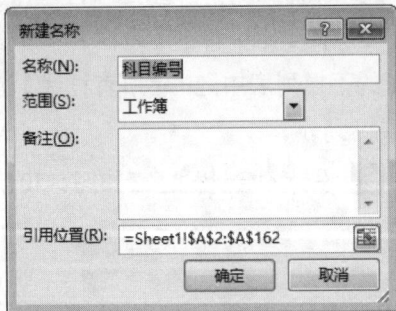

图 5-51　【新建名称】对话框

步骤 2 打开"会计凭证表.xlsx"工作簿，复制所有表中内容到"会计科目表数据.xlsx"工作簿的 Sheet2 工作表中，然后选择单元格区域 B5:B11，如图 5-52 所示。

步骤 3 在【数据】选项卡【数据工具】组中单击【数据验证】按钮，在弹出的下拉

列表中选择【数据验证】选项，弹出【数据验证】对话框，如图 5-53 所示。

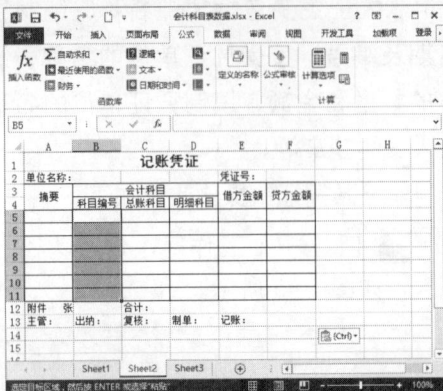

图 5-52　选择单元格区域

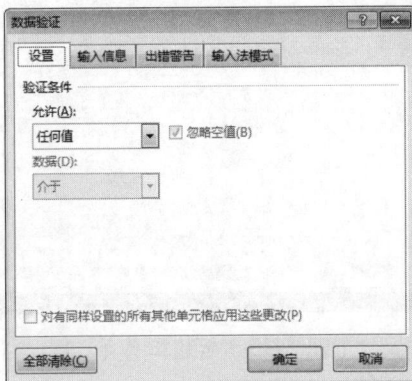

图 5-53　【数据验证】对话框

步骤 4 选择【设置】选项卡，在【允许】下拉列表中选择【序列】选项，在【来源】文本框中输入"=科目编号"，然后单击【确定】按钮，如图 5-54 所示。

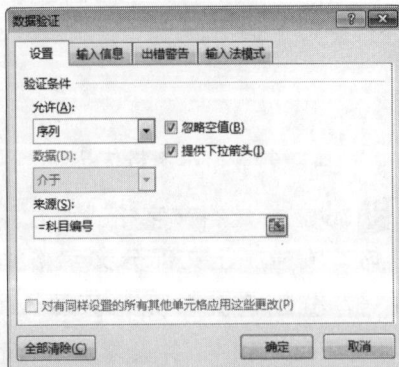

图 5-54　设置验证条件

步骤 5 返回工作表，即在"科目编号"列的数据区域设置了科目编号的下拉菜单，如图 5-55 所示。

图 5-55　设置科目编号

步骤 6 使用同样的方法，分别创建收款凭证、付款凭证和转账凭证，并设置格式即可，如图 5-56 所示。

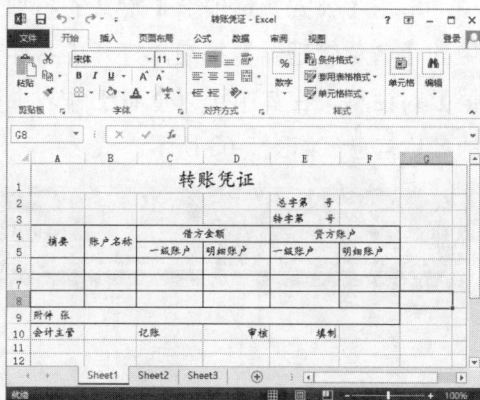

图 5-56　创建其他记账凭证

5.2.3　填制通用记账凭证

采用通用记账凭证的企业不再根据经济业务的内容分别填制收款凭证、付款凭证和转账凭证，所有涉及业务经济业务的记账凭证都由会计人员根据审核无误的原始凭证填制。

例如 2016 年 5 月 20 日，企业签发了一张现金支票，提取现金 2000 元备用，原始凭证已经审核无误。填制通用记账凭证的操作步骤如下。

步骤 1 打开随书光盘中的"素材 \ch05\ 记账凭证 .xlsx"工作簿，选择【记账凭证】工作表，如图 5-57 所示。

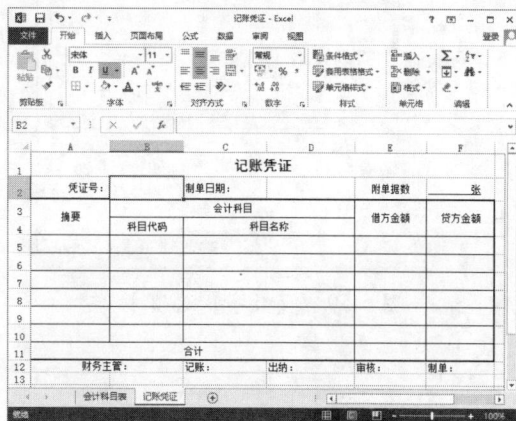

图 5-57　选择记账凭证工作表

步骤 2 选择 B2 单元格，在其中输入凭证号"1"。选择 D2 单元格，在其中输入制单日期。选择 F2 单元格，在该单元格中输入附单据数"01"张，如图 5-58 所示。

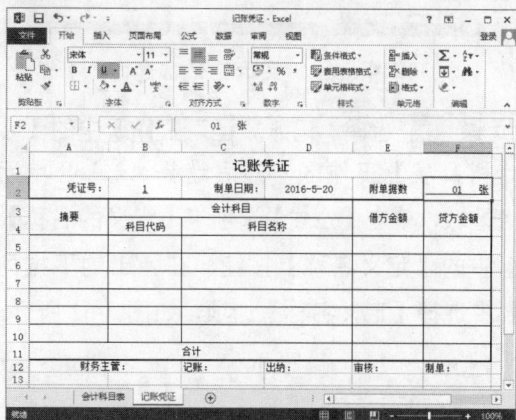

图 5-58　输入凭证数据

步骤 3 选中 B2 单元格，打开【设置单元格格式】对话框，在【分类】列表中选择【自定义】选项，在【类型】文本框中输入"0000"，如图 5-59 所示。

步骤 4 单击【确定】按钮，返回到工作表中，可以看到单元格 B2 中的数据显示为"0001"，如图 5-60 所示。

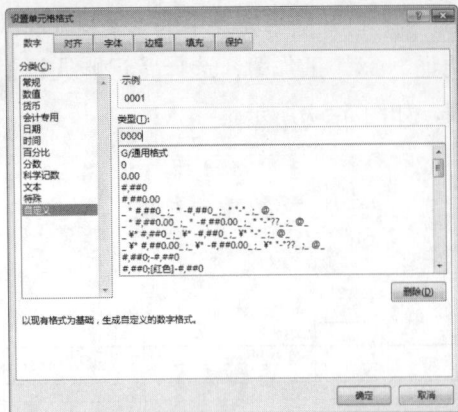

图 5-59 【数字】选项卡

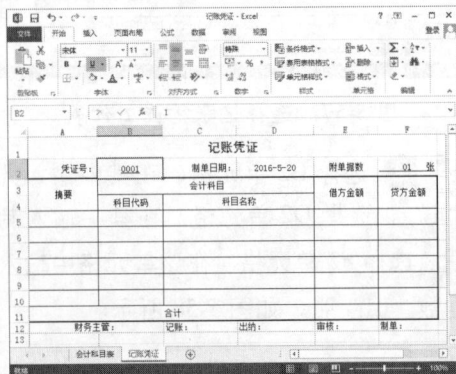

图 5-60 显示凭证信息

步骤 5 选择"记账凭证"工作簿中的【会计科目表】工作表，然后选择 A2:A39 单元格区域，单击【公式】选项卡【定义的名称】组中的【定义名称】按钮，在弹出的下拉列表中选择【定义名称】选项，如图 5-61 所示。

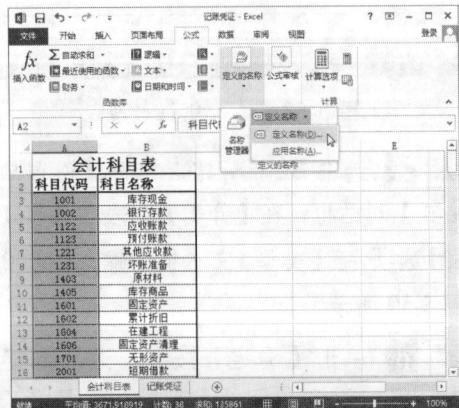

图 5-61 【定义名称】选项

步骤 6 打开【新建名称】对话框，在【名称】文本框中可以看到新建名称的名称，在【引用位置】文本框中可以查看新建名称的引用位置，如图 5-62 所示。

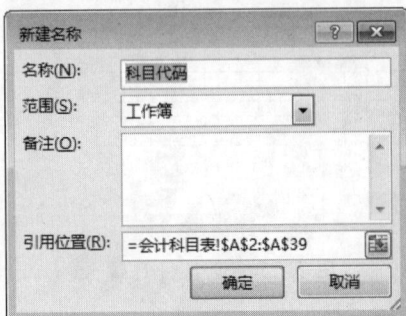

图 5-62 【新建名称】对话框

步骤 7 单击【确定】按钮，返回到工作表中，单击【公式】选项卡【定义的名称】组中的【名称管理器】按钮，打开【名称管理器】对话框，在其中可以查看工作表中存在的名称信息，如图 5-63 所示。

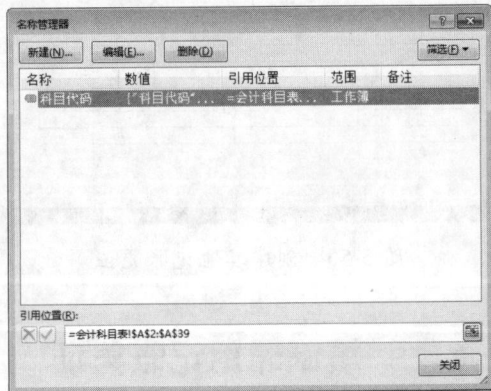

图 5-63 【名称管理器】对话框

步骤 8 选择 B5:B10 单元格区域，单击【数据】选项卡【数据工具】组中的【数据验证】按钮，在弹出的下拉列表中选择【数据验证】选项，如图 5-64 所示。

步骤 9 打开【数据验证】对话框，单击【允许】下拉按钮，在弹出的下拉列表中选择允许条件为【序列】，在【来源】文本框中输入"=科目代码"，如图 5-65 所示。

图 5-64　【数据验证】选项

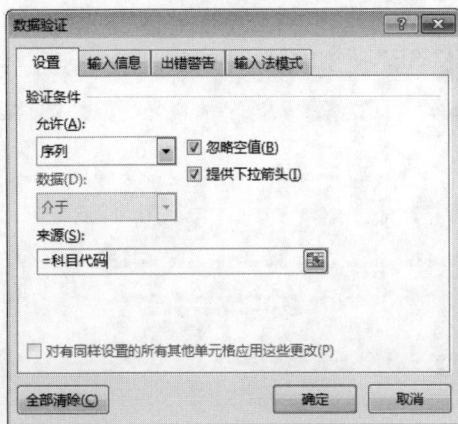

图 5-65　【数据验证】对话框

步骤 10 单击【确定】按钮,返回到工作表中,选中单元格区域 B5:B10 中的任意一个单元格,然后单击其右侧的下拉按钮,均会弹出一个科目代码下拉列表,如图 5-66 所示。

图 5-66　选择科目代码

步骤 11 选择 C5 单元格,单击编辑栏中的【插入函数】按钮 f_x,打开【插入函数】对话框。在【或选择类别】下拉列表中选择【查找与引用】选项,在【选择函数】列表框中选择 VLOOKUP 选项,如图 5-67 所示。

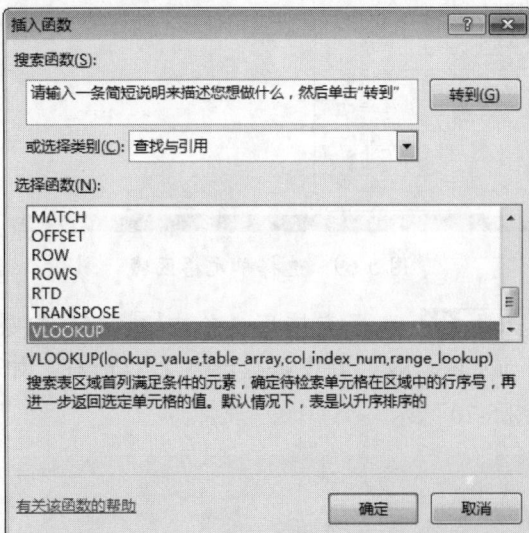

图 5-67　【插入函数】对话框

步骤 12 单击【确定】按钮,打开【函数参数】对话框,在 Lookup_value 文本框中输入 B5,如图 5-68 所示。

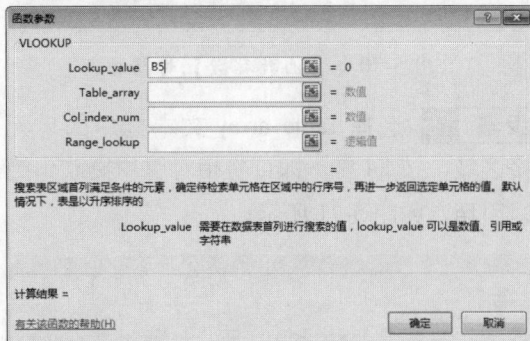

图 5-68　【函数参数】对话框

步骤 13 单击 Table_array 文本框右侧的 按钮,返回到工作表,在【会计科目表】工作表中选择 A3:B39 单元格区域,如图 5-69 所示。

图 5-69　选择单元格区域

步骤 14 选择完毕后，单击🔲按钮或按 Enter 键，返回到【函数参数】对话框，如图 5-70 所示。

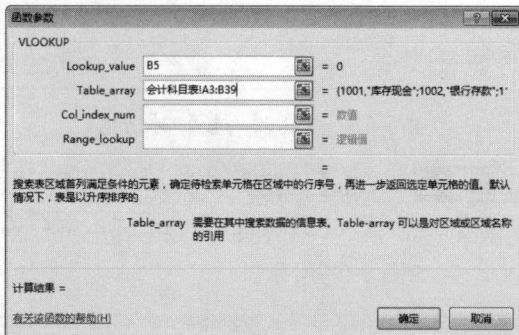

图 5-70　【函数参数】对话框

步骤 15 选择 Table_array 文本框中的单元格区域，按 F4 键，即可将相对引用更改为绝对引用，如图 5-71 所示。

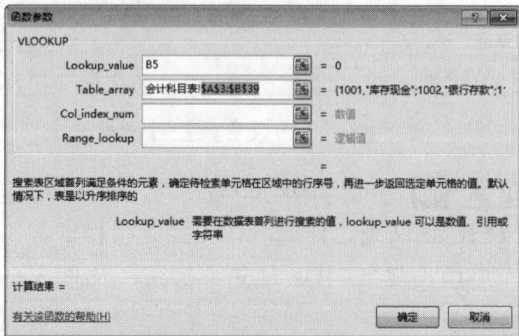

图 5-71　更改引用方式

步骤 16 在 Col_index_rum 文本框中输入"2"，如图 5-72 所示。

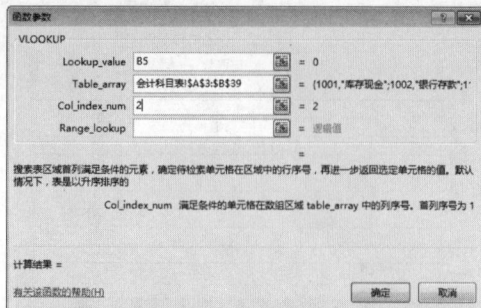

图 5-72　输入数值

步骤 17 在 Range_lookup 文本框中输入"FALSE"，如图 5-73 所示。

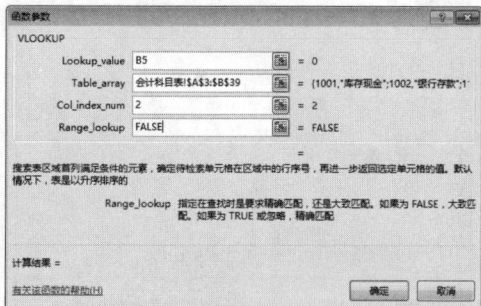

图 5-73　输入 FALSE

步骤 18 单击【确定】按钮，返回到工作表中，可以看到计算出的结果。这时由于 B5 单元格中不存在数值，因此单元格 C5 中的公式计算结果为"#N/A"，如图 5-74 所示。

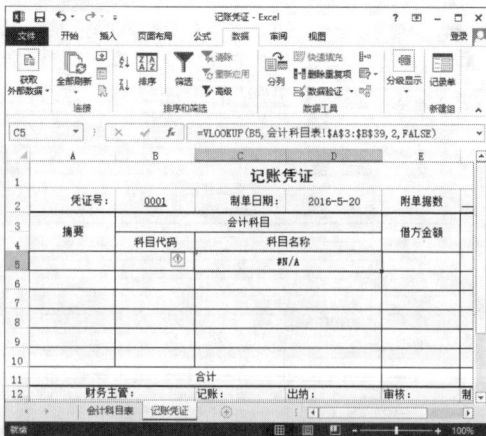

图 5-74　返回计算结果

步骤 19 选择 C5 单元格，修改其中的公式 为 "=IF(B5="","",VLOOKUP(B5,会计科目表!$A$3:$B$39,2,FALSE))"，如图 5-75 所示。

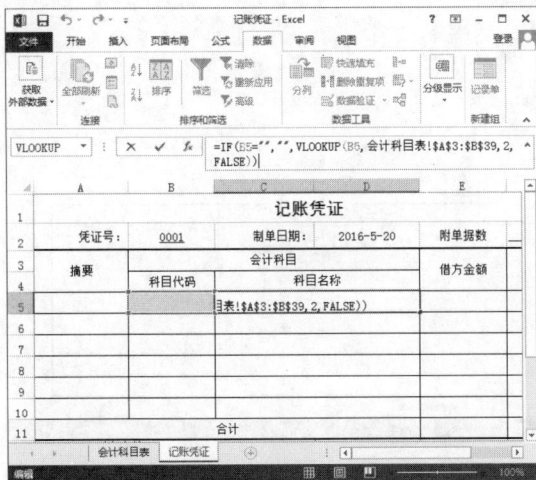

图 5-75 修改公式

步骤 20 修改完毕后，按 Enter 键，即可返回计算结果，这里计算结果为空值，如图 5-76 所示。

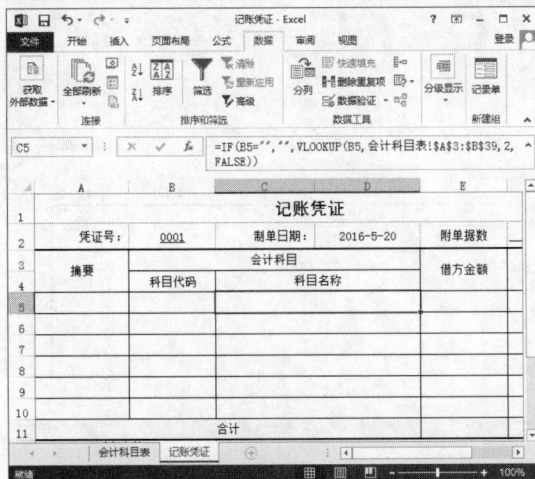

图 5-76 返回计算结果

步骤 21 复制单元格 C5 中的公式 C6 ~ C10 单元格，可以看到填充公式之后的显示效果，如图 5-77 所示。

图 5-77 填充公式

步骤 22 在 A5 单元格输入凭证的摘要信息，选择科目代码，并输入借方金额，如图 5-78 所示。

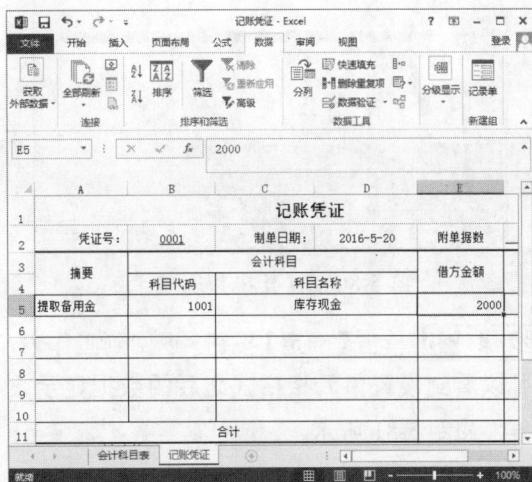

图 5-78 输入凭证信息

步骤 23 使用同样的方法，输入记账凭证中的贷方金额，如图 5-79 所示。

步骤 24 选择 E5:F11 单元格区域，右击鼠标，在弹出的快捷菜单中选择【设置单元格格式】菜单命令，打开【设置单元格格式】对话框，在【分类】列表中选择【货币】选项，并设置【小数位数】为 2，如图 5-80 所示。

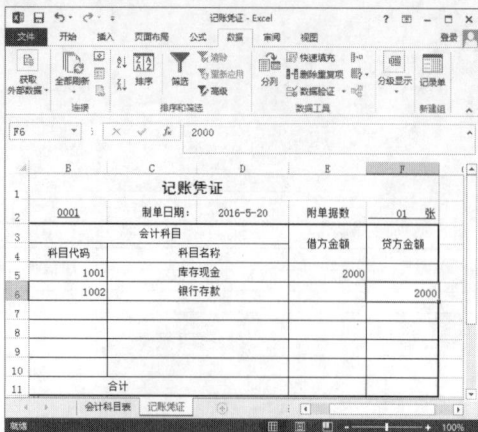

图 5-79 输入贷方金额

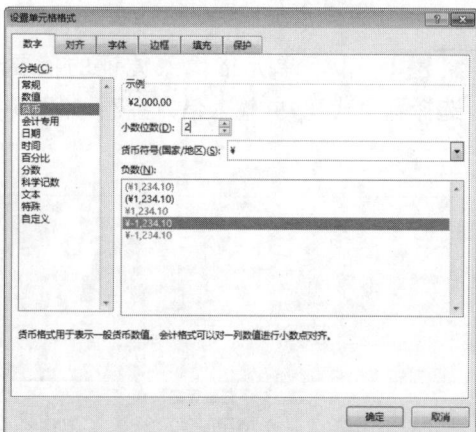

图 5-80 【数字】选项卡

步骤 25 单击【确定】按钮，返回到工作表，可以看到设置单元格格式之后的数据显示效果，如图 5-81 所示。

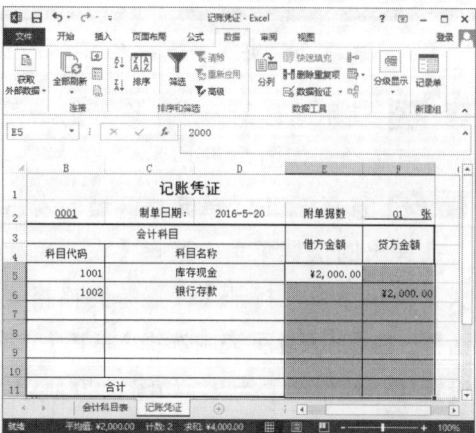

图 5-81 设置数据显示格式

步骤 26 选择 E11 单元格，在编辑栏中输入公式 "=SUM(E5:E10)"，按 Enter 键，即可计算出借方金额合计，如图 5-82 所示。

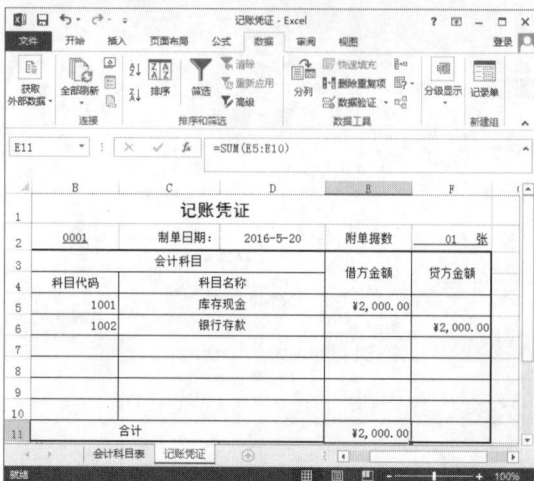

图 5-82 返回计算结果

步骤 27 选择 F11 单元格，在编辑栏中输入公式 "=SUM(F5:F10)"，按 Enter 键，即可计算出贷方金额合计，如图 5-83 所示。

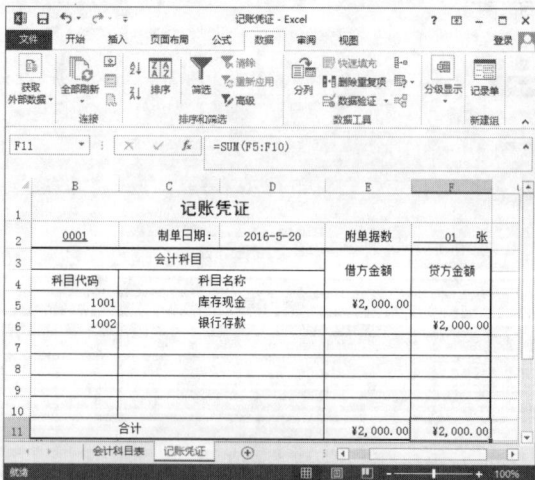

图 5-83 计算贷方金额

步骤 28 在【视图】选项卡【显示】组中取消选择【网格线】复选框，可以看到工作表中的网格线消失。至此，就完成了通用记账凭证的填制操作，如图 5-84 所示。

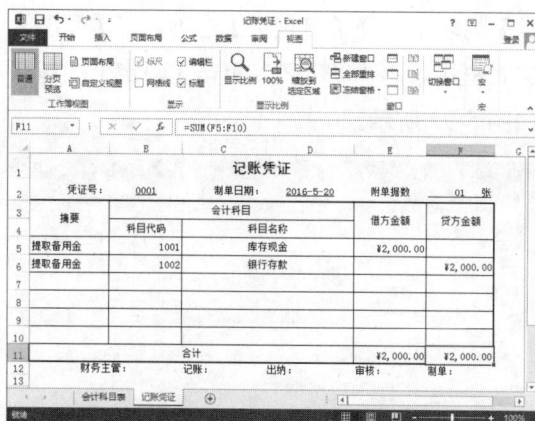

图 5-84　填制通用记账凭证

5.2.4　填制记账凭证汇总表

记账凭证审核无误后，就可以登记有关账簿了。不过在登记账簿之前，可以先将所有的审核无误的记账凭证汇总到一个表中，这个表就是记账凭证汇总表。

填制记账凭证汇总表的操作步骤如下。

步骤 1　打开"记账凭证"工作簿，选择"记账凭证"工作表，右击鼠标，在弹出的快捷菜单中选择【插入】菜单命令，如图 5-85 所示。

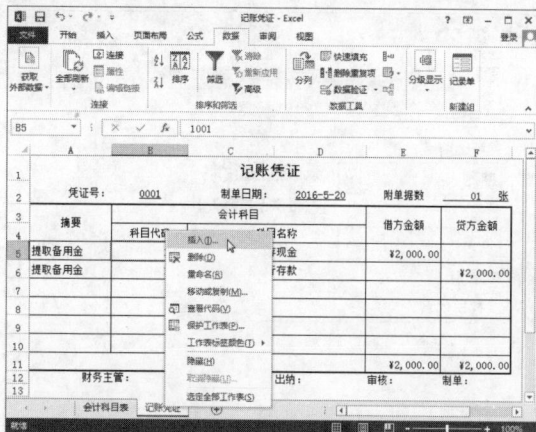

图 5-85　选择【插入】菜单命令

步骤 2　打开【插入】对话框，在【常用】选项卡中选择【工作表】图标，如图 5-86 所示。

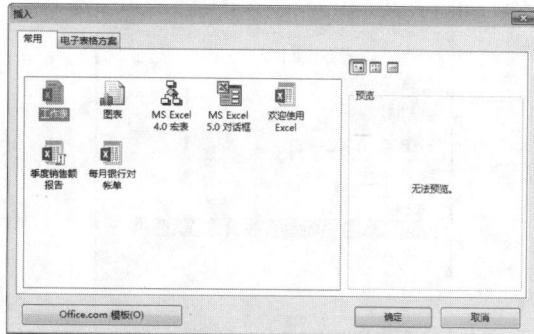

图 5-86　【插入】对话框

步骤 3　单击【确定】按钮，即可新建一个空白工作表。重命名工作表为"记账凭证汇总表"，如图 5-87 所示。

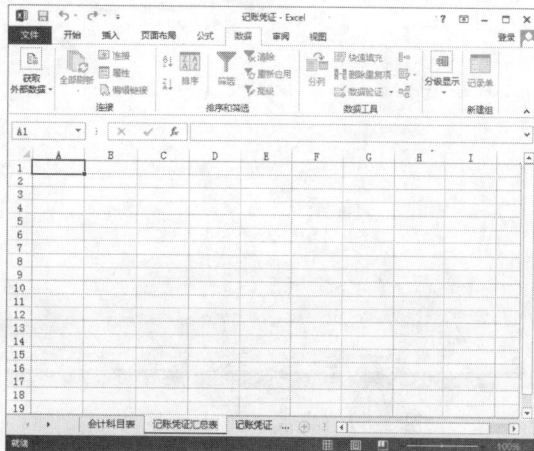

图 5-87　新建空白工作表

步骤 4　选择"记账凭证汇总表"工作表，右击鼠标，在弹出的快捷菜单中选择【移动或复制工作表】菜单命令，打开【移动或复制工作表】对话框，在【下列选定工作表之前】列表框中选择【(移至最后)】选项，如图 5-88 所示。

步骤 5　单击【确定】按钮，即可将该工作表移动到工作簿的最后，如图 5-89 所示。

步骤 6　在"记账凭证汇总表"中输入标题信息和项目信息，并设置单元格格式，如图 5-90 所示。

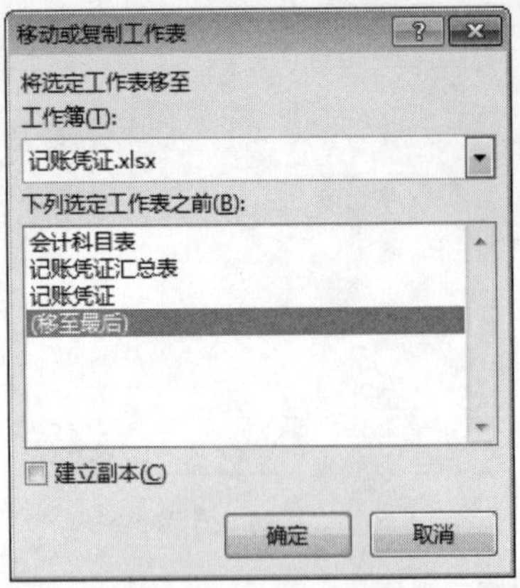

图 5-88 【移动或复制工作表】对话框

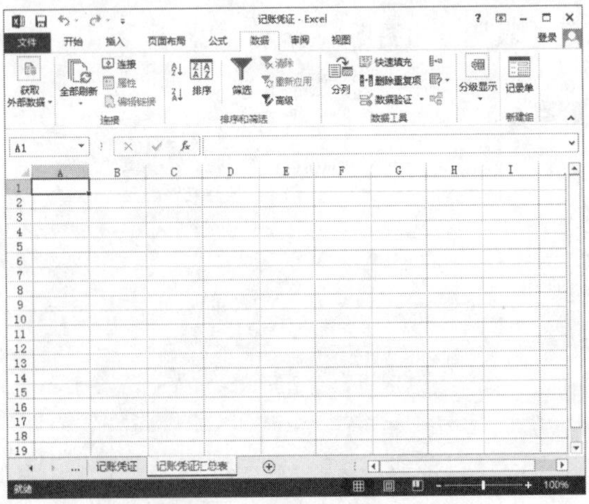

图 5-89 完成工作表的移动

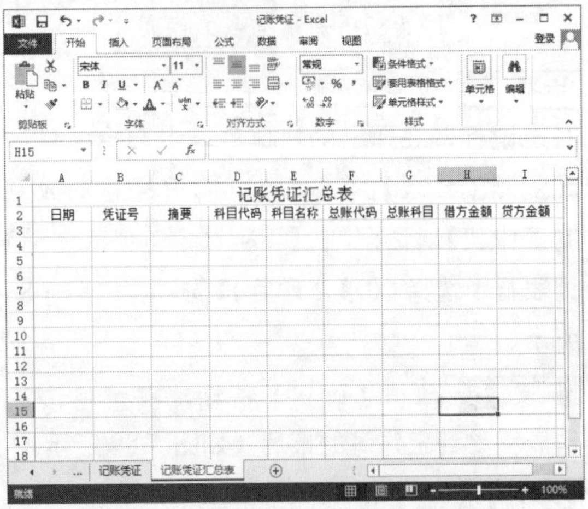

图 5-90 输入标题信息与项目信息

步骤 7 选择 B3:B4 单元格区域，按 Ctrl+1 组合键，打开【设置单元格格式】对话框，在【分

类】列表中选择【自定义】选项，在【类型】文本框中输入"0000"，单击【确定】按钮，如图 5-91 所示。

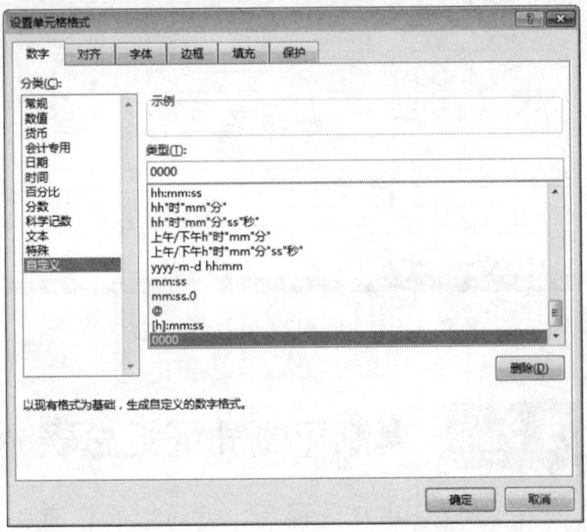

图 5-91 【数字】选项卡

步骤 8 选择 D3:D4 单元格区域，单击【数据】选项卡【数据工具】组中的【数据验证】按钮，打开【数据验证】对话框，在【允许】下拉列表中选择【序列】选项，在【来源】文本框中输入【=科目代码】，单击【确定】按钮，如图 5-92 所示。

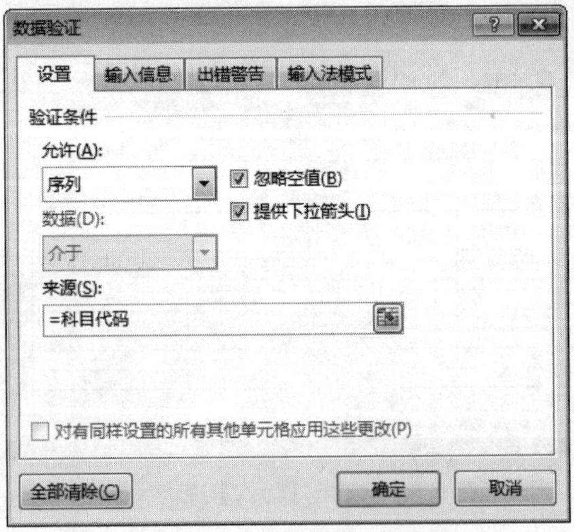

图 5-92 【设置】选项卡

步骤 9 选择 H3:I4 单元格区域，按 Ctrl+1 组合键，打开【设置单元格格式】对话框，

在【分类】列表框中选择【会计专用】选项，【小数位数】设置为 2，单击【确定】按钮，如图 5-93 所示。

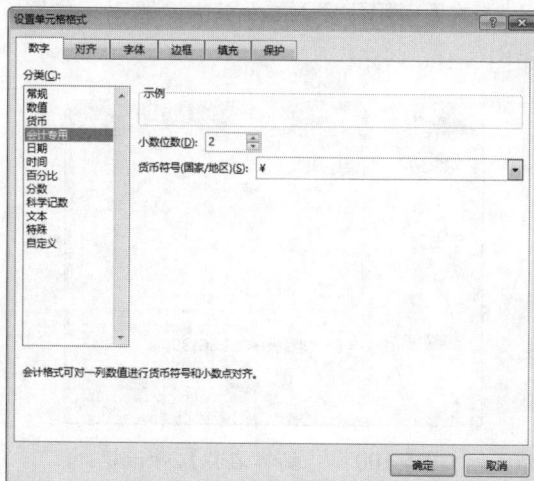

图 5-93　【数字】选项卡

步骤 10 在"记账凭证汇总表"工作表中根据实际情况输入已记账的记账凭证信息，如图 5-94 所示。

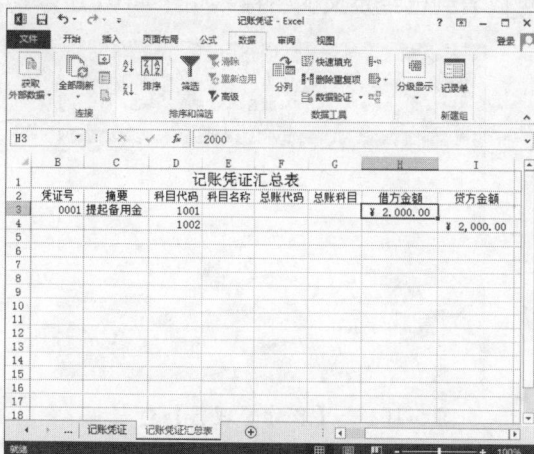

图 5-94　输入记账凭证汇总信息

步骤 11 选择 E3 单元格，在编辑栏中输入公式"=VLOOKUP(D3, 会计科目表 !$A$3:$B$39,2,FALSE)"，如图 5-95 所示。

步骤 12 按 Enter 键，即可计算出记账凭证的借方科目名称。然后复制公式至 E4 单元格，

即可计算出记账凭证的贷方科目名称，如图 5-96 所示。

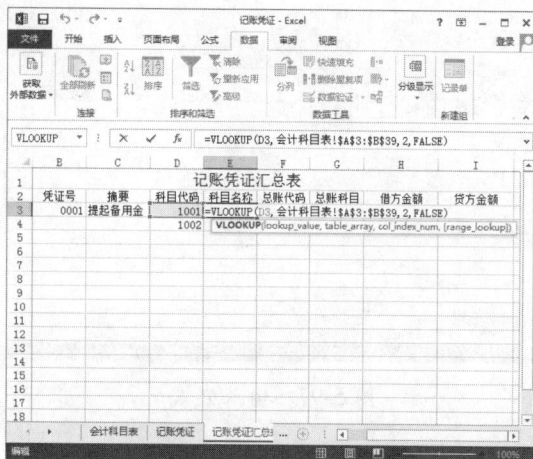

图 5-95　输入公式

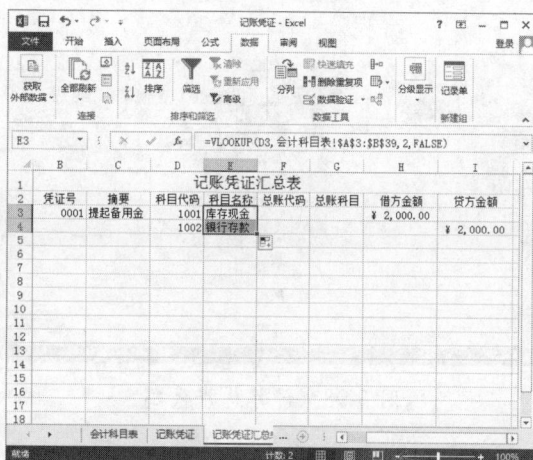

图 5-96　计算科目名称

步骤 13 选择 F3 单元格，在编辑栏中输入公式"=LEFT(D3,4)"，按 Enter 键，即可计算出借方总账代码，如图 5-97 所示。

步骤 14 复制 F3 单元格中的公式至 F4 单元格，即可计算出贷方总账代码，如图 5-98 所示。

步骤 15 选择"会计科目表"工作表，在 C 列单元格中输入总账科目相关信息，如图 5-99 所示。

图 5-97　输入公式

图 5-98　计算总账代码

图 5-99　输入总账科目信息

步骤 16 在【公式】选项卡【定义的名称】组中单击【定义名称】按钮，打开【编辑名称】对话框，在【名称】文本框中输入"总账科目"，在【引用位置】文本框中设置引用位置，如图 5-100 所示。

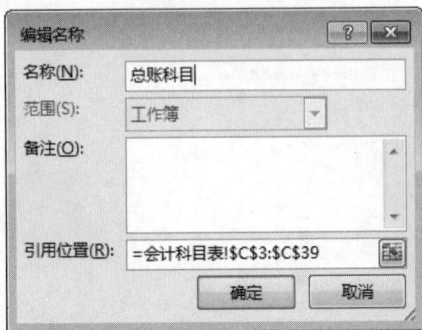

图 5-100　【编辑名称】对话框

步骤 17 设置完毕后，单击【确定】按钮，即可完成定义名称的操作。然后单击【公式】选项卡【定义的名称】组中的【名称管理器】按钮，打开【名称管理器】对话框，在其中可以看到已经定义的名称，如图 5-101 所示。

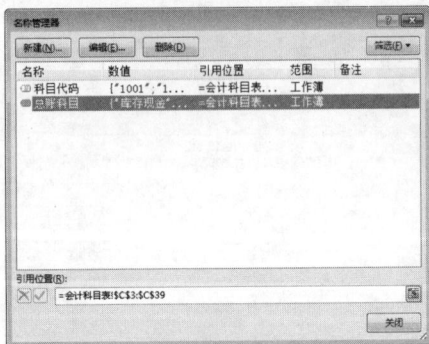

图 5-101　【名称管理器】对话框

步骤 18 打开"记账凭证汇总表"工作表并选择 G3 单元格，然后单击【公式】选项卡【函数库】组中的【插入函数】按钮，打开【插入函数】对话框，在【或选择类别】列表中的选择【查找与引用】选项，在【选择函数】列表框中选择 LOOKUP 函数，如图 5-102 所示。

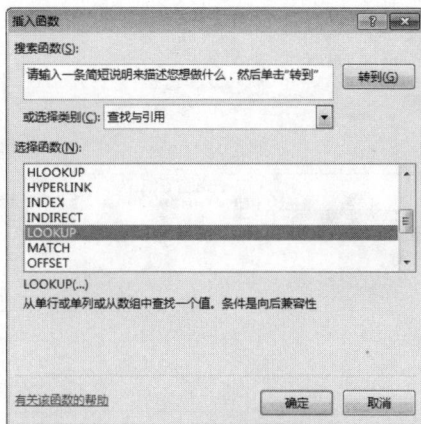

图 5-102　【插入函数】对话框

步骤 19 单击【确定】按钮，打开【选定参数】对话框，在其中选择函数组合方式，这里选择数组组合方式，如图 5-103 所示。

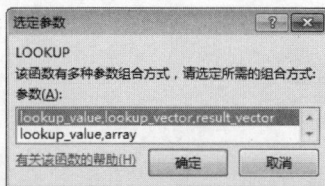

图 5-103　【选定参数】对话框

步骤 20 单击【确定】按钮，打开【函数参数】对话框，在其中设置函数的参数信息，如图 5-104 所示。

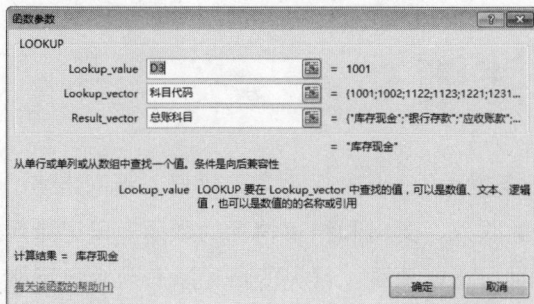

图 5-104　【函数参数】对话框

步骤 21 单击【确定】按钮，返回到"记账凭证汇总表"工作表，可以看到 G3 单元格中显示记账凭证的借方科目的总账科目，如图 5-105 所示。

图 5-105　显示总账科目

步骤 22 复制 G3 单元格中的公式至 G4 单元格，即可计算出记账凭证贷方科目的总账科目，如图 5-106 所示

图 5-106　复制公式

步骤 23 选择 A3:C3 单元格区域，向下复制单元格信息，然后单击 按钮，在弹出的下拉列表中选择【复制单元格】选项，如图 5-107 所示。

步骤 24 即可完成记账凭证日期、凭证号与摘要的复制，如图 5-108 所示。

图 5-107　选择【复制单元格】选项

图 5-108　复制单元格信息

步骤 25 选择 A1 单元格和 A2:I2 单元格区域，然后单击【开始】选项卡【字体】组中的【字体加粗】按钮，即可将文字加粗显示，如图 5-109 所示。至此，就完成了记账凭证汇总表的制作。

图 5-109　记账凭证汇总表

5.3　填制现金日记账簿

日记账簿又称序时账簿，是指按照经济业务发生的时间先后顺序，逐日、逐笔连续记录经济业务，用来核算和监督库存现金每天的收入、支出和结存情况的账簿。日记账簿按其记录的内容不同，分为普通日记账和特种日记账两种。常见的日记账有现金日记账和银行存款日记账，简称日记账。

5.3.1　制作现金日记账表单

现金日记账一般有 3 栏式和多栏式两种类型格式，3 栏式现金日记账的表头一般包括日期、凭证种类、摘要、对应科目、收入、支出及结余等项目。

设计现金日记账的具体步骤如下。

步骤 1 在 Excel 2013 中新建一个空白工作簿，并保存为"现金日记账"，如图 5-110 所示。

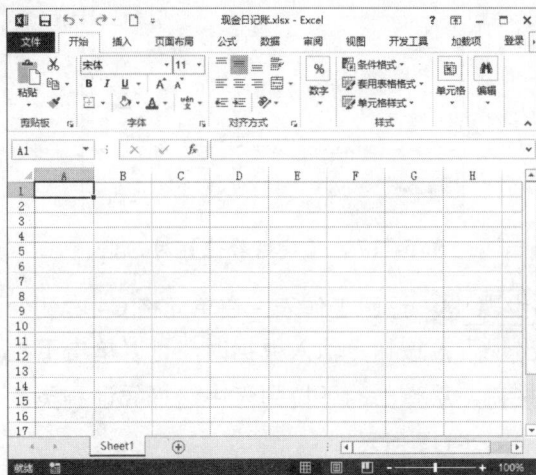

图 5-110　新建空白工作簿

步骤 2 双击工作表的 Sheet1 标签，重命名为"现金日记账"，如图 5-111 所示。

图 5-111　重命名工作表

步骤 3 在工作表中输入日记账表头的所有数据信息，如图 5-112 所示。

步骤 4 根据需要设置单元格的对齐方式、自动换行以及合并后居中，并调整各列的列宽，如图 5-113 所示。

步骤 5 选择单元格区域 A2:H16，在【开始】选项卡【字体】组中单击【边框】右侧的▾按钮，

在弹出的下拉列表中选择【所有框线】选项，如图 5-114 所示。

图 5-112　输入表头信息

图 5-113　设置单元格格式

图 5-114　【所有框线】选项

步骤 6 此时工作表中除标题行外的单元格区域则均设置了框线，如图 5-115 所示。

图 5-115　添加表格边框

5.3.2 设置表格数据有效性

利用数据有效性可以创建凭证种类下拉菜单，具体的操作步骤如下。

步骤 1 选择单元格 C4，在【数据】选项卡【数据工具】组中单击【数据验证】按钮，在弹出的下拉列表中选择【数据验证】选项，如图 5-116 所示。

步骤 2 弹出【数据验证】对话框，选择【设置】选项卡，在【允许】下拉列表中选择【序列】选项，在【来源】文本框中输入"银收，银付，现收，现付，转"，然后单击【确定】按钮，如图 5-117 所示。

图 5-116　【数据验证】选项

图 5-117　【数据验证】对话框

步骤 3 返回工作表，在单元格 C4 右侧会出现下拉按钮。输入数据时，可以单击下拉按钮，从弹出的下拉列表中选择凭证种类，如图 5-118 所示。

图 5-118　选择凭证种类

步骤 4 选择单元格 C4，将鼠标指针放在单元格的右下角，当指针变成 ➕ 形状时向下拖曳鼠标，在单元格区域 C5:C15 中填充复制单元格 C4 的格式，如图 5-119 所示。

图 5-119　复制公式

5.3.3 设置借贷不平衡自动提示

在会计核算中，同一会计事项必须同方向、同时间和同金额登记，以确保输入账户的借贷方金额相等。在日记账中，可使用 IF 函数设置借贷不平衡提示信息。

具体的操作步骤如下。

步骤 1 根据实际情况在“现金日记账”工作表中输入相关财务数据，如图 5-120 所示。

步骤 2 选择单元格 I16，输入公式“=IF(F16=(G16+H16),"","借贷不平 !")”。如果借贷不平衡，就会显示“借贷不平 !”的提示，如图 5-121 所示。

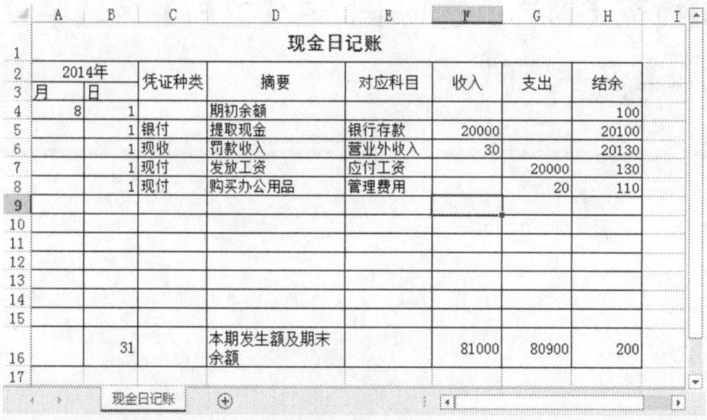

现金日记账

2014年 月	日	凭证种类	摘要	对应科目	收入	支出	结余
8	1		期初余额				100
	1	银付	提取现金	银行存款	20000		20100
	1	现收	罚款收入	营业外收入	30		20130
	1	现付	发放工资	应付工资		20000	130
	1	现付	购买办公用品	管理费用		20	110
	31		本期发生额及期末余额		81000	80900	200

图 5-120　输入财务数据

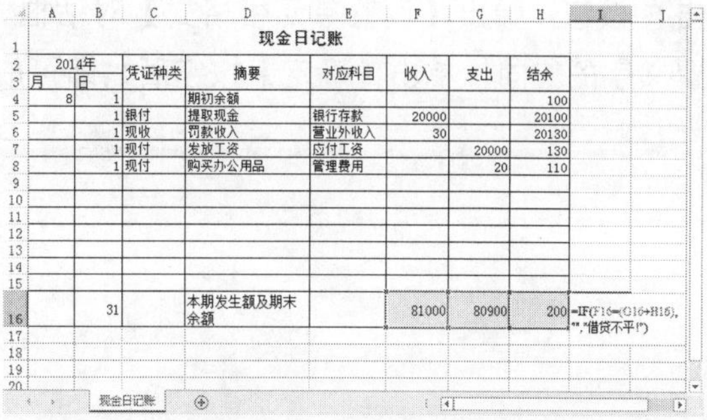

现金日记账

2014年 月	日	凭证种类	摘要	对应科目	收入	支出	结余	I
8	1		期初余额				100	
	1	银付	提取现金	银行存款	20000		20100	
	1	现收	罚款收入	营业外收入	30		20130	
	1	现付	发放工资	应付工资		20000	130	
	1	现付	购买办公用品	管理费用		20	110	
	31		本期发生额及期末余额		81000	80900	200	=IF(F16=(G16+H16),"","借贷不平!")

图 5-121　输入公式

步骤 3 按 Enter 键，在单元格 I16 中已经显示出“借贷不平 !”的提示，如图 5-122 所示。

步骤 4 在单元格 H16 中更改数据“200”为“100”。由于借方和贷方的金额相等，所以在单元格 I16 中没有任何显示，如图 5-123 所示。

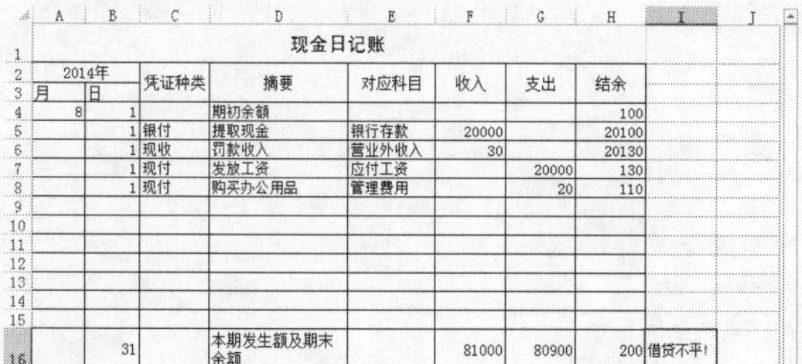

现金日记账

2014年 月	日	凭证种类	摘要	对应科目	收入	支出	结余	I
8	1		期初余额				100	
	1	银付	提取现金	银行存款	20000		20100	
	1	现收	罚款收入	营业外收入	30		20130	
	1	现付	发放工资	应付工资		20000	130	
	1	现付	购买办公用品	管理费用		20	110	
	31		本期发生额及期末余额		81000	80900	200	借贷不平!

图 5-122　“借贷不平”信息提示

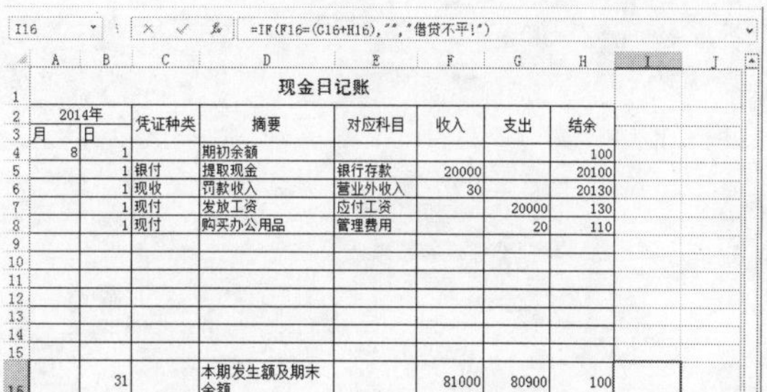

I16　=IF(F16=(G16+H16),"","借贷不平!")

现金日记账

2014年 月	日	凭证种类	摘要	对应科目	收入	支出	结余	I
8	1		期初余额				100	
	1	银付	提取现金	银行存款	20000		20100	
	1	现收	罚款收入	营业外收入	30		20130	
	1	现付	发放工资	应付工资		20000	130	
	1	现付	购买办公用品	管理费用		20	110	
	31		本期发生额及期末余额		81000	80900	100	

图 5-123　修改数据使借贷平衡

5.4 疑难问题解答

问题 1：在 Excel 中可以利用【条件格式】功能设置单元格的样式，那么如何在一个工作表中查找含有条件格式的单元格呢？

解答： 在一个工作表中的操作界面中任意选中一个单元格，然后在【开始】选项卡【编辑】组中单击【查找和选择】按钮，从弹出的下拉列表中选择【定位格式】选项，这时会弹出【定位条件】对话框，在其中选择【条件格式】单选按钮；如果要查找所有条件格式的单元格，则选择【全部】单选按钮；如果要查找特定条件的单元格，则选择【相同】单选按钮。单击【确定】按钮，即可将具有条件格式的单元格以高亮方式显示。

问题 2： 如何设置表格中文字的方向？

解答： 首先选择要设置文字方向的单元格区域，在【开始】选项卡【对齐方式】组中单击 按钮，弹出【设置单元格格式】对话框。切换至【对齐】选项卡，在【方向】区域中设置文字的方向，单击【确定】按钮后，即可成功设置文字方向。

第 **3** 篇
财务综合应用案例

Excel 在会计和财务中的应用主要包括工资核算、固定资产核算、管理企业进销存、管理往来账务、处理月末账务、编制会计报表、进行分析财务、分析企业筹资决策、使用 VBA 创建财务管理系统和财务报表数据的共享与安全等。本篇将讲解会计和财务行业中的经典案例。通过本篇的学习，读者可以成为一名具有实战经验的会计和财务管理人员。

第6章

使用 Excel 进行工资核算

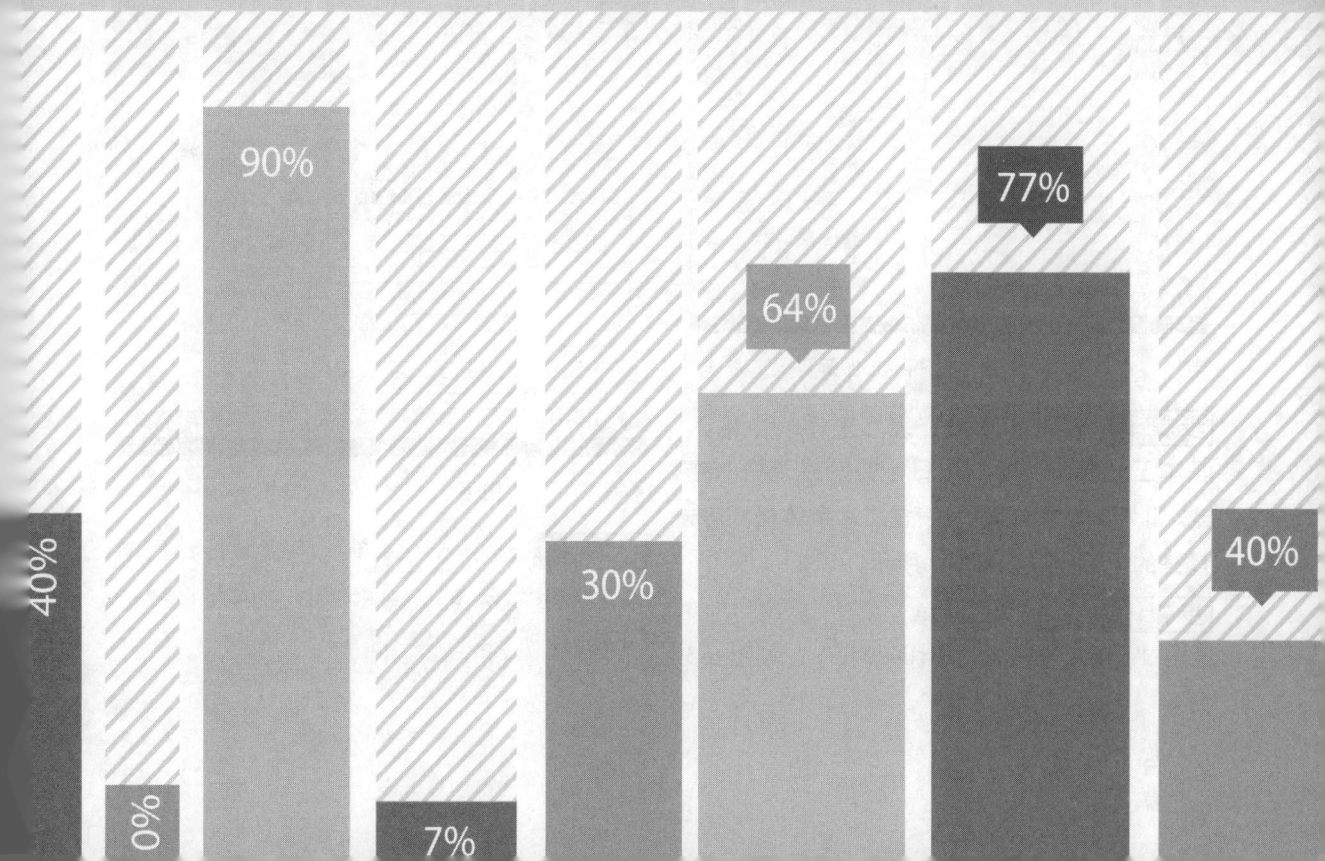

● **本章导读**

　　员工工资核算具有极其重要的意义：首先，员工的工资构成了大部分职工生活的经济来源；其次，员工的工资一方面构成了企业生产经营成本的重要部分，另一方面又是企业激励员工劳动积极性的主要手段之一。因此企业需要一个独立的工资管理系统来规范管理员工工资。

● **学习目标**

◎ 掌握创建工资管理表的方法

◎ 掌握统计月末员工工资的方法

◎ 掌握制作员工工资条的方法

90%

77%

64%

40%

30%

0%

7%

40%

6.1 创建工资管理表

为了有效地管理员工工资，财务人员需要制作相关的工资管理表，如基本工资表、业绩奖金表、考勤表、福利津贴表等。这样不仅可以减轻薪酬管理人员和财务人员的工作负担，还能提高工作效率。

6.1.1 创建基本工资表

基本工资是劳动者所得工资额的基本组成部分，基本工资表主要包括员工工号、姓名、所属部门、职位级别和基本工资等项目。

使用 Excel 创建基本工资表的操作步骤如下。

步骤 1 新建一个空白工作簿，将其命名为"工资管理表"，将 Sheet1 工作表重命名为"基本工资表"，如图 6-1 所示。

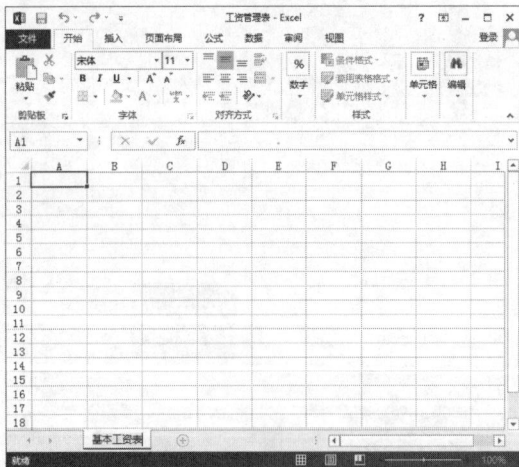

图 6-1　新建空白工作簿

步骤 2 在"基本工资表"工作表中输入基本工资表所包含的项目，并设置表格的格式，如为表格添加边框、设置文本字体格式等，最终的显示效果如图 6-2 所示。

步骤 3 在 A3 和 A4 单元格中输入员工的工号"F1042001"和"F1042002"，如图 6-3 所示。

图 6-2　输入标题并设置单元格格式

图 6-3　输入员工工号

步骤 4 选中 A3:A4 单元格区域，然后向下复制填充数据至 A5 ～ A15 单元格区域，如图 6-4 所示。

步骤 5 根据实际情况，在工作表中输入员工姓名、所属部门、职位级别和基本工资等信息，如图 6-5 所示。

图 6-4 复制并填充数据

图 6-5 输入工资信息

步骤 6 调整工作表中行的高度与列的宽度，至此，就完成了基本工资表的创建，如图 6-6 所示。

图 6-6 调整单元格的行高与列宽

6.1.2 创建业绩奖金表

企业的业绩奖金是根据企业的效益和员工的工作表现制定的，如某公司制定的奖金制度如表 6-1 所示。

表 6-1 某公司制定的奖金制度表

部 门	奖 金
经理室	800
人事部	300

（续表）

部 门	奖 金
财务部	300
销售部	500
研发部	300

使用 Excel 创建业绩奖金表的操作步骤如下。

步骤 1 选中"基本工资表"工作表，然后右击鼠标，在弹出的快捷菜单中选择【移动或复制】菜单命令，如图6-7所示。

图6-7 【移动或复制】菜单命令

步骤 2 打开【移动或复制工作表】对话框，选择【建立副本】复选框，如图6-8所示。

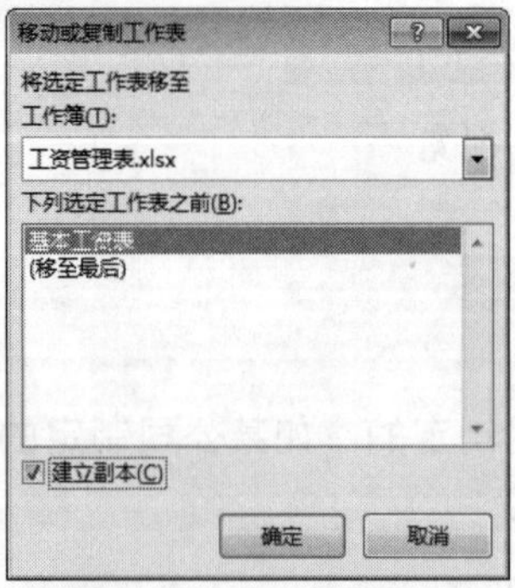

图6-8 【移动或复制工作表】对话框

步骤 3 单击【确定】按钮，完成基本工资表的复制，如图6-9所示。

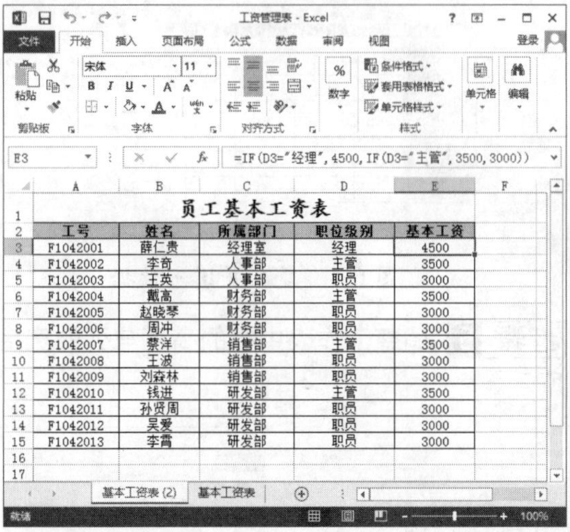

图6-9 复制基本工资表

步骤 4 将复制的工作表中的"基本工资"项修改为"业绩奖金"，工作表的名称命名为"业绩奖金表"，如图6-10所示。

图6-10 修改表格信息

步骤 5 选中 E3 单元格，在编辑栏中输入公式"=IF(C3="经理室",800,IF(C3="销售部",

500,300))"，按 Enter 键，即可计算出经理室员工的业绩奖金，如图 6-11 所示。

步骤 6 复制 E3 单元格中的公式至 E4 ～ E15 单元格区域，即可计算出其他部门员工的业绩奖金，如图 6-12 所示。

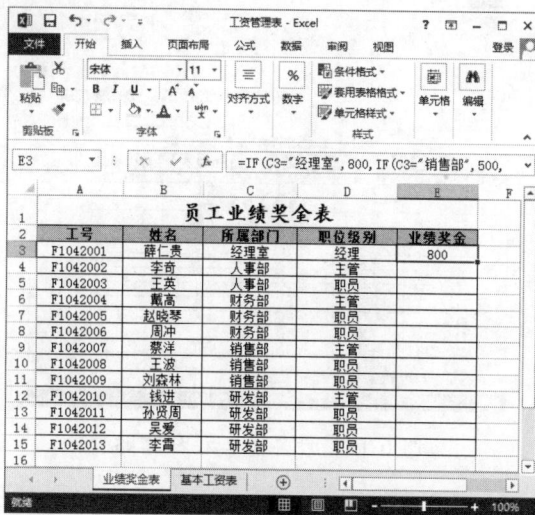

图 6-11　计算经理室业绩奖金　　　　图 6-12　计算其他员工的业绩奖金

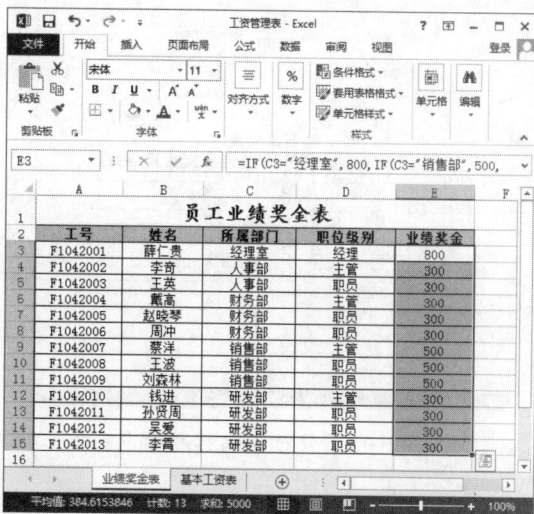

6.1.3　创建福利津贴表

一般情况下，员工的福利津贴由所在部门的性质和基本工资的多少来决定，假如某公司制定的福利津贴制度如表 6-2 所示。

表 6-2　某公司制定的福利津贴制度表

部　门	奖　金
经理室	基本工资 ×5%
人事部	基本工资 ×10%
财务部	基本工资 ×10%
销售部	基本工资 ×15%
研发部	基本工资 ×10%

创建福利津贴表的操作步骤如下。

步骤 1 复制"基本工资表"工作表，然后修改该工作表的名称为"福利津贴表"，并修改表格中的项目，最终的显示效果如图 6-13 所示。

步骤 2 选中 E3 单元格，在编辑栏中输入公式"=LOOKUP(A3, 基本工资表 !$A$3:$A$15, 基本工资表 !$E$3:$E$15)*(IF(基本工资表 !C3=" 经理室 ",5%,IF(C3=" 销售部 ",15%,10%)))"，如图 6-14 所示。

步骤 3 按 Enter 键，即可计算出员工"薛仁贵"的福利津贴金额，如图 6-15 所示。

步骤 4 复制 E3 单元格中的公式至 E4 ～ E15 单元格区域，即可计算出其他员工的福利津贴金额，如图 6-16 所示。

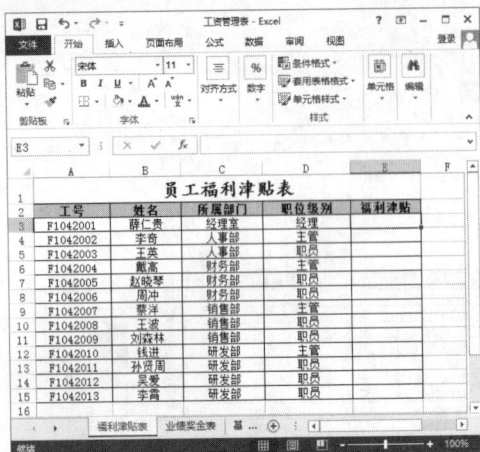

图 6-13 修改表格标题信息

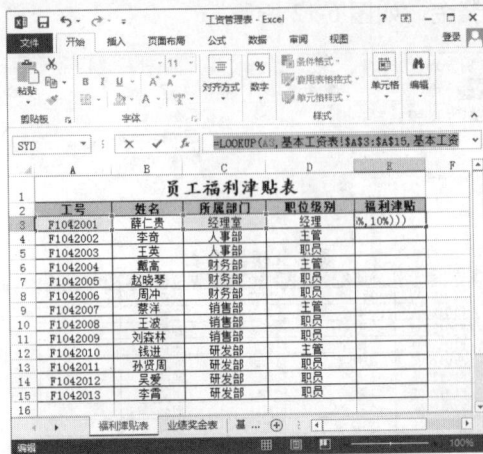

图 6-14 计算员工福利津贴

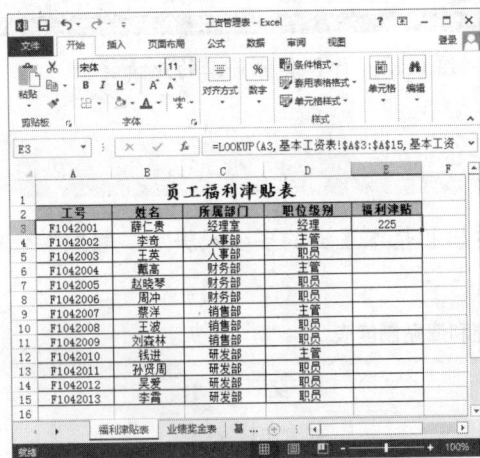

图 6-15 得出第一个员工的福利津贴

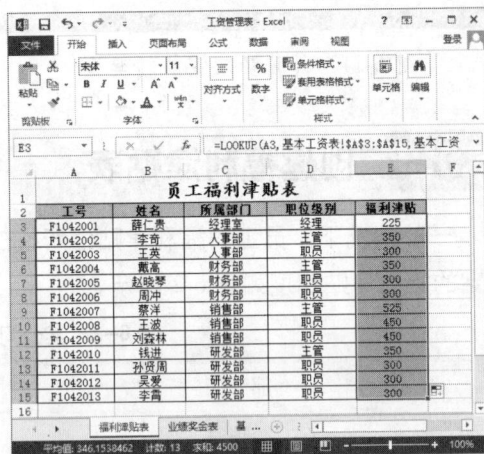

图 6-16 计算其他员工的福利津贴

6.1.4 创建保险费用表

一般来说，企业都会为员工缴纳养老保险、医疗保险、失业保险、工伤保险和生育保险等社会保险，这样既保证了员工的基本利益，也增强了员工对企业的认同感和归属感。如某公司根据职位制定的保险年度缴费基数如表 6-3 所示。

表 6-3 某公司制定的保险缴费基数

部 门	年度缴费基数
经理	3500
主管	3000
职员	2500

创建保险费用表的操作步骤如下。

步骤 1 右键单击工作表标签，在弹出的快捷菜单中选择【插入】菜单命令，如图 6-17 所示。

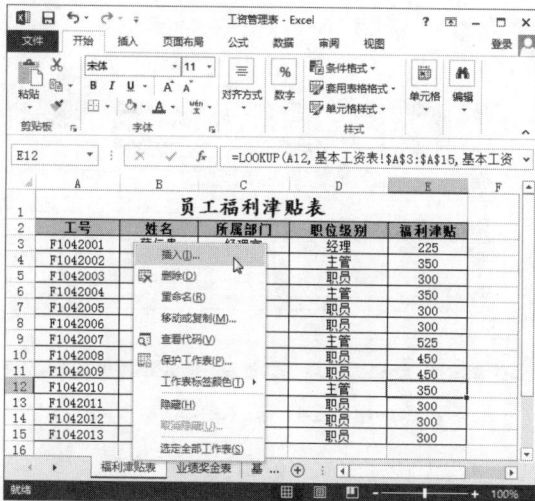

图 6-17 选择【插入】菜单命令

步骤 2 打开【插入】对话框，在【常用】选项卡选择【工作表】图标，如图 6-18 所示。

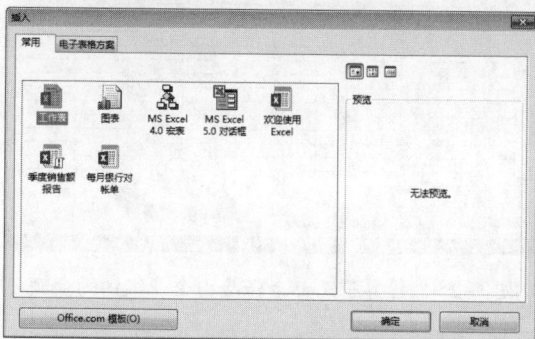

图 6-18 【插入】对话框

步骤 3 单击【确定】按钮，即可在"工资管理表"中插入一个空白工作表，如图 6-19 所示。

步骤 4 重命名该工作表为"保险费用表"，并在工作表中输入员工工号、姓名、所属部门等项目，如图 6-20 所示。

步骤 5 根据公司规定在 E3 单元格中输入公式"=IF(D3=" 经理 ",3500,IF(D3=" 主管 ",

3000,2500))"，按 Enter 键，即可计算出第 1 个员工的社会保险缴费基数，如图 6-21 所示。

图 6-19 插入一个空白工作表

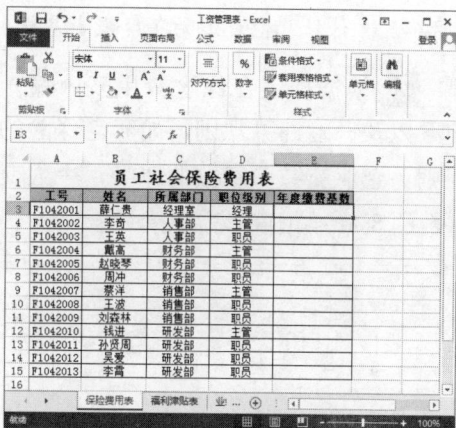

图 6-20 输入工作表的相关信息

图 6-21 计算第 1 个员工的年度缴费基数

151

步骤 6 复制 E3 单元格中的公式至 E4～E15 单元格区域，即可计算出其他员工的社会保险年度缴费基数，如图 6-22 所示。

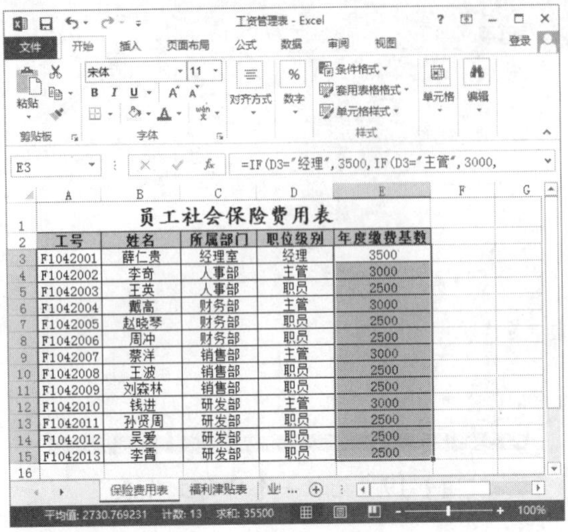

图 6-22 计算其他员工的年度缴费基数

步骤 7 根据规定在保险费用表中输入保险内容以及保险计算规则，如养老保险的缴费规则为企业交缴费基数的 20%，个人交缴费基数的 8%，如图 6-23 所示。

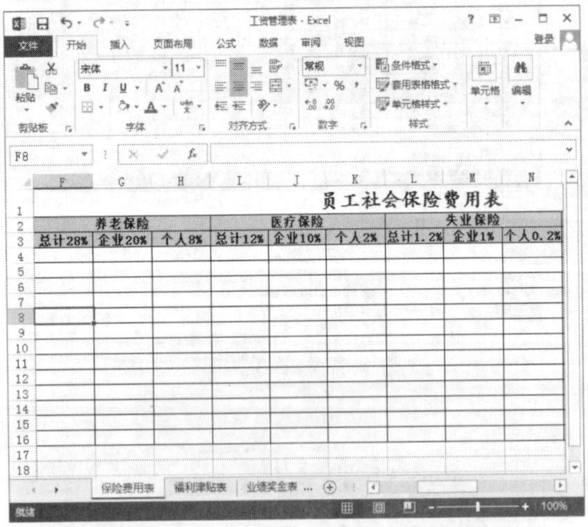

图 6-23 输入社会保险的其他相关内容

步骤 8 选中 G4 单元格，在编辑栏中输入公式 "=E4*0.2"，如图 6-24 所示。

步骤 9 按 Enter 键，然后复制 G4 单元格中的公式至 G5～G16 单元格区域，即可计

算出所有员工的养老保险由企业所缴纳的金额，如图 6-25 所示。

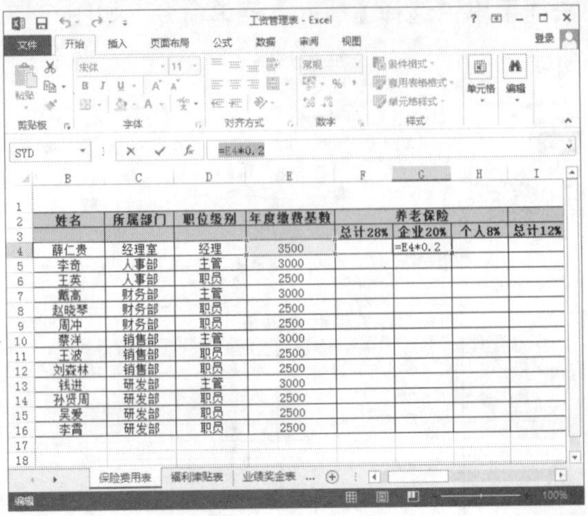

图 6-24 输入公式

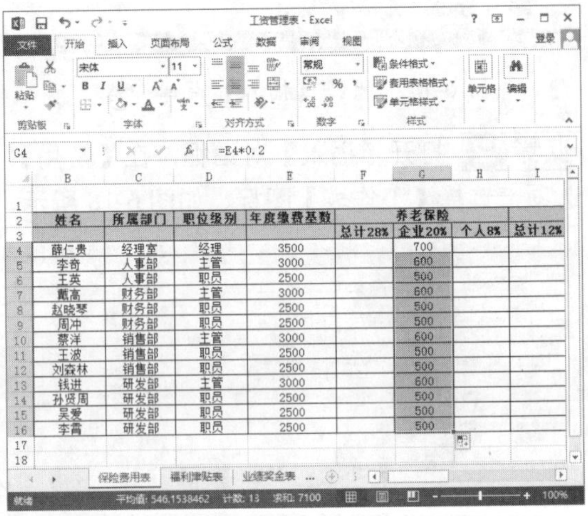

图 6-25 计算员工养老保险由企业缴纳的金额

步骤 10 在 H4 单元格中输入公式 "=E4*0.08"，然后复制 H4 单元格中的公式至 H5～H16 单元格区域，即可计算出所有员工的养老保险由个人所缴纳的金额，如图 6-26 所示。

步骤 11 选择 F4 单元格，在编辑栏中输入公式 "=G4+H4"，然后复制 F4 单元格中的公式至 F5～F16 单元格区域，即可计算出所有员工的养老保险合计值，如图 6-27 所示。

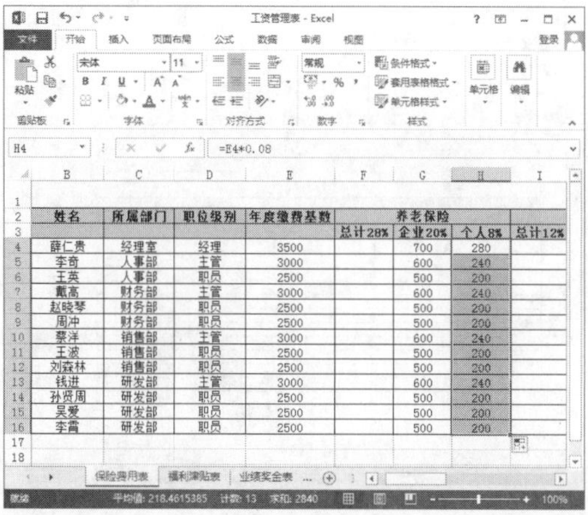

图 6-26　计算员工养老保险由个人缴纳的金额

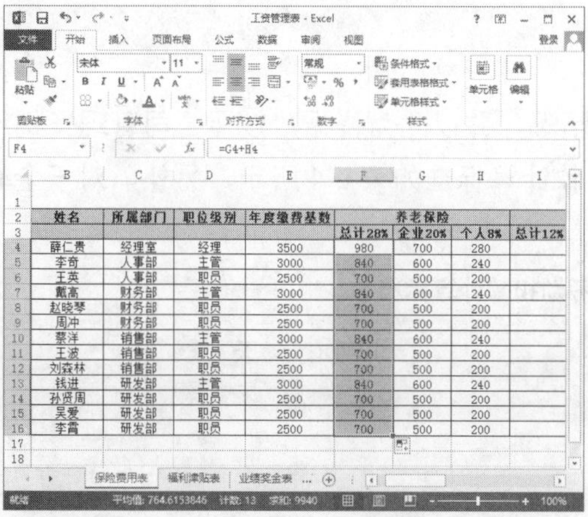

图 6-27　计算所有员工的养老保险合计值

步骤 12 按照计算养老保险的方法，计算其他社会保险的数值，最终的显示效果如图 6-28 所示。

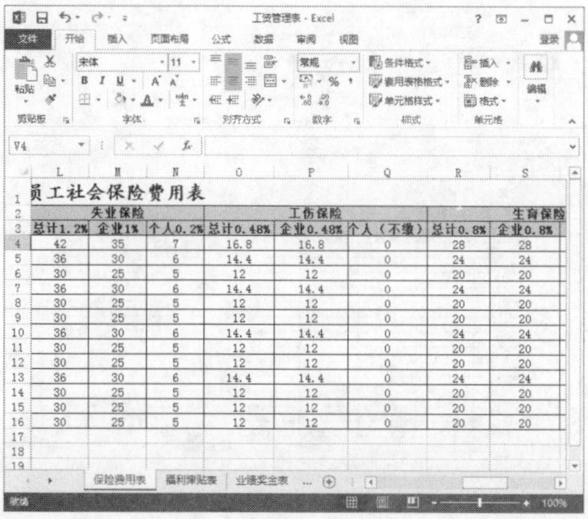

图 6-28　计算其他社会保险的数值

步骤 13 选择 U4 单元格，在编辑栏中输入公式"=G4+J4+M4+P4+S4"，如图 6-29 所示。

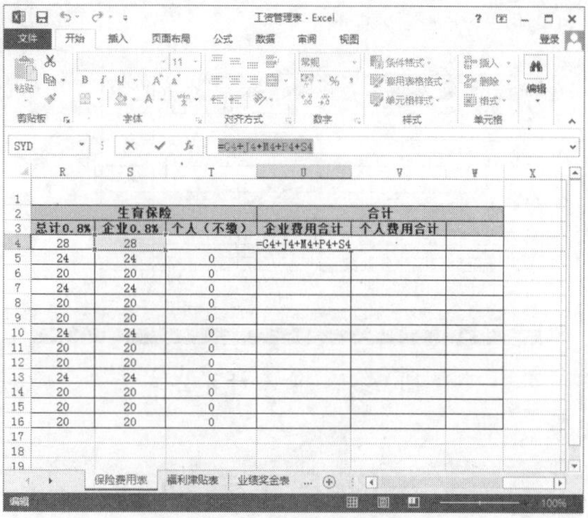

图 6-29　输入计算公式

步骤 14 复制 U4 单元格中的公式至 U5 ～ U16 单元格区域，即可计算出所有员工的社会保险企业费用的合计值，如图 6-30 所示。

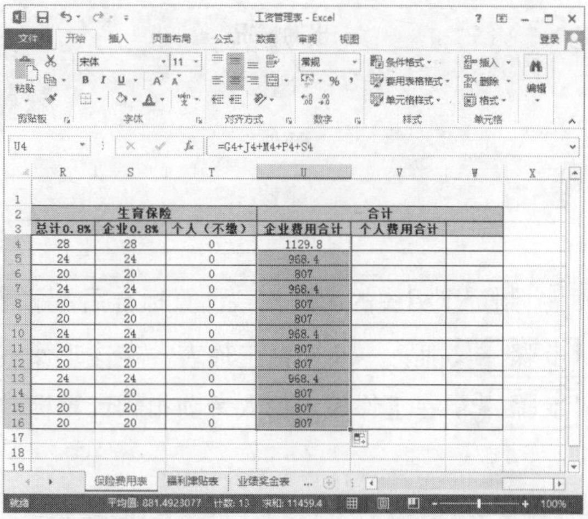

图 6-30　所有员工社会保险企业费用合计值

步骤 15 选择 V4 单元格，在编辑栏中输入公式"=H4+K4+N4+T4+Q4"，如图 6-31 所示。

步骤 16 复制 V4 单元格中的公式至 V5 ～ V16 单元格区域，即可计算出所有员工的社会保险个人费用的合计值，如图 6-32 所示。

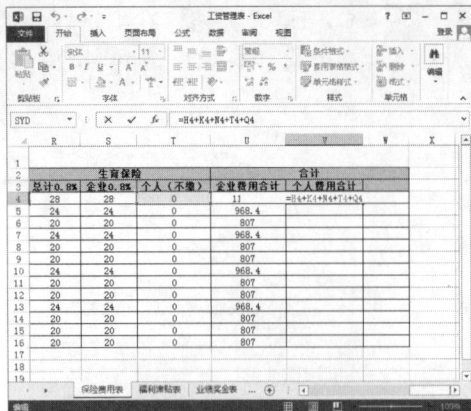

图 6-31 输入计算公式

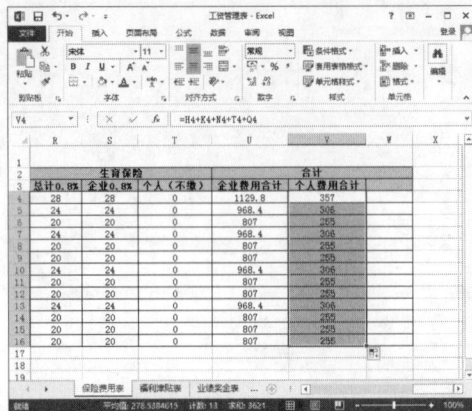

图 6-32 所有员工社会保险个人费用合计值

6.1.5 创建员工考勤表

员工考勤表反映了员工当月的请假、旷工等情况，并以此为依据，按照公司管理条例给予适当的奖励或处罚。假设某公司制定的考勤扣款计算标准如表 6-4 所示，另外，对于全勤的员工给予每月 100 元的奖励。

表 6-4 某公司制定的考勤扣款计算标准

出勤情况	扣款（元 / 天）
全勤	0
病假	15
事假	30
旷工	60

制定了相关的考勤扣款计算标准后，还需建立相应的员工考勤表，具体的操作步骤如下。

步骤 1 插入一个空白工作表，在该工作表中输入考勤表的相关信息，如图 6-33 所示。

步骤 2 在工作表中输入考勤扣款计算标准，如图 6-34 所示。

图 6-33 输入考勤表相关信息

图 6-34 输入考勤扣款标准

步骤 3 选择 E3 单元格，在编辑栏中输入公式 "=IF(D3=H$5,C3*I$5,IF(D3=H$6,C3*I$6,C3*I$7))"，按 Enter 键，即可计算该员工的考勤扣款金额，如图 6-35 所示。

图 6-35 计算员工的考勤扣款金额

步骤 4 复制 E3 单元格中的公式至 E4～E15 单元格区域，即可计算出其他员工的应扣考勤金额，如图 6-36 所示。

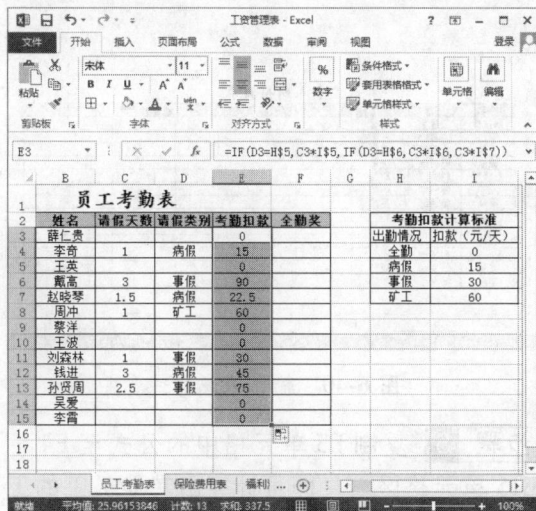

图 6-36 其他员工应扣的考勤金额

步骤 5 选择单元格 F3，在编辑栏中输入公式 "=IF(E3=0,100,"")"，按 Enter 键，即可计算该员工是否可获取全勤奖，并显示出具体的奖励金额，如图 6-37 所示。

图 6-37 计算员工的全勤奖

步骤 6 复制 F3 单元格中的公式至 F4～F15 单元格区域，计算其他员工是否可获得全勤奖，如图 6-38 所示。

图 6-38 计算其他员工的全勤奖

6.1.6 创建个人所得税表

根据相关规定，员工需要缴纳个人所得税。一般情况下，个人所得税由企业代扣代缴。

假如目前个人所得税的起征数为 3500 元，个人所得税的征收标准如表 6-5 所示。

表 6-5　个人所得税征收标准表

	应纳税工薪范围	级　别	扣税百分率	速算扣除数
1	不超过 1500 元的	0	3%	0
2	超过 1500 元至 4500 元的部分	1500	10%	105
3	超过 4500 元至 9000 元的部分	4500	20%	555
4	超过 9000 元至 35000 元的部分	9000	25%	1005
5	超过 35000 元至 55000 元的部分	35000	30%	2755
6	超过 55000 元至 80000 元的部分	55000	35%	5505
7	超过 80000 元的部分	80000	45%	13505

创建个人所得税表的操作步骤如下。

步骤 1 插入一个空白工作表，重命名工作表为"个人所得税表"，如图 6-39 所示。

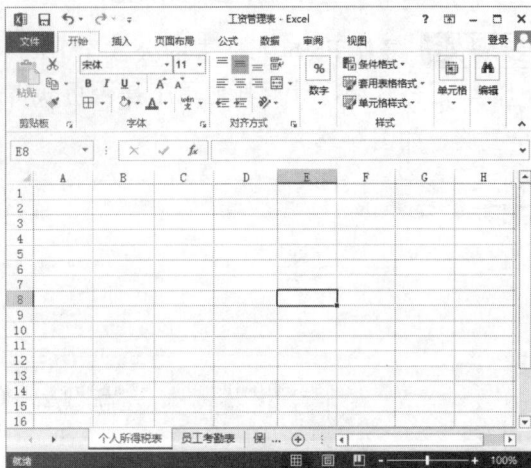

图 6-39　插入一个空白工作表

步骤 2 在"个人所得税表"中输入相关信息，包括姓名、所属部门、应纳税所得额、税率等，如图 6-40 所示。

步骤 3 在"个人所得税表"工作表中输入有关"个人所得税税率表"的相关信息，包括应纳税工薪范围、级别和扣税百分比等，如图 6-41 所示。

步骤 4 计算工资合计。选中 E3 单元格，在编辑栏中输入公式"=VLOOKUP(A3,基本工资表!A:E,5,FALSE)+VLOOKUP(A3,业绩奖金表!A:E,5,FALSE)+VLOOKUP(A3,福利津贴表!A:E,5,FALSE)-VLOOKUP(A3,保险费用表!A:V,22,FALSE)-VLOOKUP(A3,员工考勤表!A:E,5,FALSE)+VLOOKUP(A3,员工考勤表!A:F,6,FALSE)"，按 Enter 键，即可计算出员工"薛仁贵"的工资合计数，如图 6-42 所示。

图 6-40　输入表格信息

步骤 5 复制 E3 单元格中的公式至 E4 ～ E15 单元格区域，即可计算出其他员工的工资合计值，如图 6-43 所示。

步骤 6 选择 F3 单元格，在该单元格中输入公式"=IF(E3>\$P\$3,E3-\$P\$3,0)"，按 Enter 键，即可计算出第 1 个员工的应纳税所得额，如图 6-44 所示。

图 6-41　输入个人所得税税率表

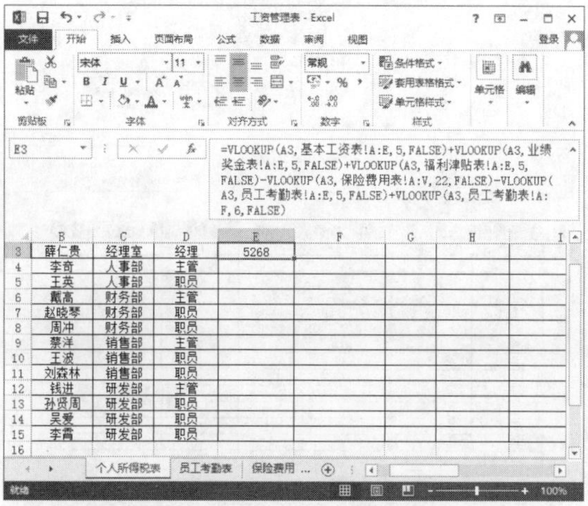

图 6-42　输入公式计算工资合计值

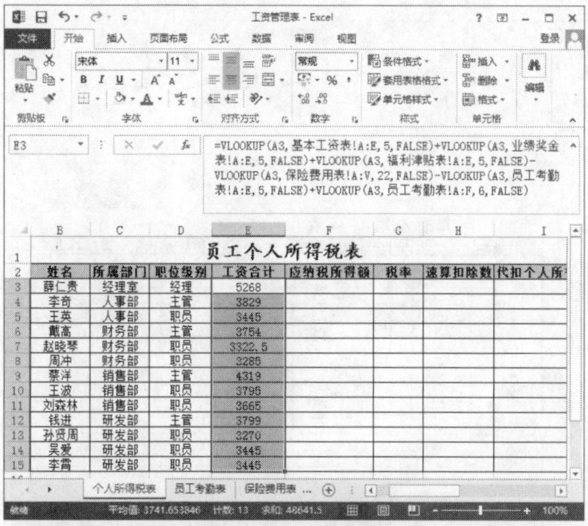

图 6-43　计算其他员工的工资合计值

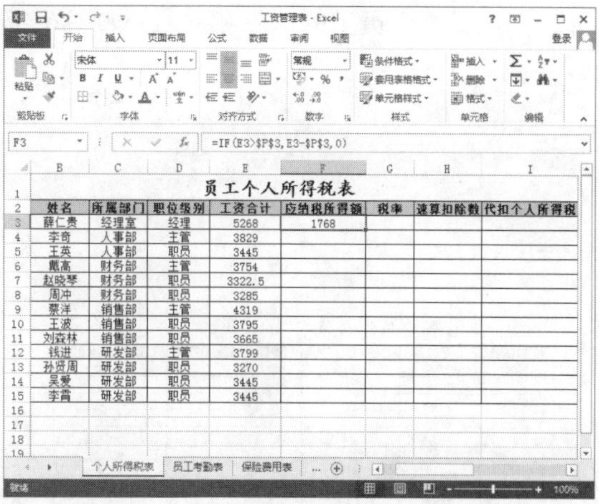

图 6-44　计算第 1 个员工的应纳税所得额

步骤 7 复制 F3 单元格的公式至 F4 ～ F15 单元格区域，即可计算出其他员工的应纳税所得额，如图 6-45 所示。

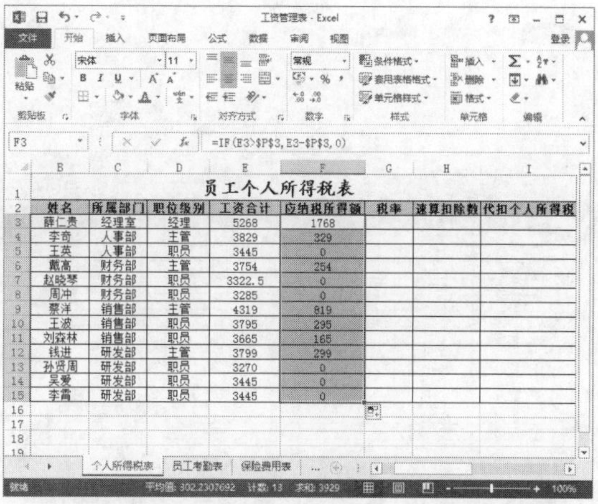

图 6-45　计算其他员工的应纳税所得额

步骤 8 选中 G3 单元格，在编辑栏中输入公式 "=IF(F3=0,0,LOOKUP(F3,$M$3:$M$9, $N$3:$N$9))"，按 Enter 键，计算出第 1 个员工的应纳税税率，然后复制该公式至 G4 ～ G15 单元格区域，计算所有员工的应纳税税率，如图 6-46 所示。

步骤 9 选中 H3 单元格，在编辑栏中输入公式 "=IF(F3=0,0,LOOKUP(F3,$M$3: $M$9,$O$3:$O$9))"，然后按 Enter 键，即

可计算出第 1 个员工的速算扣除数，如图 6-47
所示。

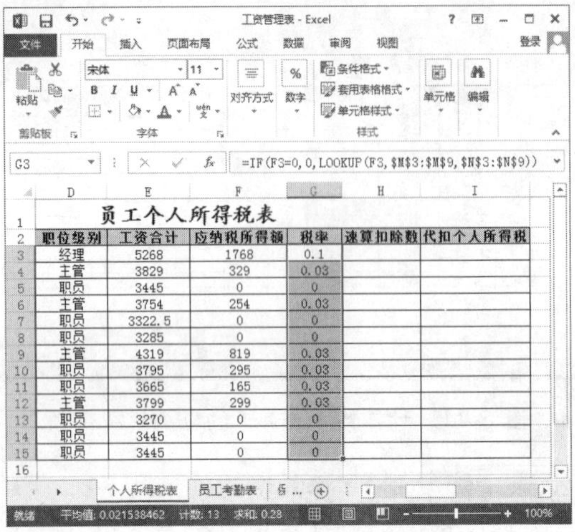

图 6-46　计算所有员工的应纳税税率

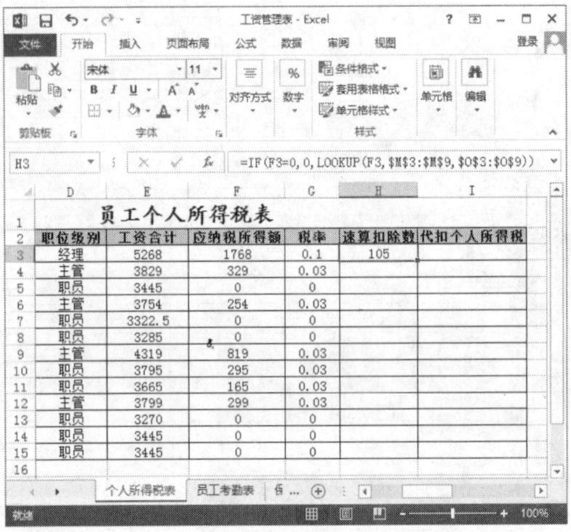

图 6-47　计算第 1 个员工的速算扣除数

步骤 10 复制 H3 单元格的公式至 H4 ～
H15 单元格区域，即可计算出其他员工的速
算扣除数，如图 6-48 所示。

步骤 11 选中 I3 单元格，在编辑栏中输入
公式 "=F3*G3-H3"，然后按 Enter 键，即可
计算出第 1 个员工的代扣个人所得税，如图
6-49 所示。

步骤 12 复制 I3 单元格中的公式至 I4 ～
I15 单元格区域，即可计算出其他员工的代扣
个人所得税，如图 6-50 所示。

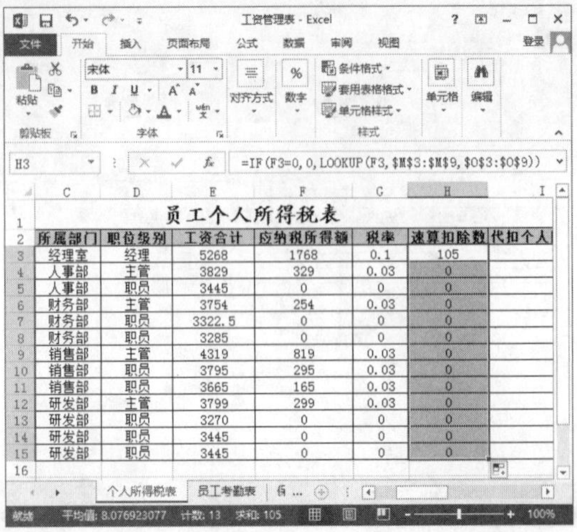

图 6-48　计算其他员工的速算扣除数

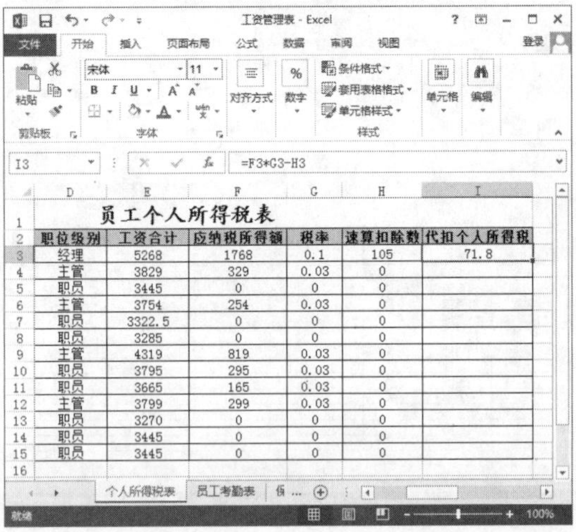

图 6-49　计算第 1 个员工的代扣个人所得税

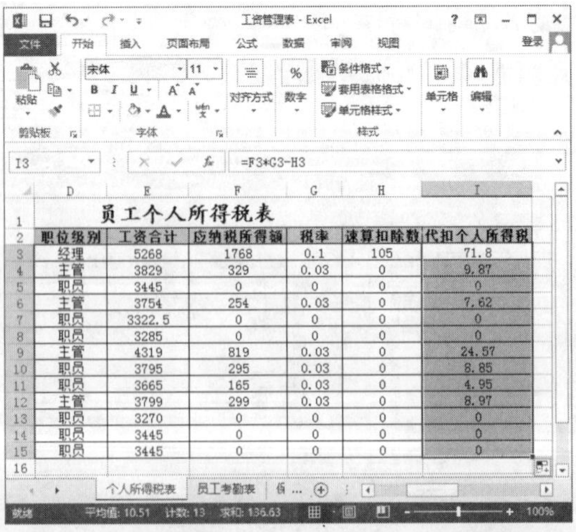

图 6-50　计算其他员工的代扣个人所得税

6.2 月末员工工资统计

在每个月的月末，财务人员需要统计员工实际应该发放的工资。一般情况下，员工的实际发放工资应该是员工应发工资减去保险费用和个人所得税之后的金额。

6.2.1 创建员工工资统计表

员工工资统计表的内容主要包括基本工资、全勤奖、福利津贴、应发工资、保险费用、实发工资等信息。

创建员工工资统计表的操作步骤如下。

步骤 1 打开"工资管理表"工作簿，在其中插入一个空白工作表，并重命名为"员工工资统计表"，如图 6-51 所示。

图 6-51 新建一个空白工作表

步骤 2 在"员工工资统计表"中输入工资统计表的相关项目，并设置表格格式，最终的显示效果如图 6-52 所示。

步骤 3 选中 E3 单元格，在编辑栏中输入公式"=VLOOKUP(A3, 基本工资表!A:E,5,FALSE)"，按 Enter 键，即可统计出第 1 个员工的基本工资，如图 6-53 所示。

图 6-52 输入工资统计表的表格信息

图 6-53 计算第 1 个员工的基本工资

步骤 4 复制 E3 单元格的公式至 E4 ～ E15 单元格区域，即可统计出其他员工的基本工资，如图 6-54 所示。

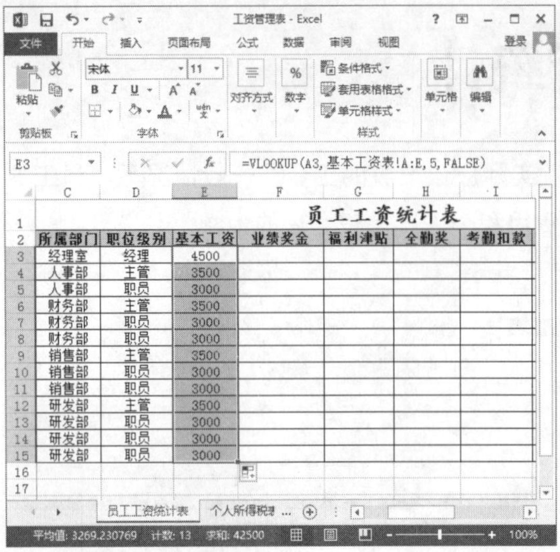

图 6-54 统计出其他员工的基本工资

步骤 5 选中 F3 单元格，在编辑栏中输入公式"=VLOOKUP(A3,业绩奖金表!A:E,5,FALSE)"，按 Enter 键，即可统计出第 1 个员工的业绩奖金，如图 6-55 所示。

图 6-55 统计出第 1 个员工的业绩奖金

步骤 6 复制 F3 单元格的公式至 F4 ～ F15 单元格区域，即可统计出其他员工的业绩奖金，如图 6-56 所示。

步骤 7 选中 G3 单元格，在编辑栏中输入公式"=VLOOKUP(A3,福利津贴

表!A:E,5,FALSE)"，然后复制公式至 G4 ～ G15 单元格区域，即可统计出所有员工的福利津贴，如图 6-57 所示。

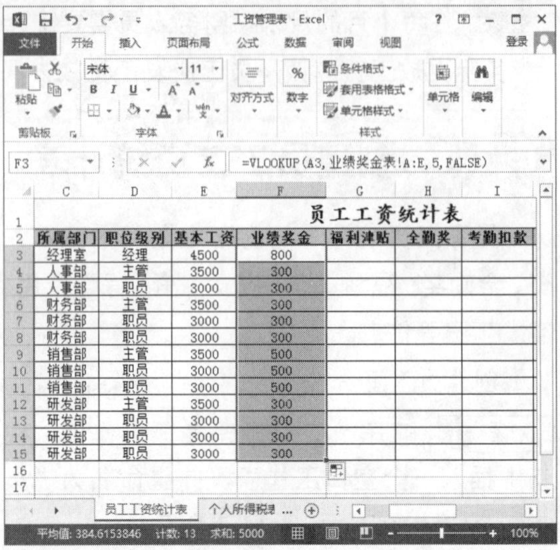

图 6-56 统计出其他员工的业绩奖金

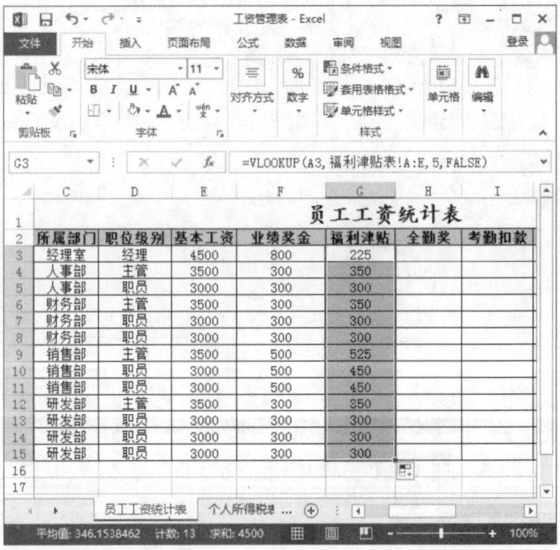

图 6-57 统计出所有员工的福利津贴

步骤 8 选中 H3 单元格，在编辑栏中输入公式"=VLOOKUP(A3,员工考勤表!A:F,6,FALSE)"，然后复制公式至 H4 ～ H15 单元格区域，即可统计出所有员工的全勤奖金额，如图 6-58 所示。

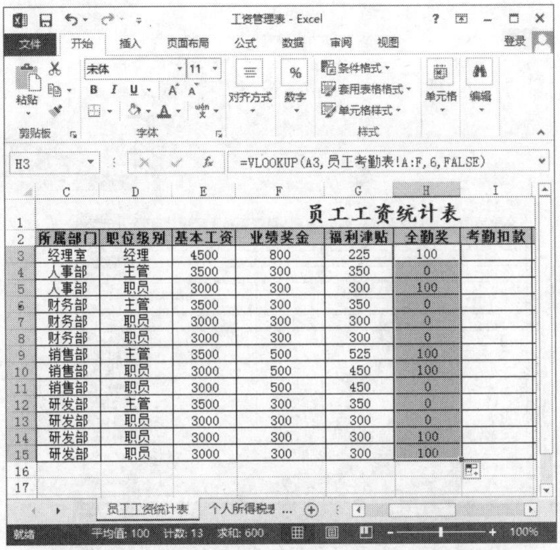

图 6-58 统计出所有员工的全勤奖金额

步骤 9 选中 I3 单元格，在编辑栏中输入公式 "=VLOOKUP(A3, 员工考勤表!A:E,5,FALSE)"，然后复制公式至 I4 ~ I15 单元格区域，即可统计出所有员工的考勤扣款金额，如图 6-59 所示。

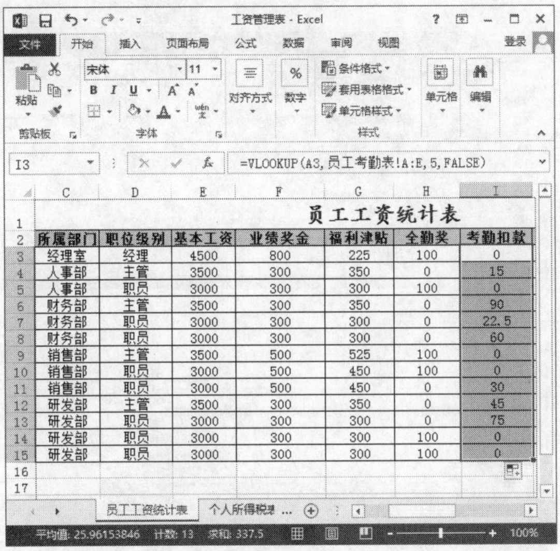

图 6-59 统计出所有员工的考勤扣款金额

步骤 10 计算应发工资。选中 J3 单元格，在编辑栏中输入公式 "=E3+F3+G3+H3-I3"，如图 6-60 所示。

图 6-60 输入公式

步骤 11 复制 J3 单元格的公式至 J4 ~ J15 单元格区域，即可计算出所有员工的应发工资，如图 6-61 所示。

图 6-61 统计出所有员工的应发工资

步骤 12 选中 K3 单元格，在编辑栏中输入公式 "=VLOOKUP(A3, 保险费用表!A:V,22,FALSE)"，然后复制公式至 K4 ~ K15 单元格区域，即可统计出所有员工的保险扣款金额，如图 6-62 所示。

图 6-62　统计出所有员工的保险扣款金额

步骤 13 选中 L3 单元格，在编辑栏中输入公式"=VLOOKUP(A3,个人所得税表!A:I,9,FALSE)"，然后复制公式至 L4～L15 单元格区域，即可统计出所有员工的代扣个人所得税金额，如图 6-63 所示。

图 6-63　统计出所有员工的代扣个人所得税

步骤 14 选中 M3 单元格，在编辑栏中输入公式"=J3-K3-L3"，然后复制公式至 M4～M15 单元格区域，即可统计出所有员工的实发工资数，如图 6-64 所示。

图 6-64　统计出所有员工的实发工资数

步骤 15 选中 M3:M15 单元格区域，右击鼠标，在弹出的快捷菜单中选择【设置单元格格式】菜单命令，打开【设置单元格格式】对话框，在【分类】列表框中选择【数值】选项，并设置【小数位数】为 0，如图 6-65 所示。

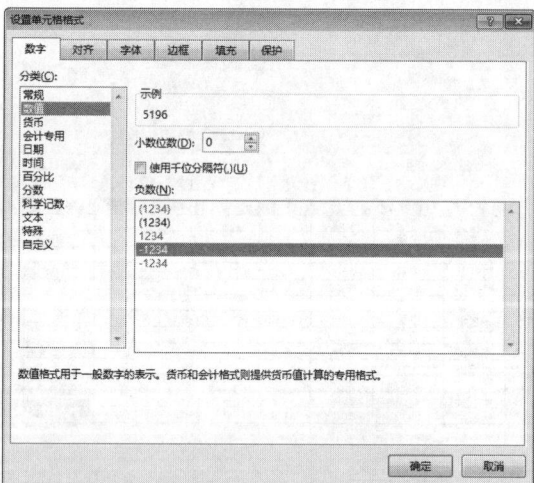

图 6-65　【设置单元格格式】对话框

步骤 16 单击【确定】按钮，返回到工作表中，可以看到实发工资数为整数，如图 6-66 所示。

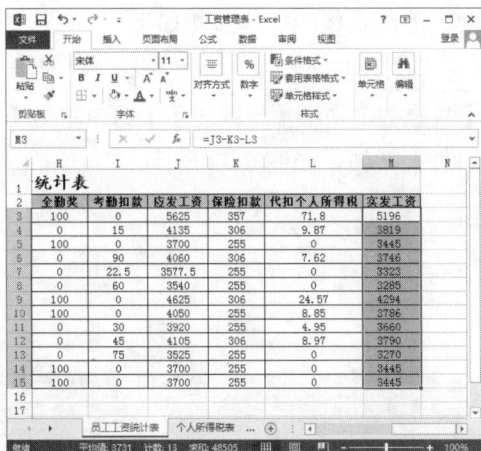

图 6-66 设置实发工资列为整数

6.2.2 查询员工工资数据

使用 Excel 的筛选功能可以查询符合条件的员工工资数据，常见的筛选方法包括单条件筛选、多条件筛选和自定义筛选。

使用筛选功能查询员工工资数据的操作步骤如下。

步骤 1 打开"工资管理表"工作簿，在其中选择"员工工资统计表"工作表，如图6-67所示。

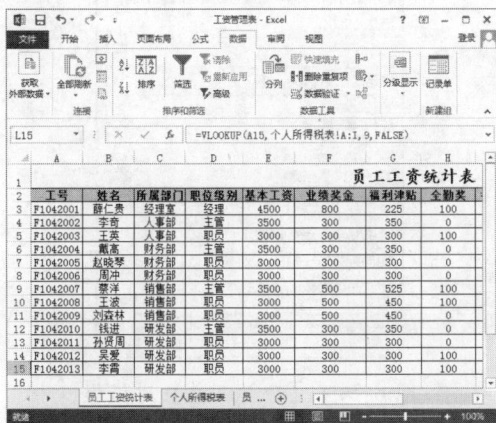

图 6-67 选择员工工资统计表

步骤 2 在【数据】选项卡【排序和筛选】组中单击【筛选】按钮，进入数据筛选状态，如图 6-68 所示。

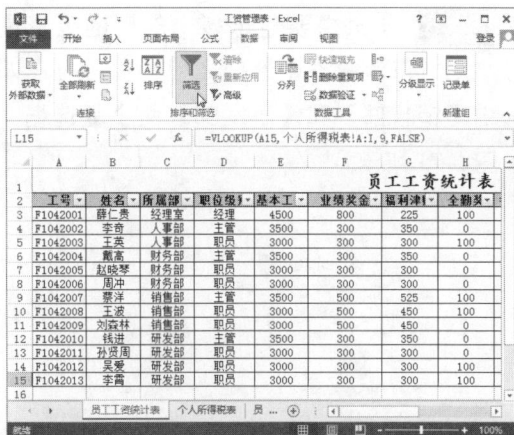

图 6-68 进入数据筛选状态

步骤 3 这里根据所属部门进行筛选。单击【所属部门】右侧的下拉按钮，在打开的功能面板中取消选中【全选】复选框，选中【财务部】复选框，如图 6-69 所示。

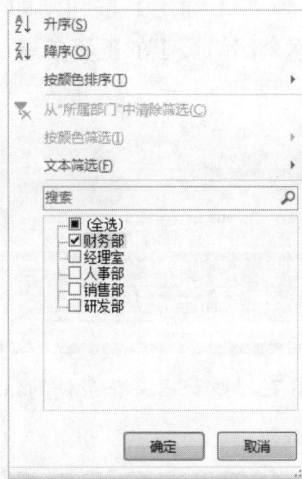

图 6-69 选择筛选条件

步骤 4 单击【确定】按钮，即可在工作表中只显示财务部员工的工资信息，如图6-70所示。

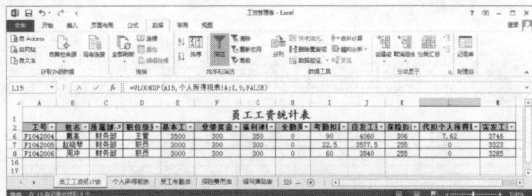

图 6-70 统计出符合条件的结果

163

步骤 5 如果想要显示多个部门的工资信息，则可以选中多个部门之前的复选框，如选中【销售部】和【研发部】两个复选框，如图 6-71 所示。

图 6-71 选择多个筛选条件

步骤 6 单击【确定】按钮，即可在工作表中显示两个部门员工的工资信息，如图 6-72 所示。

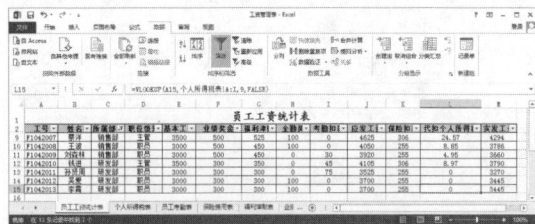

图 6-72 统计出符合条件的结果

6.2.3 管理与分析工资表数据

使用 Excel，可以轻松管理与分析工资表数据。如通过分类汇总工资数据，可以快速查看工资总和；通过图表可以直观地反映工资表数据信息。

1 分类汇总工资表数据

通过分类汇总工资表数据，可以快速计算出不同部门的工资合计值和所有员工工

的合计值，具体的操作步骤如下。

步骤 1 选择"员工工资统计表"工作表，在【数据】选项卡【分级显示】组中单击【分类汇总】按钮，如图 6-73 所示。

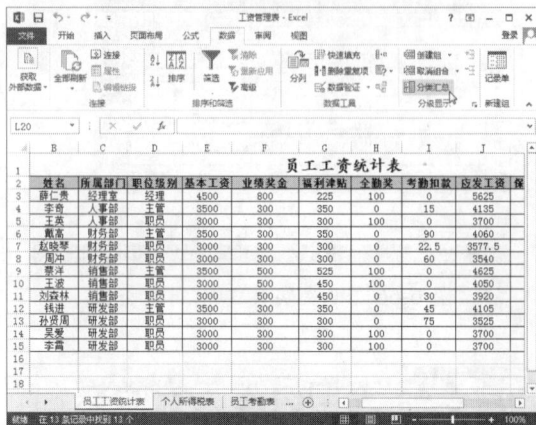

图 6-73 单击【分类汇总】按钮

步骤 2 打开【分类汇总】对话框，在【分类字段】下拉列表中选择【所属部门】选项，在【汇总方式】下拉列表中选择【求和】选项，在【选定汇总项】列表框中选择【实发工资】复选框，如图 6-74 所示。

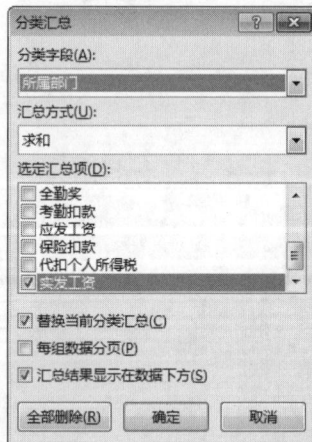

图 6-74 【分类汇总】对话框

步骤 3 单击【确定】按钮，即可将"员工工资统计表"中的数据以分类汇总的方式显示，如图 6-75 所示。

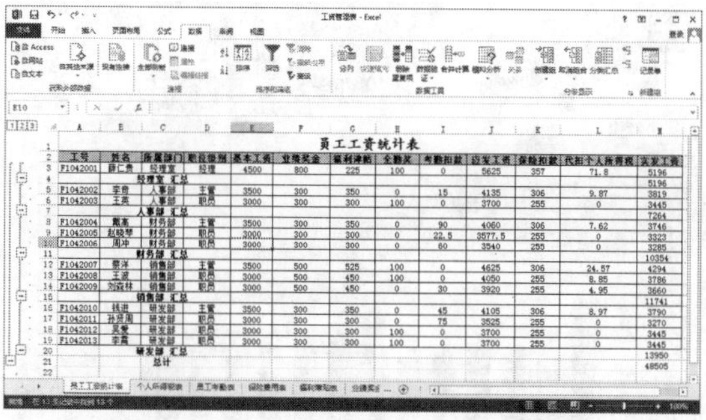

图 6-75　数据以分类汇总方式显示

步骤 4 单击工作表左上角的 2 按钮，即可在工作表中只显示级别2以上的数据信息，这样可以直观地显示各个部门的工资合计值，如图 6-76 所示。

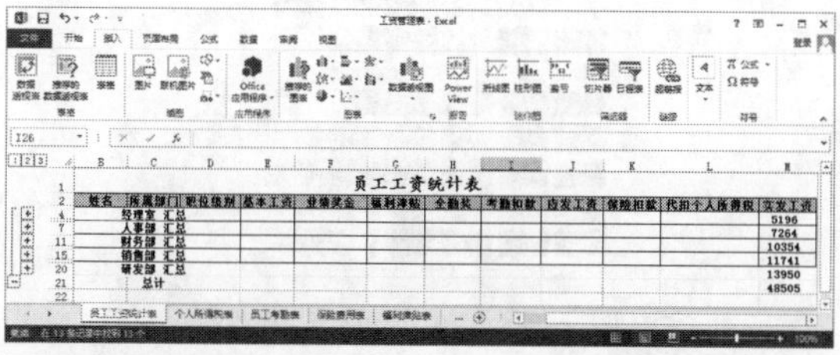

图 6-76　统计出各个部门的合计值

2 使用图表分析工资表数据

Excel 中的图表类型有很多，常用的有柱形图、折线图、饼图等。下面使用 Excel 的图表分析员工应发工资和实发工资的差异，具体的操作步骤如下。

步骤 1 在"员工工资统计表"工作表，选中不需要显示的列，然后右击鼠标，在弹出的快捷菜单中选择【隐藏】菜单命令，如图 6-77 所示。

步骤 2 随即隐藏工作表中不需要显示的列，如图 6-78 所示。

步骤 3 选中工作表中的"姓名""应发工资"和"实发工资"3 列，如图 6-79 所示。

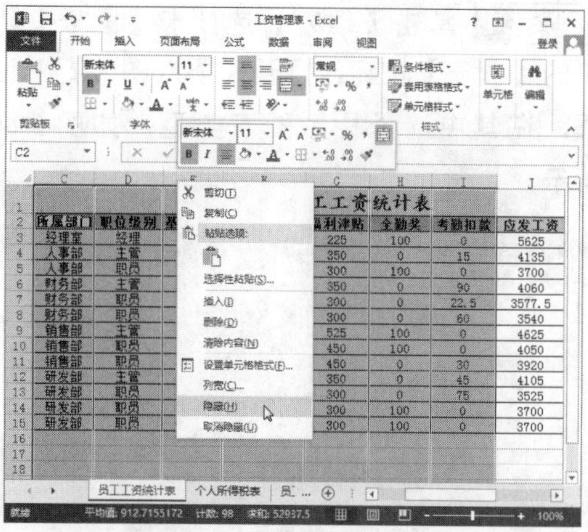

图 6-77　【隐藏】菜单命令

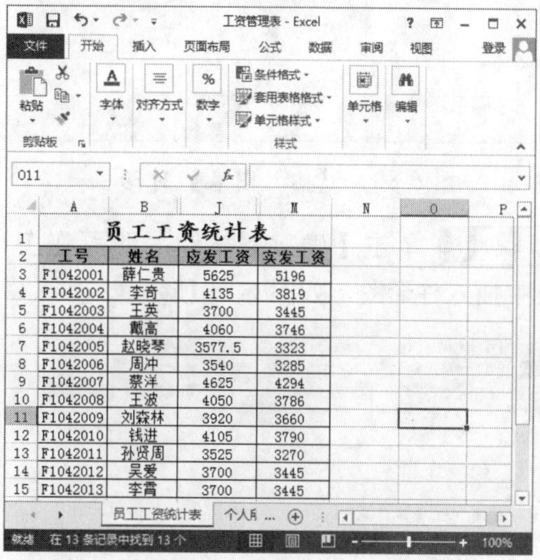

图 6-78　隐藏不需要的列

图 6-79　选择需要的数据区域

步骤 4 单击【插入】选项卡【图表】组中的【图表】按钮，打开【插入图表】对话框，在其中选择柱形图表类型，如图 6-80 所示。

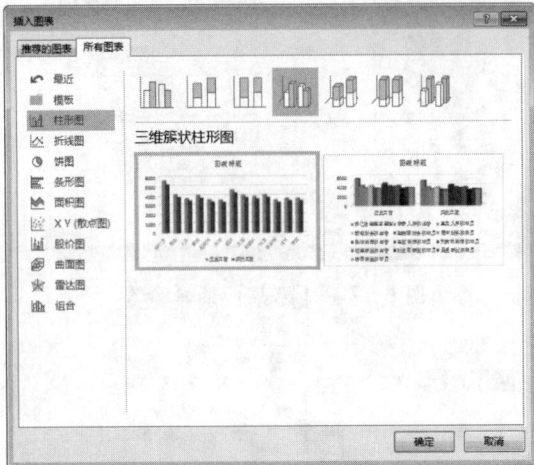

图 6-80 【插入图表】对话框

步骤 5 单击【确定】按钮，即可在工作表中插入柱形图，如图 6-81 所示。

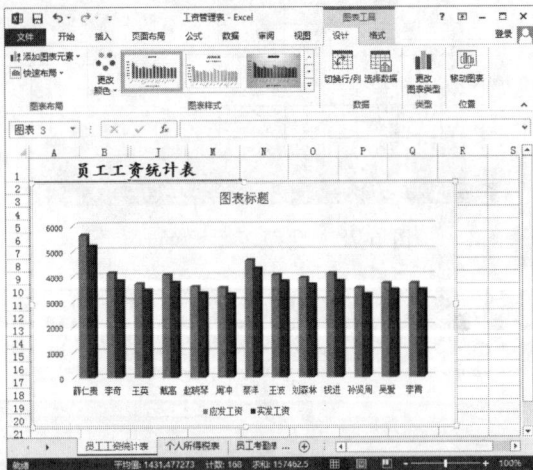

图 6-81 插入柱形图

步骤 6 单击【图表标题】文本框，在该文本框中输入图表的标题，如图 6-82 所示。

步骤 7 选中图表，在【布局】选项卡【图表样式】组中单击【更改颜色】按钮，在弹出的色板中选择需要的颜色块，如图 6-83 所示。

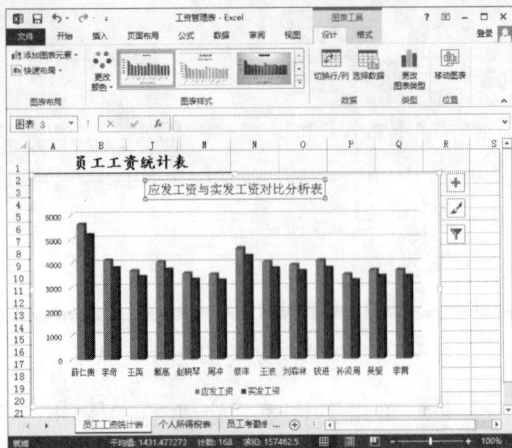

图 6-82 输入图表标题

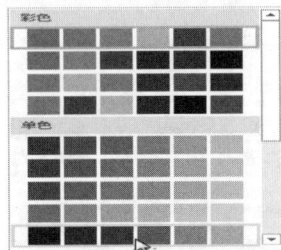

图 6-83 选择图表颜色

步骤 8 返回到 Excel 工作界面中，可以看到更改颜色后的图表显示效果，如图 6-84 所示。

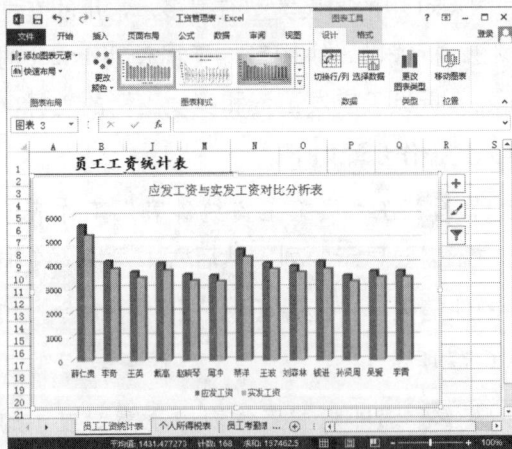

图 6-84 应用图表颜色

步骤 9 单击【图表样式】组中的【其他】按钮，打开【图表样式】面板，在其中选择需要的图表样式，如图 6-85 所示。

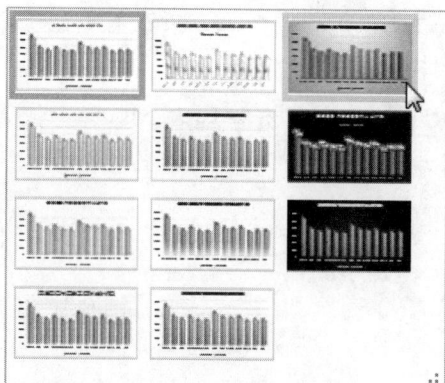

图 6-85 选择图表样式

步骤 10 返回到 Excel 工作界面中，可以看到更改图表样式后的效果，如图 6-86 所示。

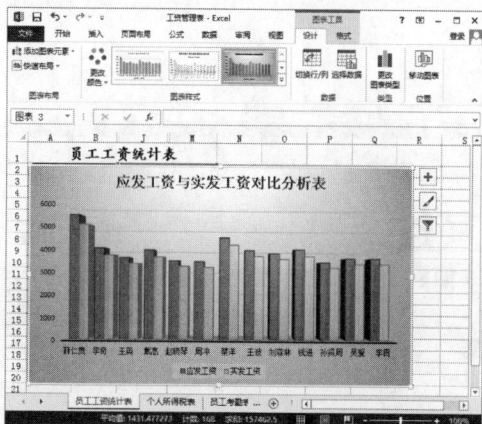

图 6-86 应用图表样式

步骤 11 选中图表中的标题，单击【格式】选项卡【艺术字样式】组中的【快速样式】按钮，在弹出的面板中选择一种艺术字样式，如图 6-87 所示。

图 6-87 选择艺术字样式

步骤 12 即可为图表的标题添加艺术字样式效果，如图 6-88 所示。

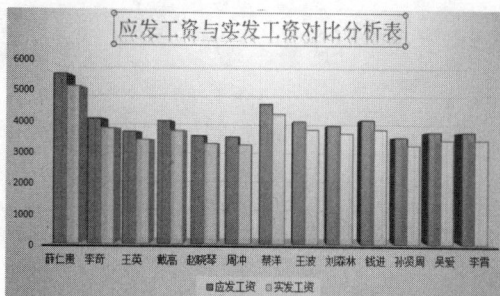

图 6-88 添加艺术字效果

提示 当选中整个图表并设置艺术字样式时，可以为整个图表中的文字应用该艺术字样式。

步骤 13 选中图表，单击鼠标右键，在弹出的快捷菜单中选择【设置图表区域格式】菜单命令，如图 6-89 所示。

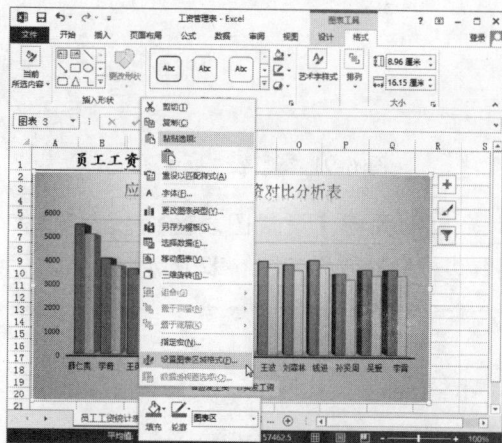

图 6-89 【设置图表区域格式】菜单命令

步骤 14 弹出【设置图表区格式】窗格，在【图表选项】选项卡【填充】组中选择【图案填充】单选按钮，并在【图案】区域中选择一种图案，如图 6-90 所示。

步骤 15 在【图表选项】选项卡【边框】组中选择【实线】单选按钮，在【颜色】面板中选择【红色】，设置【宽度】为【3 磅】，如图 6-91 所示。

图 6-90　选择填充的图案样式

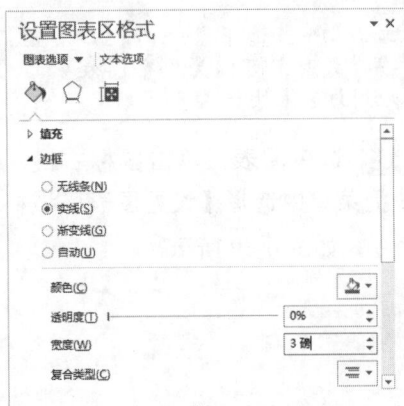

图 6-91　设置边框效果

步骤 16 关闭【设置图表区格式】窗格，设置边框后的效果如图 6-92 所示。

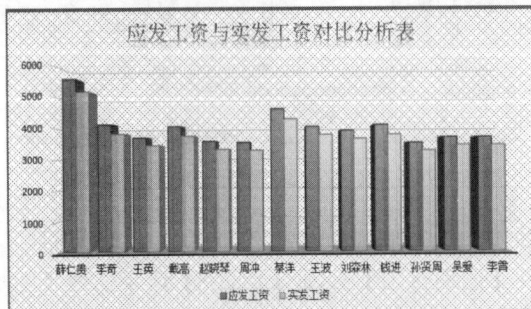

图 6-92　添加图表的边框线

6.2.4　工资零钱发放统计表

财务部门在向员工发放现金工资前，需要制作好员工工资发放零钞备用表，以方便

到银行提款。制作员工工资发放零钱统计表的具体操作如下。

步骤 1 在"工资管理表 .xlsx"工作簿中插入一个新工作表，将其命名为"零钱统计表"，如图 6-93 所示。

图 6-93　新建工作表

步骤 2 在"零钱统计表"工作表中输入相关信息，并设置表格格式，如图 6-94 所示。

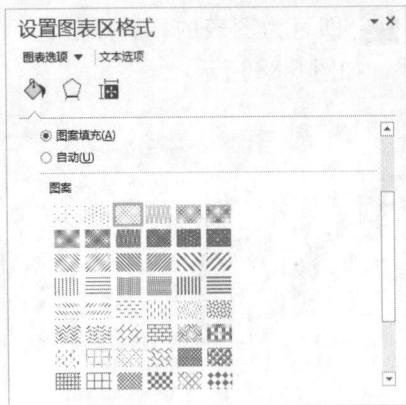

图 6-94　输入表格信息

步骤 3 选中 E3 单元格，在编辑栏中输入公式"=ROUND(VLOOKUP(A3, 员工工资统计表 !A:M,13,FALSE),0)"，即可计算统计出第 1 个员工的实发工资数，如图 6-95 所示。

图 6-95 计算第 1 个员工的实发工资数

步骤 4 复制 E3 单元格的公式至 E4～E15 单元格区域，即可统计出其他员工的实发工资数，如图 6-96 所示。

图 6-96 统计出其他员工的实发工资数

步骤 5 选中 F3 单元格，在编辑栏中输入公式 "=INT(E3/100)"，即可计算出第 1 个员工实发工资中 100 元的张数，如图 6-97 所示。

步骤 6 复制 F3 单元格中的公式至 F4～F15 单元格区域，即可计算出其他员工实发工资中 100 元的张数，如图 6-98 所示。

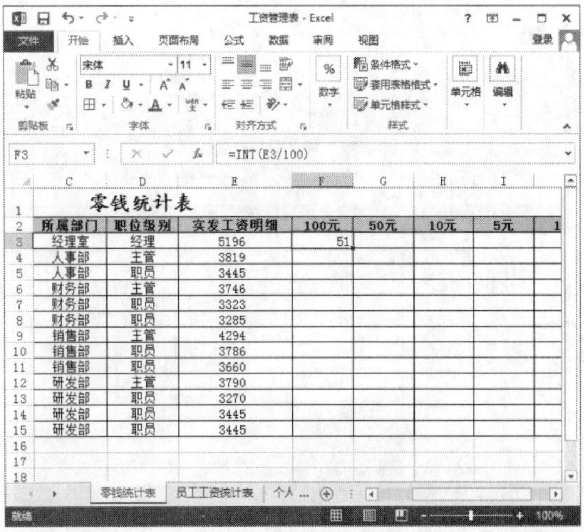

图 6-97 计算第 1 个员工实发工资中 100 元的张数

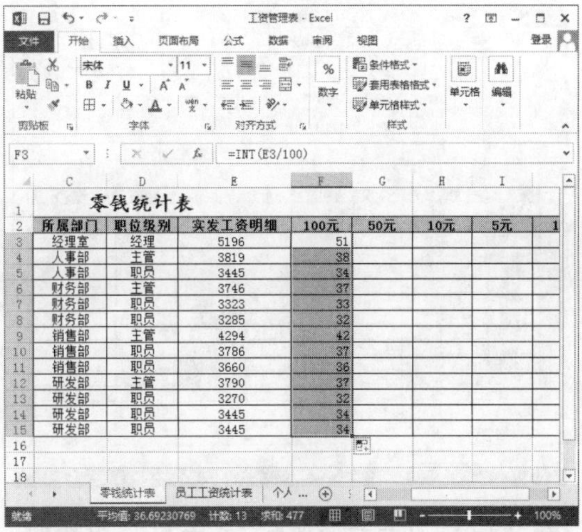

图 6-98 计算其他员工实发工资中 100 元的张数

步骤 7 选中 G3 单元格，在编辑栏中输入公式 "=MOD(INT(E3/50),2)"，即可计算出员工的工资中包含 50 元的张数，如图 6-99 所示。

步骤 8 复制 G3 单元格中的公式至 G4～G15 单元格区域，即可计算出其他员工实发工资中 50 元的张数，如图 6-100 所示。

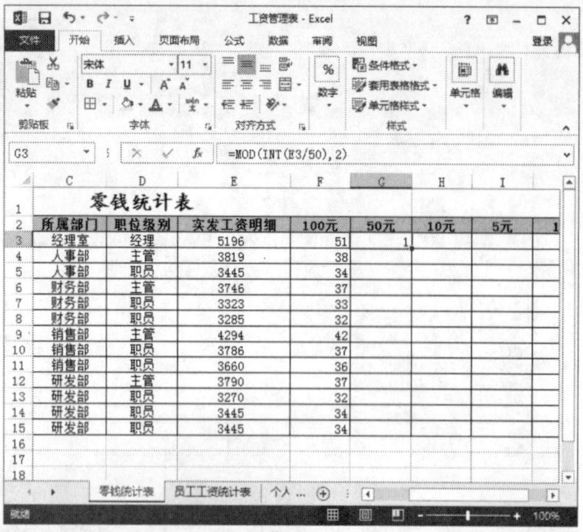

图 6-99　计算第 1 个员工实发工资中 50 元
的张数

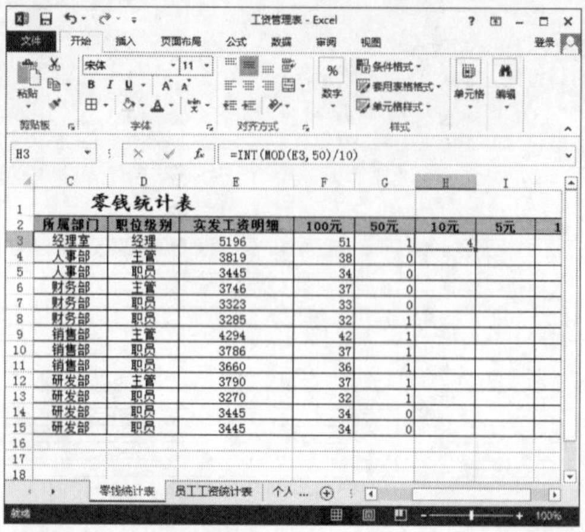

图 6-101　计算第 1 个员工实发工资中 10 元
的张数

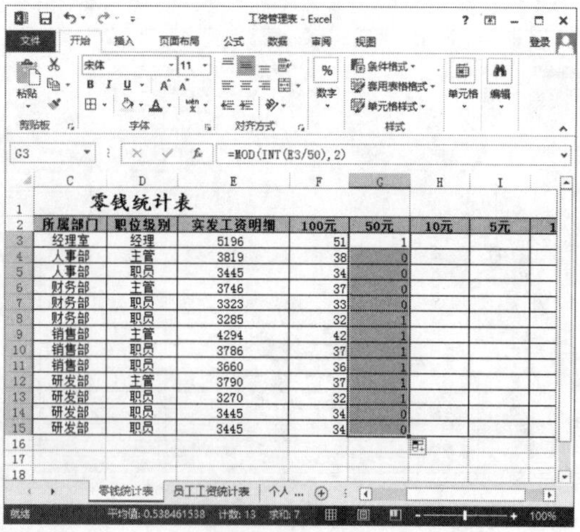

图 6-100　计算其他员工实发工资中 50 元的
张数

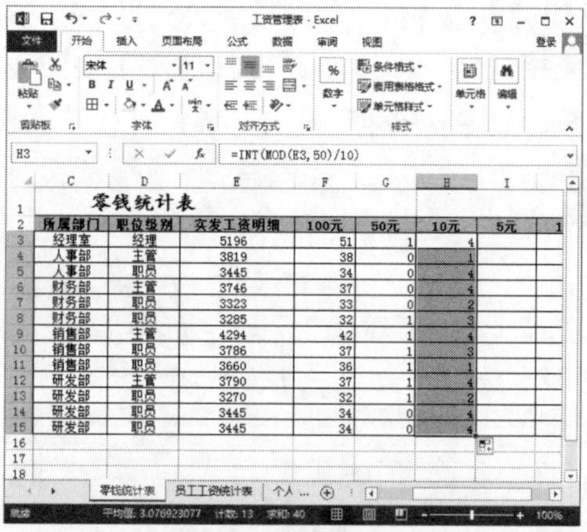

图 6-102　计算其他员工实发工资中 10 元的
张数

步骤 9　选中 H3 单元格，在编辑栏中输入
公式 "=INT(MOD(E3,50)/10)"，即可计算出
员工的工资中包含 10 元的张数，如图 6-101
所示。

步骤 10　复制 H3 单元格的公式至 H4 ～
H15 单元格区域，即可计算出其他员工实发
工资中 10 元的张数，如图 6-102 所示。

步骤 11　选中 I3 单元格，在编辑栏中输入
公式 "=MOD(INT(E3/5),2)"，即可计算出员
工的工资中包含 5 元的张数，如图 6-103 所示。

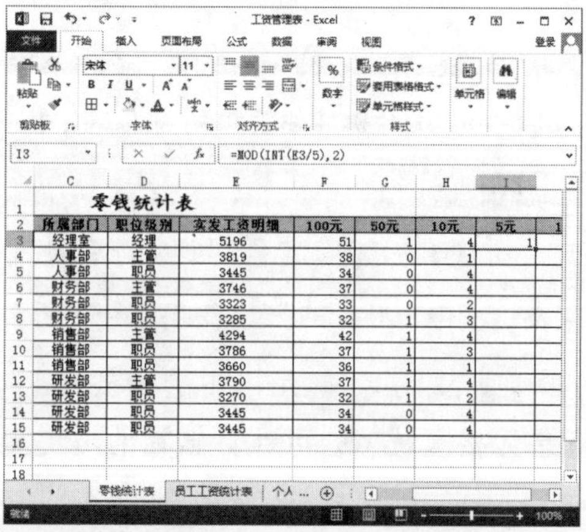

图 6-103　计算第 1 个员工实发工资中 5 元
的张数

步骤 12　复制 I3 单元格中的公式至 I4 ～ I15 单元格区域，即可计算出其他员工实发工资中 5 元的张数，如图 6-104 所示。

图 6-104　计算其他员工实发工资中 5 元的张数

步骤 13　选中 J3 单元格，在编辑栏中输入公式"=INT(MOD(E3,5))"，即可计算出员工的工资中包含 1 元的张数，如图 6-105 所示。

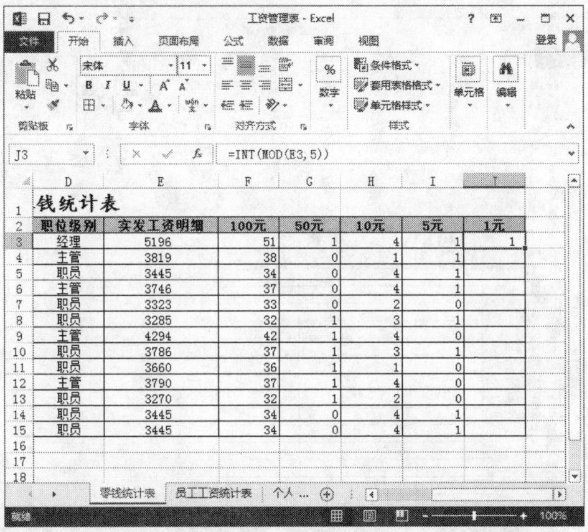

图 6-105　计算第 1 个员工实发工资中 1 元的张数

步骤 14　复制 J3 单元格中的公式至 J4 ～ J15 单元格区域，即可计算出其他员工实发工资中 1 元的张数，如图 6-106 所示。

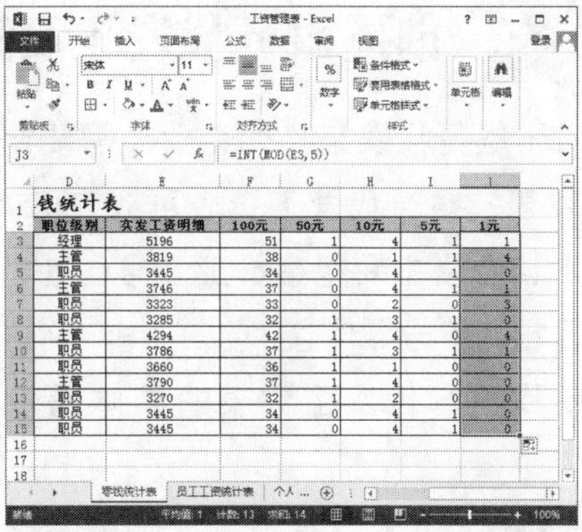

图 6-106　计算其他员工实发工资中 1 元的张数

步骤 15　选中 D16 单元格，输入"合计"，并设置单元格的格式，如图 6-107 所示。

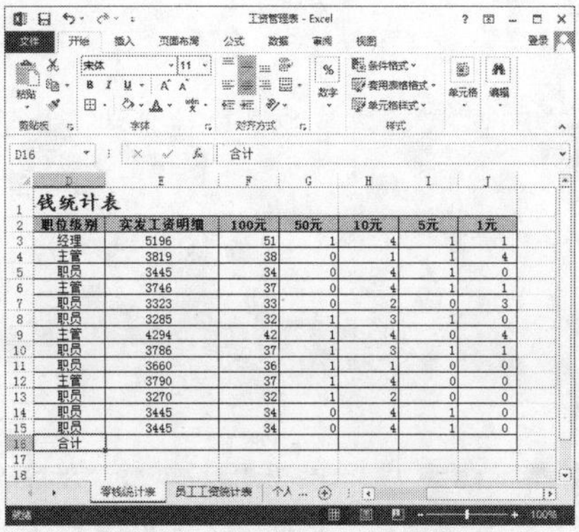

图 6-107　设置单元格格式

步骤 16　在 E16 单元格中输入公式"=SUM(E3:E15)"，然后复制 E16 单元格中的公式至 F16 ～ J16 单元格区域，即可计算出各钞票面值张数的总和，如图 6-108 所示。

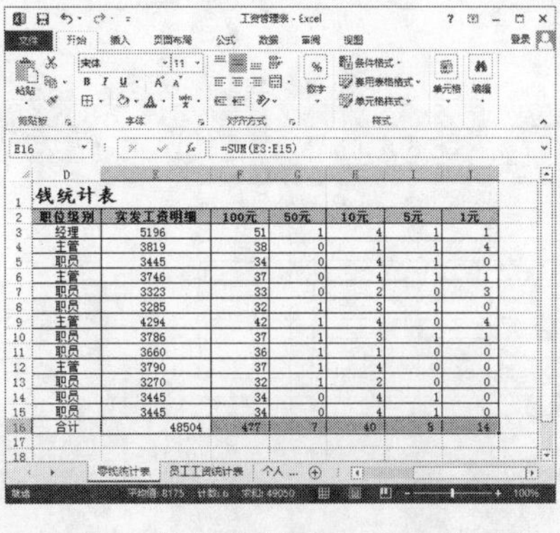

图 6-108　计算各钞票面值张数的总和

6.2.5 创建银行代发工资表

对于银行代发工资的企业，需要制作银行代发表。银行代发工资表可以在 Excel 中制作，该表格主要包括员工工号、姓名、工资以及银行卡号等信息。

制作银行代发工资表的具体操作步骤如下。

步骤 1 在"工资管理表"工作簿中插入一个新工作表，将其命名为"银行代发工资表"，如图 6-109 所示。

图 6-109 新建一个工作表

步骤 2 在"银行代发工资表"工作表中输入相关表格信息，并设置表格格式，如图 6-110 所示。

图 6-110 输入表格信息

步骤 3 选中 A3 单元格，在编辑栏中输入公式"=基本工资表!A3"，即可在"银行代发工资表"中统计出工号信息，如图 6-111 所示。

图 6-111 统计员工工号

步骤 4 复制 A3 单元格中的公式至 A4～A15 单元格区域，即可在"银行代发工资表"中统计出其他工号信息，如图 6-112 所示。

图 6-112 统计其他员工工号

步骤 5 选中 B3 单元格，在编辑栏中输入公式"=基本工资表!B3"，即可在"银行代发工资表"中统计出员工姓名信息，如图 6-113 所示。

图 6-113　统计员工姓名

步骤 6 复制 B3 单元格中的公式至 B4 ～
B15 单元格区域，即可在"银行代发工资表"
中统计出其他员工姓名信息，如图 6-114 所示。

图 6-114　统计其他员工姓名

步骤 7 选中 C3 单元格，在编辑栏中输入
公式 "=ROUND(VLOOKUP(A3, 员工工资统
计表 !A:M,13,FALSE),0)"，即可在"银行代
发工资表"中统计出员工实发工资信息，如
图 6-115 所示。

步骤 8 复制 C3 单元格中的公式至 C4 ～
C15 单元格区域，即可在"银行代发工资表"
中统计出其他员工实发工资信息，如图 6-116
所示。

图 6-115　统计员工实发工资信息

图 6-116　统计其他员工实发工资信息

步骤 9 选中 C3:C15 单元格区域，从右键
快捷菜单中选择【设置单元格格式】菜单命令，
打开【设置单元格格式】对话框，在【数字】
选项卡的【分类】列表框中选择【数值】选项，
选择【使用千位分隔符】复选框，如图 6-117
所示。

步骤 10 单击【确定】按钮，设置后的效
果如图 6-118 所示。

步骤 11 选中 D3:D15 单元格区域，打开【设
置单元格格式】对话框，在【数字】选项卡的【分
类】列表框中选择【文本】选项，如图 6-119
所示。

图 6-117　【设置单元格格式】对话框

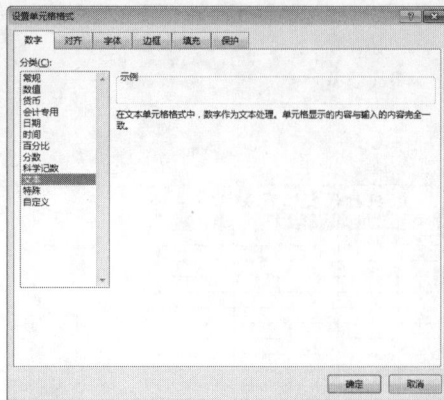

图 6-119　【设置单元格格式】对话框

步骤 12 单击【确定】按钮，这样在单元格中输入的银行卡号以文本方式显示，输入完毕后的显示效果如图 6-120 所示。

图 6-118　数据显示效果

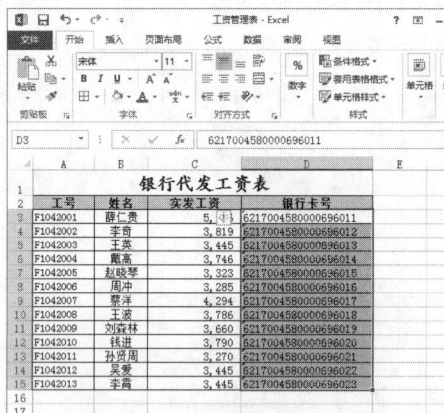

图 6-120　输入银行卡号信息

6.3　制作员工工资条

大多数公司在发工资时，会给员工相应的工资条，让员工可以一目了然地知道自己当月的工资明细情况。

6.3.1　使用 VLOOKUP 函数制作工资条

下面使用 VLOOKUP 函数获取每位员工相对应的工资信息，具体的操作步骤如下。

步骤 1 在"工资管理表"工作簿中插入一个新工作表，将其命令为"工作条"。在"工资条"工作表的 A3 单元格中输入工号"F1042001"，如图 6-121 所示。

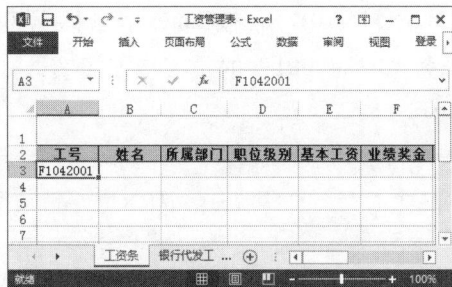

图 6-121　输入工号

步骤 2　选择单元格 B3，在编辑栏中输入公式"=VLOOKUP(A3,员工工资统计表!$A$3:$N$15,2)"，按 Enter 键，即可获取工号为"F1042001"的员工姓名，如图 6-122 所示。

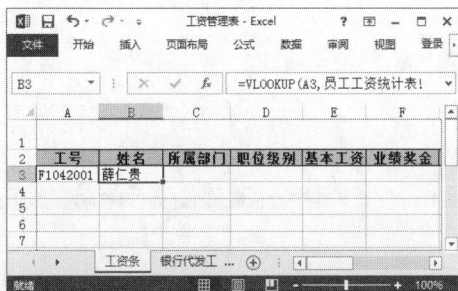

图 6-122　获取员工的姓名

步骤 3　选择单元格 C3，在编辑栏中输入公式"=VLOOKUP(A3,员工工资统计表!$A$3:$N$15,3)"，按 Enter 键，即可获取工号为"F1042001"的员工所属部门，如图 6-123 所示。

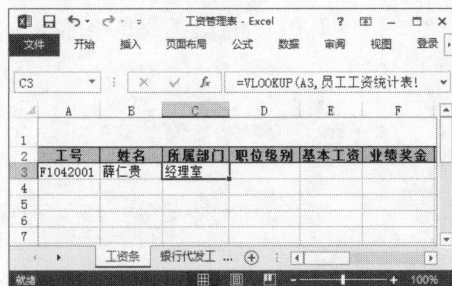

图 6-123　获取员工所属部门

步骤 4　选择单元格 D3，在编辑栏中输入公式"=VLOOKUP(A3,员工工资统计表!$A$3:$N$15,4)"，按 Enter 键，即可获取工号为"F1042001"的员工职位级别，如图 6-124 所示。

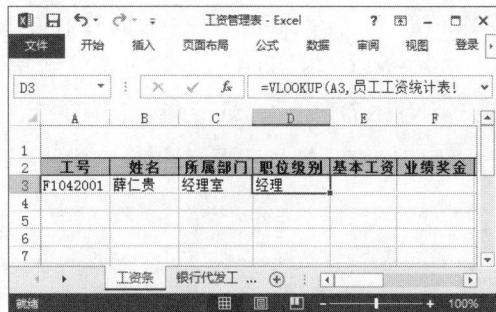

图 6-124　获取员工的职位级别

步骤 5　选择单元格 E3，在编辑栏中输入公式"=VLOOKUP(A3,员工工资统计表!$A$3: $N$15,5)"，按 Enter 键，即可获取工号为"F1042001"的员工基本工资，如图 6-125 所示。

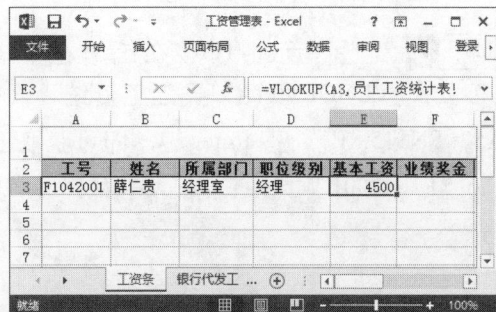

图 6-125　获取员工的基本工资

步骤 6　选择单元格 F3，在编辑栏中输入公式"=VLOOKUP(A3,员工工资统计表!$A$3: $N$15,6)"，按 Enter 键，即可获取工号为"F1042001"的员工业绩奖金，如图 6-126 所示。

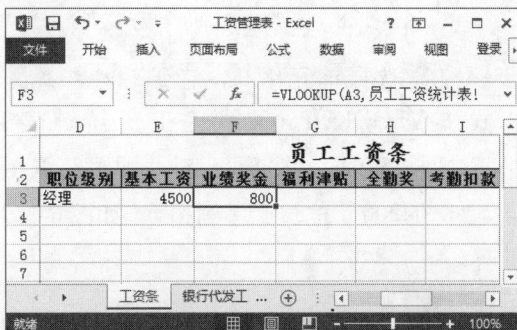

图 6-126　获取员工的业绩奖金

步骤 7 选择单元格 G3，在编辑栏中输入公式 "=VLOOKUP(A3,员工工资统计表!$A$3: $N$15,7)"，按 Enter 键，即可获取工号为 "F1042001" 的员工福利津贴，如图 6-127 所示。

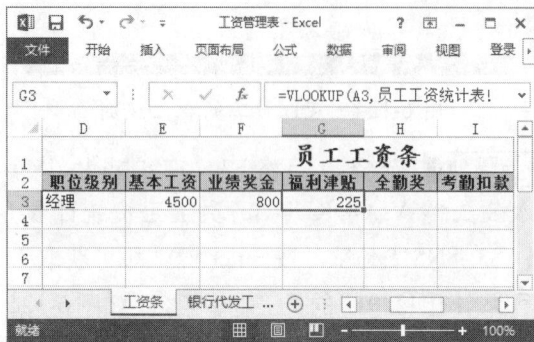

图 6-127 获取员工的福利津贴

步骤 8 选择单元格 H3，在编辑栏中输入公式 "=VLOOKUP(A3,员工工资统计表!$A$3: $N$15,8)"，按 Enter 键，即可获取工号为 "F1042001" 的员工全勤奖，如图 6-128 所示。

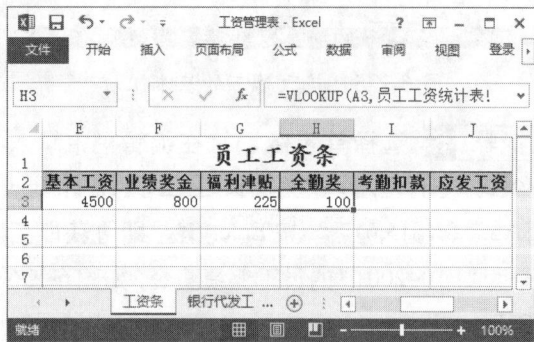

图 6-128 获取员工的全勤奖

步骤 9 选择单元格 I3，在编辑栏中输入公式 "=VLOOKUP(A3,员工工资统计表!$A$3: $N$15,9)"，按 Enter 键，即可获取工号为 "F1042001" 的员工考勤扣款，如图 6-129 所示。

步骤 10 选择单元格 J3，在编辑栏中输入公式 "=VLOOKUP(A3,员工工资统计表!

$A$3: $N$15,10)"，按 Enter 键，即可获取工号为 "F1042001" 的员工应发工资，如图 6-130 所示。

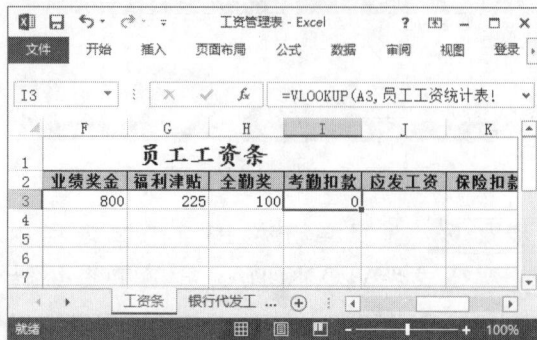

图 6-129 获取员工的考勤扣款

图 6-130 获取员工的应发工资

步骤 11 选择单元格 K3，在编辑栏中输入公式 "=VLOOKUP(A3,员工工资统计表!$A$3: $N$15,11)"，按 Enter 键，即可获取工号为 "F1042001" 的员工保险扣款，如图 6-131 所示。

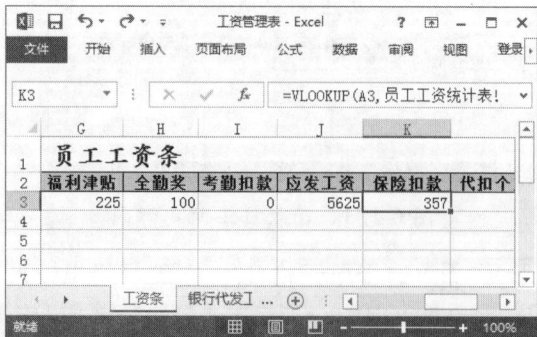

图 6-131 获取员工的保险扣款

步骤 12 选择单元格 L3，在编辑栏中输入公式"=VLOOKUP(A3,员工工资统计表！$A$3: $N$15,12)"，按 Enter 键，即可获取工号为"F1042001"的员工代扣个人所得税，如图 6-132 所示。

图 6-132　获取员工代扣个人所得税

步骤 13 选择单元格 M3，在编辑栏中输入公式"=VLOOKUP(A3,员工工资统计表!$A$3: $N$15,13)"，按 Enter 键，即可获取工号为"F1042001"的员工实发工资，如图 6-133 所示。

图 6-133　获取员工的实发工资

步骤 14 快速创建其他员工的工资条。选中单元格区域 A2:M4，将指针定位在区域右下角的方块上，如图 6-134 所示。

步骤 15 当鼠标指针变成➕形状时，向下拖动鼠标，即可得到其他员工的工资条，如图 6-135 所示。

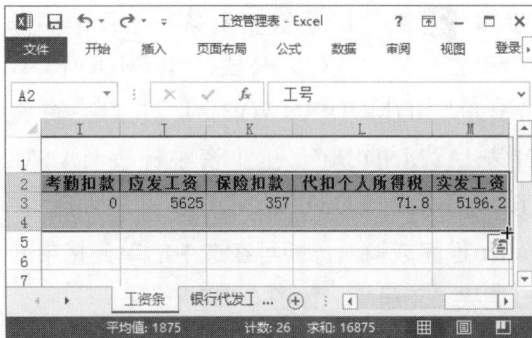

图 6-134　选中单元格区域

图 6-135　其他员工的工资条

6.3.2　使用 IF 函数制作工资条

利用 IF 函数嵌套批量制作工资条的具体操作如下。

步骤 1 在"工资管理表"工作簿中插入一个新的工作表，然后将该工作表重命名为"IF 函数工资条"，如图 6-136 所示。

图 6-136　新建并重命名工作表

步骤 2 在"IF 函数工资条"工作表中选中单元格 A1，并输入公式"=IF(MOD(ROW(),3)=0,"",IF(MOD(ROW(),3)=1,员工工资统计表 !A$2,INDEX(员工工资统计表 !$A:$M,(ROW()+4)/3+1,COLUMN())))"，然后按 Enter 键完成输入，即可在选中的单元格中输出结果"工号"，如图 6-137 所示。

图 6-137　编制公式获取员工号

步骤 3 选中单元格 A1，并将鼠标指针移到其右下角，当指针变成 ✚ 形状时，按住鼠标左键不放向右拖动至单元格 M1，然后释放鼠标，即可完成公式的复制，效果如图 6-138 所示。

图 6-138　向右复制公式

步骤 4 向下复制公式。选中单元格区域 A1:M1，然后使用自动填充的方法将其中的

公式复制到后续单元格区域中，此时将自动获取其他员工的工资条，最终的显示效果如图 6-139 所示。

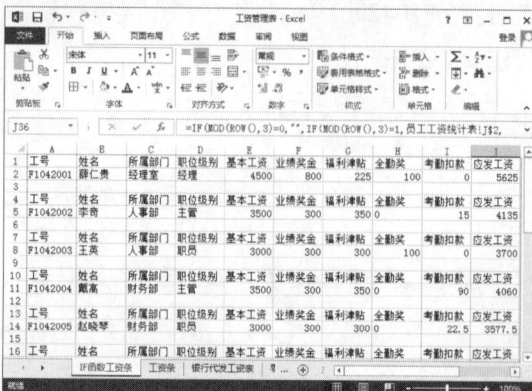

图 6-139　向下复制公式

6.3.3　打印工资条

工资条是发放工资时交给职工的工资项目清单，其数据来源于工资表。当员工工资条制作完毕后，即可将工资条打印出来，以发放到每一位员工的手中。具体的操作步骤如下。

步骤 1 打开"工资管理表"工作簿，选择"工资条"工作表，如图 6-140 所示。

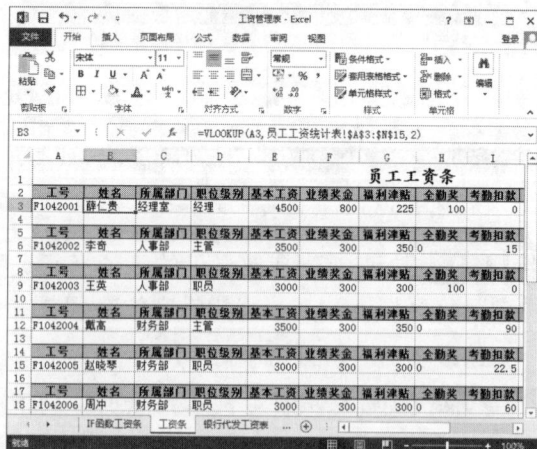

图 6-140　选择"工资条"工作表

步骤 2 选择【文件】选项卡，进入文件操作界面，选择【打印】选项，进入打印设置界面，如图 6-141 所示。

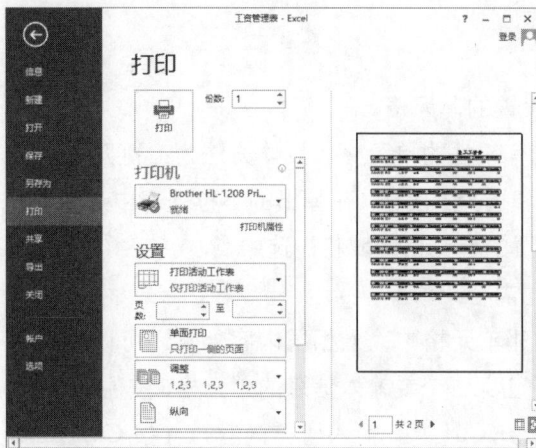

图 6-141　【打印】设置界面

步骤 3 在打印设置界面中设置打印的份数、选择所用的打印机、设置打印的方向为【横向】，如图 6-142 所示。

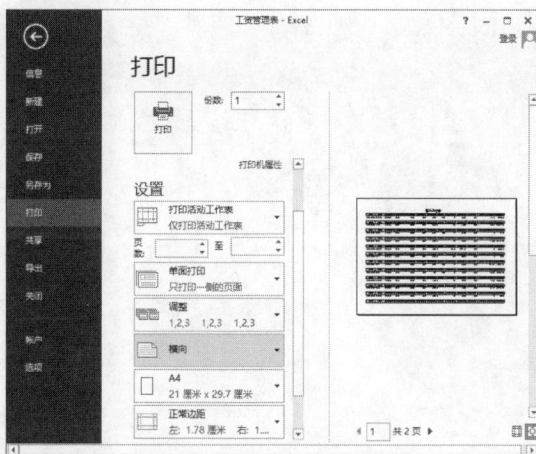

图 6-142　设置打印参数

步骤 4 设置完毕后，放大显示工资条，即可查看打印的预览效果，如图 6-143 所示。

步骤 5 在打印设置区域中单击【页面设置】超链接，打开【页面设置】对话框，在【工作表】选项卡中可以设置打印的区域、打印标题以及打印顺序等，如图 6-144 所示。

图 6-143　查看打印效果

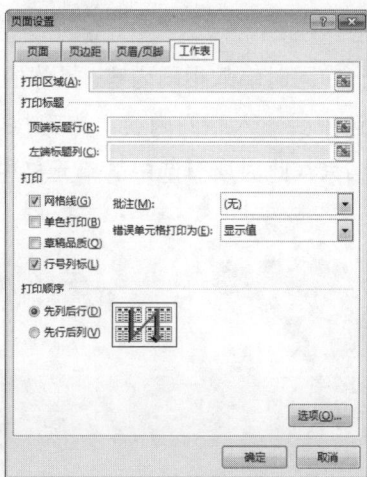

图 6-144　【页面设置】对话框

步骤 6 设置完毕后，在右侧的打印预览面板中可以调整打印页面的页边距，最终的显示效果如图 6-145 所示。最后单击【打印】按钮，即可将工资条打印出来。

图 6-145　调整打印页的页边距

6.4 疑难问题解答

问题 1：如何查找工作表中具有数据有效性设置的单元格？

解答：在工作表中可以快速查找到具有数据有效性的单元格，具体方法为：打开一个工作簿，单击【开始】选项卡【编辑】组中的【查找和选择】按钮，在弹出的下拉列表中选择【数据验证】选项，这样工作表中具有数据有效性设置的单元格区域将被选中。

问题 2：如何同时在不相邻单元格中输入相同内容？

解答：在 Excel 2013 中，除了可以同时在相邻单元格中输入相同内容外，还可以在不相邻单元格中同时输入相同内容。具体的方法为：单击第 1 个要输入信息的单元格，按住 Ctrl 键，再依次选中要输入相同内容的单元格，选完后松开 Ctrl 键。输入所需内容，并按 Ctrl+Enter 组合键结束，此时所有选中的单元格中即可输入相同的内容。

第7章 使用 Excel 进行固定资产核算

本章导读

固定资产是企业所持有的，使用年限较长、单位价值较高，并且在使用的过程中保持其原有实物形态的资产，在企业的资产总额中占有相当大的比重，而固定资产的日常核算、管理非常烦琐。利用 Excel 2013 创建固定资产卡片来代替传统的固定资产明细账，则可避免财务人员从事繁重的手工劳动。

学习目标

◎ 掌握固定资产盘点的方法
◎ 掌握查询固定资产的方法
◎ 掌握固定资产的折旧计提方法
◎ 掌握固定资产折旧费用分析的方法

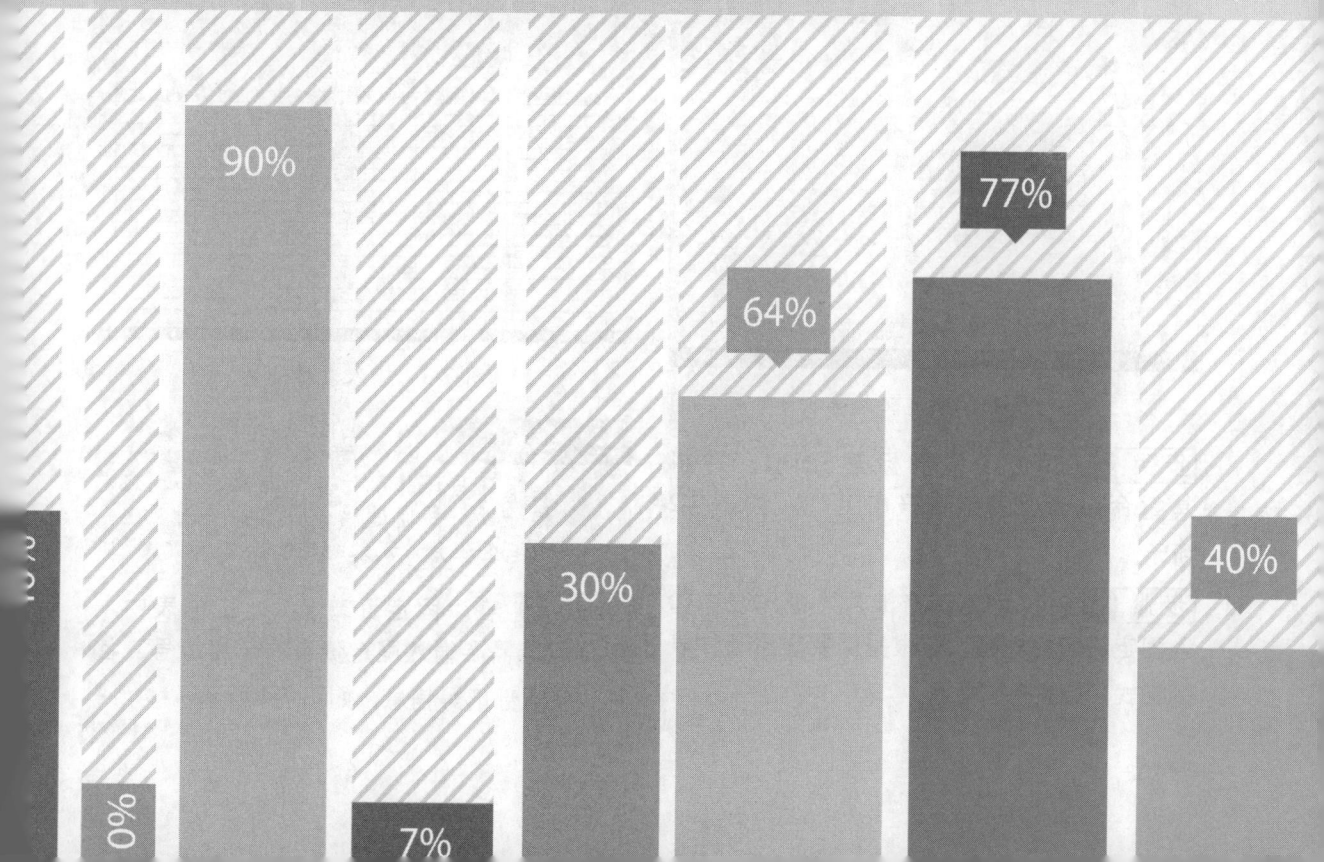

7.1 固定资产的盘点

每个企业都会拥有一定的固定资产，其数量和项目各不相同，但是固定资产作为企业长期使用的财产，可以说是企业生产经营能力的重要标志。因此，企业财务人员需要定期对固定资产进行盘点，以便有效地管理固定资产。

7.1.1 固定资产初始卡片

一般情况下，固定资产初始卡片信息包括"卡片编号""固定资产名称""增加方式""减少方式""原值"等。通过这样的固定资产卡片，可以方便地对固定资产相关数据进行登记、查询和处理。

录入固定资产初始卡片的操作步骤如下。

步骤 1 启动 Excel 2013 应用程序，新建一个工作簿并将其命名为"固定资产初始卡片"，如图 7-1 所示。

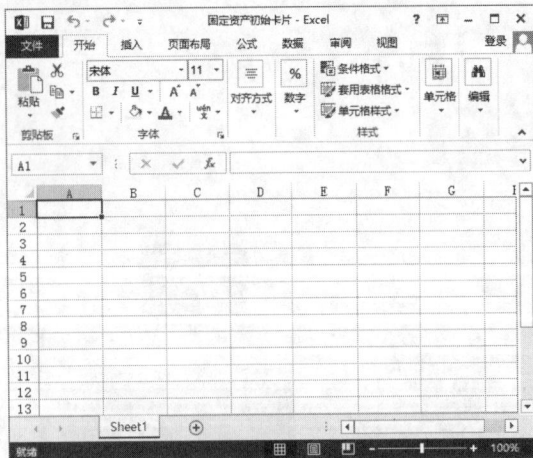

图 7-1 新建工作簿

步骤 2 双击工作表标签 Sheet1，并将其重命名为"固定资产卡片"，如图 7-2 所示。

步骤 3 在"固定资产卡片"工作表中输入固定资产的标题，并根据需要设置工作表的格式，如图 7-3 所示。

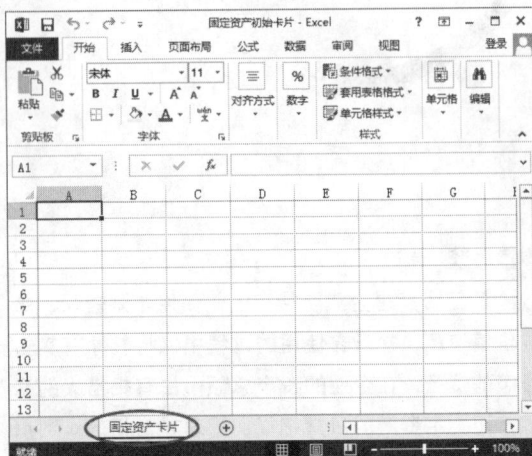

图 7-2 重命名工作表

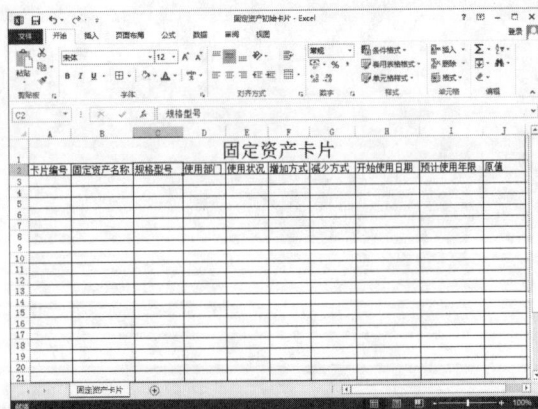

图 7-3 输入表格信息

> **注意** 固定资产卡片尽可能保持手工账目与计算机信息卡的科目和内容相一致，并通过编号将其一一对应，保证企业会计记录的连续性。

步骤 4 在"固定资产卡片"工作表中，根据实际需要输入固定资产的卡片编号、名称、使用部门等信息，如图 7-4 所示。

图 7-4 输入固定资产信息

步骤 5 对【使用状况】进行数据有效性控制。选中单元格 E3，单击【数据】选项卡【数据工具】组中的【数据验证】下拉按钮，从弹出的下拉列表中选择【数据验证】选项，打开【数据验证】对话框。在【设置】选项卡【允许】下拉列表中选择【序列】选项；在【来源】文本框中输入"在用,季节性停用,停用"文本信息，如图 7-5 所示。

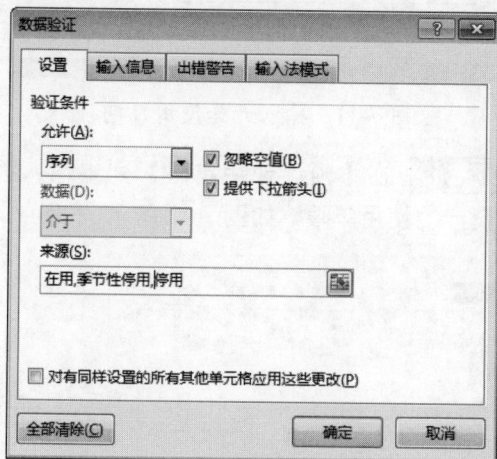

图 7-5 【数据验证】对话框

步骤 6 单击【确定】按钮，完成对【使用状况】的有效性设置。然后将 E3 单元格的有效性控制复制到该列的其他单元格，如图 7-6 所示。

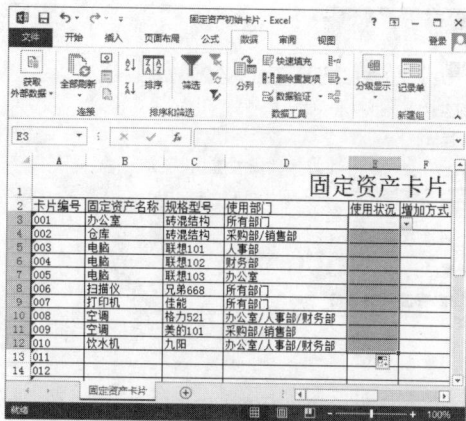

图 7-6 设置【使用状况】的有效性

步骤 7 对【增加方式】进行数据有效性控制。选中 F3:F12 单元格区域，打开【数据验证】对话框，在【设置】选项卡【允许】下拉列表中选择【序列】选项；在【来源】文本框中输入"直接购入,在建工程转入,捐赠,投资者投入,调拨"文本信息，最后单击【确定】按钮，如图 7-7 所示。

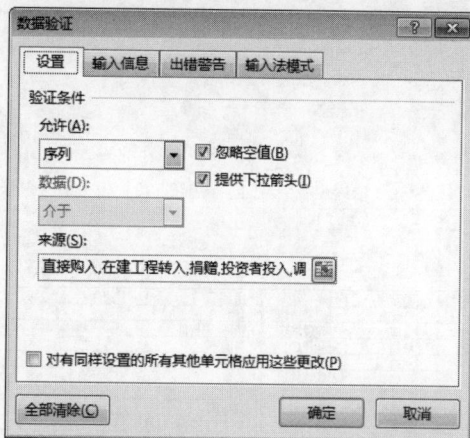

图 7-7 【设置】选项卡

步骤 8 对【减少方式】进行数据有效性控制。选中 G3:G12 单元格区域，打开【数据验证】对话框，在【设置】选项卡【允许】下拉列表中选择【序列】选项；在【来源】文本框中输入"出售,报废,调拨,投资"文本信息，最后单击【确定】按钮，如图 7-8 所示。

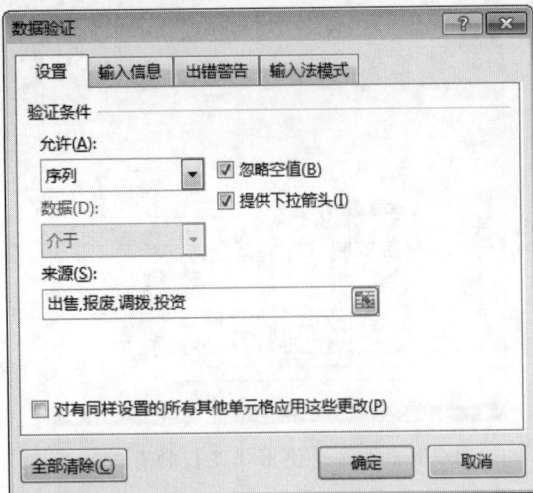

图 7-8 输入来源信息

> **注意** 在输入有效性控制时，各个项目之间必须用英文状态下的逗号隔开。若使用中文状态下的逗号，系统则默认所输入的内容为一个项目。

步骤 9 单击【使用状况】列右侧的下拉按钮，在弹出的下拉列表中选择使用状况信息，如图 7-9 所示。

图 7-9 选择使用状况

步骤 10 使用步骤 9 的方法，设置固定资产的增加方式，如图 7-10 所示。

步骤 11 在【开始使用日期】列中输入固定资产的开始使用日期，如图 7-11 所示。

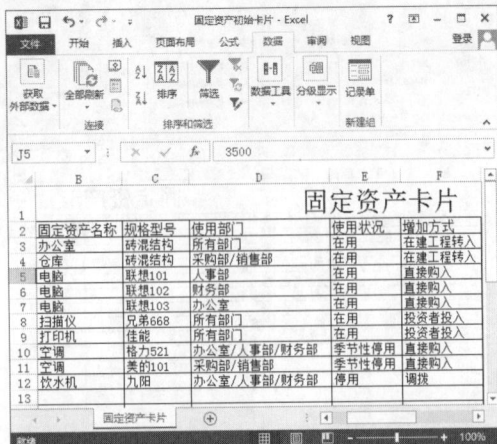

图 7-10 选择固定资产的增加方式

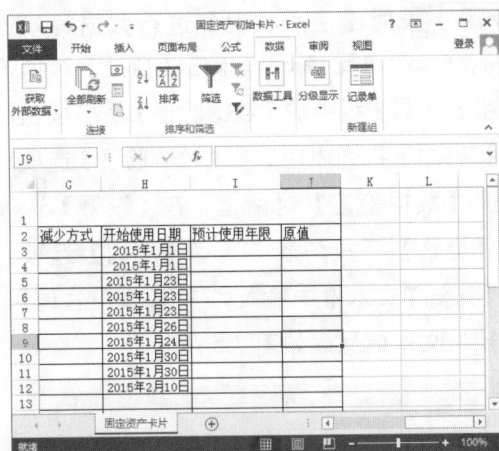

图 7-11 输入开始使用日期

步骤 12 在【预计使用年限】列中输入固定资产的使用年限，如图 7-12 所示。

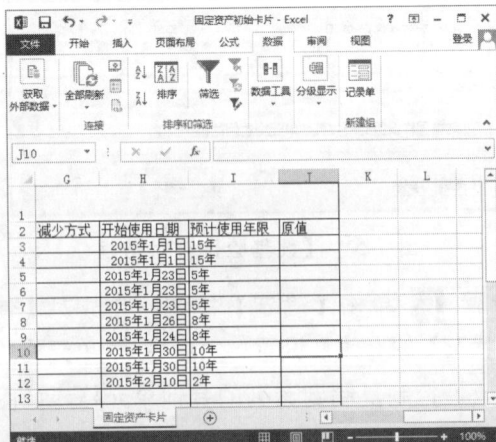

图 7-12 输入预计使用年限

步骤 13 在【原值】列中输入固定资产在使用时的原值，如图 7-13 所示。

图 7-13 输入固定资产原值

步骤 14 选中 I3:I12 单元区域，打开【设置单元格格式】对话框，在【分类】列表框中选择【货币】选项，将【小数位数】设置为 0，如图 7-14 所示。

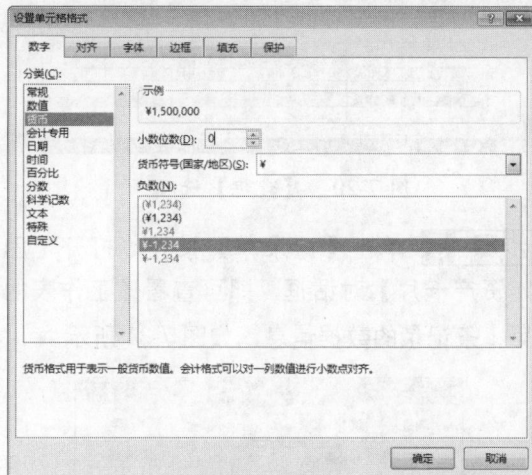

图 7-14 【设置单元格格式】对话框

步骤 15 单击【确定】按钮，即可完成单元格格式的设置。然后选中单元格所有信息，设置内容的对齐方式为【居中对齐】。至此，一个简单的固定资产卡片信息表就制作完成了，如图 7-15 所示。

图 7-15 固定资产卡片信息表

7.1.2 固定资产的增加

固定资产新增是指通过企业自建、投资者以资产形式新增投资、接受捐赠、直接购买、部门调拨等途径增加企业的固定资产存量。例如，2016 年 4 月 1 日，公司为采购部购入价值 4500 元的笔记本一台，使用年限为 5 年，用户可以采用直接输入和记录单两种方法将该项新增资产的信息输入固定资产卡片中。

1 直接输入

根据新增固定资产的资料，即可得到该项资产的基本信息，用户可以将这些信息直接输入到固定资产卡片中，输入成功后的显示结果如图 7-16 所示。

图 7-16 直接输入新增的固定资产

2 利用记录单输入信息

步骤 1 选择【文件】选项卡，在打开的

界面中选择【选项】选项，即可弹出【Excel
选项】对话框，如图 7-17 所示。

图 7-17　【Excel 选项】对话框

步骤 2　在左侧列表框中选择【自定义功
能区】选项，然后在右侧【主选项卡】列表
中选择【数据】选项，并单击【新建组】按
钮，即可在【数据】选项卡下方创建一个【新
建组（自定义）】选项，如图 7-18 所示。

图 7-18　自定义功能区选项

步骤 3　在【从下列位置选择命令】下拉
列表中选择【不在功能区中的命令】选项，
选择下方列表框中的【记录单】选项，最后
单击【添加】按钮，此时【记录单】命令添
加到右侧的列表框中，如图 7-19 所示。

图 7-19　添加【记录单】命令

步骤 4　单击【确定】按钮，即可在【数据】
选项卡中看到添加的【记录单】选项，如图 7-20
所示。

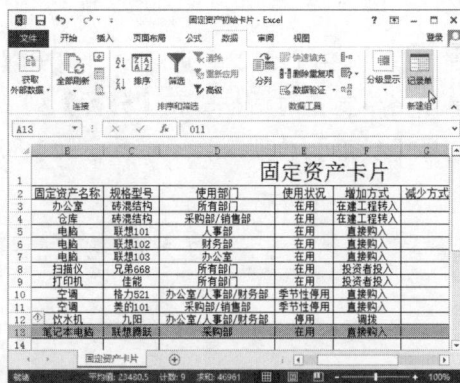

图 7-20　【数据】选项卡

步骤 5　单击【记录单】按钮，打开【固
定资产卡片】对话框，即可查看该工作表的
第 1 条记录的数据信息，如图 7-21 所示。

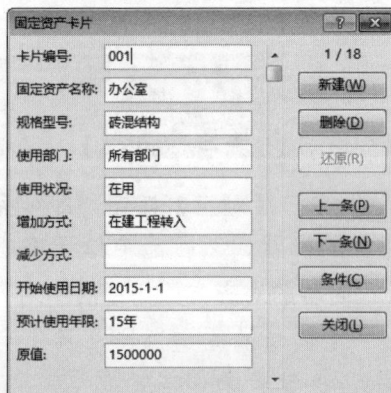

图 7-21　查看固定资产信息

步骤 6 单击【新建】按钮，即可得到一张空白的记录单。在新记录单中输入新增固定资产的信息，如图 7-22 所示。

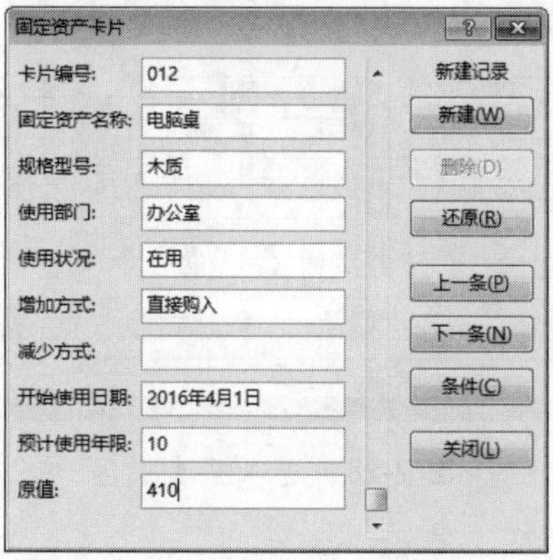

图 7-22　输入固定资产信息

步骤 7 输入完毕后，最后单击【关闭】按钮，即可在工作表中插入一行新的固定资产信息，其显示结果如图 7-23 所示。

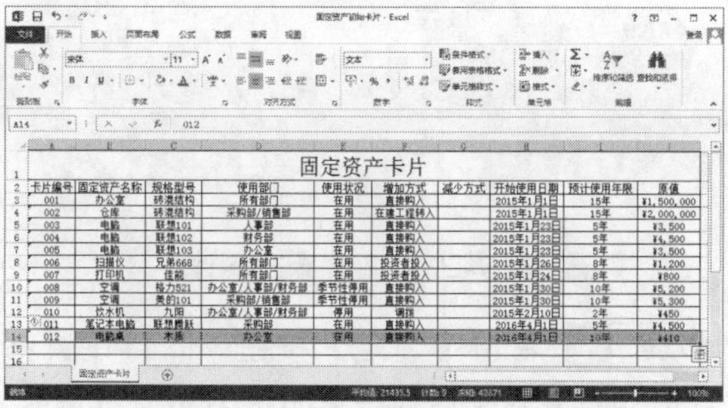

图 7-23　插入新的固定资产信息

7.1.3 固定资产部门调拨

固定资产在部门间的调拨是资源在企业内部的优化配置，通过资产调拨可以提高资产的使用效率，最大可能地发挥其使用价值。

例如要将卡片编号为 005 的电脑调拨到人事部，具体的操作步骤如下。

1 通过增加行调拨

步骤 1 打开"固定资产初始卡片"工作簿，选择【固定资产卡片】工作表，在卡片

编号 004 和 005 之间插入一行，如图 7-24 所示。

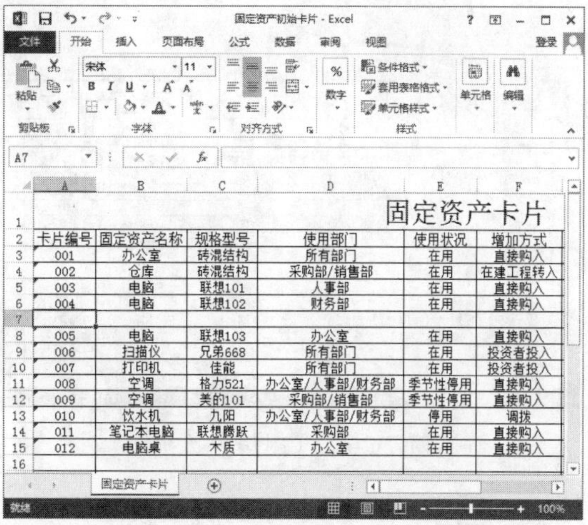

图 7-24　插入空白行

步骤 2 在空白行中输入卡片编号为 005 的固定资产信息，调拨后将该固定资产的【所属部门】更改为【人事部】，【增加方式】更改为【调拨】，如图 7-25 所示。

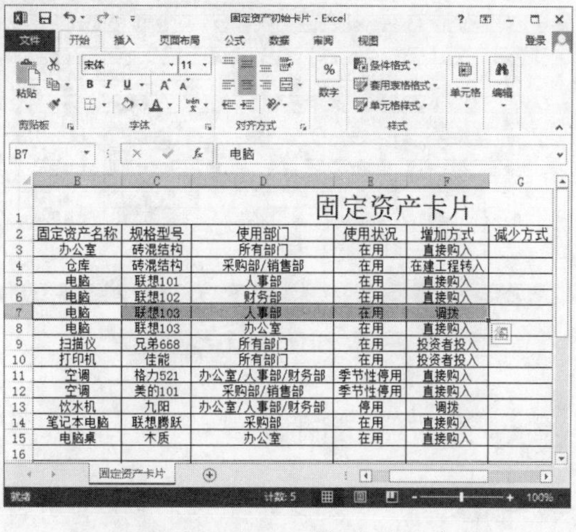

图 7-25　输入固定资产信息

步骤 3 当人事部使用由办公室调拨的编号为 005 的电脑时，需要将该固定资产的【办公室】记录从"固定资产卡片"工作表中删除。选中该记录所在的行，然后单击鼠标右键，在弹出的快捷菜单中选择【删除】菜单命令，如图 7-26 所示。

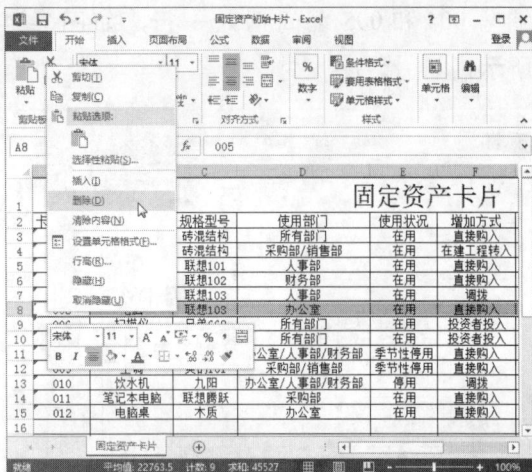

图 7-26　【删除】选项

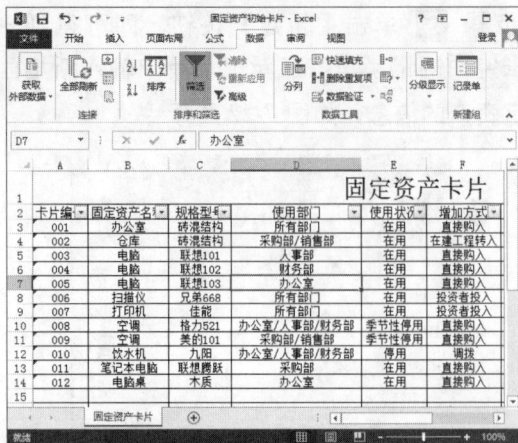

图 7-28　进入筛选状态

步骤 4 随即可将选中的行从该工作表中删除，下方的行依次上移，如图 7-27 所示。

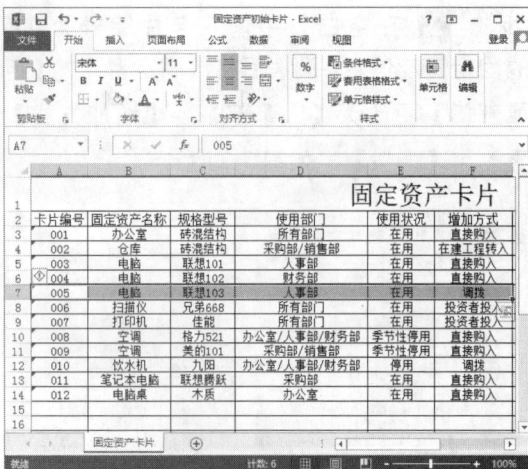

图 7-27　上移单元格信息

2 通过筛选调拨

步骤 1 选中固定资产卡片的标题栏，单击【数据】选项卡【排序和筛选】组中的【筛选】按钮，即可进入到筛选状态，如图 7-28 所示。

步骤 2 单击【卡片编号】列下拉按钮，从筛选列表框中，选择需要设置筛选的卡片编号，这里选择 005，如图 7-29 所示。

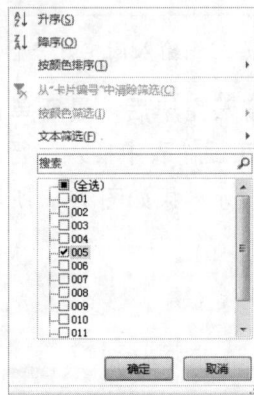

图 7-29　设置筛选条件

步骤 3 单击【确定】按钮，即可设置筛选成功，其筛选后的结果如图 7-30 所示。

图 7-30　筛选结果

步骤 4 选中 F7 单元格，然后单击该单元格旁边的下拉按钮，从弹出的下拉列表中选择【调拨】选项即可，如图 7-31 所示。

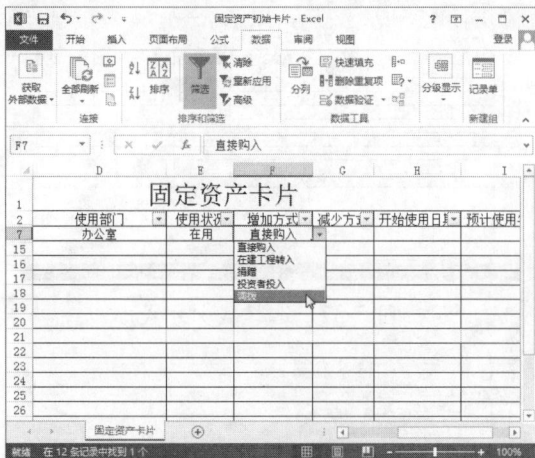

图 7-31　选择增加方式

步骤 5 将编号为 005 的电脑使用部门名称由原来的【办公室】改为【人事部】，增加方式由原来的【直接购入】改为【调拨】即可，如图 7-32 所示。

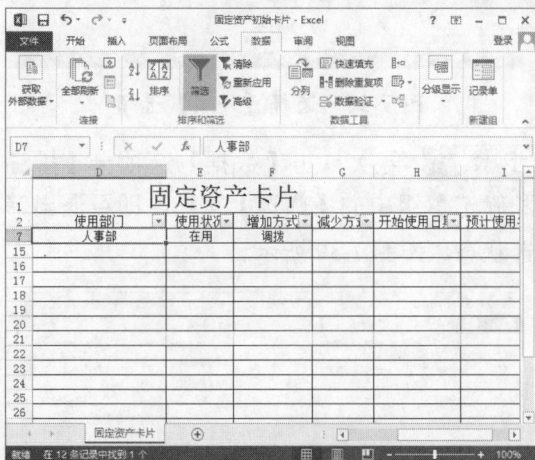

图 7-32　更改单元格信息

步骤 6 再次单击【数据】选项卡【数据工具】组中的【筛选】按钮，退出工作表的筛选状态，即可完成固定资产的部门调拨操作，如图 7-33 所示。

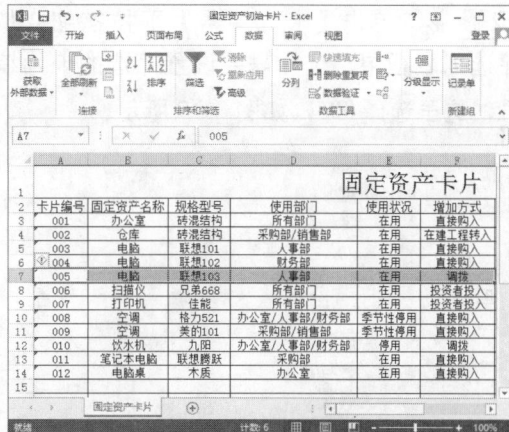

图 7-33　固定资产部门调拨操作

7.1.4　固定资产的减少

企业的固定资产由于使用年限到期或者其他原因无法再使用时，可以对该固定资产进行处理，例如卡片编号为 005 的电脑因 CUP 老化而无法使用，就可以将其作为二手电脑卖掉，在"固定资产卡片"中减少此笔固定资产。

具体的操作步骤如下。

步骤 1 选中固定资产卡片的标题栏，在【数据】选项卡【排序和筛选】组中单击【筛选】按钮，即可进入到筛选状态，如图 7-34 所示。

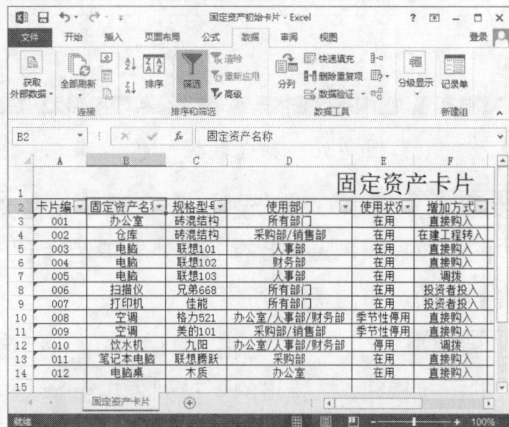

图 7-34　进入筛选状态

步骤 2 单击【卡片编号】下拉按钮，从筛选列表框中，选择需要设置筛选的卡片编号，这里选择 005，如图 7-35 所示。

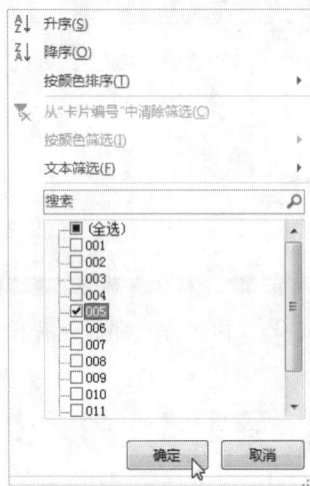

图 7-35 设置筛选条件

步骤 3 单击【确定】按钮，其筛选后的结果如图 7-36 所示。

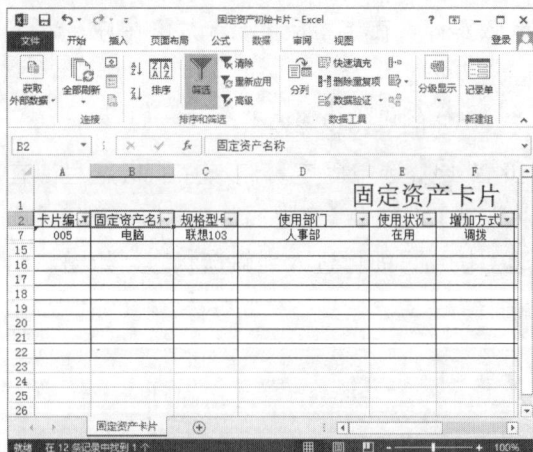

图 7-36 筛选数据信息

步骤 4 选中 G7 单元格，单击该单元格旁边的下拉按钮，从弹出的下拉列表中选择【出售】选项，如图 7-37 所示。

步骤 5 选中 E7 单元格，单击该单元格旁边的下拉按钮，从弹出的下拉列表中选择【停用】选项，如图 7-38 所示。

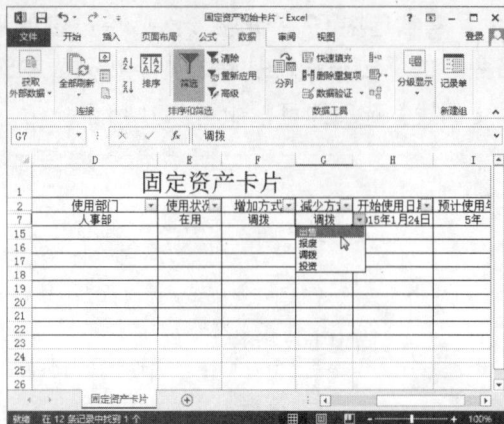

图 7-37 选择减少方式

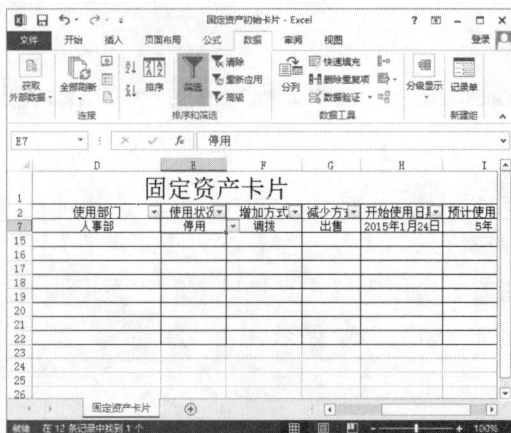

图 7-38 选择【停用】选项

步骤 6 再次单击【数据】选项卡【排序和筛选】组中的【筛选】按钮，即可退出筛选状态，如图 7-39 所示。

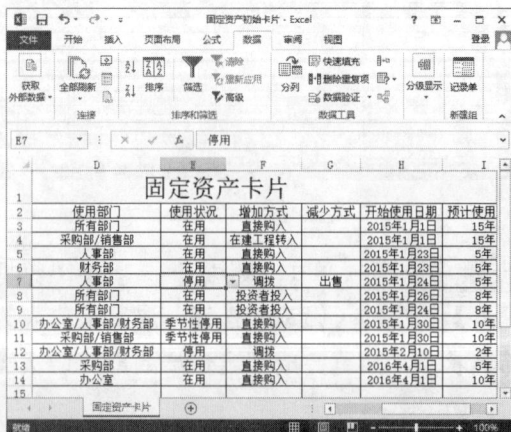

图 7-39 退出筛选状态

7.2　固定资产的查询

当企业已经建立起固定资产数据库，需按月对每项固定资产进行折旧处理，并将这一数据库用于日常的固定资产管理。

7.2.1　按部门查询固定资产

使用 Excel 的筛选功能，可以对工作表中的数据进行查询。例如要查询所有属于财务部的固定资产，具体的操作步骤如下。

步骤 1 打开"固定资产初始卡片"工作簿，进入"固定资产卡片"工作表，如图 7-40 所示。

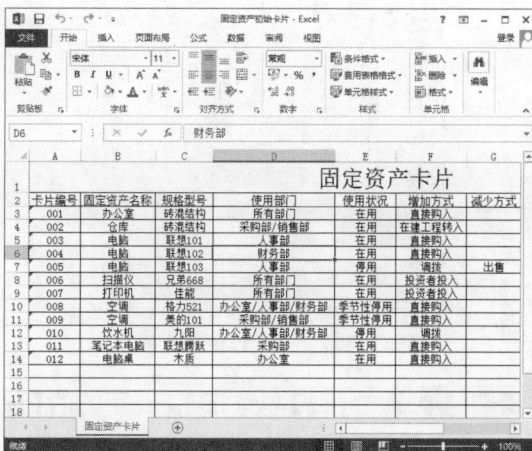

图 7-40　选择"固定资产卡片"工作表

步骤 2 选中"固定资产卡片"的标题栏，单击【数据】选项卡【排序和筛选】组中的【筛选】按钮，进入到筛选状态，如图 7-41 所示。

步骤 3 单击【使用部门】下拉按钮，从下拉列表中选择【文本筛选】→【自定义筛选】选项，如图 7-42 所示。

步骤 4 打开【自定义自动筛选方式】对话框，在【使用部门】下拉列表中选择【包含】选项，在右侧下拉列表中选择【财务部】选项，如图 7-43 所示。

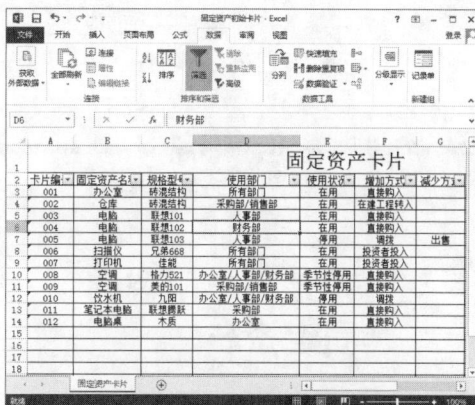

图 7-41　进入筛选状态

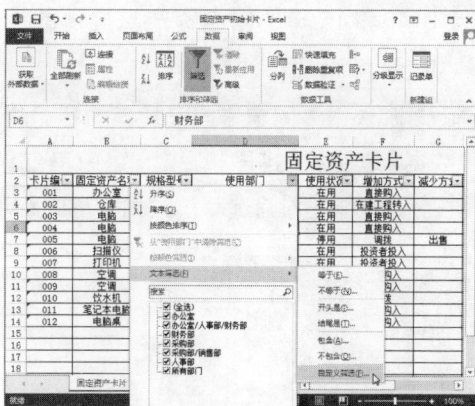

图 7-42　选择【自定义筛选】选项

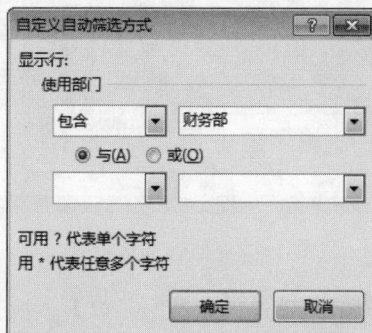

图 7-43　设置自动筛选方式

步骤 5 单击【确定】按钮，即可成功筛选出使用部门为【财务部】的固定资产记录，其最终筛选结果如图 7-44 所示。

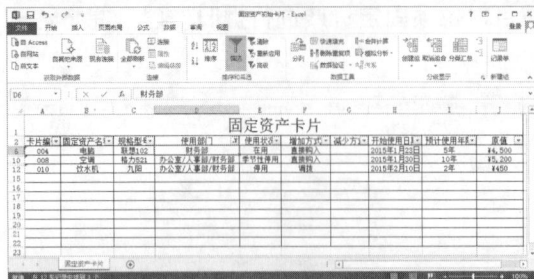

图 7-44　最终的筛选状态

7.2.2 按使用年限查询固定资产

使用 Excel，还可以设定条件或范围对数据进行精确的筛选。假如要查询预计使用年限为 10 年和 15 年的固定资产，具体的操作步骤如下。

步骤 1 选中"固定资产卡片"的标题栏，在【数据】选项卡【排序和筛选】组中单击【筛选】按钮，即可进入筛选状态，如图 7-45 所示。

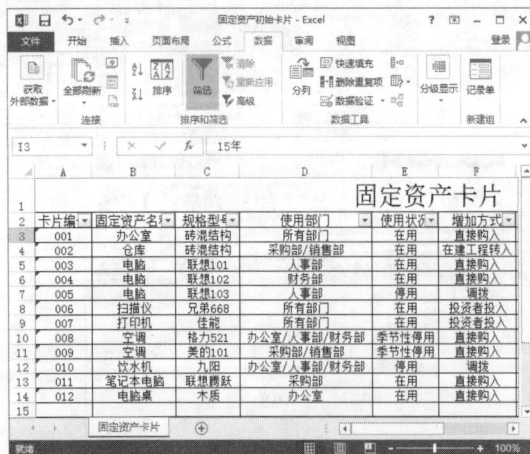

图 7-45　进入筛选状态

步骤 2 单击【预计使用年数】下拉按钮，从下拉列表中选择【文本筛选】→【自定义

筛选】选项，即可弹出【自定义自动筛选方式】对话框，如图 7-46 所示。

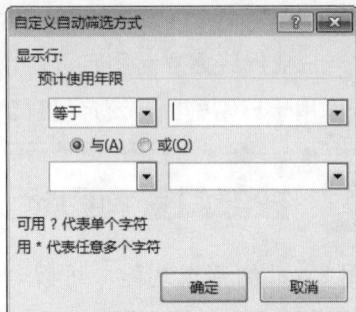

图 7-46　设置自动筛选方式

步骤 3 在【预计使用年数】下拉列表中选择【等于】选项，在其右侧下拉列表中选择【10 年】选项，如图 7-47 所示。

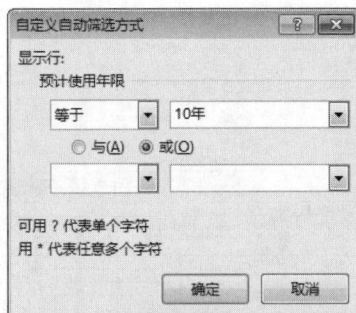

图 7-47　输入预计使用年限

步骤 4 选中【或】单选按钮，在下方的【预计使用年数】下拉列表中选择【等于】选项，在其右侧下拉列表中选择【15 年】选项，如图 7-48 所示。

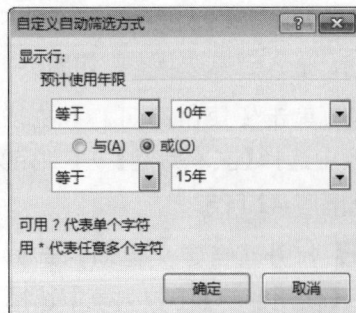

图 7-48　设置其他筛选方式

步骤 5 单击【确定】按钮，即可成功设置筛选，其最终筛选结果如图 7-49 所示。

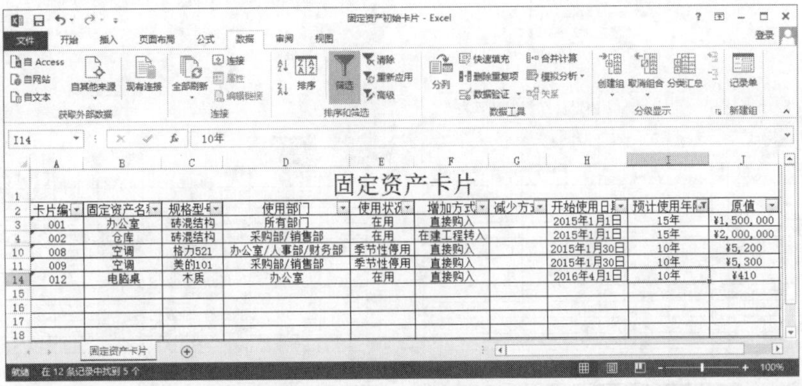

图 7-49　最终的筛选结果

7.3　固定资产的折旧计提

固定资产折旧指一定时期内为弥补固定资产损耗，按照核定的固定资产折旧率提取的固定资产折旧。企业的固定资产都需要计提折旧，而且折旧的金额直接影响企业的利润。

7.3.1　创建固定资产折旧表

企业的固定资产一般按照月来计提，当月增加的固定资产当月不计提折旧，而是从下个月开始计提折旧；当月减少的固定资产当月仍要计提折旧，从下个月开始不再计提折旧；固定资产提足折旧后，不论是否继续使用，都不再计提折旧；提前报废的固定资产，也不再补提折旧。

为方便计算固定资产的每一项折旧额，首先需要创建固定资产折旧表，并计算出固定资产的预计净残值和已使用月数。

创建固定资产折旧表的操作步骤如下。

步骤 1 新建一个空白工作簿，将其保存为"固定资产折旧计算表"，并将 Sheet1 工作表重命名为"固定资产折旧计算表"。然后在工作表中输入固定资产折旧表的标题，

并根据需要设置工作表的格式，如图 7-50 所示。

图 7-50　新建空白工作簿

步骤 2 在"固定资产折旧计算表"工作表中，根据实际需要输入固定资产的编号、名称、使用部门、入账日期（开始使用日期）、预计使用年限、原值和残值率等信息，并适当地调整列宽，如图 7-51 所示。

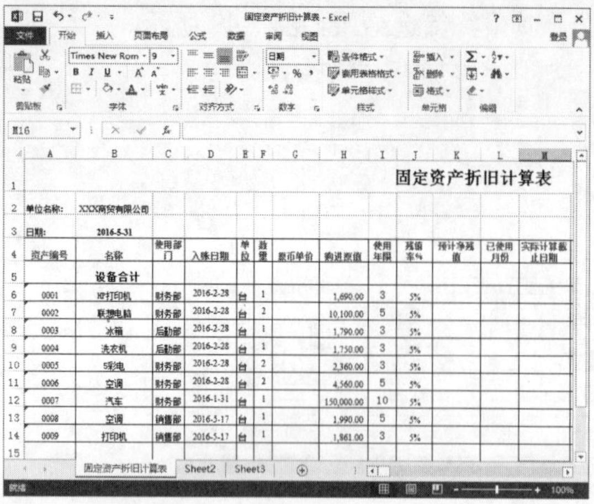

图 7-51　输入固定资产信息

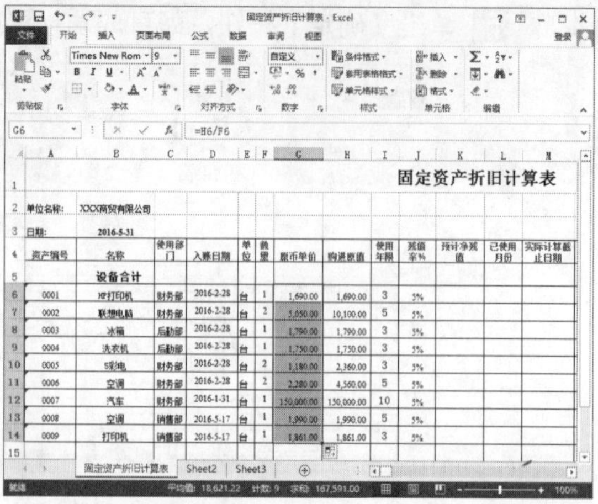

图 7-53　计算所有固定资产的原币单价值

步骤 3 选中 G6 单元格，在编辑栏中输入公式"=H6/F6"，按 Enter 键，计算固定资产的原币单价值，如图 7-52 所示。

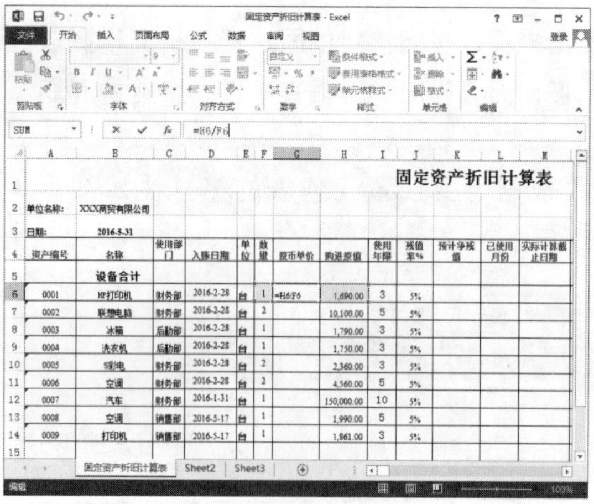

图 7-52　计算固定资产的原币单价值

步骤 4 复制 G6 单元格的公式到 G7～G14 单元格区域，计算所有固定资产的原币单价值，如图 7-53 所示。

步骤 5 选中 K6 单元格，在编辑栏中输入公式"=H6*J6"，按 Enter 键，计算固定资产的预计净残值，如图 7-54 所示。

步骤 6 复制 K6 单元格的公式到 K7～K14 单元格区域，计算所有固定资产的预计净残值，如图 7-55 所示。

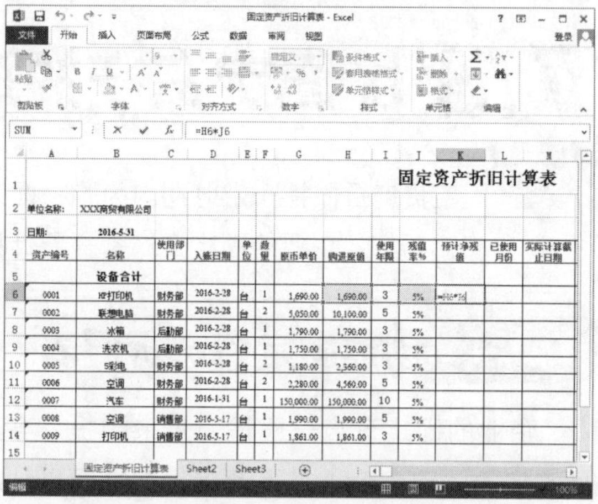

图 7-54　计算固定资产的预计净残值

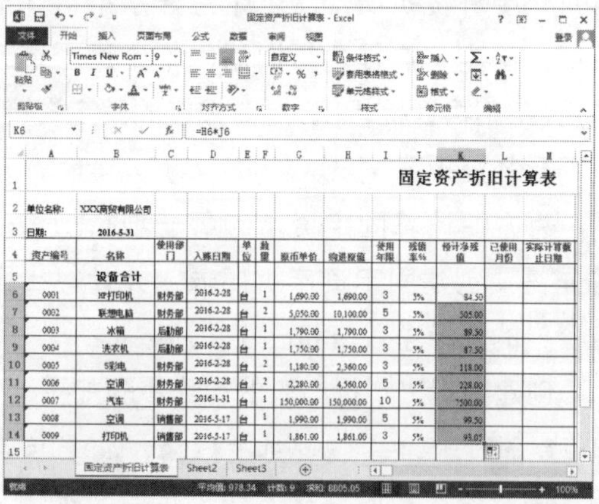

图 7-55　计算所有固定资产的预计净残值

步骤 7 选中 L6 单元格，在编辑栏中输入公式"=IF(D6=0,0,(YEAR($B$3)-YEAR(D6))*

12+MONTH($B$3)-MONTH(D6))"，按 Enter 键，计算固定资产的已使用月份，如图 7-56 所示。

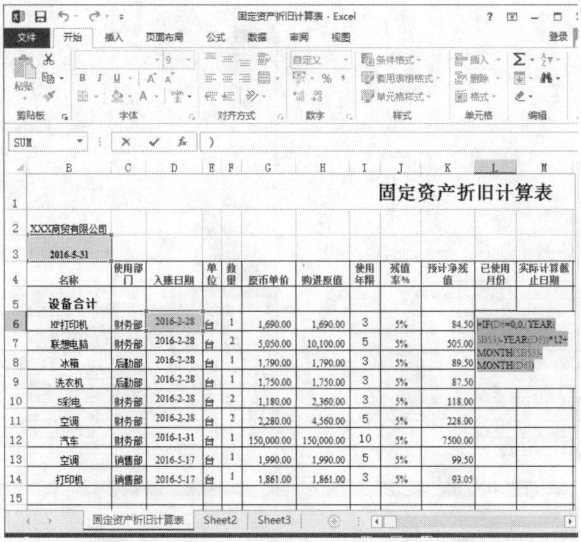

图 7-56　计算固定资产的已使用月份

知识扩展　相关函数介绍如下。

1. IF 函数

语法结构：IF(logical_test, value_if_true, [value_if_false])

功能介绍：判断是否满足某个条件，如果满足返回一个值，如果不满足则返回另一个值。

相关参数：logical_test 是必选参数，表示逻辑判断表达式；value_if_true 是必选参数，表示当判断条件为逻辑【真 (TRUE)】时的显示内容；value_if_false 是可选参数，表示当判断条件为逻辑【假 (FALSE)】时的显示内容。如果忽略 value_if_false 参数，若其前面有逗号 (,)，则默认返回 0；若没有，则返回 FALSE。

2. YEAR 函数

语法结构：YEAR(serial_number)

功能介绍：返回对应于某个日期的年份。

相关参数：serial_number 为必选参数。该数值应使用 DATE 函数输入日期，或者将日期作为其他公式或函数的结果输入。例如，使用函数 DATE(2016,5,23) 输入 2016 年 5 月 23 日。如果日期以文本形式输入，则会出现问题。

3. MONTH 函数

语法结构：MONTH(serial_number)

功能介绍：返回日期 (以序列数表示) 中的月份，月份是介于 1(一月) 到 12(十二月) 之间的整数。

相关参数：serial_number 为必选参数。该数值应使用 DATE 函数，或者作为其他公式或函数的结果输入。

步骤 8　复制 L6 单元格的公式到 L7 ～ L14 单元格区域，计算所有固定资产的已使用月份，如图 7-57 所示。

步骤 9 选中 M6 单元格，在编辑栏中输入公式 "=MIN($B$3,DATE(YEAR(D6)+I6,MONTH(D6), DAY(D6)))"，按 Enter 键，计算固定资产的实际计算截止日期，如图 7-58 所示。

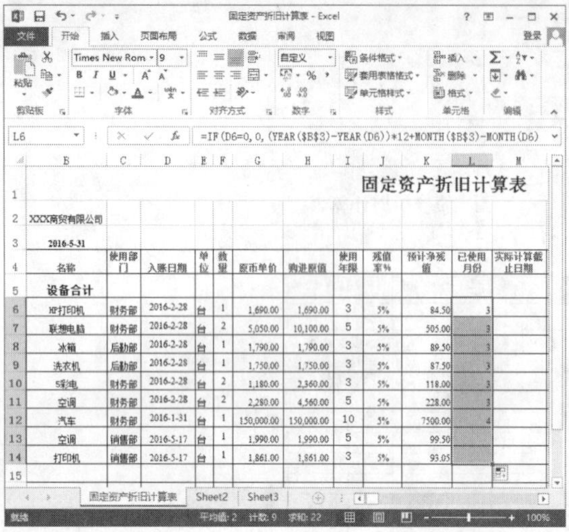

图 7-57　计算所有固定资产的已使用月份

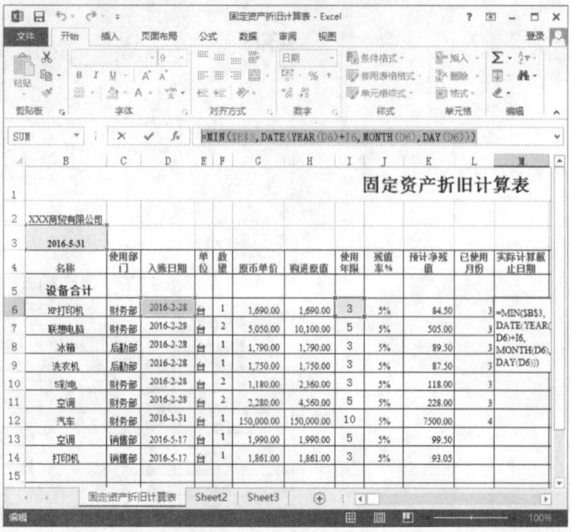

图 7-58　计算固定资产的实际计算截止日期

▶ **知识扩展**　相关函数介绍如下。

1. DATE 函数

语法结构：DATE(year,month,day)

功能介绍：返回特定日期的年、月、日，给出指定数值的日期。

相关参数：year 是必选参数，为指定的年份数值（小于 9999）；month 是必选参数，为指定的月份数值（不大于 12）；day 也是必选参数，为指定的天数。

2. MIN 函数

语法结构：MIN(number1, [number2], ...)

功能介绍：返回一组值中的最小值。

相关参数：number1 是必选的，后续数字是可选的。number1,number2,... 表示要从中查找最小值的 1 ~ 255 个数字。

注意：

☆ 参数可以是数字或者是包含数字的名称、数组或引用。

☆ 逻辑值和直接输入到参数列表中代表数字的文本被计算在内。

☆ 如果参数是一个数组或引用，则只使用其中的数字，数组或引用中的空白单元格、逻辑值或文本将被忽略。

☆ 如果参数不包含任何数字，则返回 0。

☆ 如果参数为错误值或不能转换为数字的文本，将会导致错误。

☆ 如果要使计算包括引用中的逻辑值和代表数字的文本，需要使用 MINA 函数。

步骤 10 复制 M6 单元格的公式到 M7 ~ M14 单元格区域，计算出所有固定资产的实际计算截止日期，如图 7-59 所示。

步骤 11 选中 G5 单元格，在编辑栏中输入公式 "=SUM(G6:G14)"，按 Enter 键，计算出所有固定资产的原币单价总和，如图 7-60 所示。

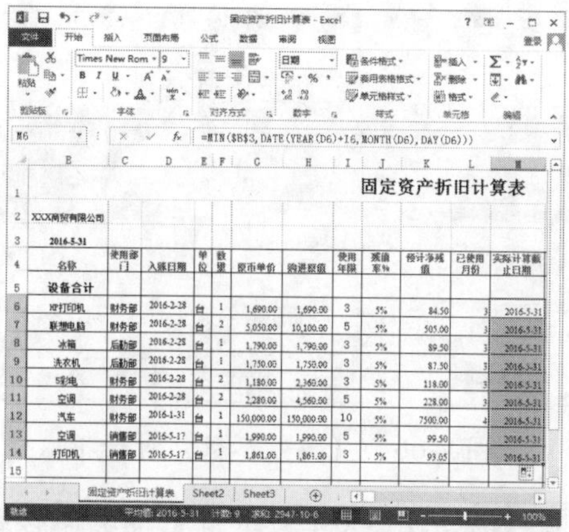

图 7-59　计算所有固定资产的实际计算截止

日期

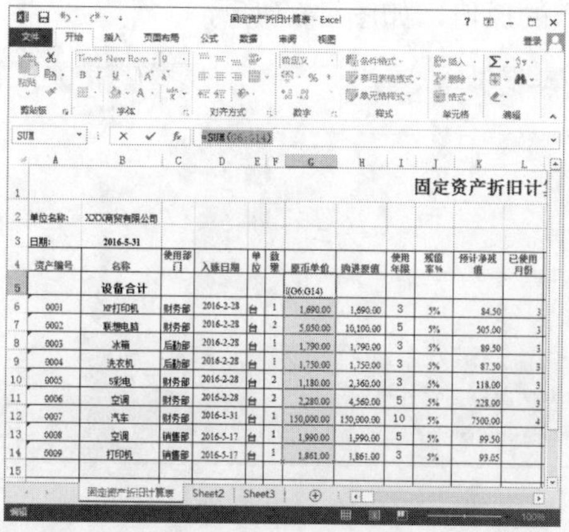

图 7-60　计算所有固定资产的原币单价总和

步骤 **12**　复制 G5 单元格的公式到 H5 单元格，计算出所有固定资产的购进原值总和，如图 7-61 所示。

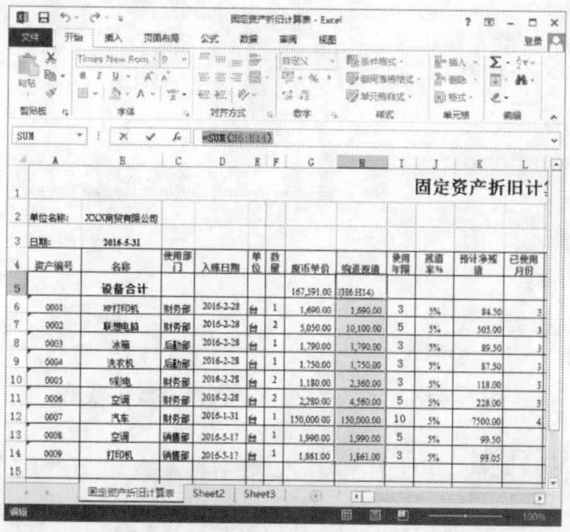

图 7-61　计算所有固定资产的购进原值总和

7.3.2　使用年限平均法计提折旧

年限平均法又称直线法，是指将固定资产的应计折旧额均衡地分摊到固定资产预计使用寿命内的一种方法。使用这种方法计算的每期折旧额相等。

年限平均法的计算公式如下：

☆　年折旧率 = (1 - 预计净残值率)/ 预计使用寿命 (年)×100%

☆　月折旧率 = 年折旧率 /12

☆　月折旧额 = 固定资产原值 × 月折旧额

在 Excel 当中，使用年限平均法计算固定资产折旧额的函数为 SLN 函数。

▶ **知识扩展**　相关函数介绍如下。

SLN 函数

语法结构：SLN(cost,salvage,life)

功能介绍：返回一个期间内的资产的直线折旧。

相关参数：cost 为必选项，指资产原值；salvage 为必选项，指折旧末尾时的值 (有时也称为资产残值)；life 为必选项，指资产的折旧期数 (有时也称作资产的使用寿命)。

计算固定资产计提折旧本月额的操作步骤如下。

步骤 **1**　打开"固定资产折旧计算表"工作簿，选择 N6 单元格，如图 7-62 所示。

图 7-62　选择 N6 单元格

步骤 2 单击【公式】选项卡【函数库】组中的【插入函数】按钮，如图 7-63 所示。

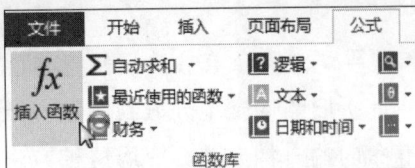

图 7-63 【插入函数】按钮

步骤 3 打开【插入函数】对话框，单击【或选择类别】下拉按钮，在弹出的下拉列表中选择【财务】选项，如图 7-64 所示。

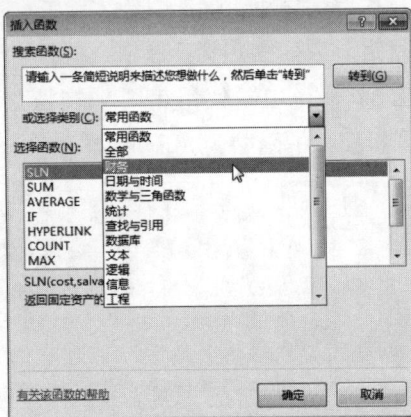

图 7-64 选择函数类别

步骤 4 在【选择函数】列表框中选择 SLN 函数，如图 7-65 所示。

图 7-65 选择函数

步骤 5 单击【确定】按钮，打开【函数参数】对话框，如图 7-66 所示。

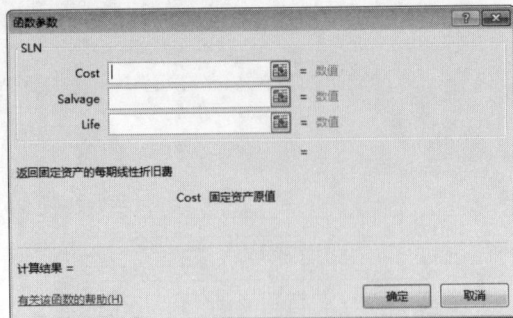

图 7-66 【函数参数】对话框

步骤 6 单击 Cost 文本框右侧的按钮，返回到工作表，在其中选择 H6 单元格；或者在该文本框中输入"H6"，用于设置固定资产的原值，如图 7-67 所示。

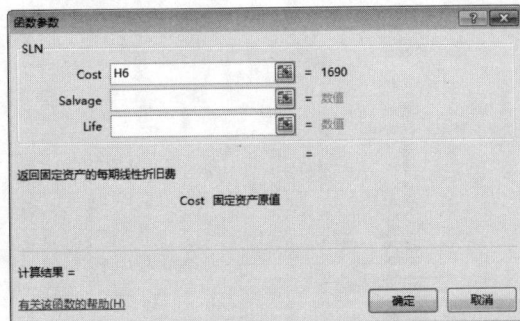

图 7-67 输入固定资产的原值

步骤 7 使用步骤 6 的方法，在 Salvage 文本框中输入"K6"，用于设置固定资产的净残值，如图 7-68 所示。

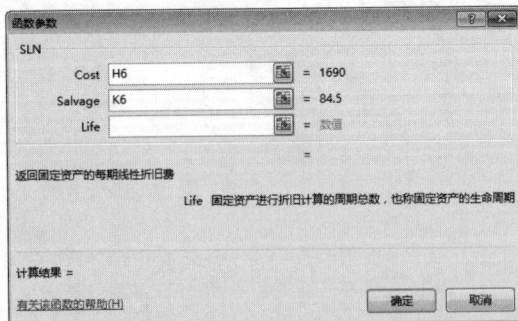

图 7-68 输入固定资产的净残值

步骤 8 在 Life 文本框中输入"I6*12"，用于设置固定资产的周期总数，如图 7-69 所示。

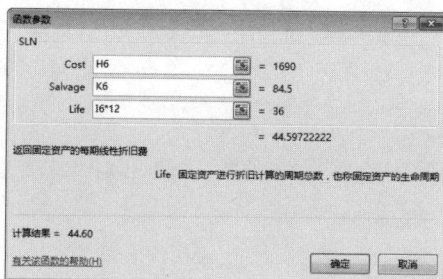

图 7-69 设置固定资产的周期总数

步骤 9 单击【确定】按钮，返回到工作表，即可在 N6 单元格中显示该固定资产的计提折旧本月额，如图 7-70 所示。

图 7-70 计算固定资产的计提折旧本月额

步骤 10 复制 N6 单元格中的公式至 N7～N14 单元格区域，即可完成其他固定资产的计提折旧本月额的计算，如图 7-71 所示。

图 7-71 计算其他固定资产的计提折旧本月额

7.3.3 使用双倍余额递减法计提折旧

双倍余额递减法是指在不考虑固定资产预计净残值的情况下，根据每期期初固定资产原价减去累计折旧后的余额和双倍的直线法折旧率计算固定资产的折旧的一种方法。采用双倍余额递减法计提固定资产折旧，一般在应该固定资产使用寿命到期前两年内，将固定资产账面净值扣除预计净残值的净值平均摊销。

双倍余额递减法的公式如下：

☆ 年折旧率 =2/ 预计的折旧年限 ×100%

☆ 月折旧率 = 年折旧率 /12

☆ 月折旧额 = 年初固定资产折余价值 × 月折旧率

在 Excel 当中，使用双倍余额递减法计算固定资产折旧额的函数为 DDB 函数。

▶ **知识扩展** 相关函数介绍如下。

DDB 函数

语法结构：DDB(cost, salvage, life, period, [factor])

功能介绍：用双倍余额递减法或其他指定方法，返回指定期间内某项固定资产的折旧值。

相关参数：cost 为必选项，指固定资产的原值；salvage 为必选项，指折旧末尾时的值（有时也称为资产残值），该值可以是 0；life 为必选项，指资产的折旧期数（有时也称作资产的使用寿命）；period 为必选项，指用户要计算折旧的时期，period 必须使用与 life 相同的单位；factor 为可选项，指余额递减速率，如果省略 factor，则假定其值为 2（双倍余额递减法）。

计算固定资产计提折旧本月额的操作步骤如下。

步骤 1 打开"固定资产折旧计算表"工作簿，选择 O6 单元格，如图 7-72 所示。

图 7-72 选择 O6 单元格

步骤 2 单击【公式】选项卡【函数库】组中的【插入函数】按钮，打开【插入函数】对话框，在【选择函数】列表框中选择 DDB 选项，如图 7-73 所示。

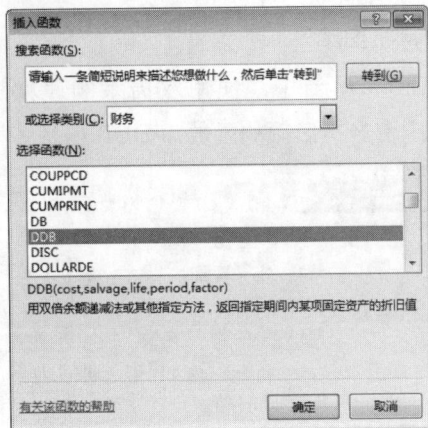

图 7-73 【插入函数】对话框

步骤 3 单击【确定】按钮，打开【函数参数】对话框，如图 7-74 所示。

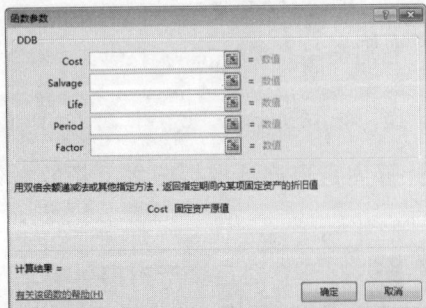

图 7-74 【函数参数】对话框

步骤 4 根据提示，在【函数参数】对话框中输入 DDB 函数的相关参数信息，如图 7-75 所示。

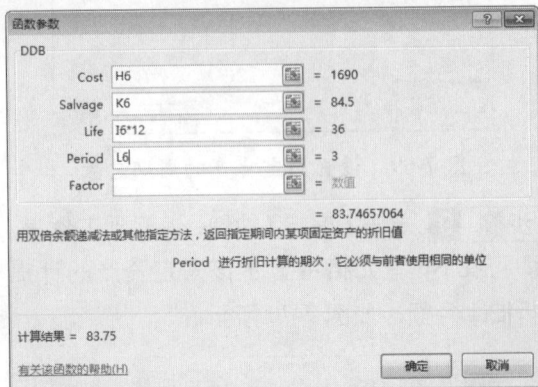

图 7-75 输入函数参数信息

步骤 5 单击【确定】按钮，返回到工作表当中，在 O6 单元格中可以看到计算出的双倍余额递减法计提折旧的本月额，如图 7-76 所示。

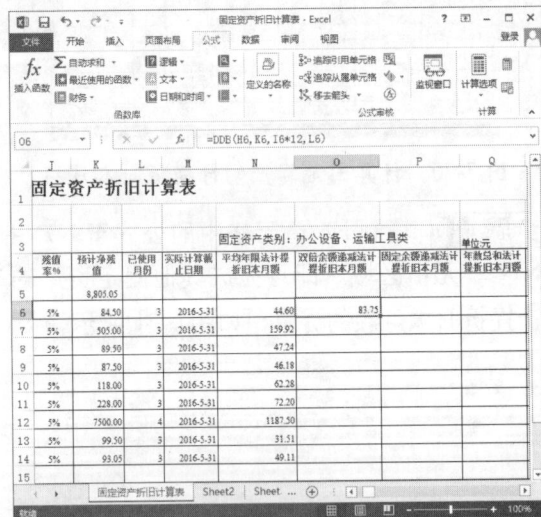

图 7-76 双倍余额递减法计提折旧的本月额

步骤 6 复制 O6 单元格中的公式到 O7 ～ O14 单元格区域，即可计算出所有固定资产的计提折旧本月额，如图 7-77 所示。

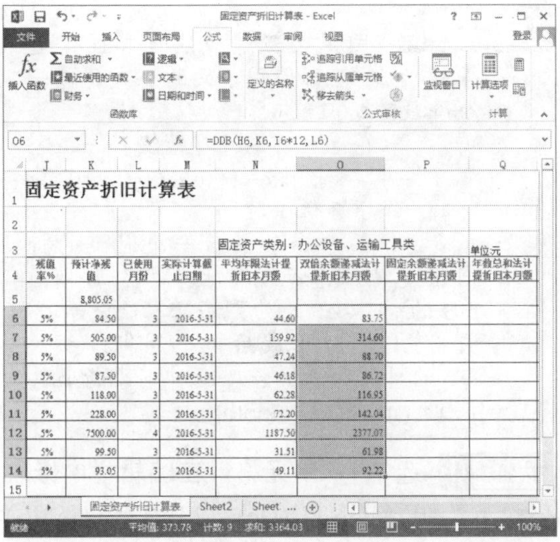

图 7-77　所有固定资产的计提折旧本月额

7.3.4　使用固定余额递减法计提折旧

固定余额递减法是加速计提折旧的方法之一，它采用一个固定的折旧率乘以一个递减的固定资产账面值，从而得到每期的折旧额。

在 Excel 当中，使用固定余额递减法计算固定资产折旧额的函数为 DB 函数。

知识扩展　相关函数介绍如下。

DB 函数

语法结构：DB(cost,salvage,life,period,[month])

功能介绍：用固定余额递减法，返回指定期间内某项固定资产的折旧值。

相关参数：cost 为必选项，指固定资产的原值；salvage 为必选项，指折旧末尾时的值(有时也称为资产残值)，该值可以是 0；life 为必选项，指资产的折旧期数(有时也称作资产的使用寿命)；period 为必选项，指用户要计算折旧的时期，period 必须使用与 life 相同的单位；month 为可选项，指第一年的月份数，如果省略月份，则假定其值为 12。

计算固定资产计提折旧本月额的操作步骤如下。

步骤 1　打开"固定资产折旧计算表"工作簿，选择 P6 单元格，如图 7-78 所示。

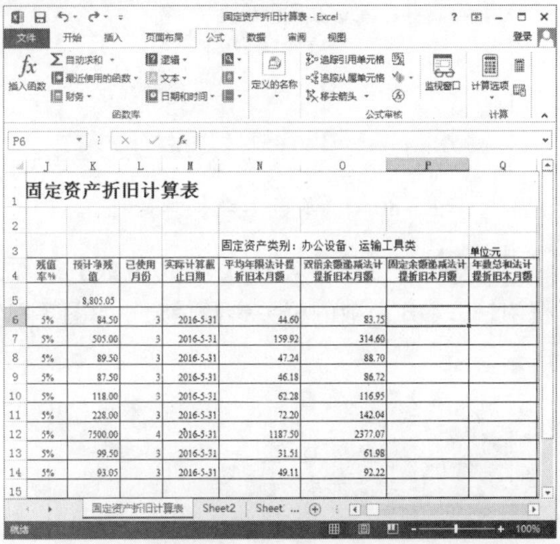

图 7-78　选择 P6 单元格

步骤 2　单击【公式】选项卡【函数库】组中的【插入函数】按钮，打开【插入函数】对话框，在【选择函数】列表框中选择 DB 选项，如图 7-79 所示。

图 7-79　【插入函数】对话框

步骤 3　单击【确定】按钮，打开【函数参数】对话框，如图 7-80 所示。

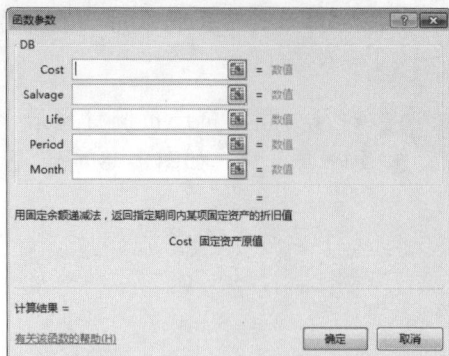

图 7-80　【函数参数】对话框

步骤 4 根据提示，在【函数参数】对话框中输入 DB 函数的相关参数信息，如图 7-81 所示。

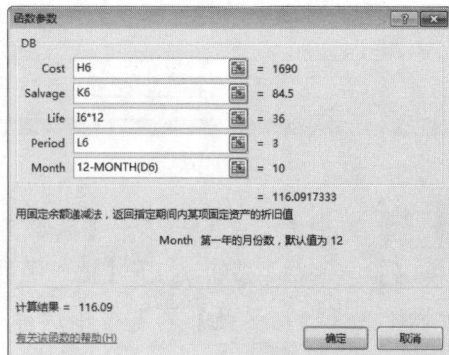

图 7-81　输入函数相关参数信息

步骤 5 单击【确定】按钮，返回到工作表，在 P6 单元格中可以看到计算出的固定余额递减法计提折旧的本月额，如图 7-82 所示。

图 7-82　固定余额递减法计提折旧本月额

▶ 注意

固定余额递减法计算固定速率的折旧。DB 使用下面的公式计算一个阶段的折旧值：

$$(cost - 前期折旧总值) \times rate$$

其中 $rate = 1 - ((salvage/cost)^{(1/life)})$，保留 3 位小数。

第一个和最后一个时期的折旧值是特殊情况。对于第一个时期，DB 的计算公式为：成本 × 费率 × 月份 /12；对于最后一个周期，函数 DB 的计算公式为：$((cost - 前期折旧总值) \times rate \times (12-month))/12$。

步骤 6 选中 P6 单元格，在编辑栏中修改公式为"=IF(MONTH(D6)<12,IF(I3=0,H6*J6*(12-MONTH(D6))/12,DB(H6,K6,I6*12,L6,12-MONTH(D6))),DB(H6,K6,I6*12,L6+1))"，按 Enter 键，返回计算结果。然后复制 P6 单元格的公式到 P7 ～ P14 单元格区域，即可计算出所有固定资产计提折旧的本月额，如图 7-83 所示。

图 7-83　计算其他固定资产计提折旧的本月额

7.3.5　使用年数总和法计提折旧

年数总和法是指将固定资产的原价减去预计净残值后的余额，乘以一个逐年递减的分数计算每年的折旧额，这个分数的分子代表固定资产尚可使用寿命，分母代表预计使用寿命年数总和。

年数总和法计算公式如下：

☆ 年折旧率 = 尚可使用年数 / 预计使用寿命的年数总和 ×100%

☆ 月折旧率 = 年折旧率 /12

☆ 月折旧额 =(固定资产原值 - 预计净残值)× 月折旧率

在 Excel 中，使用年数总和法计算固定资产折旧额的函数为 SYD 函数。

知识扩展 相关函数介绍如下。

SYD 函数

语法结构：DDB(cost,salvage, life,per)

功能介绍：返回某项固定资产按年限总和折旧法计算的每期折旧金额。

相关参数：cost 为必选项，指固定资产的原值；salvage 为必选项，指折旧末尾时的值 (有时也称为资产残值)，该值可以是 0；life 为必选项，指资产的折旧期数 (有时也称作资产的使用寿命)；per 为必选项，必须与 life 使用相同的单位。

计算固定资产计提折旧本月额的操作步骤如下。

步骤 1 打开"固定资产折旧计算表"工作簿，选择 Q6 单元格，如图 7-84 所示。

图 7-84 选择 Q6 单元格

步骤 2 单击【公式】选项卡【函数库】组中的【插入函数】按钮，打开【插入函数】对话框，在【选择函数】列表框中选择 SYD 选项，如图 7-85 所示。

图 7-85 【插入函数】对话框

步骤 3 单击【确定】按钮，打开【函数参数】对话框，如图 7-86 所示。

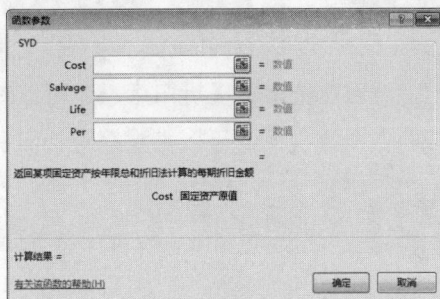

图 7-86 【函数参数】对话框

步骤 4 根据提示，在【函数参数】对话框中输入 SYD 函数的相关参数信息，如图 7-87 所示。

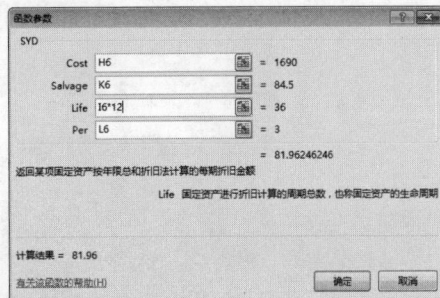

图 7-87 输入参数信息

步骤 5 单击【确定】按钮，返回到工作表，在 Q6 单元格中可以看到计算出的年数总和法计提折旧的本月额，如图 7-88 所示。

步骤 6 复制 Q6 单元格中的公式到 Q7 ～ Q14 单元格区域，即可计算出所有固定资产的计提折旧本月额，如图 7-89 所示。

图 7-88　年数总和法计提折旧的本月额

图 7-89　所有固定资产的计提折旧本月额

7.4　固定资产的折旧费用的分析

对固定资产计提折旧后，还可以对计提的折旧费用进行分析。通过 Excel 的数据透视表与数据透视图，可以直观地对折旧费用进行分析。

7.4.1　创建折旧费用数据透视表

数据透视表用于对工作表中的大量数据进行快速汇总。利用数据透视表对固定资产折旧费用进行分析的具体操作步骤如下。

步骤 1 打开"固定资产折旧分析表"工作簿，选择"固定资产折旧分析表"工作表中的 A4:Q13 单元格区域，如图 7-90 所示。

图 7-90　选择单元格区域

步骤 2 单击【插入】选项卡【表格】组中的【数据透视表】按钮，打开【创建数据透视表】对话框，选择【选择一个表或区域】和【新工作表】单选按钮，如图 7-91 所示。

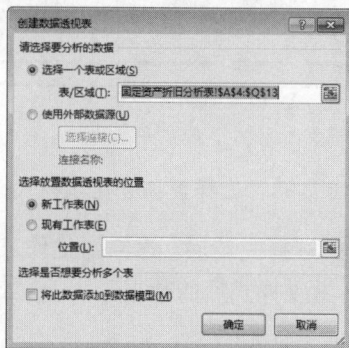

图 7-91 【创建数据透视表】对话框

步骤 3 单击【确定】按钮，打开【数据透视表字段】窗格，如图 7-92 所示。

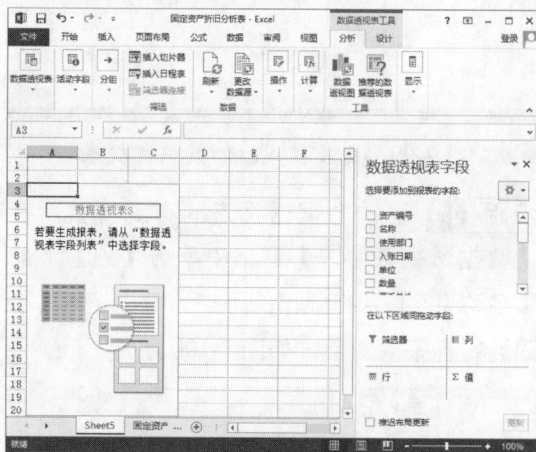

图 7-92 【数据透视字段】窗格

步骤 4 在窗格中选中【资产编号】字段，将其拖曳至【行】区域，使用同样的方法将【名称】字段拖曳至【列】区域，将【平均年限法计提折旧本月额】字段拖曳至【值】区域，如图 7-93 所示。

步骤 5 关闭【数据透视表字段】窗格，返回到工作表，重命名工作表为"折旧费用分析"，如图 7-94 所示。

图 7-93 拖动数据字段至合适的位置

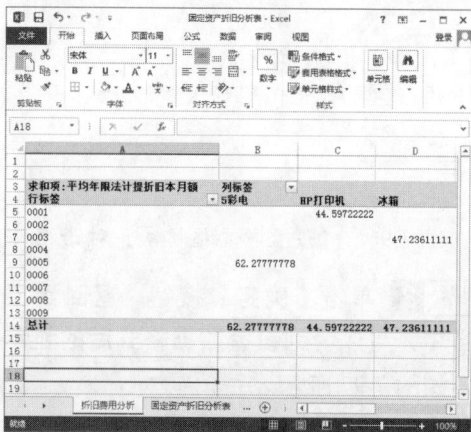

图 7-94 折旧费用分析表

步骤 6 选择"折旧费用分析"工作表中的数据区域，然后在【数据透视表工具】下的【分析】选项卡【活动字段】组中单击【字段设置】按钮，打开【值字段设置】对话框，如图 7-95 所示。

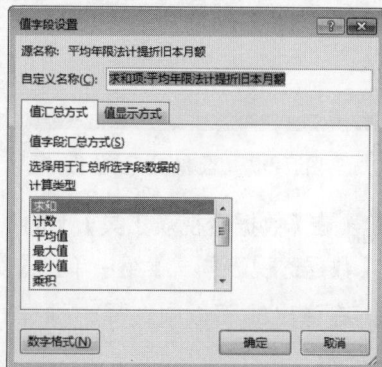

图 7-95 【值字段设置】对话框

步骤 7 单击【数字格式】按钮，打开【设置单元格格式】对话框，在【分类】列表框中选择【数值】选项，将【小数位数】设置为2，如图7-96所示。

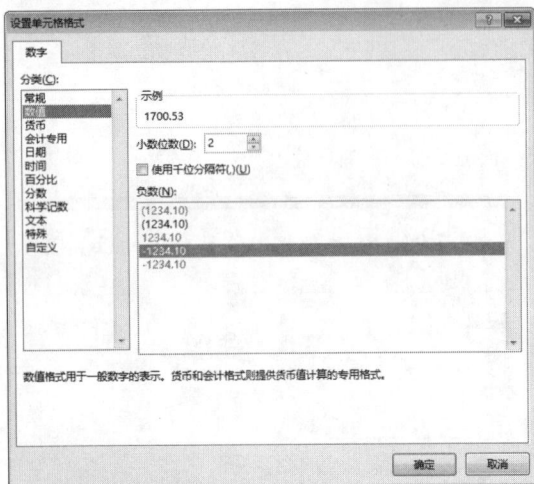

图 7-96 【设置单元格格式】对话框

步骤 8 单击【确定】按钮，返回到工作表当中，可以看到设置数据格式后的显示效果，如图7-97所示。

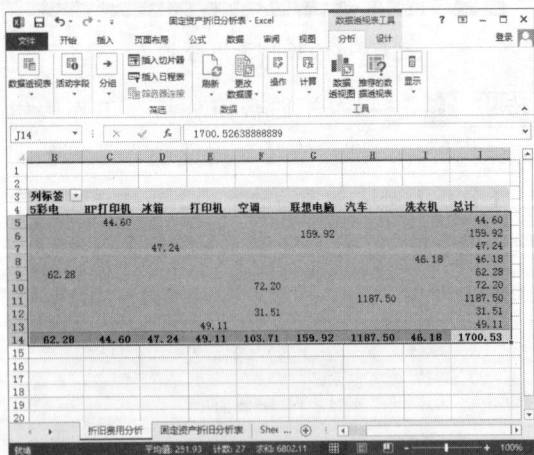

图 7-97 数据显示效果

步骤 9 在【数据透视表工具】下的【设计】选项卡【数据透视表样式】组中单击【其他】按钮▼，在弹出的面板中选择一种样式，如图7-98所示。

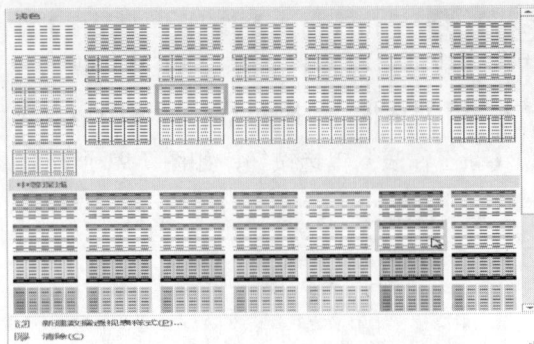

图 7-98 选择数据透视表样式

步骤 10 选择完毕后，返回到工作表当中，可以看到更改样式后的数据透视表，如图7-99所示。

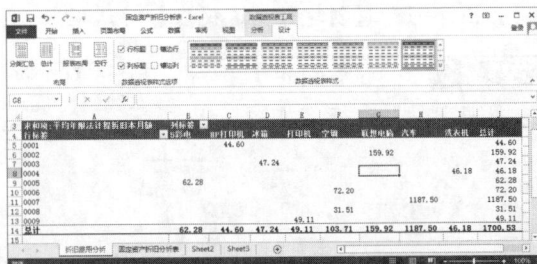

图 7-99 更改样式后的数据透视表

步骤 11 更改数据透视表的布局样式。在【数据透视表字段】窗格中单击【列】下的【名称】字段，在弹出的下拉列表中选择【移动到行标签】选项，如图7-100所示。

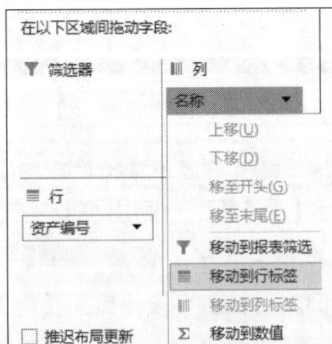

图 7-100 选择【移动到行标签】选项

步骤 12 返回到工作表中，可以看到工作数据透视表的布局发生了改变，如图7-101所示。

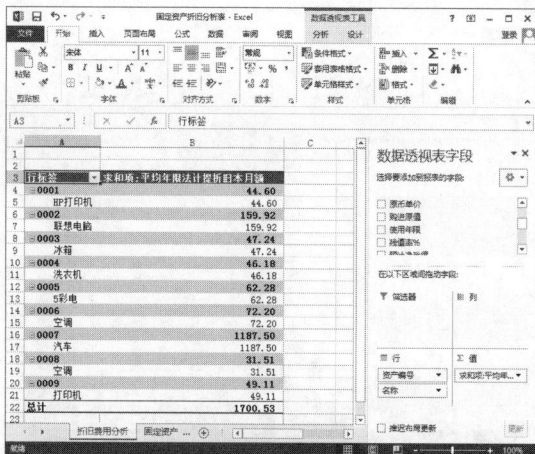

图 7-101 更改数据透视表的布局样式

步骤 13 在【数据透视表字段】窗格中选中【双倍余额递减法计提折旧本月额】字段，将其拖曳至【值】区域，如图 7-102 所示。

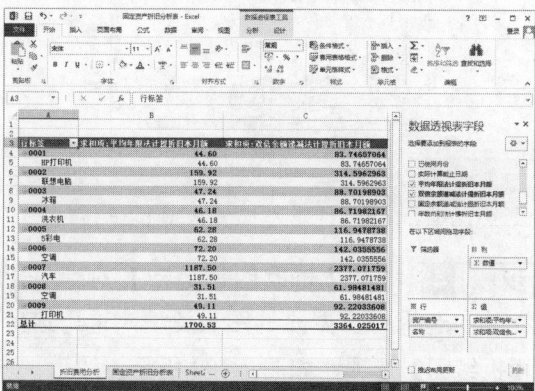

图 7-102 拖动字段到【值】列

步骤 14 选择【求和项：平均年限法计提折旧本月额】列，单击【格式化】按钮，复制该列的数据格式，然后选择【求和项：双倍余额递减法计提折旧本月额】列应用数据格式，如图 7-103 所示。

步骤 15 设置数据透视表的自动更新。在【数据透视表工具】下的【分析】选项卡【数据透视表】组中单击【选项】按钮，在弹出的下拉列表中选择【选项】选项，如图 7-104 所示。

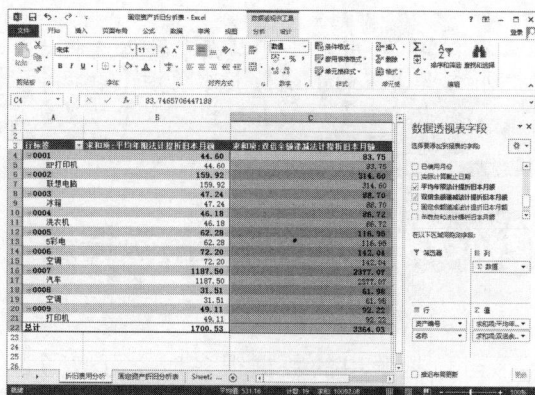

图 7-103 应用数据格式

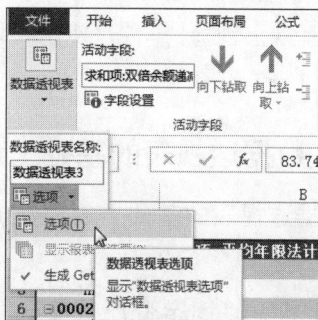

图 7-104 选择【选项】选项

步骤 16 打开【数据透视表选项】对话框，选择【数据】选项卡，在【数据透视表数据】区域中选择【打开文件时刷新数据】复选框，单击【确定】按钮，如图 7-105 所示。

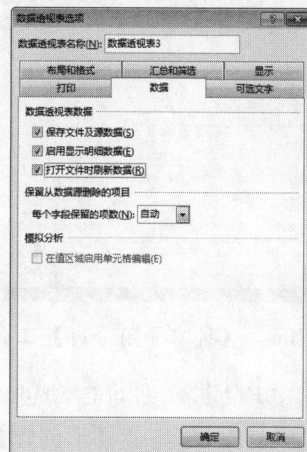

图 7-105 【数据透视表选项】对话框

7.4.2 创建折旧费用数据透视图

当数据源中的数据很多时，可以通过Excel 的数据透视图将数据直观地表示出来。创建数据透视图的方法有两种：一种是在数据透视表基础上创建，一种是使用向导创建。下面分别进行详细介绍。

1 在数据透视表的基础上创建

在数据透视表的基础上创建数据透视图的操作步骤如下。

步骤 1 打开"固定资产折旧分析表"工作簿，选择"折旧费用分析"工作表中的任意单元格，如图 7-106 所示。

图 7-106 【折旧费用分析】工作表

步骤 2 按 F11 键，即可自动创建一个工作表图表 Chart1，在其中显示创建的数据透视图。重命名 Chart1 工作表为"折旧费用分析图"，如图 7-107 所示。

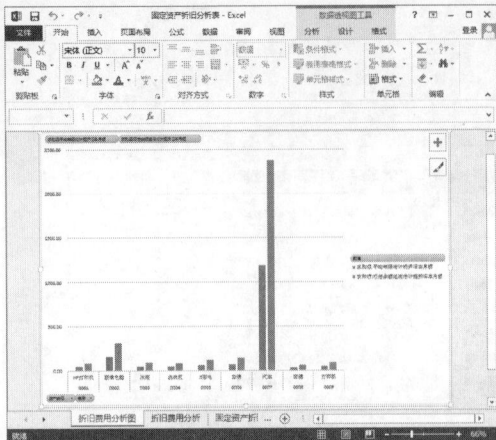

图 7-107 折旧费用分析图

步骤 3 更改图表的类型。在【数据透视图工具】下的【设计】选项卡【类型】组中单击【更改图表类型】按钮，如图 7-108 所示。

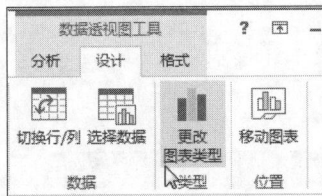

图 7-108 【更改图表类型】按钮

步骤 4 打开【更改图表类型】对话框，在其中选择想要更改的图表类型，这里选择【折线图】选项，如图 7-109 所示。

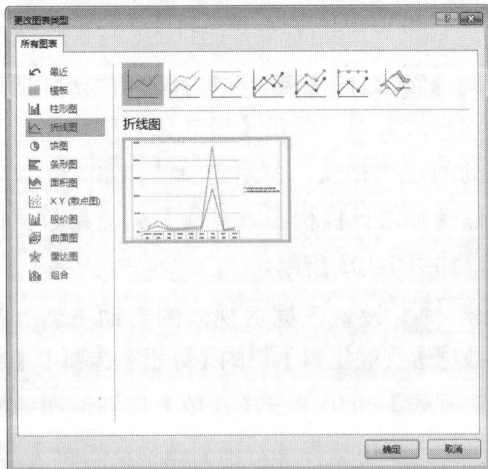

图 7-109 【更改图表类型】对话框

步骤 5 单击【确定】按钮，返回到工作表当中，可以看到更改图表类型之后的数据透视图，如图 7-110 所示。

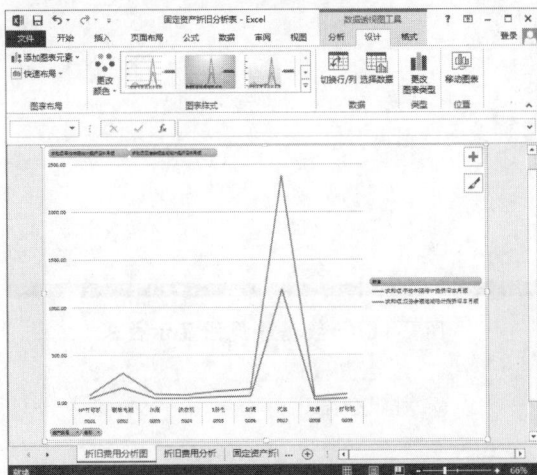

图 7-110 更改图表类型后的数据透视图

步骤 6 在【数据透视图工具】→【分析】选项卡【显示/隐藏】组中单击【字段按钮】按钮，在弹出的下拉列表中选择【全部隐藏】选项，如图 7-111 所示。

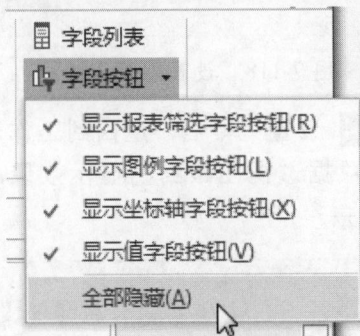

图 7-111 【全部隐藏】选项

步骤 7 返回到工作表当中，可以看到数据透视图中的字段全部被隐藏，如图 7-112 所示。

步骤 8 选中图表中的图例并右击鼠标，在弹出的快捷菜单中选择【设置图例格式】菜单命令，如图 7-113 所示。

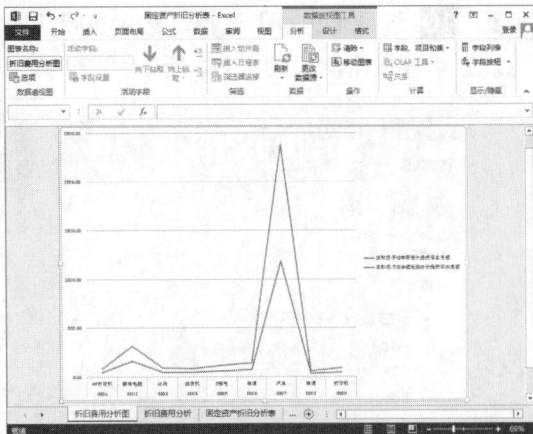

图 7-112 隐藏全部字段

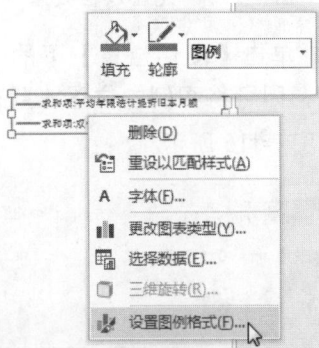

图 7-113 【设置图例格式】选项

步骤 9 打开【设置图例格式】窗格，单击【填充】按钮，在下方的列表中选择【渐变填充】单选按钮，并设置渐变填充的颜色，如图 7-114 所示。

图 7-114 设置渐变填充颜色

步骤 10 选择【边框】选项，然后选择【无线条】单选按钮，如图 7-115 所示。

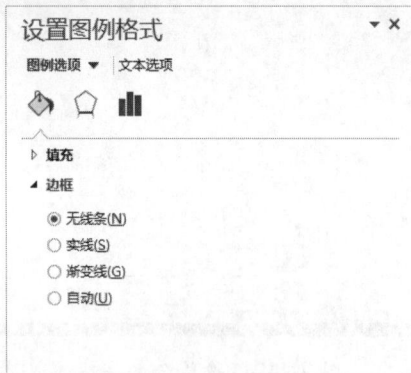

图 7-115 设置边框效果

步骤 11 单击【图例位置】下的【靠上】单选按钮，即可将图例的位置放置在图表的上方，如图 7-116 所示。

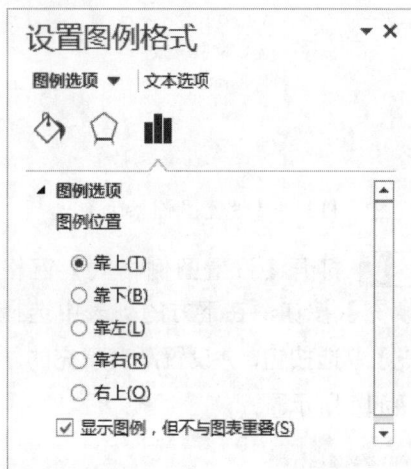

图 7-116 设置图例位置

步骤 12 设置完毕后，返回到"折旧费用分析图"工作表，可以看到设置之后的数据透视图显示效果，如图 7-117 所示。

步骤 13 选中数据透视图的绘图区并单击鼠标右键，在弹出的快捷菜单中选择【设置绘图区格式】选项，在打开的【设置绘图区格式】窗格中选择【填充】下的【渐变填充】单选按钮，然后设置填充颜色，如图 7-118 所示。

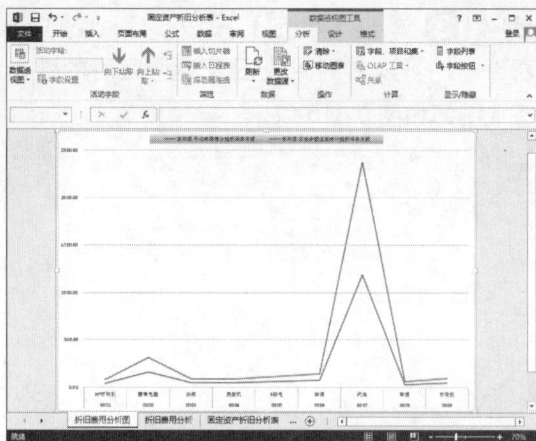

图 7-117 数据透视图显示效果

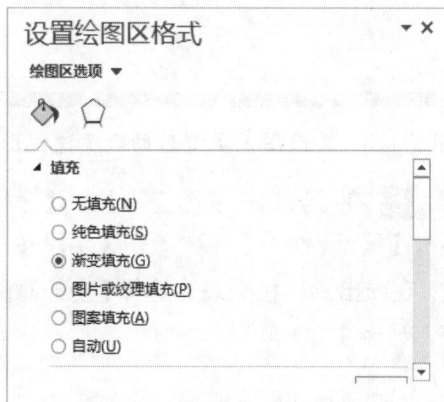

图 7-118 设置绘图区格式

步骤 14 设置完毕后，返回到工作表，可以看到数据透视图最终的显示效果，如图 7-119 所示。

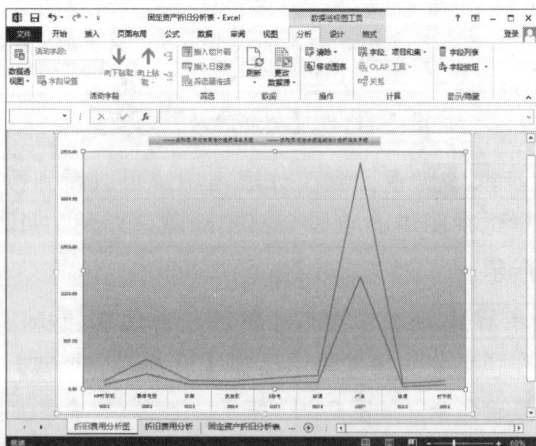

图 7-119 填充绘图区颜色

2　使用向导创建

使用向导创建数据透视图的操作步骤如下。

步骤 1 打开"固定资产折旧分析表"工作簿，选择"固定资产折旧分析表"工作表中的 A4:Q13 单元格区域，如图 7-120 所示。

图 7-120　选择单元格区域

步骤 2 单击【插入】选项卡【图表】组中的【数据透视图】按钮，打开【创建数据透视图】对话框，在其中选择【选择一个表或区域】和【新工作表】单选按钮，如图 7-121 所示。

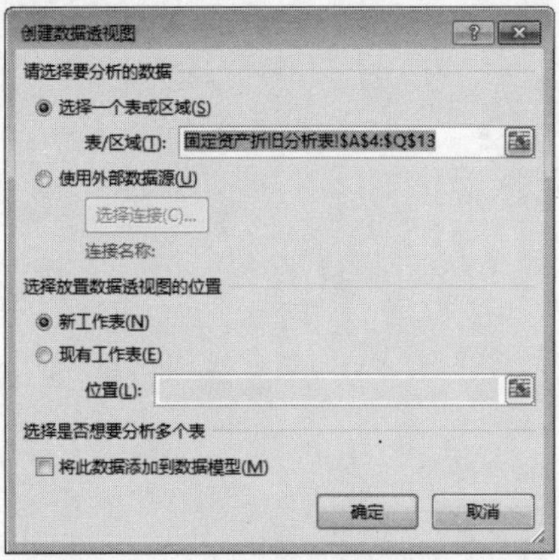

图 7-121　【创建数据透视图】对话框

步骤 3 单击【确定】按钮，打开【数据透视图字段】窗格，如图 7-122 所示。

步骤 4 在窗格中将【资产编号】和【名称】字段拖曳至【轴（类别）】区域，将【平均年限法计提折旧本月额】和【双倍余额递减

法计提折旧本月额】字段拖曳至【值】区域，如图 7-123 所示。

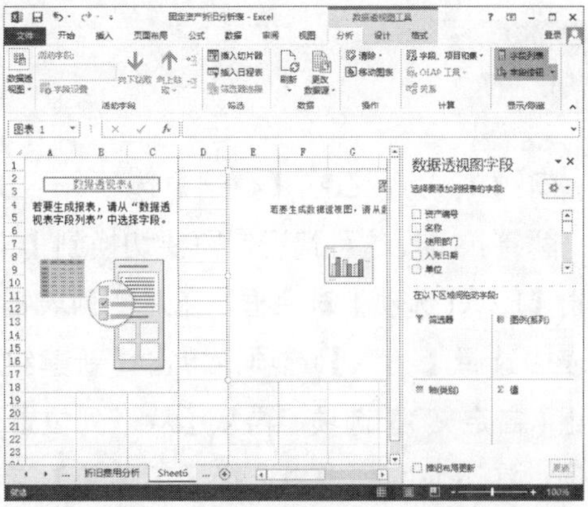

图 7-122　数据透视图工作界面

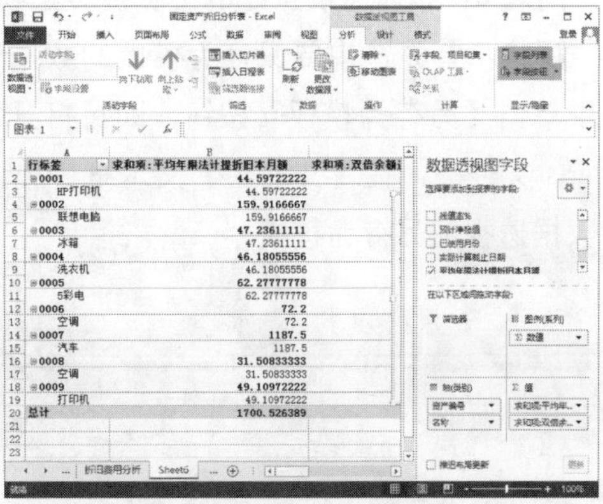

图 7-123　拖动字段至【值】区域

步骤 5 调整图表的位置以及大小，完成数据透视图的创建，最终的显示效果如图 7-124 所示。

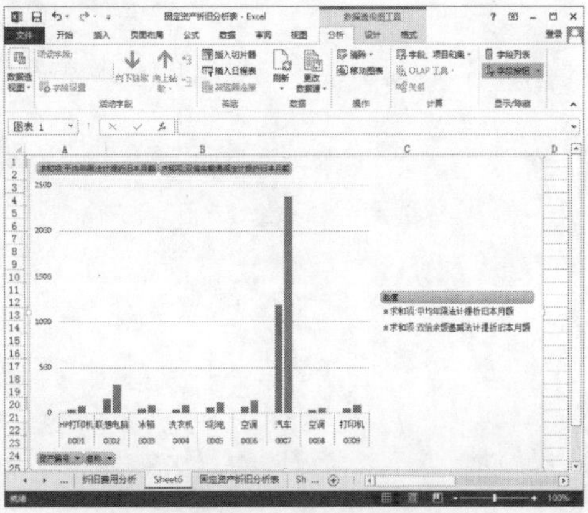

图 7-124　数据透视图的最终显示效果

7.5 疑难问题解答

问题 1：为什么在【数据】选项卡下找不到【记录单】选项呢？

解答：出现这种情况，需要切换到【文件】选项卡，在打开的界面中选择【选项】选项，弹出【Excel 选项】对话框，在左侧列表框中选择【自定义功能区】选项，在右侧【主选项卡】列表中选择【插入】选项，单击【新建组】按钮，即可在【插入】选项卡下方创建一个【新建组（自定义）】选项；再从【从下列位置选择命令】下拉列表中选择【不在功能区中的命令】选项，在下面的列表中选择【记录单】选项，单击【添加】按钮，此时【记录单】命令添加到右侧的列表框中。

问题 2：如何将设置好的工资提成透视图另存为模板呢？

解答：首先选中要保存为模板的数据透视图，然后切换到【设计】选项卡，在【类型】组中单击【另存为模板】按钮，即可打开【保存图表模板】对话框。系统默认的保存位置为 Charts 文件夹，在【文件名】文本框中输入模板的保存名称，最后单击【保存】按钮，即可将数据透视图另存为模板。

第 8 章

使用 Excel 管理企业进销存

● **本章导读**

　　进销存管理是实现企业内部有效管理的重要环节，其中采购是企业实现价值的开始，采购成本的大小直接影响企业的利润；销售是企业实现价值的主要手段，是企业进销存管理系统的重要组成部分；存货是企业会计核算和管理中的一个重要环节，存货管理的好坏和信息提供的准确与否会直接影响企业的采购、生产和销售业务的进行。

● **学习目标**

◎ 掌握企业商品采购管理的方法
◎ 掌握企业商品销售管理的方法
◎ 掌握企业商品库存管理的方法

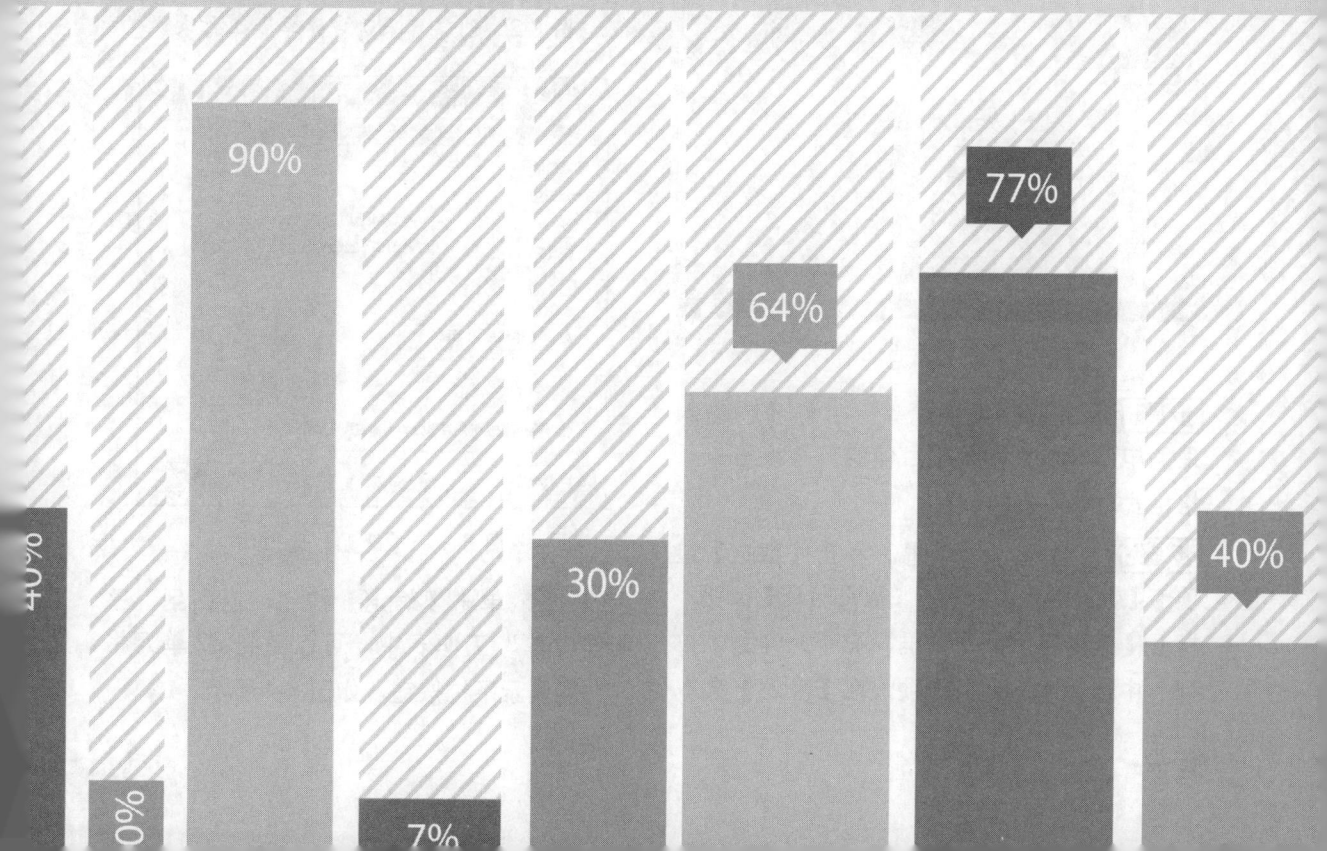

90%

77%

64%

40%

30%

40%

0%

7%

8.1 采购管理

为保障企业的正常运行，企业需要不断地采购相关的商品或原材料。在采购商品或原材料之前，各部门需要提出采购申请后，经相关领导或财务审核后，由采购部门统一预算并采购，然后对采购情况进行登记，最后由财务人员对采购过程中发生的经济业务进行编制会计凭证，并登记相关账簿。

8.1.1 创建采购申请单

一般情况下，采购申请单主要包括申请部门、申请时间、材料名称、规格型号、采购数量、当前库存数量等内容。

创建采购申请单的操作步骤如下。

步骤 1 新建一个空白工作簿，将该工作簿保存为"企业进销存管理"，并重命名工作表 Sheet1 为"采购申请单"，如图 8-1 所示。

图 8-1 新建空白工作簿

步骤 2 在"采购申请单"工作表中输入采购申请单的标题与项目信息，并设置单元格格式，如图 8-2 所示。

步骤 3 选择 C2 单元格，单击【数据】选项卡【数据工具】组中的【数据验证】按钮，打开【数据验证】对话框，在【允许】下拉列表中选择【序列】选项，在【来源】文本

框中输入"办公室,销售部,财务部"，如图 8-3 所示。

图 8-2 创建"采购申请单"工作表

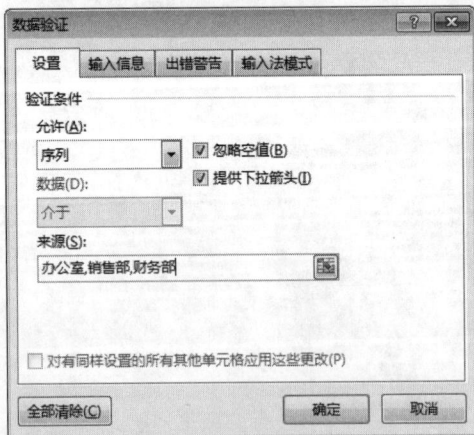

图 8-3 【设置】选项卡

步骤 4 单击【确定】按钮，返回到"采购申请单"工作表中，可以看到 C2 单元格的右侧显示下拉按钮，如图 8-4 所示。

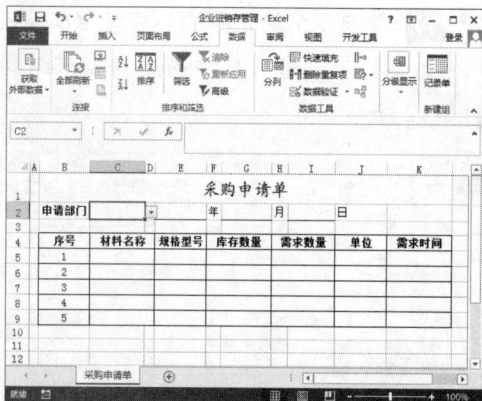

图 8-4 设置 C2 单元格的数据验证

步骤 5 单击 C2 单元格右侧的下拉按钮，在弹出的下拉列表中可以选择申请部门，如这里选择【财务部】，如图 8-5 所示。

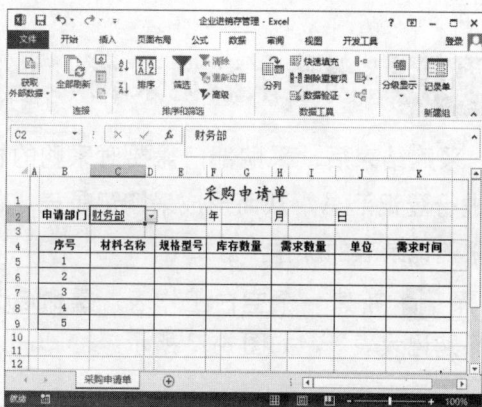

图 8-5 选择申请部门

步骤 6 选择 E2 单元格，在其中输入公式"=YEAR(TODAY())"，如图 8-6 所示。

图 8-6 输入公式

步骤 7 输入公式完毕，按 Enter 键，返回到工作表，可以看到返回的年份信息，如图 8-7 所示。

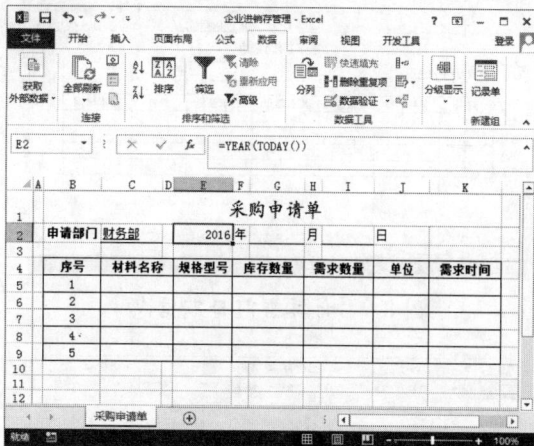

图 8-7 返回年份信息

步骤 8 选择 G2 单元格，在其中输入公式"=MONTH(TODAY())"，按 Enter 键，即可计算出当前月份信息，如图 8-8 所示。

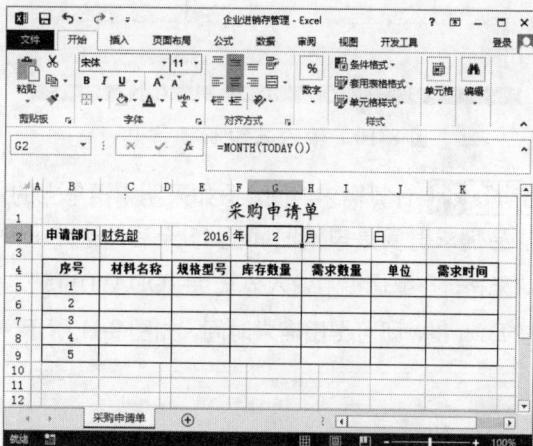

图 8-8 返回月份信息

步骤 9 选择 I2 单元格，在其中输入公式"=DAY(TODAY())"，按 Enter 键，即可计算出当前日期信息，如图 8-9 所示。

步骤 10 根据实际情况，在下面的表格中输入采购申请单的内容，包括材料名称、规格型号、库存数量等信息，如图 8-10 所示。

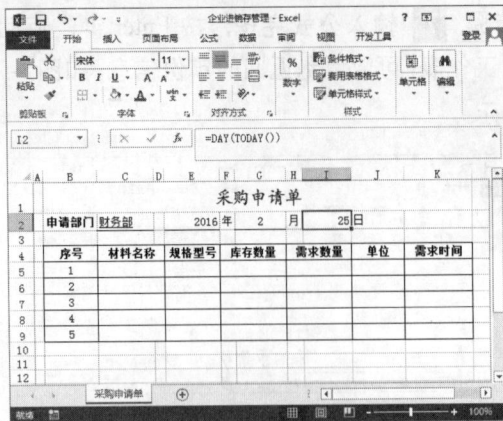

图 8-9　计算当前日期信息

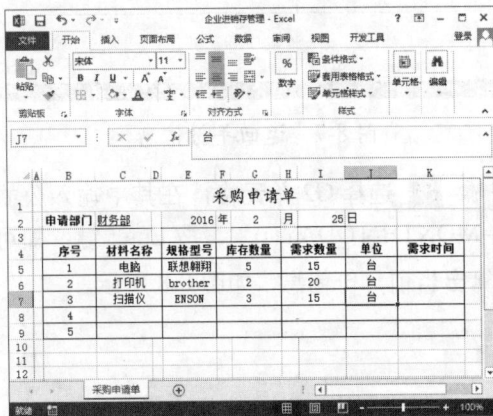

图 8-10　输入采购物资信息

步骤 11 计算需求时间。假如采购申请单上的物品需求时间是申请时间的 15 天后，选中 K5 单元格，在编辑栏中输入公式"=TODAY()+15"，按 Enter 键，即可得出需求时间，如图 8-11 所示。

图 8-11　计算需求时间

步骤 12 复制 K5 单元格的公式至 K6 ～ K7 单元格区域，即可得出其他物品的需求时间，如图 8-12 所示。

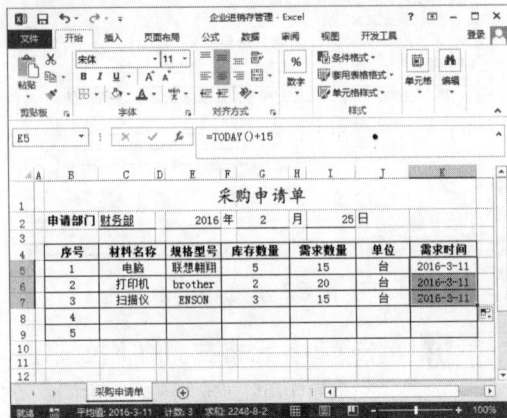

图 8-12　复制公式

8.1.2　创建采购记录表

采购结束后，采购部门需要对采购的材料进行登记汇总，从而形成采购记录表。创建采购记录表的操作步骤如下。

步骤 1 新建一个空白工作表，重命名为"采购记录表"，如图 8-13 所示。

图 8-13　新建空白工作表

步骤 2 在"采购记录表"工作表中输入标题和项目信息，并设置单元格格式，如图 8-14 所示。

图 8-14 输入采购记录表的标题与项目信息

步骤 3 选择 D 列和 J 列单元格区域，单击【数据】选项卡【数据工具】选项组中的【数据验证】按钮，打开【数据验证】对话框，在【允许】下拉列表中选择【整数】选项，在【数据】下拉列表中选择【大于】选项，在【最小值】文本框中输入"0"，如图 8-15 所示。

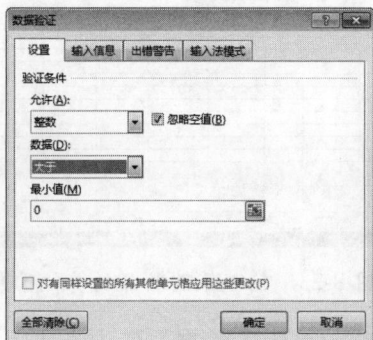

图 8-15 【设置】选项卡

步骤 4 选择【输入信息】选项卡，在【输入信息】文本框中输入"请输入整数！"，如图 8-16 所示。

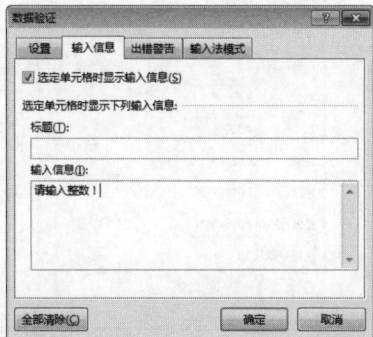

图 8-16 【输入信息】选项卡

步骤 5 选择【出错警告】选项卡，设置【样式】为【停止】，在【标题】文本框中输入"输入错误"，在【错误信息】文本框中输入"请输入整数！"，如图 8-17 所示。

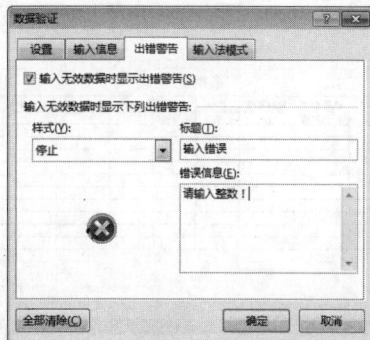

图 8-17 【出错警告】对话框

步骤 6 单击【确定】按钮，即可完成数据验证的设置，将指针放置在 D 列或 J 列，则会在下方显示提示信息，如图 8-18 所示。

图 8-18 显示数据验证信息

步骤 7 选择 G3 单元格，在编辑栏中输入公式 "=IF(AND(B3<>"",D3<>"",F3<>""),F3*D3,"")"，如图 8-19 所示。

图 8-19 输入公式

步骤 8 按 Enter 键，并在工作表中输入采购记录信息，如图 8-20 所示。

图 8-20 输入采购记录信息

步骤 9 选择 F 列和 G 列单元格区域，右击鼠标，在弹出的快捷菜单中选择【设置单元格格式】菜单命令，打开【设置单元格格式】对话框，在左侧选择【货币】选项，并设置【小数位数】为 2，如图 8-21 所示。

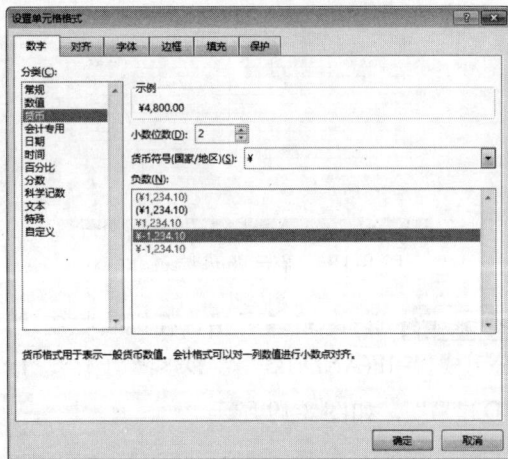

图 8-21 【数字】选项卡

步骤 10 单击【确定】按钮，返回到工作表，即可看到数据以货币数据格式显示，如图 8-22 所示。

步骤 11 继续在采购记录表中输入定购日期、交货时间和交货数量等信息，如图 8-23 所示。

图 8-22 数据以货币格式显示

图 8-23 输入采购物品的其他信息

步骤 12 单击【数据】选项卡【新建组】组中的【记录单】按钮，打开【采购记录表】对话框，在其中显示了表格中的第 1 条信息，如图 8-24 所示。

图 8-24 【采购记录表】对话框

步骤 13 单击【新建】按钮，然后在【采购记录表】对话框输入采购的第 2 条信息，如图 8-25 所示。

图 8-25　输入采购信息

步骤 14 单击【关闭】按钮，返回到工作表，可以看到添加的第 2 条采购记录，如图 8-26 所示。

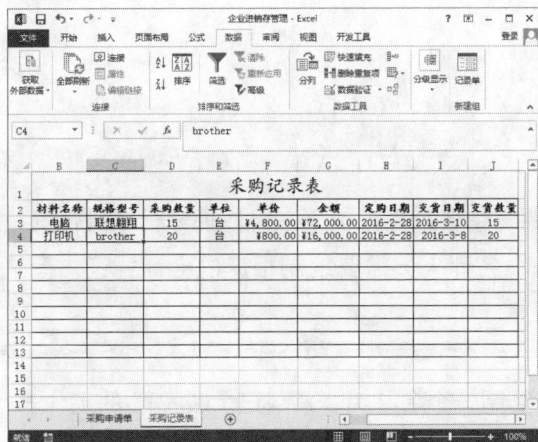

图 8-26　添加采购记录

步骤 15 再次打开【采购记录表】对话框，单击【新建】按钮，然后输入采购的第 3 条信息，如图 8-27 所示。

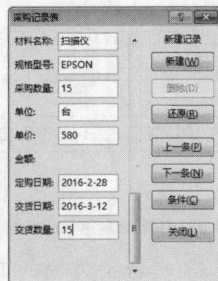

图 8-27　添加第 3 条采购信息

步骤 16 单击【关闭】按钮，返回到工作表，可以看到添加的第 3 条信息，如图 8-28 所示。

图 8-28　添加采购记录

步骤 17 如果想要查看记录单中的信息，则需要打开【采购记录表】对话框，单击【上一条】或【下一条】按钮。如图 8-29 所示为采购记录表中的第 1 条信息。

图 8-29　查看记录单信息

步骤 18 单击【下一条】按钮，即可在打开的对话框中查看第 2 条信息，如图 8-30 所示。

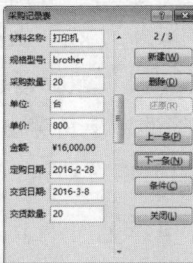

图 8-30　查看第 2 条采购信息

步骤 19 如果想要修改记录单中的信息，则需要打开【采购记录表】对话框，在其中修改相关信息，如这里将交货时间修改为"2016-3-15"，如图 8-31 所示。

步骤 20 单击【关闭】按钮，返回到工作表中，可以看到修改后的采购信息，如图 8-32 所示。

图 8-31　修改采购信息

图 8-32　查看修改结果

8.2　销售管理

在企业的日常销售活动中，销售人员需要将销售数据记录下来，以便分析销售情况。同时，对于销售过程中发生的一些经济业务，会计人员需要编制相应的会计凭证，登录相关账簿。

8.2.1　创建销售统计表

一般情况下，企业中的销售数据主要以流水账的形式记录，表现在工作表中就是销售统计表。创建销售统计表的操作步骤如下。

步骤 1 打开"企业进销存管理"工作簿，在工作表标签"采购记录表"上按住鼠标左键，同时按住 Ctrl 键，此时鼠标指针变成形状，同时工作表标签的左上角会出现一个黑色的小三角符号，如图 8-33 所示。

步骤 2 松开鼠标，即可在工作表的最后

复制一个名称为"采购记录表 (2)"的工作表，如图 8-34 所示。

图 8-33　选择要复制的工作表

图 8-34 复制工作表

步骤 3 重命名"采购记录表 (2)"工作表为"销售统计表"。单击工作表左上角的 ⊕ 按钮，选中整个工作表，然后单击【开始】选项卡【编辑】组中的【清除】按钮，在弹出的下拉列表中选择【清除内容】选项，如图 8-35 所示。

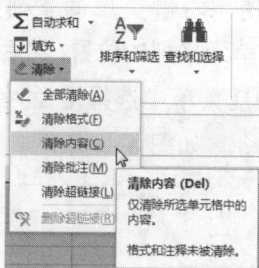

图 8-35 【清除内容】选项

步骤 4 清除"销售统计表"中的全部内容，然后根据实际情况在"销售统计表"中输入标题和项目信息，如图 8-36 所示。

图 8-36 输入表格信息

步骤 5 不需要的列，这里选择 J 列单元格，然后单击鼠标右键，在弹出的快捷菜单中选择【删除】菜单命令，如图 8-37 所示。

图 8-37 【删除】菜单命令

步骤 6 将选中的列删除，右侧的列向左移动，如图 8-38 所示。

图 8-38 向右移动列

步骤 7 选中 B2 单元格，右击鼠标，在弹出的快捷菜单中选择【设置单元格格式】菜单命令，打开【设置单元格格式】对话框，选择【对齐】选项卡，取消【合并单元格】复选框的选中状态，如图 8-39 所示。

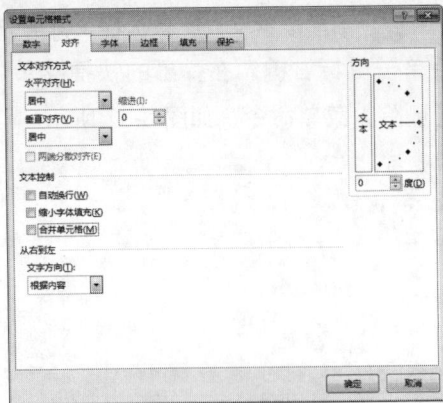

图 8-39 【对齐】选项卡

步骤 8 单击【确定】按钮，返回到工作表，可以看到 B2 单元格取消了合并，如图 8-40 所示。

图 8-40 取消单元格的合并

步骤 9 调整列的次序。选中 I 列，单击【开始】选项卡【剪贴板】组中的【剪切】按钮，将选中的单元格剪切，如图 8-41 所示。

图 8-41 剪切单元格

步骤 10 使用粘贴方法调整列的次序。选择需要粘贴单元格位置，单击【开始】选项卡【剪贴板】组中的【粘贴】按钮，即可将该列单元格粘贴到需要的位置，如图 8-42 所示。

图 8-42 粘贴单元格内容

步骤 11 使用右键菜单调整列的次序。选择需要粘贴单元格列的位置，然后右击鼠标，在弹出的快捷菜单中选择【插入剪切的单元格】菜单命令，如图 8-43 所示。

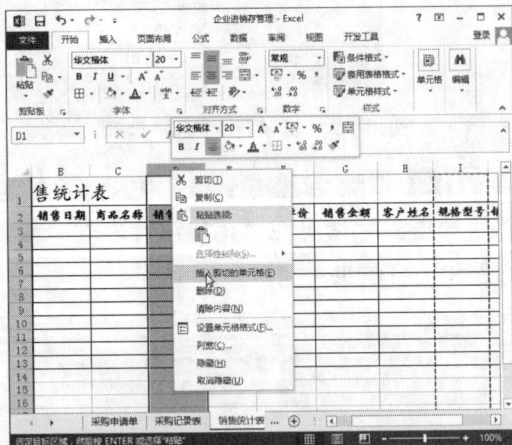

图 8-43 【插入剪切的单元格】菜单命令

步骤 12 即可完成单元格的粘贴，最终的显示效果如图 8-44 所示。

步骤 13 使用鼠标拖动方式调整列的次序。选择需要调整位置的列，这里选择 F 列，按住鼠标拖动该列到需要的位置，如图 8-45 所示。

图 8-44　查看修改结果

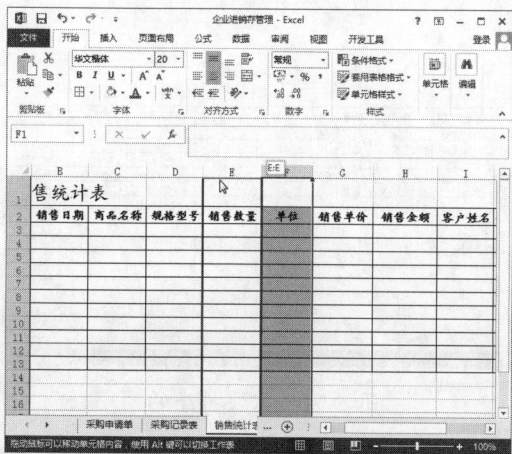

图 8-45　拖动方式移动列

步骤 14 调整完毕后，松开鼠标，即可完成单元格列的调整，如图 8-46 所示。

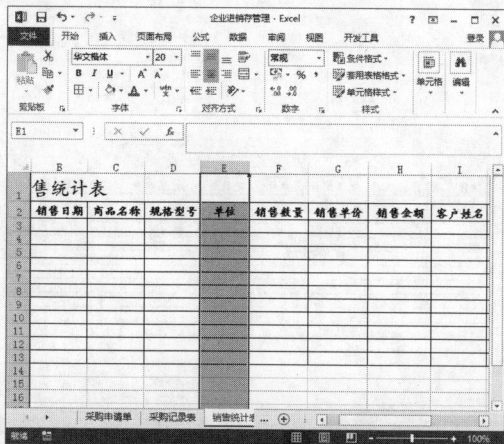

图 8-46　查看列移动结果

步骤 15 选择 H3 单元格，在该单元格中输入公式 "=IF(AND(C3="",F3="",G3=""),"",G3*F3)"，如图 8-47 所示。

图 8-47　输入公式

步骤 16 按 Enter 键，即可得出计算结果，然后复制单元格 H3 中的公式至 H4 ～ H13 单元格区域，如图 8-48 所示。

图 8-48　复制公式

步骤 17 根据实际情况，在"销售统计表"中输入销售记录，包括销售日期、商品名称、规格型号等信息，如图 8-49 所示。

步骤 18 选中 B1:J1 单元格区域，单击【开始】选项卡【对齐方式】组中的【合并后居中】

按钮，即可将单元格区域合并，且表格标题居中显示，如图 8-50 所示。

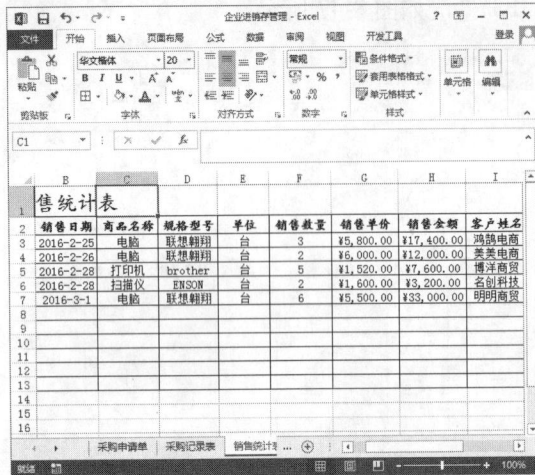

图 8-49　输入销售统计记录

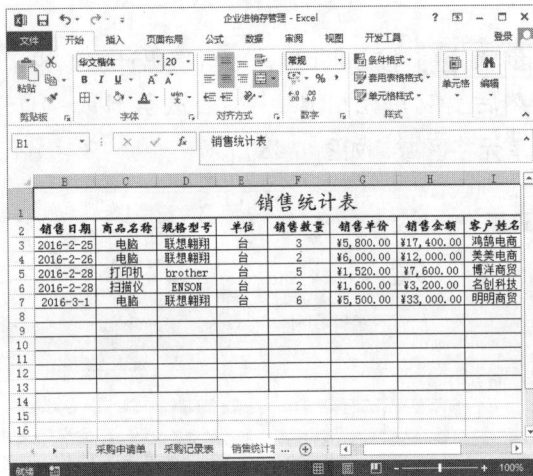

图 8-50　合并后居中显示表格标题

8.2.2　分析销售数据

企业需要经常对销售数据进行分析，以便从中查看企业的销售状况，分析产品的销售前景等，这里介绍如何使用 Excel 的数据排序功能对销售统计表进行分析。Excel 2013 提供有多种数据排序的方法，如简单排序、复杂排序和自定义排序等，下面分别进行介绍。

1　简单排序

简单排序也称为单条件排序，这种排序方式是依据一个条件对数据进行排序。例如要对销售统计表中的【销售数量】进行升序排序，具体的操作步骤如下。

步骤 1　打开"销售统计表"工作表，将指针定位在【销售数量】列中的任意单元格，如图 8-51 所示。

图 8-51　需要排序的列

步骤 2　在【数据】选项卡【排序和筛选】组中单击【升序】按钮，即可对该列进行升序排序，如图 8-52 所示。

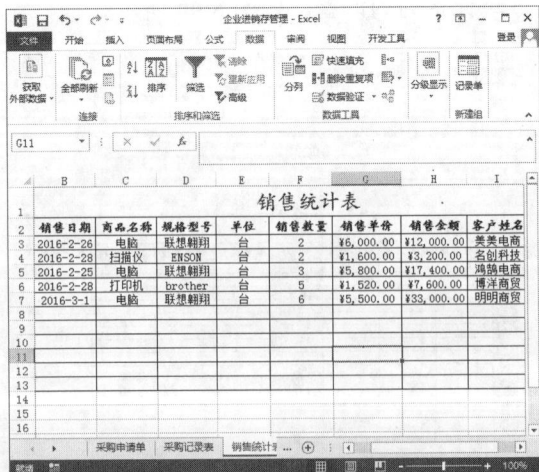

图 8-52　单击【升序】按钮

提示 若单击【降序】按钮，即可对该列进行降序排序。

此外，将指针定位在要排序列的任意单元格，右击鼠标，在弹出的快捷菜单中选择【排序】→【升序】菜单命令或【排序】→【降序】菜单命令，也可快速排序，如图 8-53 所示。

图 8-53 选择【排序】→【升序】菜单命令

或者在【开始】选项卡【编辑】组中单击【排序和筛选】下拉按钮，在弹出的下拉列表中选择【升序】或【降序】选项，同样可以进行排序，如图 8-54 所示。

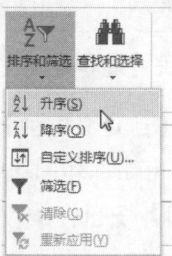

图 8-54 选择【升序】或【降序】选项

提示 由于数据表中有多列数据，如果仅对一列或几列排序，则会打乱整个数据表中数据的对应关系，因此应谨慎使用排序操作。

2 复杂排序

复杂排序也称多条件排序，这种排序方式是依据多个条件对数据表进行排序。例如，

要对销售统计表中的【销售金额】进行升序排序；当【销售金额】相等时，以此为基础对【销售数量】进行升序排序，具体的操作步骤如下。

步骤 1 打开"销售统计表"工作表，将指针定位在数据区域中的任意单元格，然后在【数据】选项卡【排序和筛选】组中单击【排序】按钮，如图 8-55 所示。

图 8-55 单击【排序】按钮

提示 右击鼠标，在弹出的快捷菜单中选择【排序】→【自定义排序】菜单命令，也可弹出【排序】对话框。

步骤 2 打开【排序】对话框，单击【主要关键字】下拉列表框，选择【销售金额】选项。使用同样的方法，设置【排序依据】和【次序】分别为【数值】和【升序】选项，如图 8-56 所示。

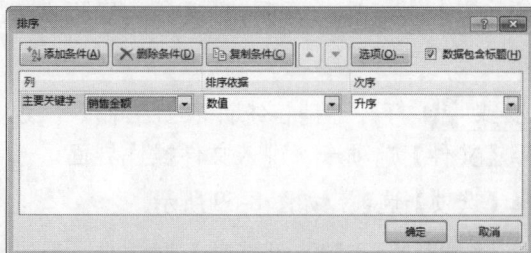

图 8-56 设置排序条件

步骤 3 单击【添加条件】按钮，将添加一个次要关键字，然后设置次要关键字的排序条件，如图 8-57 所示。

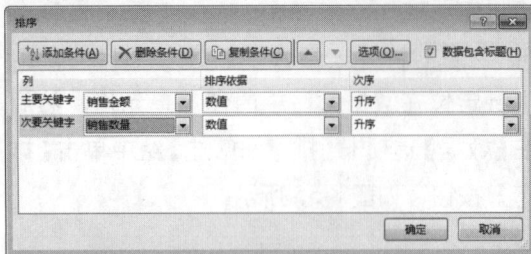

图 8-57　添加排序次要关键字

步骤 4 设置完成后，单击【确定】按钮，即可按照设置的条件进行升序排序，如图 8-58 所示。

图 8-58　查看排序结果

3　自定义排序

除了按照系统提供的排序规则进行排序外，用户还可自定义排序，具体的操作步骤如下。

步骤 1 打开"销售统计表"工作表，选择【文件】选项卡，进入文件操作界面，选择【选项】选项，如图 8-59 所示。

步骤 2 打开【Excel 选项】对话框，在左侧列表框中选择【高级】选项，然后在右侧

单击【常规】区域中的【编辑自定义列表】按钮，如图 8-60 所示。

图 8-59　选择【选项】选项

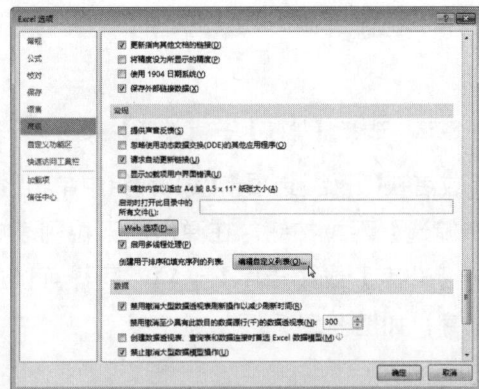

图 8-60　单击【编辑自定义列表】按钮

步骤 3 打开【自定义序列】对话框，在【输入序列】文本框中输入如图 8-61 所示的序列，然后单击【添加】按钮。

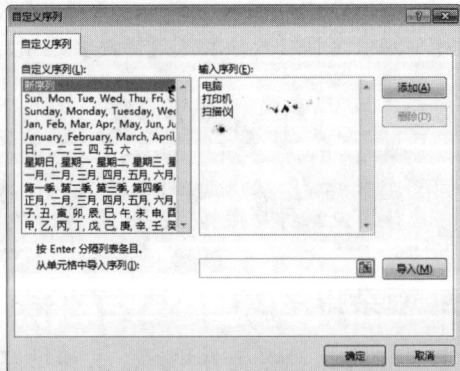

图 8-61　输入自定义的序列

步骤 4 添加完成后，依次单击【确定】按钮，返回到工作表中。将指针定位在数据区域内的任意单元格，在【数据】选项卡【排序和筛选】组中单击【排序】按钮，如图 8-62 所示。

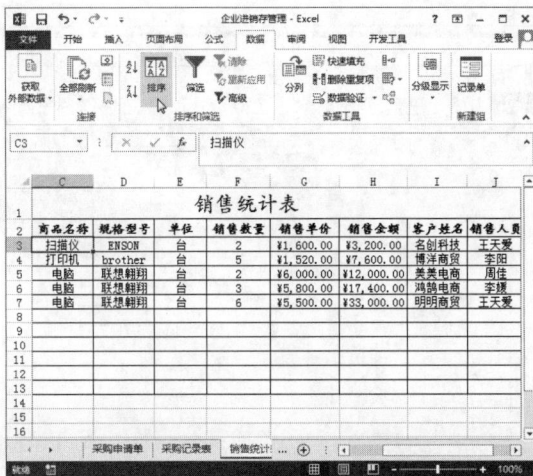

图 8-62　单击【排序】按钮

步骤 5 打开【排序】对话框，单击【主要关键字】下拉列表框，选择【部门】选项，然后在【次序】下拉列表中选择【自定义序列】选项，如图 8-63 所示。

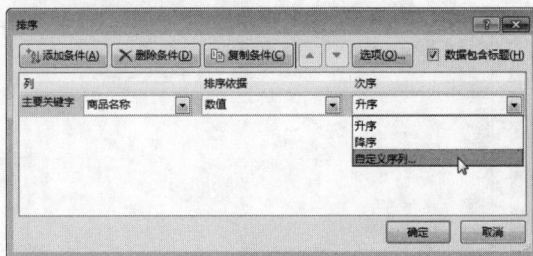

图 8-63　设置【主要关键字】的排序条件

步骤 6 打开【自定义序列】对话框，在【自定义序列】列表框中选择相应的序列，然后单击【确定】按钮，如图 8-64 所示。

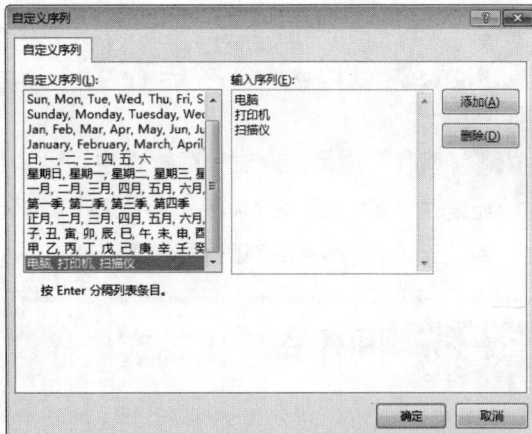

图 8-64　选择自定义序列

步骤 7 返回到【排序】对话框，可以看到【次序】下拉列表框已经设置为自定义的序列，单击【确定】按钮，如图 8-65 所示。

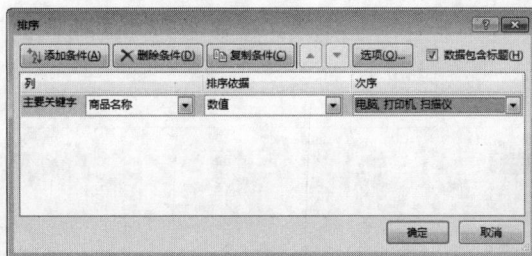

图 8-65　单击【确定】按钮

步骤 8 此时系统将按照自定义的序列对数据进行排序，如图 8-66 所示。

图 8-66　完成自定义排序

8.3 库存管理

库存管理是企业进销存管理中不可缺少的重要环节，无论是采购的原材料或者商品，还是生产的产品，都需要进行入库和出库的统计。使用 Excel，可以完成商品的入库和出库统计，以及对库存量进行控制。

8.3.1 制作商品代码表

给商品添加代码在库存系统化管理中起着非常重要的作用，这能便于查找商品代码对应的商品名称、规格型号、供应商等信息。制作商品代码表的操作步骤如下。

步骤 1 在"企业进销存管理"工作簿中新建一个空白工作表，重命名为"商品代码表"，如图 8-67 所示。

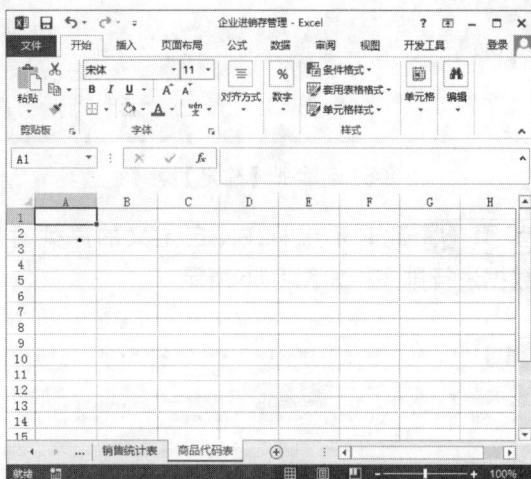

图 8-67　新建空白工作表

步骤 2 在工作表中输入"商品代码表"的相关信息，如商品代码、供应商、商品名称等，并设置单元格格式，如图 8-68 所示。

步骤 3 选择 B 列单元格，右击鼠标，在弹出的快捷菜单中选择【设置单元格格式】菜单命令，如图 8-69 所示。

图 8-68　输入商品信息

图 8-69　选择【设置单元格格式】菜单命令

步骤 4 打开【设置单元格格式】对话框，在【分类】列表框中选择【文本】选项，如图 8-70 所示。

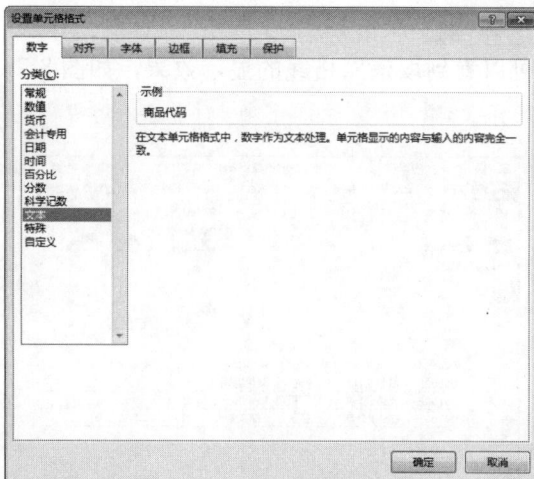

图 8-70　选择【文本】选项

步骤 5 单击【确定】按钮，返回到工作表，在其中输入商品的相关信息，如图 8-71 所示。

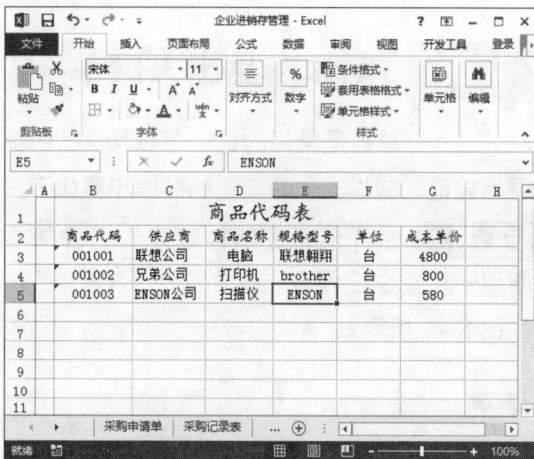

图 8-71　输入商品相关信息

步骤 6 选择 A3:H3 单元格区域，单击【开始】选项卡【样式】组中的【条件格式】按钮，在弹出的下拉列表中选择【新建规则】选项，如图 8-72 所示。

步骤 7 打开【新建格式规则】对话框，在【选择规则类型】列表框中选择【使用公式确定要设置格式的单元格】选项，在【为符合此公式的值设置格式】文本框中输入公式"=$C4<>$C3"，如图 8-73 所示。

图 8-72　选择【新建规则】选项

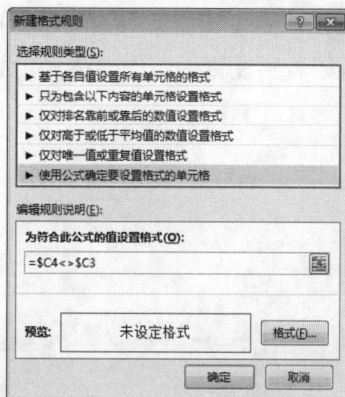

图 8-73　【新建格式规则】对话框

步骤 8 单击【格式】按钮，打开【设置单元格格式】对话框，在【样式】列表框中选择线条样式，单击【下边框】按钮，即可在预览区域显示设置的边框样式，如图 8-74 所示。

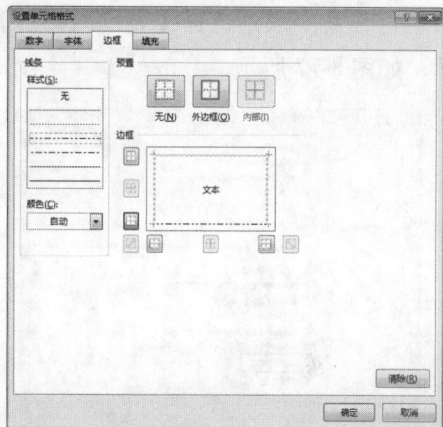

图 8-74　【设置单元格格式】对话框

步骤 9 单击【确定】按钮，返回到【新建格式规则】对话框，在【预览】区域显示设置的格式，如图 8-75 所示。

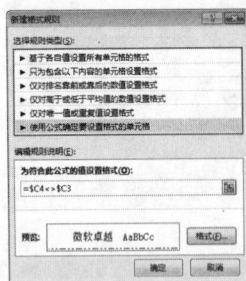

图 8-75 【新建格式规则】对话框

步骤 10 单击【确定】按钮，返回到工作表中，可以看到设置的工作表格式，如图 8-76 所示。

图 8-76 格式在工作表中的显示状态

步骤 11 选择【文件】选项卡，在打开的界面中选择【选项】选项，打开【Excel 选项】对话框，在其中取消选择【显示网格线】复选框，如图 8-77 所示。

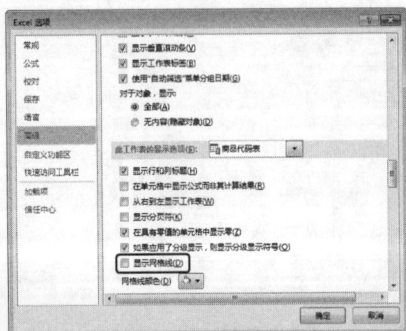

图 8-77 【Excel 选项】对话框

步骤 12 单击【确定】按钮，返回到工作表，可以看到取消网格线的显示效果，如图 8-78 所示。

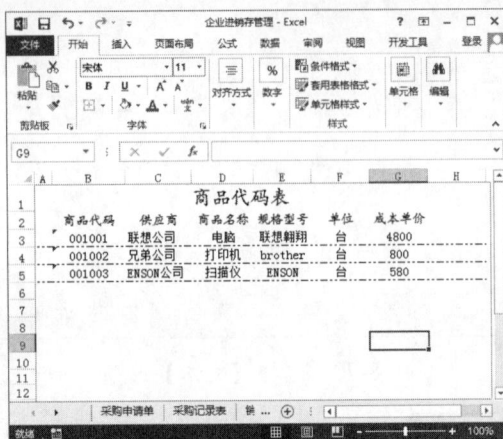

图 8-78 取消网格线的显示状态

8.3.2 制作商品出入库单

出入库单据是常用的记录存货收发的内部原始凭证。制作出入库单据的操作步骤如下。

步骤 1 在"企业进销存管理"工作簿中新建一个空白工作表，重命名为"入库单"，如图 8-79 所示。

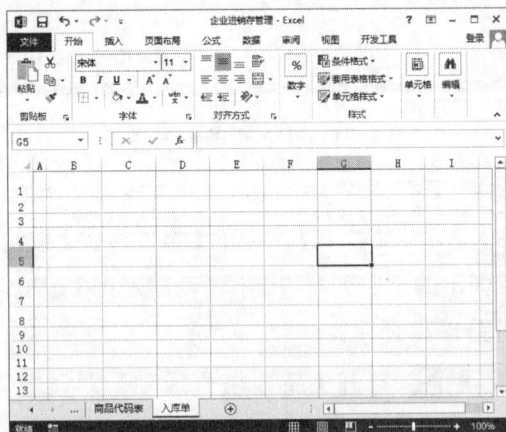

图 8-79 新建空白工作表

步骤 2 在"入库单"工作表中输入表格标题和项目信息，并设置单元格格式，如图 8-80 所示。

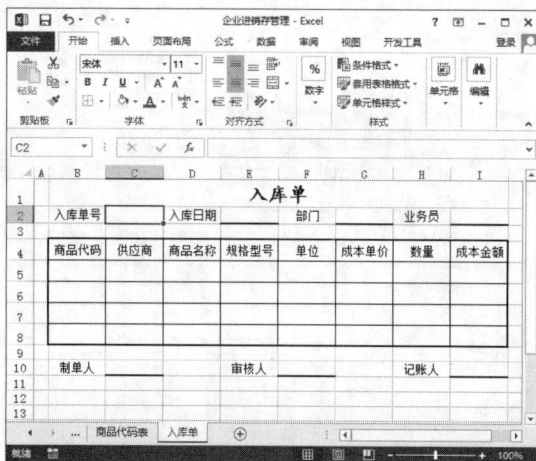

图 8-80　输入表格信息

步骤 3 选择 C5 单元格，在编辑栏中输入公式 "=IF($B5="","",VLOOKUP($B5,商品代码表!$B:$G,COLUMN()-1,0))"，如图 8-81 所示。

图 8-81　输入公式

步骤 4 向右并向下复制 C5 单元格中的公式至 G8 单元格，如图 8-82 所示。

步骤 5 选择 I5 单元格，在编辑栏中输入公式 "=IF(B5="","",G5*H5)"，如图 8-83 所示。

步骤 6 复制 I5 单元格中公式至 I6 ～ I8 单元格区域，如图 8-84 所示。

图 8-82　复制公式

图 8-83　输入公式

图 8-84　复制公式

步骤 7 根据实际情况在"入库单"工作表中输入入库单号、入库日期、部门和业务员姓名，如图 8-85 所示。

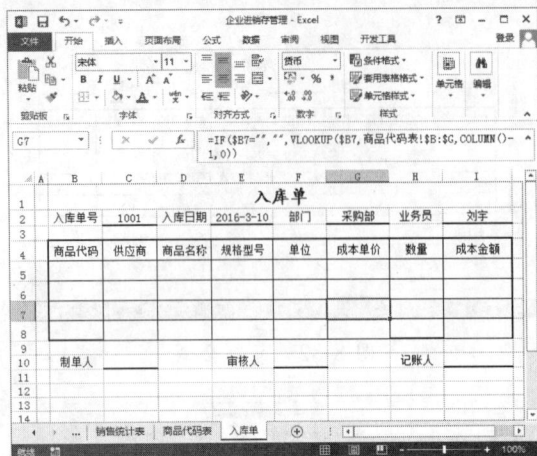

图 8-85 输入商品"入库单"相关信息

步骤 8 在 B5 单元格中输入商品代码，即可自动显示供应商、商品名称、规格型号、单位等信息。然后在 H5 单元格中输入入库的数量，即可自动计算出商品的成本金额，如图 8-86 所示。

图 8-86 计算商品成本金额

步骤 9 复制"入库单"工作表，重命名为"出库单"。然后根据需要修改标题信息，如出库单号、出库日期、客户等，如图 8-87 所示。

图 8-87 修改表格信息

步骤 10 根据实际情况，在"出库单"工作表中输入有关商品出库的信息，如图 8-88 所示。

图 8-88 输入商品出库单信息

8.3.3 商品入库信息设置

为了方便管理商品的入库信息，用户可以在 Excel 中制作入库明细表，具体操作步骤如下。

步骤 1 复制"入库单"工作表，将复制后的工作表重命名为"入库明细表"。然后选中整个工作表，按 Delete 键，删除工作表内容，如图 8-89 所示。

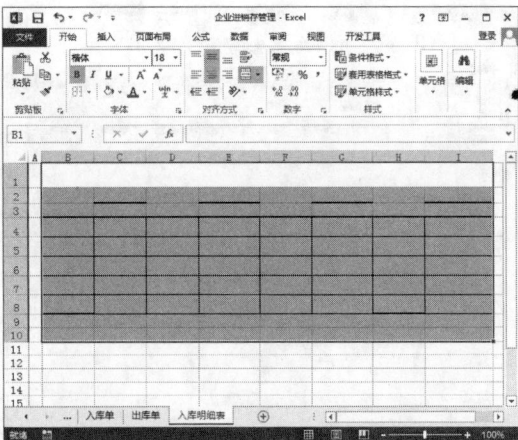

图 8-89 删除工作表内容

步骤 **2** 选择 B1:I10 单元格区域，单击【开始】选项卡【编辑】组中的【清除】按钮，在弹出的快捷菜单中选择【清除格式】菜单命令，如图 8-90 所示。

图 8-90 清除格式

步骤 **3** 返回到工作表，可以看到清除格式后的工作表显示状态，如图 8-91 所示。

步骤 **4** 根据实际情况，在工作表中输入入库明细表中的标题和项目信息，并设置单元格格式，如图 8-92 所示。

步骤 **5** 选择 E3 单元格，在编辑栏中输入公式 "=IF(OR($B3="",$D3=""),"",VLOOKUP($D3,商品代码表 !$B:$G,COLUMN()-3,0))"，如图 8-93 所示。

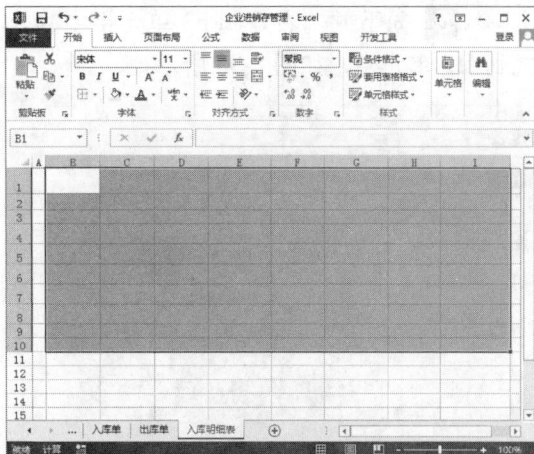

图 8-91 清除格式后的显示效果

图 8-92 输入表格相关信息

图 8-93 输入公式

步骤 6 向下并向右复制 E3 单元格中的公式到 I13 单元格，如图 8-94 所示。

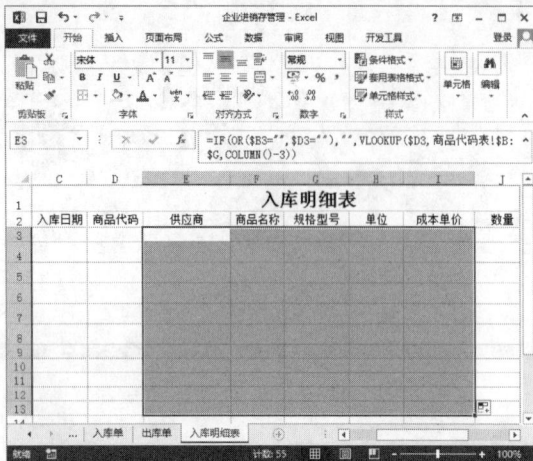

图 8-94　复制公式

步骤 7 选择 K3 单元格，在编辑栏中输入公式 "=IF(B3="","",I3*J3)"，然后复制该公式至 K2～K13 单元格区域，如图 8-95 所示。

图 8-95　输入并复制公式

步骤 8 选择 D 列单元格区域，打开【设置单元格格式】对话框，在【分类】列表框中选择【文本】选项，如图 8-96 所示。

步骤 9 单击【确定】按钮，返回到工作表，即可完成单元格格式的设置，如图 8-97 所示。

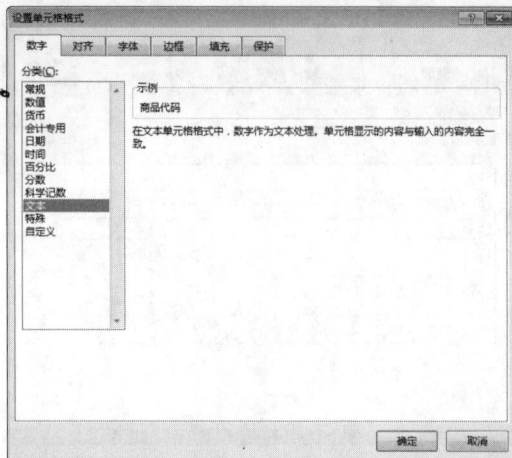

图 8-96　【设置单元格格式】对话框

图 8-97　设置单元格格式

步骤 10 选择 I 列和 K 列单元格区域，打开【设置单元格格式】对话框，在【分类】列表框中选择【货币】选项，并设置【小数位数】为 2，如图 8-98 所示。

步骤 11 单击【确定】按钮，返回到工作表，即可完成单元格格式的设置，如图 8-99 所示。

步骤 12 根据实际需要在入库明细表中输入入库信息，如这里输入商品代码"001001"，其他信息会自动显示。然后输入商品的入库数量，即可计算出商品的成本金额，如图 8-100 所示。

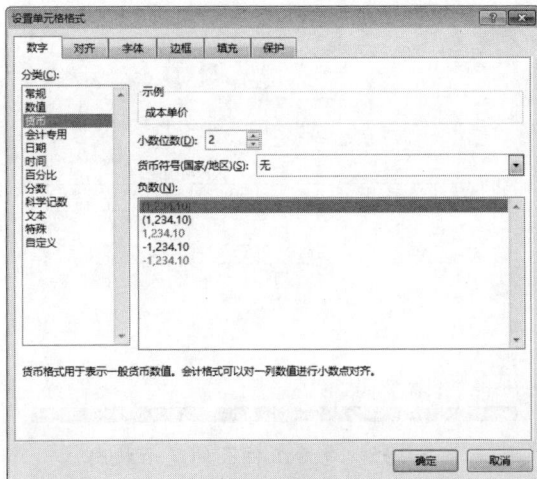

图 8-98 选择【货币】选项

图 8-99 设置单元格格式

图 8-100 输入商品信息

步骤 13 选择整个工作表区域，然后单击【开始】选项卡【样式】组中的【条件格式】按钮，在弹出的下拉列表中选择【新建规则】选项，如图 8-101 所示。

图 8-101 【新建规则】选项

步骤 14 打开【新建格式规则】对话框，在【选择规则类型】列表框中选择【使用公式确定要设置格式的单元格】选项，然后在【为符合此公式的值设置格式】文本框中输入公式，如图 8-102 所示。

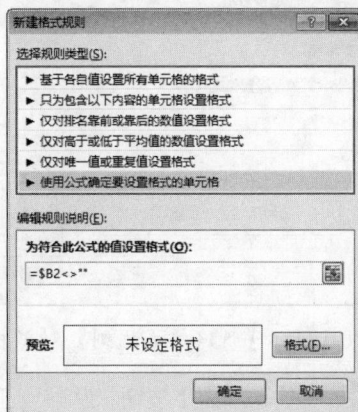

图 8-102 【新建格式规则】选项

步骤 15 单击【格式】按钮，打开【设置单元格格式】对话框，选择【边框】选项卡，在【样式】列表框中选择线条样式，然后单击【外边框】按钮，如图 8-103 所示。

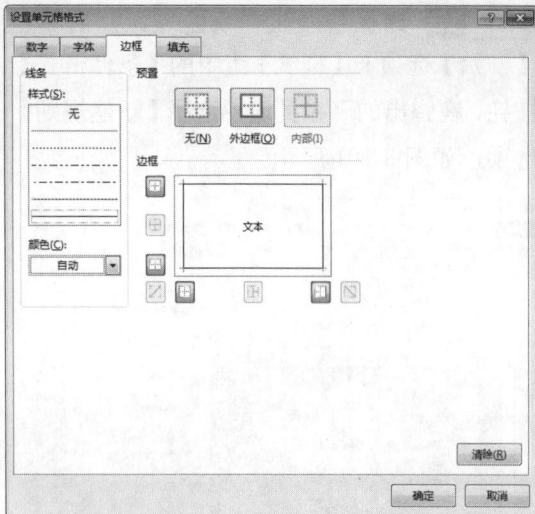

图 8-103　【边框】选项卡

步骤 16 单击【确定】按钮，返回到【新建格式规则】对话框，可以在【预览】区域查看设置的单元格格式，如图 8-104 所示。

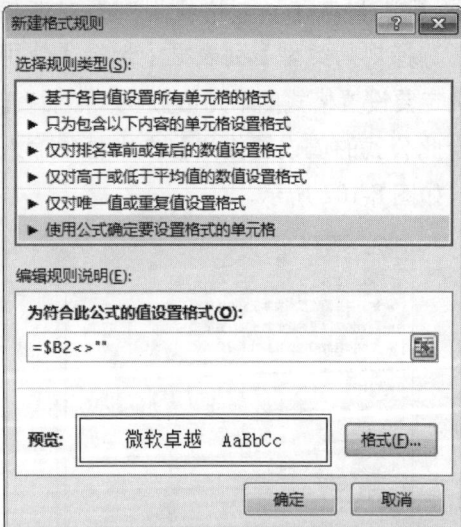

图 8-104　【新建格式规则】对话框

步骤 17 单击【确定】按钮，返回到工作表，可以看到添加单元格格式后的工作表显示状态，如图 8-105 所示。

步骤 18 根据实际情况，输入其他的入库信息，可以看到记录行自动添加边框，如图 8-106 所示。

图 8-105　查看工作表的显示状态

图 8-106　自动添加表格格式

8.3.4　商品出库信息设置

为了方便管理商品的销售出库信息，用户可以制作商品出库信息表并对商品的出库信息进行设置。制作商品出库信息表的操作步骤如下。

步骤 1 复制"入库明细表"，将复制后的工作表重命名为"出库明细表"，并将其移动到工作表的最后位置，然后将工作表中的【入库】更改为【出库】，将【供应商】更改为【客户】，并删除【客户】列中的公式，其内容和单元格中的公式保持不变，如图 8-107 所示。

图 8-107　制作出库明细表

图 8-109　输入商品出库信息

步骤 2 根据实际情况在出"库明细表"中输入出库单号、出库日期、商品代码以及客户等信息，如图 8-108 所示。

图 8-108　输入出库商品信息

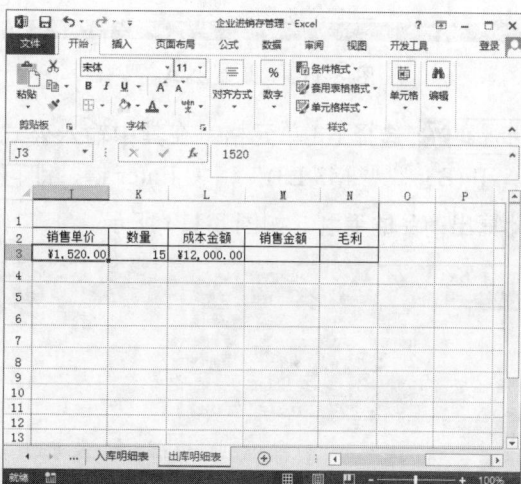

图 8-110　输入销售单价

步骤 3 根据实际情况，在工作表中输入出库的商品数量、成本金额等信息，如图 8-109 所示。

步骤 4 在 I3 单元格中输入销售单价，如图 8-110 所示。

步骤 5 在 M3 单 元 格 中 输 入 公 式 "=IF(B3="","",J3*K3)"，按 Enter 键，即可计算出商品的销售金额，如图 8-111 所示。

图 8-111　计算商品销售金额

步骤 6 复制 M3 单元格中的公式至 M4～M9 单元格区域，如图 8-112 所示。

图 8-112　复制公式

步骤 7 选择 N3 单元格，在其中输入公式 "=IF(B3="","",M3-L3)"，按 Enter 键，即可计算出商品的毛利，如图 8-113 所示。

图 8-113　计算商品毛利

步骤 8 复制 N3 单元格中公式至 N4～N11 单元格区域，如图 8-114 所示。

步骤 9 根据实际情况，在"出库明细表"工作表中输入其他商品的出库信息，如图 8-115 所示。

图 8-114　复制公式

图 8-115　输入其他商品的出库信息

8.3.5　商品库存统计表

　　库存统计是对商品的出入库情况的综合统计，它包括期初库存、本期入库、本期出库和期末库存等信息。制作商品库存统计表的操作步骤如下。

步骤 1 在"企业进销存管理"工作簿中新建一个空白工作表，重命名为"库存统计"，如图 8-116 所示。

图 8-116　新建空白工作表

步骤 **2** 在"库存统计"工作表中输入有关库存统计表的标题和项目信息，如图 8-117 所示。

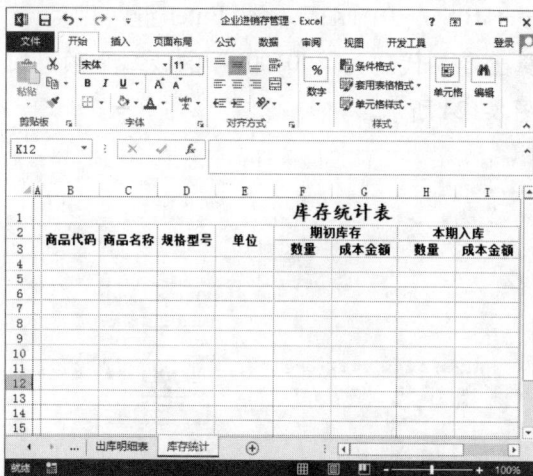

图 8-117 输入表格信息

步骤 **3** 选择 C4 单元格，在编辑栏中输入公式"=IF(ISNA(VLOOKUP($B4,商品代码表!$B:$G,COLUMN(),0)),"",VLOOKUP($B4,商品代码表!$B:$G,COLUMN(),))"，如图 8-118 所示。

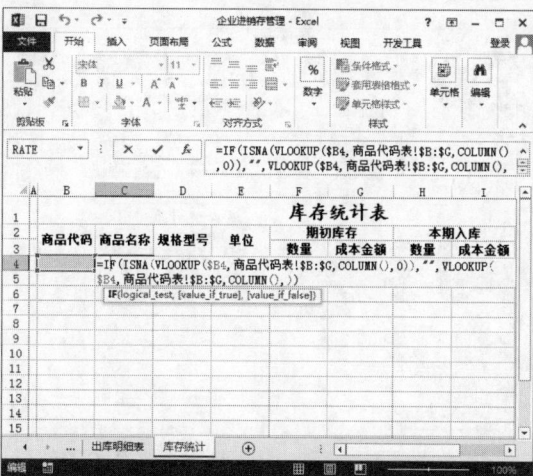

图 8-118 输入公式

步骤 **4** 向右并向下复制 C4 单元格中的公式至 E12 单元格，如图 8-119 所示。

步骤 **5** 选择 B 列单元格区域，按 Ctrl+1

组合键，打开【设置单元格格式】对话框，在【分类】列表框中选择【文本】选项，如图 8-120 所示。

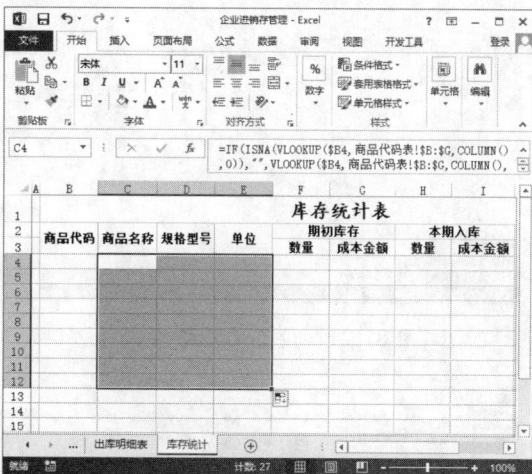

图 8-119 向下复制公式

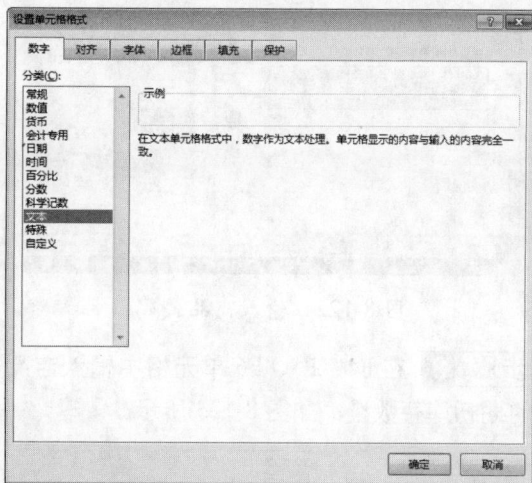

图 8-120 选择【文本】选项

步骤 **6** 单击【确定】按钮，返回到工作表，即可完成单元格格式的设置，如图 8-121 所示。

步骤 **7** 在 B4、B5、B6 单元格中输入商品的代码，即可自动显示与之相关的商品名称、规格型号、单位等信息，如图 8-122 所示。

图 8-121　设置单元格格式

图 8-122　输入商品代码

步骤 8 在 F4、F5、F6 单元格中输入商品的期初库存数量，如图 8-123 所示。

图 8-123　输入商品的期初库存数量

步骤 9 选择 G4 单元格，在编辑栏中输入公式 "=IF(ISNA(VLOOKUP($B4,商品代码表!$B:$G,6,0)),0,VLOOKUP($B4,商品代码表!$B:$G,6,0)*F4)"，按 Enter 键，即可计算出商品代码为 "001001" 的成本金额，如图 8-124 所示。

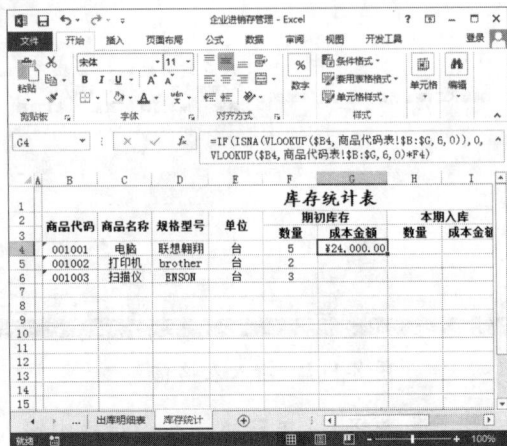

图 8-124　输入公式

步骤 10 复制 G4 单元格中的公式至 G5～G6 单元格区域，即可计算出其他商品的成本金额，如图 8-125 所示。

图 8-125　复制公式

步骤 11 选择 H4 单元格，在编辑栏中输入公式 "=SUMIF(入库明细表!D:D,库存统计!B4,入库明细表!J:J)"，按 Enter 键，即可输入本期入库的商品数量，如图 8-126 所示。

图 8-126 输入本期入库的商品数量

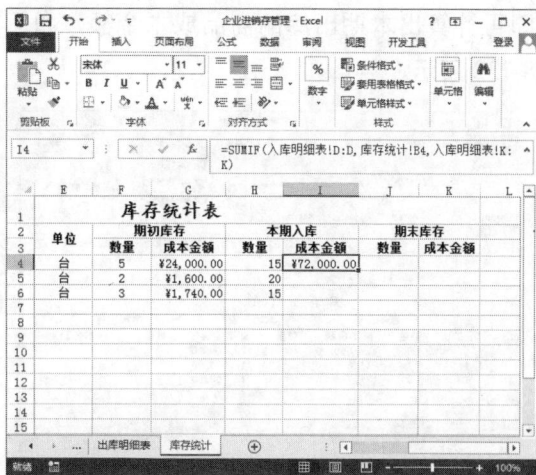

图 8-128 计算本期入库的商品成本金额

步骤 12 复制 H4 单元格中的公式至 H5～H6 单元格区域，即可输入其他商品的本期入库数量，如图 8-127 所示。

图 8-127 复制公式

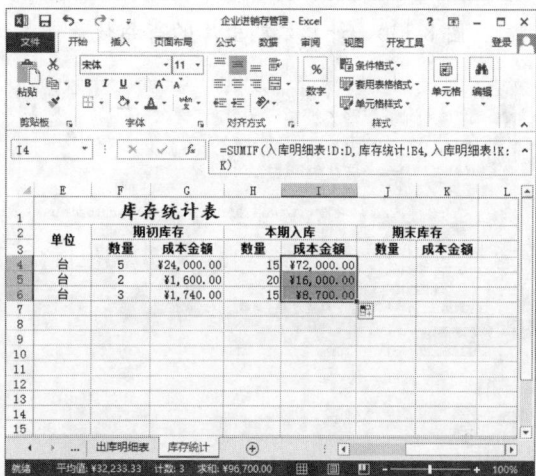

图 8-129 复制公式

步骤 13 选择 I4 单元格，在编辑栏中输入公式"=SUMIF(入库明细表 !D:D, 库存统计 !B4, 入库明细表 !K:K)"，按 Enter 键，即可计算出本期入库的商品成本金额，如图 8-128 所示。

步骤 14 复制 I4 单元格中的公式至 I5～I6 单元格区域，即可计算出本期入库的其他商品的成本金额，如图 8-129 所示。

步骤 15 选择 J4 单元格，在编辑栏中输入公式"=SUMIF(出库明细表 !D:D, 库存统计 !B4, 出库明细表 !K:K)"，按 Enter 键，即可计算出本期出库的商品数量，如图 8-130 所示。

步骤 16 复制 J4 单元格中公式至 J5～J6 单元格区域，即可计算出本期出库的其他商品数量，如图 8-131 所示。

步骤 17 选择 K4 单元格，在编辑栏中输入公式"=SUMIF(出库明细表 !D:D, 库存统计 !B4, 出库明细表 !L:L)"，按 Enter 键，即可计算出本期出库的商品成本金额，如图 8-132 所示。

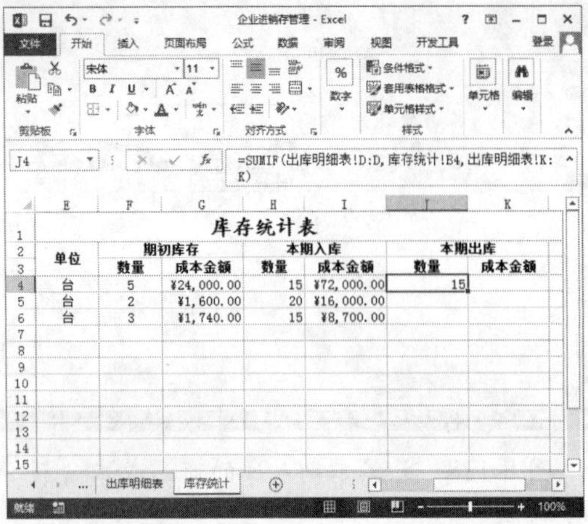

图 8-130　计算本期出库的商品数量

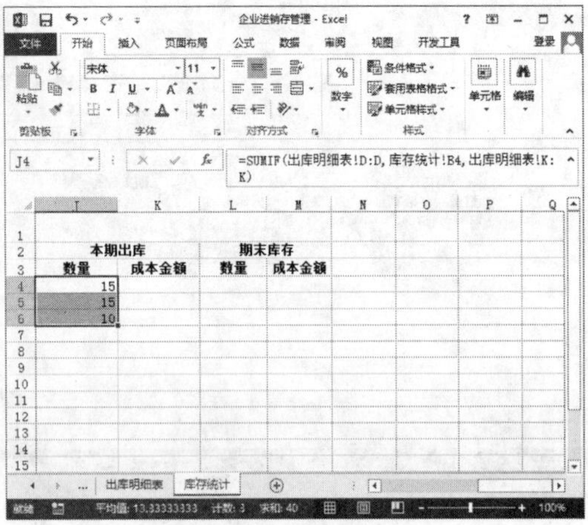

图 8-131　复制公式

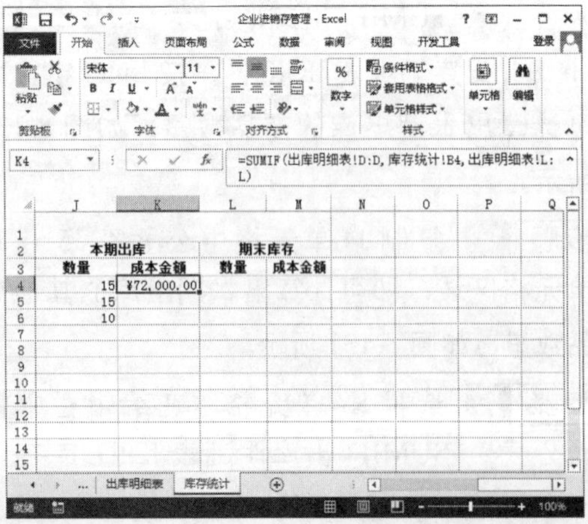

图 8-132　计算本期出库的商品成本金额

步骤 18 复制 K4 单元格中的公式至 K5 ～ K6 单元格区域，即可计算出其他商品的出库成本金额，如图 8-133 所示。

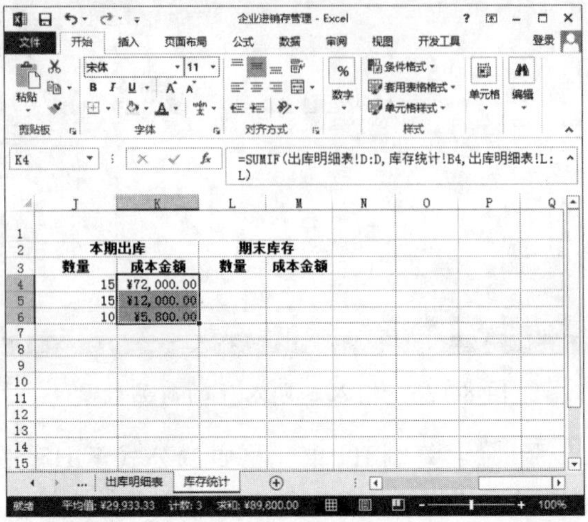

图 8-133　复制公式

步骤 19 选择 L4 单元格，在编辑栏中输入公式 "=F4+H4-J4"。然后复制 L4 单元格中的公式至 L5 ～ L6 单元格区域，即可计算出期末库存数量，如图 8-134 所示。

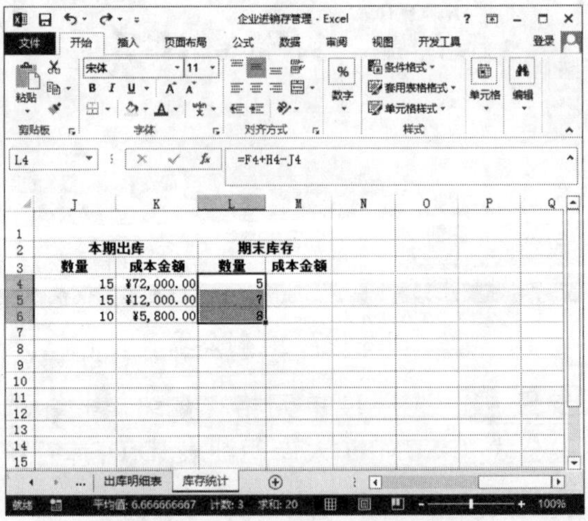

图 8-134　计算期末库存数量

步骤 20 选择 M4 单元格，在编辑栏中输入公式 "=G4+I4-K4"。然后复制 M4 单元格中的公式至 M5 ～ M6 单元格区域，即可计算出期末库存商品的成本金额，如图 8-135 所示。

图 8-135　计算期末库存商品的成本金额

步骤 21 选择 B1:M6 单元格区域，单击【开始】选项卡【字体】组中的【边框】按钮，在弹出的下拉列表中选择【所有边框】选项，即可为单元格区域添加边框效果，如图 8-136 所示。

图 8-136　为单元格区域添加边框

步骤 22 合并 D8:F8 单元格区域，在编辑栏中输入"期初库存总额"。然后选择 G8 单元格，在编辑栏中输入公式"=SUM(G4:G6)"，按 Enter 键，即可计算出期初的成本金额总和，如图 8-137 所示。

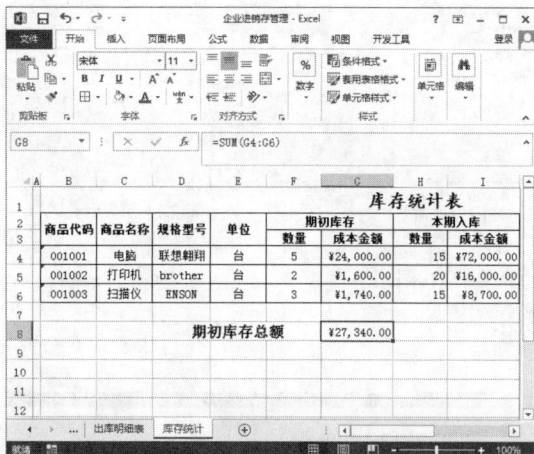

图 8-137　计算期初成本金额总和

步骤 23 合并 J8:L8 单元格区域，在编辑栏中输入"期末库存总成本"。然后选择 M8 单元格，在编辑栏中输入公式"=SUM(M4:M6)"，按 Enter 键，即可计算出期末库存总成本，如图 8-138 所示。

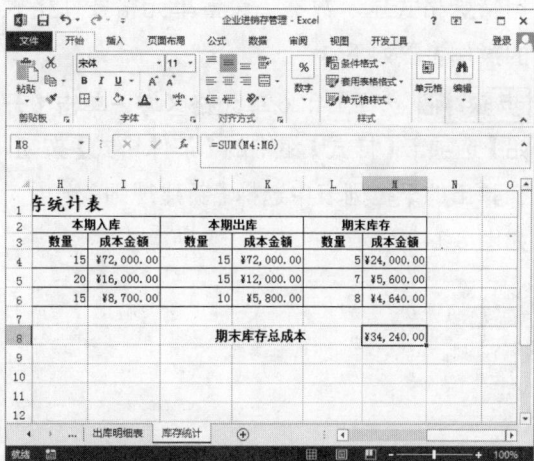

图 8-138　计算期末库存总成本

步骤 24 在【视图】选项卡【显示】组中取消【网格线】复选框的选中状态，返回到工作表，可以看到工作表中的网格线消失，如图 8-139 所示。

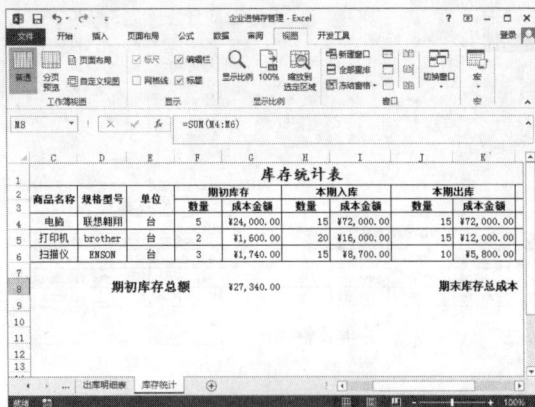

图 8-139　取消网格线的显示状态

8.3.6　控制商品库存量

为了不影响企业的经营，同时又不会造成库存的负担，企业需要对库存量进行控制。在 Excel 中，可以使用条件格式进行库存量的控制，到库存量低于或者高于某个值时，用特殊格式显示数据。设置单元格条件格式的操作步骤如下。

步骤 1 选择 L4:L6 单元格区域，单击【开始】选项卡【样式】组中的【条件格式】按钮，在弹出的下拉列表中选择【新建规则】选项，如图 8-140 所示。

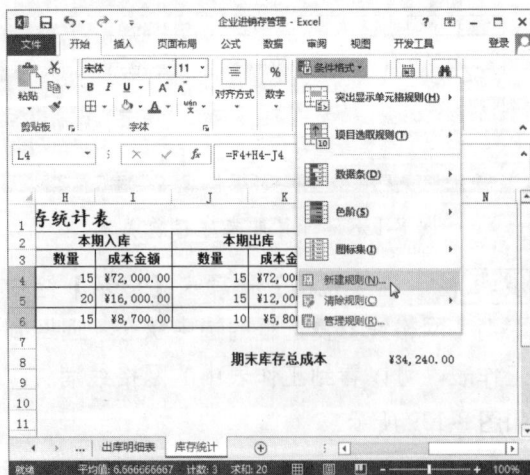

图 8-140　【新建规则】选项

步骤 2 打开【新建格式规则】对话框，如图 8-141 所示。

图 8-141　【新建格式规则】对话框

步骤 3 在【选择规则类型】列表框中选择【只为包含以下内容的单元格设置格式】选项，在【只为满足以下条件的单元格设置格式】区域中选择【单元格值】选项，并设置值的显示方式为【大于或等于】，然后在后面的文本框中输入 "7"，即当单元格的值大于或等于 7 时，特殊显示单元格格式，如图 8-142 所示。

图 8-142　设置规则条件

步骤 4 单击【格式】按钮，打开【设置单元格格式】对话框，选择【填充】选项卡，选择红色色块，如图 8-143 所示。

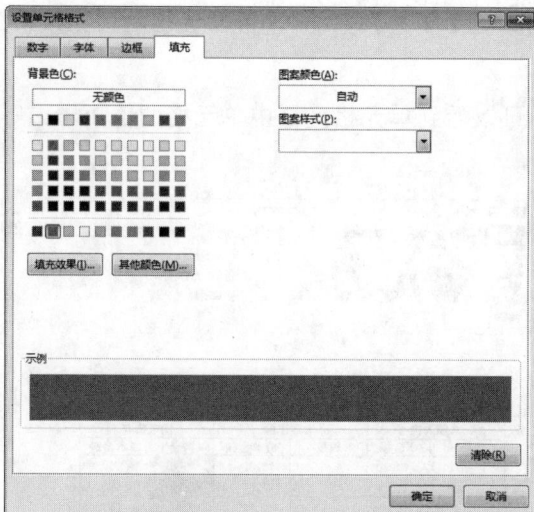

图 8-143　【填充】选项卡

单元格格式】对话框，选择【填充】选项卡，选择绿色色块，如图 8-147 所示。

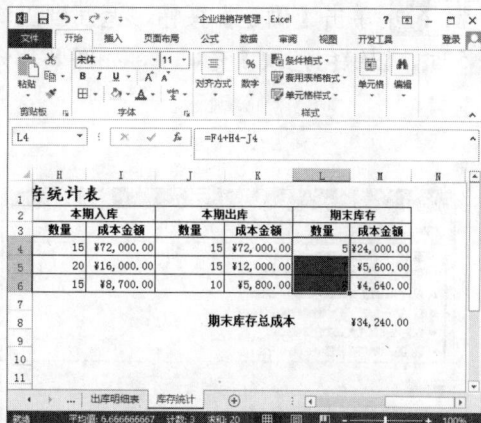

图 8-145　填充单元格

步骤 5 单击【确定】按钮，返回到【新建格式规则】对话框，在【预览】区域中显示单元格格式的预览，如图 8-144 所示。

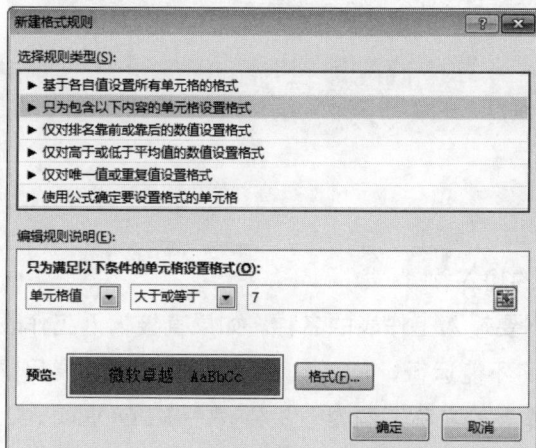

图 8-144　显示预览

步骤 6 单击【确定】按钮，返回到工作表，可以看到单元格区域中单元格的值大于或等于 7 时，以红色填充，如图 8-145 所示。

步骤 7 再次打开【新建格式规则】对话框，设置【单元格值】的方式为【小于或等于】选项，并填充数值为 5，如图 8-146 所示。

步骤 8 单击【格式】按钮，打开【设置

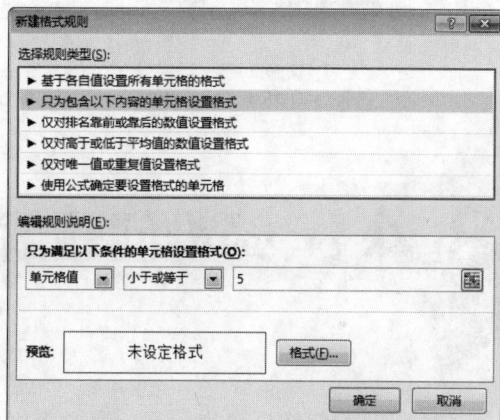

图 8-146　【新建格式规则】对话框

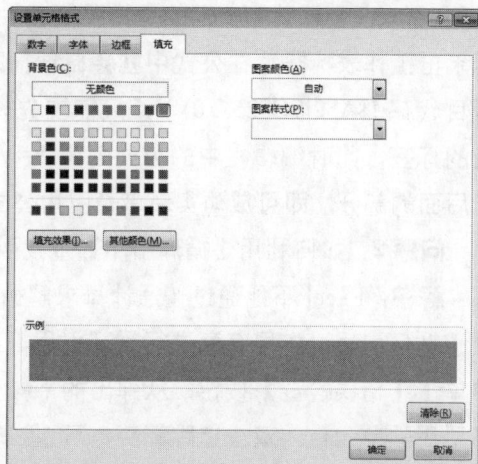

图 8-147　【填充】选项卡

步骤 9 单击【确定】按钮，返回到工作表，可以在【预览】区域中查看单元格的填充效果，如图 8-148 所示。

步骤 10 单击【确定】按钮，返回到工作表，可以看到单元格区域中单元格的值小于或等于 5 时，以绿色色块填充显示，如图 8-149 所示。

图 8-148　预览效果

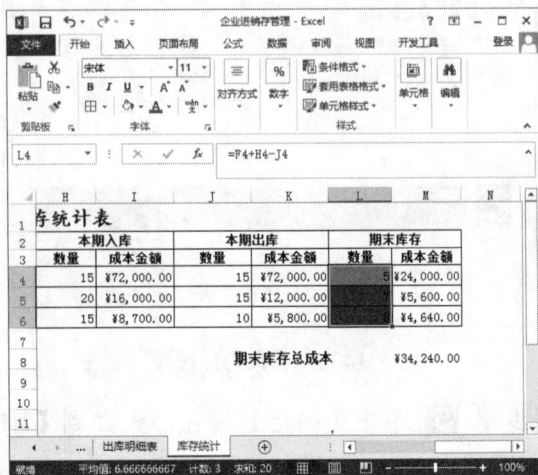

图 8-149　填充单元格

8.4　疑难问题解答

问题 1：如何实现跨表引用公式中表格名称的输入？

解答：公式如果有跨表引用时，在公式中需要输入工作表的名称。如果直接输入工作表名称，Excel 会默认为输入的是错误信息，公式将不能运行。若在输入工作表名称时需要用鼠标单击工作表标签，在公式中就会自动输入工作表的名称。例如输入公式"=VLOOKUP(C2, 科目代码 !$A$2:$C$25,2,0)"，只需要先输入"=VLOOKUP(C2,"，单击"科目代码"工作表的标签，此时编辑栏中的公式则为"=VLOOKUP(C2,科目代码 !"；再在编辑栏中输入公式后面的部分，即可成功实现跨表引用公式中表格名称的录入。

问题 2：如何利用【循环引用】查找引用公式？

解答：Excel 不能通过普通计算求解循环引用公式。当产生循环引用时，将有消息警告产生了循环引用。如果有意进行循环引用，则需要切换到【公式】选项卡，在【公式审核】组中单击【错误检查】按钮，从弹出的下拉列表中选择【循环引用】选项，然后选择每个被循环引用的单元格。双击追踪箭头，可以在循环引用所涉及的单元格之间移动，以便重新编写公式或者逻辑中止循环引用。

第 9 章

使用 Excel 管理往来账务

● **本站导读**

往来账务是指企业在业务处理过程中所发生的涉及应收、应付、预收、预付等会计事项的业务，而最为典型的是应收账款和应付账款。对往来账务进行管理是企业财务管理的重要内容，同时也是管理企业流动资产的一个重要组成部分。

● **学习目标**

◎ 掌握往来账务初始设置的方法

◎ 掌握应收账款统计的方法

◎ 掌握应收账款分析的方法

◎ 掌握应收账款坏账提取的方法

◎ 掌握应付账款统计的方法

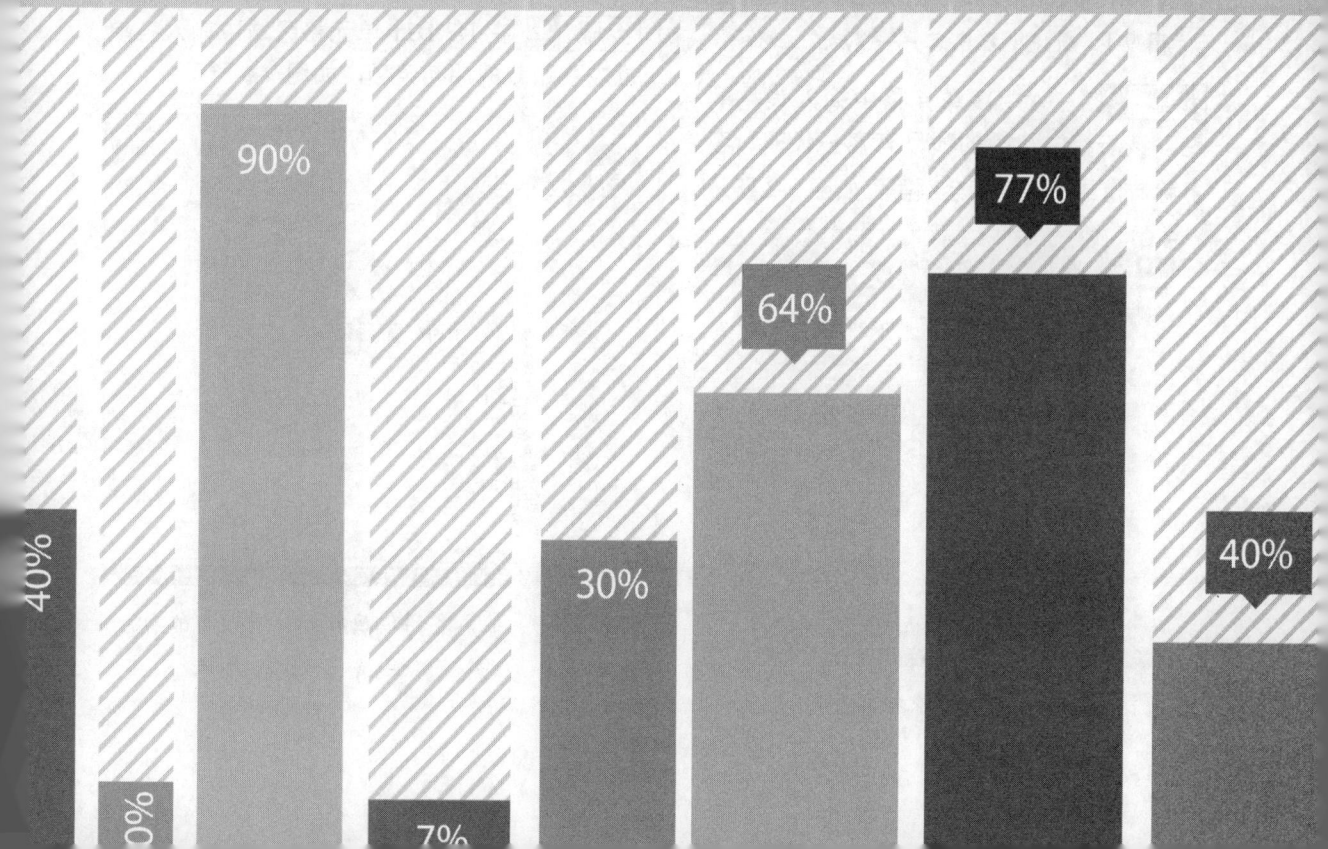

9.1 往来账务的初始设置

使用 Excel 管理往来账务，首先需要制作往来账务信息表，包括往来客户编码、名称（包含作为企业债务人的客户和作为企业债权人的供货商）、期初余额的方向与数值等。

制作往来账务信息表的操作步骤如下。

步骤 1 新建一个工作簿，将其命名为"往来账务管理"，重命名 Sheet1 工作表为"往来客户一览表"，如图 9-1 所示。

图 9-1　新建"往来客户一览表"工作表

步骤 2 在 A1:D1 单元格中输入表格的标题，该表格中包括的项目有客户代码、客户名称、借或贷、期初余额等，如图 9-2 所示。

图 9-2　输入表格的标题

步骤 3 在 A2:B11 单元格区域中输入客户代码、客户名称，如图 9-3 所示。

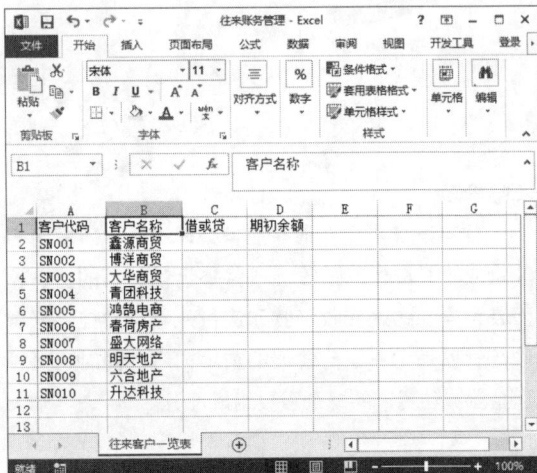

图 9-3　输入表格的内容

步骤 4 在 D2:D11 单元格区域中输入各单位应收账款的期初余额，如图 9-4 所示。

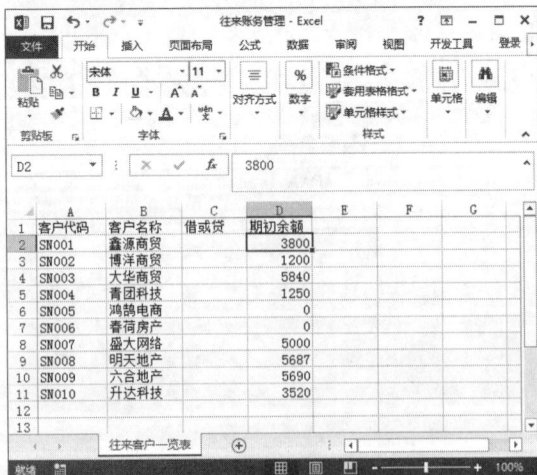

图 9-4　输入各单位应收账款的期初余额

步骤 5 为了美化表格，可以设置表格的边框、标题的大小、加粗以及文本居中显示、背景填充色等，如图 9-5 所示。

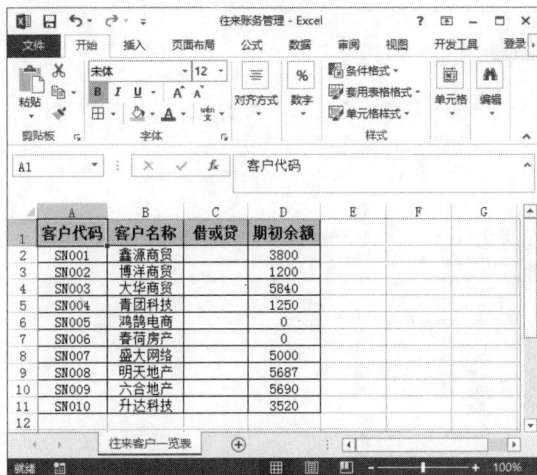

图 9-5　美化表格

步骤 6 选中 C2 单元格，然后在编辑栏中输入公式 "=IF(D2=0,""," 借 ")"，按 Enter 键确认后，即可设置期初余额的方向，如图 9-6 所示。

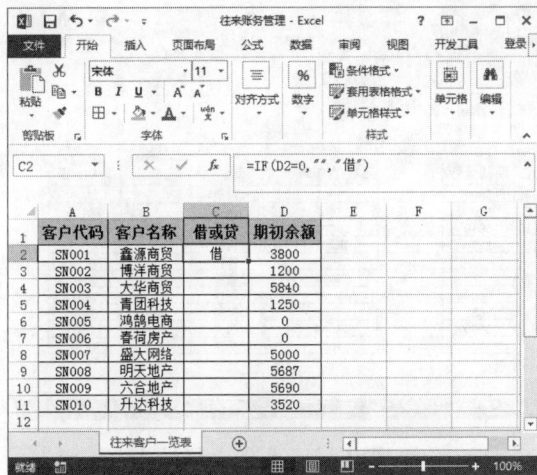

图 9-6　设置期初余额的方向

步骤 7 将 C2 单元格中的内容复制到 C 3～C20 单元格区域，如图 9-7 所示。

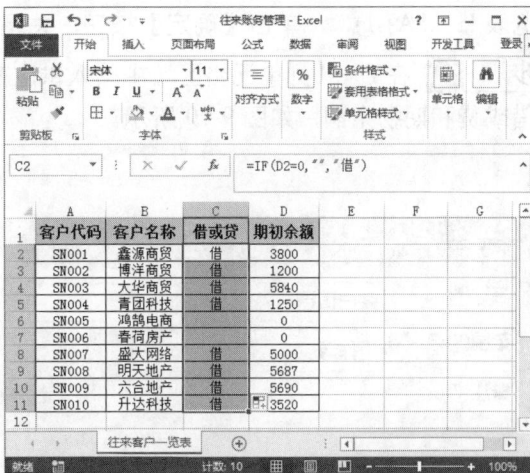

图 9-7　复制 C2 单元格内容

> **注意**　由于应收账款属于资产类账户，所以借方记为增加，贷方记为减少。若期末余额在借方，表示尚未收回的款项。

步骤 8 在【公式】选项卡【定义的名称】组中单击【定义名称】下拉按钮，从弹出的下拉列表中选择【定义名称】选项，如图 9-8 所示。

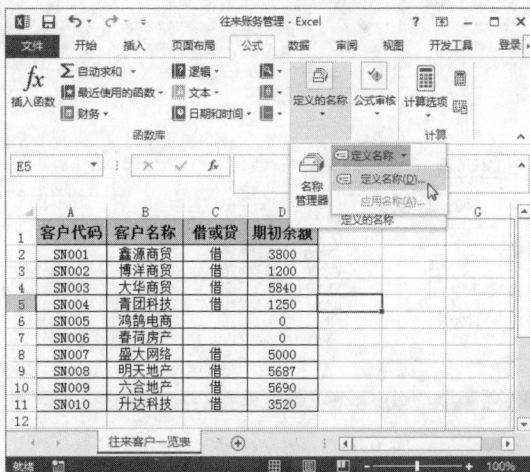

图 9-8　执行【定义名称】命令

步骤 9 打开【新建名称】对话框，在【名称】文本框中输入"客户信息"，在【引用位置】文本框中输入公式 "=OFFSET(往来客户一览表 !$A$1,1, ,COUNTA(往来客户一

览表 !$A:$A)-1)"，单击【确定】按钮，关闭【新建名称】对话框，如图 9-9 所示。

步骤 10 在 F～I 列单元格区域中输入供应商信息，包含的项目有供应商编号、供应商名称、借或贷和期初余额，如图 9-10 所示。

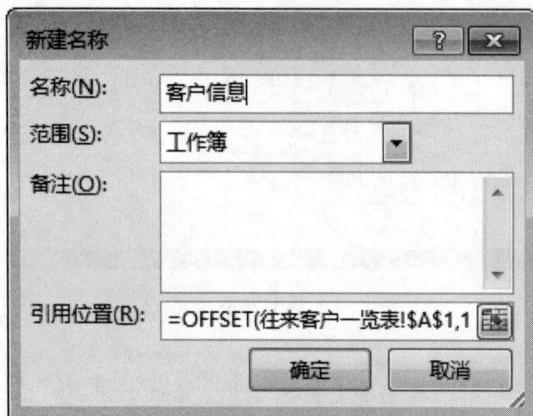

图 9-9　【新建名称】对话框

图 9-10　输入 F～I 列单元格内容

步骤 11 在 F2:I11 单元格中输入企业所有供应商的编码、名称和对应的期初数值，显示如图 9-11 所示。

步骤 12 采用与上述同样的方法，进行美化表格操作，效果如图 9-12 所示。

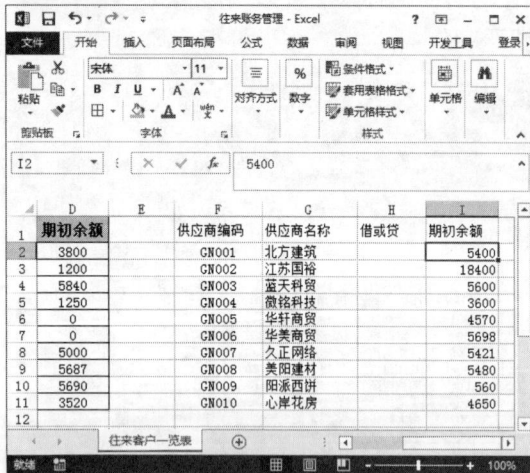

图 9-11　输入供应商信息

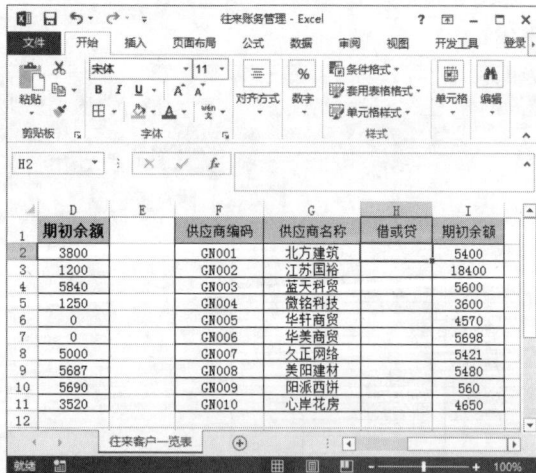

图 9-12　美化表格操作

步骤 13 选中 H2 单元格，在编辑栏中输入公式 "=IF(I2=0,""," 贷 ")"，按 Enter 键确认，即可设置期初余额的方向，如图 9-13 所示。

步骤 14 将 H2 单元格中的内容复制到 H3～H20 单元格区域，如图 9-14 所示。

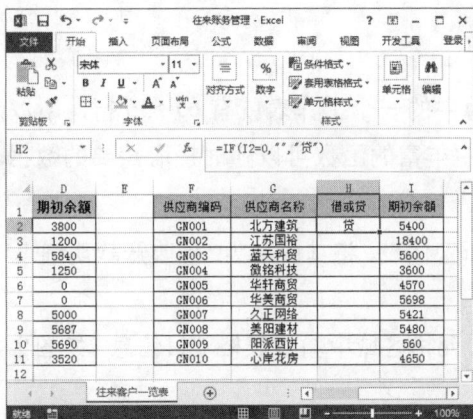

图 9-13 设置供应商一览表期初余额的方向

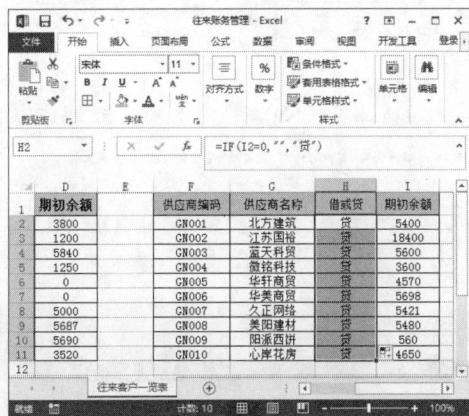

图 9-14 复制 H2 单元格公式

提示 企业跟客户之间产生的业务形成企业的应收账款，属资产类账户，故余额应在借方；而企业跟供应商之间的业务形成企业的应付账款，属于负债类账户，故余额应在贷方。

步骤 15 单击【公式】选项卡【定义的名称】组中的【定义名称】下拉按钮，从弹出的下拉列表中选择【定义名称】选项，打开【新建名称】对话框。在【名称】文本框中输入"供应商信息"，在【引用位置】文本框中输入公式"=OFFSET(往来客户一览表 !$F$1,1,,COUNTA(往来客户一览表 !$F:$F)-1)"，单击【确定】按钮，关闭【新建名称】对话框，如图 9-15 所示。

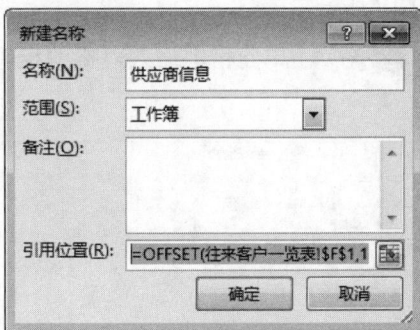

图 9-15 【新建名称】对话框

步骤 16 该工作表的最终效果如图 9-16 所示，该工作表中同时存放客户清单和供应商清单。

图 9-16 最终显示效果

9.2 应收账款的统计

应收账款账户是用以记录企业因销售产品而应向购货单位收取的价款及对代垫项结算情况的账户，该账户通常按购货单位的名称设置，以便提供与各购买单位的结算情况。

9.2.1 创建应收账款明细账

在用 Excel 管理应收账款时，由于 Excel 工作簿中的一个工作表就有 65 536 行，所以足以登记企业每个月的应收账款明细账，同时 Excel 中丰富的函数可以随时提取需要的数据。创建应收账款明细账的具体操作步骤如下。

步骤 1 打开"往来业务管理"工作簿，插入一个新工作表，将其命名为"应收账款明细表"，如图 9-17 所示。

步骤 2 在 A1 单元格中输入表格的标题，A2:F2 单元格区域中输入表格项目信息，如图 9-18 所示。

图 9-17　插入"应收账款明细"工作表

图 9-18　输入表格的标题和项目

步骤 3 通常，明细账款都应该在业务发生的当天进行登记，所以可以使用函数自动输入日期。选中 A3 单元格，在编辑栏中输入公式"=NOW()"，按 Enter 键，即可返回系统的当前日期和时间，如图 9-19 所示。

步骤 4 将 A3 单元格中的内容复制到 A4 ～ A13 单元格区域，如图 9-20 所示。

图 9-19　输入日期公式

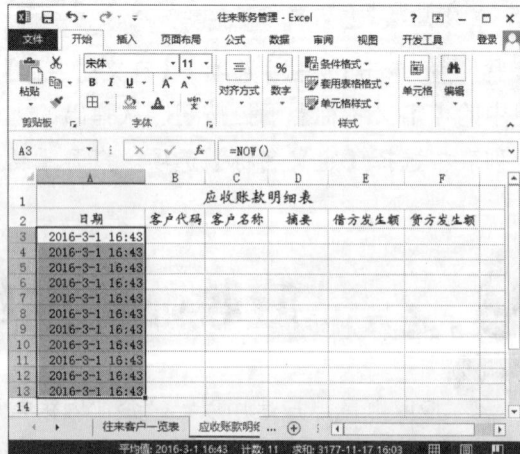

图 9-20　复制 A3 单元格公式

步骤 5 选中 A3:A13 单元格区域，右击鼠标，在弹出的快捷菜单中选择【设置单元格格式】菜单命令，打开【设置单元格格式】对话框，在【分类】列表框中选择【日期】选项，在【类型】列表框中选择日期显示的类型，如图 9-21 所示。

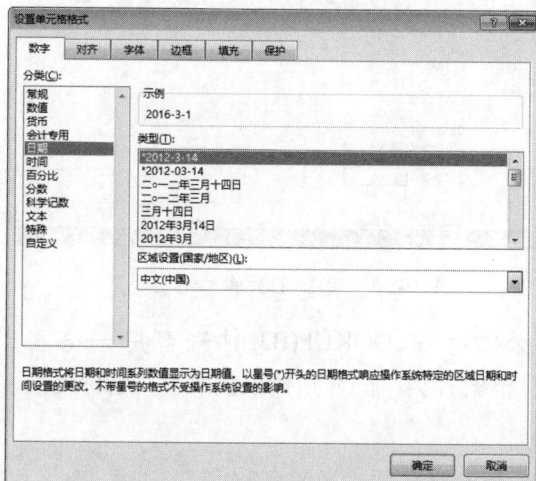

图 9-21　选择【日期】类型

步骤 6 单击【确定】按钮，返回到工作表，可以看到【日期】列显示的效果，如图 9-22 所示。

图 9-22　【日期】列显示效果

步骤 7 选中 B3 单元格，单击【数据】选项卡【数据工具】组中的【数据有效性】下拉按钮，从弹出的下拉列表中选择【数据有效性】选项，如图 9-23 所示。

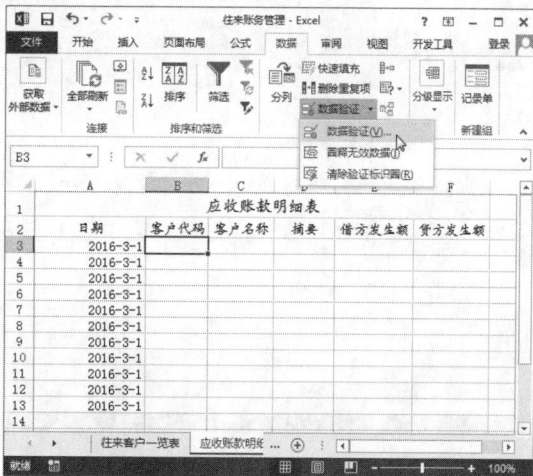

图 9-23　执行【数据验证】命令

步骤 8 打开【数据有效性】对话框，选择【设置】选项卡，在【允许】下拉列表中选择【序列】选项，在【来源】文本框中输入公式"=客户信息"，如图 9-24 所示。

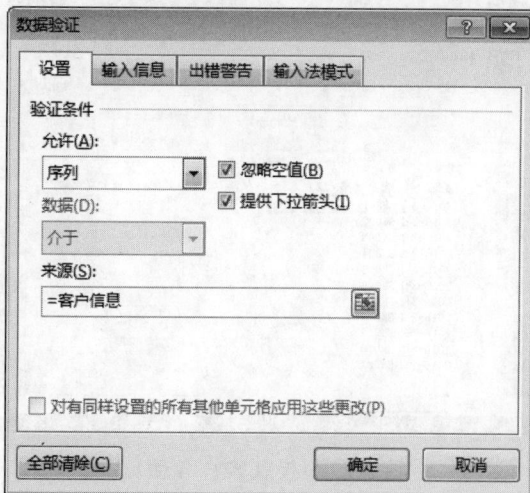

图 9-24　【数据验证】对话框

步骤 9 单击【确定】按钮，关闭【数据有效性】对话框。再次选中 B3 单元格，则该单元格的右侧将显示一个下拉按钮。若单击该下拉按钮，可以弹出客户代码下拉列表，如图 9-25 所示。

步骤 10 将 B3 单元格中的内容复制到 B4 ~ B13 单元格区域，如图 9-26 所示。

图 9-25　【客户代码】下拉列表

图 9-26　复制 B3 单元格公式

步骤 11 选中 C3 单元格，在编辑栏中输入公式 "=VLOOKUP(B3, 往来客户一览表！
$A$2:$B$20,2,FALSE)"，按 Enter 键确认后，即可根据 B 列中的客户代码获取客户名称信息，
如图 9-27 所示。

步骤 12 将 C3 单元格中的内容复制到 C4 ~ C13 单元格区域，如图 9-28 所示。

图 9-27　获取客户名称

图 9-28　复制 C3 单元格公式

步骤 13 在 D3:D13 单元格区域中，根据发生的业务，输入相应的摘要信息，如图 9-29 所示。

步骤 14 选中 E3:F13 单元格区域，打开【设置单元格格式】对话框，在【数字】选项卡【分类】
列表框中选择【会计专用】类型，在【货币符号】下拉列表中选择人民币符号，此时还可以在【小
数位数】文本框中设置小数的位数，显示如图 9-30 所示。

图 9-29 输入摘要信息

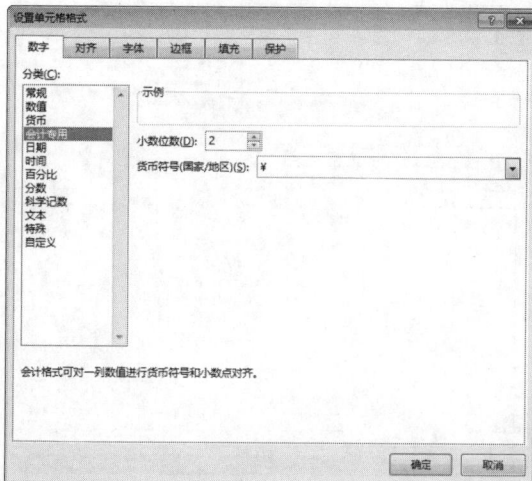

图 9-30 【设置单元格格式】对话框

步骤 15 根据发生的业务，在 E 列和 F 列单元格区域中，输入借贷方发生额，显示如图 9-31 所示。

步骤 16 为了美化表格，可以设置表格的边框以及表格标题字体的大小、字形加粗、字体居中显示等操作，其最终显示效果如图 9-32 所示。

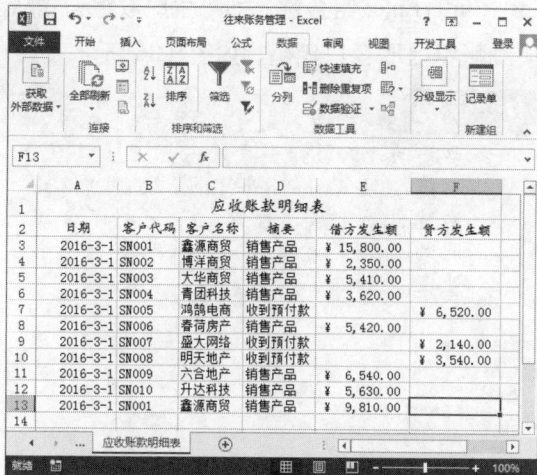

图 9-31 输入借贷方发生额

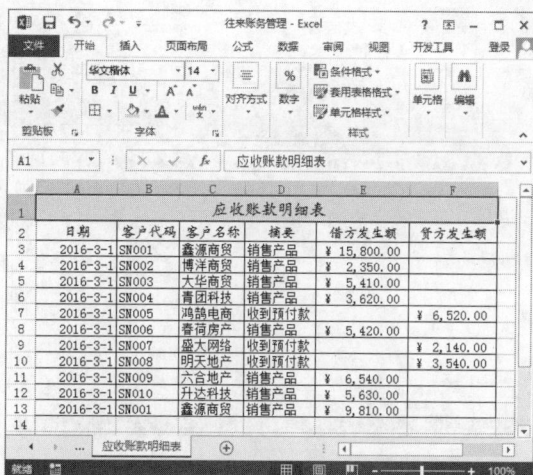

图 9-32 美化表格后的最终显示效果

9.2.2 创建应收账款汇总表

明细账只能反映具体的每一笔经济业务，却难以反映整个应收账款的情况，所以还应对各个客户在该期间的收付情况进行汇总，以便准确地掌握企业的债权情况。其具体的操作步骤如下。

步骤 1 打开"往来账务管理"工作簿，插入一个新工作表，将其命名为"应收账款汇总表"，如图 9-33 所示。

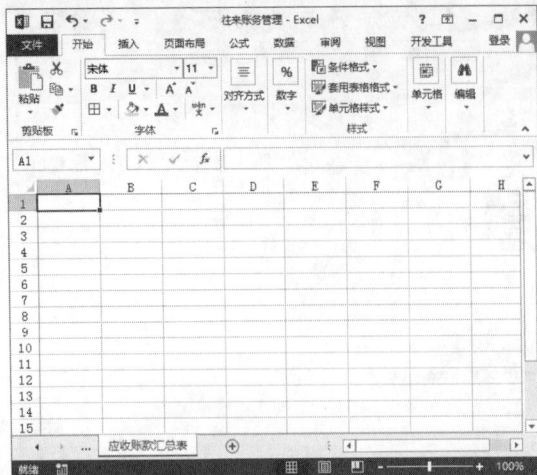

图 9-33　插入"应收账款汇总表"工作表

步骤 **2** 在 A1 单元格中输入表格的标题，在 A2:H2 单元格区域中输入表格的项目信息，如图 9-34 所示。

图 9-34　输入表格标题和项目

步骤 **3** 在【公式】选项卡【定义的名称】组中单击【定义名称】下拉按钮，从弹出的下拉列表中选择【定义名称】选项，打开【新建名称】对话框。在【名称】文本框中输入"客户信息 1"，在【引用位置】文本框中输入公式"=OFFSET(应收账款明细表 !$B$1,1,, COUNTA(应收账款明细表 !$B:$B)-1)"，单击【确定】按钮，关闭【新建名称】对话框，

如图 9-35 所示。

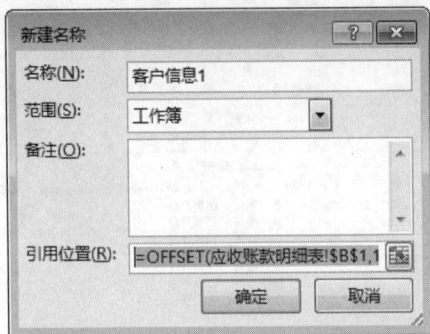

图 9-35　【新建名称】对话框

步骤 **4** 选中 A3 单元格，在编辑栏中输入公式"=IF(ROW(2:2)>ROUND(SUM(1/ COUNTIF(客户信息 1, 客户信息 1)),0),"", INDEX(客户信息 1,SMALL(IF(MATCH(客户信息 1, 客户信息 1,0)=ROW (客户信息 1)- 1, ROW(客户信息 1)-1),ROW(2:2))))"，按 Ctrl+Shift+Enter 组合键，即可生成数组公式从明细账中提取客户代码，如图 9-36 所示。

> ▶ **注意**　在输入数组公式时，切忌不要手动输入数组公式标志大括号"{}"，而是要按 Ctrl+Shift+Enter 组合键，让系统自动生成。否则，Excel 将不会识别到公式，而会将它们作为字符串来处理。

图 9-36　输入数组公式

步骤 5 将 A3 单元格中的内容复制到 A4 ～ A13 单元格区域，如图 9-37 所示。

步骤 6 选中 B3 单元格，在编辑栏中输入公式 "=VLOOKUP($A3, 往来客户一览表！$A$2:$D$20,2,FALSE)"，按 Enter 键确认后，即可取出同行的 A 列单元格中客户代码对应的名称，如图 9-38 所示。

图 9-37　复制 A3 单元格公式

图 9-38　获取客户名称

步骤 7 将 B3 单元格中的内容复制到 B4 ～ B12 单元格区域，如图 9-39 所示。

步骤 8 选中 C3 单元格，在编辑栏中输入公式 "=IF(D3<>0," 借 ","")"，按 Enter 键确认后，即可设置上期结余的方向，如图 9-40 所示。

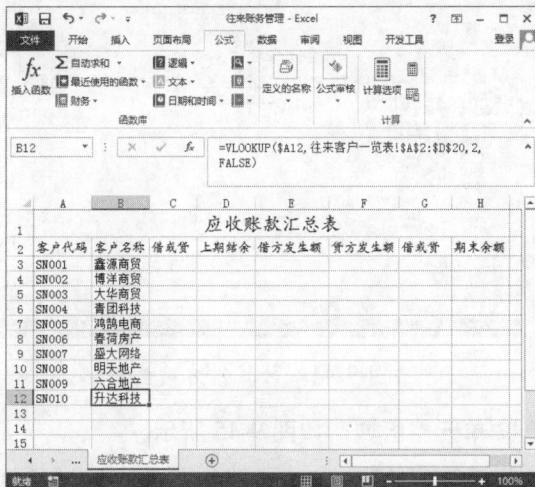

图 9-39　复制 B3 单元格公式

图 9-40　设置上期结余的方向

步骤 9 将 C3 单元格中的内容复制到 C4 ～ C12 单元格中区域，如图 9-41 所示。

步骤 10 选中 D3 单元格，然后在编辑栏中输入公式 "=VLOOKUP(A2, 往来客户一览表！$A$2:$D$20,4,FALSE)"，按 Enter 键确认后，即可提取上期结余数，如图 9-42 所示。

图 9-41 复制 C3 单元格公式

图 9-42 提取上期结余数

步骤 11 将 D3 单元格中的内容复制到 D4 ～ D12 单元格区域，如图 9-43 所示。

步骤 12 选中 E3 单元格，然后在编辑栏中输入公式"=SUMIF(应收账款明细表 !$B$2:$F$20, 应收账款汇总表 !$A3, 应收账款明细表 !$E$2:$E$20)"，按 Enter 键确认后，即可以客户代码为求和条件，汇总本期间该客户借方发生额总额，如图 9-44 所示。

图 9-43 复制 D3 单元格公式

图 9-44 计算借方发生额

步骤 13 将 E3 单元格中的内容复制到 E4 ～ E12 单元格区域，如图 9-45 所示。

步骤 14 选中 F3 单元格，然后在编辑栏中输入公式"=SUMIF(应收账款明细表 !$B$2:$F$20, 应收账款汇总表 !$A3, 应收账款明细表 !$F$2:$F$20)"，按 Enter 键确认后，即可按客户汇总本期间贷方发生额总额，如图 9-46 所示。

步骤 15 将 F3 单元格中的内容复制到 F4 ～ F12 单元格区域，如图 9-47 所示。

步骤 16 选中 C3 单元格，单击鼠标右键，从弹出的快捷菜单中选择【复制】菜单命令，如图 9-48 所示。

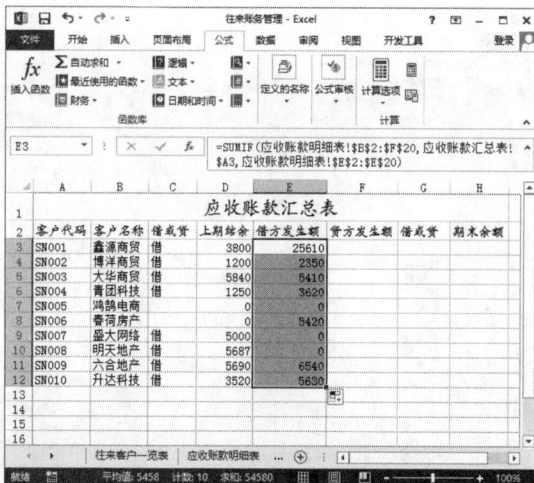

图 9-45　复制 E3 单元格公式

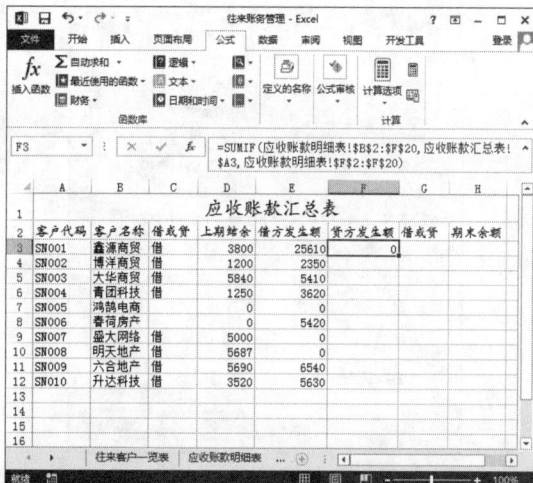

图 9-46　按客户汇总本期间贷方发生额总额

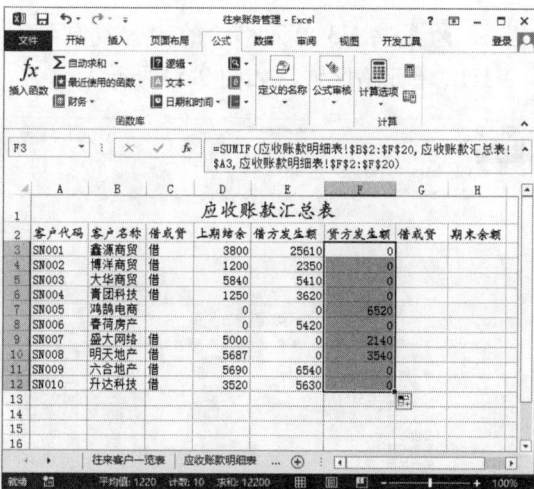

图 9-47　复制 F3 单元格公式

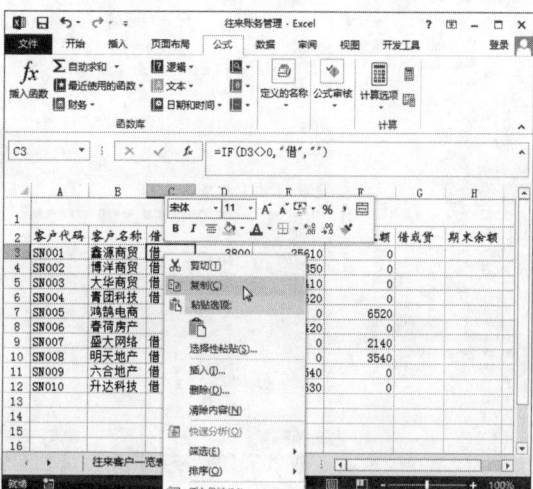

图 9-48　复制 C3 单元格内容

步骤 17 选中 G3 单元格，单击鼠标右键，从弹出的快捷菜单中选择【选择性粘贴】菜单命令，打开【选择性粘贴】对话框。在【粘贴】区域中选中【公式】单选按钮，显示如图 9-49 所示。

步骤 18 单击【确定】按钮，返回"应收账款汇总表"工作表，此时，虽然 G3 单元格中并没有显示任何内容，但是当选定该单元格时，可以从编辑栏中看到"=IF(H2<>0," 借 ","")"公式内容，其复制过来的公式自动将原公式中对单元格 D3 的引用更改为对单元格 H3 的引用，如图 9-50 所示。

步骤 19 将 G3 单元格中的内容复制到 G4 ～ G12 单元格区域，如图 9-51 所示。

步骤 20 根据公式"期初数＋本期借方发生额 - 本期贷方发生额＝期末余额"，选中 H3 单元格，然后在编辑栏中输入公式"=D3+E3-F3"，按 Enter 键确认后，即可计算出该月末每个客户的应收账款余额，如图 9-52 所示。

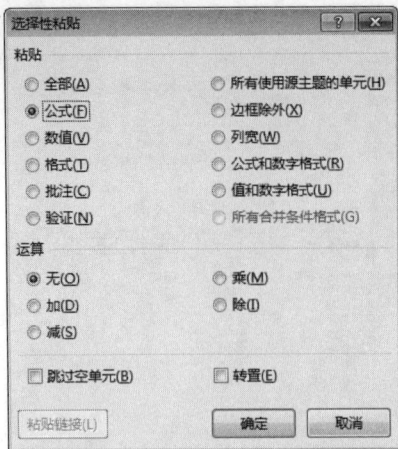

图 9-49　【选择性粘贴】对话框

图 9-50　复制公式结果

图 9-51　复制 G3 单元格公式

图 9-52　计算期末应收账款余额

步骤 21 将 H3 单元格中的内容复制到 H4～H12 单元格区域，如图 9-53 所示。

图 9-53　复制 H3 单元格公式

步骤 22 选中 A13 单元格，输入"合计"，如图 9-54 所示。

步骤 23 根据实际情况求出上期结余、借方发生额、贷方发生额和期末余额的合计，其最终结果如图 9-55 所示。

步骤 24 为了美化表格，可以设置表格的边框以及表格标题字体的大小、字形加粗、字体居中显示等，其最终效果如图 9-56 所示。

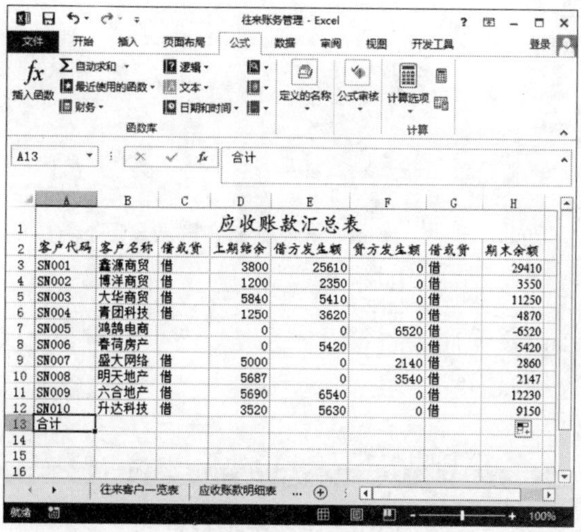

图 9-54　输入"合计"

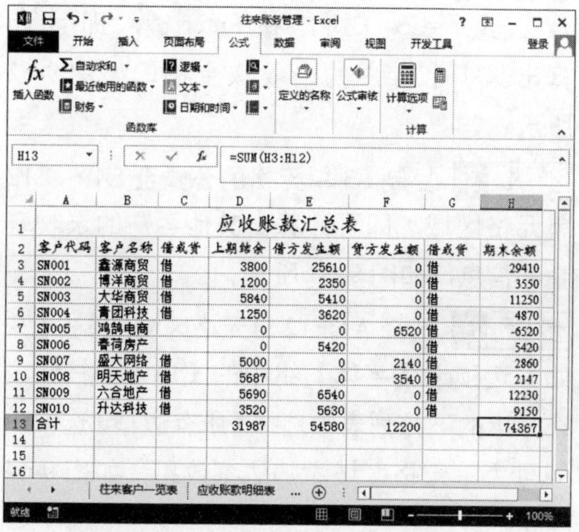

图 9-55　计算各项目的合计值

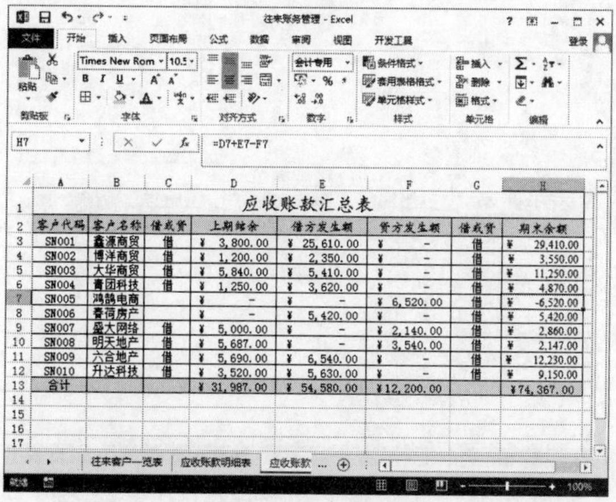

图 9-56　美化表格后的最终效果

9.2.3　创建应收账款表单

加强对应收账款的管理已经成为企业财务管理的一个重要工作。通过创建应收账款表单，可以对应收账款进行管理。创建应收账款表单的操作步骤如下。

步骤 1 打开"往来账务管理"工作簿，新建一个空白工作表，重命名该工作表为"应收账款表单"，如图 9-57 所示。

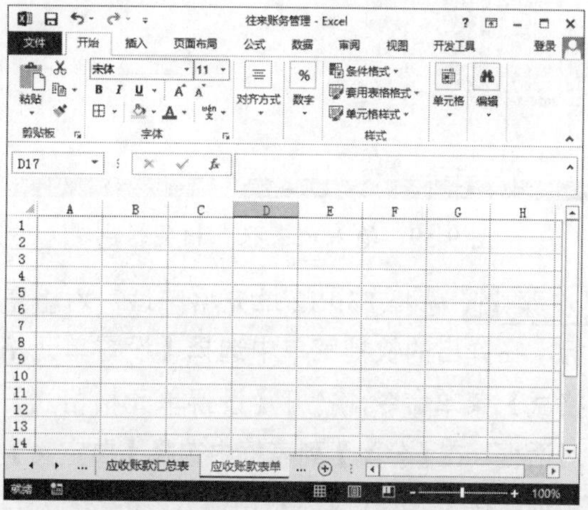

图 9-57　新建空白工作表

步骤 2 在"应收账款表单"工作表中输入表格标题信息，并设置单元格格式，如图 9-58 所示。

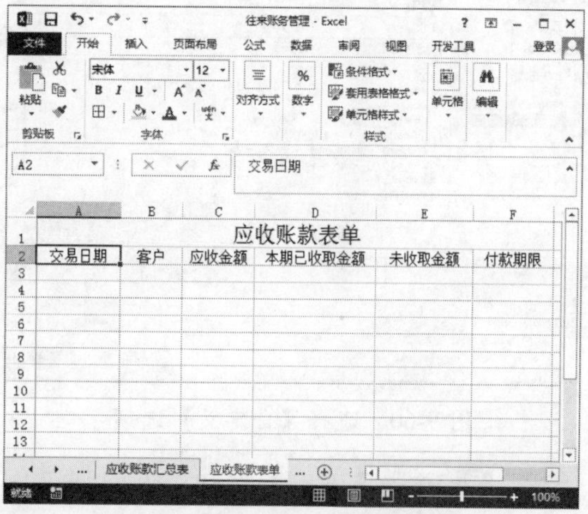

图 9-58　输入表格标题

步骤 3 根据实际情况，输入往来账务的交易日期、客户、应收金额等信息，如图 9-59 所示。

图 9-59 输入往来账务相关信息

步骤 4 选择 F3:F12 单元格区域，右击鼠标，在弹出的快捷菜单中选择【设置单元格格式】菜单命令，打开【设置单元格格式】对话框，在【分类】列表框中选择【自定义】选项，在【类型】文本框中输入"0" 天""，如图 9-60 所示。

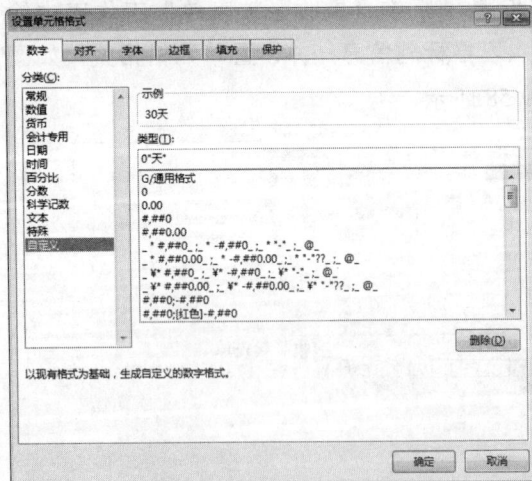

图 9-60 选择【自定义】选项

步骤 5 单击【确定】按钮，返回到工作表中，可以看到【付款期限】列显示的数据信息，如图 9-61 所示。

图 9-61 设置单元格格式

步骤 6 选择 E3 单元格，在编辑栏中输入公式 "=C3-D3"，按 Enter 键，即可计算出第 1 个客户的未收取金额，如图 9-62 所示。

步骤 7 复制 E3 单元格的公式至 E4～E12 单元格区域，即可计算出其他客户的未收取金额信息，如图 9-63 所示。

步骤 8 选择 A1:F12 单元格区域，单击【开始】选项卡【字体】组中的【边框】按钮，在弹出的下拉列表中选择【所有边框】选项，即可为单元格区域添加边框效果，如图 9-64 所示。

图 9-62 计算第 1 个客户的未收取金额

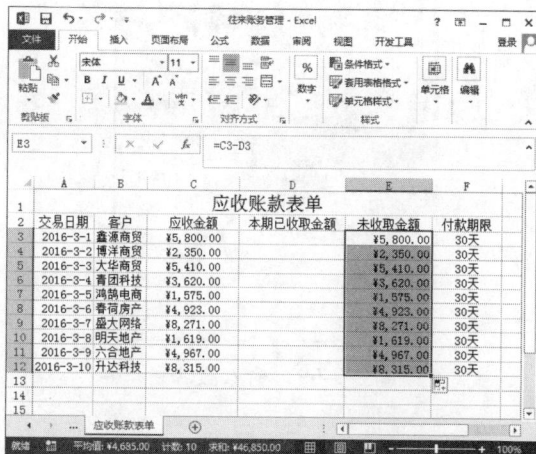

图 9-63 复制 E3 单元格公式

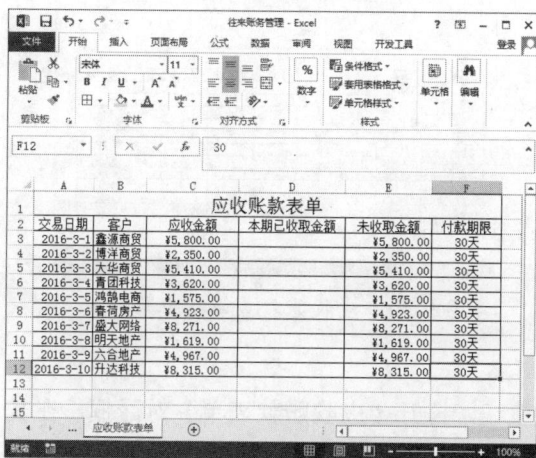

图 9-64 添加表格边框

9.2.4 管理应收账款记录

使用 Excel 的记录单功能可以轻松添加、修改和删除应收账款记录信息，下面进行详细介绍。

1 查找并修改记录

步骤 **1** 打开"往来账务管理"工作簿，选择"应收账款表单"工作表，然后在【数据】选项卡单击【记录单】按钮，如图 9-65 所示。

步骤 **2** 打开【应收账款表单】对话框，在其中显示了第 1 个客户信息。通过单击【下

一条】或【上一条】按钮，可以查看应收账款的表单信息，如图 9-66 所示。

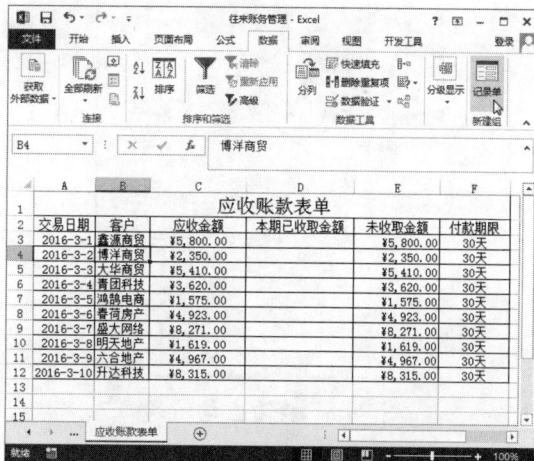

图 9-65 单击【记录单】按钮

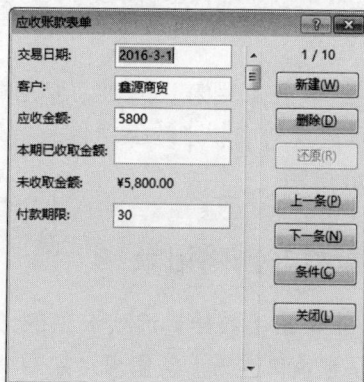

图 9-66 【应收账款表单】对话框

步骤 **3** 单击【条件】按钮，进入记录单查询功能界面，在【交易日期】文本框中输入交易日期，在【客户】文本框中输入客户信息，如图 9-67 所示。

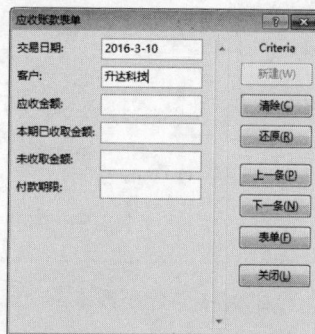

图 9-67 输入查询信息

步骤 4 按 Enter 键，即可显示查询的客户信息，如图 9-68 所示。

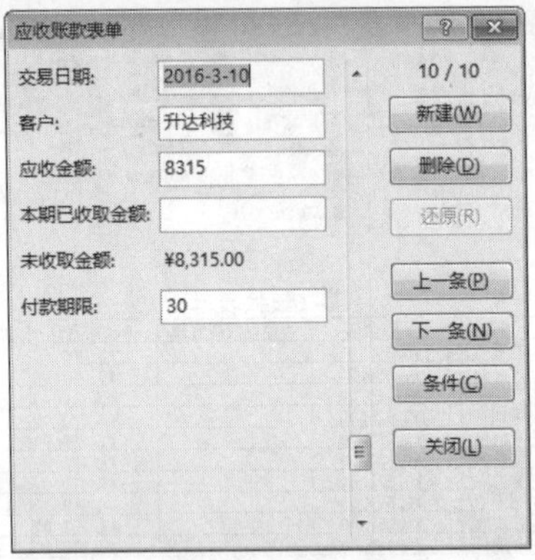

图 9-68 查看查询结果

步骤 5 在【本期已收取金额】文本框中输入本期收取的金额，如这里输入"3000"，如图 9-69 所示。

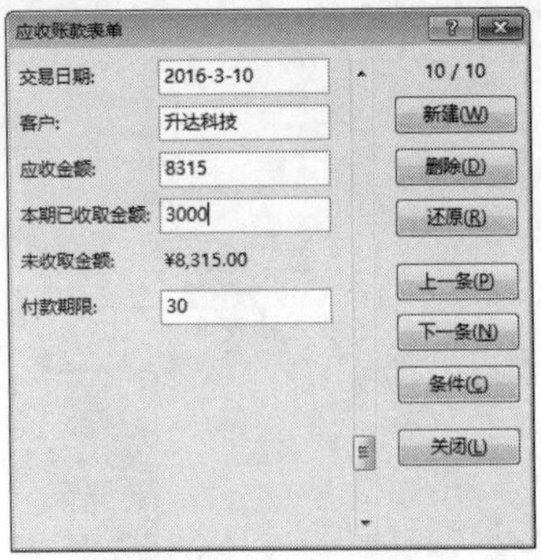

步骤 6 单击【关闭】按钮，返回到工作表中，可以看到应收账款保单信息被修改，如图 9-70 所示。

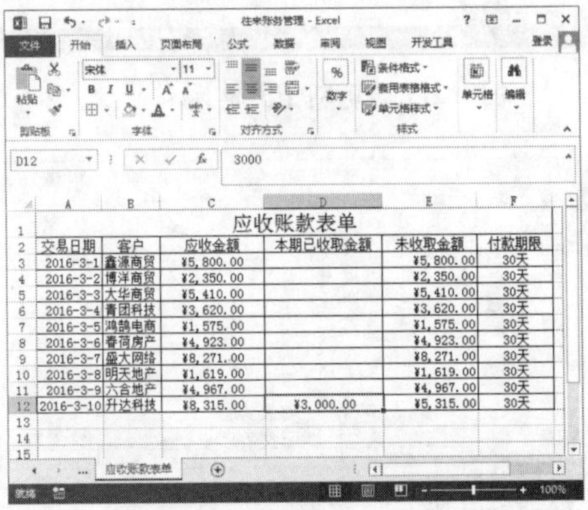

图 9-69 输入数据

图 9-70 应收账款表单信息被修改

2 查找并删除记录

步骤 1 单击【数据】选项卡中的【记录单】按钮，打开【应收账款表单】对话框，在其中显示了记录单的第 1 条信息，如图 9-71 所示。

步骤 2 单击【条件】按钮，进入记录单查询功能界面，在【客户】文本框中输入客户信息，如这里输入"鸿鹄电脑"，如图 9-72 所示。

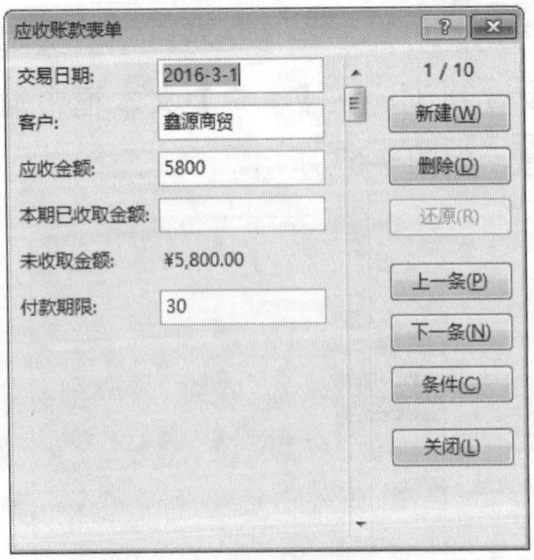

图 9-71 查看第 1 条记录

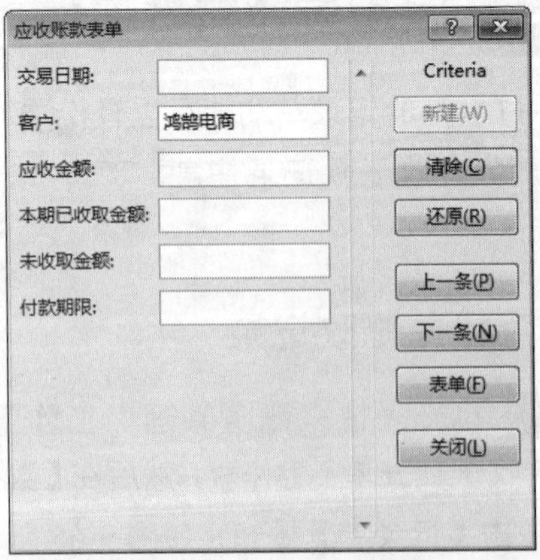

图 9-72 输入查询名称

步骤 3 按 Enter 键，即可显示有关"鸿鹄电商"的相关信息，如图 9-73 所示。

步骤 4 单击【删除】按钮，弹出一个信息提示框，如图 9-74 所示。

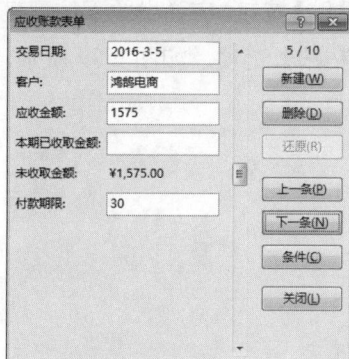

图 9-73　得出查询信息　　　　　　　　　图 9-74　信息提示框

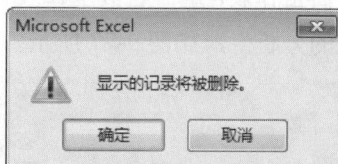

步骤 5 单击【确定】按钮，即可删除选择的客户信息，并在【应收账款表单】对话框中显示下一条客户信息，如图 9-75 所示。

步骤 6 单击【关闭】按钮，返回到工作表中，可以看到"鸿鹄电商"的应收账款记录被删除，如图 9-76 所示。

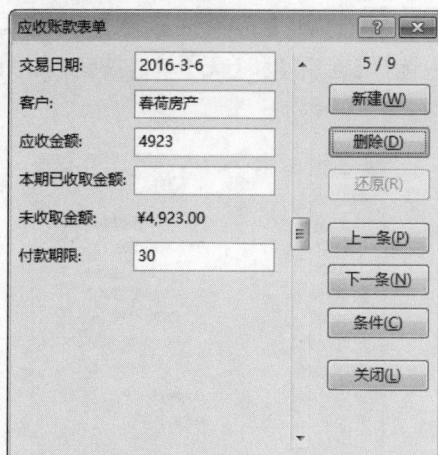

图 9-75　显示下一条记录　　　　　　　　　图 9-76　记录被删除

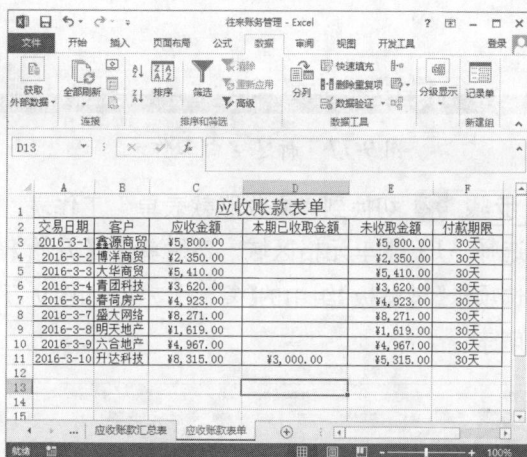

9.3　应收账款的分析

　　应收账款是要经过一段时间才可能收回的债权。如果应收账款不能及时收回，企业资金就无法继续周转，这样会阻碍企业的正常运营，甚至会危及企业的生存和发展。因此，财务管理人员要对企业的应收账款进行分析，以便能够采取有效的措施及时收回应收账款。

9.3.1 逾期应收账款的分析

逾期应收账款的分析，就是利用 Excel 函数判断应收账款是否到期及分析逾期的天数，具体的操作步骤如下。

步骤 1 打开"往来账务管理"工作簿，新建一个空白工作表，重命名该工作表为"逾期应收账款的分析"，如图 9-77 所示。

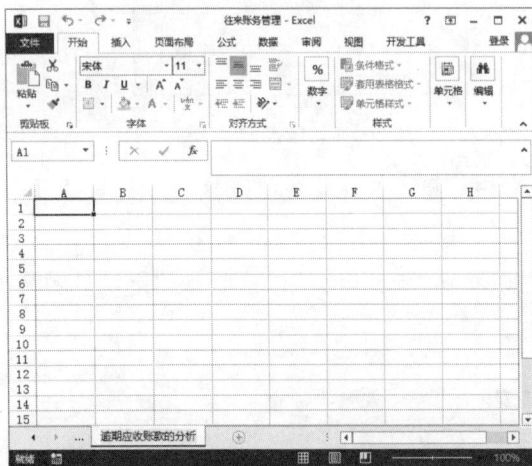

图 9-77　新建空白工作表

步骤 2 切换到"应收账款表单"工作表，选择 A1:F11 单元格区域，然后单击【开始】选项卡【剪贴板】组中的【复制】按钮，如图 9-78 所示。

图 9-78　复制工作表数据

步骤 3 切换到"逾期应收账款的分析"工作表，单击【开始】选项【剪贴板】组中的【粘贴】按钮，在弹出的下拉列表中选择【选择性粘贴】选项，如图 9-79 所示。

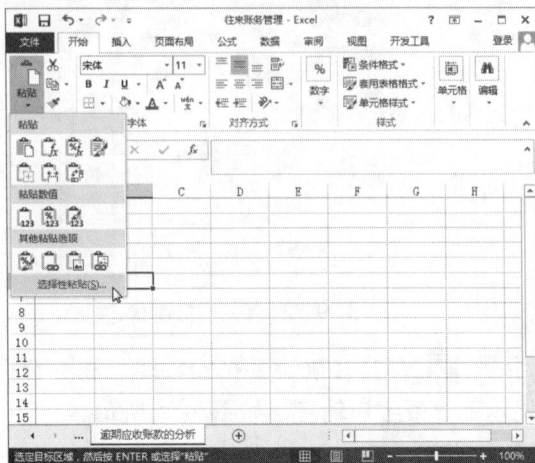

图 9-79　【选择性粘贴】选项

步骤 4 打开【选择性粘贴】对话框，在其中选择【全部】和【无】单选按钮，如图 9-80 所示。

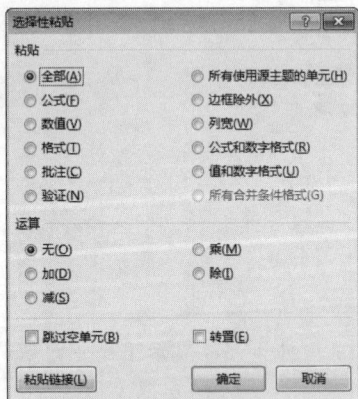

图 9-80　【选择性粘贴】对话框

步骤 5 单击【确定】按钮，返回到工作表，可以看到粘贴后的显示效果，如图 9-81 所示。

步骤 6 再次选择 A1:F11 单元格区域并复制，然后切换到"逾期应收账款的分析"工作表，打开【选择性粘贴】对话框，在其中选择【格式】单选按钮，如图 9-82 所示。

图 9-81　粘贴数据后的显示效果

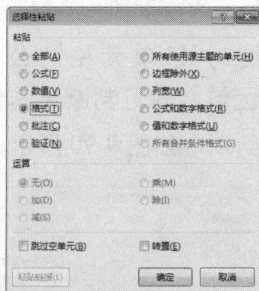

图 9-82　【选择性粘贴】对话框

步骤 7 单击【确定】按钮，返回到工作表，可以看到粘贴的单元格格式显示效果，如图 9-83 所示。

图 9-83　粘贴单元格格式

步骤 8 用同样的方法打开【选择性粘贴】对话框，在其中选择【列宽】单选按钮，如图 9-84 所示。

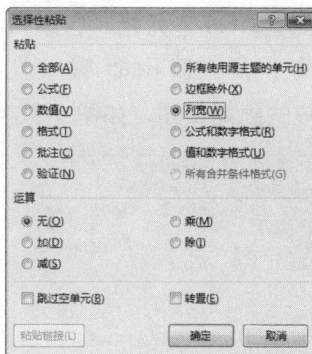

图 9-84　【选择性粘贴】对话框

步骤 9 单击【确定】按钮，返回到工作表中，可以看到粘贴列宽之后的显示效果，如图 9-85 所示。

图 9-85　粘贴单元格列宽

步骤 10 在表格标题行插入一行，然后根据实际情况输入表格信息，并设置单元格格式，如图 9-86 所示。

图 9-86　输入表格信息

步骤 11 选择 G4 单元格，在编辑栏中输入公式 "=A4+F4"，按 Enter 键，即可计算出第 1 个客户的到期日期，如图 9-87 所示。

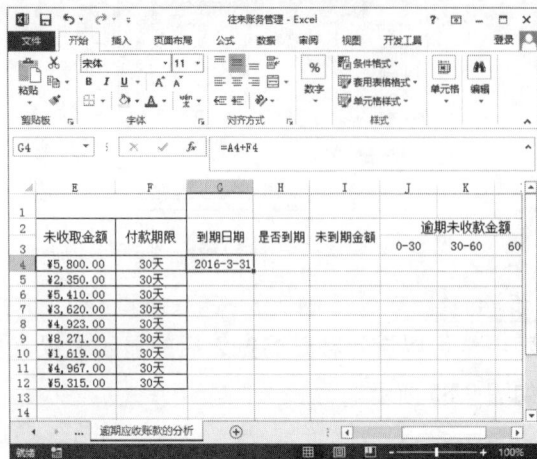

图 9-87　计算到期日期

步骤 12 复制 G4 单元格的公式至 G5 ～ G12 单元格区域，即可计算出其他客户的应收账款到期日期，如图 9-88 所示。

图 9-88　复制 G4 单元格公式

步骤 13 假如今天是 2016 年 3 月 2 号，下面判断是否到期。选择 H4 单元格，在编辑栏中输入公式 "=IF(G4-TODAY()>=0," 否 "," 是 ")"，按 Enter 键，即可判断出第 1 个客户的应收账款是否到期，如图 9-89 所示。

图 9-89　判断是否到期

步骤 14 复制 H4 单元格的公式至 H5 ～ H12 单元格区域，即可判断出其他客户的应收账款是否到期，如图 9-90 所示。

图 9-90　复制 H4 单元格公式

步骤 15 选择 I4 单元格，在编辑栏中输入公式 "=IF(G4-TODAY()>=0,E4,0)"，按 Enter 键，即可计算出第 1 个客户的应收账款未到期金额数，如图 9-91 所示。

步骤 16 复制 I4 单元格的公式至 I5 ～ I12 单元格区域，即可计算出其他客户的应收账款未到期金额数，如图 9-92 所示。

步骤 17 选择 J4 单元格，在编辑栏中输入公式 "=IF(AND(TODAY()-$G4>0,TODAY()-

$G4<=30),$E4,0)"，按 Enter 键，即可计算出第 1 个客户的逾期未收款金额，如图 9-93 所示。

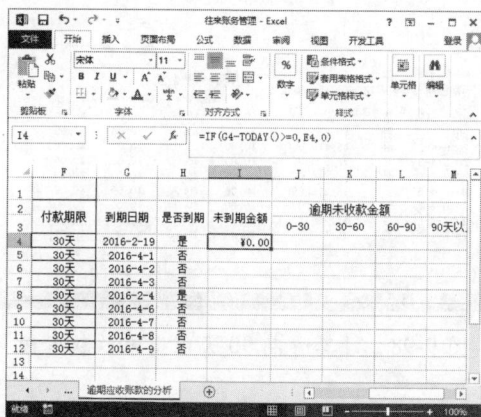

图 9-91　计算未到期金额

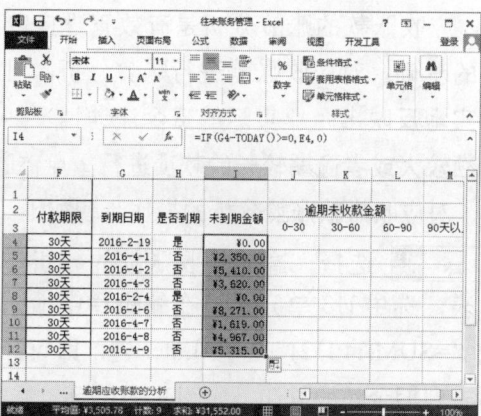

图 9-92　复制 I4 单元格公式

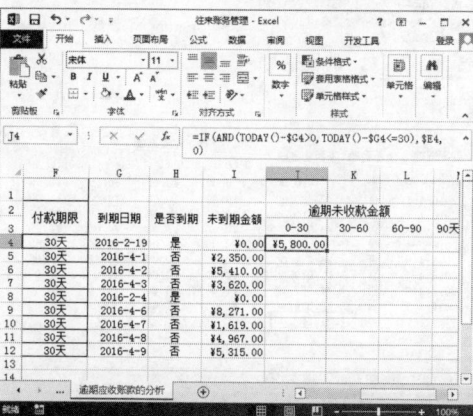

图 9-93　计算逾期 0 ～ 30 天的逾期未收取
金额

步骤 18 复制 J4 单元格中的公式至 J5 ～ J12 单元格区域，即可计算出其他客户的逾期未收款金额，如图 9-94 所示。

图 9-94　复制 J4 单元格

步骤 19 选择 K4 单元格，在编辑栏中输入公式 "=IF(AND(TODAY()-$G4>30,TODAY()-$G4<=60),$E4,0)"，按 Enter 键，即可计算出第 1 个客户逾期 30 ～ 60 天的未收款金额数，如图 9-95 所示。

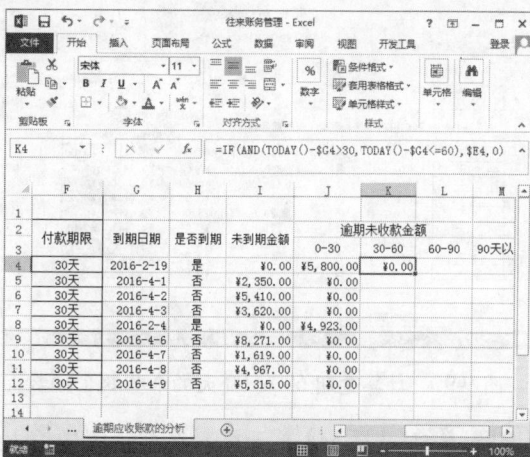

图 9-95　计算逾期 30 ～ 60 天的未收款金额数

步骤 20 复制 K4 单元格中的公式至 K5 ～ K12 单元格区域，即可计算出其他客户的逾期 30 ～ 60 天未收款金额，如图 9-96 所示。

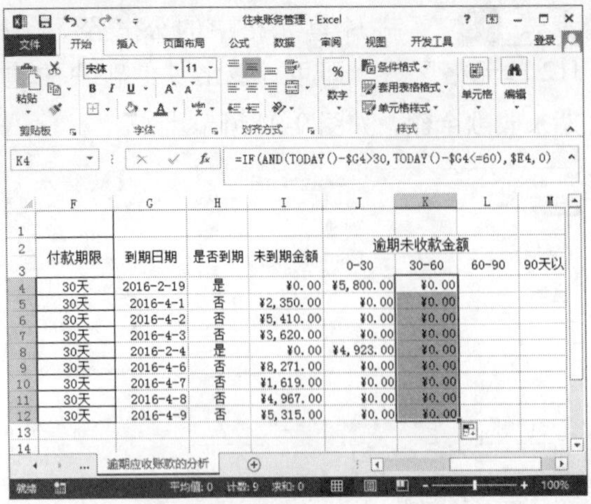

图 9-96　复制 K4 单元格

步骤 21 选择 L4 单元格，在编辑栏中输入公式 "=IF(AND(TODAY()-$G4>60,TODAY()-$G4<=90),$E4,0)"，然后复制 L4 单元格中的公式至 L5 ～ L12 单元格区域，即可计算出其他客户的逾期 60 ～ 90 天未收款金额，如图 9-97 所示。

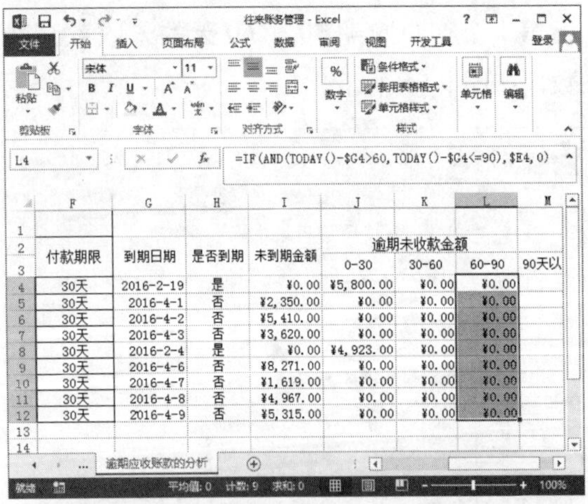

图 9-97　计算逾期 60 ～ 90 天的未收款金额数

步骤 22 选择 M4 单元格，在编辑栏中输入公式 "=IF(TODAY()-$G4>90,$E4,0)"，然后复制 M4 单元格中的公式至 M5 ～ M12 单元格区域，即可计算出其他客户的逾期 90 天以上未收款金额，如图 9-98 所示。

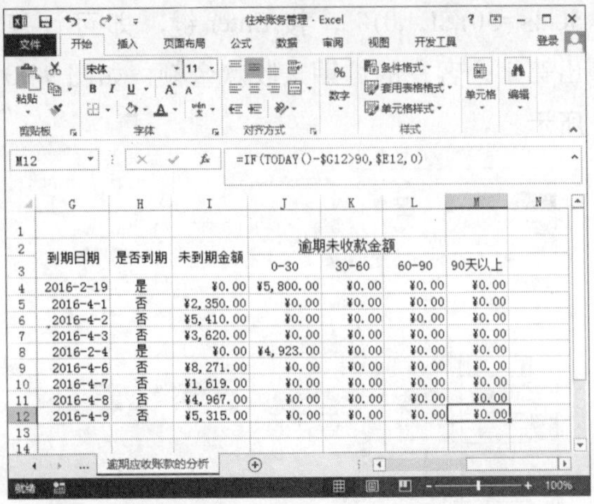

图 9-98　计算逾期 90 天以上未收款金额

9.3.2　应收账款的账龄分析

应收账款的账龄分析是有效管理应收账款的基础。对应收账款进行账龄分析，可以真实地反映出企业实际的资金流动情况，对金额较大或者逾期较长的款项进行重点催收。

对应收账款账龄分析的操作步骤如下。

步骤 1 选择"逾期应收账款的分析"工作表，选中 I13 单元格，在编辑栏中输入公式 "=SUM(I4:I12)"，按 Enter 键，即可计算出未到期金额的总和，如图 9-99 所示。

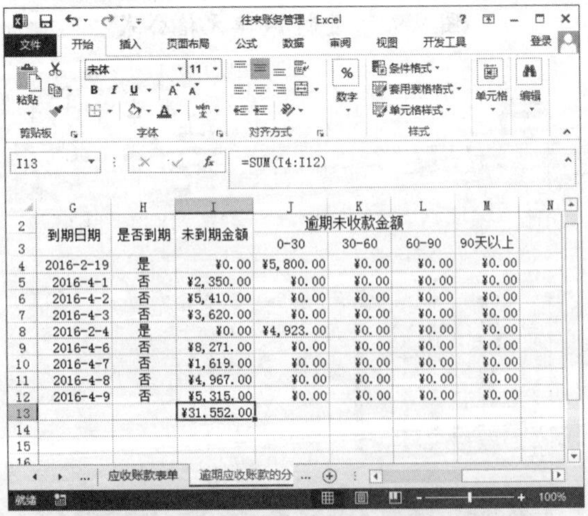

图 9-99　计算未到期金额总和

步骤 2 复制 I13 单元格中的公式至 J3 ～ M13 单元格区域，即可计算出逾期未收款金额的总和，如图 9-100 所示。

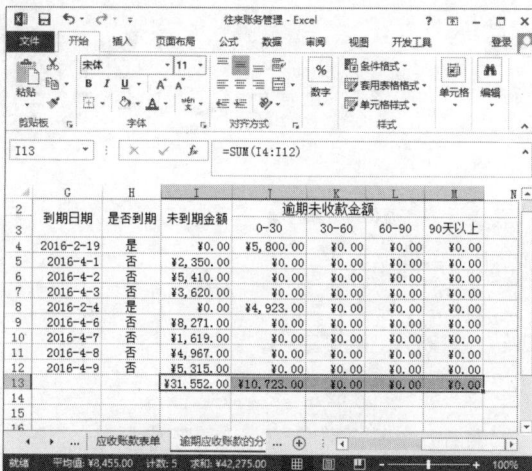

图 9-100 复制 I13 单元格公式

步骤 3 新建一个空白工作表，重命名工作表为"应收账款账龄分析"，如图 9-101 所示。

图 9-101 新建空白工作表

步骤 4 根据需要在"应收账款账龄分析"工作表中输入表格标题信息，并设置单元格格式，如图 9-102 所示。

步骤 5 切换到"逾期应收账款的分析"工作表，选择 I13:M13 单元格区域，单击【开始】选项卡【剪贴板】组中的【复制】按钮，复制选择的单元格区域，如图 9-103 所示。

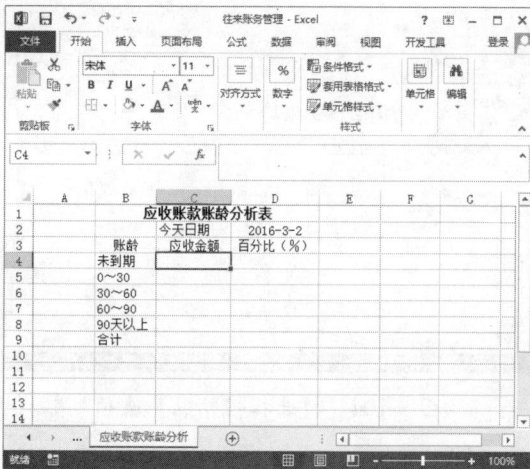

图 9-102 输入表格信息

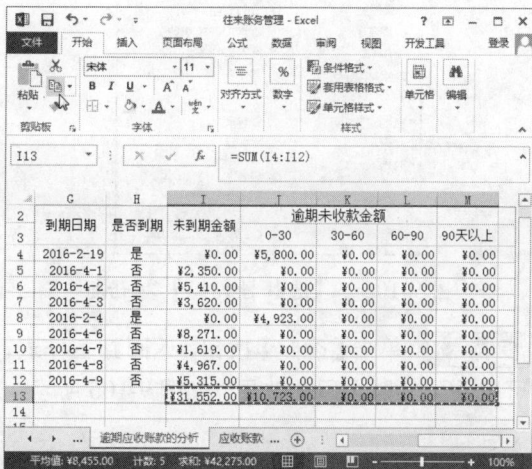

图 9-103 选择要复制的单元格区域

步骤 6 选择 C4:C8 单元格区域，单击【开始】选项卡【剪贴板】组中的【粘贴】按钮，在弹出的快捷菜单中选择【选择性粘贴】菜单命令，如图 9-104 所示。

步骤 7 打开【选择性粘贴】对话框，在其中选择【值和数字格式】单选按钮和【转置】复选框，如图 9-105 所示。

图 9-104　【选择性粘贴】选项

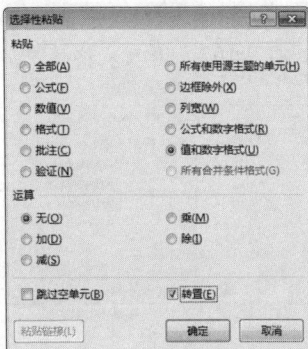

图 9-105　【选择性粘贴】对话框

步骤 8 单击【确定】按钮，返回到工作表，可以看到粘贴之后的效果，如图 9-106 所示。

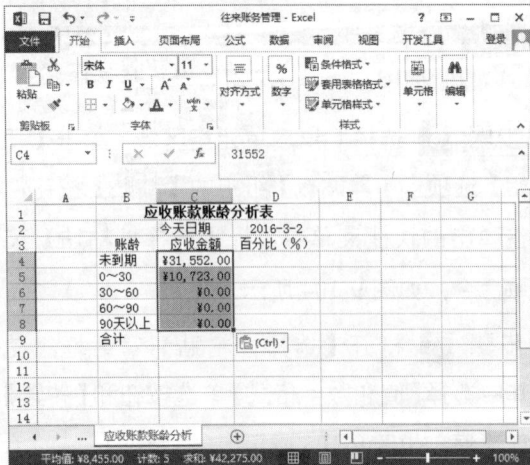

图 9-106　粘贴数据

步骤 9 选择 C9 单元格，在编辑栏中输入公式 "=SUM(C4:C8)"，按 Enter 键，即可计算出应收金额的总和，如图 9-107 所示。

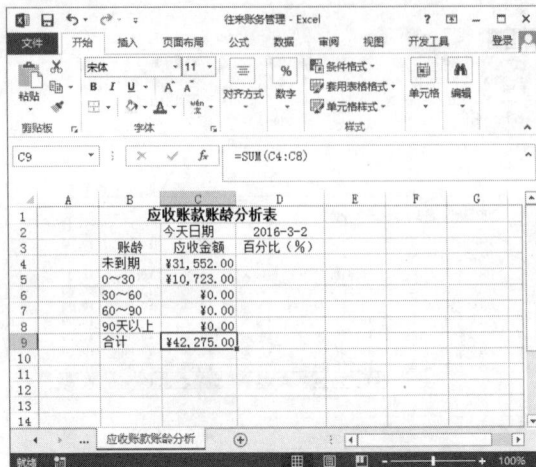

图 9-107　计算应收金额总和

步骤 10 选择 D4 单元格，在编辑栏中输入公式 "=C4/$C$9"，按 Enter 键，即可计算出未到期的百分比数值，如图 9-108 所示。

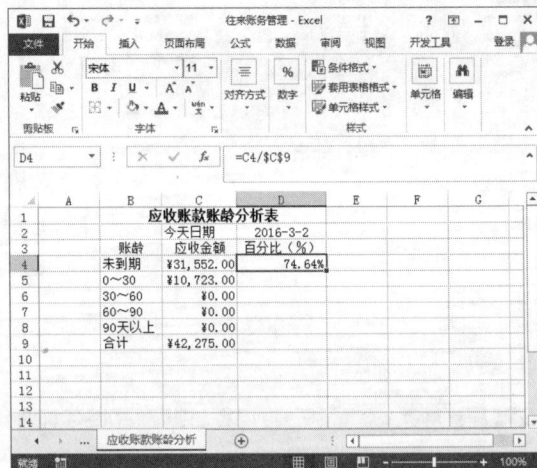

图 9-108　计算未到期的百分比数值

步骤 11 复制 D4 单元格中的公式至 D5 ～ D8 单元格区域，可以计算出其他账龄的百分比数值，如图 9-109 所示。

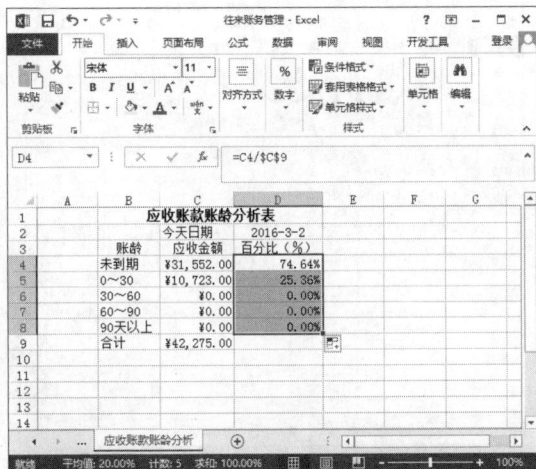

图 9-109 计算其他账龄的百分比数值

步骤 12 选择 B1:D9 单元格区域，单击【开始】选项卡【字体】组中的【所有边框】按钮，为单元格添加边框效果，如图 9-110 所示。

图 9-110 为表格添加边框

步骤 13 选择 B1:D9 单元格区域，单击【插入】选项卡【图表】组中的【图表】按钮，如图 9-111 所示。

步骤 14 打开【插入图表】对话框，选择【所有图表】选项卡，在左侧选择【折线图】选项，在右侧的窗格中选择折线图类型，如图 9-112 所示。

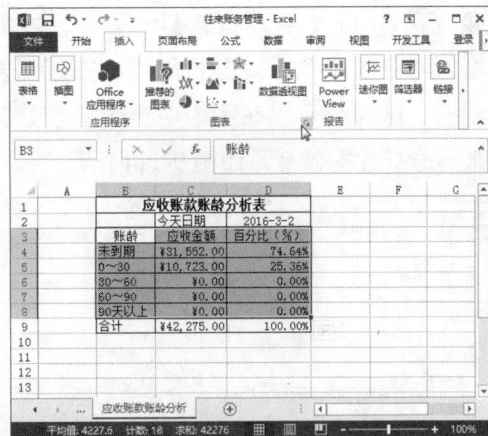

图 9-111 【图表】按钮

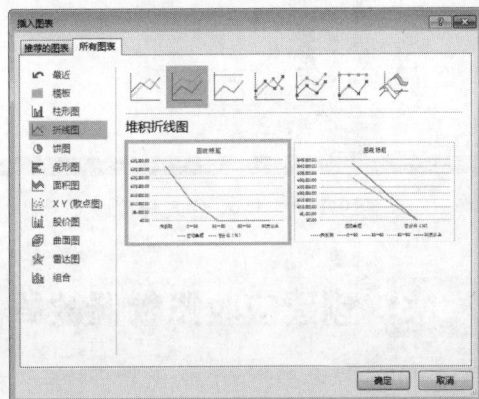

图 9-112 【插入图表】对话框

步骤 15 单击【确定】按钮，返回到工作表，可以看到在工作表中插入的图表，如图 9-113 所示。

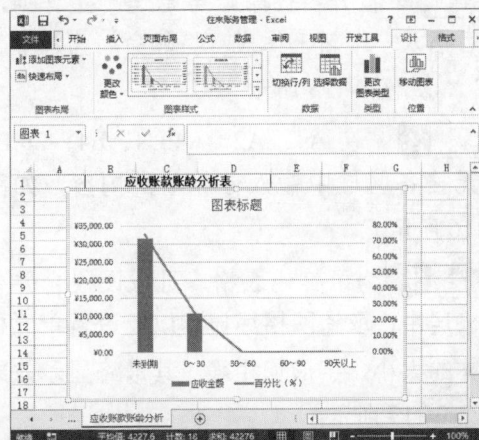

图 9-113 插入图表

步骤 16 选择【图表标题】文本框，在其中输入"应收账款账龄分析图"，完成图表的创建。这样就可以在图表中显示应收账款的账龄分析数据信息，如图 9-114 所示。

图 9-114 输入图表标题

9.3.3 创建应收账款催款单

统计出来了各单位的应收账款余额后，接下来所要做的工作就是进行催款。一般情况下，可以采用发送电子邮件的方式进行催款。

催款单中主要包含对方单位的名称和欠款金额，设计催款单的具体操作步骤如下。

步骤 1 打开"往来账务管理"工作簿，然后插入一个新工作表，将其命名为"催款单"，如图 9-115 所示。

步骤 2 在 A1、A2、A4:C4、E4、E6:E9 单元格各区域中输入催款单的内容，如图 9-116 所示。

步骤 3 为了美化表格，可以设置合并单元格居中、取消网格线显示以及设置单元格字体的大小、字形加粗等，其最终显示效果如图 9-117 所示。

图 9-115 插入"催款单"工作表

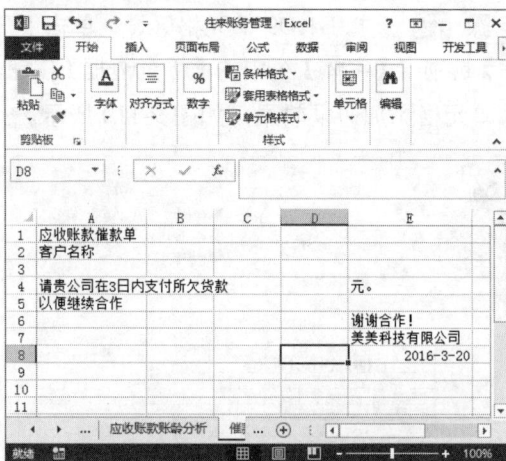

图 9-116 输入催款单内容

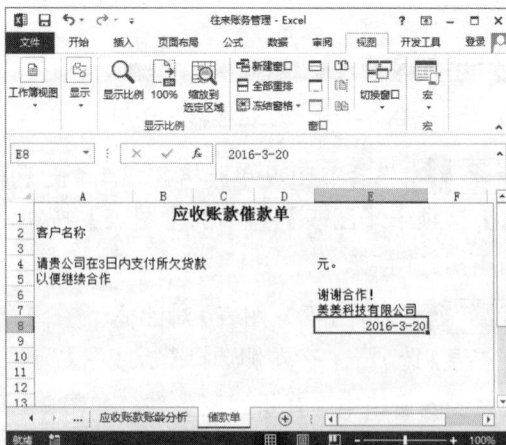

图 9-117 美化表格后的效果

步骤 4 为了将客户名称设置为可选择的下拉列表，首先需要选中 A2 单元格，然后单击【公式】选项卡【定义的名称】组中的【定义名称】按钮，在弹出的下拉列表中选择【定义名称】选项，打开【新建名称】对话框，在【名称】文本框中输入"催款单"，在【引用位置】文本框中输入公式"= 应收账款汇总表 !$B$3:$B$10"，最后单击【确定】按钮，关闭【新建名称】对话框，如图 9-118 所示。

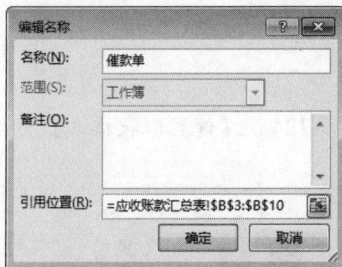

图 9-118　【新建名称】对话框

步骤 5 选中 B2 单元格，单击【数据】选项卡【数据工具】组中的【数据验证】按钮，打开【数据验证】对话框。选择【设置】选项卡，在【允许】下拉列表中选择【序列】选项；在【来源】文本框中需要输入公式"= 催款单"，如图 9-119 所示。

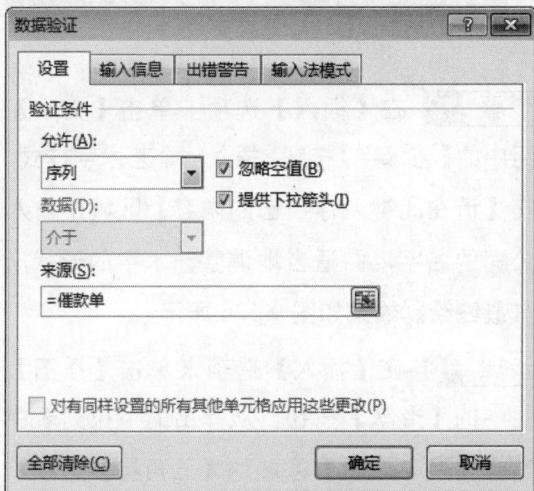

图 9-119　【数据验证】对话框

步骤 6 单击【确定】按钮，关闭【数据验证】对话框。此时选中 B2 单元格，则该单元格右侧将会显示一个下拉按钮。单击该下拉按钮，将会弹出下拉列表，可以根据需要选择不同的客户名称进行查看，如图 9-120 所示。

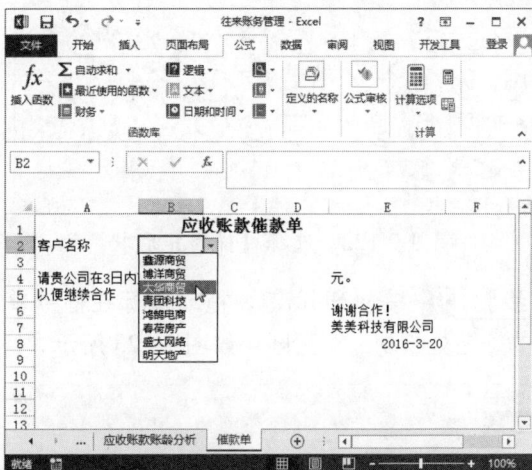

图 9-120　【客户名称】下拉列表

步骤 7 选中 D4 单元格，设置单元格格式为【会计专用】，然后在编辑栏中输入公式"=VLOOKUP($B$2, 应收账款汇总表 !B3:H21,4, FALSE)"，按 Enter 键确认后，即可显示该客户未付的欠款数，如图 9-121 所示。

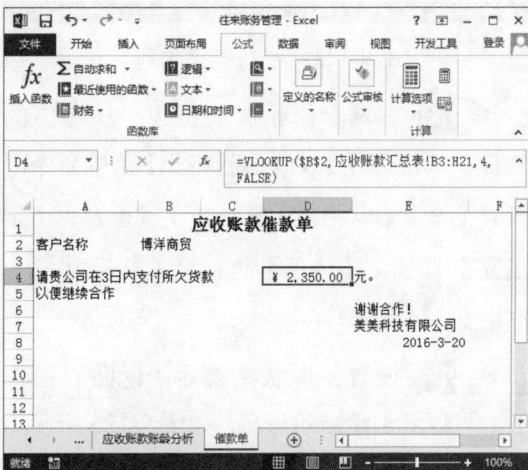

图 9-121　输入公式

步骤 8 在【插入】选项卡单击【插图】组中的【形状】按钮，从弹出的下拉列表中选择【基本形状】区域的【椭圆】选项，如图 9-122 所示。

图 9-122　选择【椭圆】形状

步骤 9 按住 Shift 键，拖动鼠标在催款单的签名处绘制一个正圆，如图 9-123 所示。

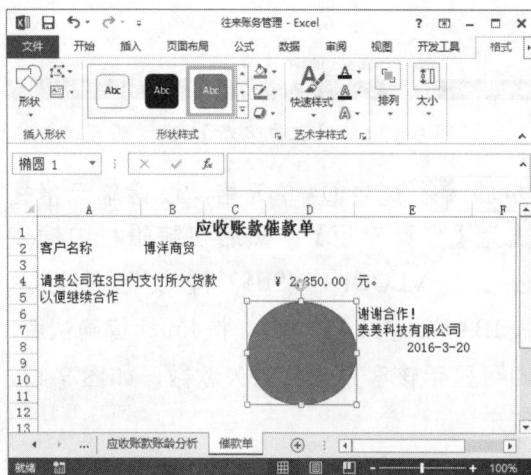

图 9-123　绘制一个正圆

步骤 10 右键单击绘制的正圆，从弹出的快捷菜单中选择【设置形状格式】菜单命令，打开【设置形状格式】窗格，设置正圆为【无填充】样式，【线条】为红色的 1 磅线条，如图 9-124 所示。

步骤 11 设置完形状格式后，返回到工作表，可以看到绘制的形状，如图 9-125 所示。

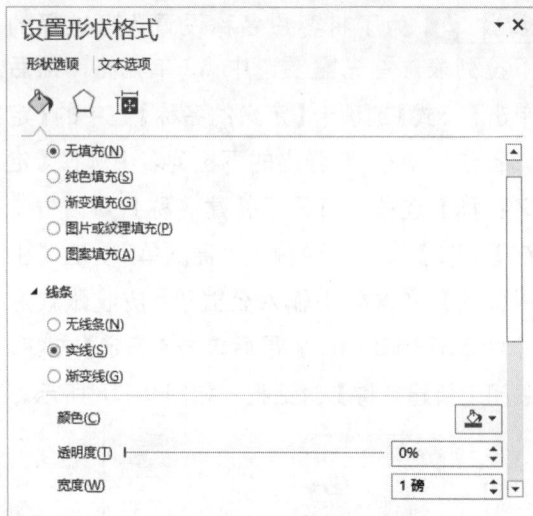

图 9-124　【设置形状格式】窗格

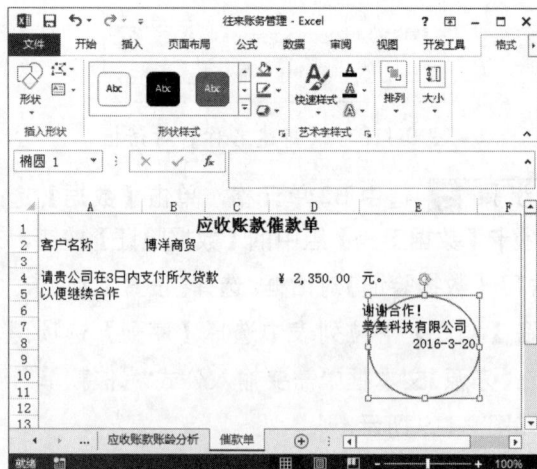

图 9-125　设置的形状

步骤 12 在【插入】选项卡单击【文本】组中的【艺术字】按钮，插入一个艺术字样式，在【请在此键入你自己的内容】区域中输入公司的名字，并适当地调整艺术字的形状，其最终绘制效果如图 9-126 所示。

步骤 13 在【插入】选项卡单击【插图】组中的【形状】按钮，从弹出的下拉列表中选择【星与旗帜】区域的【五角星】选项，如图 9-127 所示。

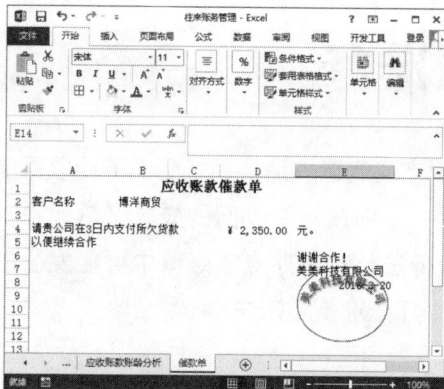

图 9-126　输入艺术字

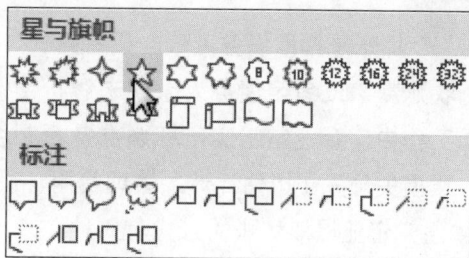

图 9-127　选择形状

步骤 14 在圆内绘制一个五角星形，如图 9-128 所示。

步骤 15 按住 Shift 键单击所有的自选图形，然后单击鼠标右键，从弹出的快捷菜单中选择【组合】→【组合】菜单命令，即可将这些自选图形组合为一个对象，如图 9-129 所示。

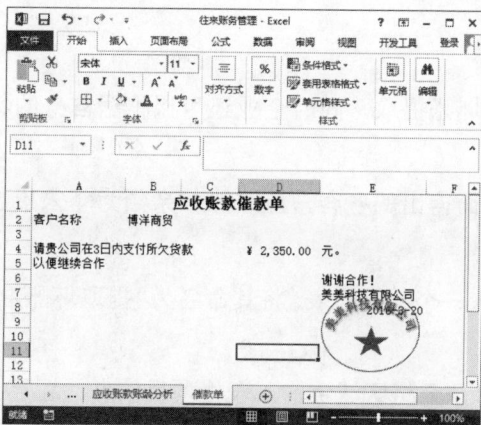

图 9-128　绘制一个五角星

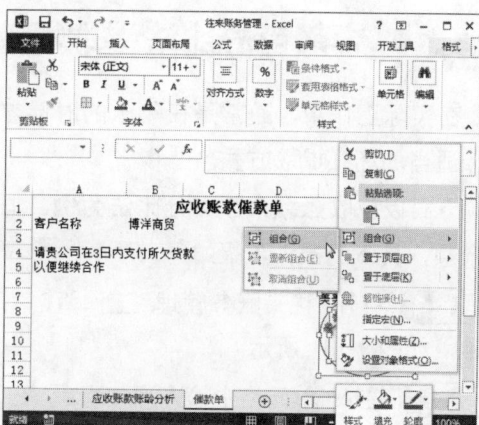

图 9-129　组合对象

步骤 16 当再次打开文件时，它们的位置就不易发生变化了，如图 9-130 所示。

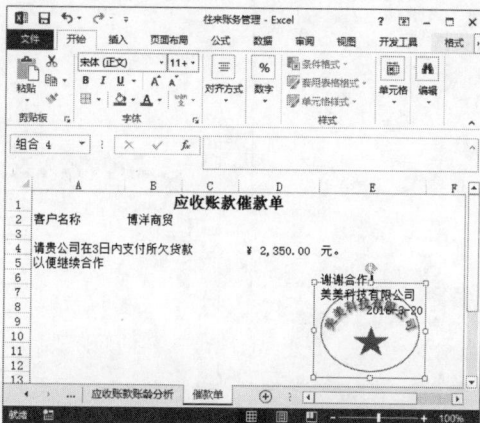

图 9-130　最终效果

9.4 应收账款的坏账准备

坏账是指因债务人破产或者死亡，以其破产财产或者遗产清偿后，仍然不能收回的应收账款，或者因债务人逾期未履行偿债义务超过 3 年仍然不能收回的应收账款。在实际工作中，企业常常实行坏账准备金制度，采用备抵法，对每期应收账款中可能发生的坏账损失预先予以估计计入管理费用，设置专用的"坏账准备"账户。

通常企业提取坏账的方式有 3 种。

☆ 账龄分析法：是指按应收账款拖欠的时间长短来估计坏账损失的方法。

☆ 赊销百分比法：是指根据赊销金额的百分比估计坏账损失的方法。

☆ 应收账款余额百分比法：是指按应收账款余额的一定比例计算提取坏账准备的方法，一般可以按年末应收账款金额的千分之三至千分之五进行计提。

9.4.1 余额百分比法提取坏账

在实际工作中，通常是在年末的时候才进行坏账提取，同时企业还可以根据自身的特点选择适当的坏账提取方式。

下面以应收账款余额百分比法为例。假定前面得出的各客户应收账款余额为年末应收账款余额，具体的操作步骤如下。

步骤 1 打开"往来账务管理"工作簿，然后插入一个新工作表，将其命名为"提取坏账准备"名称，如图 9-131 所示。

步骤 2 在 A1 单元格中输入表格标题，在 B2:E2 单元格区域中输入表格项目信息，如图 9-132 所示。

图 9-131　新建"提取坏账准备"工作表　　图 9-132　输入表格的标题

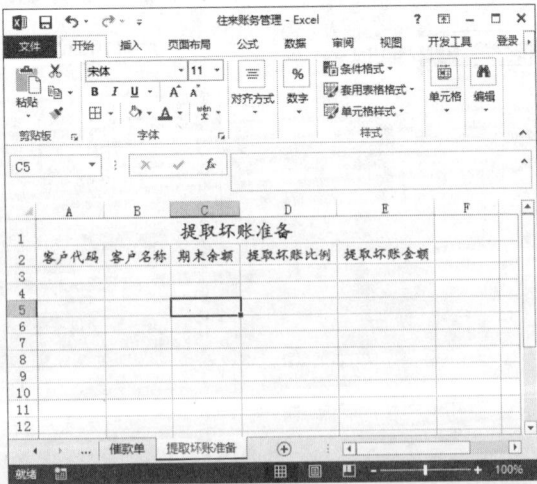

步骤 3 选中 A3 单元格，然后在编辑栏中输入公式"= 应收账款汇总表!A3"，按 Enter 键确认后，即可获取客户的代码，如图 9-133 所示。

步骤 4 将 A3 单元格中的内容复制到 A4～A12 单元格区域，如图 9-134 所示。

图 9-133　获取客户代码

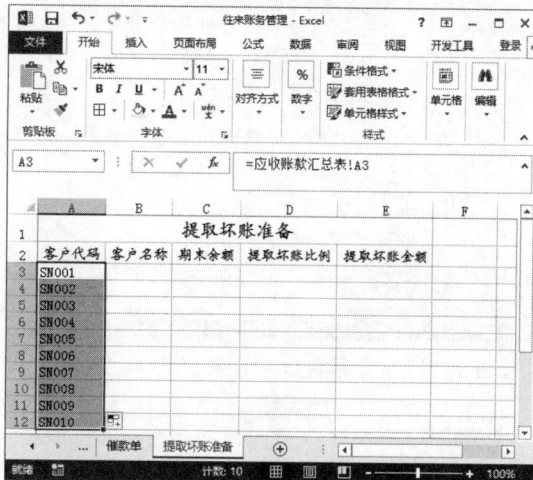

图 9-134　复制 A3 单元格公式

步骤 5 选中 B3 单元格，然后在编辑栏中输入公式"=VLOOKUP($A3,往来客户一览表!$A$2:$D$20,2,FALSE)"，按 Enter 键确认后，即可获取客户名称信息，如图 9-135 所示。

步骤 6 将 B3 单元格中的内容复制到 B4～B12 单元格区域，如图 9-136 所示。

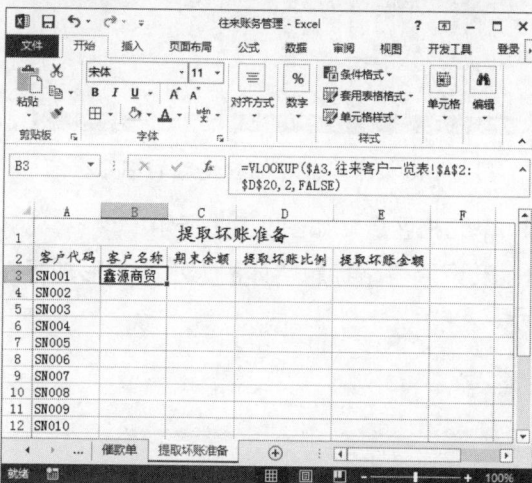

图 9-135　获取客户名称

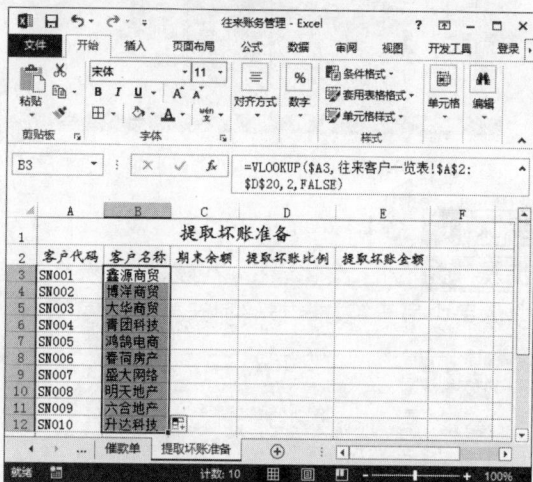

图 9-136　复制 B3 单元格公式

步骤 7 选中 C3 单元格，然后在编辑栏中输入公式"= 应收账款汇总表!H2"，按 Enter 键确认后，即可计算应收账款的期末余额，如图 9-137 所示。

步骤 8 将 C3 单元格中的内容复制到 C4～C12 单元格区域，如图 9-138 所示。

步骤 9 在 D3:D12 单元格中输入企业定的提取比例，显示如图 9-139 所示。

步骤 10 选中 E3 单元格，然后在编辑栏中输入公式"=C3*D3"，按 Enter 键确认后，即可计算出其他应提取的坏账金额，显示如图 9-140 所示。

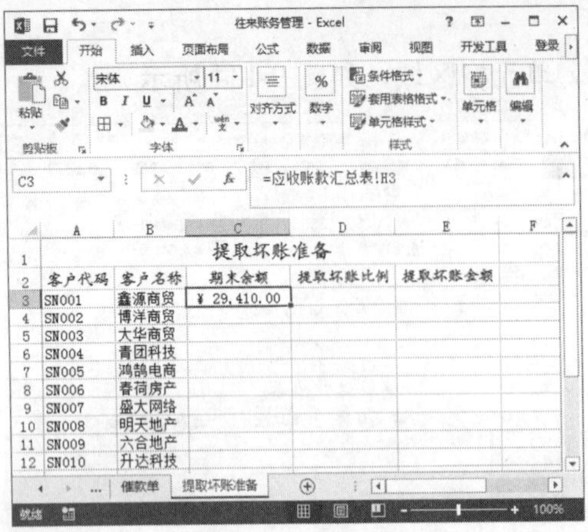

图 9-137　计算提取应收账款的期末余额

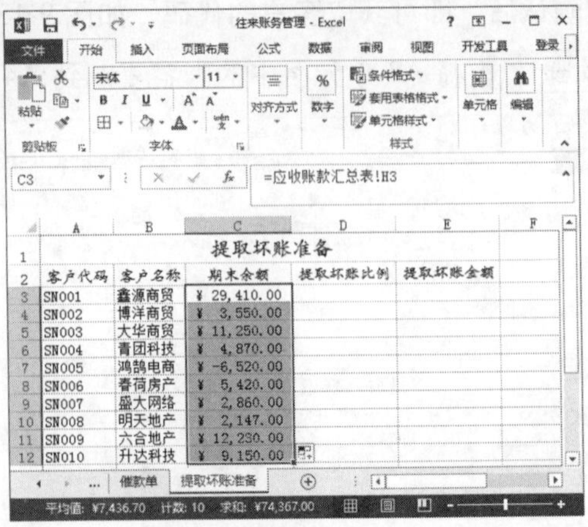

图 9-138　复制 C3 单元格公式

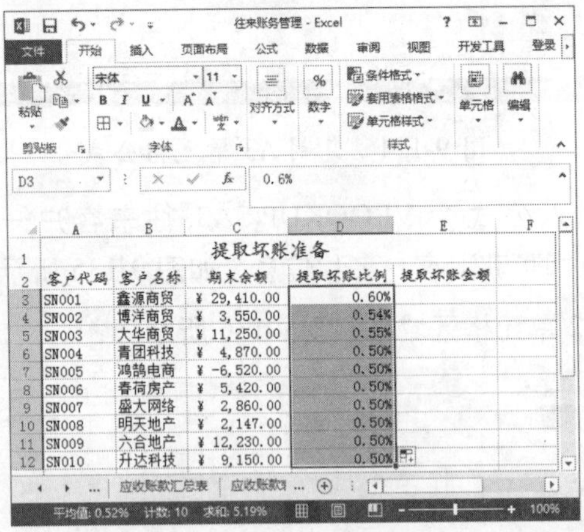

图 9-139　输入企业定的提取比例

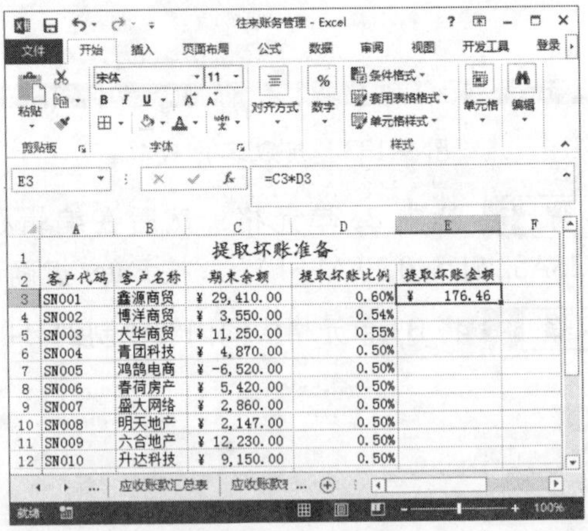

图 9-140　计算出其他应提取的坏账金额

步骤 11 将 E3 单元格中的内容复制到 E4 ～ E12 单元格区域，如图 9-141 所示。

步骤 12 为了美化表格，可以设置表格的边框以及设置表格标题字体的大小、字形加粗、字体居中显示等，其最终显示效果如图 9-142 所示。

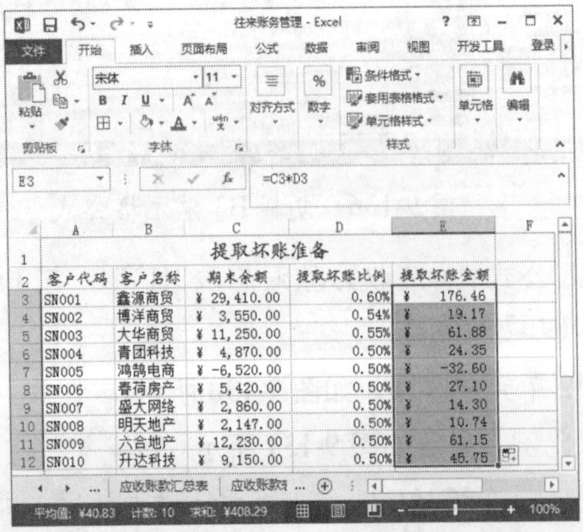

图 9-141　复制 E3 单元格公式

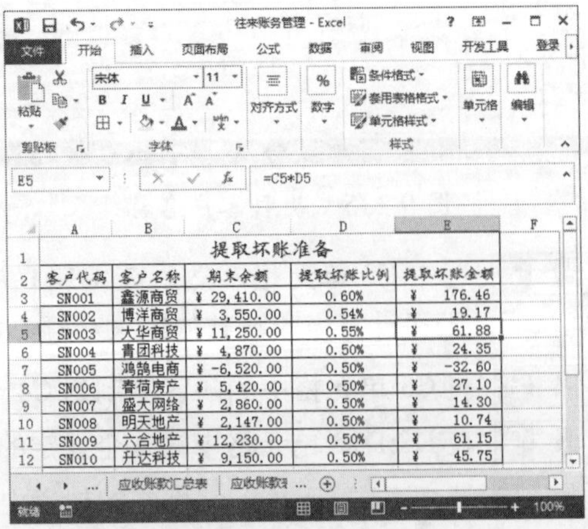

图 9-142　美化表格后的最终效果

9.4.2 坏账准备结构分析

为了更直观地反映出与公司有业务往来的客户中哪些单位更容易出现坏账，可以使用图表进行分析，以便企业及时采取有效的措施进行控制。其具体的操作步骤如下。

步骤 1 在"提取坏账准备"工作表中，选中 A2:E12 单元格区域，即可选中用于绘图的数据，如图 9-143 所示。

步骤 2 在【插入】选项卡【图表】组中单击【饼图】按钮，从下拉列表中选择【二维饼图】→【饼图】选项，即可在 Excel 表格中插入需要的饼图，显示如图 9-144 所示。

图 9-143 选择用于绘图的数据源

图 9-144 插入饼图

步骤 3 选中插入的饼图，在【图表工具】下的【设计】选项卡选择一种图表的样式，如图 9-145 所示。

步骤 4 在【格式】选项卡根据需要改变图表的形状及样式，包括形状的填充、形状的轮廓、形状的效果等，如图 9-146 所示。

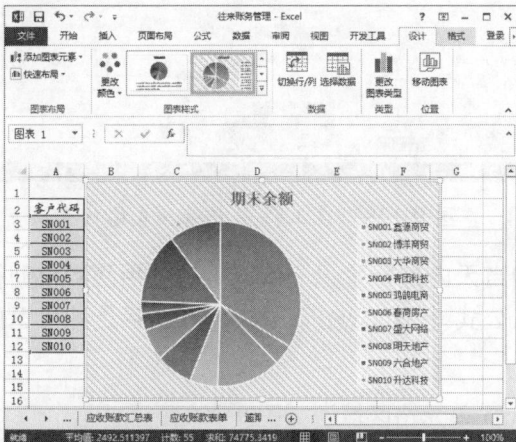

图 9-145 选择图表的样式

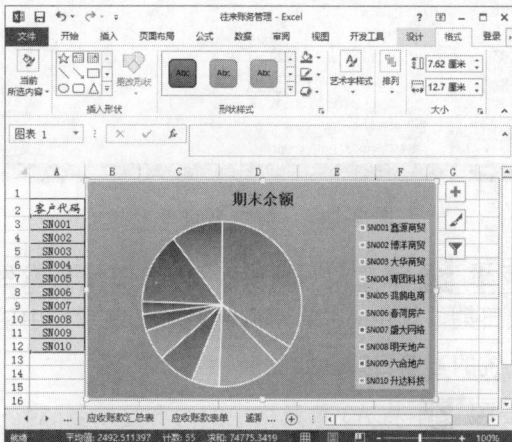

图 9-146 设置图表的形状及格式

9.5 应付账款的统计

应付账款账户是专门归集企业与供应单位之间债务关系的形成和清偿情况的有关数据。当因材料采购而发生应付账款及代垫运费时，记入该账户贷方，表示债务的发生；当付出现金、银行存款或以其他资产偿还债务时，记入账户借方，表示债务的清偿。在实际工作中，应付账款明细账应按各供应单位名称设置，以具体反映与各个供应单位之间的债务结算情况。

9.5.1 创建应付账款明细账

由于 Excel 的一张工作表容量非常大，而且在 Excel 中可以非常方便地提取数据，所以可以将各供应商的明细账记录在一张工作表中，其具体的操作步骤如下。

步骤 1 打开"往来账务管理"工作簿，然后插入一个新工作表，将其命名为"应付账款明细表"，如图 9-147 所示。

步骤 2 在 A1 单元格中输入表格标题，在 A2:F2 单元格区域中输入表格项目信息，如图 9-148 所示。

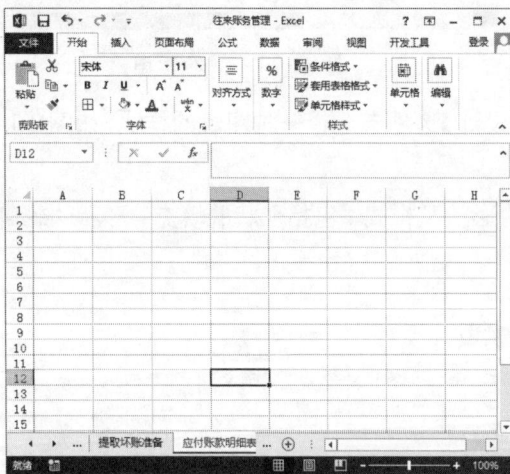

图 9-147　插入新的工作表

图 9-148　在工作表中输入表格信息

步骤 3 通常，明细账款都应该在业务发生的当天内进行登记，所以可以使用函数自动输入日期。选中 A3 单元格，然后在编辑栏中输入公式"=NOW()"，按 Enter 键后，即可返回系统的当前日期，如图 9-149 所示。

步骤 4 将 A3 单元格中的内容复制到 A4 ～ A13 单元格区域，如图 9-150 所示。

步骤 5 选中 A3:A13 单元格区域，右击鼠标，在弹出的快捷菜单中选择【设置单元格格式】菜单命令，打开【设置单元格格式】对话框，在【分类】列表框中选择【日期】选项，在【类

型】列表框中选择日期显示的类型，如图 9-151
所示。

图 9-149　输入当前日期

图 9-150　复制 A3 单元格中的公式

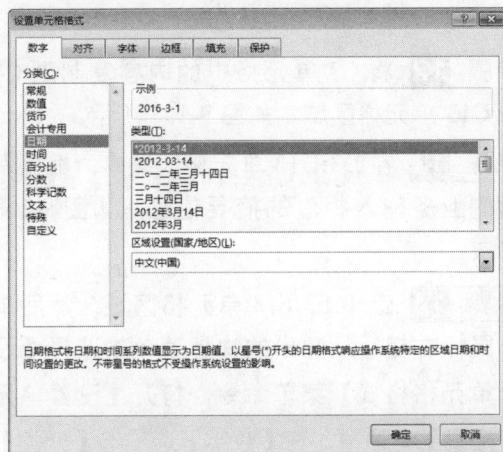

图 9-151　选择【日期】类型

步骤 **6** 单击【确定】按钮，返回到工作表，
可以看到【日期】列显示的效果，如图 9-152
所示。

图 9-152　设置【日期】列显示效果

步骤 **7** 选中 B3 单元格，然后在【数据】
选项卡【数据工具】组中单击【数据验证】
下拉按钮，从弹出的下拉列表中选择【数据
验证】选项，如图 9-153 所示。

步骤 **8** 打开【数据验证】对话框，选择【设
置】选项卡，然后在【允许】下拉列表中选择【序
列】选项；在【来源】文本框中需要输入公
式"= 供应商信息"，如图 9-154 所示。

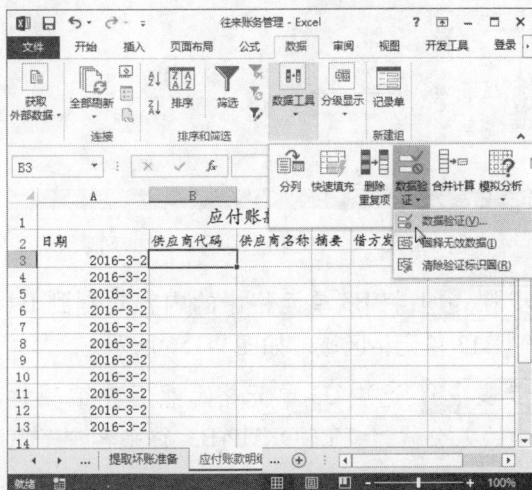

图 9-153　选择【数据验证】选项

图 9-154 【数据验证】对话框

步骤 9 单击【确定】按钮，关闭【数据有效性】对话框。此时再次选中 B3 单元格，则该单元格的右侧将会显示一个下拉按钮，若单击该下拉按钮，可以弹出供应商代码下拉列表，如图 9-155 所示。

图 9-155 "供应商代码"下拉列表

步骤 10 将 B3 单元格中的内容复制到 B4～B13 单元格区域，如图 9-156 所示。

步骤 11 选中 C3 单元格，然后在编辑栏中输入公式"=VLOOKUP(B3,往来客户一览表!$F$2:$I$20,2,FALSE)"，按 Enter 键确认后，即可根据供应商代码，获取供应商名称，

如图 9-157 所示。

图 9-156 复制 B3 单元格中的公式

图 9-157 获取供应商名称

步骤 12 将 C3 单元格中的内容复制到 C4～C13 单元格区域，如图 9-158 所示。

步骤 13 在 D3:D13 单元格区域中，根据发生的业务输入相应的摘要信息，如图 9-159所示。

步骤 14 选中 E3:F13 单元格区域，然后单击鼠标右键，从弹出的快捷菜单中选择【设置单元格格式】菜单命令，打开【设置单元格格式】对话框，在【数字】选项卡【分类】列表框中选择【会计专用】类型，在【货币

符号】下拉列表中选择人民币符号，还可以在【小数位数】文本框中设置小数的位数，如图 9-160 所示。

图 9-158　复制 C3 单元格中的公式

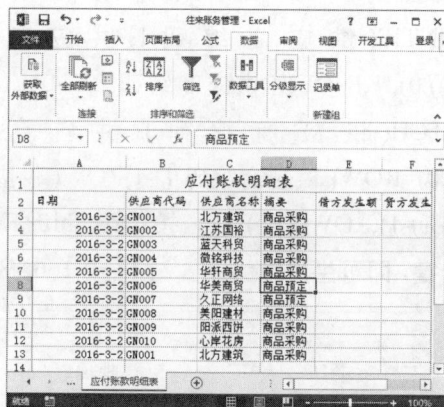

图 9-159　输入摘要信息

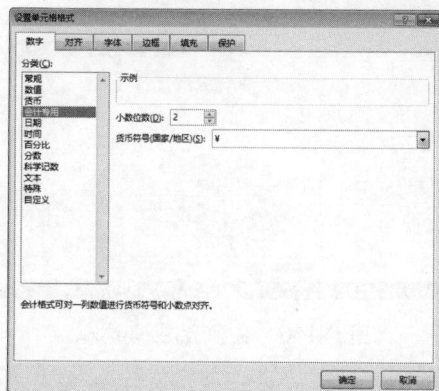

图 9-160　【设置单元格格式】对话框

步骤 15 单击【确定】按钮，返回到工作表。

根据发生的业务，在 E 列和 F 列单元格区域中输入借贷方发生额，如图 9-161 所示。

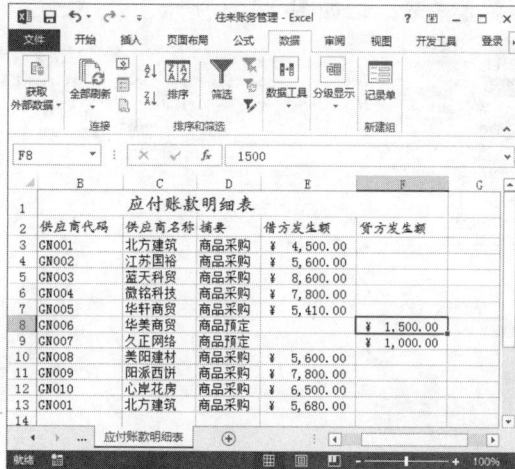

图 9-161　输入借贷方发生额

步骤 16 为了美化表格，可以设置表格的边框以及设置表格标题字体的大小、字形加粗、字体居中显示等，其最终显示效果如图9-162 所示。

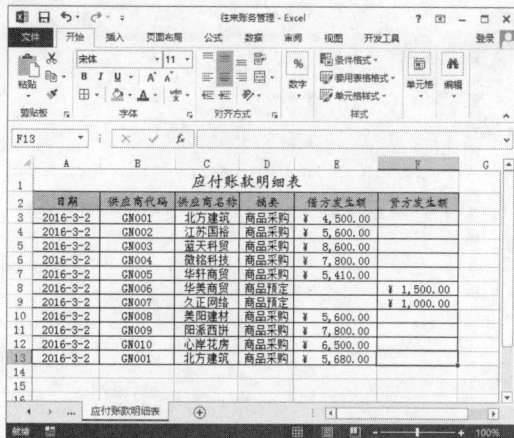

图 9-162　美化后的最终效果

9.5.2　创建应付账款汇总表

同应收账款一样，企业也要定期对应付账款进行汇总，根据汇总情况掌握企业现阶段的债务并及时清偿债务。其具体的操作步骤如下。

步骤 1 打开"往来账务管理"工作簿，然后插入一个新工作表，将其命名为"应付账款汇总表"，如图 9-163 所示。

图 9-163 插入新的工作表

步骤 2 在 A1 单元格中输入表格标题，在 A2:H2 单元格区域中输入表格项目信息，显示如图 9-164 所示。

图 9-164 在工作表中输入表格信息

步骤 3 在【公式】选项卡【定义的名称】组中单击【定义名称】按钮，从弹出的下拉列表中选择【定义名称】选项，打开【新建名称】对话框，在【名称】文本框中输入"供应商信息 1"，在【引用位置】文本框中输入公式"=OFFSET(应付账款明细表 !$B$1,

1, ,COUNTA(应付账款明细表 !$B:$B)-1)"，最后单击【确定】按钮，关闭【新建名称】对话框，如图 9-165 所示。

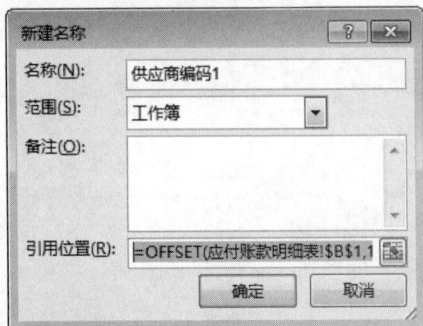

图 9-165 【新建名称】对话框

步骤 4 选中 A3 单元格，然后在编辑栏中输入公式 "=IF(ROW(1:1)>ROUND(SUM(1/COUNTIF(供应商编码 1,供应商编码 1)),0),"",INDEX(供应商编码 1,SMALL(IF(MATCH(供应商编码 1,供应商编码 1,0)=ROW(供应商编码 1)-1,ROW(供应商编码 1)-1),ROW(2:2)))) "，按 Ctrl+Shift+Enter 组合键，即可生成数组公式，如图 9-166 所示。

图 9-166 提取供应商编码

步骤 5 将 A3 单元格中的内容复制到 A4～A12 单元格区域，如图 9-167 所示。

步骤 6 选中 B3 单元格，然后在编辑栏中输入公式"=VLOOKUP($A3,往来客户一览表!$F$2:$I$20,2,FALSE)",按 Enter 键确认后,即可根据供应商代码提取供应商名称,显示如图 9-168 所示。

图 9-167　复制 A3 单元格公式

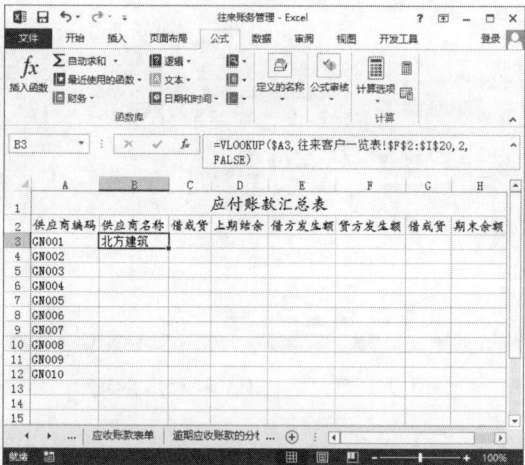

图 9-168　提取供应商名称

步骤 7 将 B3 单元格中的内容复制到 B4 ~ B12 单元格区域,如图 9-169 所示。

步骤 8 选中 C3 单元格,然后在编辑栏中输入公式"=IF(D3<>0," 贷 ","")",按 Enter 键确认后,即可设置余额的方向,显示如图 9-170 所示。

步骤 9 将 C3 单元格中的内容复制到 C4 ~ C12 单元格区域,如图 9-171 所示。

图 9-169　复制 B3 单元格公式

图 9-170　设置余额的方向

图 9-171　复制 C3 单元格公式

287

步骤 10 选中 D3 单元格，然后在编辑栏中输入公式 "=VLOOKUP($A3,往来客户一览表!$F$2:$I$20,4,FALSE)"，按 Enter 键确认后，即可提取上期结余数，如图 9-172 所示。

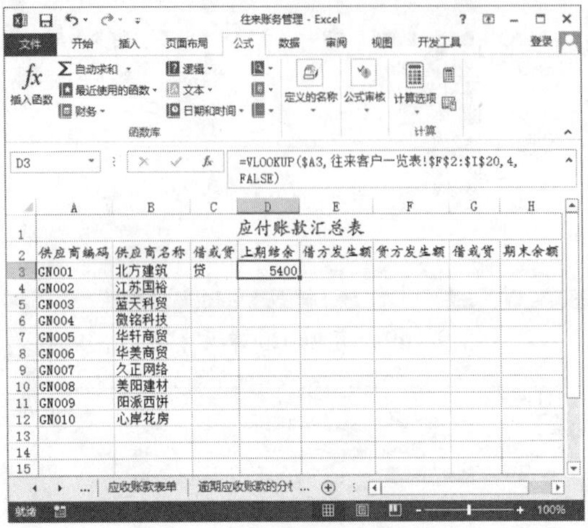

图 9-172 提取上期结余数

步骤 11 将 D3 单元格中的内容复制到 D4 ～ D12 单元格区域，如图 9-173 所示。

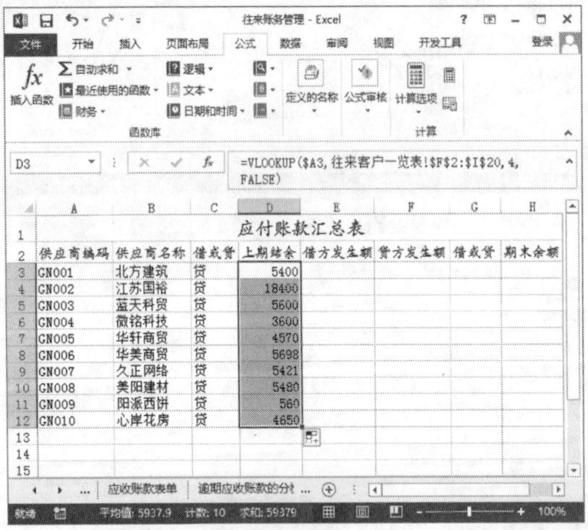

图 9-173 复制 D3 单元格公式

步骤 12 选中 E3 单元格，然后在编辑栏中输入公式 "=SUMIF(应付账款明细表 !$B$2:$F$20,应付账款汇总表 !$A3,应付账款明细表 !$E$2:$E$20)"，按 Enter 键确认后，即可计算借方发生额合计，显示如图 9-174 所示。

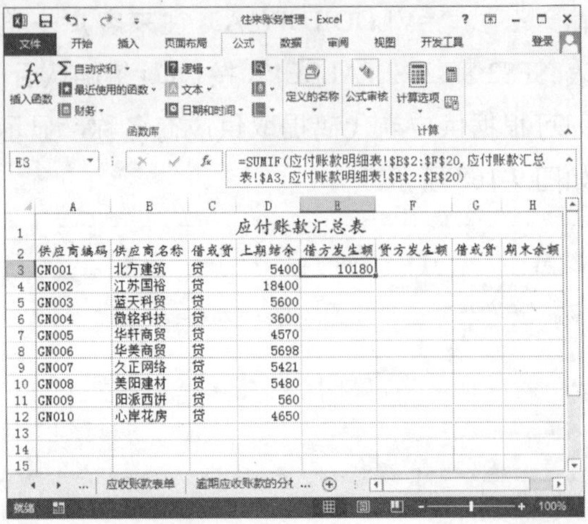

图 9-174 计算借方发生额合计

步骤 13 将 E3 单元格中的内容复制到 E4 ～ E12 单元格区域，如图 9-175 所示。

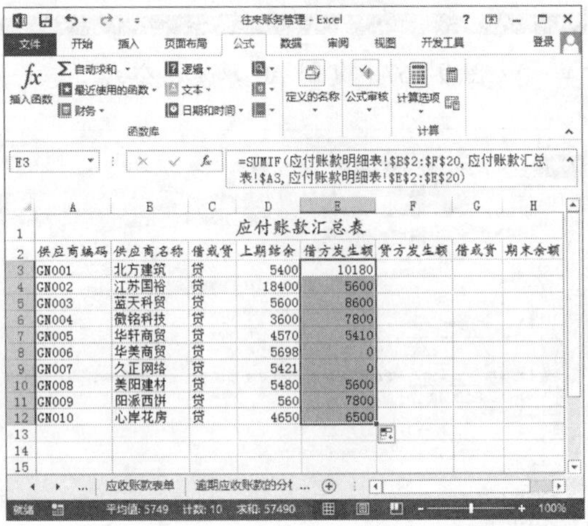

图 9-175 复制 E3 单元格公式

步骤 14 选中 F3 单元格，然后在编辑栏中输入公式 "=SUMIF(应付账款明细表 !$B$2:$F$20,应付账款汇总表 !$A3,应付账款明细表 !$F$2:$F$20)"，按 Enter 键确认后，即可计算贷方发生额总额，如图 9-176 所示。

步骤 15 将 F3 单元格中的内容复制到 F4 ～ F12 单元格区域，如图 9-177 所示。

步骤 16 选中 C3 单元格，然后单击鼠标右键，从弹出的快捷菜单中选择【复制】菜单命令，如图 9-178 所示。

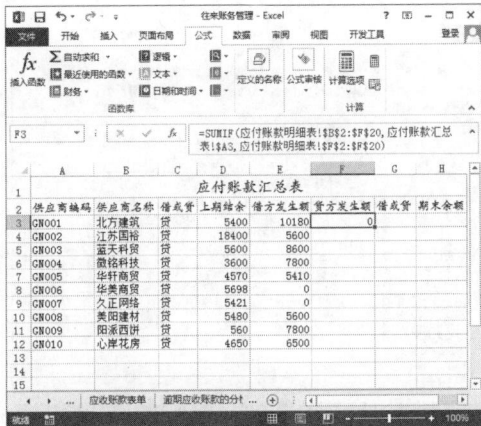

图 9-176　计算贷方发生额总额

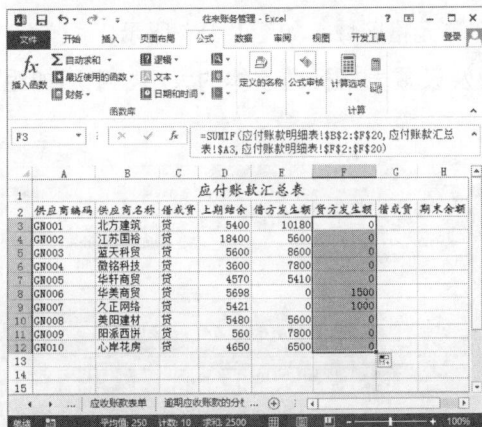

图 9-177　复制 F3 单元格公式

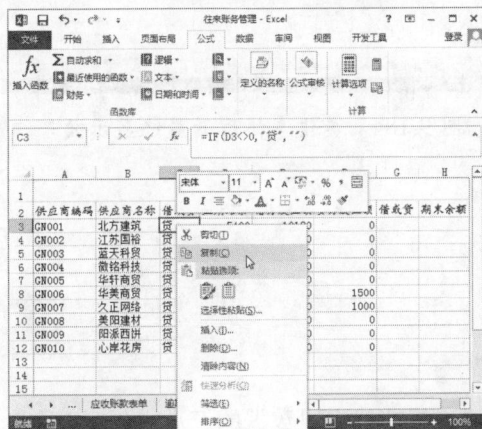

图 9-178　选择【复制】选项

步骤 17 选中 G3 单元格，单击鼠标右键，从弹出的快捷菜单中选择【选择性粘贴】菜单命令，打开【选择性粘贴】对话框，在【粘贴】区域中单击【公式】单选按钮，如图 9-179 所示。

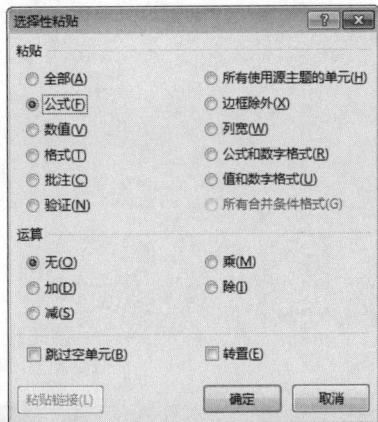

图 9-179　【选择性粘贴】对话框

步骤 18 单击【确定】按钮，返回"应付账款汇总表"工作表，此时，虽然 G3 单元格中并没有显示任何内容，但是当选定该单元格时，可以从编辑栏中看到公式"=IF(H3<>0，"贷"，"")"，其复制过来的公式自动将原公式中对单元格 D3 的引用更改为对单元格 H3 的引用，如图 9-180 所示。

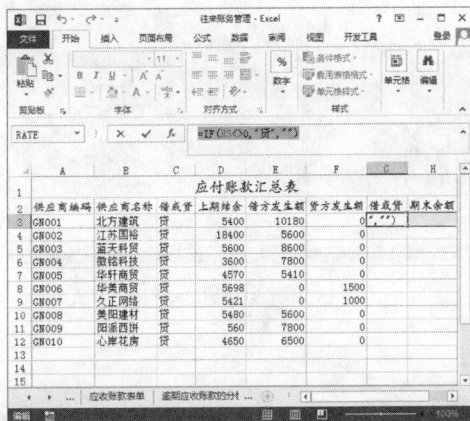

图 9-180　复制 C3 单元格公式到 G3 单元格

步骤 19 将 G3 单元格中的内容复制到 G4～G12 单元格区域，如图 9-181 所示。

步骤 20 根据公式"期初数＋本期借方发生额－本期贷方发生额＝期末余额"，选中 H3 单元格，然后在编辑栏中输入公式"=D3+E3-F3"，按 Enter 键确认后，即可计算出该月末每个客户的应付账款余额，如图 9-182 所示。

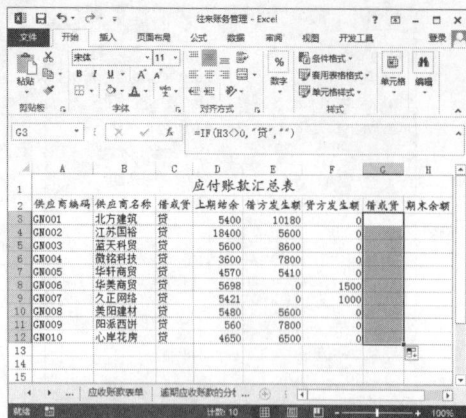

图 9-181　复制 G3 单元格公式

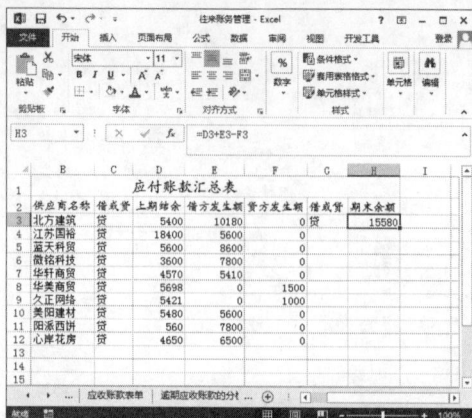

图 9-182　计算出应付账款余额

步骤 21 将 H3 单元格中的内容复制到 H4 ～ H12 单元格区域，如图 9-183 所示。

步骤 22 为了美化表格，可以设置表格的边框以及设置表格标题字体的大小、字形加粗、字体居中显示等，其最终显示效果如图 9-184 所示。

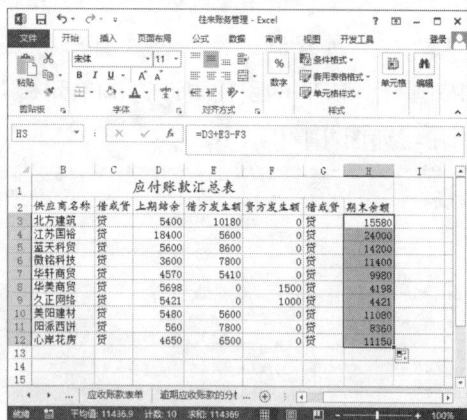

图 9-183　复制 H3 单元格公式

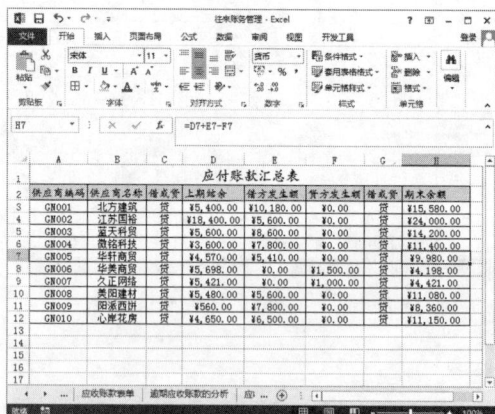

图 9-184　美化表格后的最终显示效果

9.6　疑难问题解答

问题 1：用户如何利用 Excel 2013 中提供的合并计算功能实现数据的汇总操作呢？

解答：首先打开一张工作表，在【数据】选项卡【数据工具】组中单击【合并计算】按钮，即可打开【合并计算】对话框。然后在【函数】下拉列表中选择一种合适的运算方式，再输入所有需要引用的数据源，最后单击【确定】按钮，即可完成数据的合并计算。

问题 2：为什么输入公式后，某单元格内会出现 "#DIV/0!" 的乱码字样？

解答：出现以上这种现象，原因是引用的公式引用位置不正确或是公式输入有误。

第10章

使用 Excel 处理月末账务

● **本章导读**

在每个月的月末，会计人员需要对本月发生的账务进行汇总，并结转企业当前实现的利润，检查记账无误后进行对账和结账工作，结出本期发生额合计和期末余额，或将余额结转到下一期，以便编制会计报表。

● **学习目标**

◎ 掌握编制科目汇总表的方法
◎ 掌握编制账务总账表的方法
◎ 掌握编制财务明细账表的方法
◎ 掌握公式审核与保护的方法

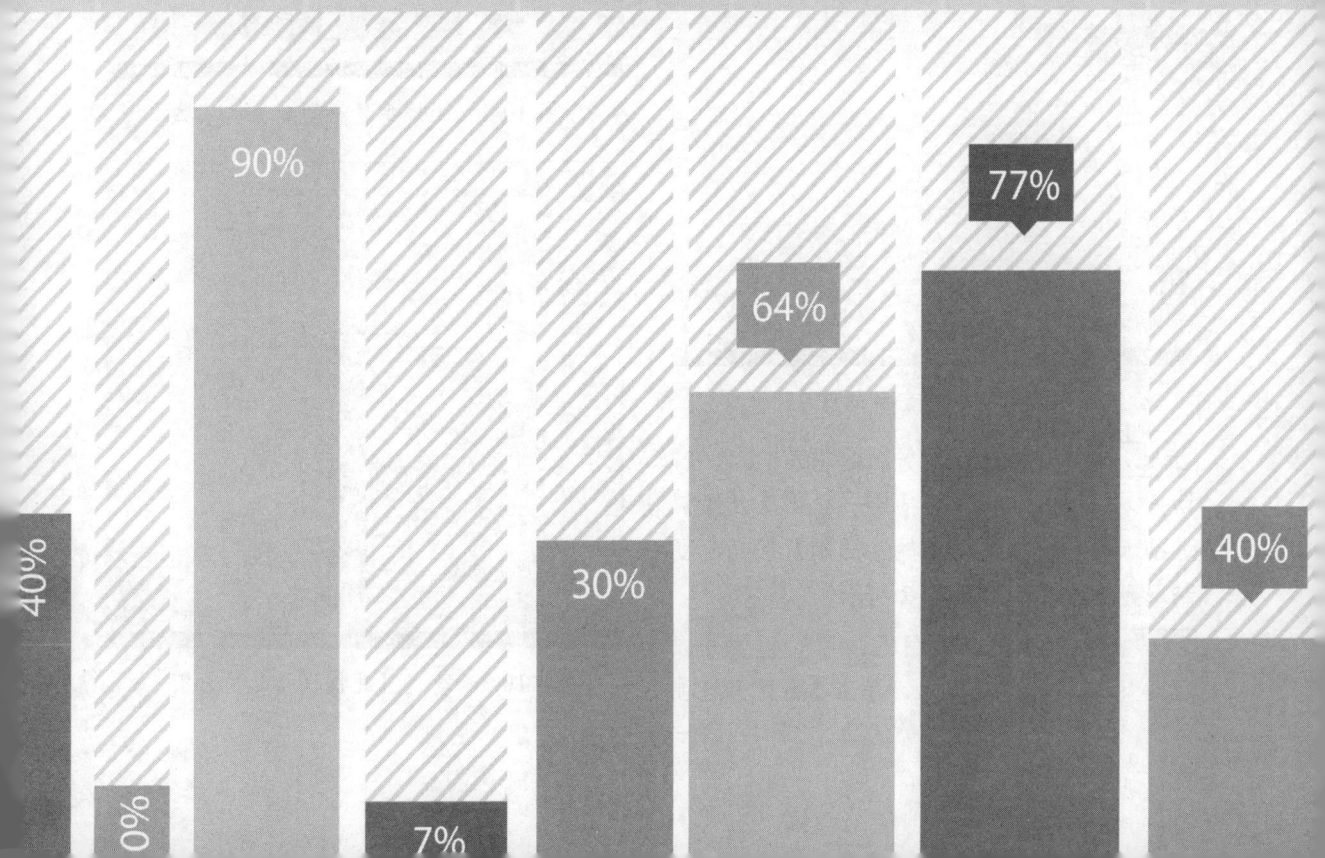

10.1 科目汇总表

科目汇总表是根据记账凭证信息生成的，就是将凭证中记录的信息按照科目进行汇总后以表单的形式表现出来。

10.1.1 利用分类汇总进行科目汇总

使用 Excel 的分类汇总功能可以进行科目汇总，从而生成科目汇总表，Excel 的分类汇总功能包括简单分类汇总、多级分类汇总等。

1 简单和多级分类汇总

步骤 1 打开随书光盘"素材 \ch10\ 月末账务"工作簿，新建一个空白工作表，重命名该工作表为"科目汇总表"，如图 10-1 所示。

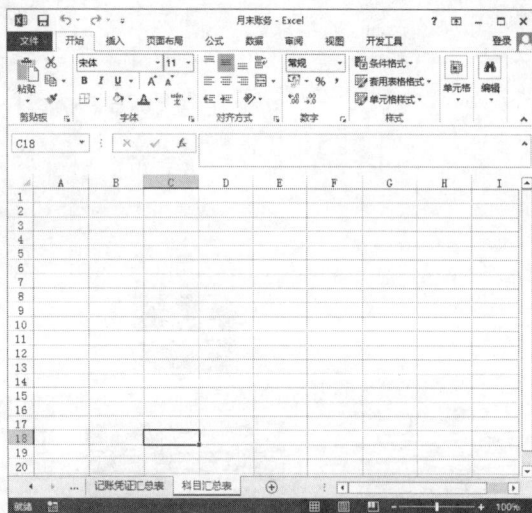

图 10-1 新建空白工作表

步骤 2 切换到"记账凭证汇总表"工作表，选择 F3:I30 单元格区域，然后单击【开始】选项卡【剪贴板】组中的【复制】按钮，复制单元格区域，如图 10-2 所示。

步骤 3 切换到"科目汇总表"工作表，选择 B2:E30 单元格区域，单击【开始】选项

卡【剪贴板】组中的【粘贴】按钮，在弹出的下拉列表中选择【选择性粘贴】选项，如图 10-3 所示。

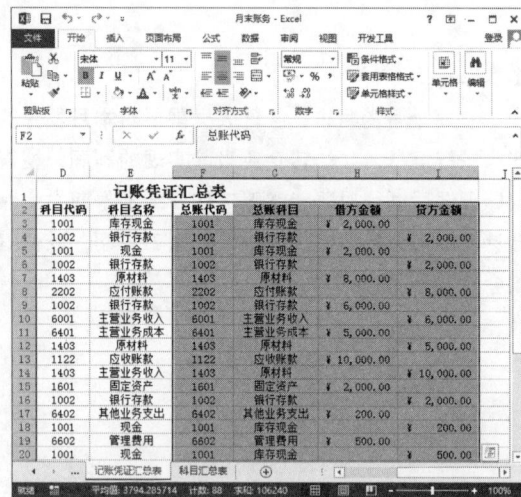

图 10-2 选择要复制的单元格区域

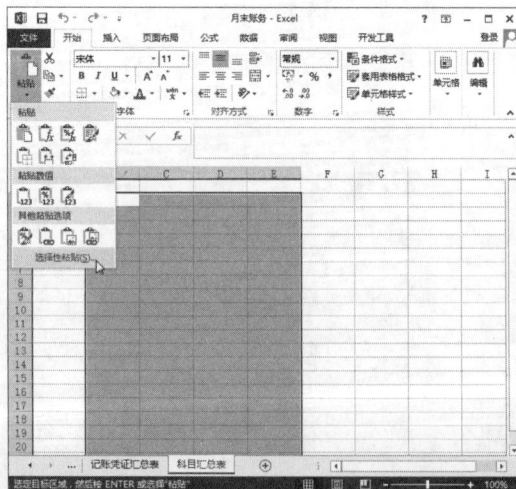

图 10-3 选择【选择性粘贴】选项

步骤 **4** 打开【选择性粘贴】对话框，在其中选择【全部】单选按钮，如图 10-4 所示。

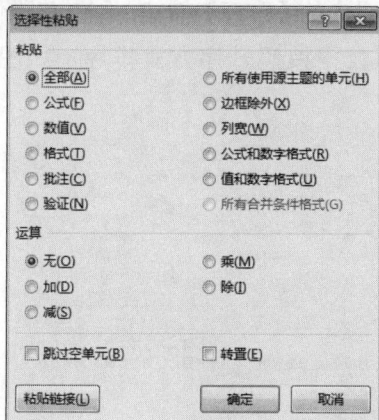

图 10-4 【选择性粘贴】对话框

步骤 **5** 单击【粘贴链接】按钮，返回到工作表，在其中可以看到粘贴的数据信息，如图 10-5 所示。

图 10-5 粘贴单元格数据

步骤 **6** 选择 B1 单元格，输入表格标题"科目汇总表"，然后设置单元格格式与字体格式等，如图 10-6 所示。

步骤 **7** 选择 B 列单元格区域，右击鼠标，在弹出的快捷菜单中选择【插入】菜单命令，即可在原来的 B 列之前插入一列，后面的单元格则自动后移一列，如图 10-7 所示。

图 10-6 输入标题并设置标题格式

图 10-7 插入一列

步骤 **8** 在 B2 单元格，输入"科目类别"，然后选择 B2:F2 单元格区域，并设置字体格式与大小，最终的显示效果如图 10-8 所示。

步骤 **9** 选择 B3 单元格，在编辑栏中输入公式"=IF(LEFT(C3,1)="1"," 资产类 ",IF(LEFT(C3,1)="2"," 负债类 ",IF(LEFT(C3,1)="4"," 所有者权益类",IF(LEFT(C3,1)="6"," 损益类 ","")))))"，按 Enter 键，即可计算出所属总账科目的科目类别，如图 10-9 所示。

图 10-8　输入文字并设置格式

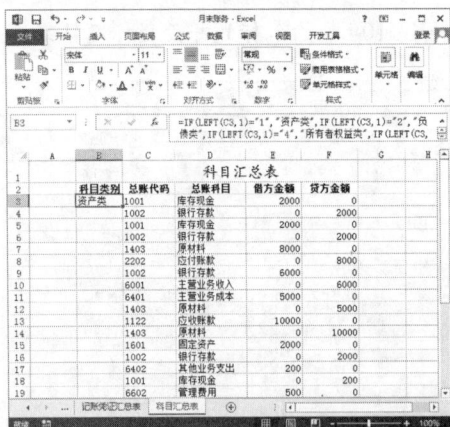

图 10-9　计算所属总账科目的科目类别

步骤 10 复制 B3 单元格中的公式至 B4～B30 单元格区域，即可得出其他总账科目的科目类别，如图 10-10 所示。

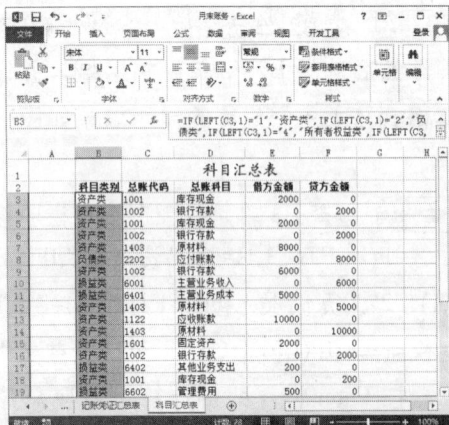

图 10-10　复制 B3 单元格公式

步骤 11 选中"总账代码"列的任意一个单元格，然后单击【数据】选项卡【排序和筛选】组中的【升序】按钮，则"总账代码"列中的数据按照升序方式排序，如图 10-11 所示。

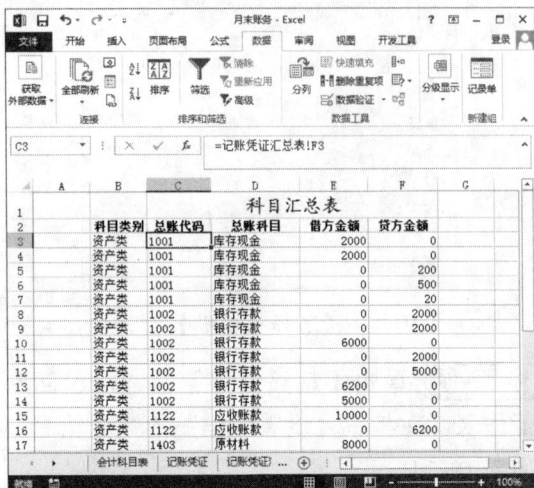

图 10-11　以升序方式排列单元格数据

步骤 12 简单分类汇总科目汇总表。选择工作表数据区域中的任意一个单元格，单击【数据】选项卡【分级显示】组中的【分类汇总】按钮，如图 10-12 所示。

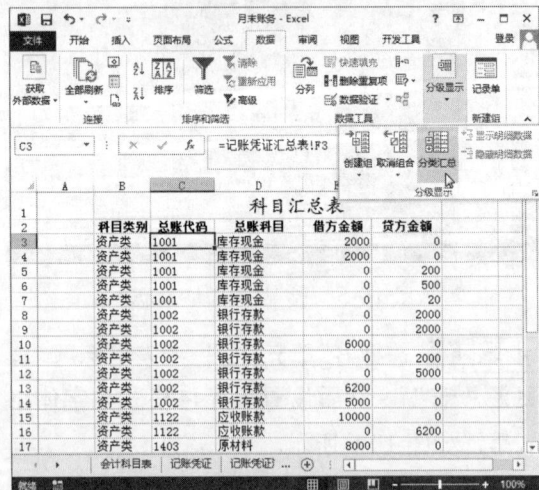

图 10-12　单击【分类汇总】按钮

步骤 13 打开【分类汇总】对话框，在【分类字段】下拉列表中选择【科目类别】选项，在【汇总方式】下拉列表中选择【求和】选项，在【选定汇总项】列表框中选择【借方金额】和【贷方金额】复选框，如图 10-13 所示。

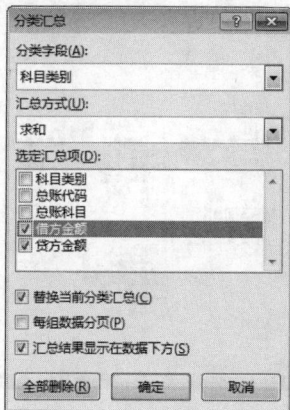

图 10-13　【分类汇总】对话框

步骤 14 单击【确定】按钮，返回到工作表中，则工作表中的数据以分类汇总方式显示，如图 10-14 所示。

图 10-14　以分类汇总方式显示数据

步骤 15 多级分类汇总科目汇总表。单击【数据】选项卡【分级显示】组中的【分类汇总】按钮，再次打开【分类汇总】对话框，在【分类字段】下拉列表中选择【总账科目】选项，在【汇总方式】下拉列表中选择【求和】选项，在【选定汇总项】列表框中选择【借方金额】和【贷方金额】复选框，然后取消【替换当

前分类汇总】复选框的选中状态，如图 10-15 所示。

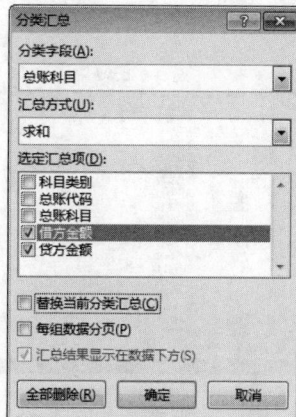

图 10-15　【分类汇总】对话框

步骤 16 单击【确定】按钮，返回到工作表中，可以看到工作表中显示的多级分类汇总结果，如图 10-16 所示。

图 10-16　以多级分类汇总方式显示数据

2　组及分级显示

使用【组及分级显示】功能，可以将汇总结果中的一些数据隐藏起来。当需要查看隐藏的数据时，再将其显示出来。

步骤 1 打开"月末账务"工作簿，切换到"科目汇总表"工作表，此时工作表中显示出了分类汇总的级别，如图 10-17 所示。

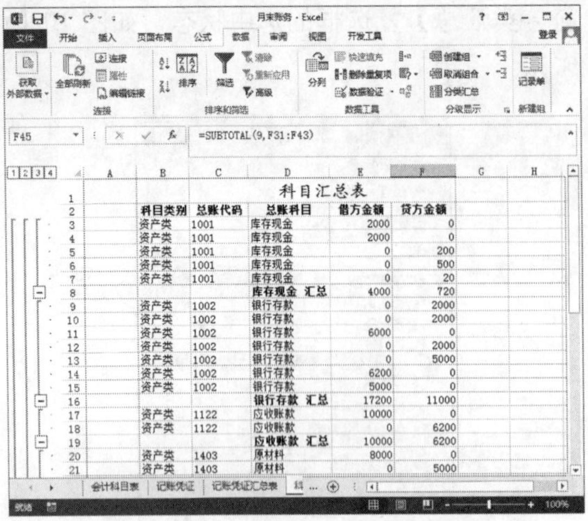

图 10-17　显示分类会中级别

步骤 **2** 单击工作表左侧的③级别按钮，工作表中的数据只显示 3 级别以上的数据，如图 10-18 所示。

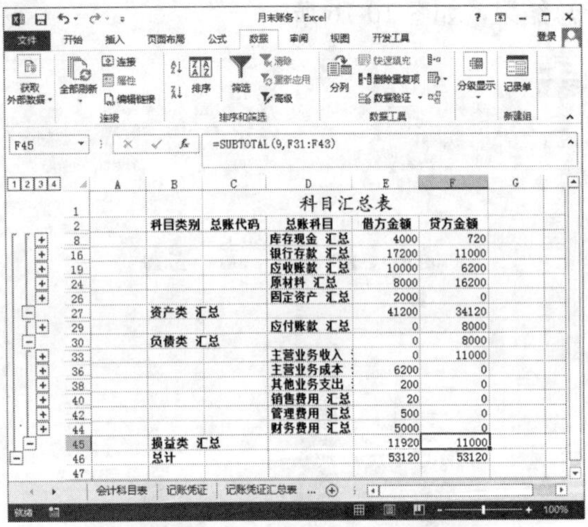

图 10-18　显示 3 级别以上数据

步骤 **3** 选中"资产类汇总"所在行的任意一个单元格，然后单击【数据】选项卡【分级显示】组中的【显示明细数据】按钮，如图 10-19 所示。

步骤 **4** 即可将该汇总项对应的明细数据显示出来，如图 10-20 所示。

步骤 **5** 选择想要隐藏的数据汇总项所在行的任意一个单元格，然后单击【数据】选项卡【分级显示】组中的【隐藏明细数据】按钮，如图 10-21 所示。

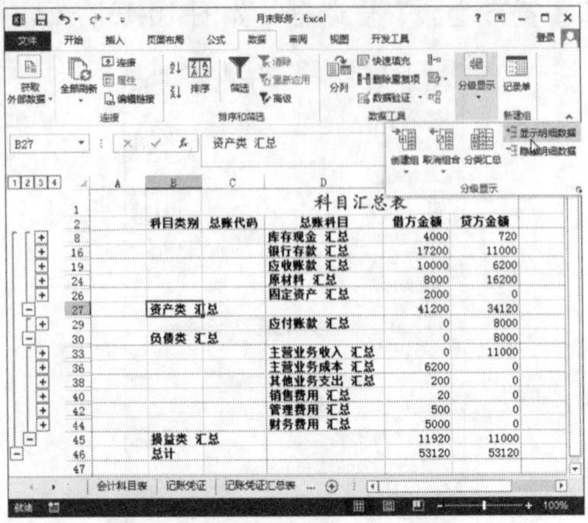

图 10-19　【显示明细数据】按钮

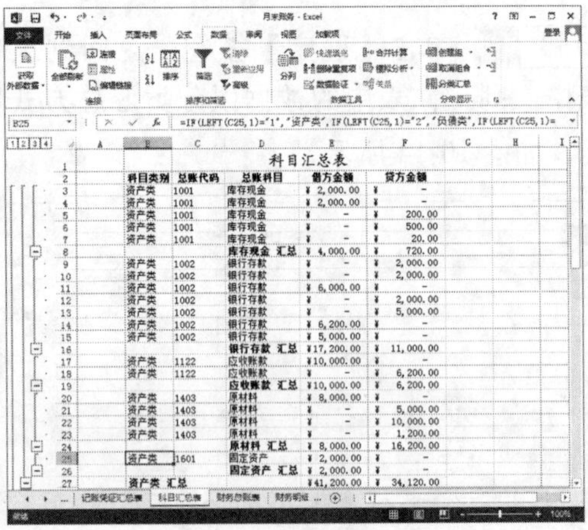

图 10-20　显示对应的明细数据

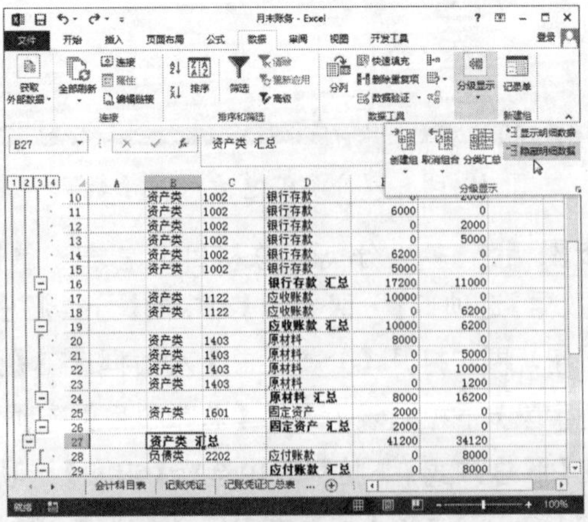

图 10-21　【隐藏明细数据】按钮

步骤 6 即可将该汇总项所对应的明细项隐藏，如图 10-22 所示。

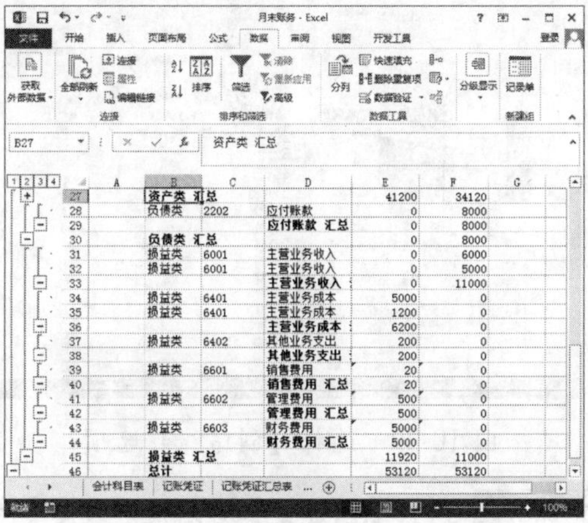

图 10-22　隐藏对应的明细数据

步骤 7 单击"科目汇总表"工作表左侧的 + 按钮，即可将隐藏的明细数据显示出来，同时 + 按钮变成 − 按钮，如图 10-23 所示。

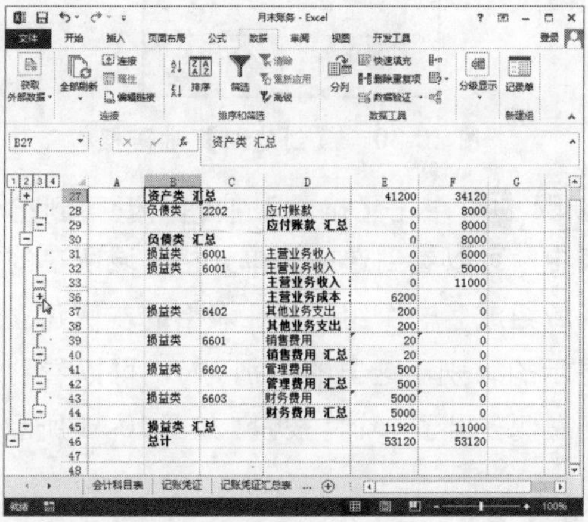

图 10-23　级别按钮

步骤 8 在表格左侧依次单击数字 3 按钮下方的 − 按钮，可以将对应的明细数据隐藏起来，同时 − 按钮变成 + 按钮；反之，如果单击 + 按钮，可以将对应隐藏的数据显示出来，同时 + 按钮变成 − 按钮，如图 10-24 所示。

步骤 9 选择数据区域中的任意一个单元格，然后单击【数据】选项卡【分级显示】组中的【取消组合】按钮，在弹出的下拉列表中选择【清除分级显示】选项，如图 10-25 所示。

表中选择【清除分级显示】选项，如图 10-25 所示。

图 10-24　使用级别按钮隐藏明细数据

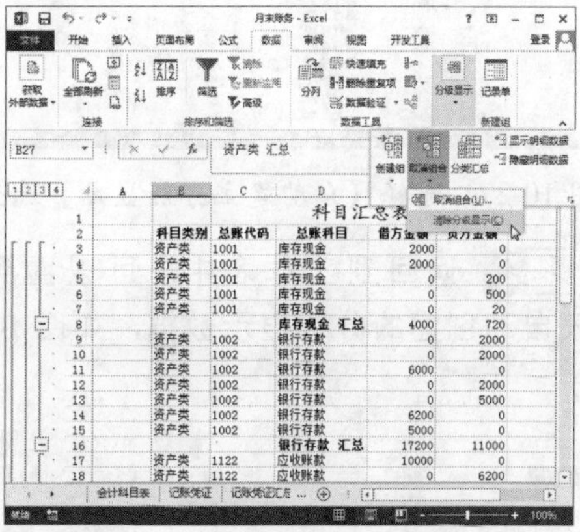

图 10-25　选择【清除分级显示】选项

步骤 10 返回到工作表，可以看到工作表中的分级数据消失，如图 10-26 所示。

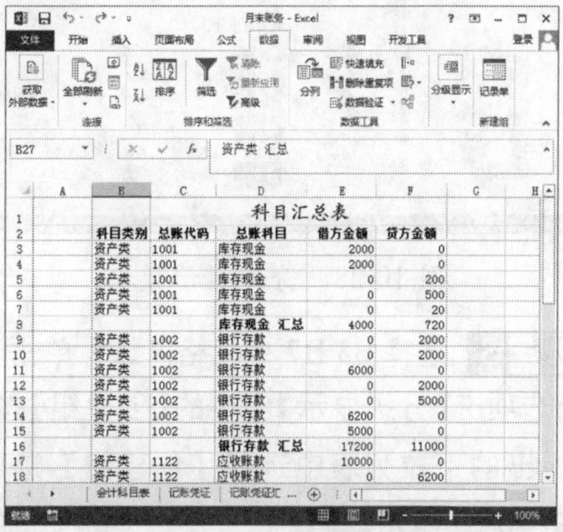

图 10-26　分级数据消失

3 创建分级显示

步骤 1 选择数据区域中的任意一个单元格，单击【数据】选项卡【分级显示】组中的【创建组】按钮，在弹出的下拉列表中选择【自动建立分级显示】选项，如图 10-27 所示。

图 10-27　选择【自动建立分级显示】选项

步骤 2 返回到工作表中，可以看到工作表自动创建的分级显示数据，如图 10-28 所示。

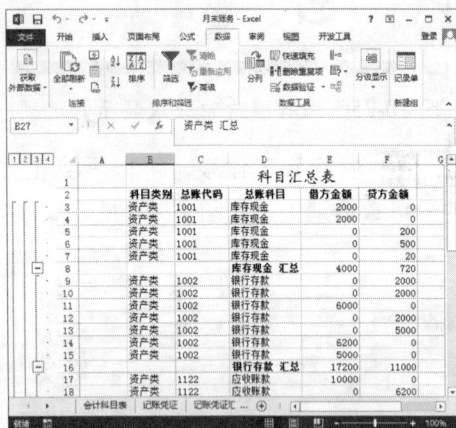

图 10-28　分级显示数据

步骤 3 选择 B3:B7 单元格区域，单击【数据】选项卡【分级显示】组中的【创建组】按钮，在弹出的下拉列表中选择【创建组】选项，如图 10-29 所示。

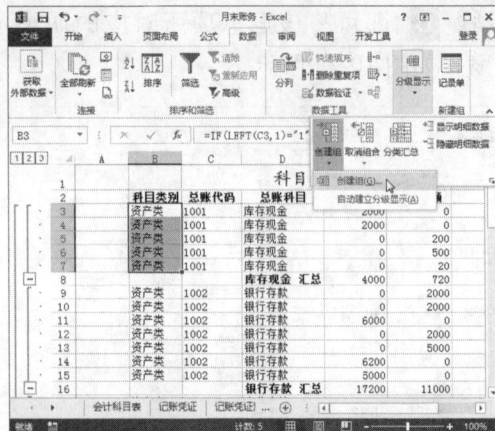

图 10-29　选择【创建组】选项

步骤 4 打开【创建组】对话框，选择【行】单选按钮，如图 10-30 所示。

图 10-30　【创建组】对话框

步骤 5 单击【确定】按钮，返回到工作表中，可以看到选中的单元格区域所在的行区域组成了一个组，并在表格的左侧建立起显示的级别，这里的级别为 4，可以看到表格左侧多出了一个 4 按钮，如图 10-31 所示。

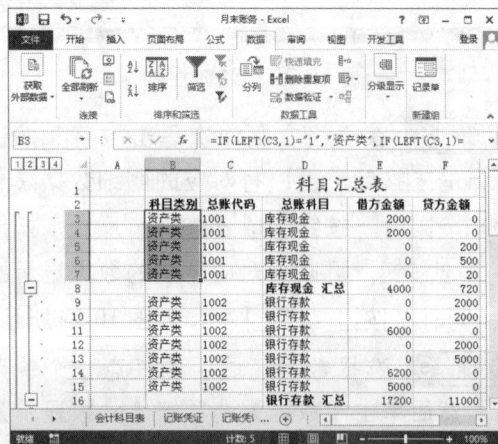

图 10-31　分级显示数据

步骤 6 取消组合。选中单元格区域 B3:B7，单击【数据】选项卡【分级显示】组中的【取消组合】按钮，在弹出的下拉列表中选择【取消组合】选项，如图 10-32 所示。

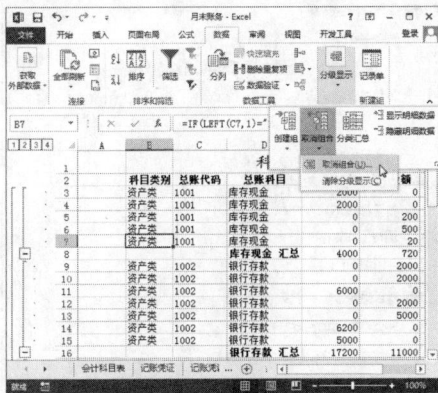

图 10-32　选择【取消组合】选项

步骤 7 打开【取消组合】对话框，选择【行】单选按钮，如图 10-33 所示。

图 10-33　【取消组合】对话框

步骤 8 单击【确定】按钮，返回到工作表中，即可取消行的组合状态，这时可以看到表格左侧的级别 4 按钮消失，如图 10-34 所示。

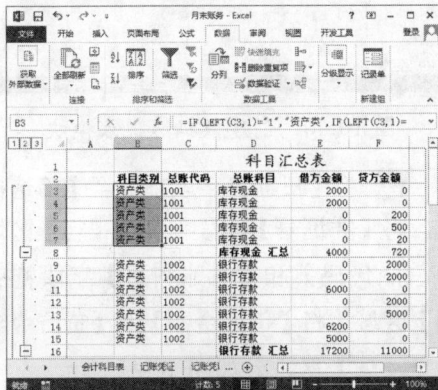

图 10-34　取消行的组合状态

4 取消分类汇总

在工作表中，如果不再需要分类汇总的结果，可以删除数据的分类汇总，具体的操作步骤如下。

步骤 1 打开"月末账务"工作簿，选择"科目汇总表"工作表，单击【数据】选项卡【分级显示】组中的【分类汇总】按钮，打开【分类汇总】对话框，如图 10-35 所示。

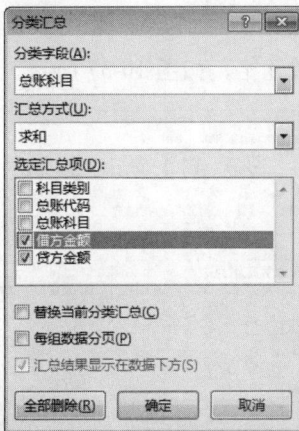

图 10-35　【分类汇总】对话框

步骤 2 单击【全部删除】按钮，返回到工作表中，可以看到数据的分类汇总被删除，数据以"总账代码"升序排序方式显示，如图 10-36 所示。

图 10-36　删除分类汇总

10.1.2 利用数据透视表建立多栏式科目汇总表

"科目汇总表"是对记账凭证信息的汇总和检索，多栏式科目汇总表能够更加明了地显示每一个会计科目的发生额情况。

利用数据透视表建立多栏式科目汇总表的操作步骤如下。

步骤 1 打开"月末账务"工作簿，切换到"记账凭证汇总表"工作表，选中数据区域中的任意一个单元格，如图 10-37 所示。

图 10-37　打开记账凭证汇总表

步骤 2 单击【插入】选项卡【表格】组中的【数据透视表】按钮，如图 10-38 所示。

图 10-38　【数据透视表】按钮

步骤 3 打开【创建数据透视表】对话框，在其中设置要分析的数据区域，选择放置数据透视表的位置，如图 10-39 所示。

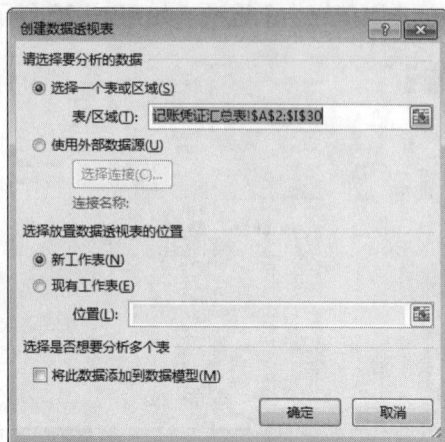

图 10-39　【创建数据透视表】对话框

步骤 4 单击【确定】按钮，返回到工作表中，可以看到创建的数据透视表模块，如图 10-40 所示。

图 10-40　创建数据透视表模块

步骤 5 将【日期】字段拖曳至【筛选器】区域，将【凭证号】字段拖曳至【行】区域，将【总账代码】和【总账科目】字段拖曳至【列】区域，将【借方金额】和【贷方金额】拖曳至【值】区域，如图 10-41 所示。

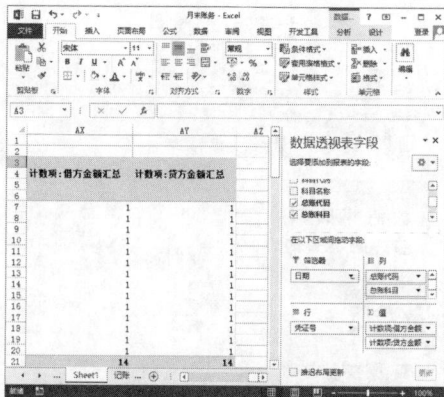

图 10-41　拖动字段至合适的区域

步骤 6 单击【值】区域中的【计数项：借方金额】选项，在弹出的下拉列表中选择【值字段设置】选项，如图 10-42 所示。

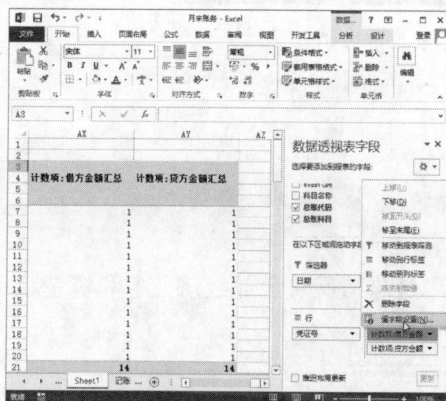

图 10-42　选择【值字段设置】选项

步骤 7 打开【值字段设置】对话框，在【计算类型】列表框中选择【求和】选项，如图 10-43 所示。

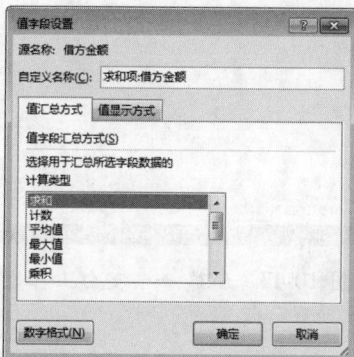

图 10-43　【值字段设置】对话框

步骤 8 单击【数字格式】按钮，打开【设置单元格格式】对话框，在【分类】列表框中选择【货币】数据类型，并设置小数位数为 2，如图 10-44 所示。

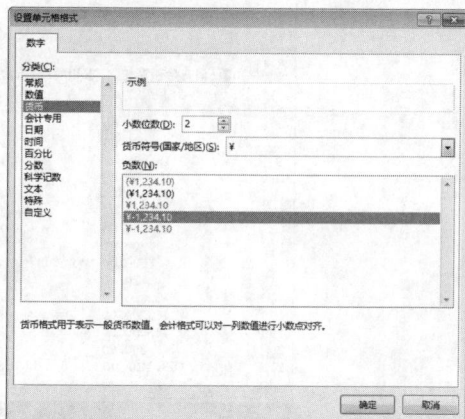

图 10-44　【设置单元格格式】对话框

步骤 9 在【设置单元格格式】对话框中单击【确定】按钮，返回到【值字段设置】对话框。再次单击【确定】按钮，返回到工作表中，可以看到【借方金额汇总】列的数据以货币数据类型显示，如图 10-45 所示。

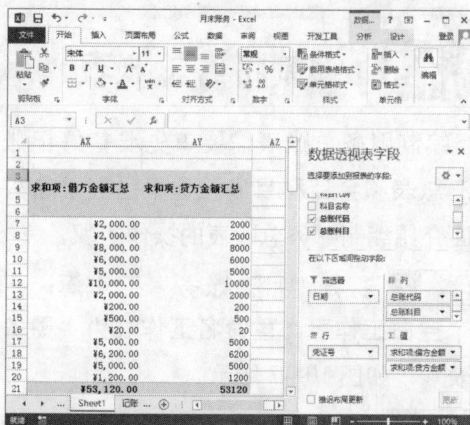

图 10-45　以货币方式显示数据

步骤 10 参照设置借方金额汇总数据显示方式的方法，设置【贷方金额汇总】列的数据显示方式，最终的显示效果如图 10-46 所示。

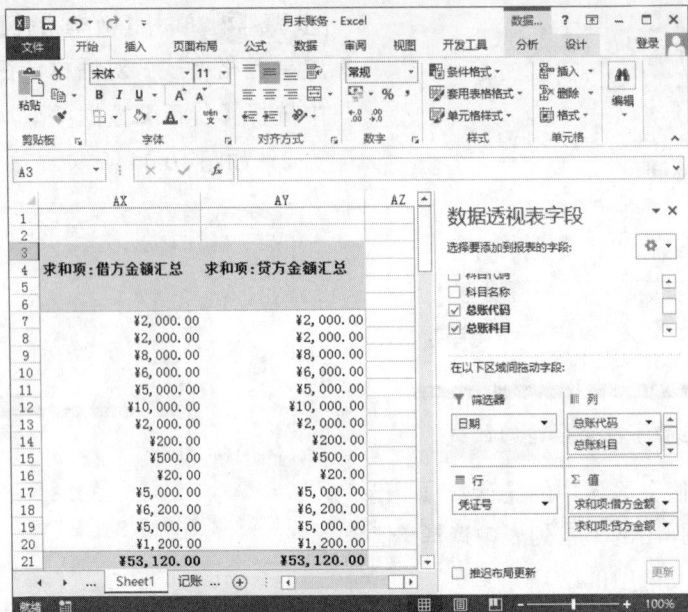

图 10-46　设置其他列数据显示方式

10.2　财务总账表

总账又称总分类账，根据一级会计科目设置，是总结反映全部经济业务和资金状况的账簿，包括期初余额、本期发生额和期末余额等内容。

10.2.1　编制财务总账表

编制财务总账表需要事先准备好记账凭证汇总表和会计科目表，这里已经准备好，下面介绍编制财务总账表的操作步骤。

步骤 1 打开"月末账务"工作簿，新建一个空白工作表，重命名工作表为"财务总账表"，如图 10-47 所示。

步骤 2 根据实际情况在"财务总账表"工作表中输入财务总账的标题和所包含的项目信息，然后设置单元格格式，如图 10-48所示。

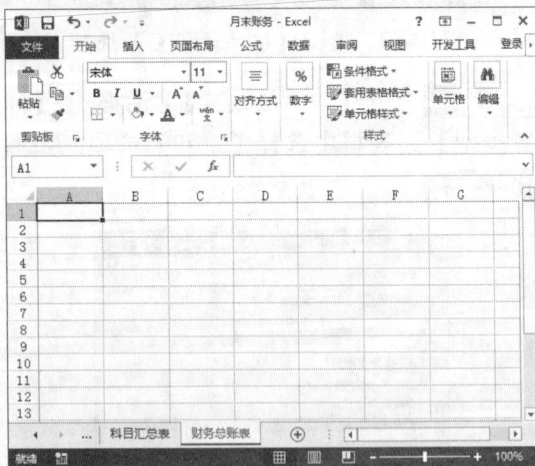

图 10-47　新建一个空白工作表

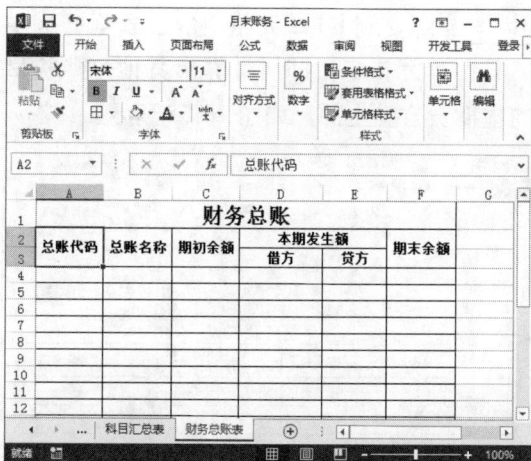

图 10-48　输入表格内容

步骤 3　选择 B4 单元格，在编辑栏中输入公式 "=VLOOKUP(A4, 会计科目表 !$A$3:$C$39,2, FALSE)"，如图 10-49 所示。

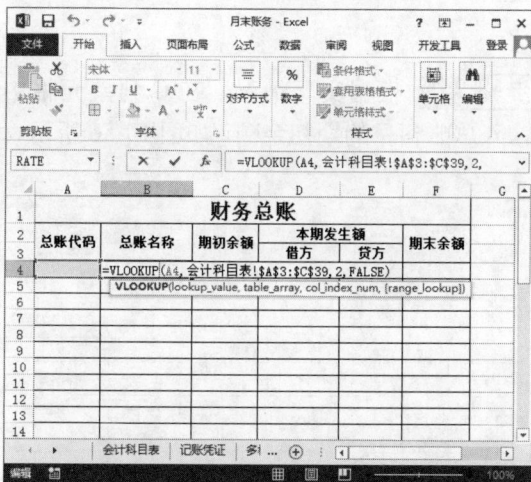

图 10-49　输入公式

步骤 4　按 Enter 键，然后在【总账代码】列中输入总账代码，即可完成财务总账中总账代码与总账名称的输入操作，如图 10-50 所示。

步骤 5　根据会计科目表的规则，在 "财务总账表" 工作表中输入其他总账代码，然后复制 B4 单元格中的公式至 B5:B40 单元格区域，得出与总账代码对应的总账名称，如图 10-51 所示。

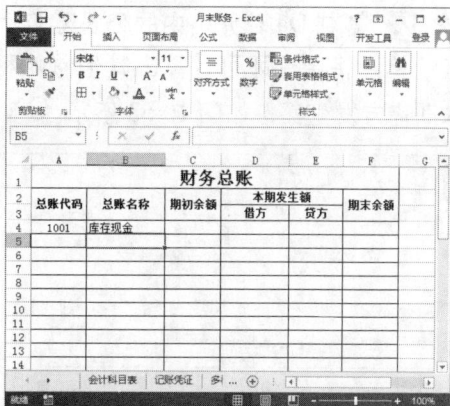

图 10-50　输入总账代码与总账名称

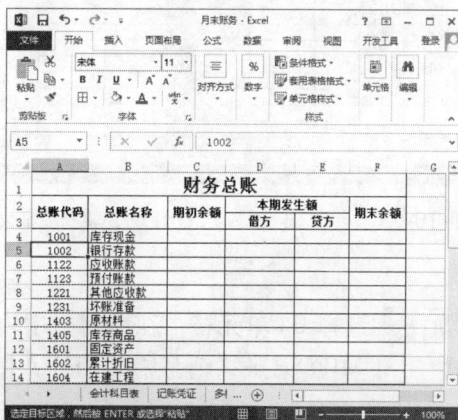

图 10-51　输入其他总账代码与总账数据

步骤 6　选中 D4 单元格，在编辑栏中输入公式 "=SUMIF(记账凭证汇总表 !F:F,A4, 记账凭证汇总表 !H:H)"，按 Enter 键，即可计算出【库存现金】总账科目的本期借方发生额，如图 10-52 所示。

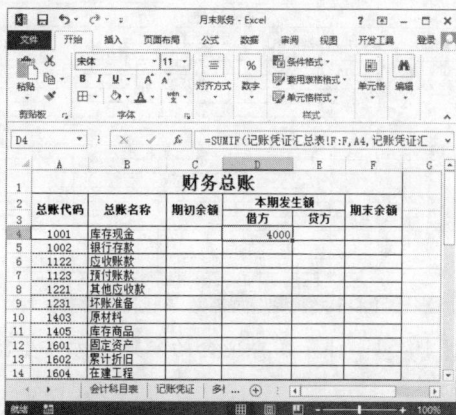

图 10-52　计算库存现金的本期借方发生额

步骤 7 复制 D4 单元格中的公式至 D 列中的其他单元格中，即可计算出其他总账科目的本期借方发生额，如图 10-53 所示。

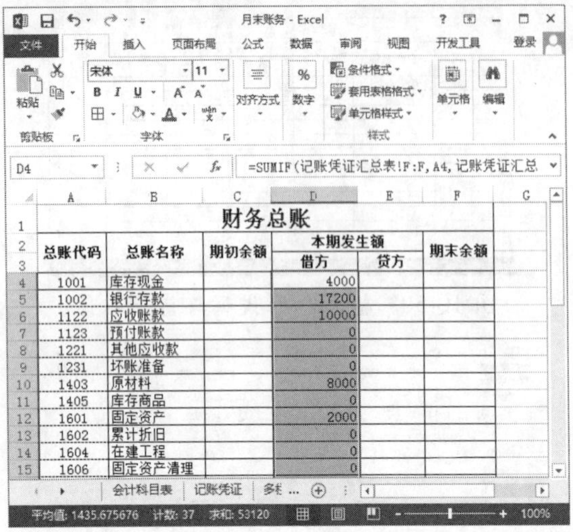

总账代码	总账名称	期初余额	本期发生额 借方	本期发生额 贷方	期末余额
1001	库存现金		4000		
1002	银行存款		17200		
1122	应收账款		10000		
1123	预付账款		0		
1221	其他应收款		0		
1231	坏账准备		0		
1403	原材料		8000		
1405	库存商品		0		
1601	固定资产		2000		
1602	累计折旧		0		
1604	在建工程		0		
1606	固定资产清理		0		

图 10-53　计算其他总账科目的本期借方发生额

步骤 8 选择 E4 单元格，在编辑栏中输入公式“=SUMIF(记账凭证汇总表 !F:F,A4, 记账凭证汇总表 !I:I)”，按 Enter 键，即可计算出【库存现金】总账科目的本期贷方发生额，如图 10-54 所示。

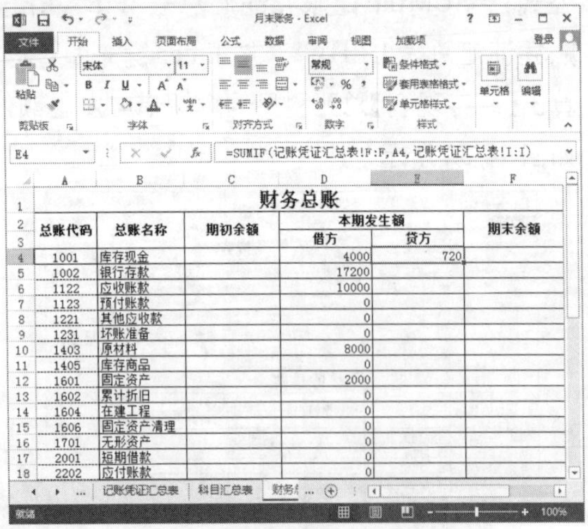

总账代码	总账名称	期初余额	本期发生额 借方	本期发生额 贷方	期末余额
1001	库存现金		4000	720	
1002	银行存款		17200		
1122	应收账款		10000		
1123	预付账款		0		
1221	其他应收款		0		
1231	坏账准备		0		
1403	原材料		8000		
1405	库存商品		0		
1601	固定资产		2000		
1602	累计折旧		0		
1604	在建工程		0		
1606	固定资产清理		0		
1701	无形资产		0		
2001	短期借款		0		
2202	应付账款		0		

图 10-54　计算库存现金的本期贷方发生额

步骤 9 复制 E4 单元格中的公式至 E 列中的其他单元格中，即可计算出其他总账科目的本期贷方发生额，如图 10-55 所示。

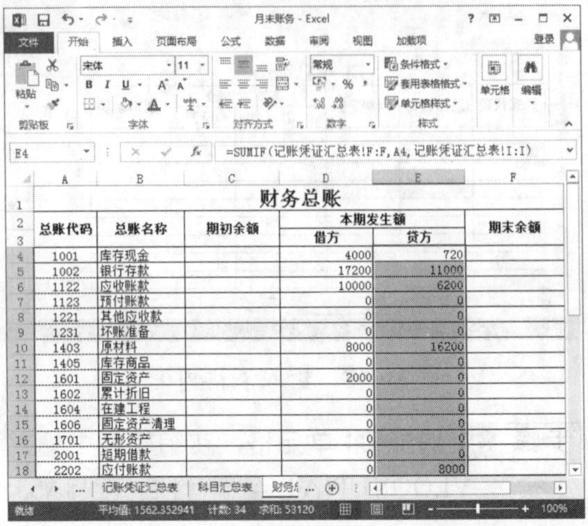

总账代码	总账名称	期初余额	本期发生额 借方	本期发生额 贷方	期末余额
1001	库存现金		4000	720	
1002	银行存款		17200	11000	
1122	应收账款		10000	6200	
1123	预付账款		0	0	
1221	其他应收款		0	0	
1231	坏账准备		0	0	
1403	原材料		8000	16200	
1405	库存商品		0	0	
1601	固定资产		2000	0	
1602	累计折旧		0	0	
1604	在建工程		0	0	
1606	固定资产清理		0	0	
1701	无形资产		0	0	
2001	短期借款		0	0	
2202	应付账款		0	8000	

图 10-55　计算其他总账科目的本期贷方发生额

步骤 10 根据实际情况，在 C 列单元格中输入总账科目的期初余额，如图 10-56 所示。

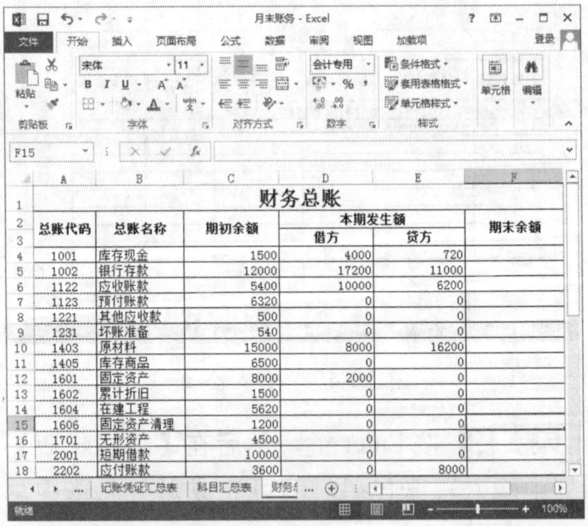

总账代码	总账名称	期初余额	本期发生额 借方	本期发生额 贷方	期末余额
1001	库存现金	1500	4000	720	
1002	银行存款	12000	17200	11000	
1122	应收账款	5400	10000	6200	
1123	预付账款	6320	0	0	
1221	其他应收款	500	0	0	
1231	坏账准备	540	0	0	
1403	原材料	15000	8000	16200	
1405	库存商品	6500	0	0	
1601	固定资产	8000	2000	0	
1602	累计折旧	1500	0	0	
1604	在建工程	5620	0	0	
1606	固定资产清理	1200	0	0	
1701	无形资产	4500	0	0	
2001	短期借款	10000	0	0	
2202	应付账款	3600	0	8000	

图 10-56　输入总账科目的期初余额

步骤 11 选择 F4 单元格，在编辑栏中输入公式“=C4+D4-E4”，按 Enter 键，即可计算出【库存现金】总账科目的期末余额，如图 10-57 所示。

图 10-57　计算库存现金总账科目的期末
余额

步骤 12 复制 F4 单元格中的公式至 F 列的其他单元格中，即可计算出其他总账科目的期末余额，如图 10-58 所示。

图 10-58　计算其他总账科目的期末余额

步骤 13 选中"财务总账表"工作表中的数值区域，按 Ctrl+1 组合键，打开【设置单元格格式】对话框，在【分类】列表框中选择【会计专用】选项，并设置【小数位数】为 2，如图 10-59 所示。

步骤 14 单击【确定】按钮，返回到工作

表中，可以看到工作表中的数值以会计专用格式显示，如图 10-60 所示。

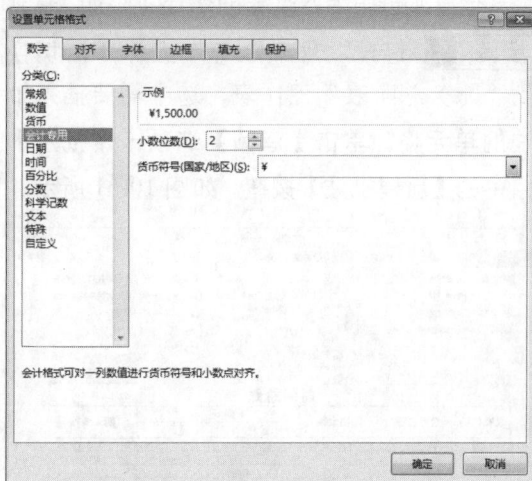

图 10-59　选择【会计专用】选项

图 10-60　数值以会计专用格式显示

10.2.2 在财务总账表中添加批注

在财务总账表中，期末余额列中出现了负值，这些负值实质上是记在贷方的金额，表示现金的流出。为了加强数值的含义，用户可以为其添加批注，来补充说明。

1 插入批注

在单元格中插入批注的操作步骤如下。

步骤 1 打开"月末账务"工作簿，切换到"账务总账表"工作表，选中需要插入批注的单元格，单击【审阅】选项卡【批注】组中的【新建批注】按钮，如图 10-61 所示。

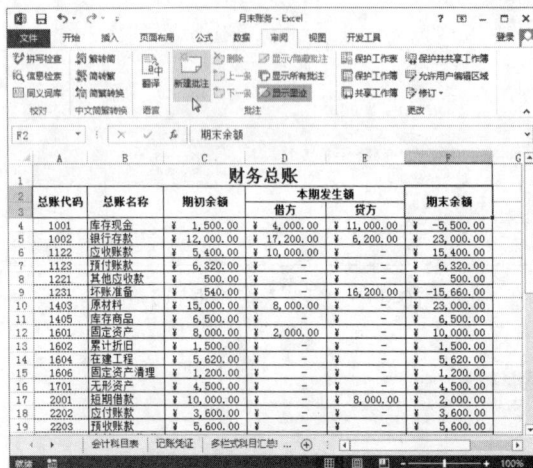

图 10-61 【新建批注】按钮

步骤 2 随即在单元格的右上角中插入一个批注输入框，如图 10-62 所示。

图 10-62 插入批注输入框

步骤 3 在批注输入框中输入说明性信息，如图 10-63 所示。

图 10-63 输入批注内容

步骤 4 输入完毕后，单击批注框外的任意一个单元格，即可完成批注的插入操作，并在单元格的右上角显示一个红色三角标志，如图 10-64 所示。

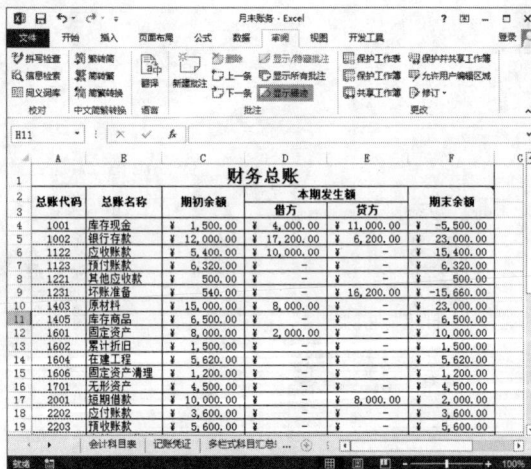

图 10-64 完成批注的插入操作

2 显示或隐藏批注

批注插入完成后，用户可以根据自己的需要显示或隐藏批注，具体的操作步骤如下。

步骤 1 将鼠标指针放置在插入批注的单元格上，即可在单元格的右上角显示批注内容，如图 10-65 所示。

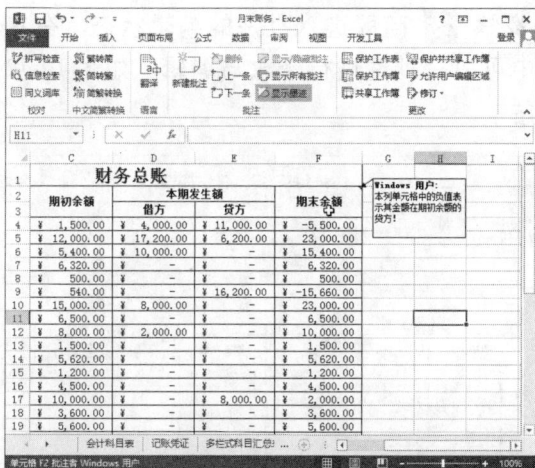

图 10-65　显示批注内容

图 10-67　显示批注信息

步骤 2 右击插入批注的单元格，在弹出的快捷菜单中选择【显示/隐藏批注】菜单命令，如图 10-66 所示。

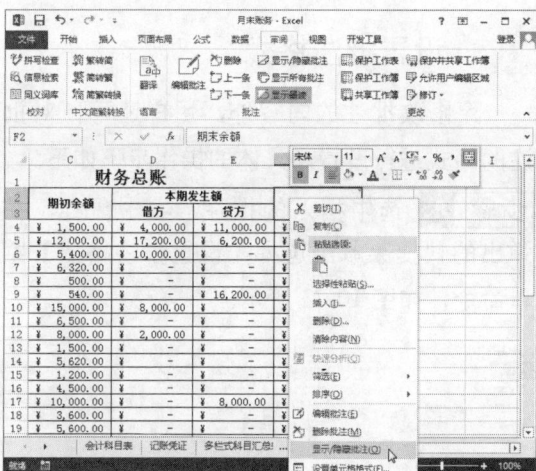

图 10-66　选择【显示/隐藏批注】菜单命令

步骤 3 返回到工作表中，可以看到显示出来的批注信息，如图 10-67 所示。

步骤 4 如果想要隐藏显示的批注，右击插入批注的单元格，在弹出的快捷菜单中选择【隐藏批注】菜单命令，如图 10-68 所示。

步骤 5 返回到工作表中，可以看到显示的批注被隐藏，如图 10-69 所示。

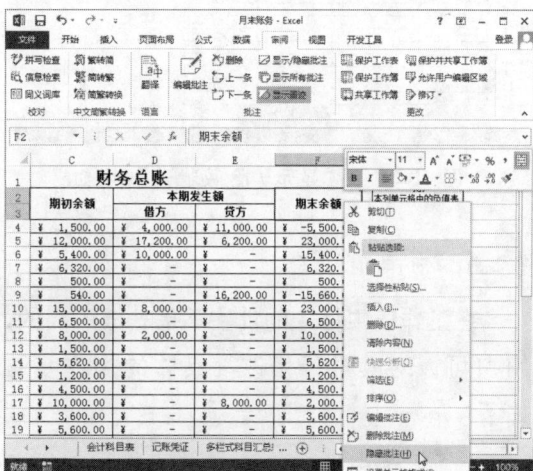

图 10-68　选择【隐藏批注】菜单命令

图 10-69　隐藏批注

307

步骤 6 除了可以使用右键菜单显示或隐藏批注外，用户还可以在选中插入批注的单元格后，单击【审阅】选项卡【批注】组中的【显示/隐藏批注】按钮，来显示或隐藏工作表中的批注，如图 10-70 所示。

图 10-70 【显示/隐藏批注】按钮

3 编辑批注

在工作表中插入的批注不是一成不变的，用户可以对其进行修改，具体的操作步骤如下。

步骤 1 选中插入批注的单元格，然后单击【审阅】选项卡【批注】组中的【编辑批注】按钮，如图 10-71 所示。

图 10-71 单击【编辑批注】按钮

步骤 2 随即进入批注的编辑状态，在其中可以对批注进行修改与编辑，如图 10-72 所示。

图 10-72 修改或编辑批注

4 设置批注格式

除修改批注的内容外，用户还可以对批注的格式进行设置，具体的操作步骤如下。

步骤 1 选中插入的批注，右击鼠标，在弹出的快捷菜单中选择【设置批注格式】菜单命令，如图 10-73 所示。

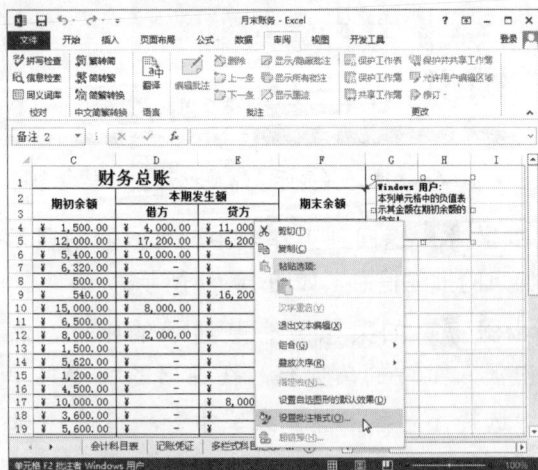

图 10-73 【设置批注格式】菜单命令

步骤 2 打开【设置批注格式】对话框，选择【字体】选项卡，在其中可以对批注文字进行字体、字号与字形的设置，如图 10-74 所示。

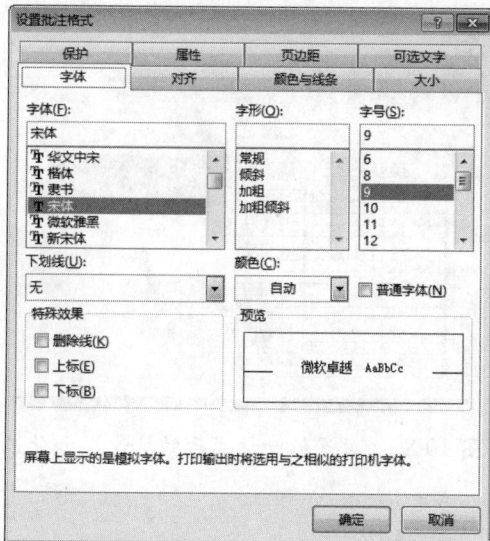

图 10-74 【字体】选项卡

步骤 3 选择【对齐】选项卡，在其中可以对批注的文本进行对齐方式、方向等参数设置，如图 10-75 所示。

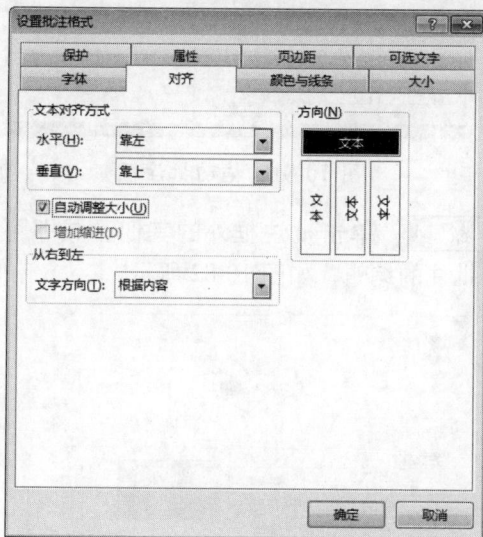

图 10-75 【对齐】选项卡

步骤 4 选择【颜色与线条】选项卡，在其中可以对批注的填充颜色、线条颜色、样式以及线条的粗细等参数进行设置，如图 10-76 所示。

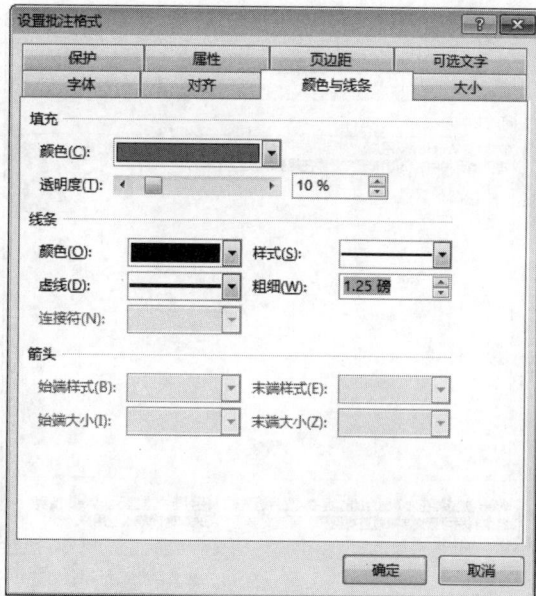

图 10-76 【颜色与线条】选项卡

步骤 5 选择【大小】选项，在其中可以对批注进行大小、角度、比例等参数设置，如图 10-77 所示。

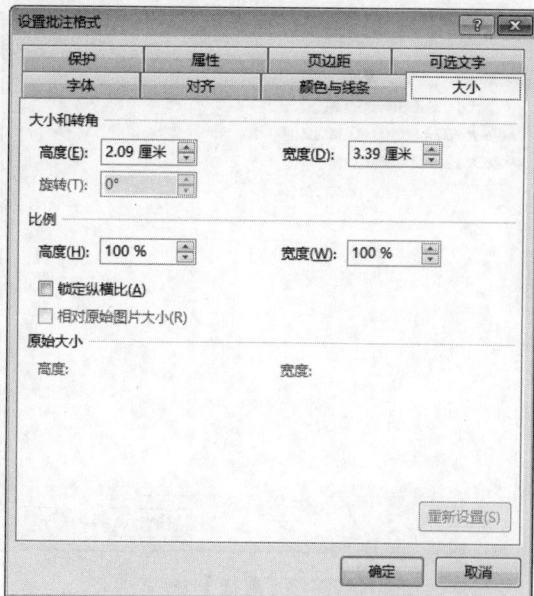

图 10-77 【大小】选项卡

步骤 6 选择【可选文字】选项卡，可以对批注文字内容进行修改与编辑，如图 10-78 所示。

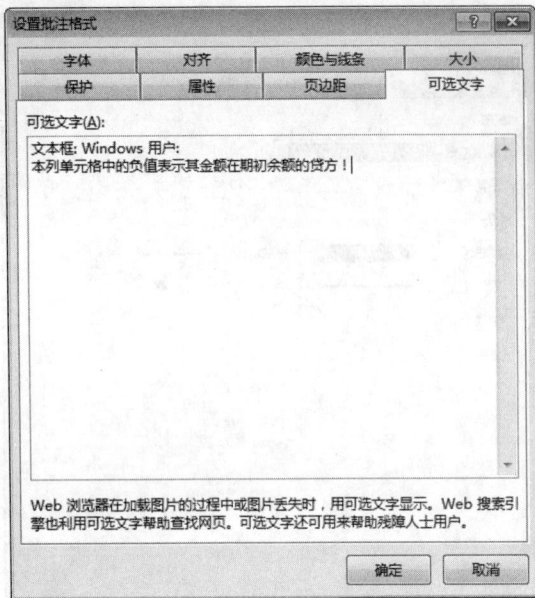

图 10-78　【可选文字】选项卡

步骤 7 选择【属性】选项卡，可以对批注对象位置进行设置，如图 10-79 所示。

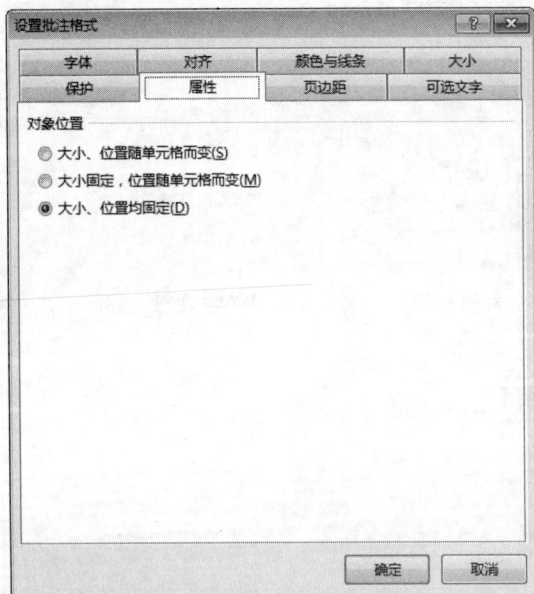

图 10-79　【属性】选项卡

步骤 8 单击【确定】按钮，返回到工作表中，可以看到设置批注格式后，工作表中的批注显示效果，如图 10-80 所示。

步骤 9 将鼠标指针移动到批注框控制点

上，拖动鼠标可以改变批注框的大小，如图 10-81 所示。

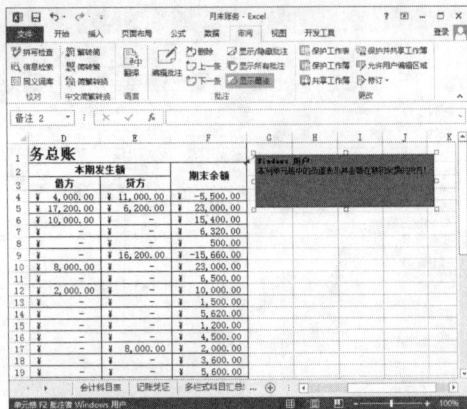

图 10-80　设置批注格式后的批注显示效果

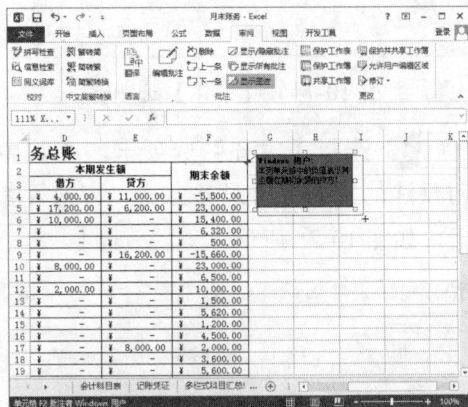

图 10-81　拖动批注框

步骤 10 单击批注框外的其他区域即可完成批注的编辑，如图 10-82 所示。

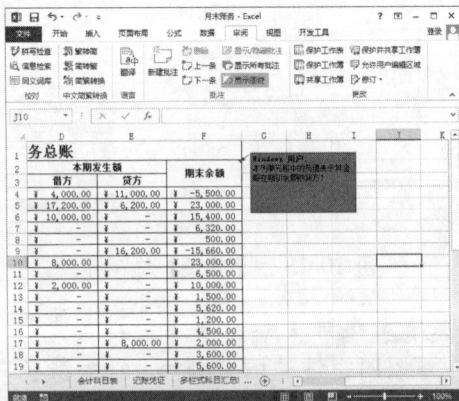

图 10-82　完成批注框的编辑

5　删除批注

当用户不再需要批注后，可以将其删除，具体的操作步骤如下。

步骤 1 选中插入批注的单元格，右击鼠标，在弹出的快捷菜单中选择【删除批注】菜单命令，如图 10-83 所示。

步骤 2 返回到工作表中，即可将插入的批注删除，如图 10-84 所示。

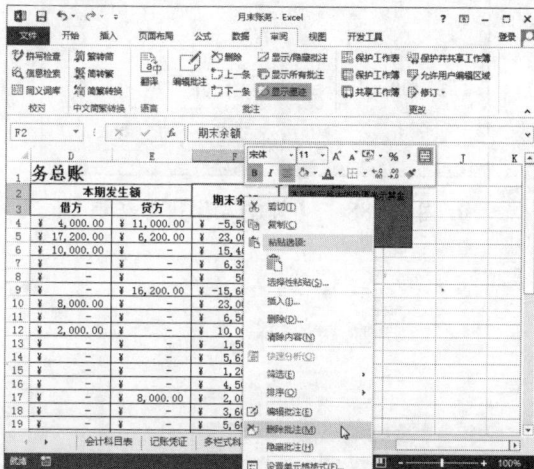

图 10-83　选择【删除批注】菜单命令

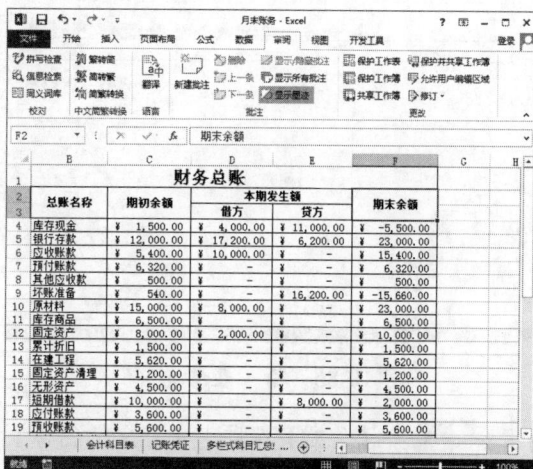

图 10-84　删除批注

10.3　财务明细账表

明细账也称明细分类账，是根据总账科目所属的明细科目设置的，用于分类登记某一类经济业务事项，提供有关明细核算资料，它是财务人员最常用的表格之一。

10.3.1　编制财务明细账表

明细账表单一般包括科目代码、科目名称、月初余额和月末余额等，不过需要注意的是，明细科目的名称应根据统一会计制度的规定和公司财务管理的需要设置。

编制财务明细账表的操作步骤如下。

步骤 1 打开"月末账务"工作簿，新建一个空白工作表，重命名为"财务明细账表"，如图 10-85 所示。

图 10-85　新建空白工作表

步骤 2 在"财务明细账表"工作表中输入财务明细账表的标题与项目信息，如图 10-86 所示。

图 10-86　输入表格内容

步骤 3 在【公式】选项卡【定义的名称】组单击【定义名称】按钮，在弹出的下拉列表中选择【定义名称】选项，如图 10-87 所示。

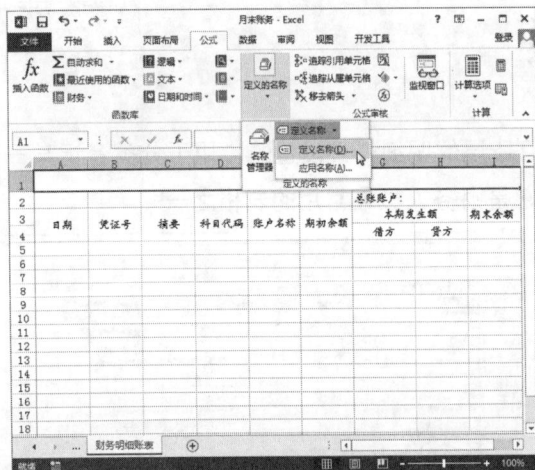

图 10-87　选择【定义名称】选项

步骤 4 打开【新建名称】对话框，在【名称】文本框中输入"总账账户"，如图 10-88 所示。

步骤 5 单击【引用位置】后面的【折叠】按钮，返回到工作表中，切换到【财务总

账表】工作表，在其中选择 B4:B40 单元格区域，如图 10-89 所示。

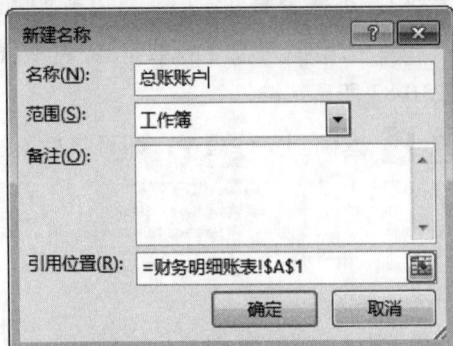

图 10-88　【新建名称】对话框

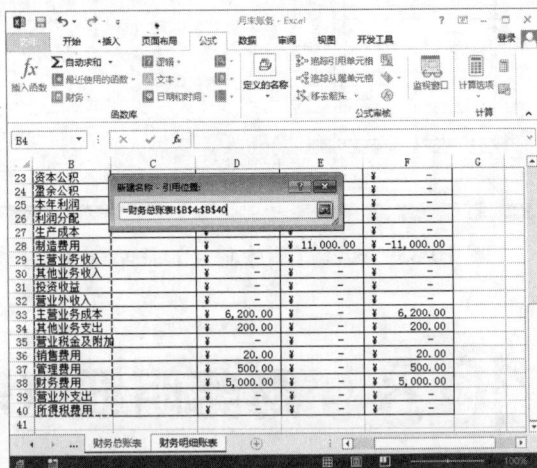

图 10-89　选择引用位置

步骤 6 单击【展开】按钮，返回到【新建名称】对话框，可以看到引用位置设置的结果。单击【确定】按钮，关闭【新建名称】对话框，如图 10-90 所示。

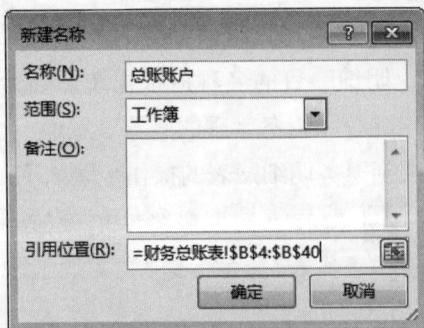

图 10-90　【新建名称】对话框

步骤 7 选择 I2 单元格，单击【数据】选项卡【数据工具】组中的【数据验证】按钮，在弹出的下拉列表中选择【数据验证】选项，如图 10-91 所示。

图 10-91　【数据验证】选项

步骤 8 打开【数据验证】对话框，设置验证条件为【序列】，在【来源】文本框中输入公式"= 总账账户"，如图 10-92 所示。

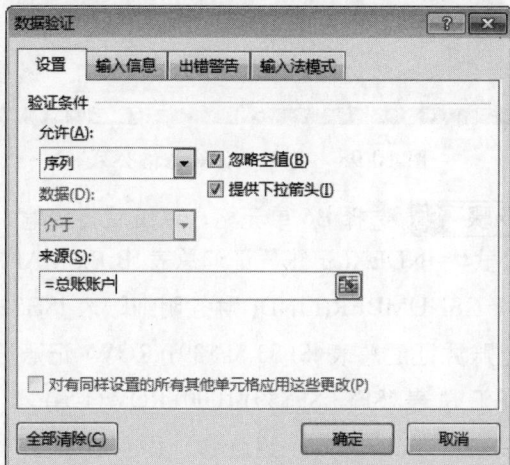

图 10-92　设置验证条件

步骤 9 单击【确定】按钮，返回到工作表，可以看到 I2 单元格的右侧显示一个下拉按钮。单击这个下拉按钮，在弹出的下拉列表中可以选择具体的总账科目，如图 10-93 所示。

图 10-93　选择总账科目

步骤 10 选择 H2 单元格，在其中输入公式"=INDEX(会计科目表 !A:A,MATCH(I2, 会计科目表 !C:C,0))"，按 Enter 键，即可得出总账科目的科目代码，如图 10-94 所示。

图 10-94　总账科目的科目代码

步骤 11 选择 A1 单元格，在编辑栏中输入公式"=H2&""&I2&" 明细账表 ""，按 Enter 键，即可计算出 A1 单元格中需要输入的内容，如图 10-95 所示。

步骤 12 选择 F5 单元格，在编辑栏中输入公式"=VLOOKUP($H$2, 财务总账表 !A:C,3,0)"，按 Enter 键，即可计算出当前会计科目的期初余额，如图 10-96 所示。

图 10-95　在 A1 中输入公式

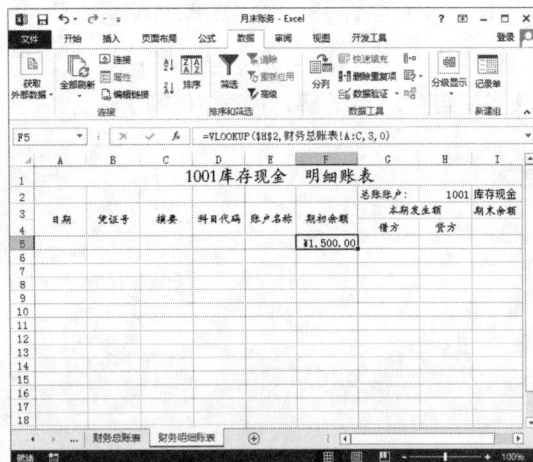

图 10-96　计算当前会计科目的期初余额

步骤 13 选择 A6 单元格，在编辑栏中输入公式"=INDEX(记账凭证汇总表 !A:A,SMALL (IF(ISNUMBER(FIND(财务明细账表 !$H$2, 记账凭证汇总表 !$F$3:$F$39)),ROW(记账凭证汇总表 !$F$3:$F$39),1000),ROW()-5))"，按 Ctrl+Shift++Enter 组合键，即可返回当前会计科目的日期，如图 10-97 所示。

步骤 14 复制 A6 单元格中的公式至 A7 ～ A17 单元格区域，即可返回其他日期信息，如图 10-98 所示。

图 10-97　计算当前会计科目的日期

图 10-98　复制 A6 单元格公式

步骤 15 选择 B6 单元格，在编辑栏中输入公式"=INDEX(记账凭证汇总表 !B:B,SMALL (IF (ISNUMBER(FIND(财务明细账表 !$H$2, 记账凭证汇总表 !$F$3:$F$39)),ROW(记账凭证汇总表 !$F$3:$F$39),1000),ROW()-5))"，按 Ctrl+Shift++Enter 组合键，即可计算出当前会计科目的凭证号，如图 10-99 所示。

步骤 16 选择 B 列单元格，按 Ctrl+1 组合键，打开【设置单元格格式】对话框，在【分类】列表框中选择【自定义】选项，并设置自定义的类型，如图 10-100 所示。效果如图 10-101 所示。

图 10-99　计算当前会计科目的凭证号

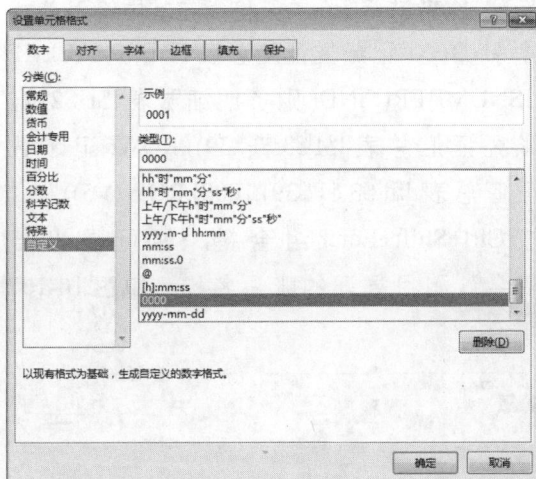

图 10-100　选择【自定义】选项

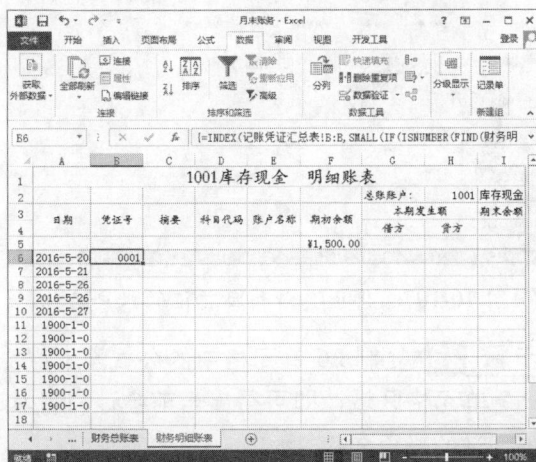

图 10-101　正确显示凭证号

步骤 17 复制 B6 单元格中的公式至 B7 ～ B17 单元格区域，即可得出当前会计科目的其他凭证号信息，如图 10-102 所示。

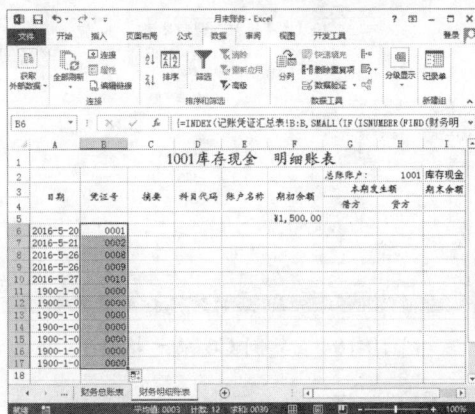

图 10-102　复制 B6 单元格公式

步骤 18 选择 C6 单元格，在其中输入公式 "=INDEX(记账凭证汇总表 !C:C,SMALL(IF (ISNUMBER(FIND(财务明细账表 !$H$2, 记账凭证汇总表 !$F$3:$F$39)),ROW(记账凭证汇总表 !$F$3:$F$39),1000),ROW()-5))"，按 Ctrl+Shift+Enter 组合键，即可得出当前会计科目的凭证摘要信息，如图 10-103 所示。

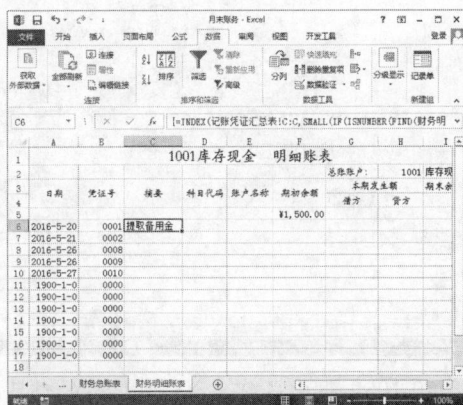

图 10-103　会计科目的凭证摘要信息

步骤 19 复制 C6 单元格中的公式至 C7 ～ C17 单元格区域，即可得出当前会计科目的其他凭证摘要信息，如图 10-104 所示。

图 10-104　复制 C6 单元格公式

步骤 20 选择 D6 单元格，在其中输入公式"=INDEX(记账凭证汇总表 !D:D,SMALL(IF(ISNUMBER(FIND(财务明细账表 !$H$2, 记账凭证汇总表 !$F$3:$F$39)),ROW(记账凭证汇总表 !$F$3:$F$39),1000),ROW()-5))"，按 Ctrl+Shift+Enter 组合键，即可得出当前会计科目凭证的科目代码，如图 10-105 所示。

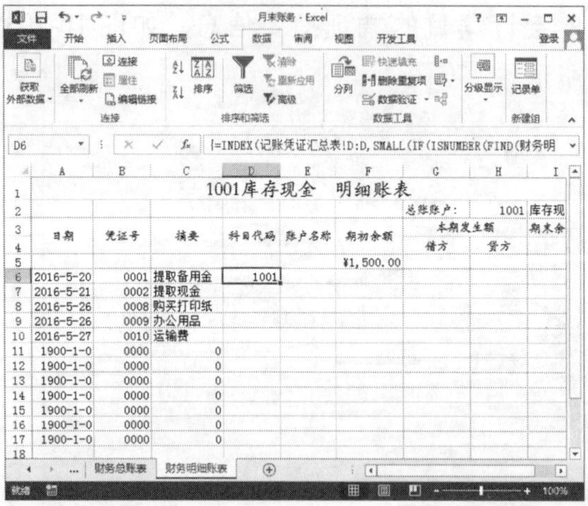

图 10-105　得出当前会计科目凭证的科目代码

步骤 21 复制 D6 单元格中的公式至 D7 ～ D17 单元格区域，即可得出当前会计科目其他凭证的科目代码信息，如图 10-106 所示。

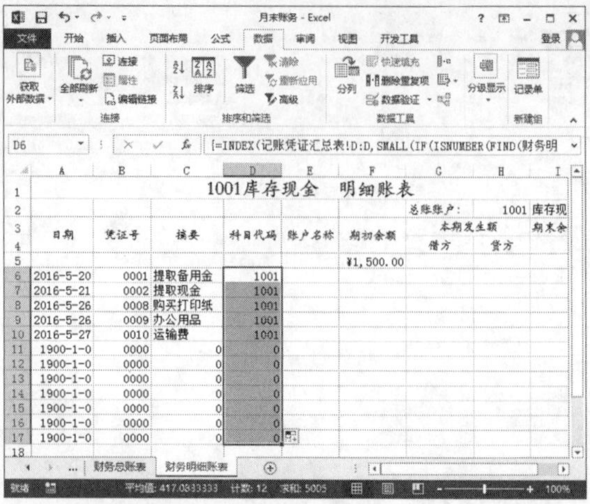

图 10-106　复制 D6 单元格公式

步骤 22 选择 E6 单元格，在其中输入公式"=INDEX(记账凭证汇总表 !E:E,SMALL(IF(ISNUMBER(FIND(财务明细账表 !$H$2, 记账凭证汇总表 !$F$3:$F$39)),ROW(记账凭证汇总表 !$F$3:$F$39),1000),ROW()-5))"，按 Ctrl+Shift+Enter 组合键，即可得出当前会计科目凭证的账户名称，如图 10-107 所示。

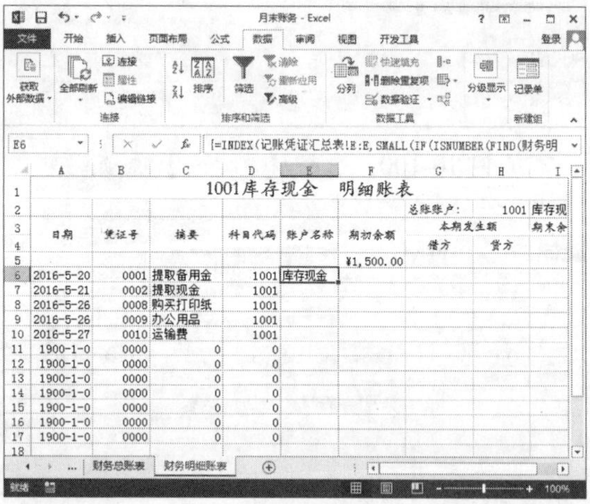

图 10-107　得出会计科目凭证的账户名称

步骤 23 复制 E6 单元格中的公式至 E7 ～ E17 单元格区域，即可得出当前会计科目其他凭证的账户名称，如图 10-108 所示。

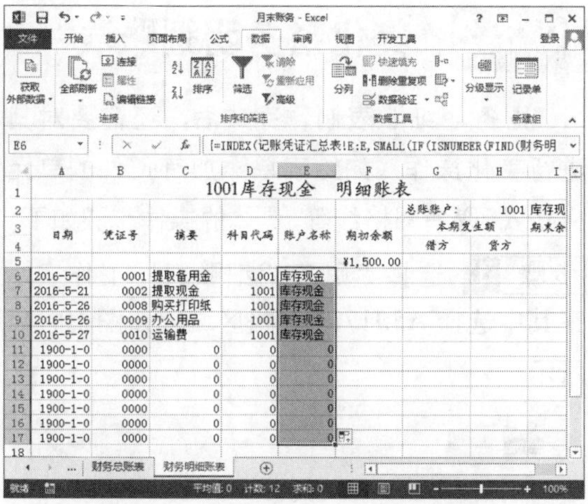

图 10-108 复制 E6 单元格公式

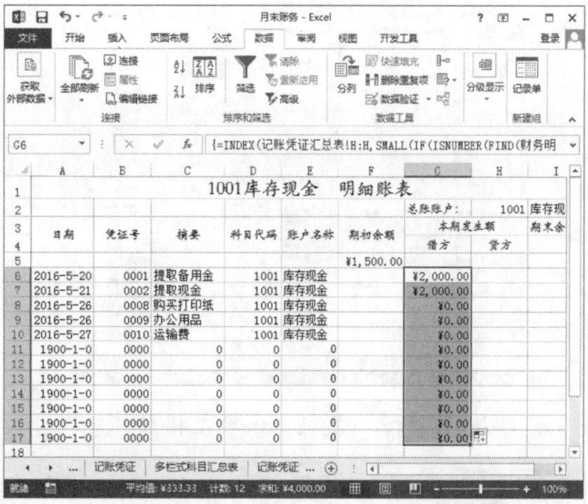

图 10-110 复制 G6 单元格公式

步骤 24 选择 G6 单元格，在其中输入公式 "=INDEX(记账凭证汇总表 !H:H,SMALL(IF (ISNUMBER(FIND(财务明细账表 !$H$2,记账凭证汇总表 !$F$3:$F$39)),ROW(记账凭证汇总表 !$F$3:$F$39),1000),ROW()-5))"，按 Ctrl+Shift+Enter 组合键，即可计算出当前会计科目的本期借方发生额，如图 10-109 所示。

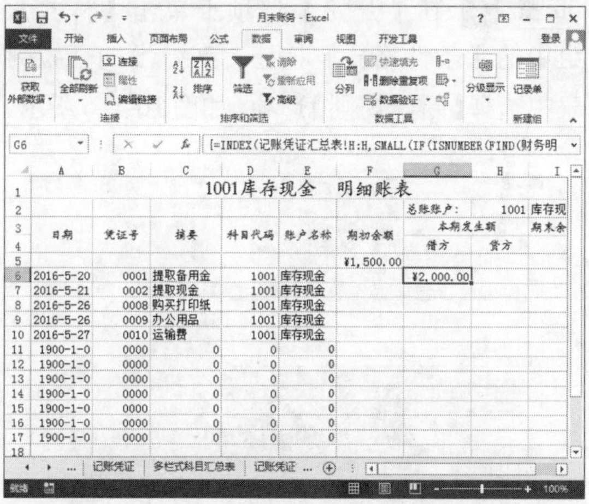

步骤 26 选择 H6 单元格，在其中输入公式 "=INDEX(记账凭证汇总表 !I:I,SMALL(IF (ISNUMBER(FIND(财务明细账表 !$H$2,记账凭证汇总表 !$F$3:$F$39)),ROW(记账凭证汇总表 !$F$3:$F$39),1000),ROW()-5))"，按 Ctrl+Shift+Enter 组合键，即可计算出当前会计科目的本期贷方发生额，如图 10-111 所示。

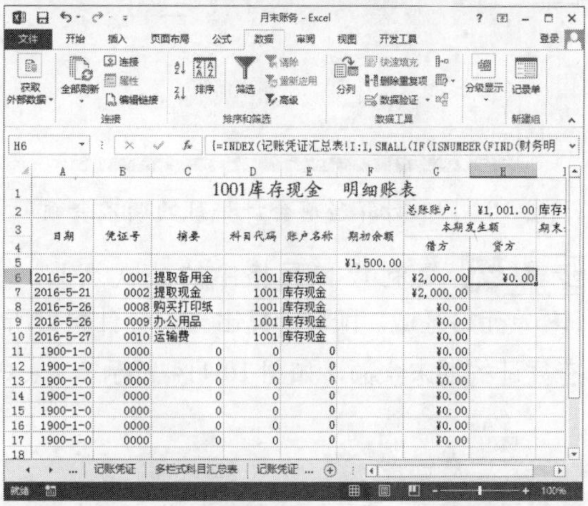

图 10-109 计算当前会计科目的本期借方发生额

图 10-111 计算当前会计科目的本期贷方发生额

步骤 25 复制 G6 单元格中的公式至 G7 ～ G17 单元格区域，即可得出当前会计科目其他凭证的本期借方发生额，如图 10-110 所示。

步骤 27 复制 H6 单元格中的公式至 H7 ～ H17 单元格区域，即可得出当前会计科目其他凭证的本期贷方发生额，如图 10-112 所示。

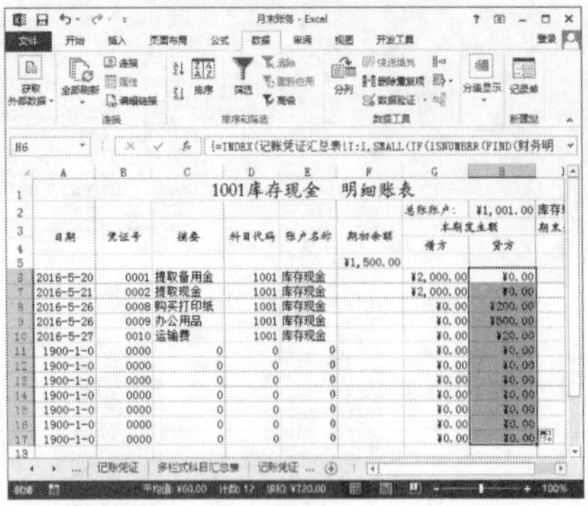

图 10-112　复制 H6 单元格公式

步骤 28 选择 I7 单元格，在其中输入公式
"=IF(A7=0,IF(AND(I6="",A6<>0),$F$5+SUM
($G$6:G6)-SUM($H$6:H6),""),"")"，按 Enter
键，即可计算出当前会计科目的期末余额，
如图 10-113 所示。

图 10-113　计算当前会计科目的期末余额

步骤 29 复制 I7 单元格中的公式至 I8 ～
I17 单元格区域，即可计算出当前会计科目所
有凭证的期末余额，如图 10-114 所示。

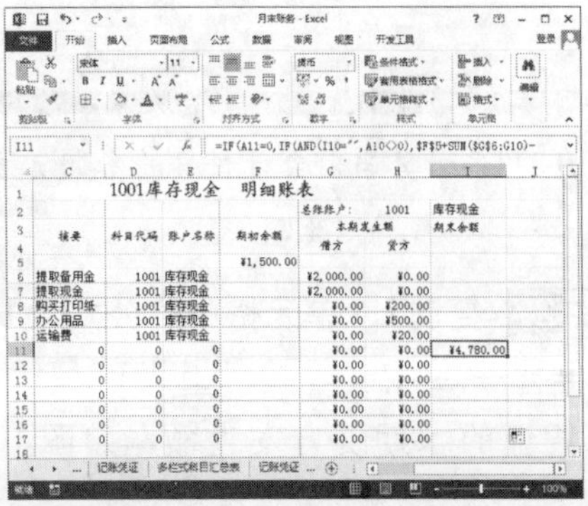

图 10-114　复制 I7 单元格公式

10.3.2　美化财务明细账表

财务明细账表制作完成后，还需要对其
进行美化操作，如给表单添加有条件的单元
格格式、取消网格线等，具体的操作步骤如下。

步骤 1 选择"财务明细账表"工作表，
在其中选择 A5:I17 单元格区域，如图 10-115
所示。

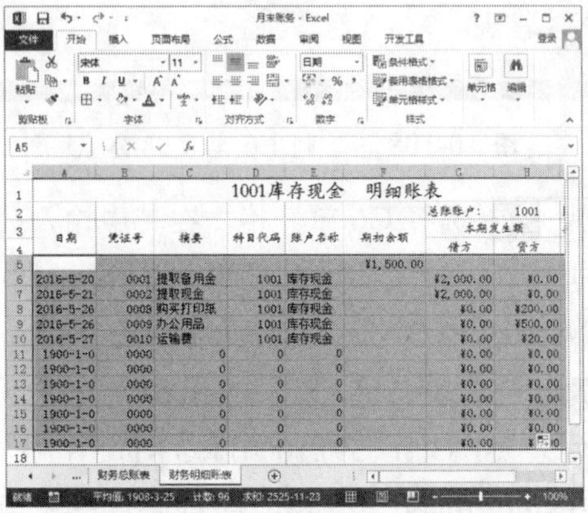

图 10-115　选择单元格区域

步骤 2 在【开始】选项卡单击【样式】
组中的【条件格式】按钮，在弹出的下拉列
表中选择【新建规则】选项，如图 10-116 所示。

图 10-116　选择【新建规则】选项

步骤 3 打开【新建格式规则】对话框，
在【选择规则类型】列表框中选择【使用公
式确定要设置格式的单元格】选项，在下面
的文本框中输入公式，如图 10-117 所示。

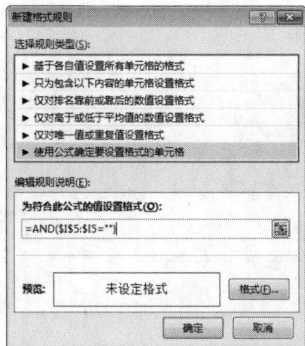

图 10-117　【新建格式规则】对话框

步骤 4 单击【格式】按钮，打开【设置单元格格式】对话框，选择【边框】选项卡，在【样式】列表框中选择需要的线条样式，单击【外边框】按钮，如图 10-118 所示。

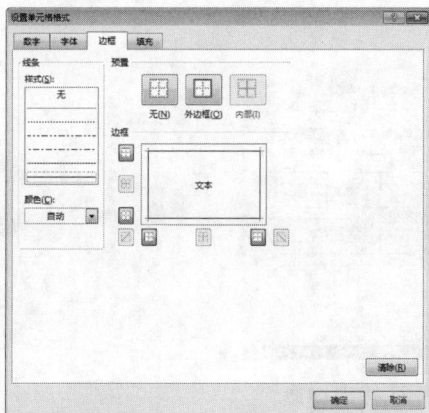

图 10-118　【边框】选项卡

步骤 5 单击【确定】按钮，返回到【新建格式规则】对话框，在【预览】区域可以看到预览效果，如图 10-119 所示。

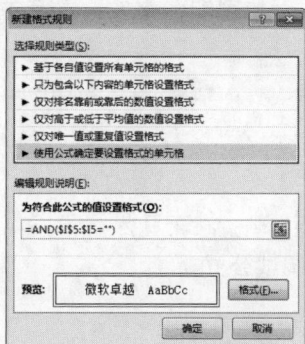

图 10-119　预览效果

步骤 6 单击【确定】按钮，即可为符合公式条件的单元格添加边框效果，如图 10-120 所示。

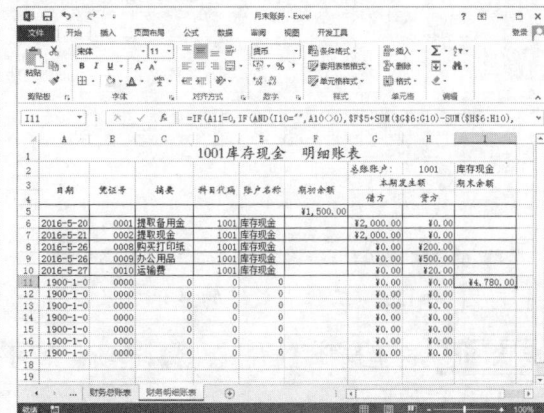

图 10-120　添加表格边框

步骤 7 选择【文件】选项卡，在打开的界面中选择【选项】选项，打开【Excel 选项】对话框。在左侧列表框选择【高级】选项，在右侧取消【在具有零值的单元格中显示零】和【显示网格线】两个复选框的选中状态，如图 10-121 所示。

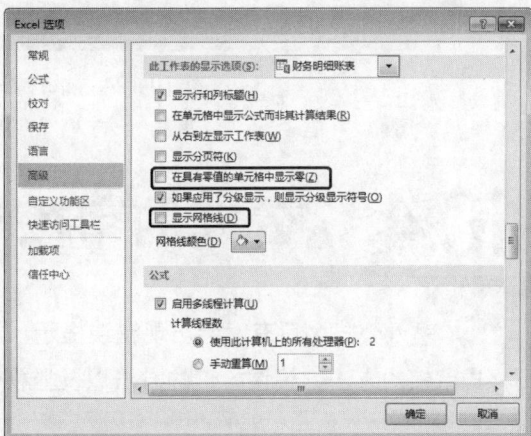

图 10-121　【Excel 选项】对话框

步骤 8 单击【确定】按钮，返回到工作表，可以看到工作表最终的显示效果，如图 10-122 所示。

步骤 9 单击【库存现金】单元格的下拉

按钮，在弹出的下拉列表中可以选择总账科目，如图 10-123 所示。

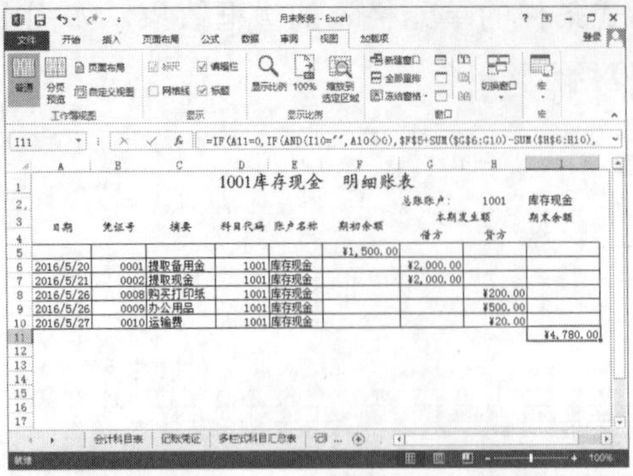

图 10-122　工作表最终的显示效果

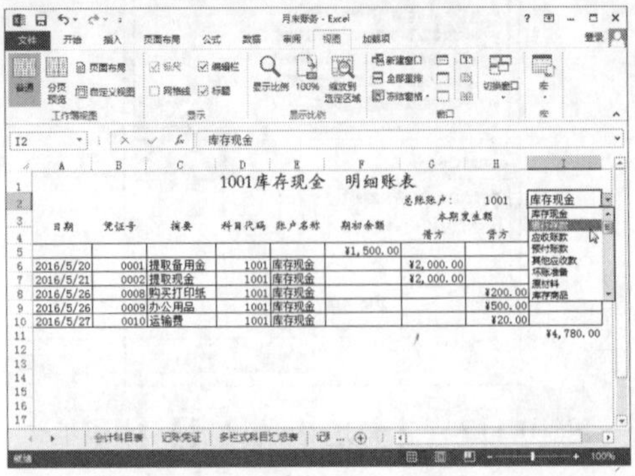

图 10-123　选择总账科目

步骤 10　这里选择【银行存款】选项，即可在工作表中显示有关银行存款的明细账信息，如图 10-124 所示。

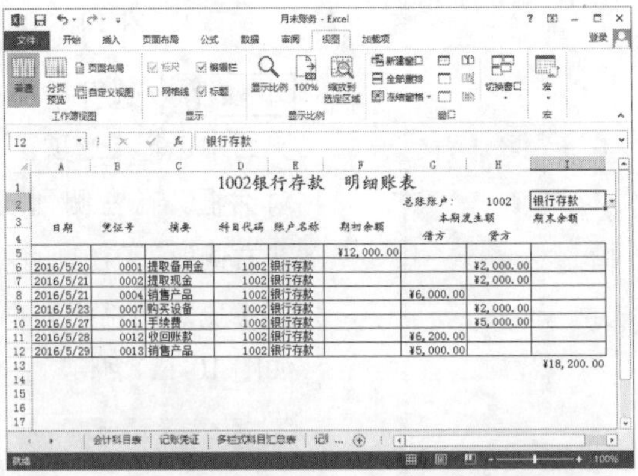

图 10-124　银行存款总账科目的明细账

10.4　公式的审核与保护

输入公式之后有时会出现错误提示，这时审核公式就显得非常重要。本章主要介绍公式审核的方法、错误检查的方法以及监视窗口的使用方法。

10.4.1　公式审核的方法

公式审核可以调试复杂的公式、分步计算公式的各个部分。分步计算各个部分可以帮助用户验证计算是否正确。在遇到下面的情况时，经常需要调试公式。

(1) 输入的公式出现错误提示时。

(2) 输入公式的计算结果与实际需求不符时。

(3) 需要查看公式各部分的计算结果时。

(4) 逐步查看公式计算过程时。

在 Excel 2013 中，可以使用【公式求值】命令审核公式或者使用 F9 键审核公式。

1　使用【公式求值】命令调试

使用【公式求值】命令审核公式的具体操作步骤如下。

步骤 1 打开随书光盘中的"素材\ch10\公式"工作簿，选择 A4 单元格，单击【公式】选项卡【公式审核】组中的【公式求值】按钮，如图 10-125 所示。

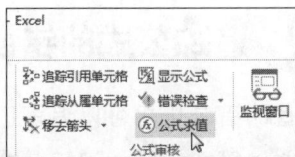

图 10-125　【公式审核】组

步骤 2 弹出【公式求值】对话框，在【引用】区域显示引用的单元格。在【求值】列表框中可以看到求值公式，并且第一个表达式 A1 下显示有下划线，如图 10-126 所示。

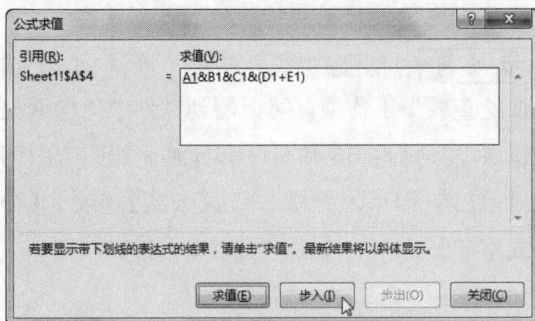

图 10-126　【公式求值】对话框

步骤 3 单击【步入】按钮，即可将【求值】列表框分为两部分，下方显示 A1 的值，如图 10-127 所示。

步骤 4 单击【步出】按钮，即可在【求值】列表框中计算出表达式 A1 的结果，如图 10-128 所示。

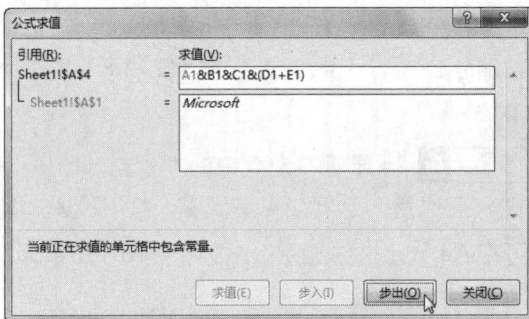

图 10-127　单击【步入】按钮

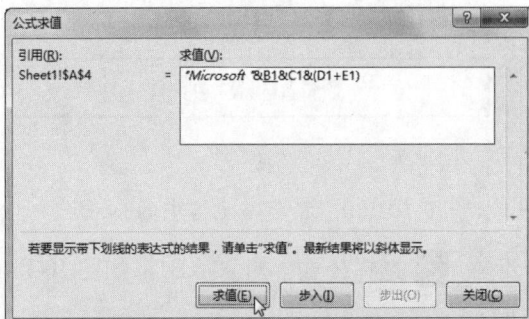

图 10-128　显示求值结果

提示　单击【求值】按钮，将直接计算表达式的结果。单击【步入】按钮，则首先显示表达式数据，再单击【步出】按钮则计算表达式结果。

步骤 5 使用同样的方法单击【求值】或【步入】按钮，即可连续分步计算每个表达式的计算结果，如图 10-129 所示。

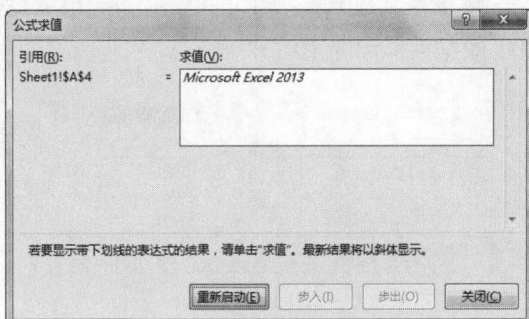

图 10-129　连续分步计算数据

2　使用 F9 键调试

使用【公式求值】命令可以分步计算结果，

但不能计算任意部分的结果。如果要显示任意部分公式的计算结果，可以使用 F9 键进行审核。

步骤 1 打开随书光盘中的"素材 \ch10\ 公式"工作簿，选择 A4 单元格，按 F2 键，即可在 A4 单元格中显示公式，如图 10-130 所示。

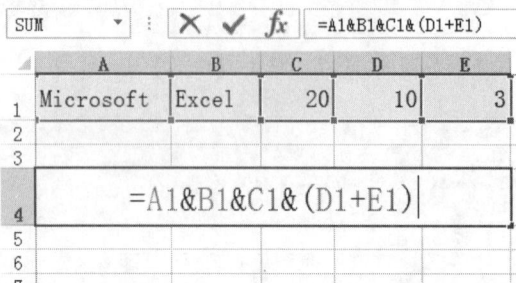

图 10-130 显示单元格中的公式

步骤 2 选择公式中的 A1&B1，如图 10-131 所示。

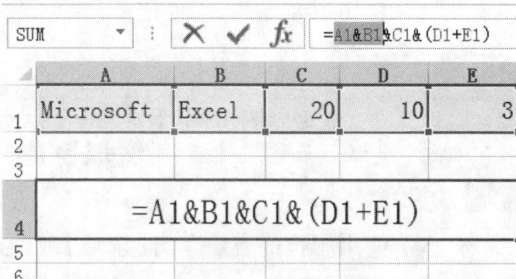

图 10-131 选中公式

步骤 3 按 F9 键，即可计算出公式中 A1&B1 的结果，如图 10-132 所示。

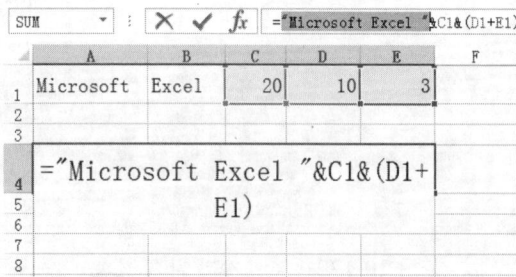

图 10-132 显示计算结果

步骤 4 使用同样的方法可以计算出公式中其他部分的结果，如图 10-133 所示。

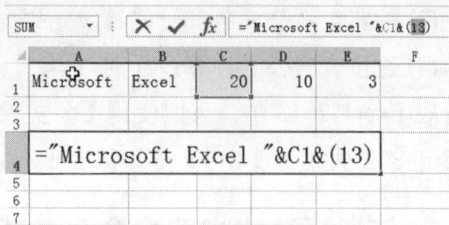

图 10-133 显示公式的其他计算结果

> **提示** 使用 F9 键调试公式后，单击编辑栏中的【取消】按钮✖或按 Ctrl+Z 组合键、Esc 键均可退回到公式模式。如果按 Enter 键或单击编辑栏中的【输入】按钮✔，调试部分将会以计算结果代替公式显示。

10.4.2 追踪公式的错误

使用追踪错误功能可以追踪包含错误的单元格，并以箭头标识。追随公式包含追踪引用单元格和追踪从属单元格两种情况。

1 追踪引用单元格

追踪引用单元格时将以蓝色箭头标识，用于指明影响当前所选单元格值的单元格。追踪引用单元格的具体操作步骤如下。

步骤 1 打开随书光盘中的"素材 \ch10\ 错误检查表"工作簿，可以看到文件中包含两处错误，分别为 H6 和 H13 单元格。如图 10-134 所示，选择 H6 单元格，单击【公式】选项卡【公式审核】组中的【追踪引用单元格】按钮。

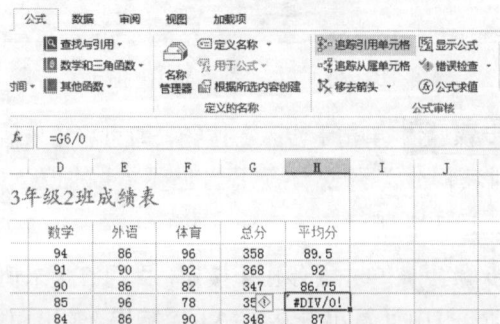

图 10-134 选中 H6 单元格

步骤 2 即可以蓝色箭头显示影响当前所选单元格值的单元格，即 G6 单元格，如图 10-135 所示。

图 10-135　蓝色箭头指示

步骤 3 再次单击【公式审核】组中的【追踪引用单元格】按钮，即可显示影响 G6 单元格值的单元格，即 C6:F6 单元格区域，并在区域外侧显示蓝色边框线。用户即可根据箭头追踪错误，如图 10-136 所示。

图 10-136　再次用蓝色边框线追踪引用单元格

2　追踪从属单元格

追踪从属单元格时将以红色箭头标识，用于指明受当前所选单元格值影响的单元格。追踪从属单元格的具体操作步骤如下。

步骤 1 打开随书光盘中的"素材 \ch10\ 错误 检查表"工作簿，选择 H6 单元格，单击【公式】选项卡【公式审核】组中的【追踪从属单元格】按钮，如图 10-137 所示。

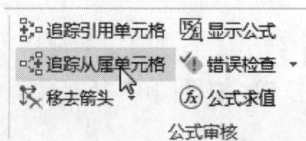

图 10-137　单击【追踪从属单元格】按钮

步骤 2 即可以红色箭头显示受当前所选单元格值影响的单元格，即 H13 单元格，如图 10-138 所示。

图 10-138　用红色箭头指示从属单元格

步骤 3 选择 H13 单元格，单击【公式审核】组中的【追踪从属单元格】按钮，将会弹出 Microsoft Excel 信息提示框，提示未发现引用活动单元格的公式，表明无受影响的单元格。单击【确定】按钮即可，如图 10-139 所示。

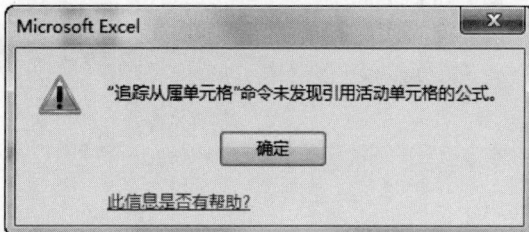

图 10-139　信息提示框

3　移去追踪箭头

不需要追踪线时，可以移去追踪箭头。单击【公式】选项卡【公式审核】组中的【移去箭头】下拉按钮，在弹出的下拉列表中选择相应的选项即可。选择【移去箭头】选项可以移去所有箭头，选择【移去引用单元格追踪箭头】选项可以移去所有引用单元格追踪箭头，选择【移去从属单元格追踪箭头】选项可以移去所有从属单元格追踪箭头，如图 10-140 所示。

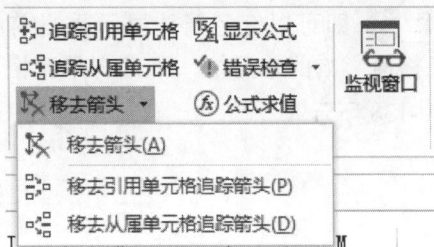

图 10-140 移除箭头

4 追踪错误

使用【追踪错误】命令将用箭头标识所有影响当前单元格值的单元格。追踪错误的具体操作步骤如下。

步骤 1 打开随书光盘中的"素材 \ch10\ 错误检查表"工作簿，选择 H13 单元格，单击【公式】选项卡【公式审核】组中的【错误检查】下拉按钮，在弹出的下拉列表中选择【追踪错误】选项，如图 10-141 所示。

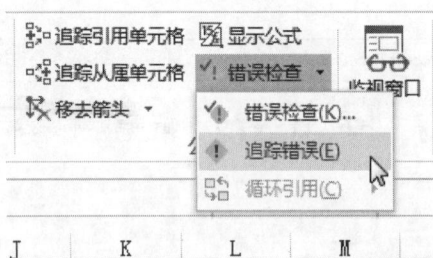

图 10-141 选择【追踪错误】选项

步骤 2 即可顺序标识所有影响当前单元格值的单元格，如图 10-142 所示。

图 10-142 标识所有影响当前单元格值的单元格

10.4.3 监视工作表窗口

在工作表中，当单元格数据变化时，引用该单元格数据的单元格的值也会随之改变。用户可以将单元格添加至监视窗口列表，在更新工作表其他部分的数值时，以便监视其值的变化。使用监视窗口不仅可以监视当前工作表中的单元格数值变化，还可以监视其他工作表中的单元格数值的变化。

步骤 1 打开随书光盘中的"素材 \ch10\ 监视"工作簿，其中包含"销量表"和"总销量"两个工作表。在"销量表"工作表中选择 B11:E11 单元格区域，如图 10-143 所示。

图 10-143 选择单元格区域

步骤 2 单击【公式】选项卡【公式审核】组中的【监视窗口】按钮，如图 10-144 所示。

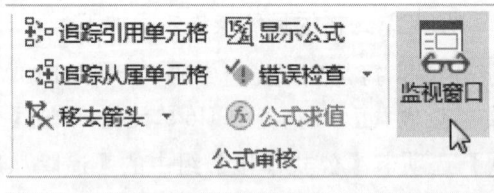

图 10-144 单击【监视窗口】按钮

步骤 3 弹出【监视窗口】窗格，单击【添加监视】按钮，如图 10-145 所示。

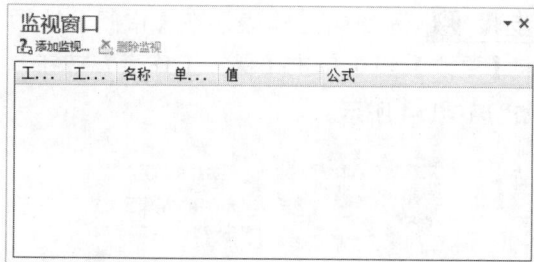

图 10-145　【监视窗口】窗格

步骤 4 打开【添加监视点】对话框，即可看到当前选择的单元格区域（工作表中的该单元格将被虚线框住），单击【添加】按钮，如图 10-146 所示。

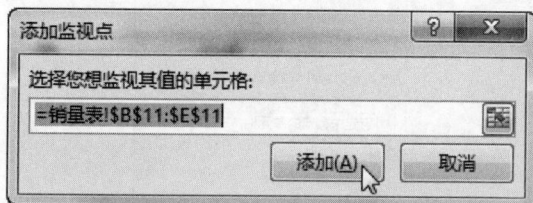

图 10-146　【添加监视点】对话框

步骤 5 系统会自动将 B11:E11 单元格区域的单元格添加至监视窗口，如图 10-147 所示。

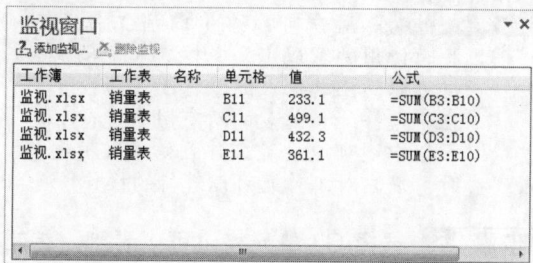

图 10-147　添加单元格区域

步骤 6 再次单击【添加监视】按钮，在弹出的【添加监视点】对话框中单击【参照】按钮图，【添加监视点】对话框将收缩显示。选择"总销量"工作表中的 B1 单元格后，再次单击【参照】按钮图，如图 10-148 所示。

图 10-148　【添加监视点】对话框

步骤 7 返回至【添加监视点】对话框后单击【添加】按钮，即可将"总销量"工作表中的 B1 单元格添加至监视窗口，如图 10-149 所示。

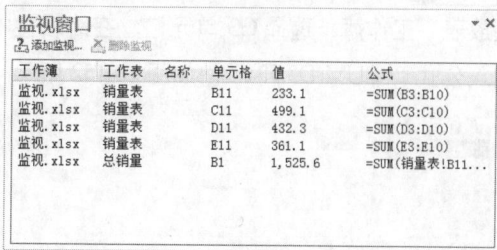

图 10-149　添加 B1 单元格至监视窗口

步骤 8 在"销量表"工作表的 A7:E7 单元格区域输入相关内容，如图 10-150 所示。

图 10-150　输入数据信息

步骤 9 即可看到，在单元格中输入数据时，监视窗口中的相关数据发生了变化，如图 10-151 所示。

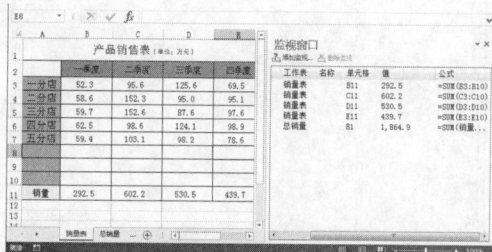

图 10-151　在监视窗口显示数据的变化

10.4.4　公式的保护

在 Excel 中使用公式进行计算时，如果不小心改动了其中一个字母，那么结果可能有天壤之别。因此，为了保护创建的公式，在创建完成后，可以将其隐藏起来。具体的操作步骤如下。

步骤 1 打开随书光盘中的"素材 \ch10\ 工资发放表"工作簿，选择 G3 单元格，在编辑栏中输入公式"=SUM(D3:F3)"，如图 10-152 所示。

图 10-152　输入公式

步骤 2 接下来隐藏该公式。选择 G3 单元格，右击鼠标，在弹出的快捷菜单中选择【设置单元格格式】菜单命令，弹出【设置单元格格式】对话框，选择【保护】选项卡，选中【隐藏】复选框，单击【确定】按钮，如图 10-153 所示。

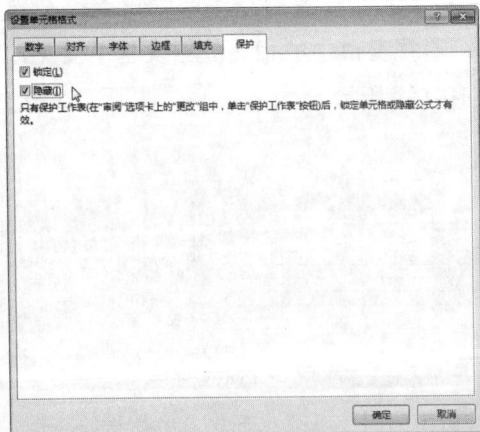

图 10-153　【保护】选项卡

步骤 3 返回到工作表，在【审阅】选项卡【更改】组中单击【保护工作表】按钮，如图 10-154 所示。

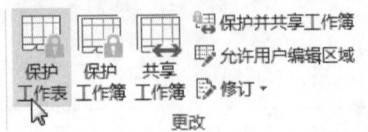

图 10-154　【保护工作表】按钮

步骤 4 弹出【保护工作表】对话框，单击【确定】按钮，如图 10-155 所示。

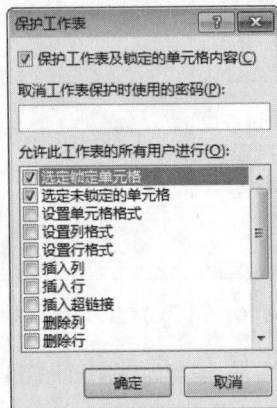

图 10-155　【保护工作表】对话框

提示　用户可以在【取消工作表保护时使用的密码】文本框输入密码，这样可以防止其他人随意更改该项设置。在【允许此工作表的所有用户进行】列表框中还可以设置工作表处于保护状态时，用户对工作表可以进行的操作。

步骤 5 选择 G3 单元格，可以看到，编辑栏中是空白的，已经将公式隐藏起来，但可以查看其计算结果，如图 10-156 所示。

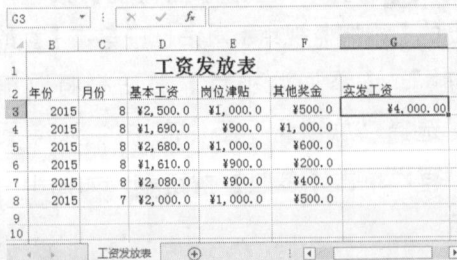

图 10-156　隐藏公式

若要取消公式隐藏,在【审阅】选项卡【更改】组中单击【撤销工作表保护】按钮即可,如图 10-157 所示。

图 10-157　撤销工作表保护

10.5　疑难问题解答

问题 1:在进行多重分类汇总操作时,为什么会出现操作失败的现象?

解答:出现这种情况的原因是在【分类汇总】对话框中选中了【替换当前分类汇总】复选框,这表示进行一次普通的分类汇总。所以要进行多重分类汇总,必须在【分类汇总】对话框中取消选中【替换当前分类汇总】复选框。

问题 2:在使用 Excel 函数计算数据的过程中,经常会用到一些函数公式,那么如何在 Excel 工作表中将计算公式显示出来,以方便公式的核查呢?

解答:在 Excel 工作界面中首先选中需要以公式显示的任意单元格,然后在【公式】选项卡【公式审核】组中单击【显示公式】按钮,即可将 Excel 工作界面中的单元格以公式方式显示出来;而如果想要恢复单元格的显示方式,则再单击一次【显示公式】按钮即可。

11

第 章

使用 Excel 编制
会计报表

● **本章导读**

　　财务活动中的会计报表主要包括资产负债表、利润表和现金流量表等三大报表，其中，资产负债表主要用来呈现企业在某一个运营期间内的财务状况；利润表用来反映企业在一定的会计期间的经营成果；现金流量表则是用来反映企业一定时间经营活动、投资活动和筹资活动产生的现金流量的动态情况。使用 Excel，可以编制财务会计报表。

● **学习目标**

◎ 掌握编制资产负债表的方法
◎ 掌握编制现金流量表的方法
◎ 掌握编制利润表的方法

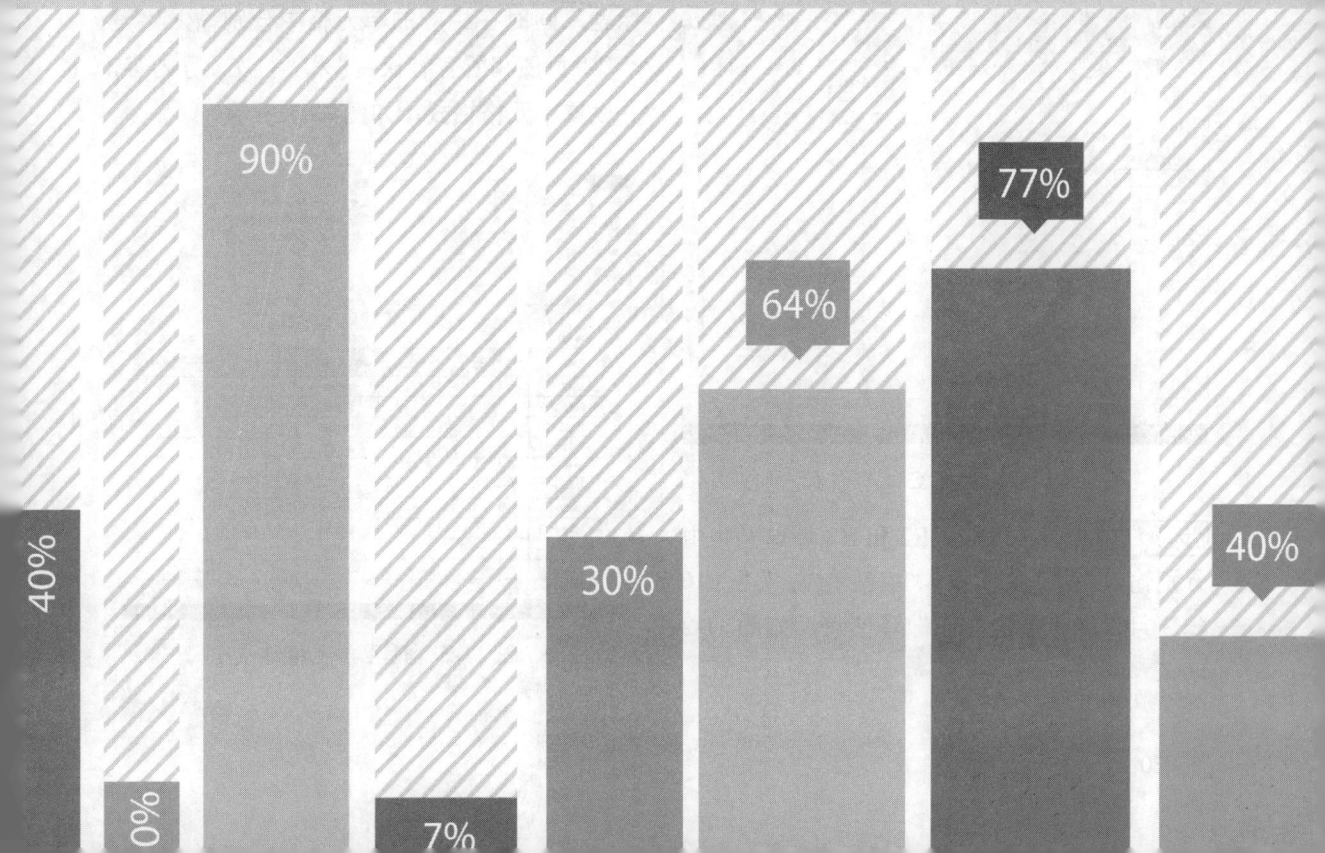

90%

64%

77%

40%

30%

40%

0%

7%

11.1 资产负债表

资产负债表又称为财务状况表，它是根据资产、负债和所有者权益之间的相互关系，按照一定的分类标准和一定的顺序，把一定时期内的资产、负债和所有者权益各项目进行整理和计算后变化而成的。

11.1.1 创建资产负债表

资产负债表的编制应按照国家制定的会计制度进行设计，其基本项目可以分为流动资产、固定资产、流动负债和所有者权益等，而且编制资产负债表必须遵循"资产＝负债＋所有者权益"这一基本的会计恒等式。

下面来介绍基于"记账凭证汇总表"及"财务总账表"两个工作表编制资产负债表的方法，具体的操作步骤如下。

步骤 1 新建一个空白工作簿，将其保存为"会计报表"，重命名 Sheet1 工作表为"资产负债表"，如图 11-1 所示。

图 11-1　新建空白工作表

步骤 2 在 A1、A2、E2 和 H2 等单元格中分别输入"资产负债表""编制单位:""2016年 3 月"和"单位:元"等信息，如图 11-2所示。

图 11-2　输入表格信息

步骤 3 在 A3:H3 单元格区域输入表格的标题，同时在相应的单元格中分别输入"资产""负债和所有者权益"和"行次"等内容，并设置单元格格式，如图 11-3 所示。

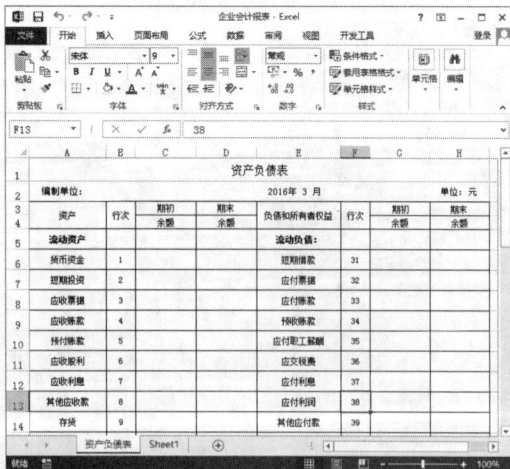

图 11-3　设置单元格格式

步骤 4 选中 C5:D36、G5:H36 单元格区域，然后单击鼠标右键，从弹出的快捷菜单中选择【设置单元格格式】菜单命令，打开【设置单元格格式】对话框，选择【数字】选项卡，依次选择【分类】为【货币】，【小数位数】为 2，【货币符号】为【无】，【负数】为【-1,234.10】，最后单击【确定】按钮，即可成功设置单元格格式，如图 11-4 所示。

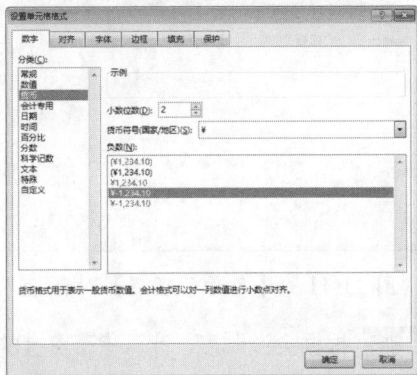

图 11-4　设置单元格格式

步骤 5 打开"月末账务"工作簿，选中"记账凭证汇总表"和"财务总账表"两个工作表，然后在工作表标签上单击鼠标右键，在弹出的快捷菜单中选择【移动或复制】菜单命令，如图 11-5 所示。

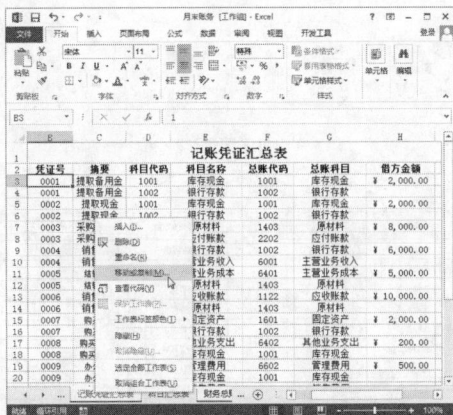

图 11-5　【移动或复制】选项

步骤 6 打开【移动或复制工作表】对话框，在【工作簿】下拉列表中选择"企业会计报表"工作簿，选中【建立副本】复选框，如图 11-6 所示。

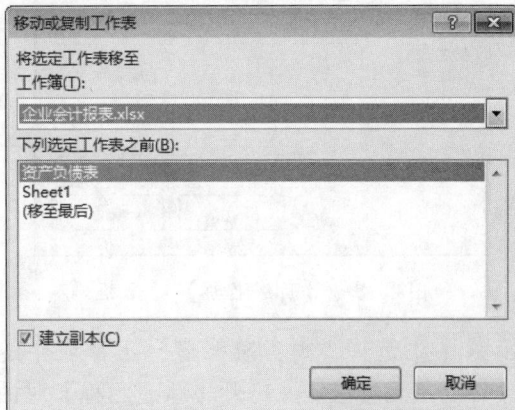

图 11-6　【移动或复制工作表】对话框

步骤 7 单击【确定】按钮，返回到"企业会计报表"工作簿，可以看到复制过来的"记账凭证汇总表"和"财务总账表"，如图 11-7 所示。

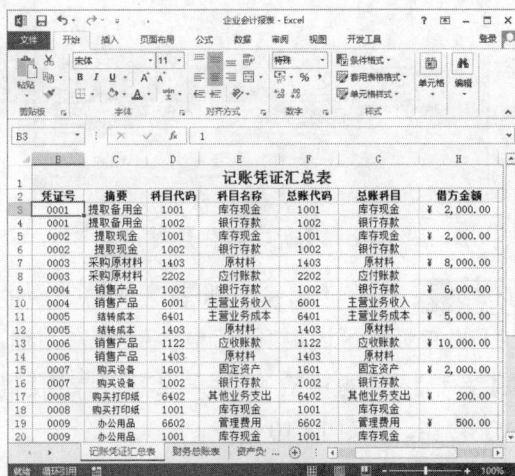

图 11-7　复制工作表

步骤 8 切换到"账务总账表"工作表，选中 A4:A40 单元格区域，单击【公式】选项卡【定义的名称】组中的【定义名称】按钮，打开【新建名称】对话框，在【名称】文本框中输入"总账代码"，最后单击【确定】按钮，即可定义单元格区域的名称，如图 11-8 所示。

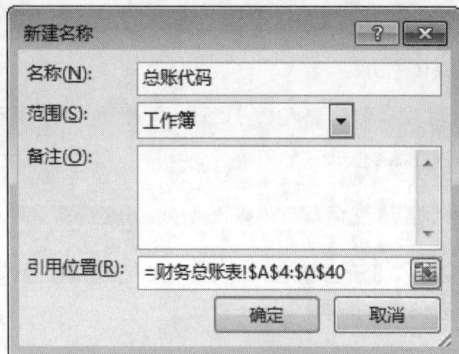

图 11-8 【新建名称】对话框

步骤 9 选择"财务总账表"工作表中的 C4:C40 单元格区域，打开【新建名称】对话框，在【名称】文本框中输入"期初余额"，单击【确定】按钮，如图 11-9 所示。

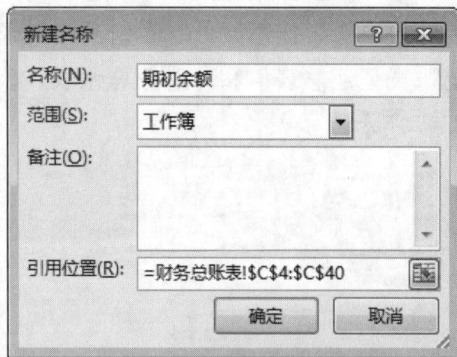

图 11-9 【新建名称】对话框

步骤 10 选择"财务总账表"工作表中的 F4:F40 单元格区域，打开【新建名称】对话框，在【名称】文本框中输入"期末余额"，单击【确定】按钮，如图 11-10 所示。

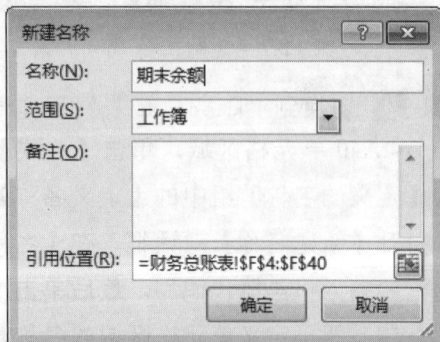

图 11-10 【新建名称】对话框

步骤 11 定义完单元格的名称后，在【公式】选项卡【定义的名称】组中单击【名称管理器】按钮，打开【名称管理器】对话框，在其中可以看到定义的名称信息，如图 11-11 所示。

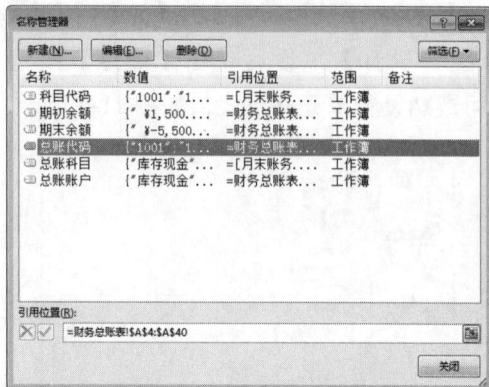

图 11-11 【名称管理器】对话框

步骤 12 根据会计制度，计算货币资金的公式为"货币资金＝库存现金＋银行存款＋其他货币基金"。切换到"资产负债表"工作表，选择 C6 单元格，在编辑栏中输入公式"=SUMIF(总账代码,"1001",期初余额)+SUMIF(总账代码,"1002",期初余额)+SUMIF(总账代码,"1015",期初余额)"，按 Enter 键，即可计算出货币资金的期初余额，如图 11-12 所示。

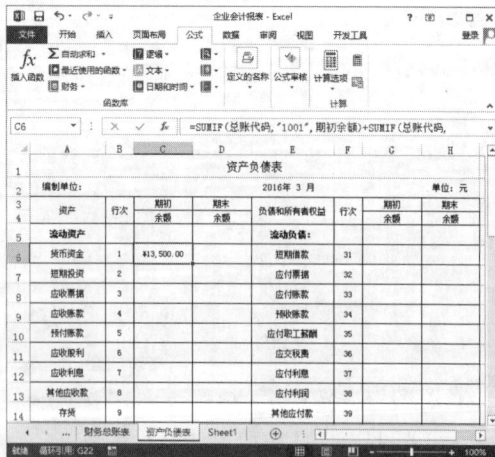

图 11-12 计算货币资金的期初余额

步骤 13 选择 D6 单元格，在编辑栏中输入公式"=SUMIF(总账代码 ,"1001", 期末余额)+SUMIF(总账代码 ,"1002", 期末余额)+SUMIF(总账代码 ,"1015", 期末余额)"，按 Enter 键，即可计算出货币资金的期末余额数，如图 11-13 所示。

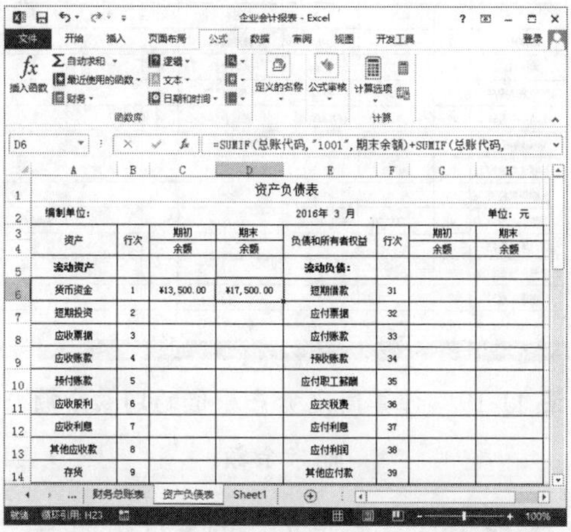

图 11-13　计算货币资金的期末余额数

步骤 14 根据实际情况，如果企业没有短期投资和应收票据的话，可以在对应的【期末余额】和【期初余额】单元格中输入"0"，如图 11-14 所示。

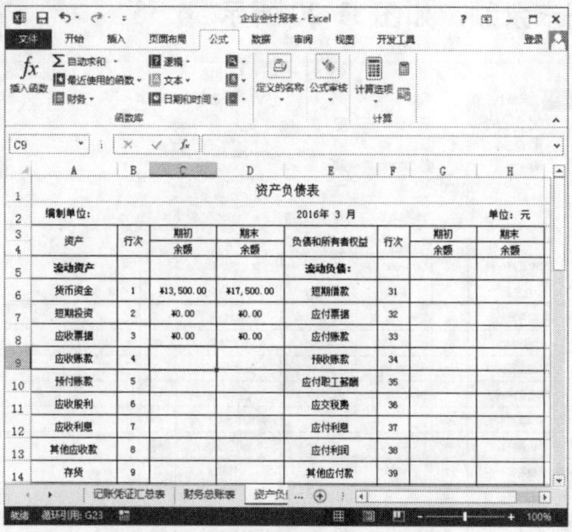

图 11-14　输入"0"

步骤 15 计算应收账款数。选中 C9 单元格，在编辑栏中输入公式"=SUMIF(总账代码 ,"1122", 期初余额)"，按 Enter 键，即可

计算出应收账款的期初余额；选中 D9 单元格，在编辑栏中输入公式"=SUMIF(总账代码 ,"1122", 期末余额)"，按 Enter 键，即可计算出应收账款的期末余额，如图 11-15 所示。

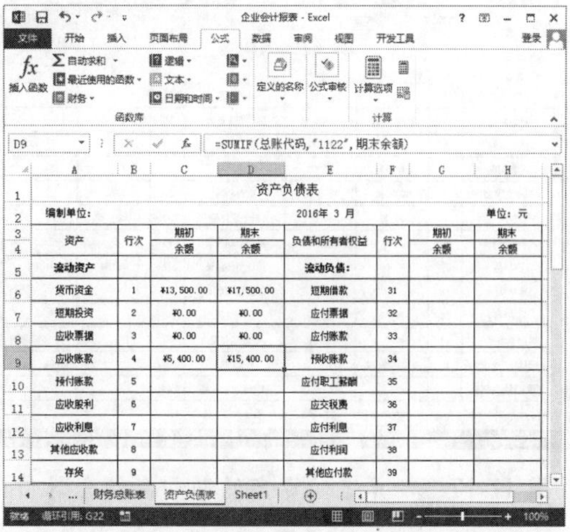

图 11-15　计算应收账款的期初期末余额

步骤 16 参照应收账款的公式，计算流动资产类其他项目的期初余额和期末余额，最终的显示效果如图 11-16 所示。

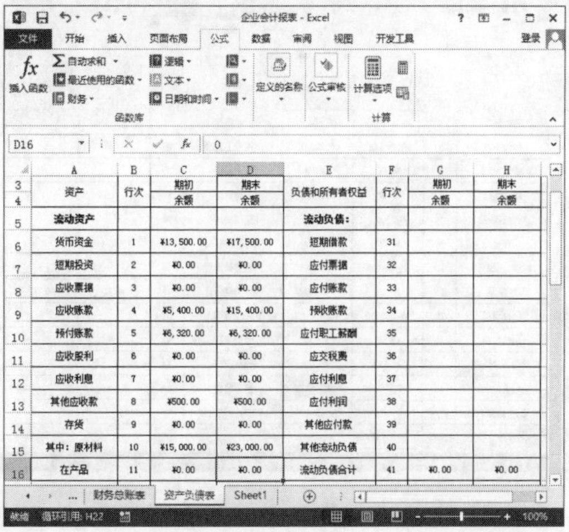

图 11-16　计算流动资产类项目的期初余额和期末余额

步骤 17 根据公式"流动资产合计＝货币资金＋应收账款＋存货"计算流动资产合计。选中 C20 单元格，在编辑栏中输入公式"=SUM(C6:C15)+C19"，按 Enter 键，即

可计算出流动资产的期初余额合计值，如图 11-17 所示。

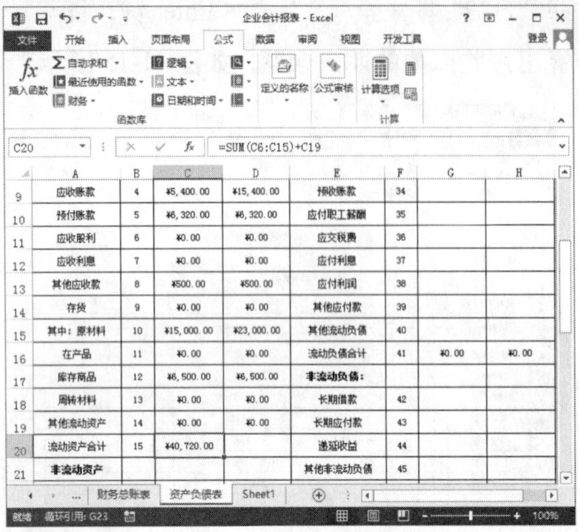

图 11-17　计算流动资产的期初余额合计值

步骤 18 复制公式至 D20 单元格，即可计算出流动资产的期末余额合计值，如图 11-18 所示，

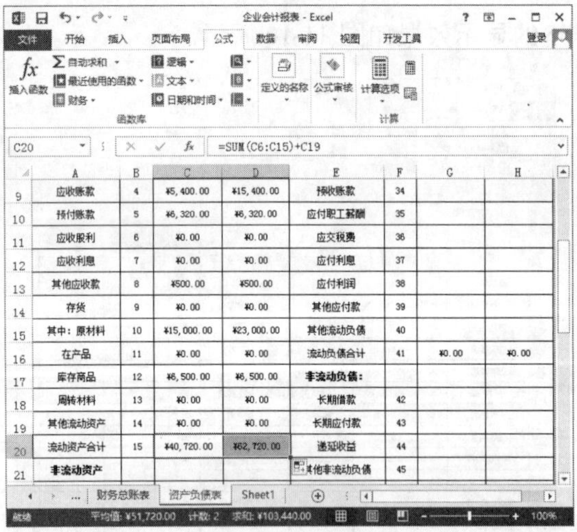

图 11-18　计算其他流动资产的期末余额
合计值

步骤 19 计算固定资产原值。选择 C24 单元格，在编辑栏中输入公式 "=SUMIF(总账代码 ,"1601", 期初余额)"。选中 D24 单元格，在编辑栏中输入公式 "=SUMIF(总账代码 ,"1601", 期末余额)"，按 Enter 键，即可

计算出固定资产原值的期初余额与期末余额，如图 11-19 所示。

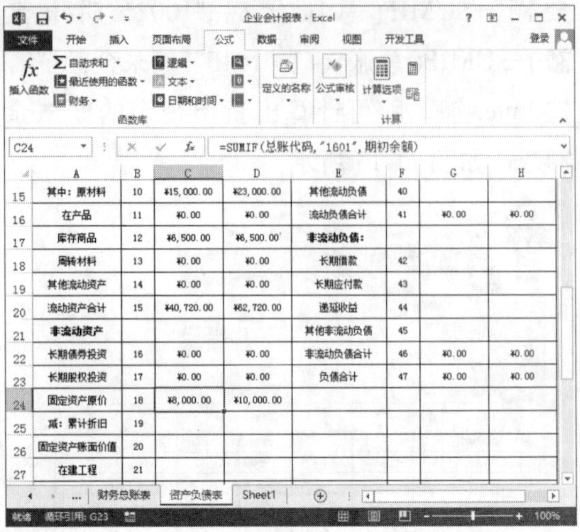

图 11-19　计算固定资产原值的期初余额与
期末余额

步骤 20 计算固定资产的累计折旧值。选中 C25 单元格，在编辑栏中输入公式 "=SUMIF(总账代码 ,"1602", 期初余额)"。选中 D25 单元格，在编辑栏中输入公式 "=SUMIF(总账代码 ,"1602", 期末余额)"，按 Enter 键，即可计算出固定资产累计折旧的期初余额与期末余额，如图 11-20 所示。

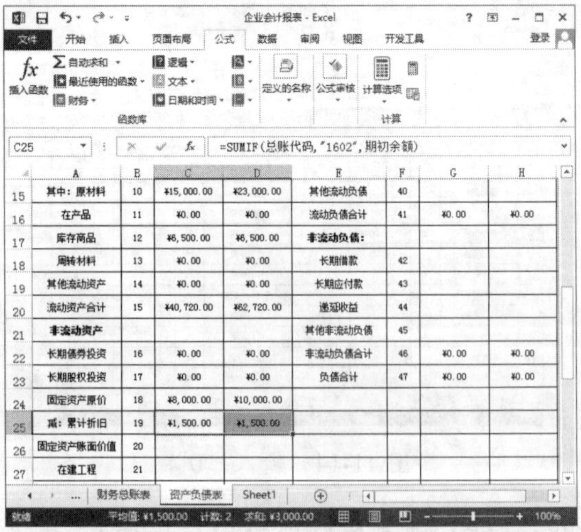

图 11-20　计算出固定资产累计折旧的期初
余额与期末余额

步骤 21 根据公式"固定资产账面价值＝固定资产原值 - 累计折旧",可计算固定资产账面价值。选中 C26 单元格,在编辑栏中输入公式"=C24-C25",按 Enter 键,即可计算出固定资产账面价值的期初余额,如图 11-21 所示。

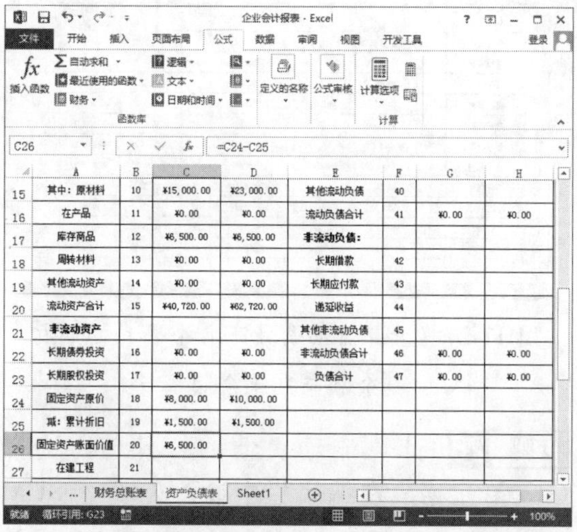

图 11-21　计算固定资产账面价值的期初余额

步骤 22 复制 C26 单元格中的公式至 D26 单元格,计算出固定资产账面价值的期末余额,如图 11-22 所示。

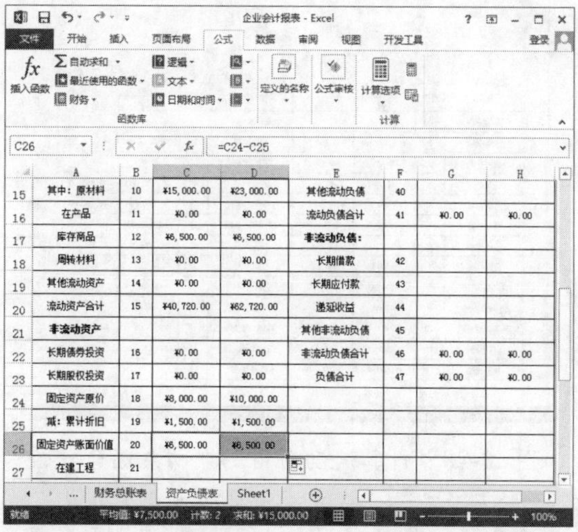

图 11-22　计算其他固定资产账面价值的期末余额

步骤 23 采用计算固定资产原值的方法,计算出非流动资产的其他科目期初余额与期末余额。企业当中不存在的非流动资产项,可以在其对应的期初余额与期末余额单元格中输入"0",如图 11-23 所示。

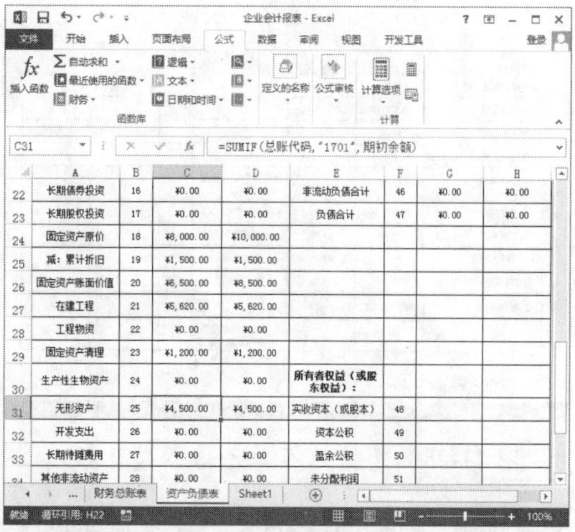

图 11-23　输入"0"

步骤 24 根据公式"非流动资产合计＝所有非流动资产合计 - 累计折旧",可计算非流动资产合计。选中 C35 单元格,在编辑栏中输入公式"=SUM(C22:C34)-C24-C25",按 Enter 键,即可计算出非流动资产的期初余额合计值,如图 11-24 所示。

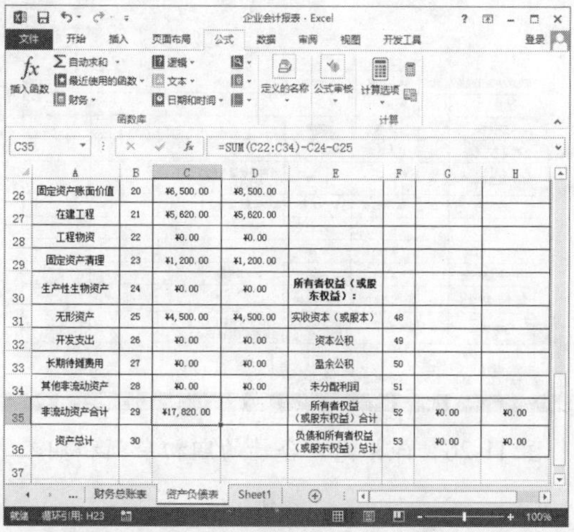

图 11-24　计算出非流动资产的期初余额合计值

步骤 25 复制 C35 单元格中的公式至 D35 单元格，即可计算出非流动资产的期末余额合计值，如图 11-25 所示。

图 11-25　复制 C35 单元格公式至 D35

步骤 26 根据公式"资产合计 = 流动资产 + 非流动资产"，可计算资产合计值。选中 C36 单元格，在编辑栏中输入公式"=C35+C20"，按 Enter 键。然后复制 C36 单元格中的公式至 D36 单元格，即可计算出资产合计的期初余额和期末余额，如图 11-26 所示。

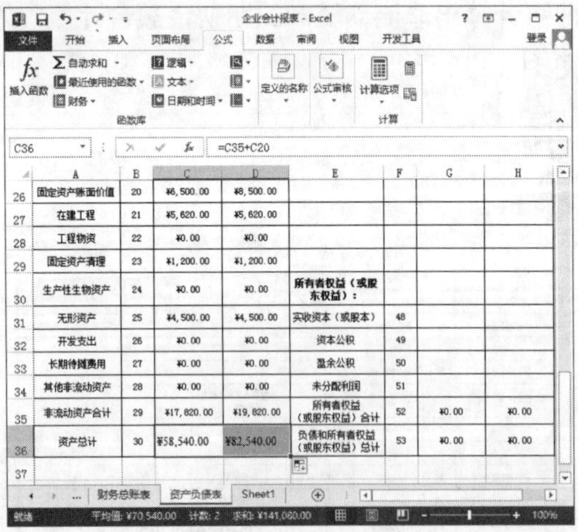

图 11-26　计算资产合计的期初余额和期末余额

步骤 27 参照计算流动资产各个项目期初余额与期末余额的方法，计算出流动负债下

各个项目的期初余额与期末余额，如图 11-27 所示。

图 11-27　计算流动负债下各个项目的期初余额与期末余额

步骤 28 计算流动负债的合计值。选择 G16 单元格，在编辑栏中输入公式"=SUM(G6:G15)"，按 Enter 键。然后复制 G16 单元格中的公式至 H16 单元格，即可计算出流动负债的期初余额合计值和期末余额合计值，如图 11-28 所示。

图 11-28　计算流动负债的期初余额合计值和期末余额合计值

步骤 29 参照计算流动资产各个项目期初余额与期末余额的方法，计算出非流动负债

下各个项目的期初余额与期末余额，如图 11-29 所示。

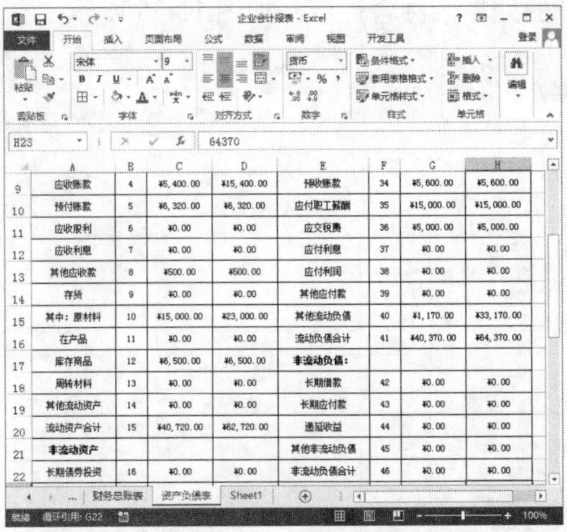

图 11-29　计算出非流动负债下各个项目的
期初余额与期末余额

步骤 30 计算非流动负债的合计值。选择 G22 单元格，在编辑栏中输入公式 "=SUM(G18:G21)"，按 Enter 键。然后复制 G22 单元格中的公式至 H22 单元格，即可计算出非流动负债的期初余额合计值和期末余额合计值，如图 11-30 所示。

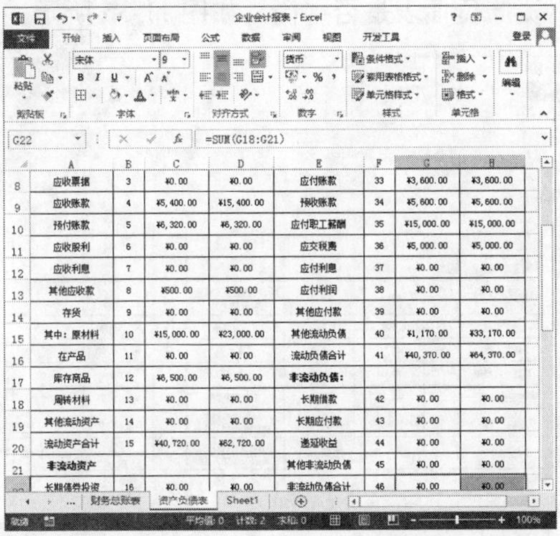

图 11-30　计算非流动负债的期初余额和
期末余额合计值

步骤 31 根据公式 "负债合计=流动负债合计+非流动负债合计"，可计算负债合

计。选择 G23 单元格，在编辑栏中输入公式 "=G16+G22"，按 Enter 键，即可计算出负债合计的期初余额。然后复制 G23 单元格中公式至 H23 单元格中，即可计算出负债合计的期末余额，如图 11-31 所示。

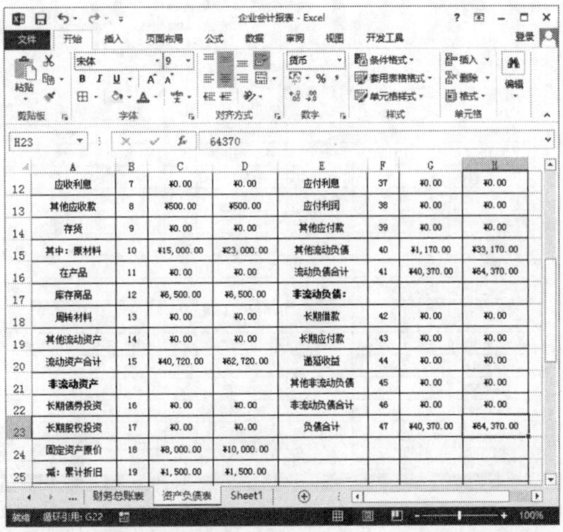

图 11-31　计算出负债合计的期初余额和
期末余额

步骤 32 参照计算流动资产各个项目期初余额与期末余额的方法，计算出所有者权益下各个项目的期初余额与期末余额，如图 11-32 所示。

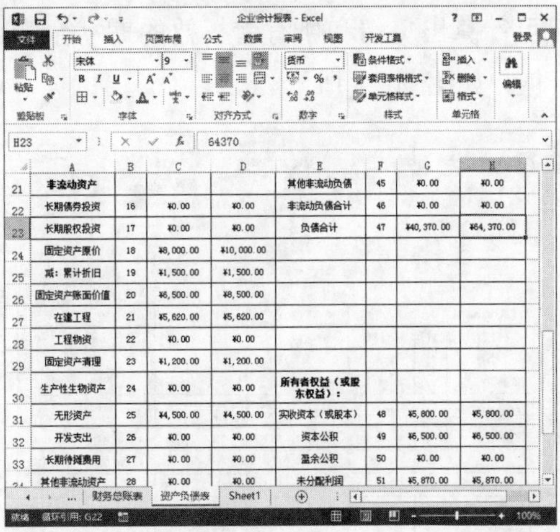

图 11-32　计算所有者权益下各个项目的期
初余额与期末余额

步骤 33 选择 G35 单元格，在编辑栏中输入公式 "=SUM(G31:G34)"，按 Enter 键，

即可计算出所有者权益的期初余额合计值。然后复制 G35 单元格中公式至 H35 单元格，即可计算出所有者权益的期末余额合计值，如图 11-33 所示。

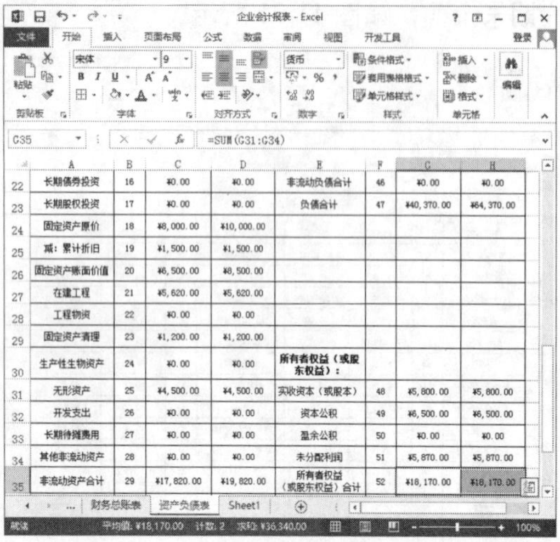

步骤 35 复制 G36 单元格中的公式至 H36 单元格中，即可计算出负债和所有者权益合计的期末余额合计值，如图 11-35 所示。

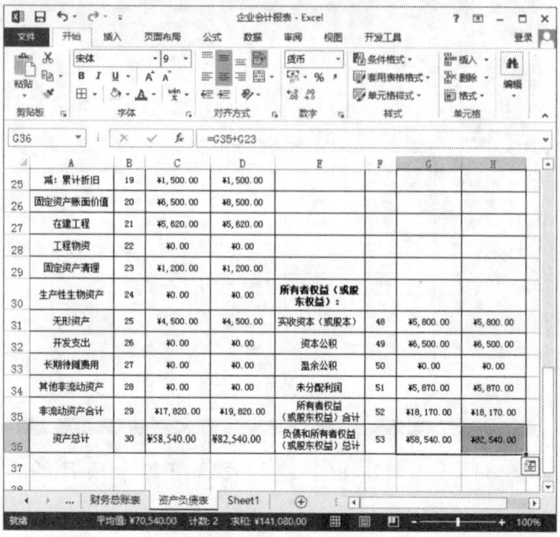

图 11-33　计算所有者权益的期初余额
合计值和期末余额合计值

图 11-35　计算负债和所有者权益合计的期
末余额合计值

步骤 34 根据公式"负债和所有者权益合计 = 负债合计 + 所有者权益合计"，可计算负债和所有者权益合计值。选择 G36 单元格，在编辑栏中输入公式"=G35+G23"，按 Enter 键，即可计算出负债和所有者权益的期初余额合计值，如图 11-34 所示。

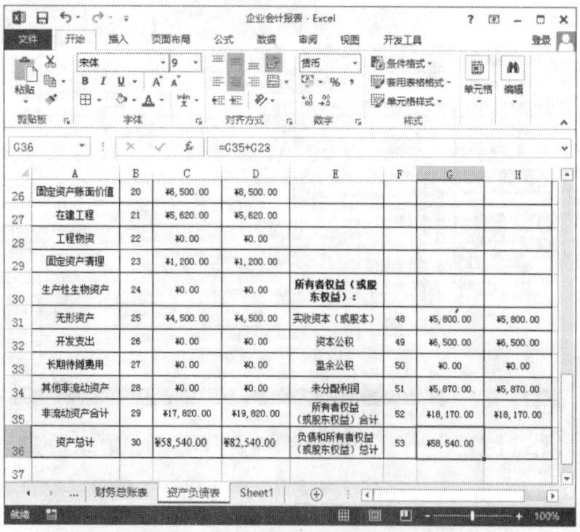

步骤 36 选择 C38 单元格，在其中输入公式"=IF(C36=G36," 期初数平衡 "," 期初数不平衡 ")&"   "&IF(D36=H36," 期末数平衡 "," 期末数不平衡 ")"，按 Enter 键，即可判断出资产负债表是否平衡，如图 11-36 所示。

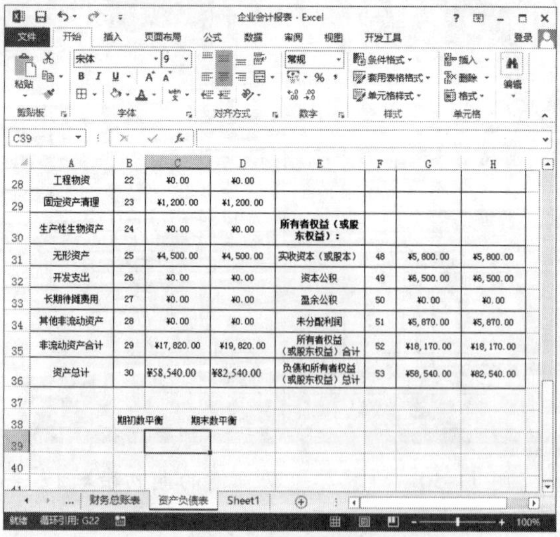

图 11-34　计算负债和所有者权益的期初
余额合计值

图 11-36　判断资产负债表是否平衡

　如果判断出的结果平衡，则该资产负债表正确；如果判断出的结果不平衡，则资产负债表错误，需要查找出错误并给予改正。

11.1.2　美化资产负债表

有时为了使表格中的数值看起来更加一目了然，通常需要美化资产负债表，具体的操作步骤如下。

步骤 1 在"资产负债表"工作表中选中 A3:H4 单元格，单击【开始】选项卡【字体】组中的【填充颜色】按钮，在弹出的色板中选择一种颜色，如图 11-37 所示。

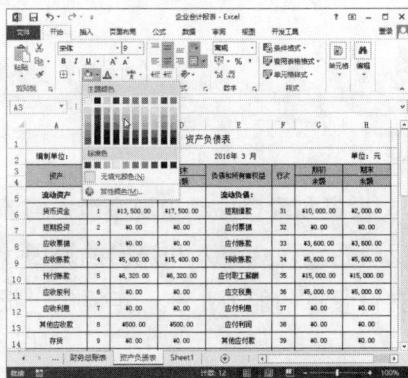

图 11-37　选择需要的颜色色块

步骤 2 选择填充颜色完毕后，返回到工作表中，可以看到单元格区域填充颜色后的显示效果，如图 11-38 所示。

图 11-38　填充单元格区域

步骤 3 选择 A1 单元格，右击鼠标，在弹出的快捷菜单中选择【设置单元格格式】菜单命令，打开【设置单元格格式】对话框，选择【字体】选项卡，在其中设置文字的字体、字形和字号等格式，如图 11-39 所示。

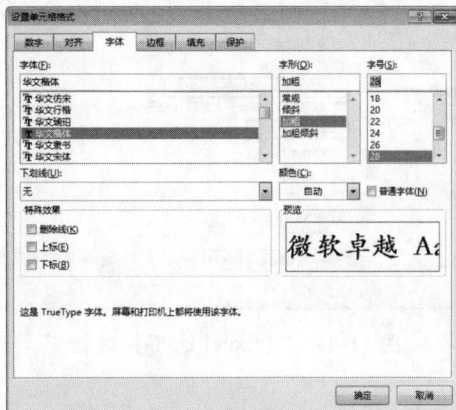

图 11-39　【字体】选项卡

步骤 4 单击【确定】按钮，返回到工作表中，可以看到设置字体样式后的显示效果，如图 11-40 所示。

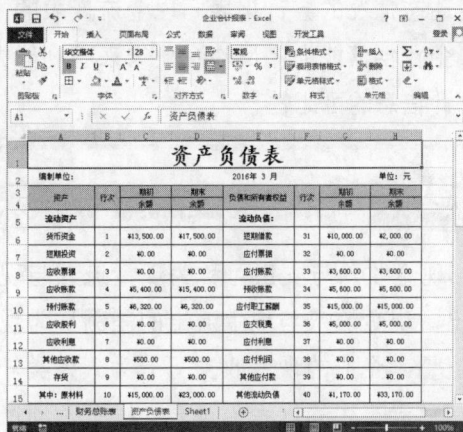

图 11-40　设置字体样式后的显示效果

步骤 5 选择【文件】选项卡，在打开的界面中选择【选项】选项，打开【Excel 选项】对话框，在左侧选择【高级】选项，在右侧取消【在具有零值的单元格中显示零】和【显示网格线】两个复选框的选中状态，如图 11-41 所示。

步骤 6 单击【确定】按钮，返回到工作表中，可以看到工作表中的网格线取消显示工作表中的零值也不再显示，如图 11-42 所示。

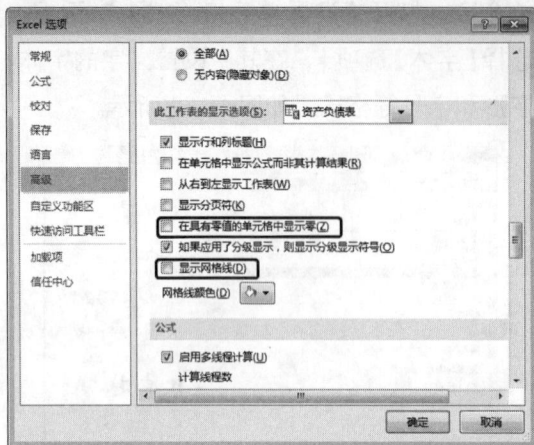

图 11-41　【Excel 选项】对话框

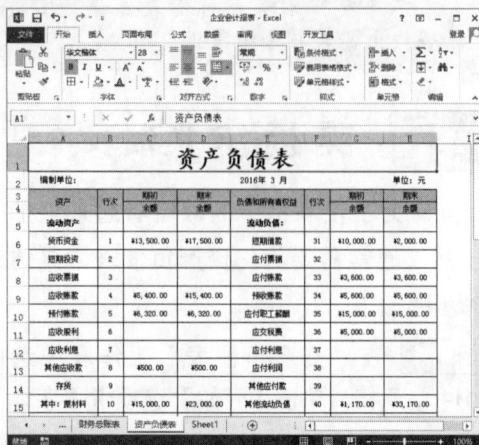

图 11-42　取消网格线与 0 值的显示

11.2　现金流量表

现金流量表是用来反映企业在会计期间内经营、投资和筹资活动中现金流入与流出的动态情况的会计报表。现金流量表的主要作用是反映企业现金流入和流出的原因；反映企业偿债能力；反映企业未来获利能力，即企业支付股息的能力；在一定程度上提高会计信息的可比性。

11.2.1　创建现金流量表

现金收入与支出可称为现金流入与现金流出，现金流入与现金流出的差额称为现金净流量。企业的现金收支可分为 3 大类，即经营活动产生的现金流量表、投资活动产生的现金流量、筹资活动产生的现金流量。

在初步了解了现金流量表的内容和结构后，接下来就可以创建现金流量表格式了，其具体的操作步骤如下。

步骤 1 打开创建的"企业会计报表"工作簿，新建一个工作表,重命名该工作表为"现金流量表"，如图 11-43 所示。

图 11-43　新建"现金流量表"工作表

步骤 2 在"现金流量表"工作表中输入其中的各个项目，A 列中为现金流量表的各个项目，B 列为现金流量表的行次，C 列和 D 列分别为现金流量表的本年累计金额与本月金额，如图 11-44 所示。

图 11-44　输入表格信息并设置单元格格式

步骤 3 选中 C5:D29 单元格区域，然后单击鼠标右键，从弹出的快捷菜单中选择【设置单元格格式】菜单命令，打开【设置单元格格式】对话框，选择【数字】选项卡，在【分类】列表框中选择【会计专用】选项；在【小数位数】文本框中输入 2；在【货币符号】下拉列表中选择￥，单击【确定】按钮，即可完成单元格的设置，如图 11-45 所示。

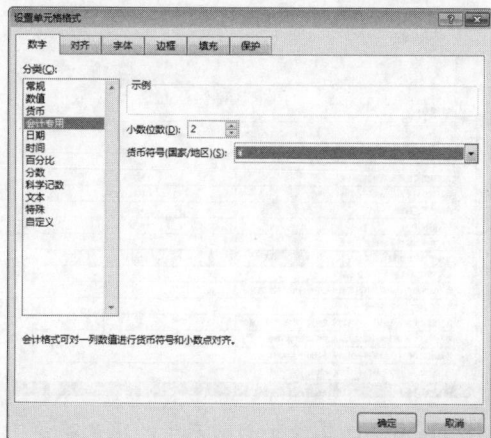

图 11-45　【设置单元格格式】对话框

步骤 4 由于表格中的项目较多，需要滚动窗口查看或编辑时，标题行或标题列会被隐藏，这样非常不利于数据的查看。对于大型的表格来说，可以通过冻结窗格的方法来使标题行或列始终显示在屏幕上。这里只需要选定 C5 单元格，然后在【视图】选项卡【窗口】组中单击【冻结窗格】下拉按钮，从弹出的下拉列表中选择【冻结拆分窗格】选项，如图 11-46 所示。

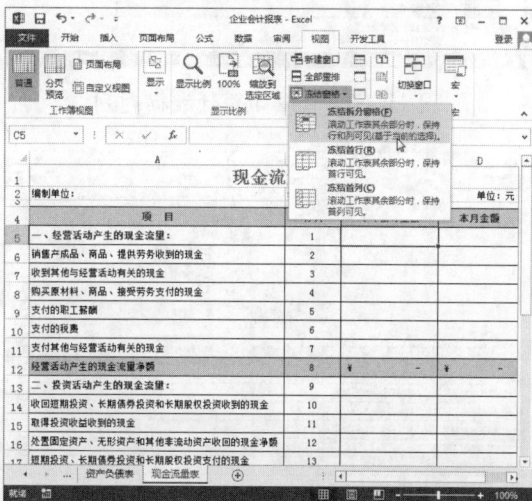

图 11-46　选择【冻结拆分窗格】选项

提示 当选定某个单元格执行冻结窗格命令时，该单元格左侧和上方的所有单元格将被冻结，而并不是冻结选定的单元格。

步骤 5 窗格冻结后，无论向右还是向下滚动窗口时，被冻结的行和列始终显示在屏幕上，同时工作表中还将显示水平和垂直冻结线，如图 11-47 所示。

步骤 6 如果想要取消行与列的冻结，可以再次选中 C5 单元格，然后单击【视图】选项卡【窗口】组中的【冻结窗格】按钮，在弹出的下拉列表中选择【取消冻结窗格】选项，如图 11-48 所示。

图 11-47　冻结标题行和标题列

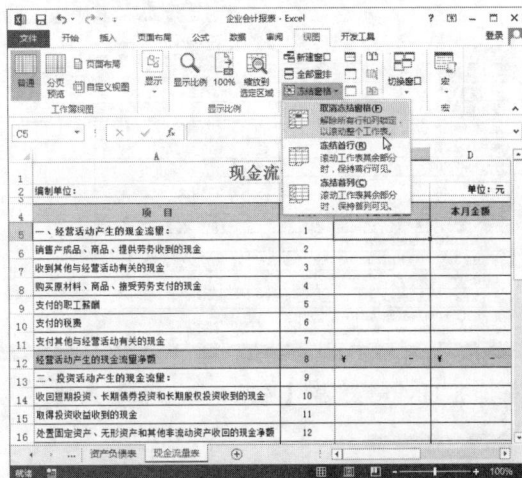

图 11-48　取消冻结窗格

11.2.2　现金流量区域内的数值计算

在实际工作中，当设置好现金流量表的格式后，可以通过总账筛选或汇总相关数据，来填制现金流量表，在 Excel 中可以通过函数实现。现金流量表中的公式如下：

☆　现金流入 - 现金流出＝现金净流量

☆　经营活动产生的现金流量净额＋投资产生的现金流量净额＋筹资活动产生的现金流量净额＝现金及现金等价物增加净额

☆　期末现金合计 - 期初现金合计＝现金净流量

具体的操作步骤如下。

步骤 1　在"现金流量表"工作表的 C6: C11 单元格区域中，输入表格内容，如图 11-49 所示。

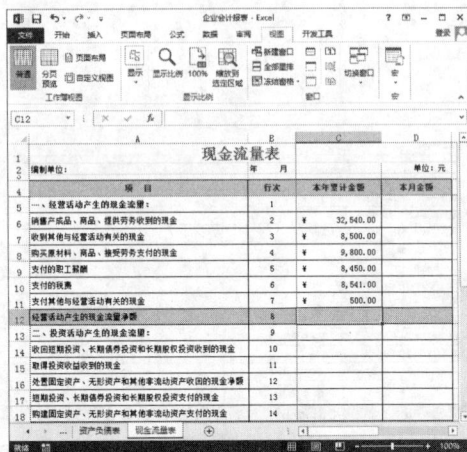

图 11-49　输入表格内容

步骤 2　根据现金流量表中的公式计算经营活动产生的现金流量净额。选中 C12 单元格，在编辑栏中输入公式"=C6+C11-C8-C9-C10-C11"，按 Enter 键，即可计算出经营活动产生的现金流量净额的本年累计金额，如图 11-50 所示。

图 11-50　计算经营活动产生的现金流量净额的本年累计金额

步骤 3 根据实际情况，在 D6:D11 单元格中输入经营活动产生的现金流量中的本月金额数值，如图 11-51 所示。

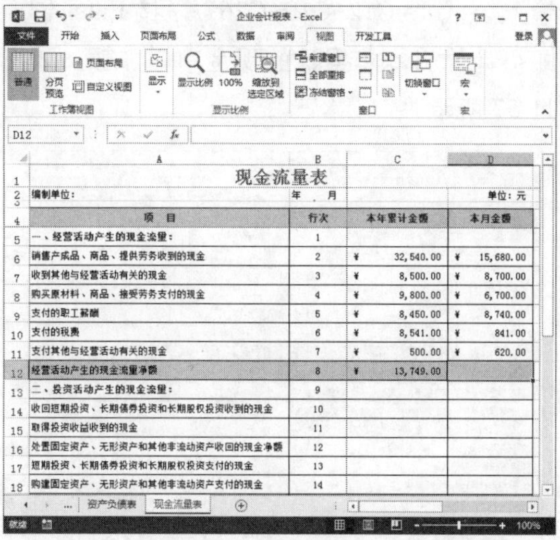

图 11-51　输入本月金额

步骤 4 复制 C12 单元格中的公式至 D12单元格，即可计算出经营活动产生的现金流量净额的本月金额，如图 11-52 所示。

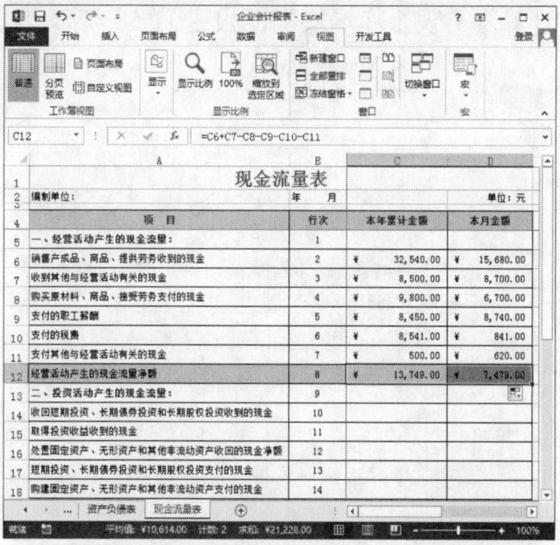

图 11-52　计算经营活动产生的现金流量净额的本月金额

步骤 5 根据实际情况在 C14:D18 单元格区域中输入投资活动产生的现金流量数据，如图 11-53 所示。

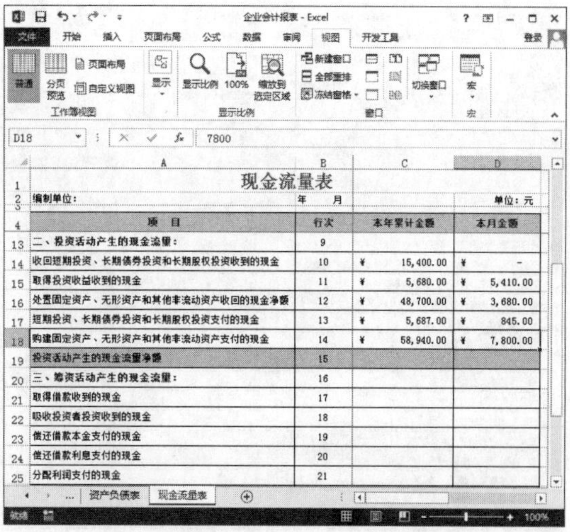

图 11-53　投资活动产生的现金流量数据

步骤 6 根据现金流量表中的公式计算投资活动产生的现金流量净额。选中 C19 单元格，在编辑栏中输入公式 "=C14+C15+C16-C17-C18"，按 Enter 键，即可计算出投资活动产生的现金流量金额的本年累计金额。复制 C19 单元格中公式至 D19，计算投资活动产生的现金流量金额的本月金额，如图 11-54所示。

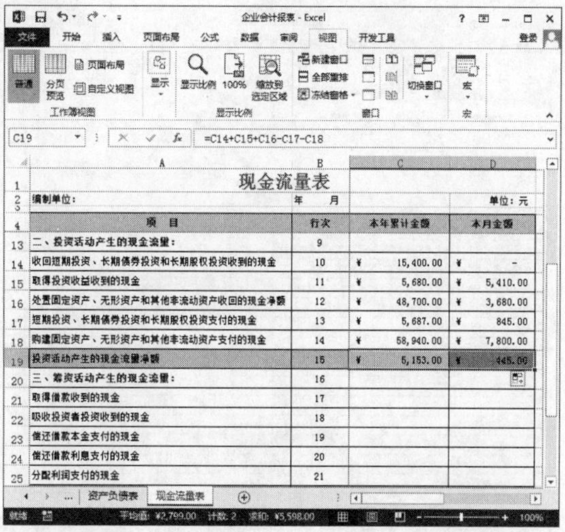

图 11-54　计算投资活动产生的现金流量金额

步骤 7 根据实际情况，在 C21:D25 单元格区域中输入筹资活动产生的现金流量数据，如图 11-55 所示。

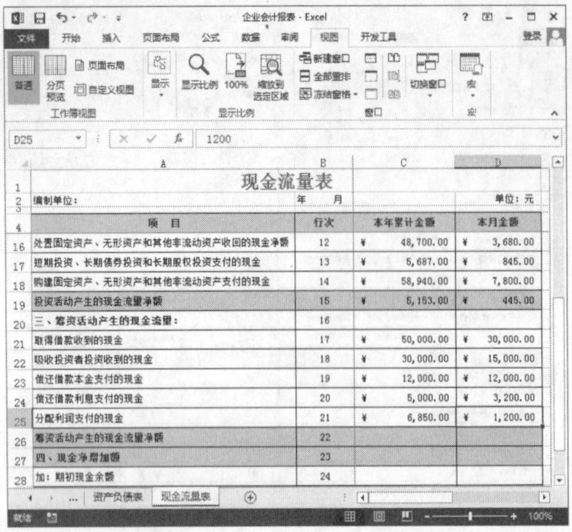

图 11-55　输入筹资活动产生的现金流量数据

步骤 8 根据现金流量表中的公式计算筹资活动产生的现金流量净额。选中 C26 单元格，在编辑栏中输入公式"=C21+C22-C23-C24-C25"，按 Enter 键，即可计算出筹资活动产生的现金流量金额的本年累计金额。复制 C26 单元格中公式至 D26 单元格，计算筹资活动产生的现金流量金额的本月金额，如图 11-56 所示。

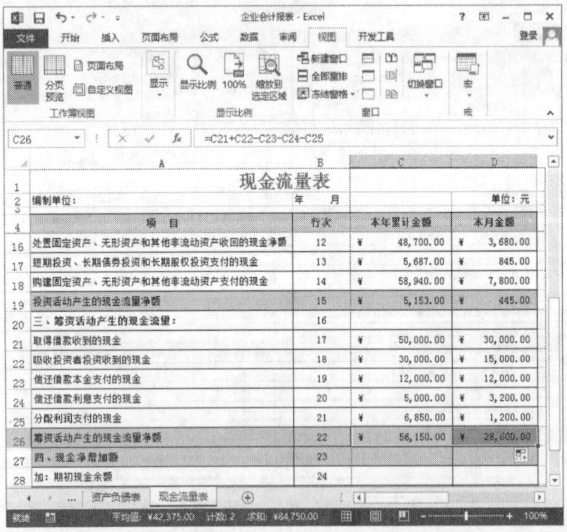

图 11-56　计算筹资活动产生的现金流量金额

步骤 9 计算现金净增加额。根据公式"现金及现金等价物增加净额＝经营活动产生的现金流量净额＋投资产生的现金流量净额＋筹资活动产生的现金流量净额"，可计算现金净增加额。选中 C27 单元格，在编辑栏中输入公式"=C12+C19+C26"，按 Enter 键，即可计算出本年累计的现金净增加额，如图 11-57 所示。

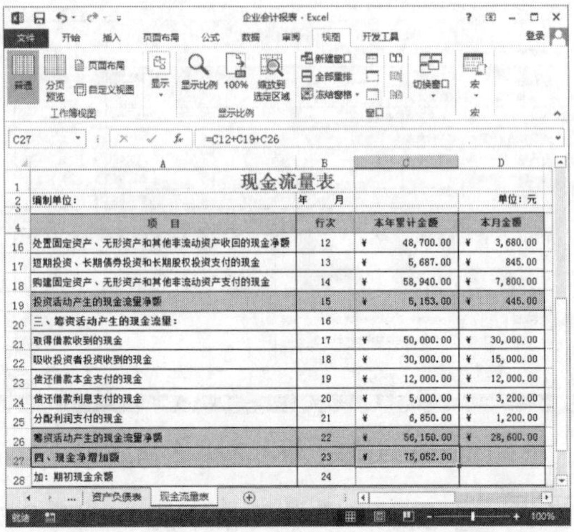

图 11-57　计算出本年累计的现金净增加额

步骤 10 复制 C27 单元格的公式至 D27，计算本月现金净增加额，如图 11-58 所示。

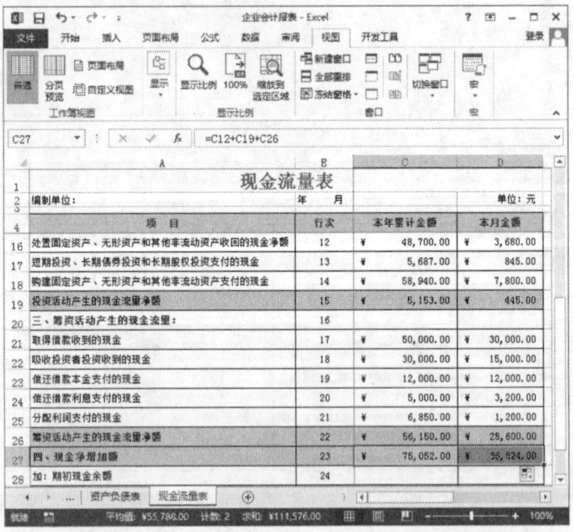

图 11-58　计算本月现金净增加额

步骤 11 根据实际情况，在 C28 和 D28 单元格中输入本年累计金额的期初现金余额与本月的期初现金余额，如图 11-59 所示。

出分列出来进行汇总，具体的操作步骤如下。

步骤 1 打开"企业会计报表"工作簿，然后插入一个新的工作表，将其命名为"现金流量汇总表"工作表，如图 11-61 所示。

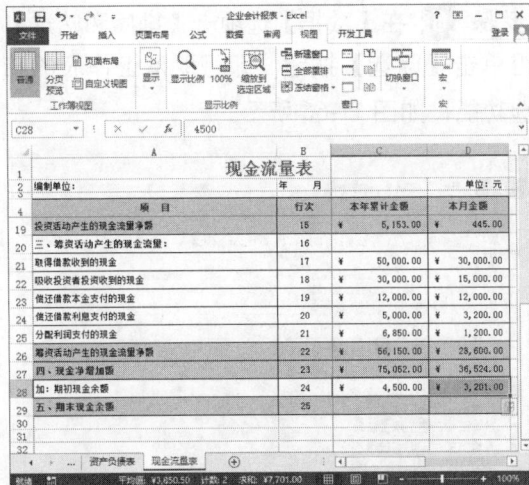

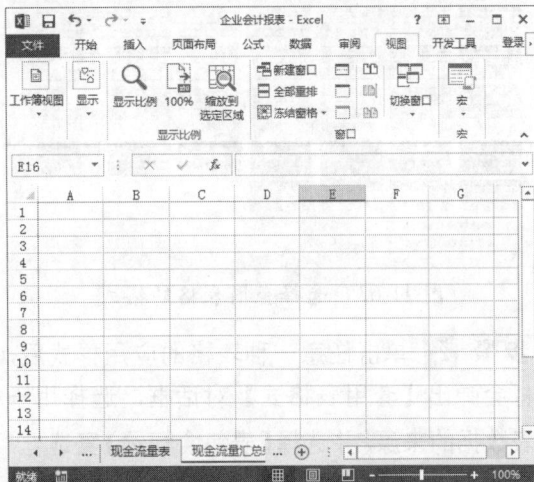

图 11-59　在 C28 与 D28 单元格输入数值

步骤 12 计算期末现金余额。根据公式"期末现金余额＝现金净增加额＋期初现金余额"，可计算期末现金余额，选中 C29 单元格，在编辑栏中输入公式"＝C27+C28"，按 Enter 键，即可计算出本年累计的期末现金余额。然后复制 C29 单元格中的公式至 D29，即可计算出本月的期末现金余额，如图 11-60 所示。

图 11-61　新建一个空白工作表

步骤 2 在该工作表中输入相应的表格标题和项目信息，然后设置单元格格式，如图 11-62 所示。

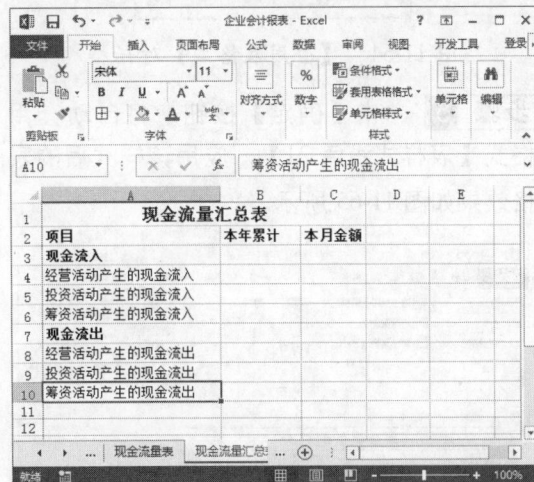

图 11-60　计算期末现金余额

图 11-62　输入表格信息

11.2.3　制作现金流量汇总表

在制作现金流量定比表之前，需要先建立现金流量汇总表，即将现金收入和现金支

步骤 3 选中 A2:C10 单元格区域，然后在【开始】选项卡【样式】组中单击【套用表格格式】按钮，从弹出的下拉列表中选择需要应用的样式，如图 11-63 所示。

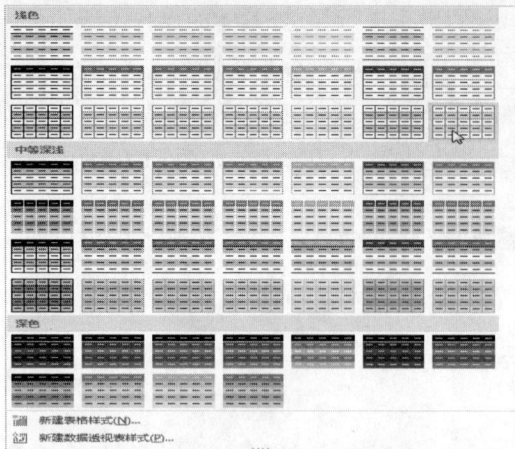

图 11-63　选择套用表格的格式

步骤 4　单击任意一种表格的应用样式后，将会弹出【套用表格式】对话框，选择用于表数据的来源，并选择【表包含标题】复选框，如图 11-64 所示。

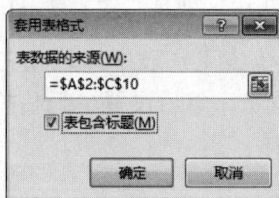

图 11-64　【套用表格式】对话框

步骤 5　单击【确定】按钮，将自动套用格式【表样式浅色 21】，应用该样式后的表格效果如图 11-65 所示。

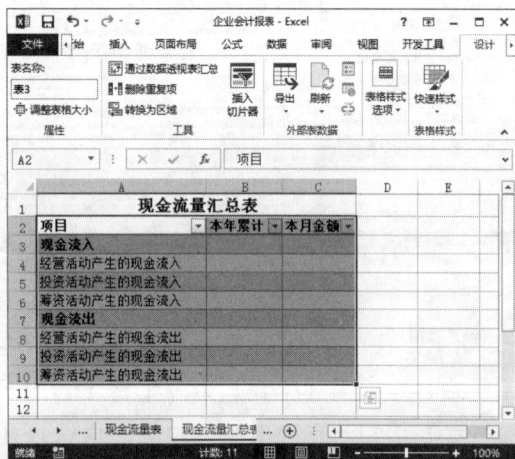

图 11-65　自动套用格式后的效果

步骤 6　在【数据】选项卡【排序和筛选】组单击【筛选】按钮，即可取消工作表的筛选功能，如图 11-66 所示。

图 11-66　取消工作表的筛选功能

步骤 7　选中 B4 单元格，然后在编辑栏中输入公式"=现金流量表!C6+现金流量表!C7"，按 Enter 键确认后，即可计算出经营活动产生的本年累计现金流入量，如图 11-67 所示。

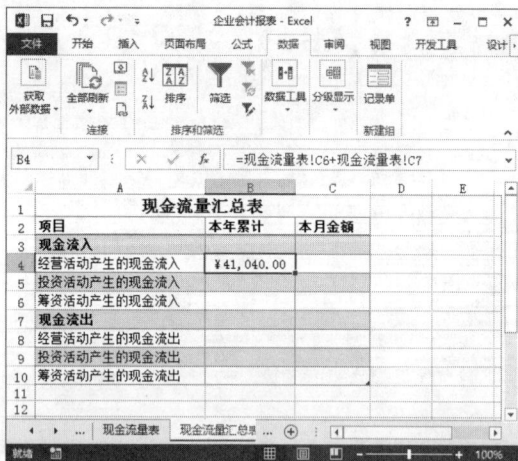

图 11-67　计算经营活动产生的现金流入量

步骤 8　将 B4 单元格公式复制到 C4 单元格，即可计算出经营活动产生的本月现金流入量，如图 11-68 所示。

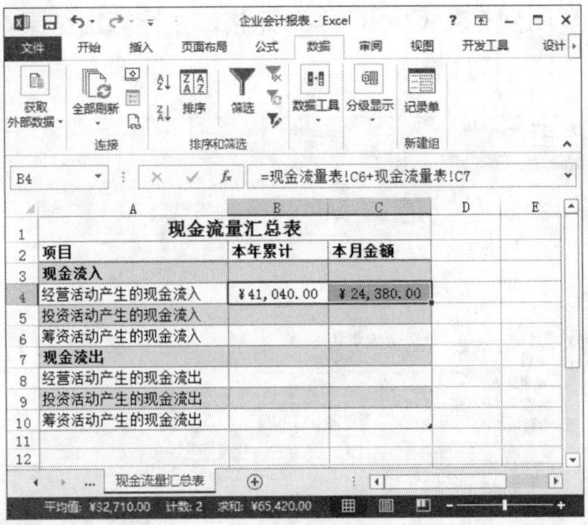

图 11-68 复制 B4 单元格公式

步骤 9 同理，选中 B5 单元格，然后在编辑栏中输入公式"= 现金流量表 !C14+ 现金流量表 !C15+ 现金流量表 !C16"，按 Enter 键确认后，即可计算出投资活动产生的本年累计现金流入量，如图 11-69 所示。

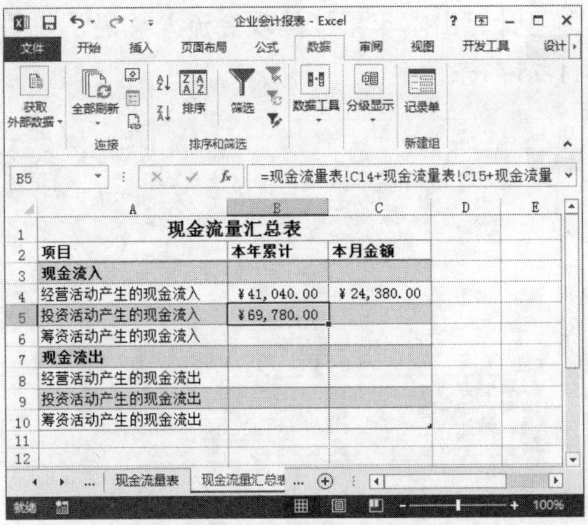

图 11-69 计算投资活动产生的本年累计现金流入量

步骤 10 将 B5 单元格公式复制到 C5 单元格，即可计算出投资活动产生的本月现金流入量，如图 11-70 所示。

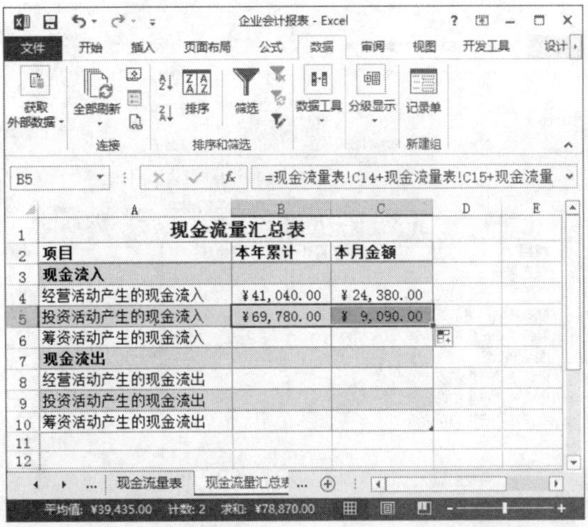

图 11-70 计算投资活动产生的本月现金流入量

步骤 11 选中 B6 单元格，然后在编辑栏中输入公式"= 现金流量表 !C21+ 现金流量表 !C22"，按 Enter 键确认后，即可计算出筹资活动产生的本年累计现金流入量，如图 11-71 所示。

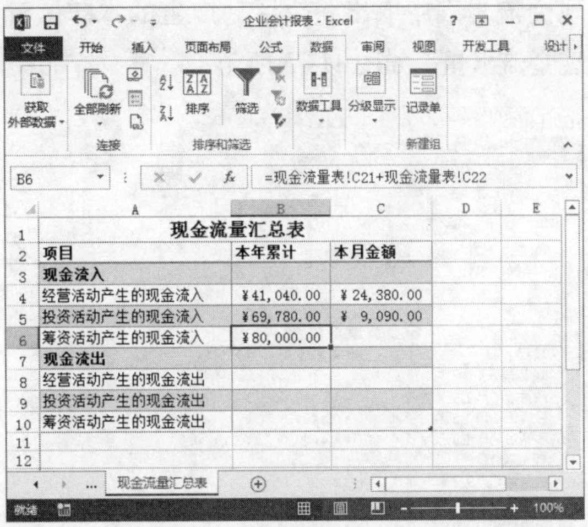

图 11-71 计算筹资活动产生的本年累计现金流入量

步骤 12 将 B6 单元格公式复制到 C6 单元格，即可计算出筹资活动产生的本月现金流入量，如图 11-72 所示。

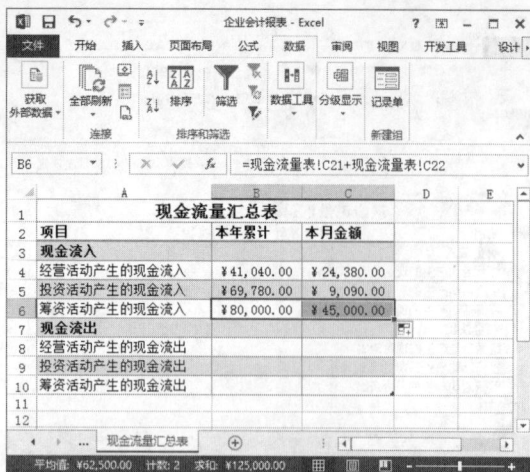

图 11-72 计算筹资活动产生的本月现金
流入量

步骤 13 用同样的方法，分别选中 B8、B9、B10 单元格，然后在编辑栏中分别输入公式 "=SUM(现金流量表!C8:C11)""=SUM(现金流量表!C17:C18)" "=SUM(现金流量表!C23:C25)"，按 Enter 键确认后，即可从现金流量表中取出各个活动产生的本年累计现金流出量，如图 11-73 所示。

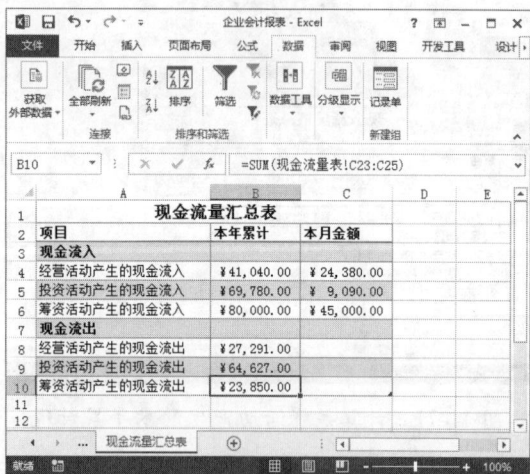

图 11-73 从现金流量表中取出各个活动
产生的现金流出量

步骤 14 分别将 B8、B9、B10 单元格公式

复制到 C8、C9、C10 单元格，并计算出结果，如图 11-74 所示。

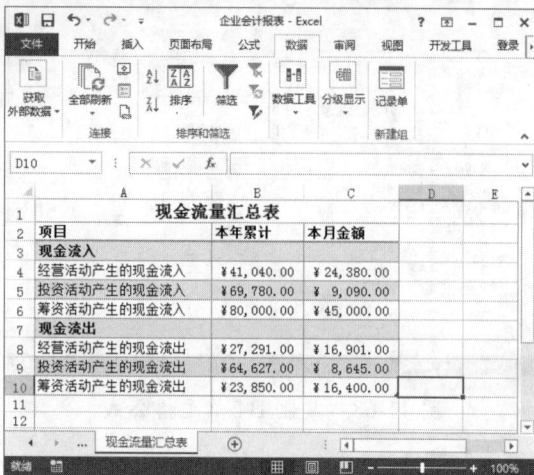

图 11-74 实现 C8、C9、C10 单元格的公式
输入

步骤 15 选中 B3 单元格，然后在编辑栏中输入公式 "=B4+B5+B6"，按 Enter 键确认后，即可计算出本年累计的现金流入总量，如图 11-75 所示。

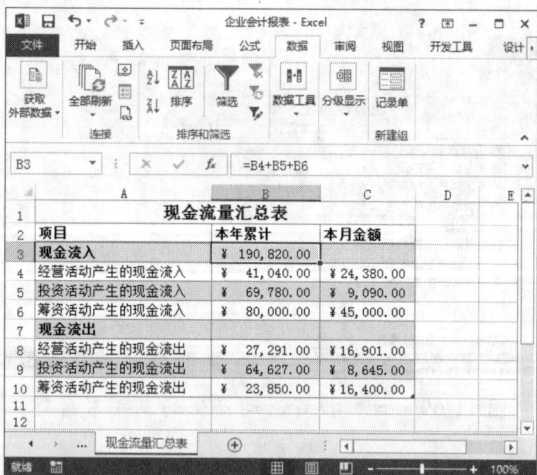

图 11-75 计算本年累计的现金流入总量

步骤 16 将 B3 单元格公式复制到 C3 单元格，如图 11-76 所示。

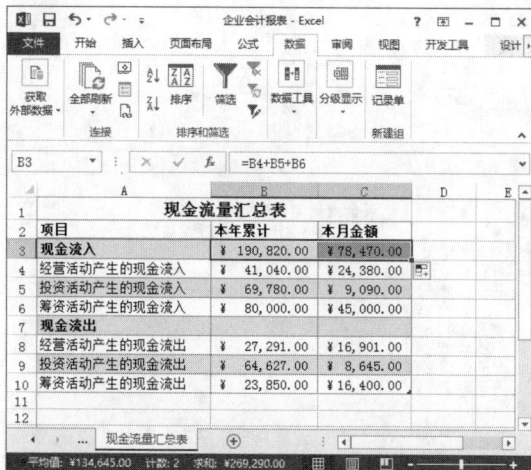

图 11-76　复制 B3 单元格公式

步骤 **17** 选中 B7 单元格，然后在编辑栏中输入公式"=B8+B9+B10"，按 Enter 键确认后，即可计算现金流出总量，如图 11-77 所示。

步骤 **18** 将 B7 单元格公式复制到 C7 单元格，如图 11-78 所示。至此整个现金流量汇总表就制作完成了。

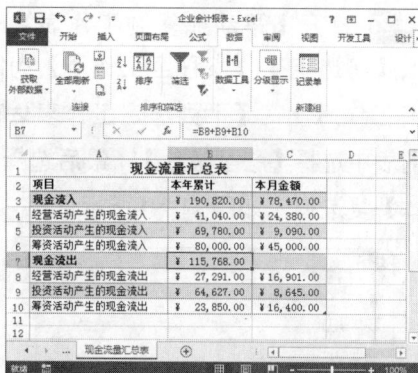

图 11-77　计算本年累计的现金流出总量

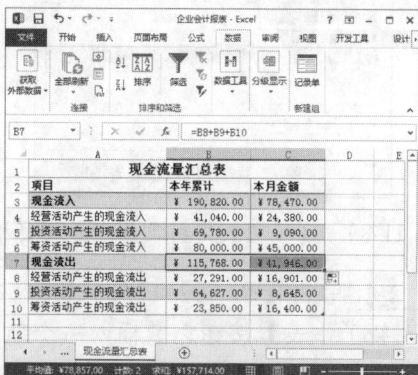

图 11-78　复制 B7 单元格公式

11.2.4　制定现金流量定比表

通过计算数据的趋势百分比，可以进行数据的趋势分析。趋势百分比分为定比和环比。其中，定比就是指选定某一年作为基期，然后与其余各年的数据进行比较，从而计算出数据的趋势百分数。由于此种方法计算出的各会计期间的趋势百分数，均是以基期为计算基准的，所以能够明确地反映出有关项目和基期相比所产生的变化，即趋势运动，或称为趋势走向。

制定现金流量定比表就是趋势分析的方法之一，具体的操作步骤如下。

步骤 **1** 右击"现金流量汇总表"工作表标签，从弹出的快捷菜单中选择【移动或复制】菜单命令，如图 11-79 所示。

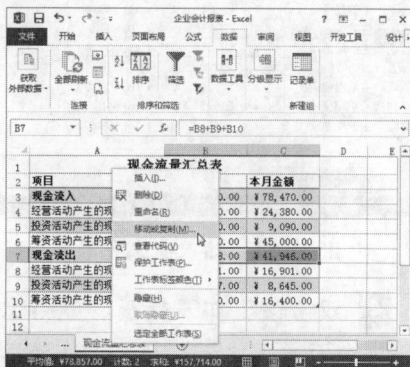

图 11-79　执行【移动或复制】菜单命令

步骤 2 打开【移动或复制工作表】对话框中，【将选定工作表移至工作簿】为默认的当前工作簿，在【下列选定工作表之前】下拉列表中选择【移至最后】，最后选择【建立副本】复选框，如图 11-80 所示。

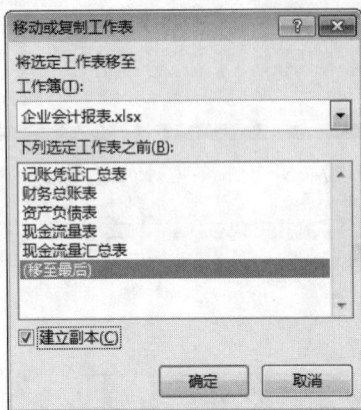

图 11-80 【移动或复制工作表】对话框

步骤 3 单击【确定】按钮，Excel 将在【插入新工作表】按钮之前插入一个新的工作表并取名为"现金流量汇总表 (2)"，如图 11-81 所示。

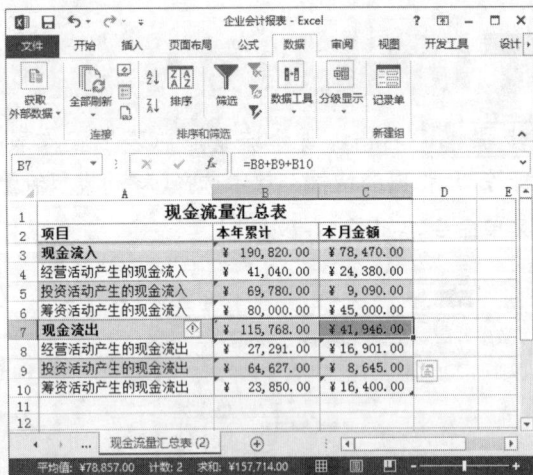

图 11-81 插入新工作表

步骤 4 双击该工作表标签，重新输入名称为"现金流量定比表"并将工作表单元格区域 B3:C10 中的数据清除，如图 11-82 所示。

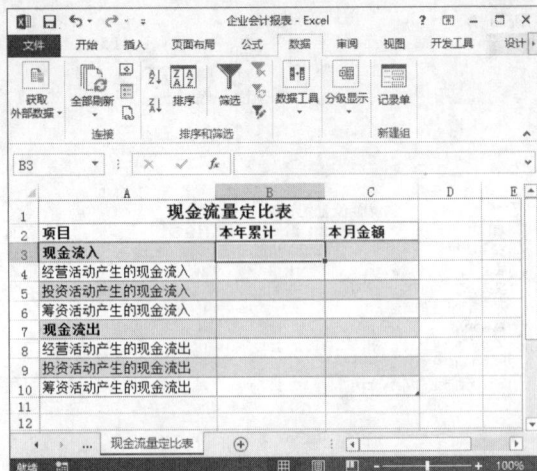

图 11-82 清除数据

步骤 5 选中 B3:C10 单元格区域，然后单击鼠标右键，从弹出的快捷菜单中选择【设置单元格格式】菜单命令，打开【设置单元格格式】对话框，在【数字】选项卡的【分类】列表框中选择【百分比】，并设置【小数位置】为 2，最后单击【确定】按钮，即可完成单元格的设置，如图 11-83 所示。

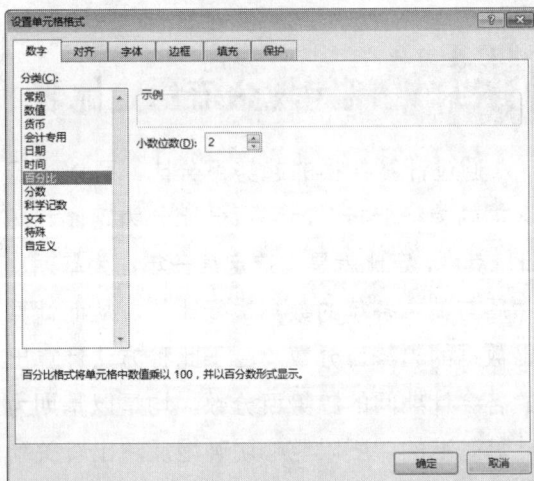

图 11-83 【设置单元格格式】对话框

步骤 6 选中 B3 单元格，然后在编辑栏中输入公式"= 现金流量汇总表 !B3/ 现金流量汇总表 !$B$3"，按 Enter 键确认后，即可计算现金流入百分比，如图 11-84 所示。

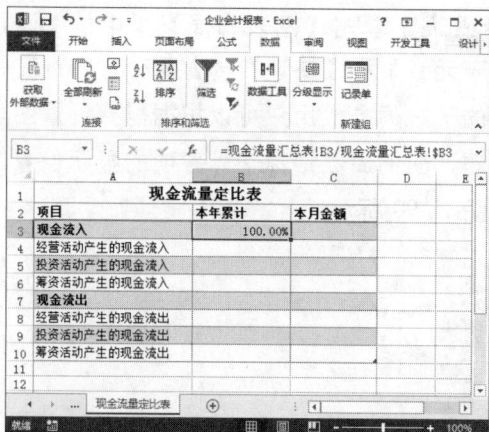

图 11-84　计算现金流入百分比

步骤 7 将 B3 单元格公式复制到 C3 单元格，如图 11-85 所示

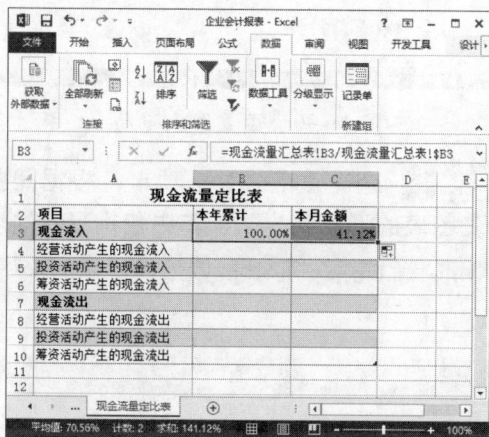

图 11-85　复制 B3 单元格公式至 C3 单元格

步骤 8 选中 B3:C3 单元格区域，将光标移到单元格的右下角，当光标变为"+"形状时，按住左键不放往下拖曳，到达 B10:C10 单元格区域位置后松开鼠标，即可实现 B4:C10 单元格区域的公式输入。至此，就完成了现金流量表定比表的制作，如图 11-86 所示。

> （▶）**提示**　所谓定比，也就是假定某个数据为基础，其余的数据都与基础数据相比，从而进行数据分析。这里假定以本年累计的各个项目的流入与流出为基数，本月的数据均与本年累计数值进行比较。

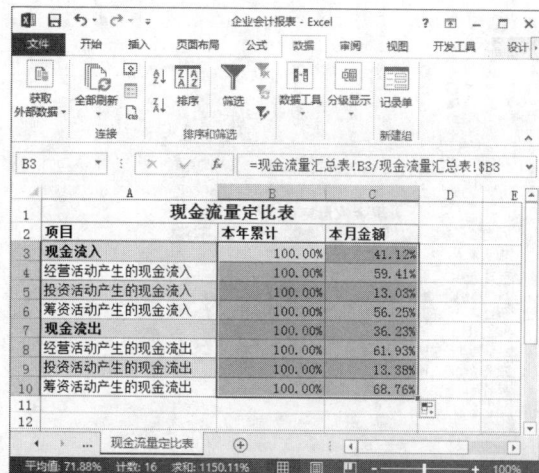

图 11-86　复制公式至其他单元格中

11.2.5　用图表进行趋势分析

虽然从表格中的数据也能够看出筹资活动产生的现金流入呈下降趋势，经营活动产生的现金流入呈上升趋势，但数据永远也比不上图表来得直观，更明显地说明问题。

创建趋势图表的具体操作步骤如下。

步骤 1 在"现金流量定比表"工作表中选中 A2:C2 单元格区域，然后按住 Ctrl 键，再选中 A4:C6 单元格区域，即可选中用于绘图的数据，如图 11-87 所示。

步骤 2 在【插入】选项卡【图表】组中单击【折线图】按钮，从下拉列表的【二维折线图】区域中选择【堆积折线图】选项，即可在 Excel 表格中插入了需要的折线图，如图 11-88 所示。

步骤 3 用户可以根据需要在【图表工具】下的【设计】选项卡中单击【图表样式】组中的【其他】按钮，在弹出的图表样式面板中选择一种图表样式，如图 11-89 所示。

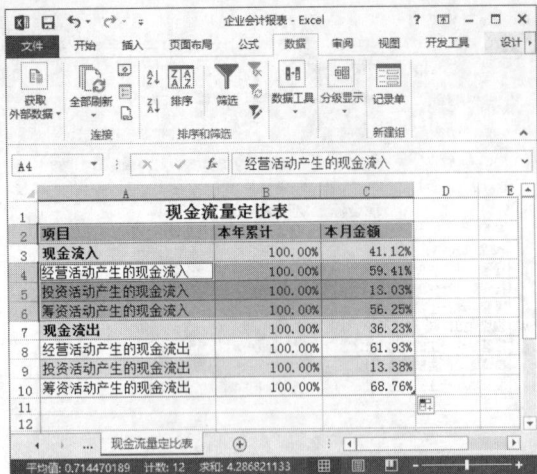

图 11-87　选择数据区域

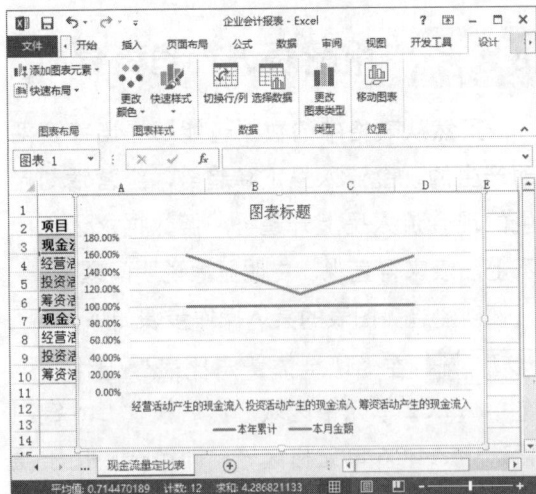

图 11-88　插入图表

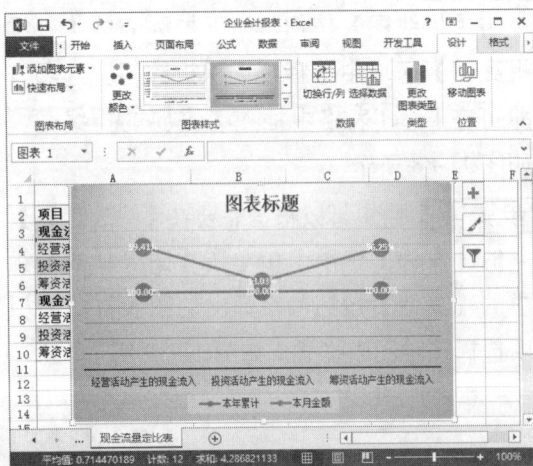

图 11-89　设置图表样式

步骤 4 单击【图表布局】组中的【添加图表元素】和【快速布局】两个按钮，在弹出的下拉列中，用户可以根据需要设置图表标题、图例、数据标签等各项的显示位置，如图 11-90 所示。

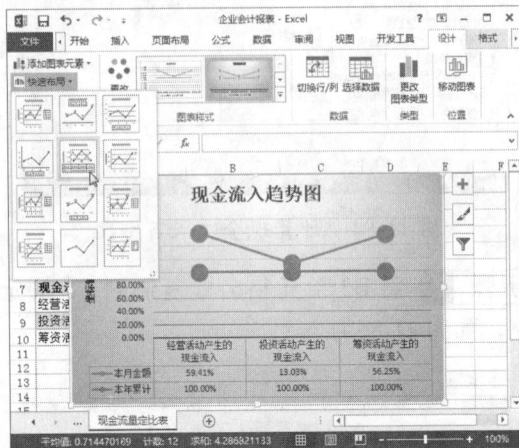

图 11-90　设置图表布局

步骤 5 选择【格式】选项卡，根据需要改变图表的形状及样式，其中包括形状的填充、形状的轮廓、形状的效果等，如图 11-91 所示。

图 11-91　【格式】选项卡

步骤 6 在【格式】选项卡【艺术字样式】组单击【艺术字】按钮，在弹出的面板中可以设置图表的文字艺术字效果。至此整个"现金流入趋势"图表绘制完成，如图 11-92 所示。

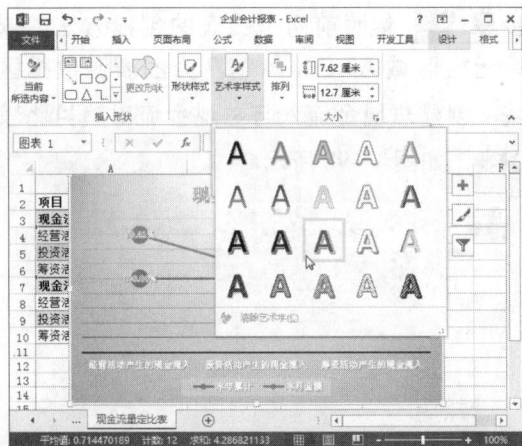

图 11-92 选择艺术字样式

步骤 7 在"现金流量定比表"工作表中选中 A2:E2 单元格区域，然后按住 Ctrl 键不放，再选中 A8:C10 单元格区域，即可选中用于绘图的数据，如图 11-93 所示。

图 11-93 选中用于绘图的数据区域

步骤 8 在【插入】选项卡【图表】组中单击【折线图】按钮，在下拉列表的【二维折线图】区域选择【折线图】选项，即可在 Excel 表格中插入了需要的折线图，如图 11-94 所示。

步骤 9 可以根据需要，在【图表工具】下的【设计】选项卡【图表样式】组中选择一种图表的样式和图表的布局，如图 11-95 所示。

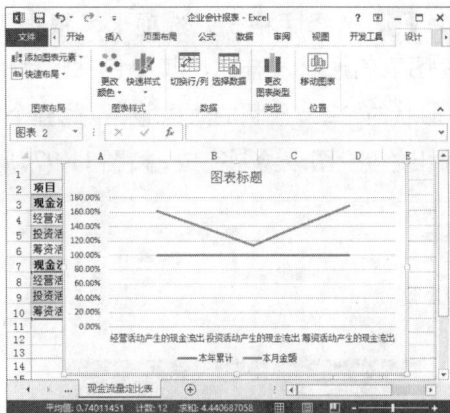

图 11-94 插入一种折线图

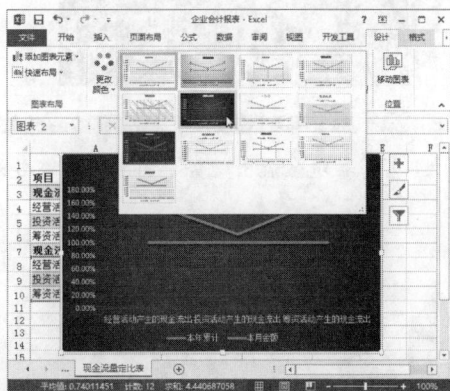

图 11-95 选择一种图表样式

步骤 10 单击【图表布局】组中的【添加图表元素】和【快速布局】两个按钮，在弹出的下拉列中，用户可以根据需要设置图表标题、图例、数据标签等各项的显示位置，如图 11-96 所示。

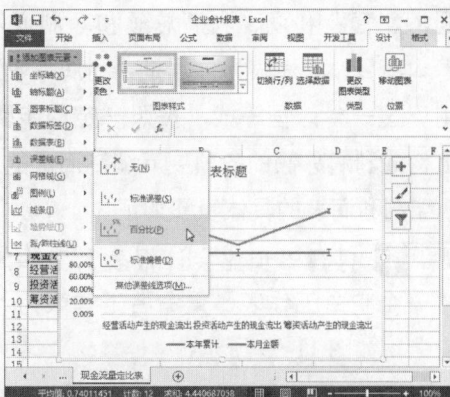

图 11-96 设置图表布局样式

步骤 11 选择【格式】选项卡，根据需要改变图表的形状及样式，其中包括形状的填充、形状的轮廓、形状的效果等。至此整个"现金流出趋势"图表绘制完成，如图 11-97 所示。

步骤 12 参照前两个图表的创建方法，以单元格区域 A2:C3，A7:C7 为图表源数据区域，创建总现金流入与总现金流出趋势比较图表，如图 11-98 所示。

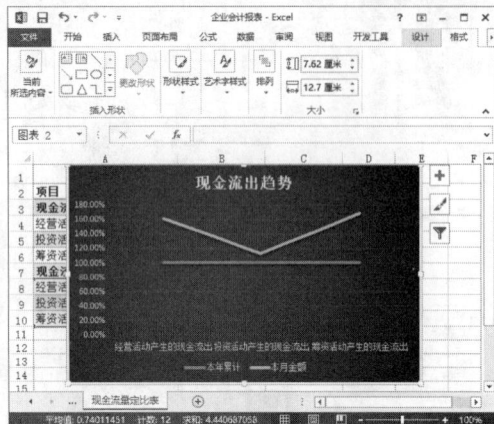

图 11-97 "现金流出趋势"图表的最终效果

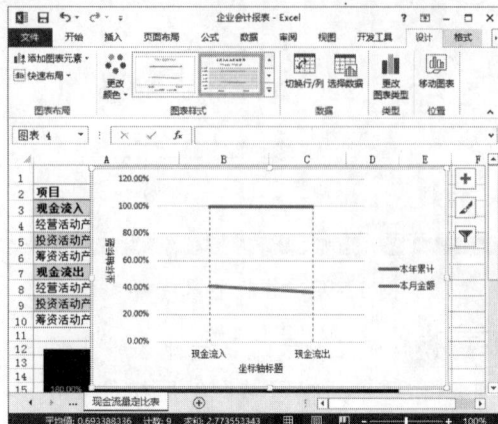

图 11-98 "总流入与总流出趋势"图表的最终效果

11.3 利润表

利润表是用来反映企业在一定的会计期间的经营成果的会计报表。利润表的每一项基本上也是由会计账簿提供的，但是其编制工作相对资产负债表要简单一些。

11.3.1 编制利润表

利润表主要包括主营业务收入、主营业务利润、营业利润、利润总额和净利润等 5 个基本项目。利润表是依据是"利润＝收入-费用"这一会计恒等式，按照一定的步骤计算出构成利润总额的各项要素编制而成的。

编制利润表的具体步骤如下。

步骤 1 打开"企业会计报表"工作簿，新建一个空白工作表，重命名工作表为"利润表"，如图 11-99 所示。

图 11-99 新建空白工作表

步骤 2 在"利润表"工作表中输入表格标题与项目信息，并设置单元格格式，最终的显示效果如图 11-100 所示。

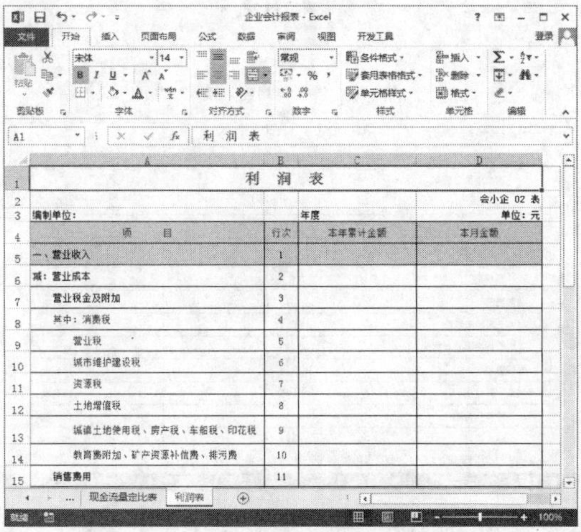

图 11-100　输入表格内容

步骤 3 选中 D5 单元格，在编辑栏中输入公式"=SUMIF(财务总账表 !$A$4:$A$40，"6001"，财务总账表 !$E$4:$E$40)"，按 Enter 键，即可计算出利润表中的本月营业收入金额，如图 11-101 所示。

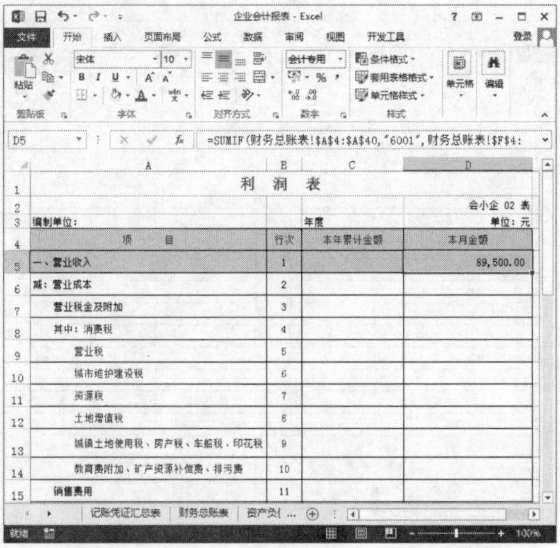

图 11-101　计算本月营业收入金额

步骤 4 选中 D6 单元格，在编辑栏中输入公式"=SUMIF(财务总账表 !$A$4:$A$40，"6401"，财务总账表！$D$4: $D$40)"，按

Enter 键，即可计算出利润表中的本月营业成本金额，如图 11-102 所示。

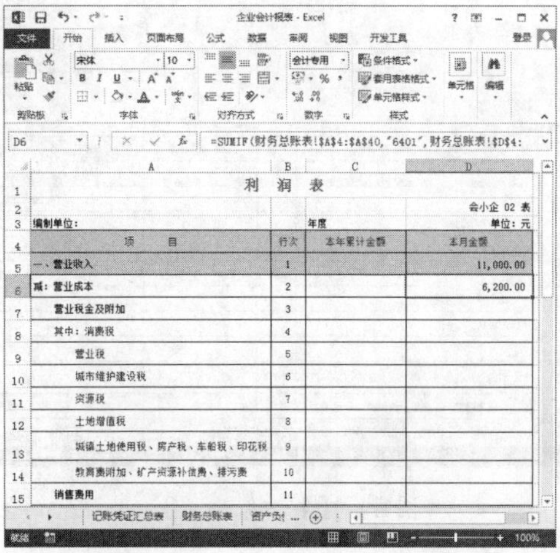

图 11-102　计算本月营业成本金额

步骤 5 选中 D7 单元格，在编辑栏中输入公式"=SUMIF(财务总账表 !$A$4:$A$40，"6403"，财 务 总 账 表 !$D$4:$D$40)"， 按 Enter 键，即可计算出利润表中的本月营业税金及附加金额，如图 11-103 所示。

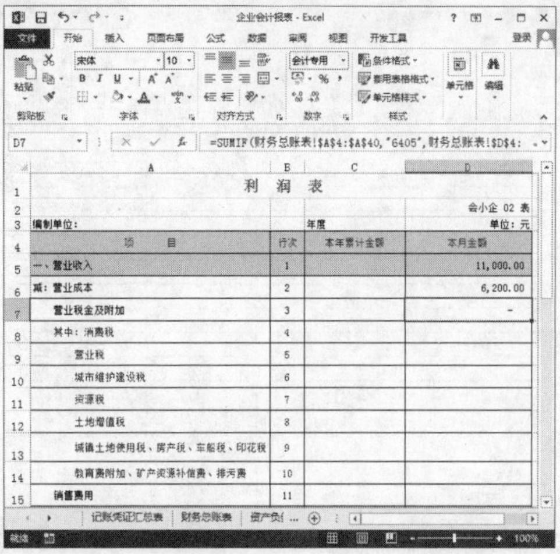

图 11-103　计算本月营业税金及附加金额

步骤 6 根据实际情况，在 D 列中输入有关营业税金及附加的详细项目金额，如果存在这些项目的话，直接在对应的单元格中输入"0"，如图 11-104 所示。

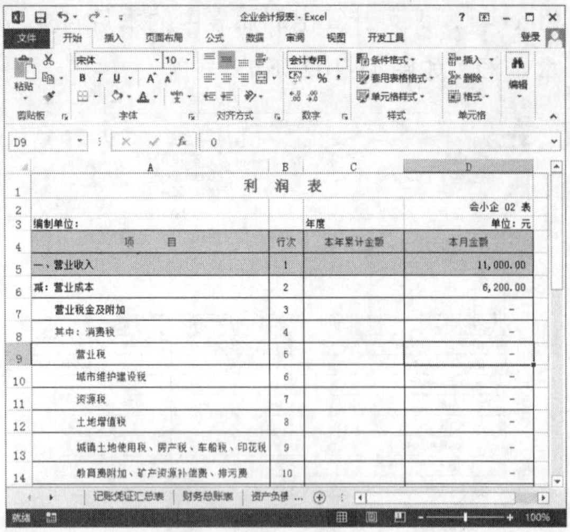

图 11-104　输入 "0"

步骤 7 选中 D15 单元格，在编辑栏中输入公式 "=SUMIF(财务总账表 !$A$4:$A$40,"6601", 财务总账表 !$D$4:$D$40)"，按 Enter 键，即可计算出利润表中的本月销售费用金额，然后根据实际情况输入销售费用的明细项目金额，如图 11-105 所示。

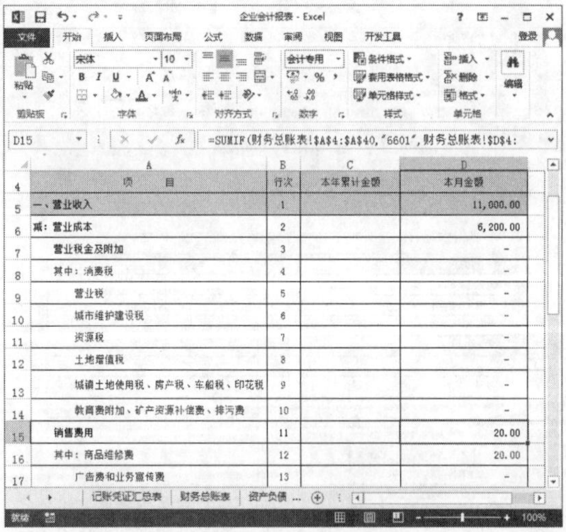

图 11-105　计算本月销售费用金额

步骤 8 选中 D18 单元格，在编辑栏中输入公式 "=SUMIF(财务总账表 !$A$4:$A$40,"6602", 财务总账表 !$D$4:$D$40)"，按 Enter 键，即可计算出利润表中的本月管理费用金额，然后

根据实际情况输入管理费用的明细项目金额，如图 11-106 所示。

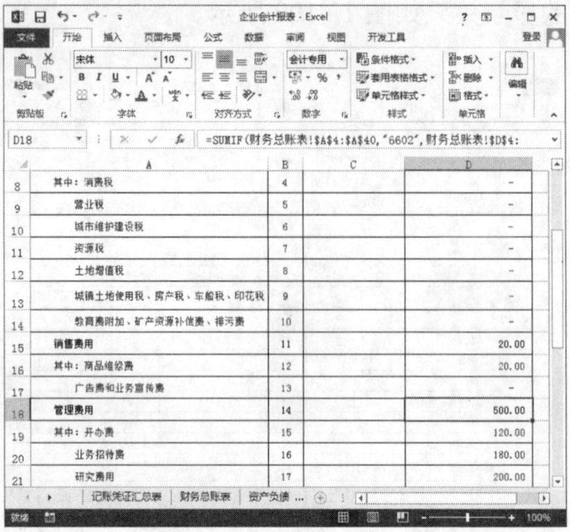

图 11-106　计算本月管理费用金额

步骤 9 选中 D22 单元格，在编辑栏中输入公式 "=SUMIF(财务总账表 !$A$4:$A$40,"6603", 财务总账表 !$D$4:$D$40)"，按 Enter 键，即可计算出利润表中的本月财务费用金额，然后根据实际情况输入财务费用的明细项目金额，如图 11-107 所示。

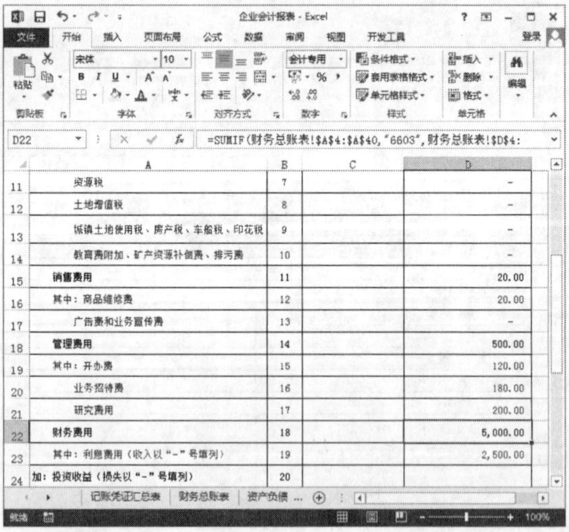

图 11-107　计算本月财务费用金额

步骤 10 根据实际情况，在 D24 单元格中输入 "投资收益" 相对应的金额数：如果损

失在数字前面加"-"号，如果企业没有投资收益则输入"0"，如图 11-108 所示。

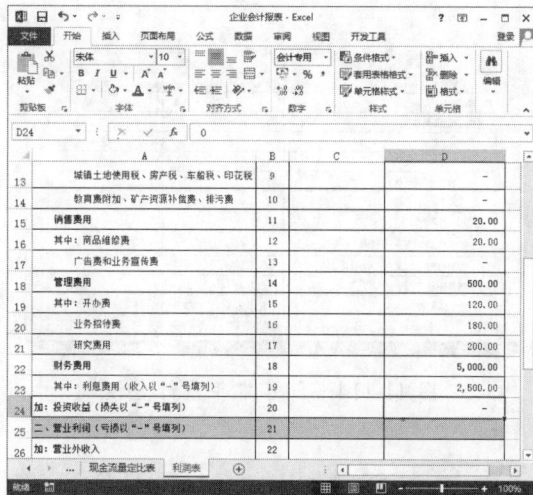

图 11-108　输入"0"

步骤 11 选中 D25 单元格，在编辑栏中输入公式"=D5-D6-D11-D15-D18-D22+D24"，然后按 Enter 键，即可计算出本月营业利润，这里得出的是负值，则说明本月亏损，如图 11-109 所示。

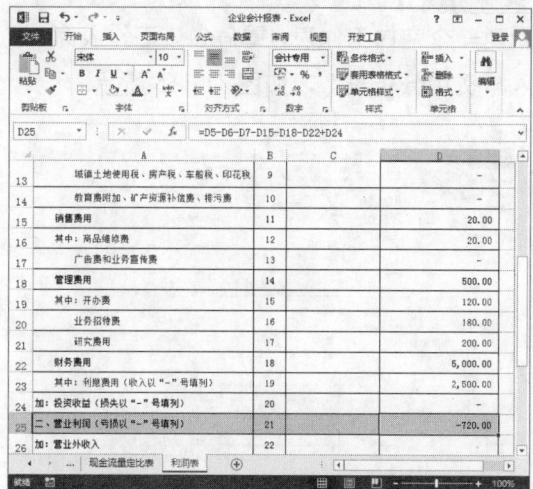

图 11-109　计算本月营业利润

步骤 12 根据企业的实际情况，在 D26:D33 单元格区域输入相对应的本月金额。如果企业没有这些项目，则在对应的单元格中输入"0"，如图 11-110 所示。

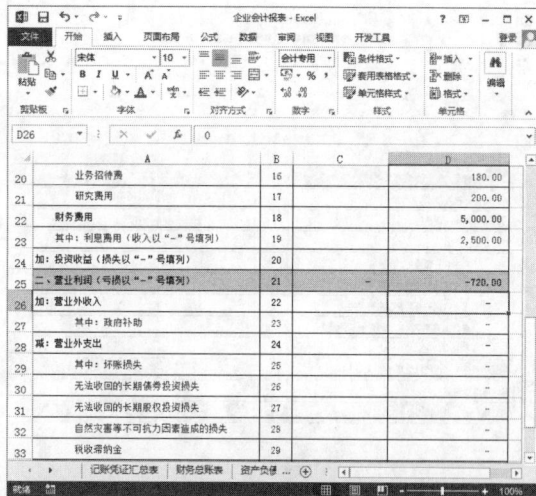

图 11-110　输入"0"

步骤 13 选中 D34 单元格，在编辑栏中输入公式"=D25+D26-D28"，按 Enter 键，即可计算出本月利润总额，如图 11-111 所示。

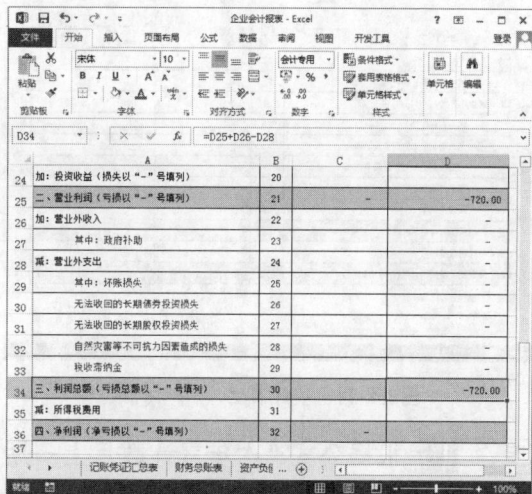

图 11-111　计算本月利润总额

步骤 14 选中 D35 单元格，在其中输入公式"=SUMIF(财务总账表!$A$4:$A$40,"6801",财务总账表!$D$4:$D$40)"，按 Enter 键，即可计算出本月的所得税费用，如图 11-112 所示。

步骤 15 选择 D36 单元格，在编辑栏中输入公式"=D34-D35"，按 Enter 键，即可计算出本月的净利润，如图 11-113 所示。

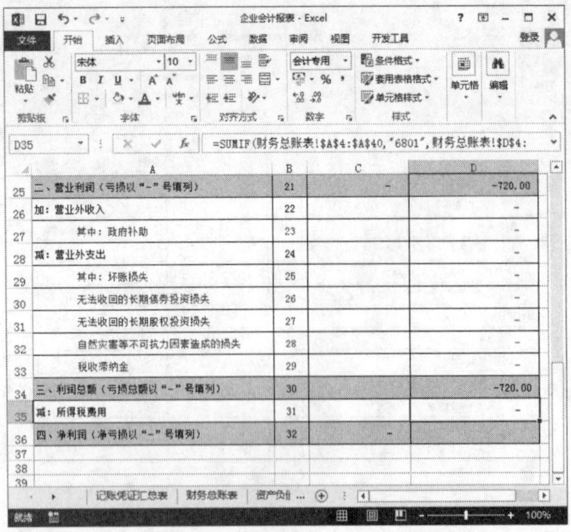

图 11-112　计算本月所得税费用

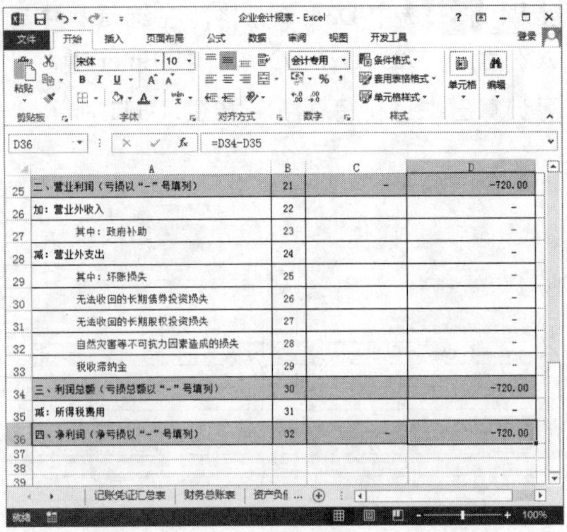

图 11-113　计算本月净利润

步骤 16　根据公式"本年累计数＝上一期本年累计数＋本月金额"，可计算本年累计数。这里由于未涉及上一期的本年累计数，因此这里的"本年累计数＝本月金额"。选中 C5 单元格，在编辑栏中输入公式"=D5"，按 Enter 键，即可得出营业收入的本年累计数。然后复制 C5 单元格中的公式至 C 列的其他单元格中，即可计算出利润表中其他项目的本年累计金额数，如图 11-114 所示。至此，就完成了利润表的编制。

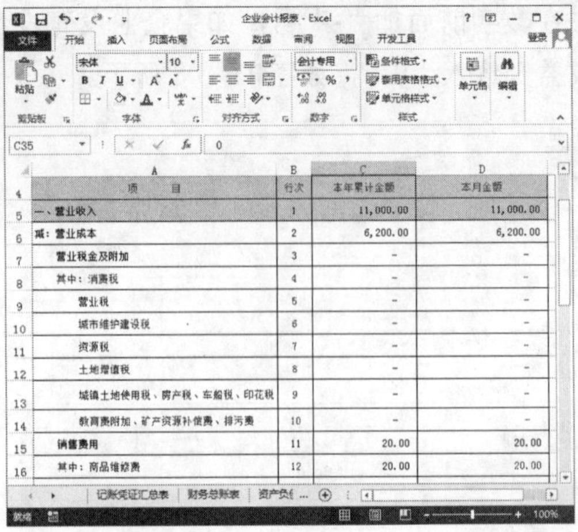

图 11-114　计算本年累计金额

11.3.2　创建收入与费用分析表

为了使利润表中的收入和费用数据更加直观，能够更加清晰地反映各个数据之间的关系，可以通过创建收入与费用统计图来分析利润表。

具体的操作步骤如下。

步骤 1　打开"企业会计报表"工作簿，新建一个空白工作表，重命名该工作表为"收入与费用分析表"，如图 11-115 所示。

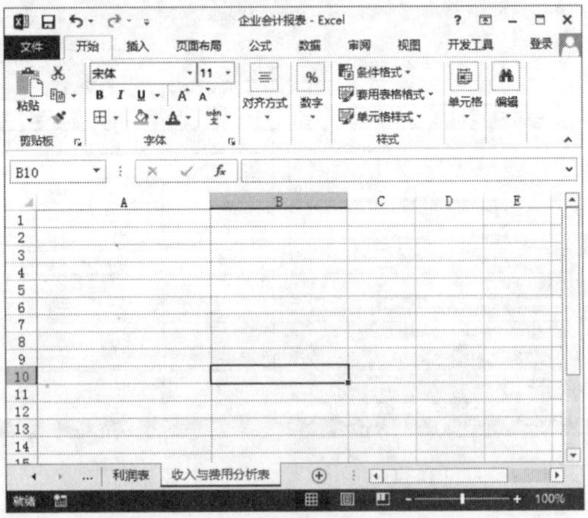

图 11-115　新建空白工作表

步骤 2　将"利润表"工作表中的收入与费用相关项目复制到"收入与费用分析表"

工作表中，然后设置单元格格式，最终的显示效果如图 11-116 所示。

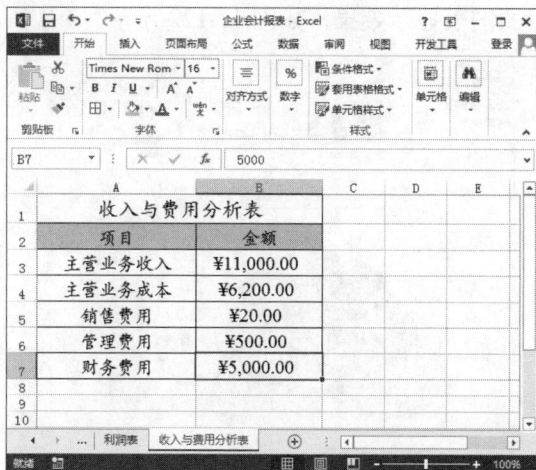

图 11-116　输入表格内容并设置单元格格式

步骤 3 选择 A2:B7 单元格，然后单击【插入】选项卡【图表】组中的【饼图】按钮，在弹出的下拉列表中选择【三维饼图】选项，如图 11-117 所示。

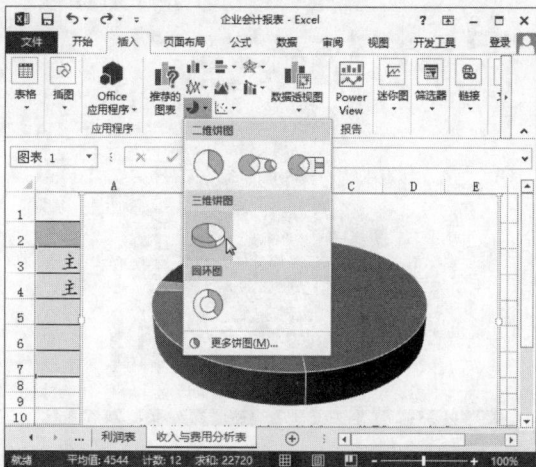

图 11-117　选择【三维饼图】选项

步骤 4 即可在工作表中插入收入与费用分析图，如图 11-118 所示。

步骤 5 选中插入的图表，单击【图表工具】下的【设计】选项卡【图表样式】组中的【图表样式】按钮，在弹出的面板中选择一个图表样式，如图 11-119 所示。

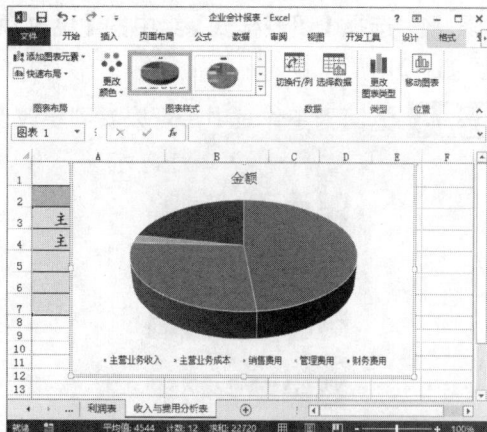

图 11-118　插入饼图

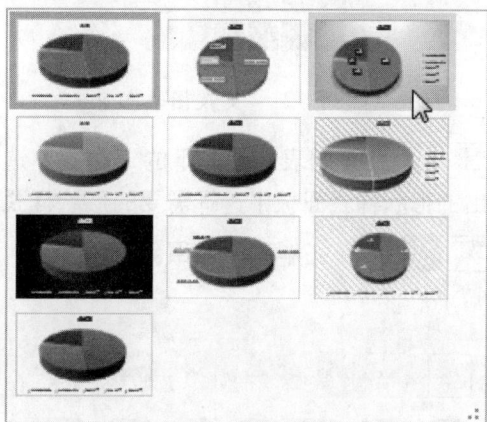

图 11-119　选择图表样式

步骤 6 选择完毕后，返回到工作表中，可以看到应用图表样式的饼图显示效果，如图 11-120 所示。

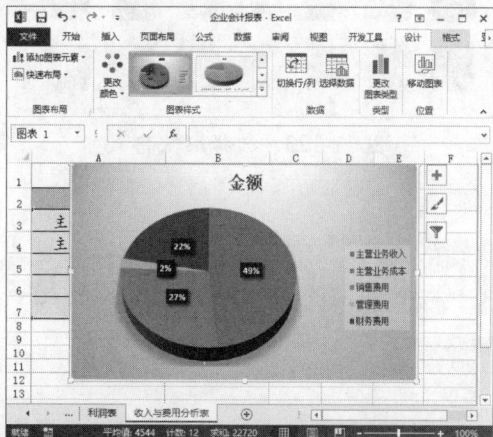

图 11-120　应用图表样式

步骤 7 选择【图表样式】组中的【更改颜色】按钮，在弹出的色板中可以设置图表的颜色，如图 11-121 所示。

步骤 8 返回到工作表中，可以看到更改颜色后的图表显示效果，如图 11-122 所示。

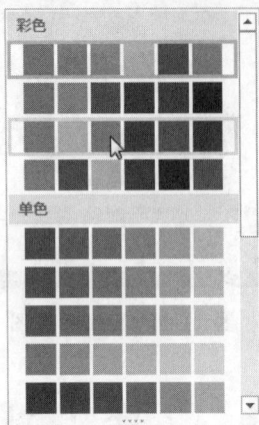

图 11-121　更改图表颜色

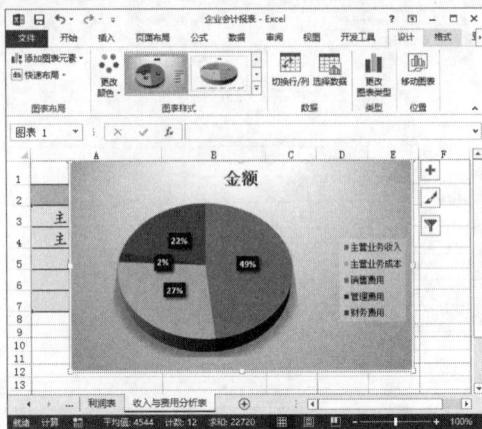

图 11-122　应用图表颜色

步骤 9 在【图表工具】下的【格式】选项卡单击【形状样式】组中的【其他】按钮，在弹出的形状样式面板中选择需要的形状样式，如图 11-123 所示。

步骤 10 选择完毕后，返回到工作表中，可以看到应用形状样式后的显示效果，如图 11-124 所示。

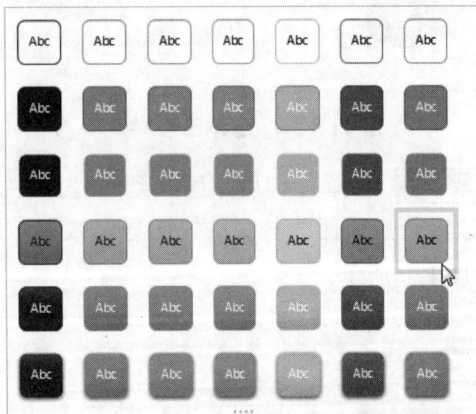

图 11-123　选择形状格式

图 11-124　应用形状格式

11.4　疑难问题解答

问题 1： 在创建图表的过程中，如果需要将默认图表中的数据系列更改为其他数值，该如何操作？

解答：在图表创建完成后，如果想要重新设置数据系列的值，或者是添加新的数据系列，都需要在选中图表后，单击鼠标右键，从弹出的快捷菜单中选择【选择数据】菜单命令，打开【选择数据源】对话框，如果要添加新的数据系列，则单击【添加】按钮即可；如果需要重新修改已有的数据系列，则单击【编辑】按钮。

问题 2：在工作表中如何将多个图表连接为一个整体形成一个图片呢？

解答：在工作表中的操作界面中，按住 Ctrl 键或 Shift 键，依次选中需要连为整体的图表。然后单击鼠标右键，在弹出的快捷菜单中选择【组合】→【组合】菜单命令，即可将选中的多个图表连接成一个图片。并且，此时形成的图片不具备图表的特征，如果用户需要恢复，则可以再次右击形成的图片，在弹出的快捷菜单中选择【组合】→【取消组合】菜单命令即可。

第12章

使用 Excel 进行财务分析

● 本章导读

　　财务分析是以企业的财务报表和其他资料为依据和起点，采用一定的标准，运用科学的方法，对企业的财务状况和经营成果、财务信用和财务风险、财务总体情况和未来发展趋势等进行的分析与评价，进而为财务决策、计划和控制提供帮助。

● 学习目标

◎　了解财务分析的基本方法

◎　掌握账务状况及变化分析的方法

◎　掌握资产负债表综合分析的方法

◎　掌握利润表综合分析的方法

◎　掌握现金流量表综合分析的方法

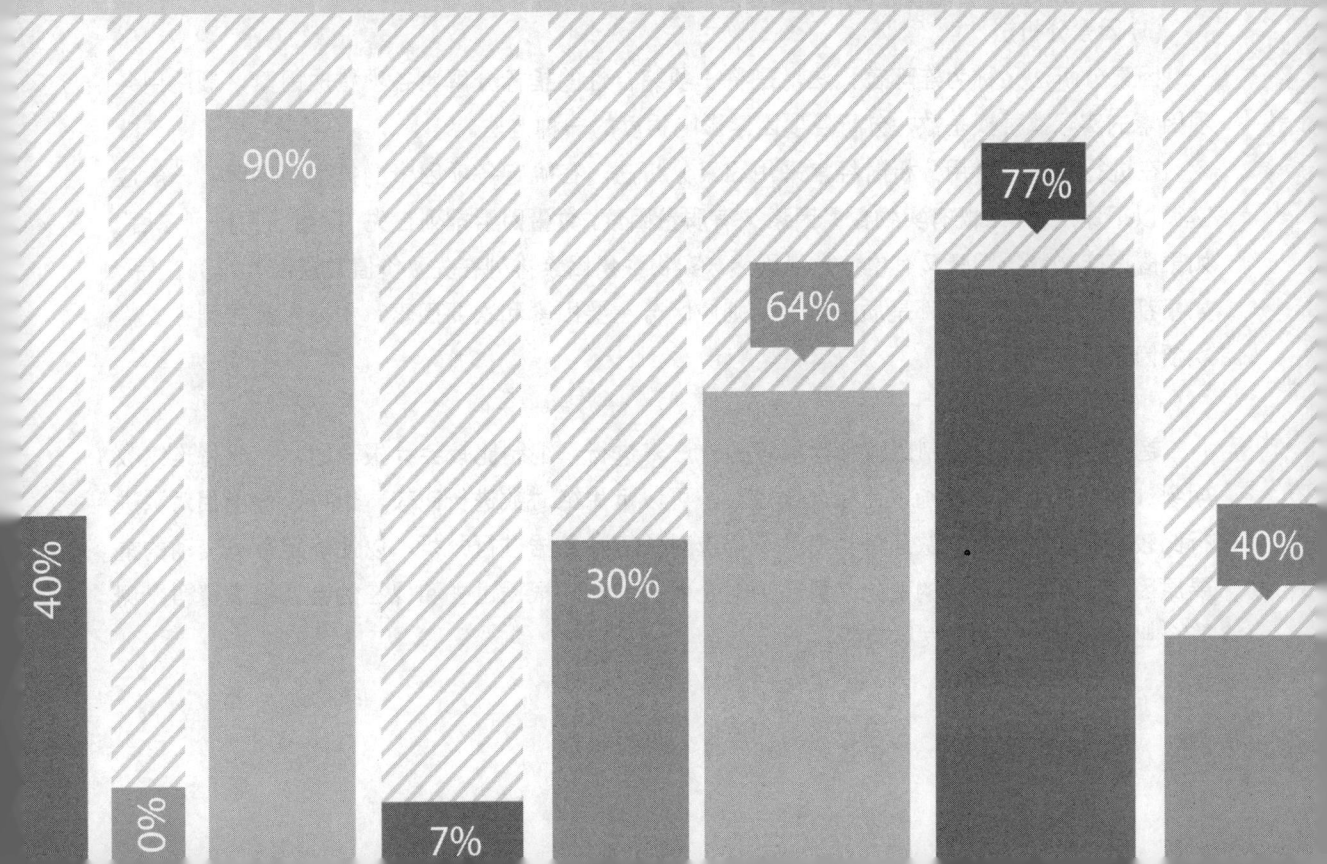

12.1 财务分析的基本方法

财务分析的方法主要有比较分析法、比率分析法、因素分析法和趋势分析法。

(1) 比较分析法

比较分析法是通过指标间的对比，从数量上揭示指标间差异的一种分析方法。主要作用是揭示指标间客观存在的差距，并为进一步分析指出方向。在具体运用中究竟采用什么数据指标、多少数据和指标、何种比较形式等，取决于分析者的分析目的和对象。在运用比较分析法时，用于对比的指标必须具有同质性，即指标间具有可比性，否则对比结果毫无意义。

(2) 比率分析法

比率分析法是指运用同一张会计报表的不同项目之间、不同类别之间或两张不同会计报表的有关项目之间的比率关系，从相对数上对企业的财务状况进行分析和考察，借以评价企业的财务状况和经营成果存在问题的一种方法。在运用比率分析法时，应先确定被分析的不同项目之间存在着联系，这是运用比率分析法的前提条件。

比率分析可以分解为 3 大类，即企业偿债能力的分析、营运能力的分析和企业盈利能力的分析。偿债能力分析是对企业流动资产偿还流动负债和长期负债的能力进行分析，主要指标有流动比率、速动比率和资产负债率等；营运能力分析是对企业资产的周转状况进行分析，主要指标有总资产周转率和存货周转率等；盈利能力分析是对企业投入资本的盈利情况、营业收入的盈利情况进行分析，主要指标有净资产收益率和营业利润率等。

(3) 因素分析法

因素分析法又称为连环替代法，是将一项综合性的指标分解为各项构成因素，顺序用各项因素的实际数替换基数，分析各项因素影响程度的一种方法。

在进行成本、费用分析时经常采用因素分析法。在确定各项因素的排列顺序时，一般应遵循以下原则：如果既有实物数量因素又有质量因素，数量因素排列在先，质量因素排列在后；如果既有实物数量因素又有价值数量因素，实物数量因素排列在先，价值数量因素排列在后；如果都是数量因素，或都是质量因素，则应区分主要因素和次要因素，主要因素排列在先，次要因素排列在后。

(4) 趋势分析法

趋势分析通常以编制比较会计报表的方法来进行。编制比较会计报表时，一般将连续数期会计报表并列在一起加以比较。比较时，可以运用绝对数进行比较，也可以运用相对数进行比较；不论运用绝对数还是相对数，都应对关键性数据进行分析，以便确定财务变动的重要原因，判断财务状况的变化趋势是否对企业有利，并根据过去和现在的会计报表资料，测算企业未来财务状况及发展趋势。

12.2　财务状况及变化分析

新建一个"财务状况及分析"工作簿,将"资产负债表""利润表""现金流量表"工作表全部复制到该工作簿中,即可进行财务状况及变化分析。

12.2.1　财务状况分析

下面以"资产负债表""利润表""现金流量表"3 个会计报表中的数据为例,分析该企业目前的财务状况,具体的操作步骤如下。

步骤 1 新建"财务状况及分析 .xlsx"工作簿,根据公司的实际情况将"资产负债表""利润表""现金流量表"3 个工作表插入到该工作簿中,在"现金流量表"工作表之后插入一个新的工作表,并将其命名为"财务状况及分析"。单击快速访问工具栏上的【保存】按钮,即可保存该工作表,如图 12-1 所示。

图 12-2　输入表格的标题

图 12-1　新建"财务状况及分析"工作表

图 12-3　输入部分表格的项目

步骤 2 在 A1、A2:E2 单元格区域分别输入表格的标题,如图 12-2 所示。

步骤 3 在 A3:A8 单元格区域输入表格的项目,如图 12-3 所示。

步骤 4 选中 B3 单元格,在编辑栏中输入公式"＝资产负债表 !D36",即可从资产负债表中引用资产总额的期初数,如图 12-4 所示。

365

步骤 5 选中 C3 单元格，在编辑栏中输入公式"= 资产负债表 !C36"，即可从资产负债表中引用资产总额的期末数，如图 12-5 所示。

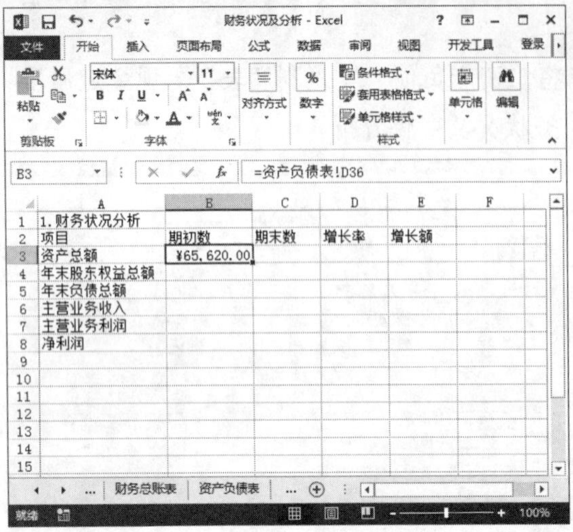

图 12-4 引用资产总额的期初数

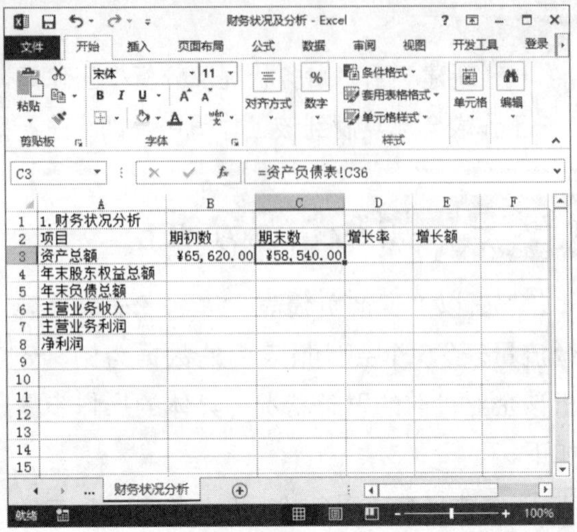

图 12-5 引用资产总额的期末数

步骤 6 从资产负债表中引用年末股东权益总额、年末负债总额等项目的期初数和期末数，如图 12-6 所示。

步骤 7 选中 B6 单元格，在编辑栏中输入公式"= 利润表 !D5"，即可从利润表中引用主营业务收入的期初数，如图 12-7 所示。

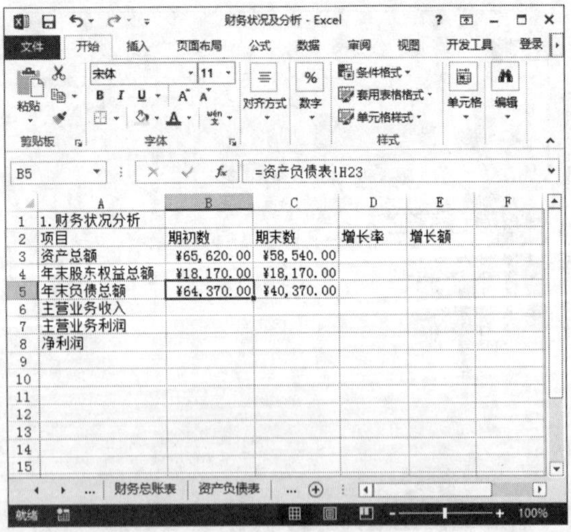

图 12-6 获取其他项目的期初数和期末数

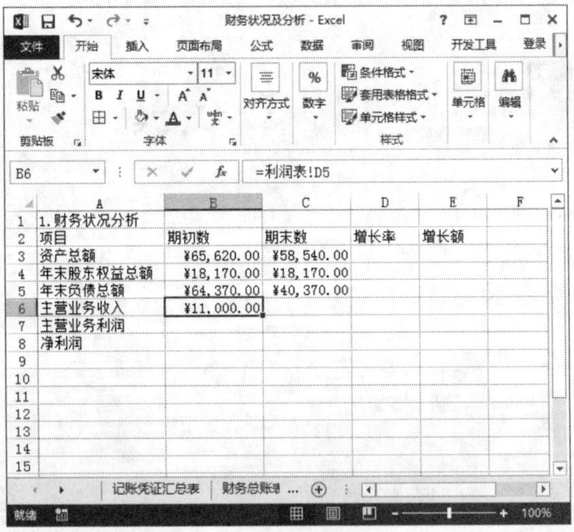

图 12-7 主营业务收入的期初数

步骤 8 将 B6 单元格公式复制到 C6 单元格，如图 12-8 所示。

步骤 9 选中 B7 单元格，在编辑栏中输入公式"= 利润表 !D25"，即可从利润表中引用主营业务利润的期初数，如图 12-9 所示。

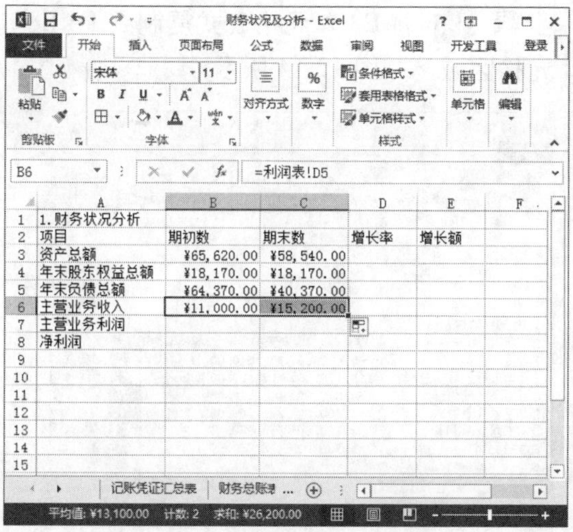

图 12-8　复制 B6 单元格公式

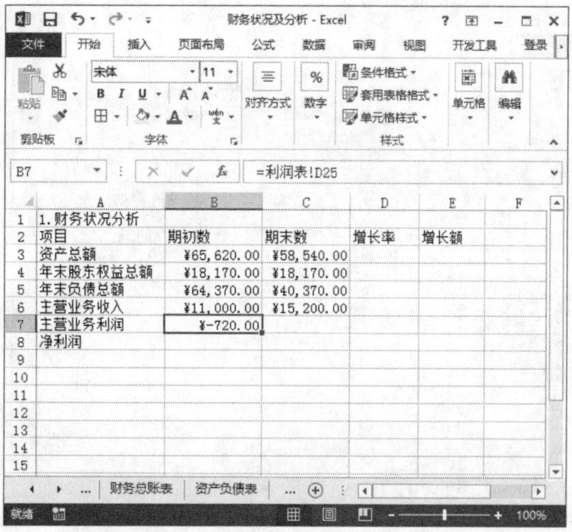

图 12-9　主营业务利润的期初数

步骤 10 将 B7 单元格公式复制到 C7 单元格，如图 12-10 所示。

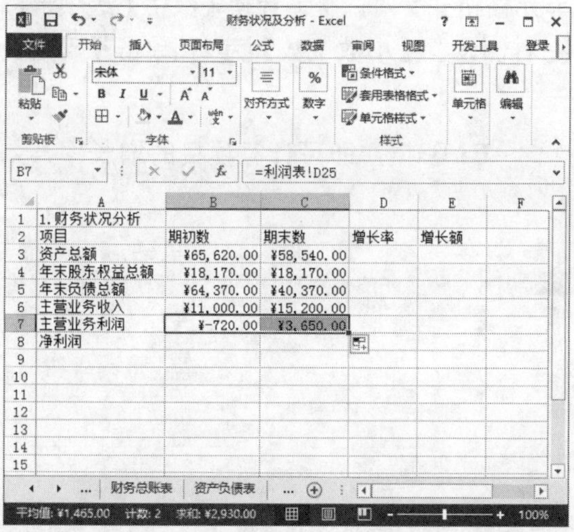

图 12-10　复制 B7 单元格公式

步骤 11 选中 B8 单元格，在编辑栏中输入公式"= 利润表 !D36"，即可从利润表中引用净利润的期初数，如图 12-11 所示。

步骤 12 将 B8 单元格公式复制到 C8 单元格，如图 12-12 所示。

步骤 13 选中 E3 单元格，在编辑栏中输入公式"=C3-B3"，即可计算项目的增长额，如图 12-13 所示。

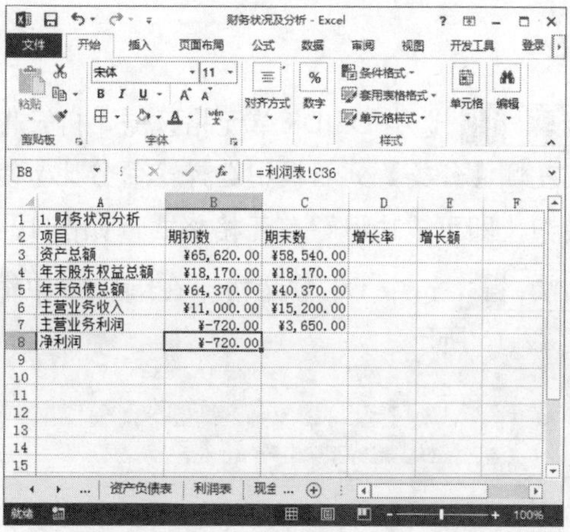

图 12-11　净利润的期初数

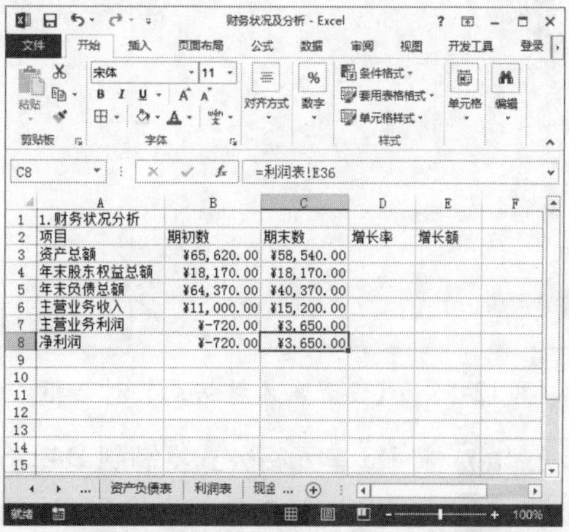

图 12-12　复制 B8 单元格公式

图 12-13　计算项目的增长额

步骤 14 将 E3 单元格公式复制到 E4:E8 单元格区域，如图 12-14 所示。

图 12-14　复制 E3 单元格公式

步骤 15 选中 D3:D8 单元格区域，打开【设置单元格格式】对话框，选择【数字】选项卡，在左侧【分类】列表框中选择【百分比】选项；在右侧设置【小数位数】为 2，单击【确定】按钮，即可成功设置单元格格式，如图 12-15 所示。

步骤 16 选中 D3 单元格，在编辑栏中输入公式"=E3/B3"，即可计算项目的增长率，如图 12-16 所示。

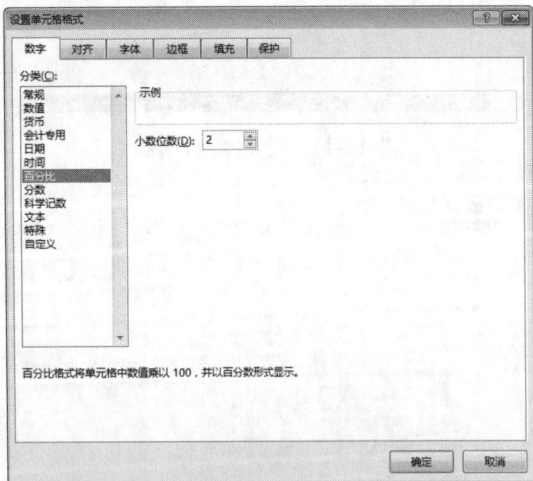

图 12-15　【设置单元格格式】对话框

图 12-16　计算项目的增长率

步骤 17 将 D3 单元格公式复制到 D4:D6 单元格区域，如图 12-17 所示。

步骤 18 选择 D7 单元格，在编辑栏中输入公式"=-E7/B7"，按 Enter 键，即可计算出主营业务利润的增长率，如图 12-18 所示。

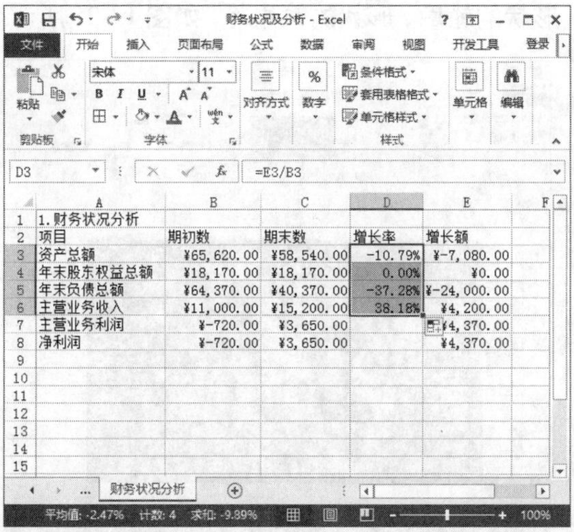

图 12-17　复制公式

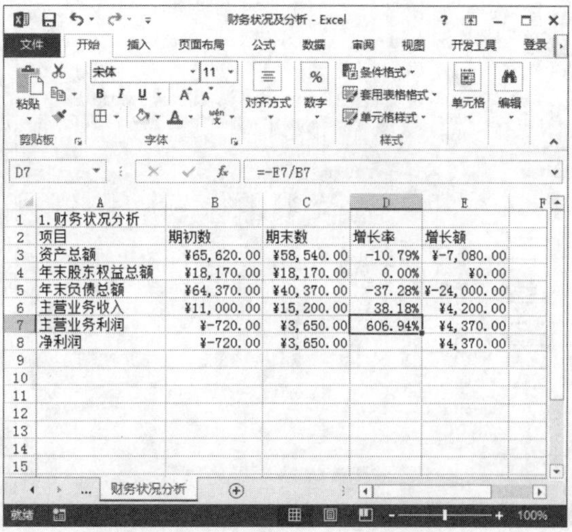

图 12-18　在 D7 单元格中输入公式

> **提示**　计算企业扭亏转盈增长率时，需要在公式前加负号，这里才能求出正确的增长率。

步骤 19　将 D7 单元格公式复制到 D8 单元格，如图 12-19 所示。

步骤 20　为美化表格，可设置表格的边框、字体的大小、字形加粗、字体居中显示及设置部分单元格合并等，如图 12-20 所示。

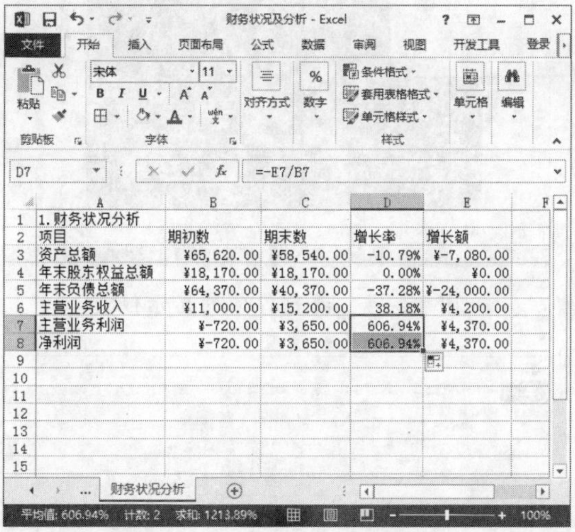

图 12-19　复制 D7 单元格公式

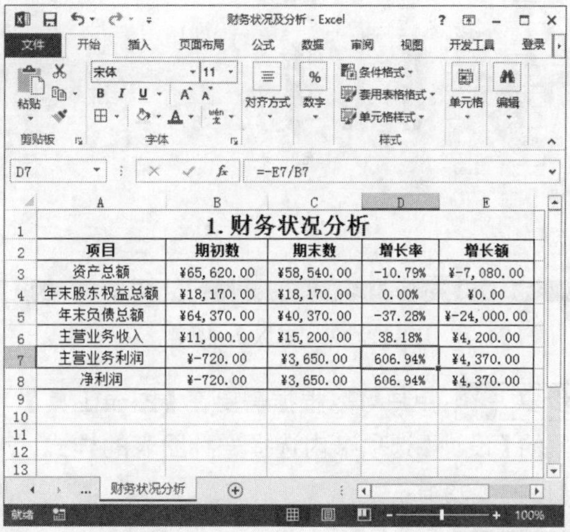

图 12-20　美化表格后的最终效果

步骤 21　选中 A2:E8 单元格区域，在【插入】选项卡【图表】组中单击【柱形图】下拉按钮，选择【二维柱形图】区域的【簇状柱形图】选项，如图 12-21 所示。

步骤 22　即可在 Excel 表格中插入柱形图，如图 12-22 所示。

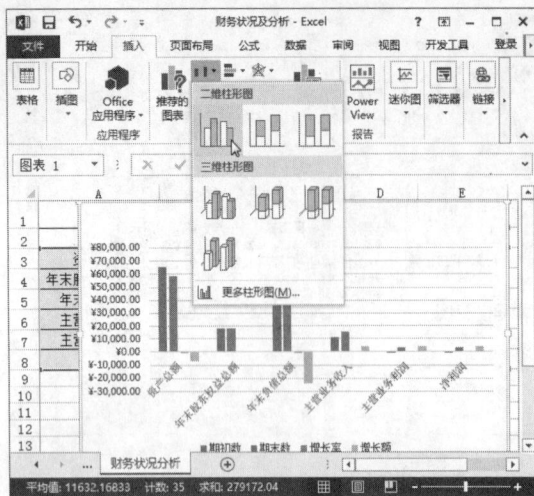

图 12-21　选中用于绘图的数据区域

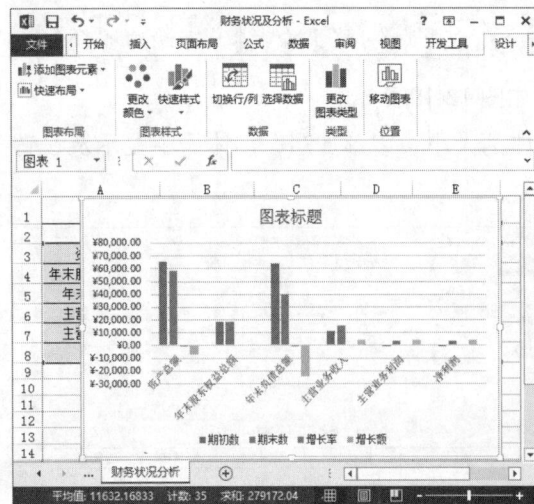

图 12-22　插入柱形图

步骤 23 用户可以根据需要在【图表工具】下的【设计】选项卡内选择一种图表的样式，如图 12-23 所示。

步骤 24 单击【图表布局】组中的【添加图表元素】与【快速布局】按钮，在弹出的下拉列表中可以根据需要设置图表标题、图例、数据标签等各项的显示位置，如图 12-24 所示。

步骤 25 选择【格式】选项卡，在其中可以改变图表的形状及样式，包括形状的填充、

形状的轮廓、形状的效果等，如图 12-25 所示。

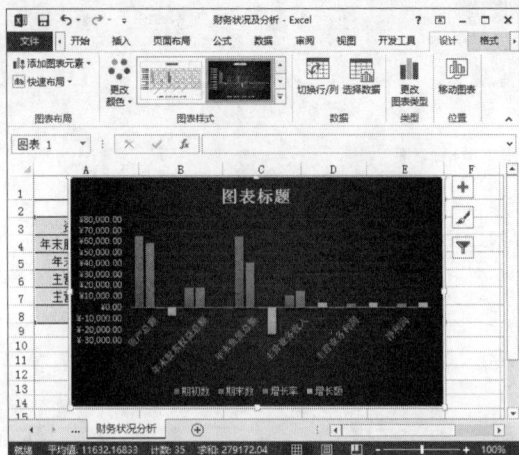

图 12-23　选择一种图表的样式

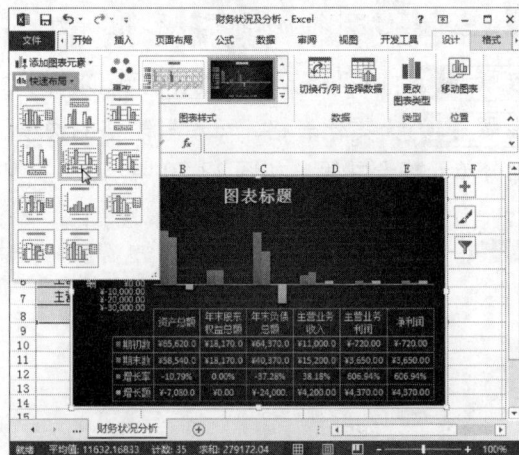

图 12-24　设置各项的显示位置

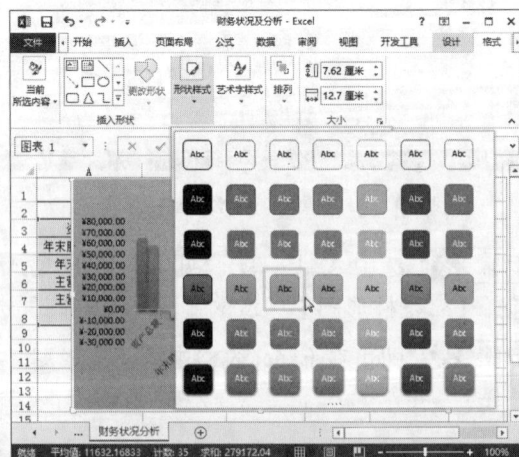

图 12-25　设置图表的形状及样式

步骤 26 将鼠标指针移动到图表区的边缘处，当其变为十字形状时，将其拖动到表格中的合适位置后释放，即可改变图表的大小；若单击图表区的任意位置，其图表的四周会出现若干个小黑方块，按住鼠标左键不放拖动图表，即可调整图表的位置，如图 12-26 所示。

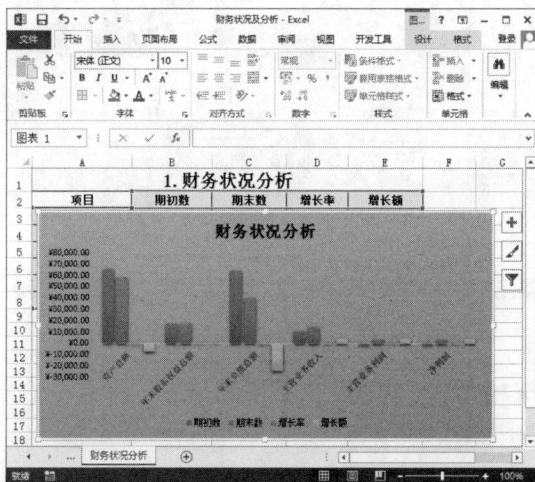

图 12-26 调整图表的大小以及位置

12.2.2 资产变化分析

资产变化分析通常涉及的项目有货币资金、应收票据、应收账款、其他应收款、预付账款、存货及待摊费用等项目，具体的操作步骤如下。

步骤 1 在 A30、A31:E31 单元格区域输入表格的标题，如图 12-27 所示。

步骤 2 在 A32:A39 单元格区域输入表格的项目，如图 12-28 所示。

步骤 3 在 B32 单元格中输入公式 "= VLOOKUP($A32,资产负债表 !$A$6:$D $20,3,FALSE)"，即可从资产负债表中引用货币资产的期末数，如图 12-29 所示。

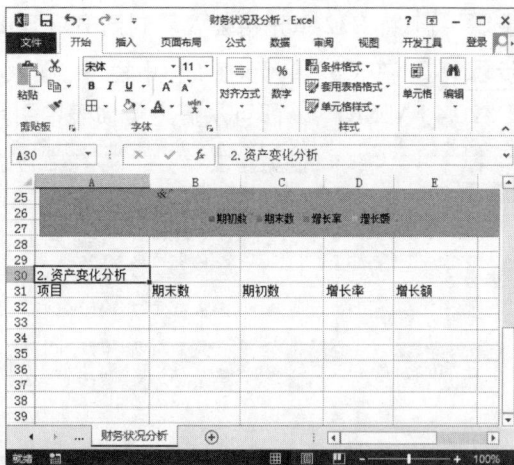

图 12-27 创建资产变化分析表格

图 12-28 输入表格项目

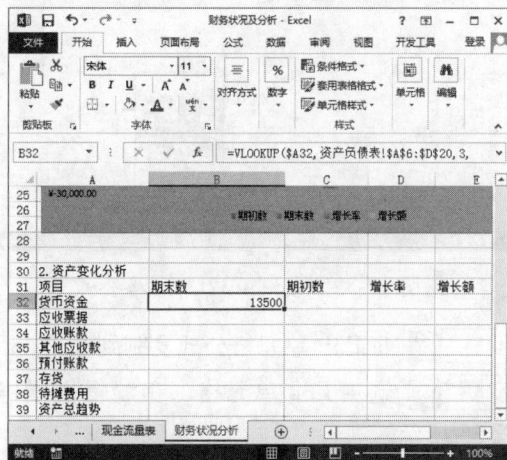

图 12-29 货币资产的期末数

步骤 4 将 B32 单元格公式复制到 B33:B38 单元格区域，如图 12-30 所示。

步骤 5 在 C32 单元格编辑栏中输入公式"=VLOOKUP($A32,资产负债表!$A$6:$D$20,4,FALSE)"，即可从资产负债表中引用货币资产的期初数，如图 12-31 所示。

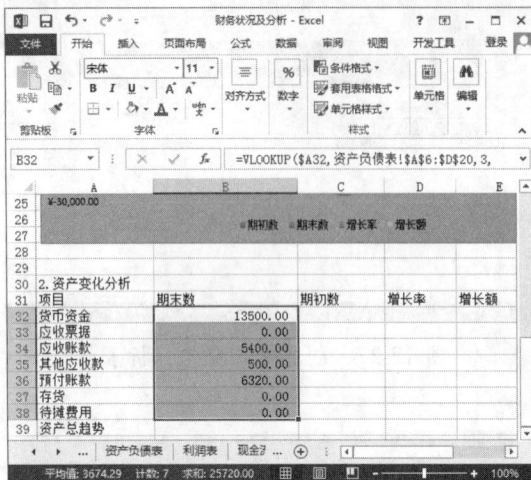

图 12-30　复制 B32 单元格公式　　　　图 12-31　货币资产的期初数

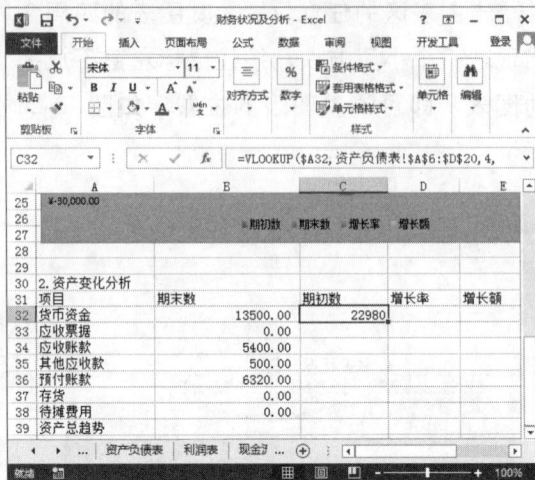

步骤 6 将 C32 单元格公式复制到 C33:C38 单元格区域，如图 12-32 所示。

步骤 7 选中 B39 单元格，在编辑栏中输入公式"=SUM(B32:B38)"，即可计算出资产期末数的合计值，如图 12-33 所示。

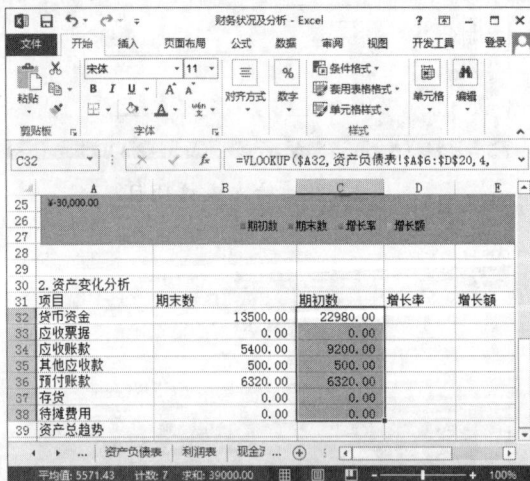

图 12-32　复制 C32 单元格公式　　　　图 12-33　计算出资产期末数的合计值

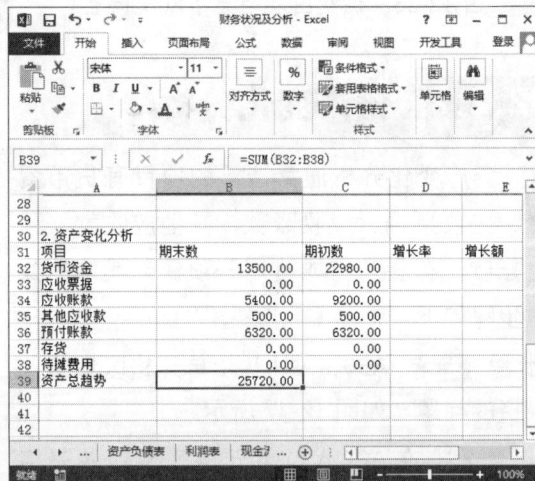

步骤 8 将 B39 单元格公式复制到 C39 单元格，如图 12-34 所示。

步骤 9 选中 E32 单元格，在编辑栏中输入公式"=B32-C32"，即可计算增长额，如图 12-35 所示。

步骤 10 将 E32 单元格公式复制到 E33:E39 单元格区域，如图 12-36 所示。

步骤 11 选中 D32:D39 单元格区域，设置单元格格式为 2 位【百分比】型；再在 D32 单元格中输入公式"=E32/C32"，即可计算增长率，如图 12-37 所示。

图 12-34　复制 B39 单元格公式

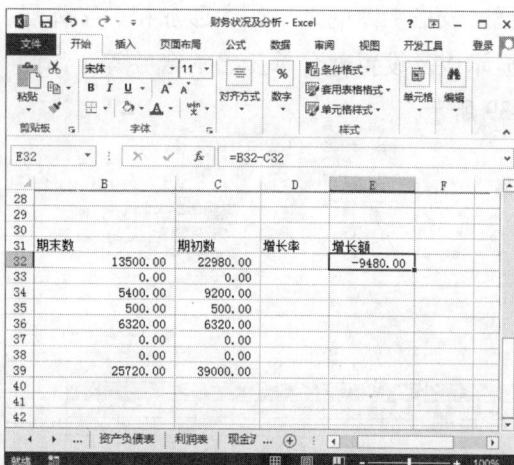

图 12-35　计算增长额

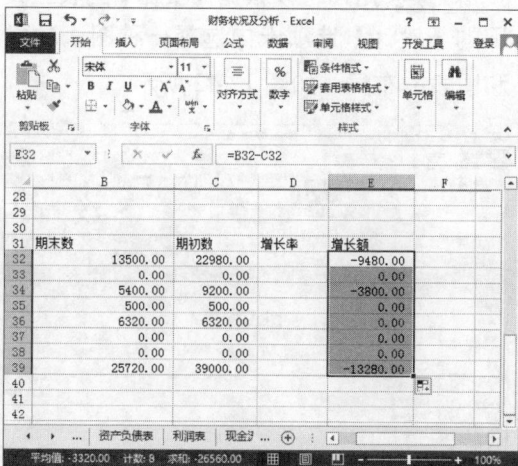

图 12-36　复制 E32 单元格公式

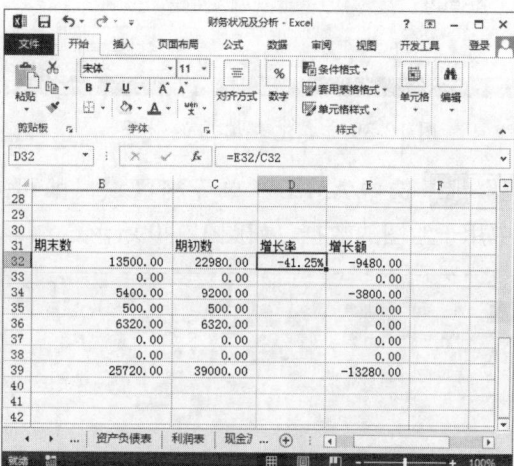

图 12-37　计算增长率

步骤 12 将 D32 单元格公式复制到 D33: D39 单元格区域，如图 12-38 所示。

图 12-38　复制 D32 单元格公式

步骤 13 为了美化表格，可以设置表格的边框、表格字体的大小、字形加粗、字体居中显示以及设置部分单元格的合并等，如图12-39 所示。

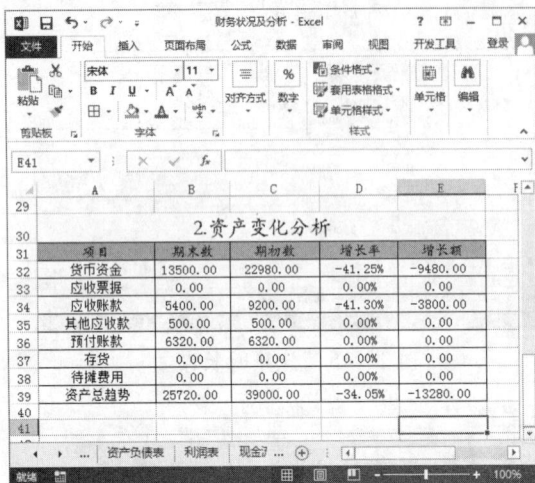

图 10-39　美化表格后的效果

步骤 14 选中 A31:E39 单元格区域，即可选中用于绘图的数据，如图12-40 所示。

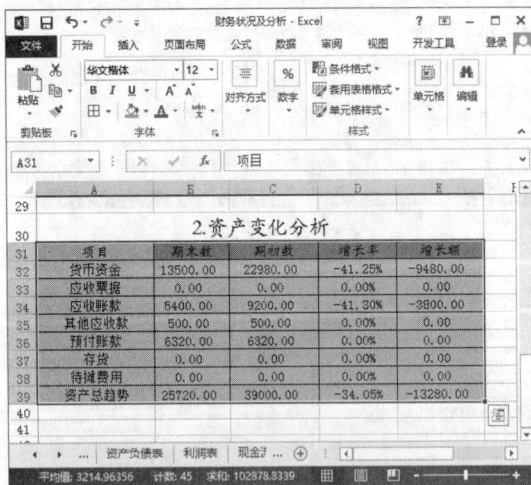

图 10-40　选择用于绘图的数据源

步骤 15 在【插入】选项卡【图表】组中单击【折线图】按钮，选择【二维折线图】区域下的【带数据标志的堆积折线图】选项，即可在 Excel 表格中插入折线图，如图12-41 所示。

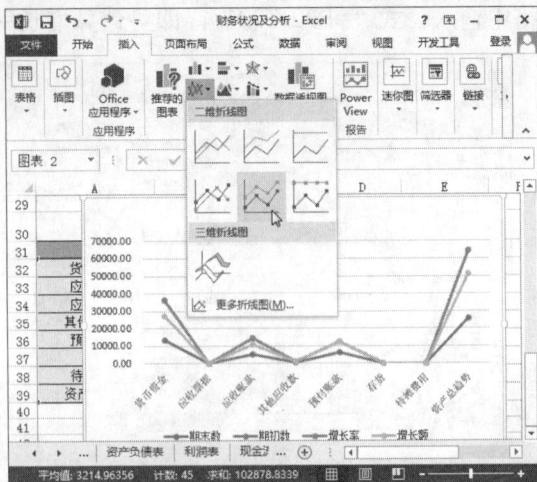

图 12-41　插入折线图

步骤 16 用户可以根据需要在【图表工具】下的【设计】选项卡内选择一种图表的样式和图表的布局，如图 12-42 所示。

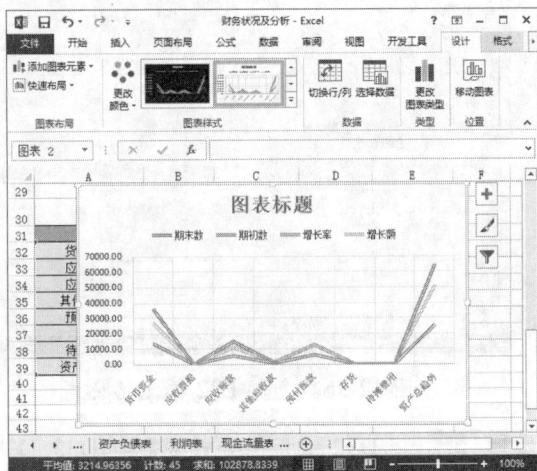

图 12-42　选择图表的样式

步骤 17 单击【图表布局】组中的【添加图表元素】与【快速布局】按钮，在弹出的下拉列表中可以根据需要设置图表标题、图例、数据标签等各项的显示位置，如图12-43 所示。

步骤 18 选择【格式】选项卡，在其中可以改变图表的形状及样式，包括形状的填充、形状的轮廓、形状的效果等，如图 12-44 所示。

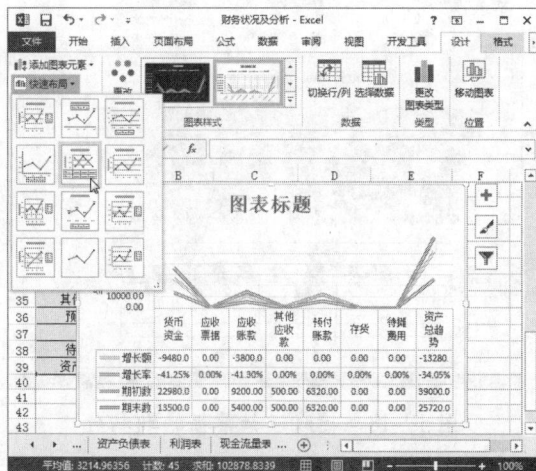

图 12-43　设置图表各项的显示位置

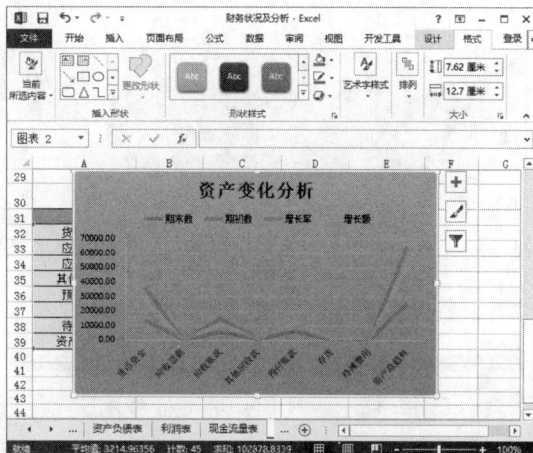

图 12-44　选择图表的形状及样式

12.2.3　负债变化分析

在对负债项目的变化进行分析时，包含的项目有应付票据、应付账款、预付账款和其他应付款等，具体的操作步骤如下。

步骤 1　打开"财务状况及分析"工作簿，创建一个如图 12-45 所示的表格。

步骤 2　在 B60 单元格中输入公式"=VLOOKUP($A60,资产负债表 !$E$4:$H$17,3,FALSE)"，即可从资产负债表中引用应付票据的期末数，如图 12-46 所示。

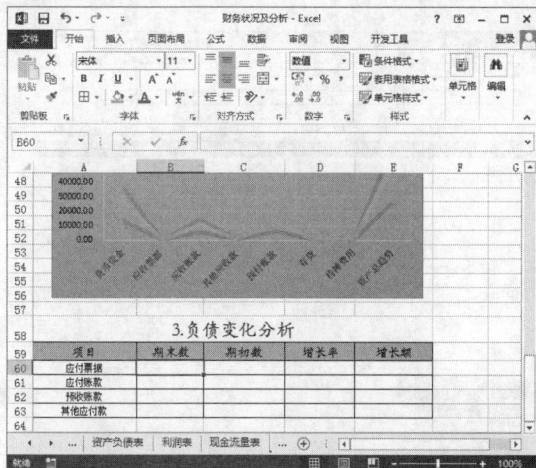

图 12-45　创建负债变化分析表表格

图 12-46　获取应付票据的期末数

步骤 3　将 B60 单元格公式复制到 B61:B63 单元格区域，如图 12-47 所示。

步骤 4　在 C60 单元格编辑栏中输入公式"=VLOOKUP($A60,资产负债表 !$E$4:$H$17,4,FALSE)"，即可从资产负债表中引用应付票据的期初数，如图 12-48 所示。

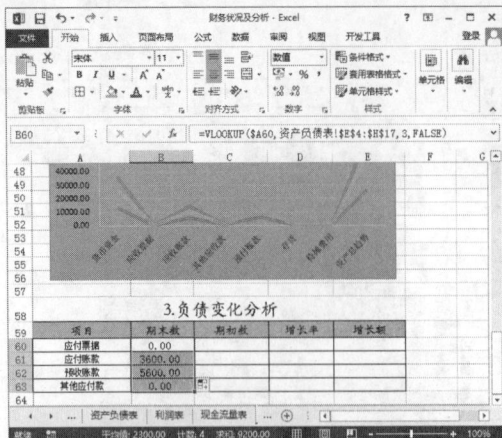

图 12-47　复制 B60 单元格格式

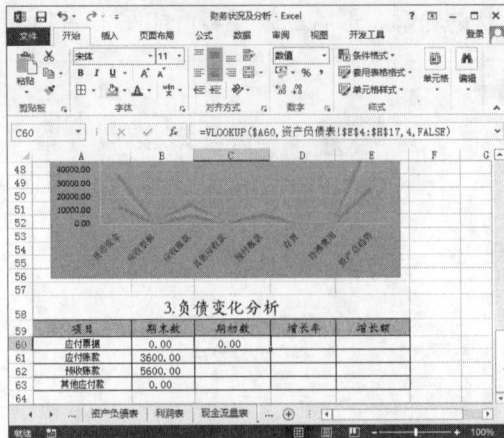

图 12-48　获取应付票据的期初数

步骤 5 将 C60 单元格公式复制到 C61:C63 单元格区域，如图 12-49 所示。

步骤 6 选中 E60 单元格，在编辑栏中输入公式"=B60-C60"，即可计算增长额，如图 12-50 所示。

步骤 7 将 E60 单元格公式复制到 E61:E63 单元格区域，如图 12-51 所示。

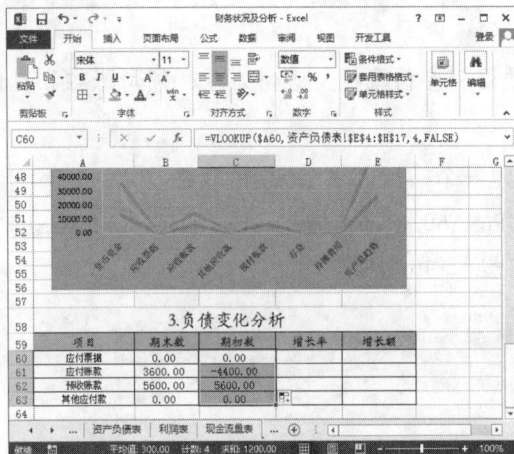

图 12-49　复制 C60 单元格公式

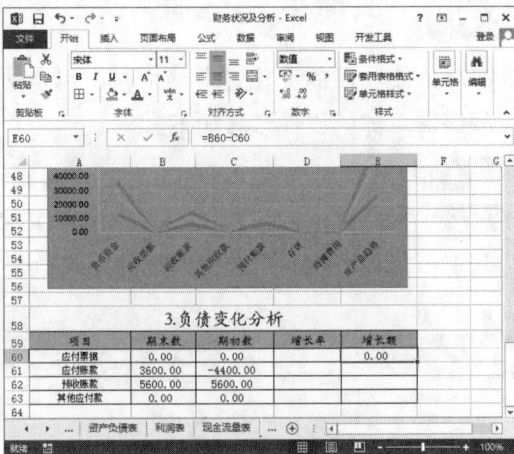

图 12-50　计算增长额

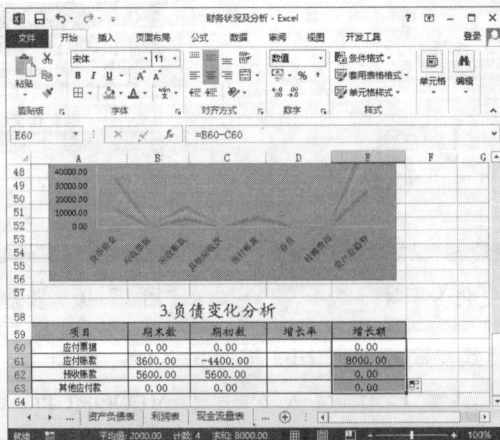

图 12-51　复制 E60 单元格公式

步骤 8 选中 D60 单元格，在编辑栏中输入公式"=E60/C60"，即可计算增长率。如果公式当中分母与分子均为零，则直接在相对应的增长率单元格中输入"0%"，如图 12-52 所示。

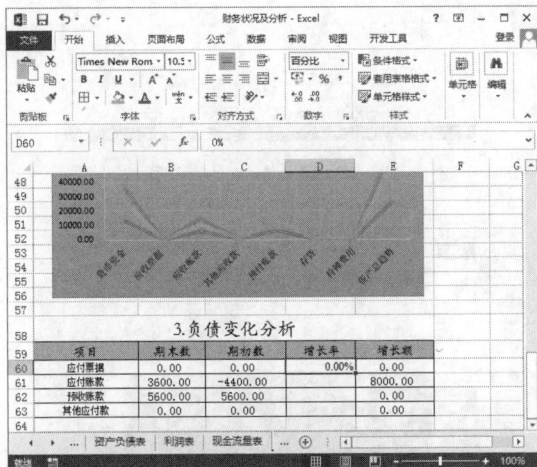

图 12-52　计算增长率

步骤 9 选中 D60:D63 单元格区域，设置单元格格式为【百分比】型；将 D60 单元格公式复制到 D61:D63 单元格区域，如图 12-53 所示。

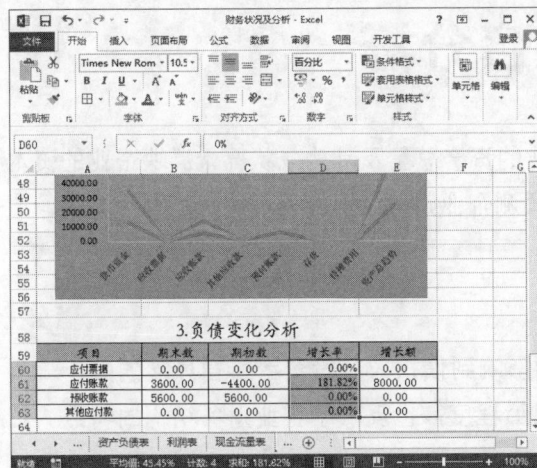

图 12-53　复制 D60 单元格公式

步骤 10 选中 A59:E63 单元格区域，创建一个折线图，设置图表的标题为"负债变化

分析"；设置表格的布局、形状与样式等各项操作，如图 12-54 所示。

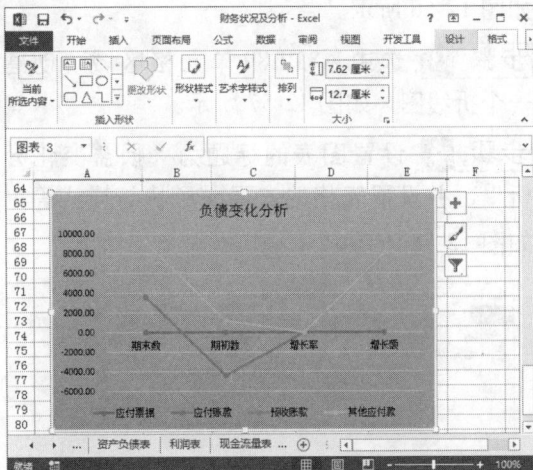

图 12-54　插入折线图效果

12.2.4　损益变化分析

损益变化分析的主要项目有主营业务收入、主营业务成本、其他业务利润、销售费用、财务费用和管理费用等，具体的操作步骤如下。

步骤 1 打开"财务状况及分析"工作簿，创建一个如图 12-55 所示的表格。

图 12-55　创建损益变化分析表格

步骤 2 从利润表中引用各项目的期初数和期末数，计算出各项目的增长额和增长率，如图 12-56 所示。

步骤 3 选中 A83:E89 单元格区域，创建一个折线图，如图 12-57 所示。

步骤 4 设置图表的标题为"损益变化分析"，并设置表格的布局、形状与样式等，如图 12-58 所示。

图 12-57　插入折线图

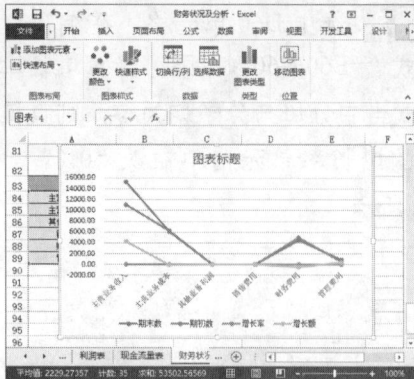

图 12-56　计算各项目的增长额与增长率

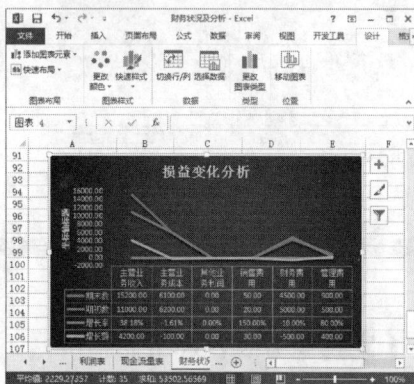

图 12-58　损益变化分析表格样式

12.3　资产负债表综合分析

资产负债表具体作用主要体现在反映企业的资产总量及其构成状况、反映企业的资本结构及其相互关系、反映企业的偿债能力、预测企业财务状况的发展趋势等几个方面。

12.3.1　资产结构分析

一般而言，负债与所有者权益比例的大小会影响到债权人与投资者所冒风险的大小，负债与资产比例的高低会影响到企业债权的权益保障程度，也反映了企业财务结构的特点。资本结构合理与否将直接关系到企业财务状况的好坏。

下面将通过资产负债率、所有者权益比率和产权比率来分析资产负债表的结构，具体的操作步骤如下。

步骤 1 打开"财务状况及分析"工作簿，插入一个名为"资产负债表综合分析"的新工作表，在 A1 单元格中输入表格的标题，如图 12-59 所示。

图 12-59　新建"资产负债表综合分析"
工作表

步骤 **2**　在 A2:A4 单元格区域输入表格的
内容，如图 12-60 所示。

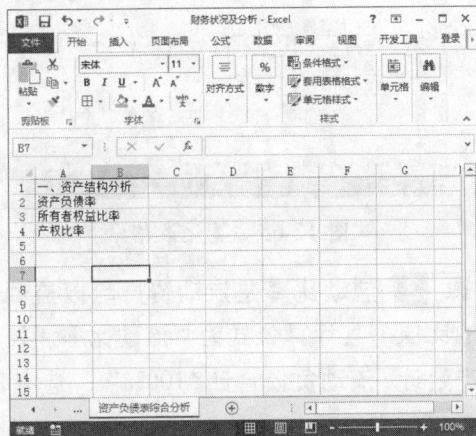

图 12-60　输入表格的内容

步骤 **3**　选中 B2:B4 单元格，设置单元格
格式为【百分比】。选中 B2 单元格，在编
辑栏中输入公式"＝资产负债表 !G23/ 资产
负债表 !C36"，即可计算出资产负债率，如
图 12-61 所示。

提示　资产负债率是负债总额与资
产总额的百分比，表明在企业的总资
产中有多大比例是通过负债形成的，
也可以衡量企业在清算时对债权人
利益的保障程度。其计算公式为：
"资产负债率＝负债总额 / 资产总额
*100%"。

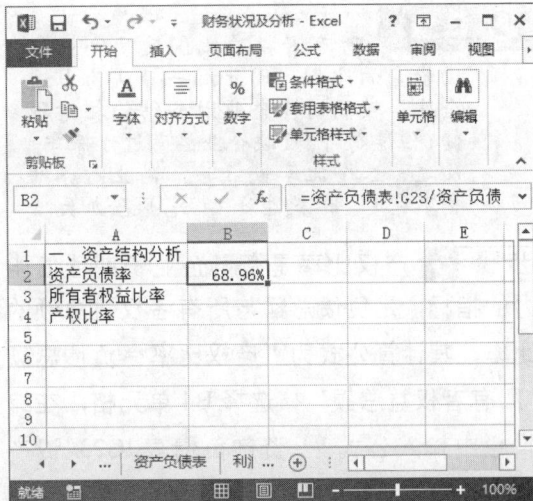

图 12-61　计算出资产负债率

步骤 **4**　选中 B3 单元格，在编辑栏中输入
公式"＝资产负债表 !G35/ 资产负债表 !C36"，
即可计算出所有者权益比率，如图 12-62
所示。

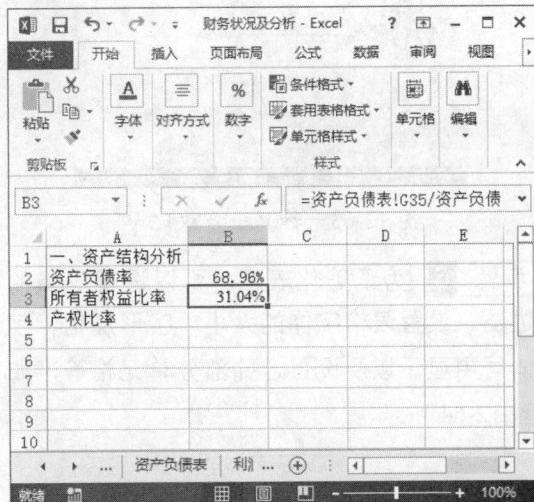

图 12-62　计算出所有者权益比率

提示　如果是股份制公司，通常称
为股东权益比率。所有者权益比率是
指企业总资产中自由资金的比例。这
个比例与资产负债率成反比，即所有
者权益比率越高，资产负债率最低；
反之，则资产负债率越高。其计算公
式为："所有者权益比率＝所有者权
益总额 / 资产总额 *100%"。

▶ 注意 所有者权益比例反映企业自由资金的比例，因此，一般认为当这个比率较高时，企业财务结构相对稳健，但过高时，反映企业经营过于保守；反之，这个比率较低时，企业财务结构不稳定，借款过多，经营风险加大。

步骤 5 产权比率是衡量企业长期偿债能力的指标，是负债总额与所有者权益总额的比率，其计算公式为"产权比率 = 负债总额 / 所有者权益总额"。选择 B4 单元格，在编辑栏中输入公式"= 资产负债表 !G23/ 资产负债表 !G35"，即可计算出产权比率，如图 12-63 所示。

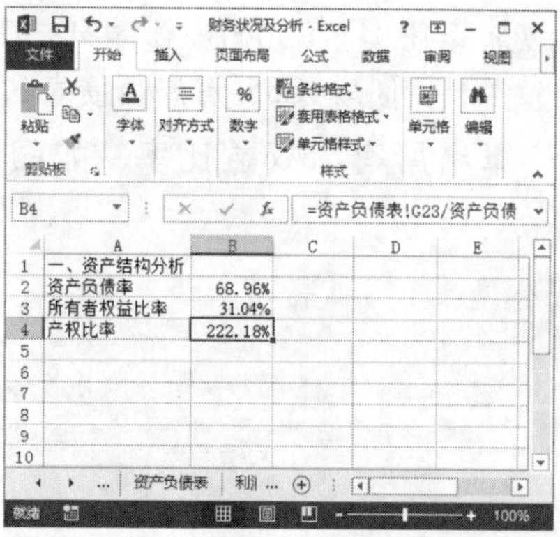

图 12-63　计算出产权比率

步骤 6 为了美化表格，可以设置表格的边框、设置表格字体的大小、字形加粗、字体居中显示以及设置合并部分单元格等，如图 12-64 所示。

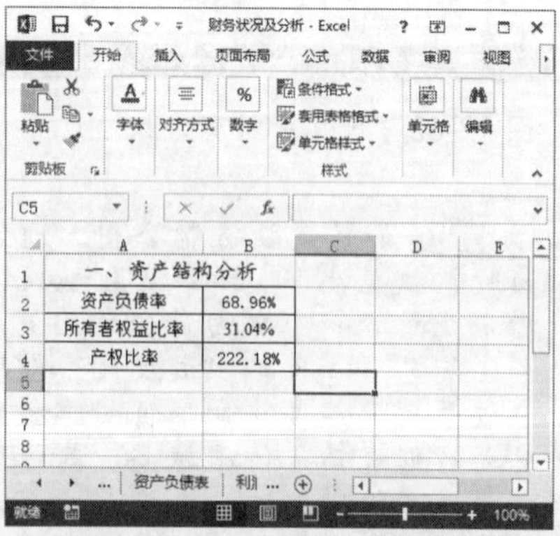

图 12-64　美化表格后的效果

12.3.2　偿债能力分析

企业的偿债能力主要是短期偿债能力，指标包括流动比率、速动比率和利息保障倍数。具体的操作步骤如下。

步骤 1 在 A6:A9 单元格区域输入表格的标题及内容，根据需要设置表格的边框、表格标题字体的大小、字形加粗、字体居中显示以及设置合并部分单元格等，如图 12-65 所示。

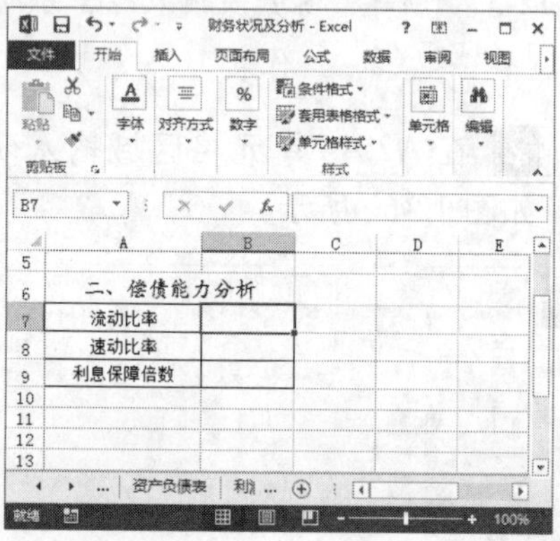

图 12-65　美化表格

步骤 2 流动比率是流动资产除以流动负债的比值，其计算公式为"流动比率 = 流动资产合计 / 流动负债合计 *100%"。选中 B7 单元格，在编辑栏中输入公式"= 资产负债表 !C20/ 资产负债表 !G16"，即可计算出流动比率，如图 12-66 所示。

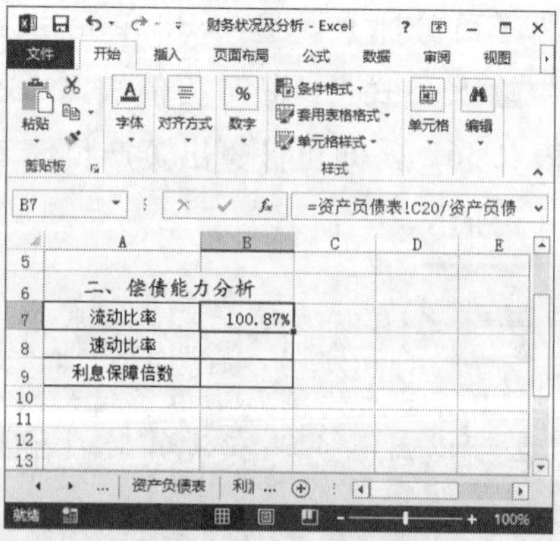

图 12-66　计算出流动比率

步骤 3 速动比率是从流动资产中扣除存货等部分，再除以流动负债的比值，其计算公式为"速动比率 =(流动资产 - 存货)/ 流动负债 *100%"。选中 B8 单元格，在编辑栏中输入公式"=(资产负债表 !C20- 资产负债表 !C14)/ 资产负债表 !G16"，即可计算出速动比率，如图 12-67 所示。

步骤 4 利息保障倍数也称为已获利息倍数，是指企业税息前收益与利息支出的比率，用以衡量偿讨借款的能力，其计算公式为"利息保障倍数 =(净利润 + 所得税 + 利息支出)/ 利息支出"。选中 B9 单元格，在编辑栏中输入公式"=(利润表 !E36+ 利润表 !E35+ 利润表 !E23)/ 利润表 !E23"，即可计算出利息保障倍数，如图 12-68 所示。

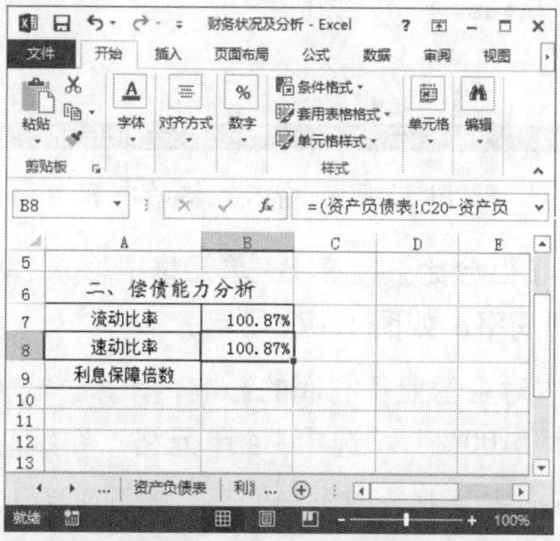

图 12-67　计算出速动比率 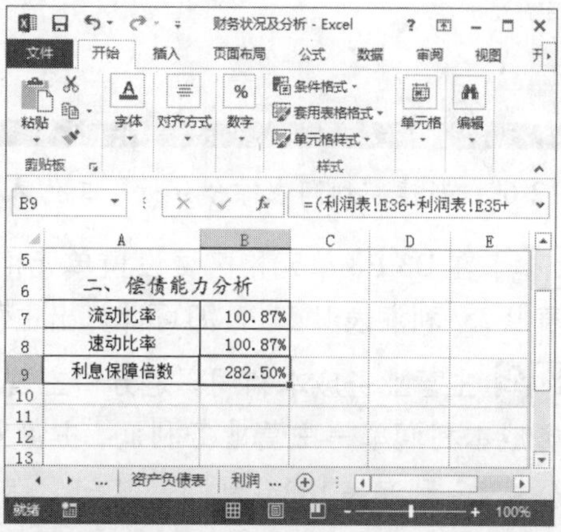　　　　图 12-68　计算出利息保障倍数

> **提示**　在流动资产中剔除存货后被称为速动资产。按照制度规定，这里的资产是指能轻易变现的，因此，剔除存货等变现能力较弱的流动资产所计算出的速动比率，更能准确地反映企业的短期偿债能力。

12.4　利润表综合分析

企业定期编制的利润表，对内向企业管理部门报告，同时也要向外部有关部门和人员报告。通过利润表提供的财务信息，可以了解和分析企业的经营成果和获利能力，可以为经营管理者进行未来经营决策提供依据，可以预测企业未来经营的盈利能力和发展趋势。

12.4.1　盈利能力分析

反映企业盈利能力的指标很多，通常主要有主营业务利润率、主营业务毛利率、总资产报酬率、净资产收益率、资本收益率等。具体的操作步骤如下。

步骤 1 打开"财务状况及分析"工作簿，插入一个名为"利润表综合分析"的新工作表，在 A1 单元格中输入表格的标题，如图 12-69 所示。

步骤 2 在 A2:B2、A3:A8 单元格区域输入表格的标题及内容，如图 12-70 所示。

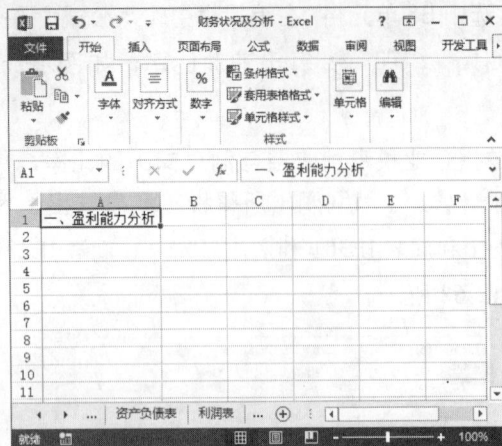

图 12-69　新建"利润表综合分析"工作表

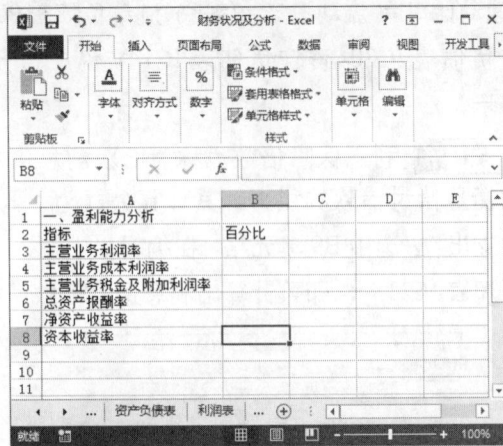

图 12-70　输入表格的内容

步骤 3 在 B3:B8 单元格区域设置单元格格式为【百分比】，在 B3 单元格中输入公式"= 利润表 !E25/ 利润表 !E5"，即可计算出主营业务利润率，如图 12-71 所示。

步骤 4 主营业务成本利润率是分析主营业务成本对主营业务利润的影响，计算公式为"主营业务成本利润率＝主营业务利润 / 主营业务成本 *100%"。选中 B4 单元格，在编辑栏中输入公式"= 利润表 !E25/ 利润表 !E6"，即可计算出主营业务成本利润率，如图 12-72 所示。

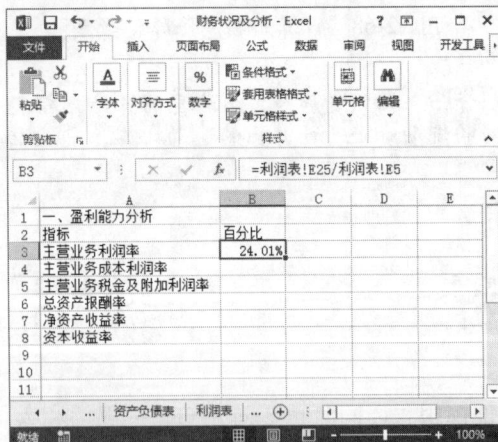

图 12-71　计算出主营业务利润率

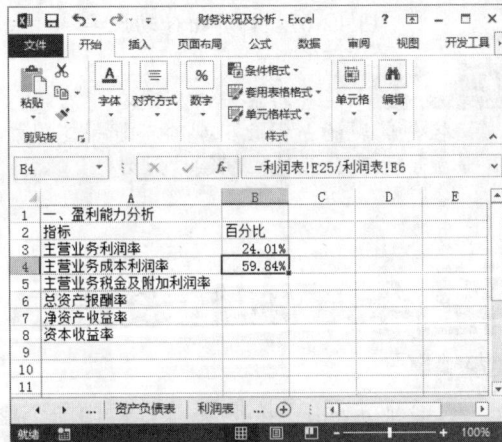

图 12-72　计算出主营业务成本利润率

> **提示**　主营业务利润率是指企业主营业务利润与主营业务净收入的百分比，其计算公式为"主营业务利润率＝主营业务利润 / 主营业务净收入 *100%"；主营业务净收入是指扣除销售折扣等项目后的主营业务收入，在资产负债表中通常就是指主营业务收入。

步骤 5 主营业务税金及附加利润率分析的目的是分析主营业务税金与附加对主营业务的影响，计算公式为"主营业务税金及附加利润率＝主营业务利润 / 主营业务税金及附加 *100%"。选中 B5 单元格，在编辑栏中输入公式"= 利润表 !E25/ 利润表 !E7"，即可计算出主营业务税金及附加利润率，如图 12-73 所示。

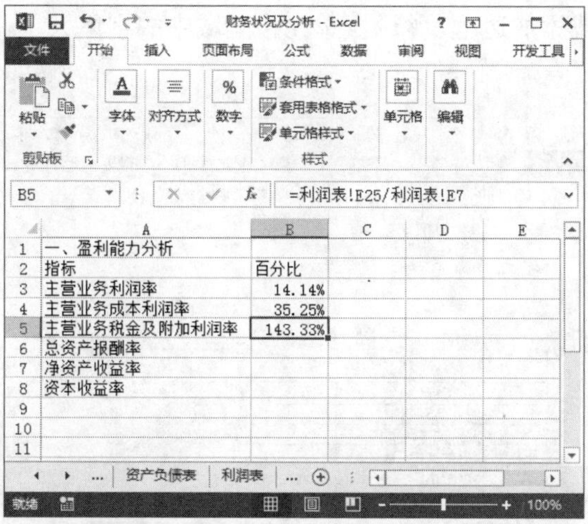

图 12-73　计算出主营业务税金及附加利润率

步骤 6 总资产报酬率是企业利润与平均资产总额的百分比，计算公式为"总资产报酬率 =(利润总额 + 利息支出)/ 平均资产总额 *100%"。选中 B6 单元格，在编辑栏中输入公式"=(利润表 !E23+ 利润表 !E34)/((资产负债表 !D36+ 资产负债表 !C36)/2)"，即可计算出总资产报酬率，如图 12-74 所示。

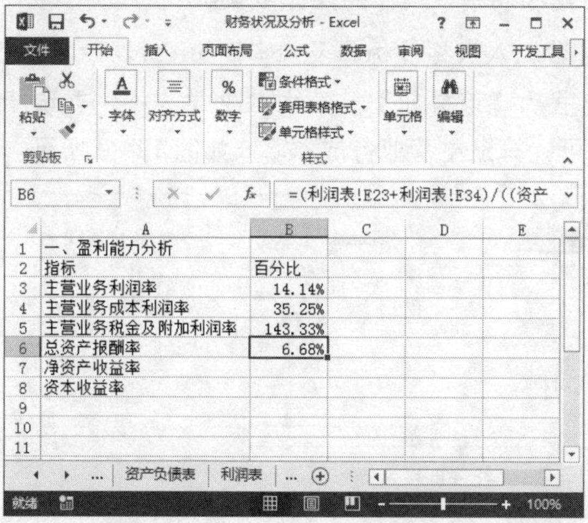

图 12-74　计算出总资产报酬率

步骤 7 净资产收益率是净利润与平均所有者权益 (股东权益) 的百分比，其计算公式为"净资产收益率 = 净利润 / 平均所有者权益 (股东权益)*100%"。选中 B7 单元格，

在编辑栏中输入公式"= 利润表 !E36/((资产负债表 !H36+ 资产负债表 !G36)/2)"，即可计算出净资产收益率，如图 12-75 所示。

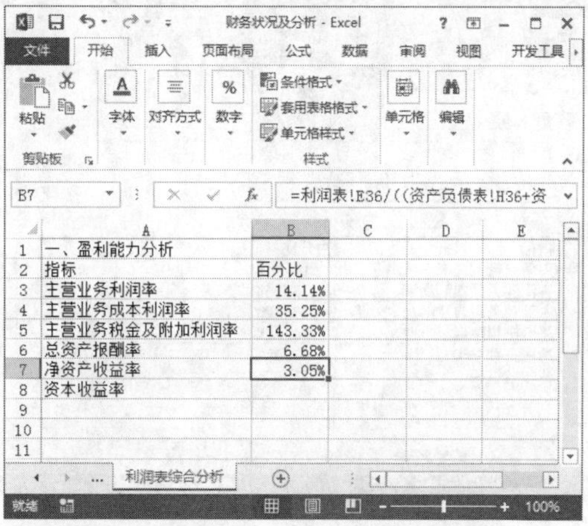

图 12-75　计算出净资产收益率

步骤 8 资本收益率是指净利润与实收资本的百分比，它反映了企业投资者原始投资的收益率，计算公式为"资本收益率 = 净利润 / 实收资本 *100%"。在 B8 单元格中输入公式"= 利润表 !E36/ 资产负债表 !H31"，即可计算出资本收益率，如图 12-76 所示。

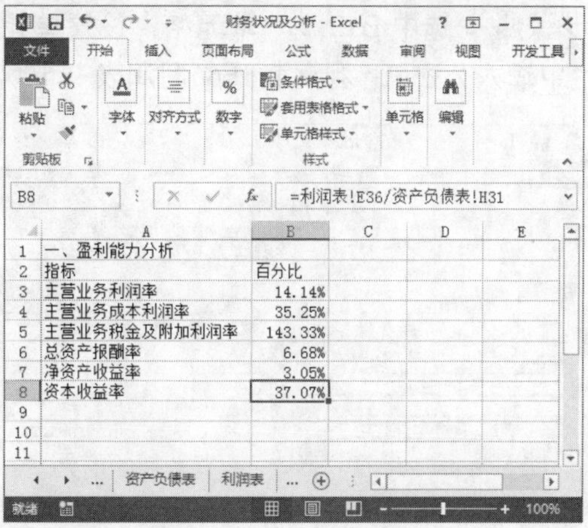

图 12-76　计算出资本收益率

步骤 9 选择 A1:B1 单元格区域，合并单元格区域，并设置表格标题文字的大小、字形等信息，如图 12-77 所示。

步骤 10 选择 A2:B8 单元格区域，为该表格区域添加边框，并设置单元格区域中的字体大小、字形、显示方式等，如图 12-78 所示。

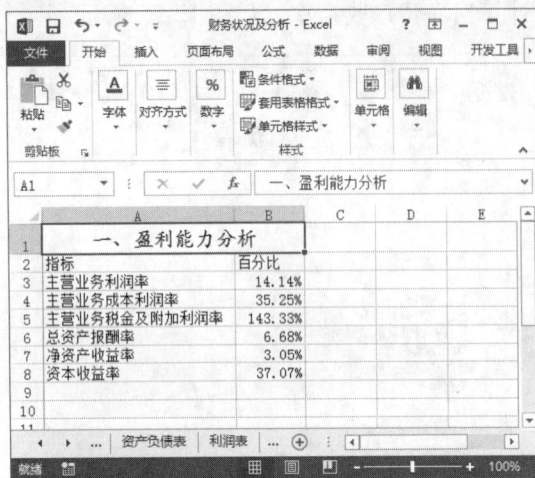

图 12-77 美化表格标题

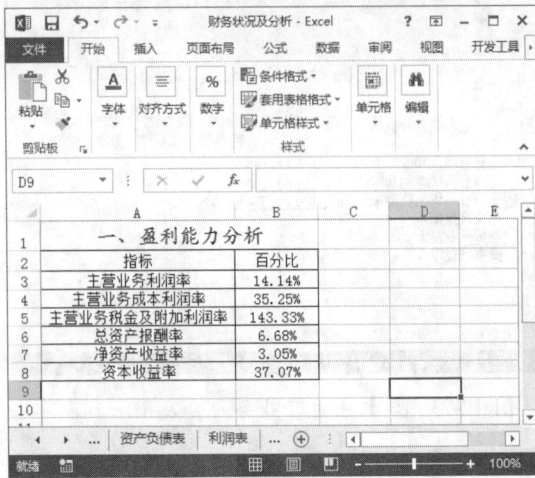

图 12-78 美化表格的效果

12.4.2 成本、费用消化能力分析

企业主营业务收入主要有三大流向：成本、费用和税金，企业对三大开支的负担能力决定了企业的盈利能力。按照重要性原则，成本、费用消化能力分析主要有几个指标：主营业务成本率、管理费用率、财务费用率和成本、费用利润率。具体的操作步骤如下。

步骤 1 在 A10、A11:B11、A12:A15 单元格区域输入表格的标题及内容，如图 12-79 所示。

步骤 2 选中 B12:B15 单元格，设置单元格格式为【百分比】。选中 B12 单元格，在编辑栏中输入公式"= 利润表 !E6/ 利润表 !E5"，即可计算出主营业务成本率，如图 12-80 所示。

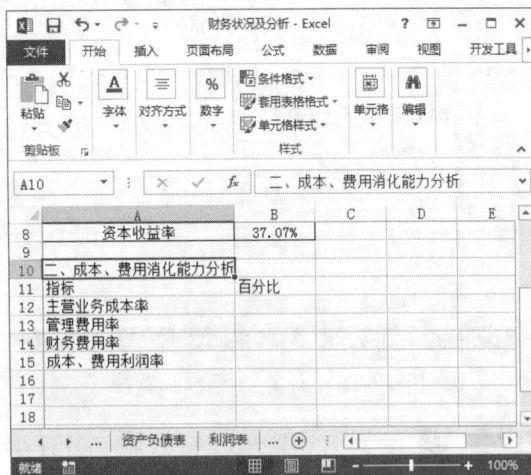

图 12-79 输入表格的内容

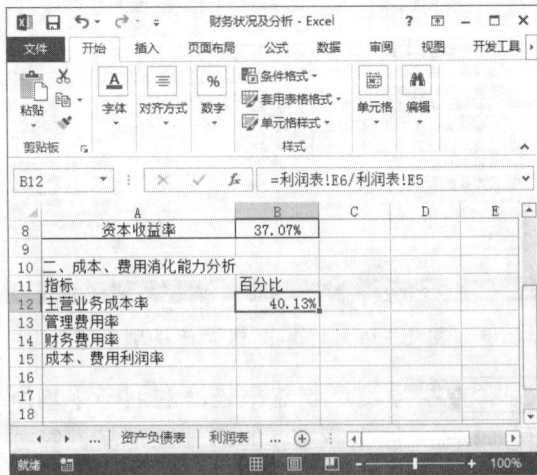

图 12-80 计算出主营业务成本率

　主营业务成本率是指主营业务成本与主营业务收入的百分比，它反映每百元主营业务收入中收回垫支的成本是多少，计算公式为"主营业务成本率＝主营业务成本／主营业务收入 *100%"。主营业务成本率的高低无固定标准衡量，通常在有同类同种产品时可以相互比较，也可以将不同时期同一产品的成本利润率进行比较。考核一个企业主营业务成本率的高低通常是与行业平均水平相比较。

步骤 3　管理费用率是指管理费用与主营业务收入的百分比，计算公式为"管理费用率＝管理费用／主营业务收入 *100%"。选中 B13 单元格，在编辑栏中输入公式"＝利润表 !E18/ 利润表 !E5"，即可计算出管理费用率，如图 12-81 所示。

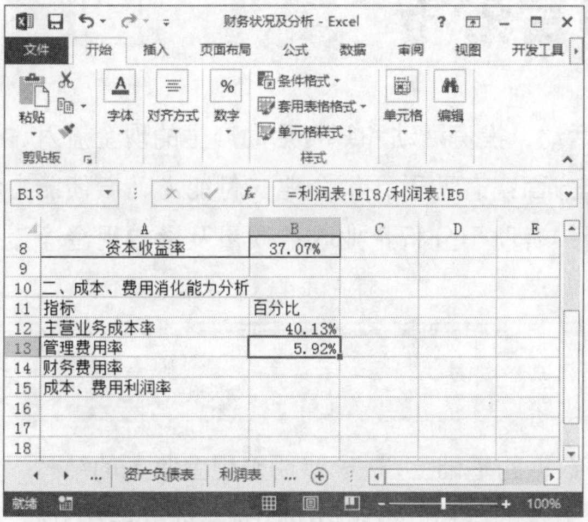

图 12-81　计算出管理费用率

步骤 4　财务费用率是指财务费用与主营业务收入的百分比，计算公式为"财务费用率＝财务费用／主营业务收入 *100%"。选中 B14 单元格，在编辑栏中输入公式"＝利润表 !E22/ 利润表 !E5"，即可计算出财务费用率，如图 12-82 所示。

步骤 5　成本、费用利润率是指利润总额与成本、费用的百分比，计算公式为"成本、

费用利润率＝利润总额 /(主营业务成本＋期间费用)*100%"。选中 B15 单元格，在编辑栏中输入公式"＝利润表 !E34/(利润表 !E6+ 利润表 !E15+ 利润表 !E18+ 利润表 !E22)"，即可计算出成本、费用利润率，如图 12-83 所示。

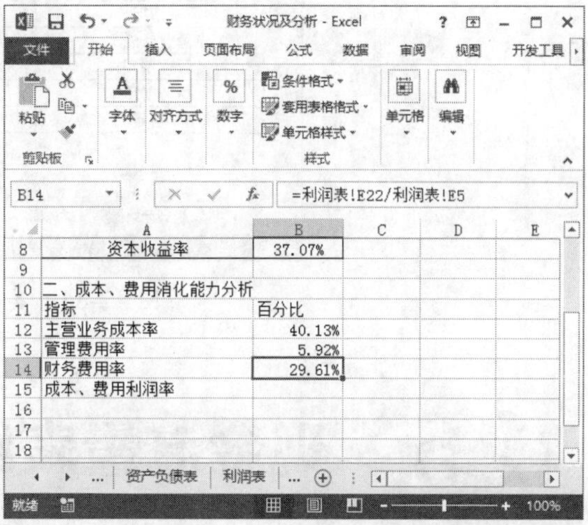

图 12-82　计算出财务费用率

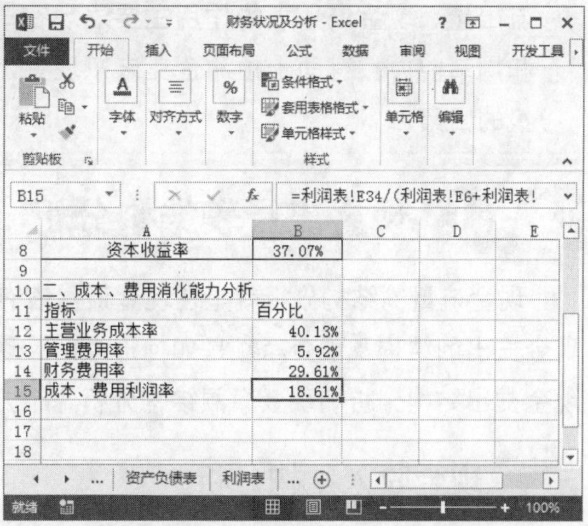

图 12-83　计算出成本、费用利润率

步骤 6　为了美化表格，可以设置表格的边框、字体的大小、字形加粗、字体居中显示以及设置合并部分单元格等，如图 12-84 所示。

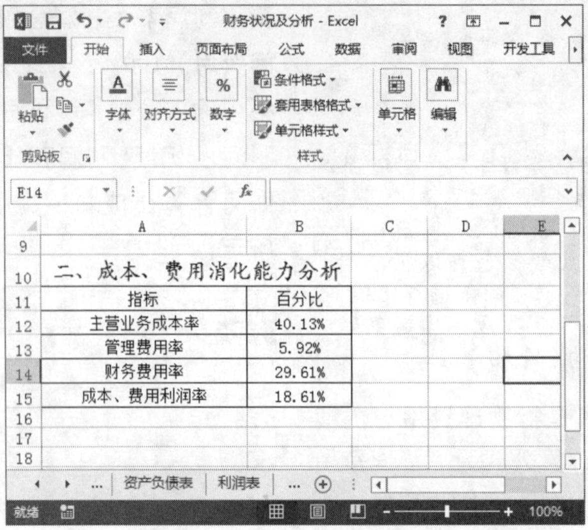

图 12-84　美化表格后的效果

12.5　现金流量表综合分析

现金流量表反映企业一定会计期间经营活动、投资活动和筹资活动产生的现金流入、流出量。现金流量表的作用主要表现在 3 个方面：有助于评价企业支付能力、偿债能力和周转能力；有助于预测企业未来现金流量；有助于分析企业收益质量及影响现金净流量的因素。

12.5.1　现金流量表结构分析

现金流量的结构分析就是在现金流量表有关数据的基础上，进一步明确现金收入的结构、现金支出的结构及现金净额是如何形成的。现金流量的结构分析可以分为现金收入结构分析、现金支出结构分析和现金净额结构分析 3 个方面。

1　现金收入结构分析

现金收入结构反映企业经营活动现金收入、投资活动现金收入及筹资现金活动的现金收入在全部现金收入中的比重，以及各项业务活动现金收入中具体项目的构成情况，明确企业的现金来自何方，要增加现金收入主要靠什么途径。

这里以引用"现金流量表"工作表中本年累计的现金收入金额为例，具体操作步骤如下。

步骤 1　在"财务状况及分析"工作簿中插入一个名为"现金流量表综合分析"的新工作表，在 A1 单元格中输入表格的标题，如图 12-85 所示。

步骤 **2** 在 A2:C16 单元格区域输入表格的内容并设置表格的样式与格式，如图 12-86 所示。

图 12-85　新建"现金流量表综合分析"工作表

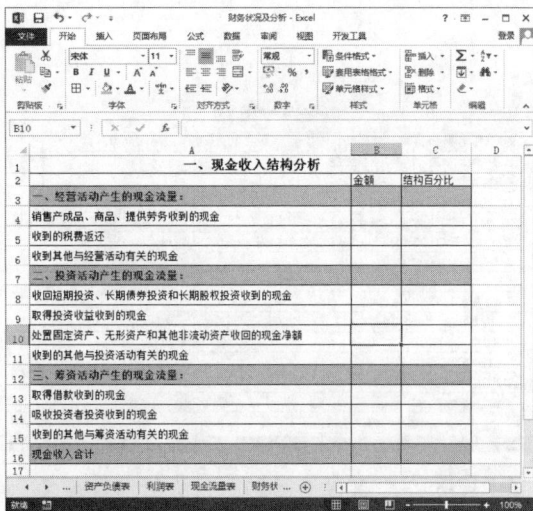

图 12-86　输入表格的内容

步骤 **3** 选中 B4 单元格，在编辑栏中输入公式"= 现金流量表 !C6"，即可从现金流量表中提取出该表格中销售商品、提供劳务收到的现金，如图 12-87 所示。

步骤 **4** 分别选中 B5、B8、B9、B10、B13、B14 单元格，在编辑栏中依次输入公式"= 现金流量表 !C7""= 现金流量表 !C14""= 现金流量表 !C15""= 现金流量表 !C16""= 现金流量表 !C21""= 现金流量表 !C22"，即可从现金流量表中提取出该表格中其他现金收入金额，如图 12-88 所示。

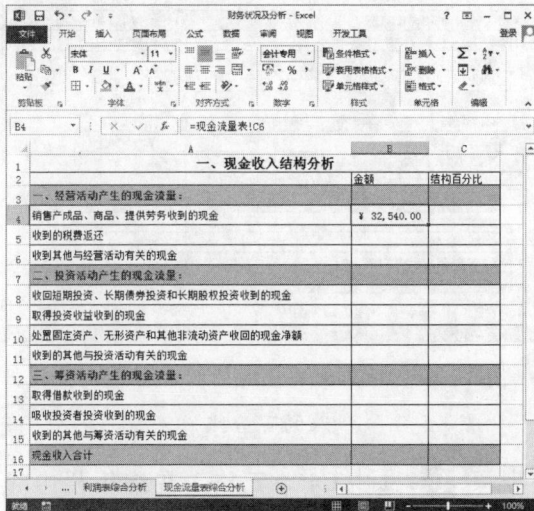

图 12-87　提取销售商品，提供劳务收到的现金

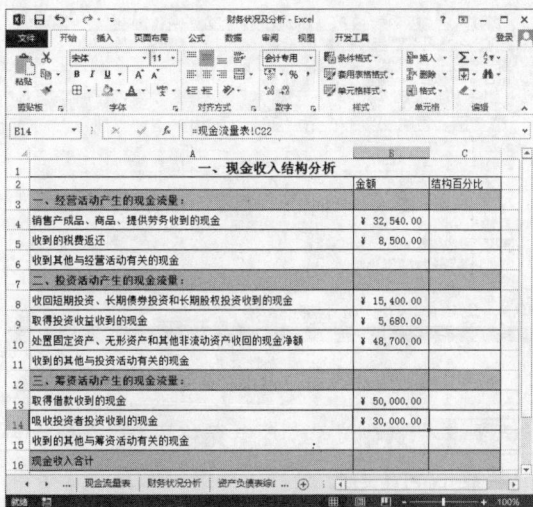

图 12-88　提取其他现金收入金额

步骤 **5** 选中 B3、B7、B12 单元格，在编辑栏中依次输入公式"=SUM(B4:B6)""=SUM(B8:B11)""=SUM(B13:B15)"，即可分别计算经营活动、投资活动及筹资活动各自产生的现金收入结构，如图 12-89 所示。

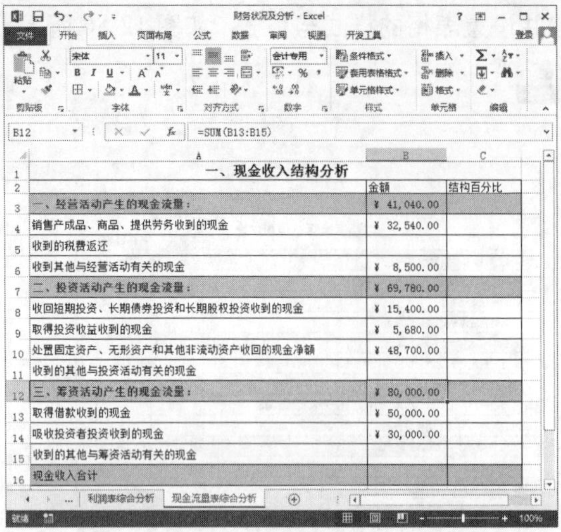

图 12-89　计算经营活动、投资活动及筹资
活动各自产生的现金收入结构

步骤 6 选中 B16 单元格，在编辑栏中输入公式 "=B3+B7+B12"，即可计算出现金收入合计总数，如图 12-90 所示。

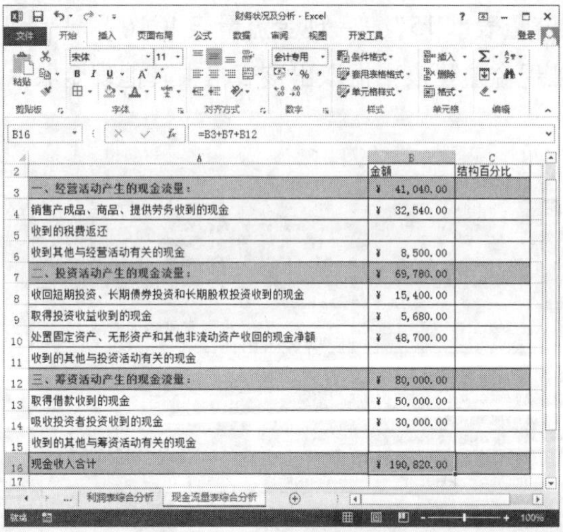

图 12-90　计算出现金收入合计总数

步骤 7 选中 C3:C16 单元格区域，设置单元格格式为【百分比】。再选中 C3 单元格，在编辑栏中输入公式 "=B3/$B$16"，即可计算出经营活动产生的现金收入占总现金收入的百分比，如图 12-91 所示。

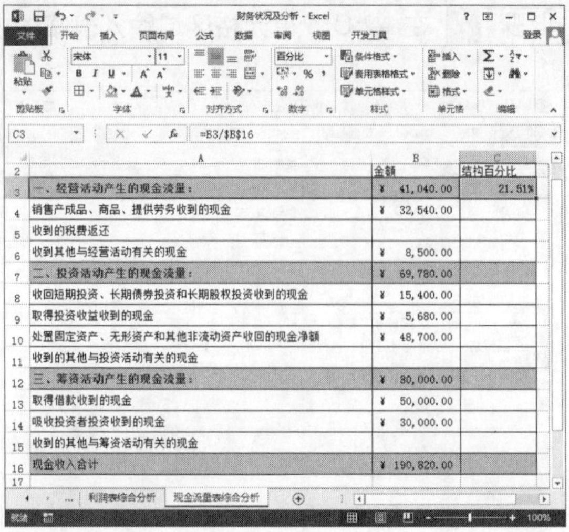

图 12-91　计算出经营活动产生的现金收入
所占百分比

步骤 8 复制 C3 单元格公式至 C7、C12 和 C16 单元格，即可计算出其他现金收入占总现金收入的百分比，如图 12-92 所示。

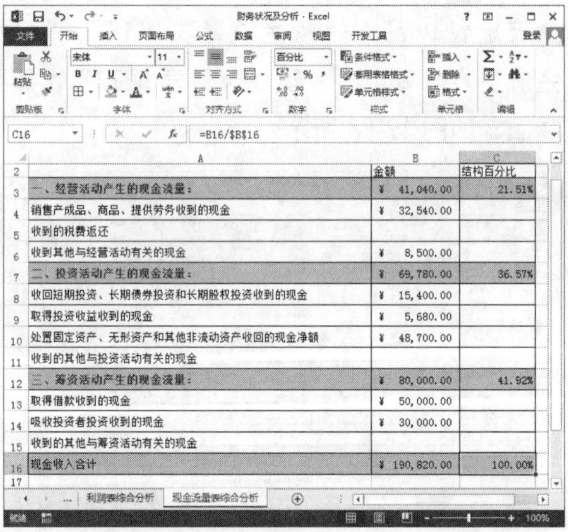

图 12-92　计算出其他现金收入占总现金收入的百分比

步骤 9 选中 C4 单元格，在编辑栏中输入公式 "=B4/$B$3"。然后复制该公式至 C5:C6 单元格区域，即可计算出经营活动现金收入项目下的子项所占的结构百分比，如图 12-93 所示。

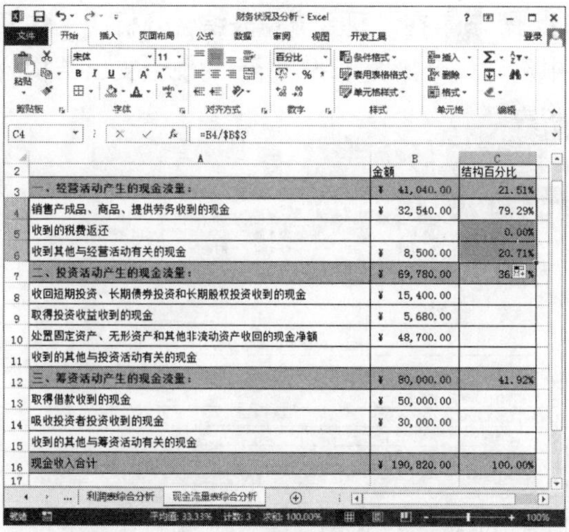

图 12-93　经营活动现金收入项目下的子项
所占的结构百分比

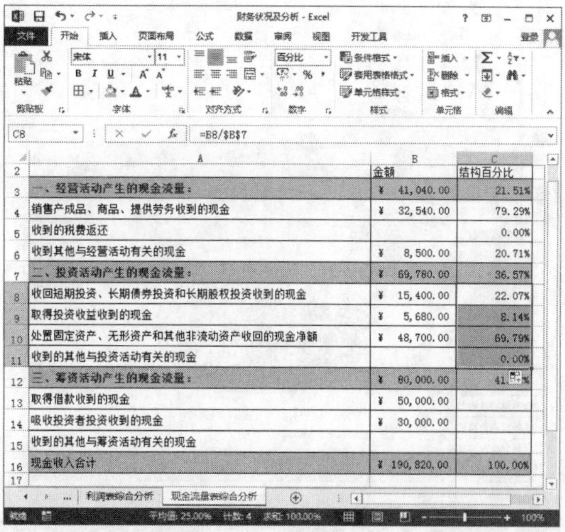

图 12-94　投资活动现金收入的子项所占的
结构百分比

步骤 10 选中 C8 单元格，在编辑栏中输入公式 "=B8/$B$7"。然后复制该公式至 C9：C11 单元格区域，即可计算出投资活动现金收入的子项所占的结构百分比，如图 12-94 所示。

步骤 11 选中 C13 单元格，在编辑栏中输入公式 "=B13/$B$12"，即可计算出筹资活动中子项产生的现金收入结构百分比，如图 12-95 所示。

步骤 12 将 C13 单元格公式复制到 C14：C15 单元格区域，如图 12-96 所示。

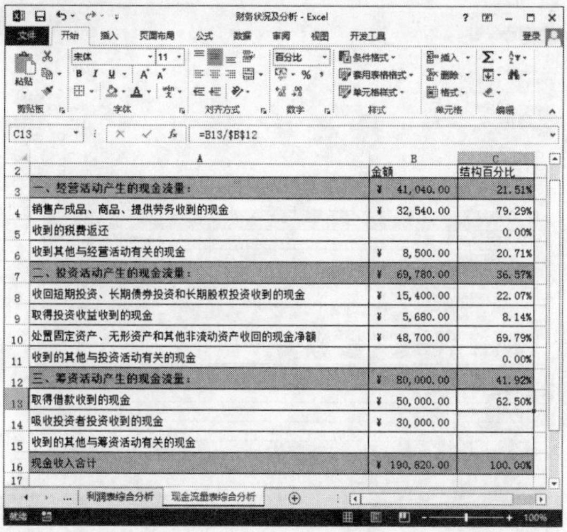

图 12-95　筹资活动中子项产生的现金收入
结构百分比

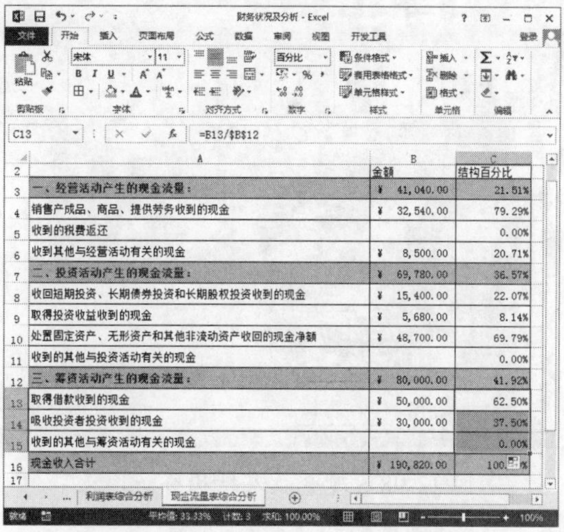

图 12-96　复制 C13 单元格公式

步骤 13 选中 A3:C3、A7:C7、A12:C12 为图表的数据区域，在【插入】选项卡【图表】组中单击【饼图】按钮，选择【三维饼图】区域的【三维饼图】选项，即可在 Excel 表格中插入需要的饼图，如图 12-97 所示。

图 12-97　插入饼图

步骤 14 最后根据需要设置图表的样式和布局，图表标题、图例等各项的显示位置以及图表的形状等，其最终的显示效果如图 12-98 所示。

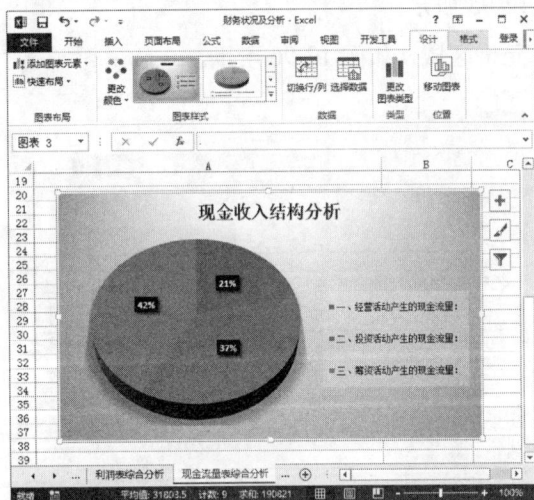

图 12-98　现金收入结构分析图表

2　现金支出结构分析

现金支出结构是指企业的各项现金支出占企业当期全部现金支出的百分比，它具体反映企业的现金用在哪些方面，具体的操作步骤如下。

步骤 1 在"现金流量表综合分析"工作表中创建一个如图 12-99 所示的现金支出结构分析表。

图 12-99　创建现金支出结构分析表

步骤 2 从现金流量表中引用数据完成该表格中的各项目，计算出百分比，如图 12-100 所示。

图 12-100　计算现金支出百分比

步骤 3 选择 C38、C43、C46 单元格，在【插入】选项卡【图表】组中单击【饼图】按钮，选择【二维饼图】区域的【二维饼图】选项，即可在 Excel 表格中插入需要的饼图，如图 12-101 所示。

步骤 4 最后根据需要设置图表的样式和布局，图表标题、图例等各项的显示位置以及图表的形状等，其最终的显示效果如图 12-102 所示。

图 12-101　插入图表

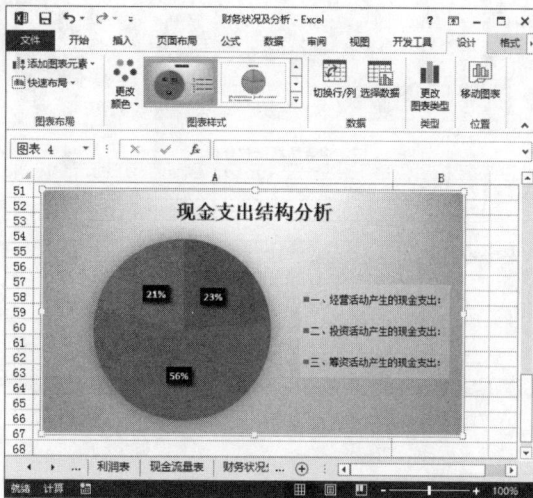

图 12-102　设置图片样式与格式

3 现金净额比较分析

现金净额主要反映企业的现金余额是怎样形成的，具体的操作步骤如下。

步骤 1 在 A69:C74 单元格区域中创建现金净额结构表，如图 12-103 所示。

步骤 2 从现金流量表中引用各现金净额项目，如图 12-104 所示。

图 12-103　创建现金净额结构表

图 12-104　引用各现金净额项目

步骤 3 选中 C71:C74 单元格区域，设置单元格格式为【百分比】。选中 C71 单元格，在编辑栏中输入公式"=B71/$B$74"，即可计算出经营活动现金净额占现金净额合计的百分比，如图 12-105 所示。

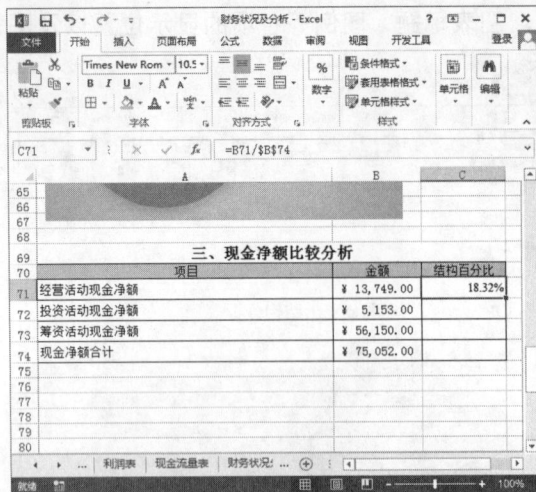

图 12-105　计算现金净额百分比

步骤 4 将 C71 单元格公式复制到 C72:C74 单元格区域，如图 12-106 所示。

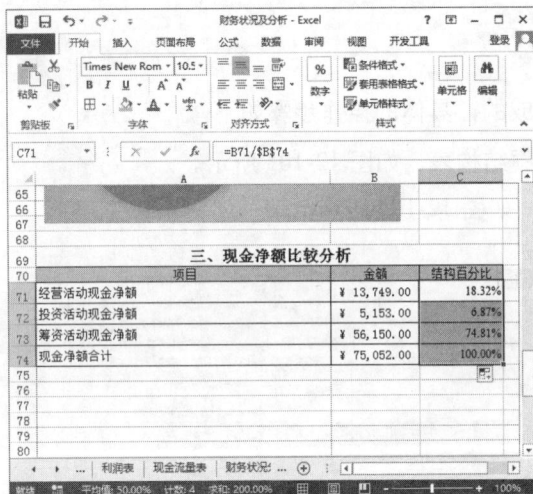

图 12-106　复制 C71 单元格公式

步骤 5 选中 A71:B74 单元格区域作为图表的数据区域，在工作表中插入图表，如图

12-107 所示。

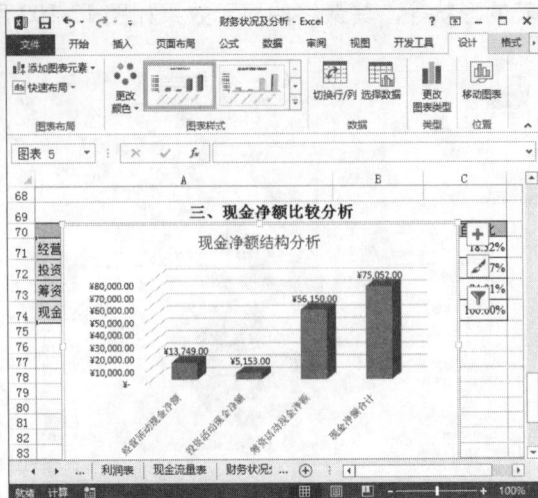

图 12-107　插入图表

步骤 6 选中插入的图表，设置图表样式与图表格式，最终的显示效果如图 12-108 所示。

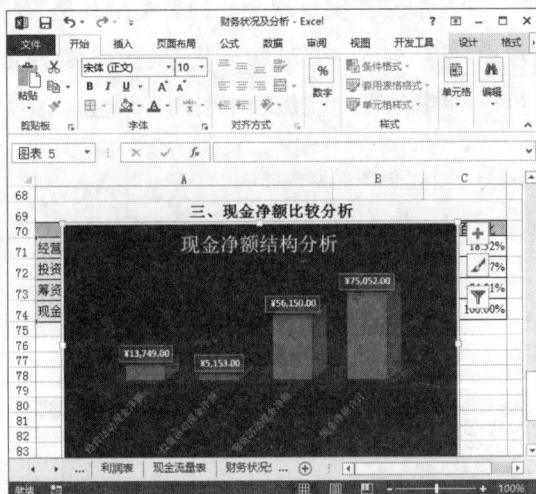

图 12-108　设置图表样式与格式

12.5.2　现金流量表比率分析

现金流量表的比率分析，主要是指对现金比率、经营净现金比率（短期债务）、经营净现金比率（全部债务）、现金再投资比率等指标的分析。具体的操作步骤如下。

步骤 1 在"现金流量表综合分析"工作表中创建一个如图 12-109 所示的表格。

步骤 2 现金比率是指企业的现金余额与企业的流动负债的比例，是衡量企业短期偿债能力的一个重要指标，计算公式为"现金比率 = 现金余额 / 流动负债 *100%"。选中 B95 单元格，在编辑栏中输入公式"= 现金流量表 !C29/ 资产负债表 !G16"，即可计算出现金比率，如图 12-110 所示。

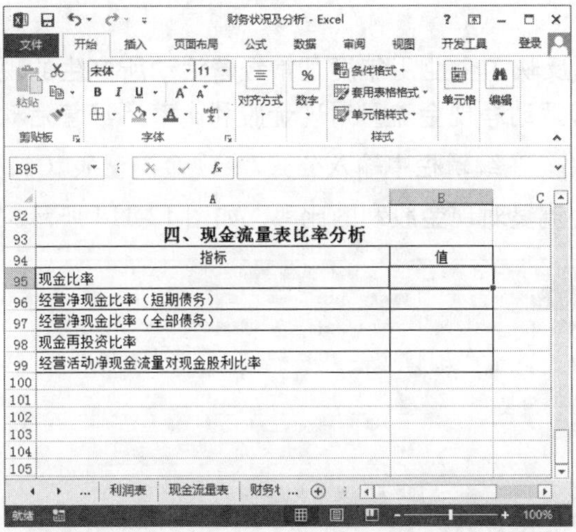

图 12-109　创建现金流量比率分析表格

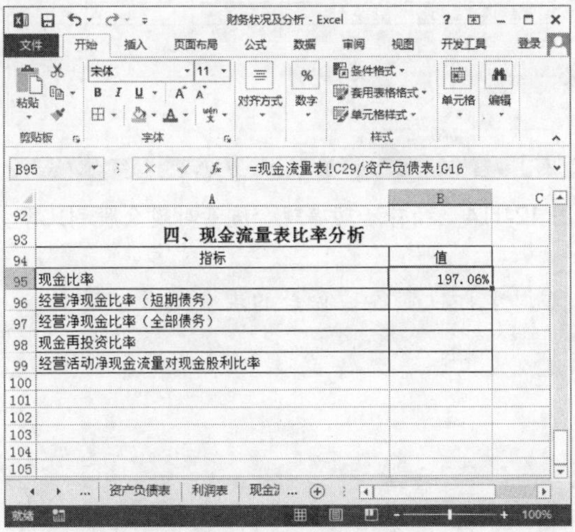

图 12-110　计算出现金比率

步骤 **3**　经营净现金比率（短期债务）是指经营活动的净现金流量与流动负债的比率，反映企业获得现金偿还短期债务的能力，计算公式为"经营净现金比率（短期债务）= 经营活动净现金流量 / 流动负债 *100%"。选中 B96 单元格，在编辑栏中输入公式"= 现

金流量表 !C12/ 资产负债表 !G16"，即可计算出经营净现金比率（短期债务），如图 12-111 所示。

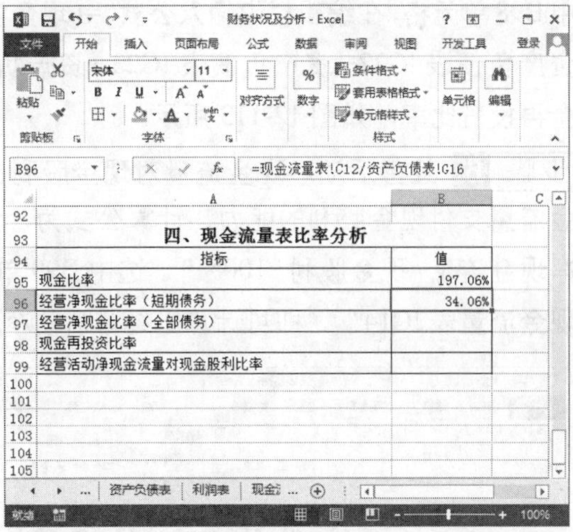

图 12-111　计算经营净现金比率（短期债务）

步骤 **4**　经营净现金比率（全部债务）是指经营活动的净现金流量与全部负债的比率，反映企业用年度经营活动现金净流量偿付全部债务的能力，计算公式为"经营净现金比率（全部债务）= 经营活动净现金流量 / 总负债 *100%"。选中 B97 单元格，在编辑栏中输入公式"= 现金流量表 !C12/ 资产负债表 !G23"，即可计算出经营净现金比率（全部债务），如图 12-112 所示。

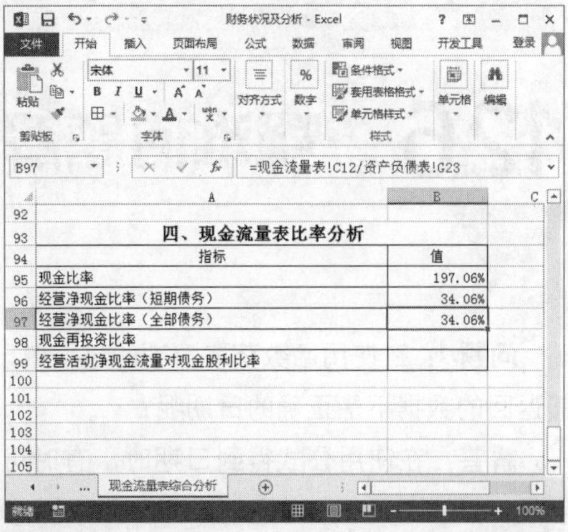

12-112　计算经营净现金比率（全部债务）

步骤 5 现金再投资比率是指用经营活动现金净流量中被保留的部分同各项资产相比较，从而评价其重新再投资于各项营业资产的比率，计算公式为"现金再投资比率 =（经营活动净现金流量 - 现金股利)/(固定资产总额 + 长期投资 + 其他长期资产 + 营运资金)*100%"。选中 B98 单元格，在编辑栏中输入公式"=(现金流量表 !C12-现金流量表 !C14)/(资产负债表 !C24+ 资产负债表 !C22+ 资产负债表 !C23+ 资产负债表 !C20- 资产负债表 !G16)"，即可计算出现金再投资比率，如图 12-113 所示。

步骤 6 经营活动净现金流量对现金股利比率反映了企业用年度正常经营活动所产生的现金流量支付现金股利的能力，计算公式为"经营活动净现金流量对现金股利比率 = 经营活动净现金流量 / 现金股利 *100%"。选中 B99 单元格，在编辑栏中输入公式"= 现金流量表 !C12/ 现金流量表 !C14"，即可计算出经营活动净现金流量对现金股利的比率，如图 12-114 所示。

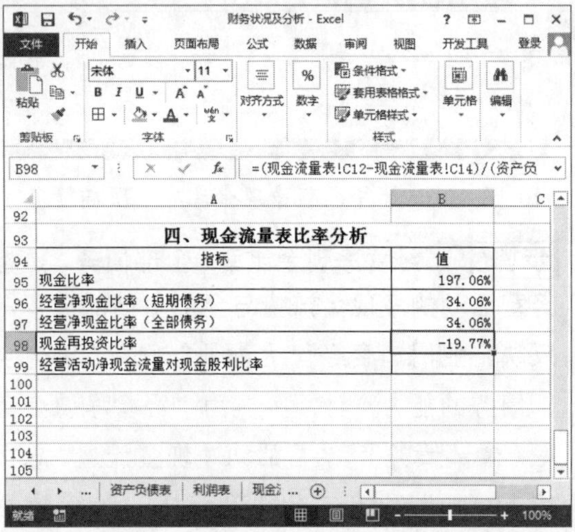

图 12-113 计算出现金再投资比率 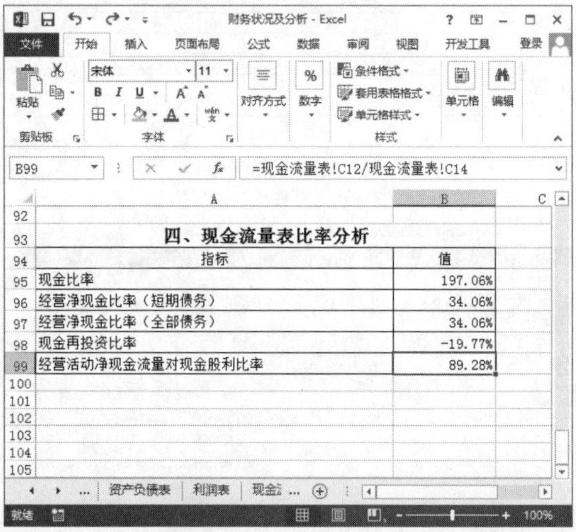　　图 12-114 经营活动净现金流量对现金股利比率

> **注意** 现金再投资比率越高，则表明企业可用于再投资各项资产的现金越多；反之，比率越低，则表示可用于再投资的现金越少。

12.6 疑难问题解答

问题 1： 在使用函数获取日期的过程中，为什么在单元格中输入公式并按 Enter 键确定后，其返回的数据不是正确的日期呢？

解答： 在使用公式得到日期时，有时可能不能返回日期值，而是返回一串数字，这段数字是日期在 Excel 中对应的序号。如果要想以日期的形式显示数值，则需要重新将该单元格的格式设置为【日期】类别以正确显示日期。具体的操作很简单，选中该单元格并单击鼠标右键，从弹出的快捷菜单中选择【设置单元格格式】菜单命令，打开【设置单元格格式】对话框，将系统默认的类型【常规】设置为【日期】即可。

问题 2：为什么在输入公式中，会出现"＃ NAME ？"错误信息？

解答：出现此情况一般是在公式中使用了 Excel 不能识别的文本，如使用了不存在的名称。若想解决此问题，只需要在【公式】选项卡【定义的名称】组中单击【定义名称】下拉按钮，从弹出的下拉列表中选择【定义名称】选项，打开【定义名称】对话框。如果所需名称没有被列出，在【名称】文本框中输入相应的名称，再单击【确定】按钮即可。

第13章 使用 Excel 分析企业筹资决策

● 本章导读

　　筹资是指企业作为筹资主体根据其生产经营、对外投资和调整资本结果等的需要，通过筹资渠道和金融市场，运用筹资方式，经济有效地筹措和集中资本的活动。筹资决策所影响和改变的是企业的财务结构和资本结构，使用 Excel 2013 提供的货币时间价值函数可以对企业的筹资决策进行分析。

● 学习目标

◎ 掌握货币时间价值函数的应用
◎ 掌握资本成本计量模型的应用
◎ 掌握创建筹资决策分析模型的方法

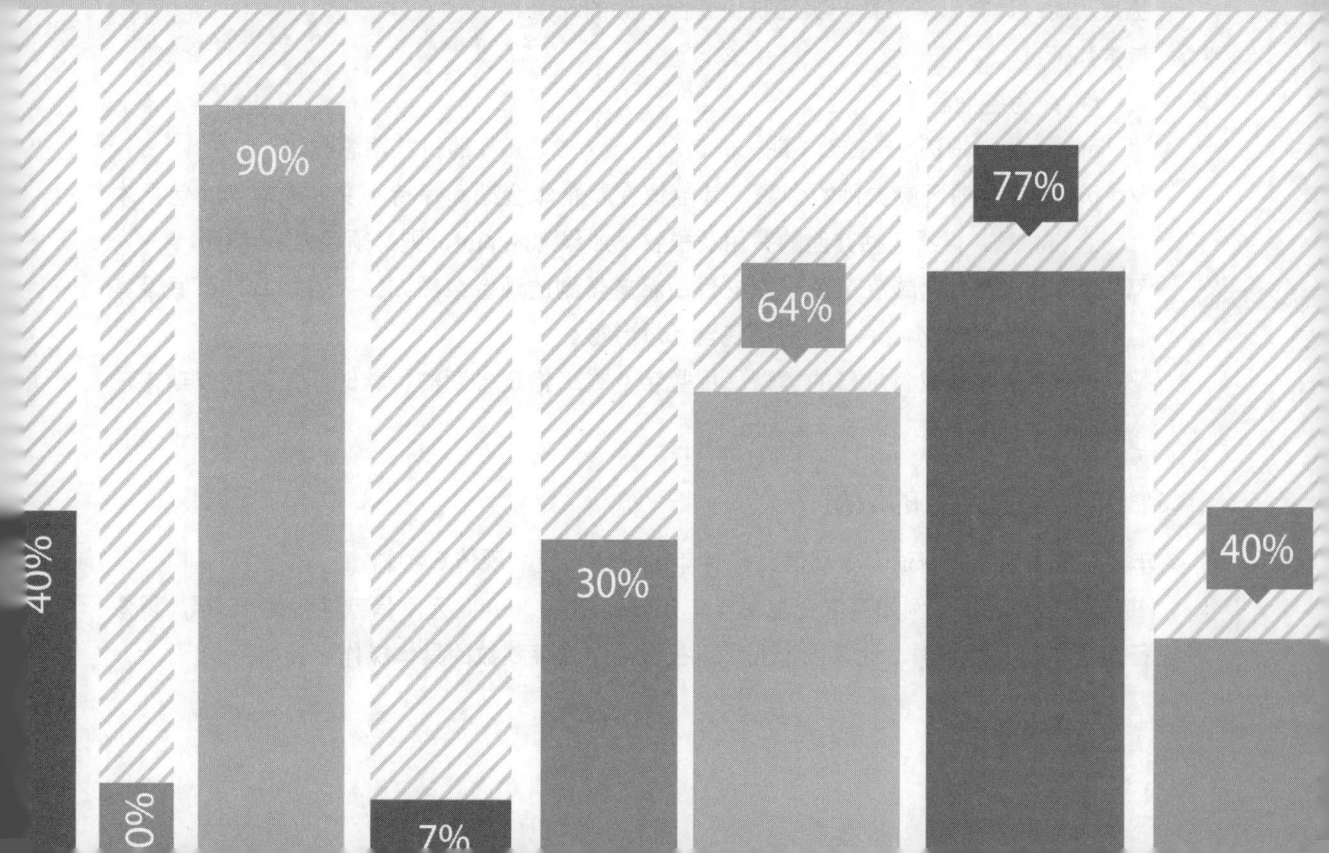

13.1 货币时间价值函数

货币的时间价值是指经历一定时间的投资和再投资所增加的价值，其本质是价值增值，即现在的 1 元钱在未来的某个时间已不再是 1 元钱，而是发生了增值。投资时间越长，循环周转的次数越多，价值增值就越多，货币时间价值也就越多。

13.1.1 年金现值函数及应用

年金是指不定时期内每一次等额收付的系列款项，其特点是资金的收入或付出不是一次性发生的，而是分次等额发生，而且每一次发生的间隔期都是相等的。按照每一次收付款发生的具体时间不同，又可以把年金分为普通年金和即付年金两种基本类型。其中普通年金是指从第一期开始，在一定时期内每一期期末等额收付的系列款项，又称为后付年金；即付年金的指从第一期开始，在一定时期内每一期期初等额收付的系列款项，又称为先付年金。

1 年金现值函数 PV

年金现值函数是计算未来某一期一次性收到或偿还额的现值，分为普通年金现值（也称为后付年金现值）和即付年金现值（也称为先付年金现值）两种。PV 函数是一种常用的年金现值函数，下面对此函数的语法及应用做简单的介绍。

☆ 函数格式：PV(rate,nper,pmt,fv,type)

☆ 函数功能：计算未来某期一次性收到或偿还额的现值。

☆ 参数如下：

▽ rate：为各期利率。

▽ nper：为总投资（或贷款）期，即该项投资（或贷款）的付款期总数。

▽ pmt：为各期所应支付的金额，其数值在整个年金期间保持不变。通常 pmt 包括本金和利息，但不包括其他的费用及税款。如果忽略 pmt，则必须包含 fv 参数。

▽ fv：为未来值，或在最后一次支付后希望得到的现金余额。如果省略 fv，则假设其值为零。如果忽略 fv，则必须包含 pmt 参数。

▽ type：为收款或付款日的类型。用数字 0 或 1 指定各期的付款时间是期初或期末，其中 0 表示期末，1 表示期初。

2 年金现值函数的应用

年金现值主要分为普通年金现值、即付年金现值、复利现值 3 种。

(1) 普通年金现值。例如某家企业每年年末偿还借款 20 000 元，借款期限为 10 年，现假设银行存款年利率为 10%，计算该企业目前在银行中的存款数的具体操作步骤如下。

步骤 1 新建一个名为"筹资决策的分析"的工作簿,将 Sheet1 工作表标签命名为"普通年金现值",在工作表中输入普通年金现值的相关项目,然后设置单元格格式,如图 13-1 所示。

图 13-1　输入普通年金现值的各个项目

步骤 2 选中 B6 单元格,在【公式】选项卡【函数库】组中单击【插入函数】按钮,打开【插入函数】对话框,在【或选择类别】下拉列表中选择【财务】选项,在【选择函数】列表框中选择 PV 选项,如图 13-2 所示。

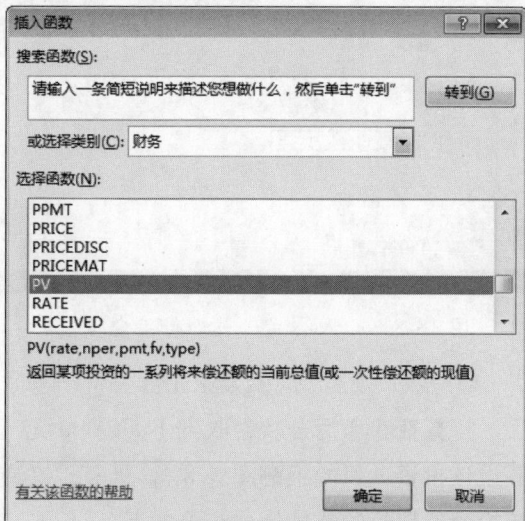

图 13-2　【插入函数】对话框

步骤 3 单击【确定】按钮,打开【函数参数】对话框,在其中输入相应参数值,如图 13-3 所示。其中未来值 (Fv) 和年金类型 (Type) 两个选项可以忽略,其默认值分别为 0 和普通年金。也可在 B6 单元格中输入公式 "=PV(B2,B3,B4,)"。

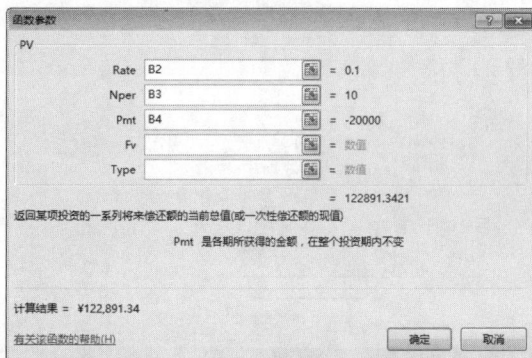

图 13-3　【函数参数】对话框

步骤 4 单击【确定】按钮,即可计算出普通年金现值数,如图 13-4 所示。

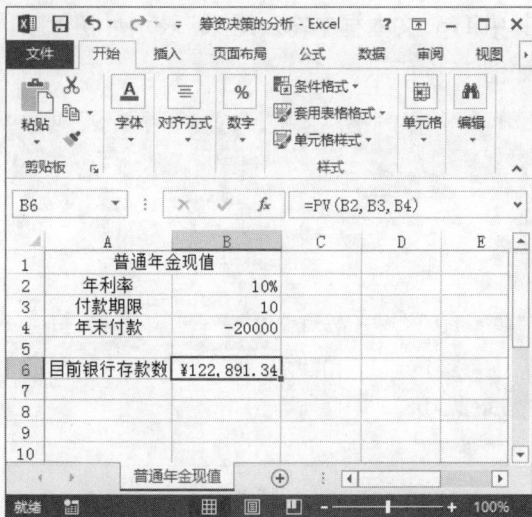

图 13-4　计算出普通年金现值数

(2) 即付年金现值。例如把上面的付款条件改为每个月月初付款 1500 元,付款期限和年利率不变,仍为 10 年和 10%,计算该企业目前在银行中的存款数的具体操作步骤如下。

步骤 1 在"普通年金现值"工作表中输入即付年金现值的相关项目并进行格式化，如图 13-5 所示。

图 13-5 输入即付年金现值的各个项目

步骤 2 选中 B6 单元格，打开【函数参数】对话框，在各个参数文本框中输入参数值，其中 Type 文本框中输入的"1"表示月初付款，如图 13-6 所示。

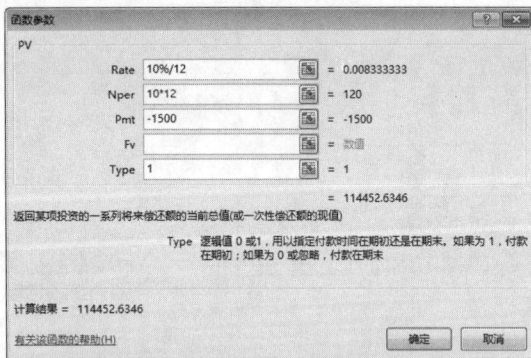

图 13-6 输入即付年金现值参数值

▶ **提示** 由于付款条件由每年年末支付一次改为每个月支付一次，付款期限由原 10 次变为了 120 次（10*12），年利率应该变为月利率（10%/12），付款时间由原来的年末改为月初，即由原来的普通年金现值变成了即付年金现值。

步骤 3 单击【确定】按钮返回工作表中，此时在 B6 单元格中可计算出目前银行存款的现值数，如图 13-7 所示。

图 13-7 计算出即付年金现值数

步骤 4 也可选中 B6 单元格，在编辑栏中输入公式"=PV(10%/12,10*12,-1500,,1)"，即可计算出即付年金现值，如图 13-8 所示。

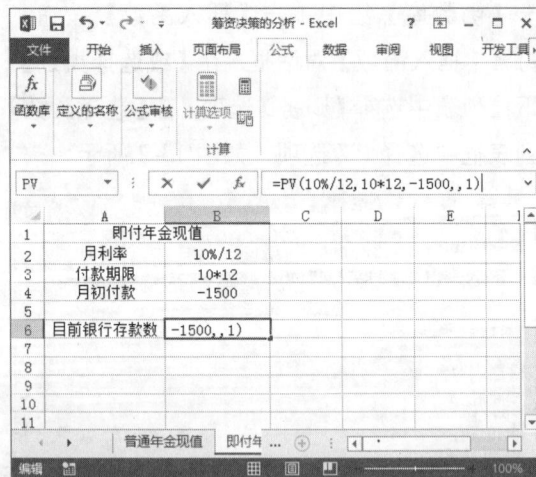

图 13-8 输入公式计算即付年金现值

（3）复利现值。例如某家企业投资一项项目，打算在 5 年后一次性收到 1 000 000 元，假设该投资项目的报酬率为 8%，计算现在应该投资的现值的具体操作步骤如下。

步骤 1 新建一个工作表，重命名工作表为"复利现值"，然后在工作表中输入复利年金现值的相关项目并进行格式化，如图13-9 所示。

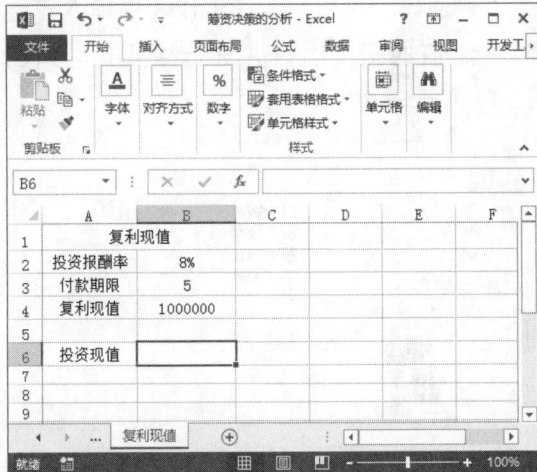

图 13-9　输入复利现值的各个项目

步骤 2 选中 B6 单元格，打开【函数参数】对话框，在各个参数文本框中输入参数值，如图 13-10 所示。

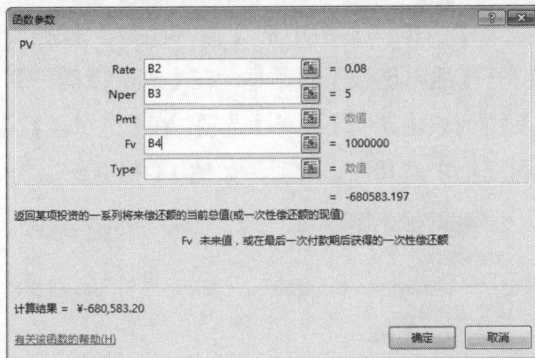

图 13-10　输入复利现值参数值

步骤 3 或 在 B6 单元格中输入公式 "=PV(B2,B3,,B4)"，按 Enter 键，即可计算出复利现值数，如图 13-11 所示。

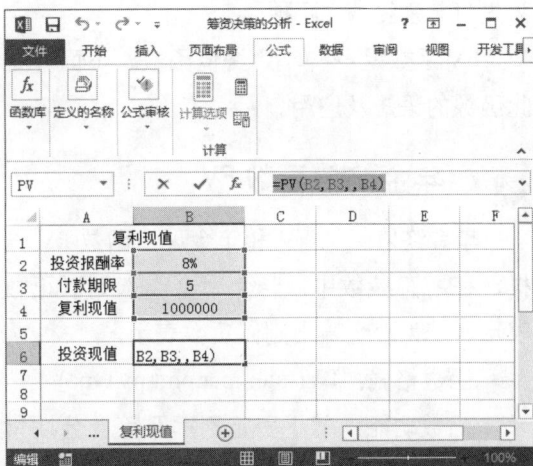

图 13-11　输入复利现值公式

> **注意** 在输入公式时不需输入参数 pmt 的数值，但参数 pmt 后的"，"不能漏掉。

步骤 4 单击【确定】按钮返回工作表中，此时在 B6 单元格中可显示出应该投资的金额，计算出的结果为负值，表示要付出的金额，如图 13-12 所示。

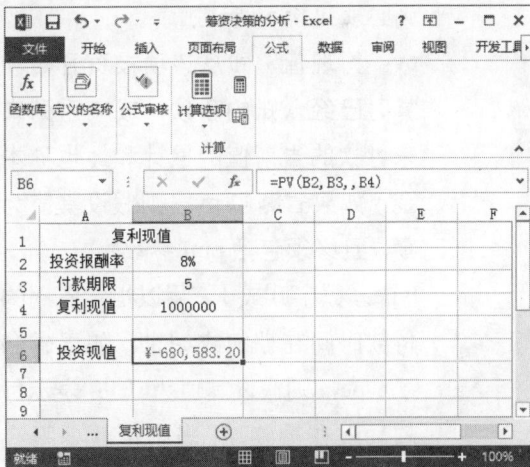

图 13-12　计算出复利现值数

13.1.2　年金终值函数及应用

年金终值是返回某一项投资的未来值。和年金现值一样，年金终值分为普通年金终值 (也称为后付年金终值）和即付年金终值（也称为先付年金终值）两种。

FV 函数是一种年金终值函数，下面介绍此函数的语法及应用。

1 年金终值函数 FV

年金终值函数 FV 和年金现值函数 PV 一样，在所有参数中，若为现金收入则以正数表示，若为现金流出则以负数表示。

☆ 函数格式：FV(rate,nper,pmt,pv,type)

☆ 函数功能：基于固定利率及等额分期付款方式，返回某一项投资的未来值。

☆ 参数如下。

▽ rate：为各期利率。

▽ nper：为总投资期，即该项投资的付款期总数。

▽ pmt：为各期所应支付的金额，其数值在整个年金期间保持不变。通常 pmt 包括本金和利息，但不包括其他的费用及税款。如果忽略 pmt，则必须包含 pv 参数。

▽ pv：为现值，即从该项投资开始计算时已经入账的款项，或一系列未来付款的当前值的累计和，也称本金。如果省略了 pv，则假设其值为零，且必须包括 pmt 参数。

▽ type：数字 0 或 1，用以指定各期的付款时间在期初或期末。如果省略了 type，则假设其值为 0，0 表示付款期限在期初，1 表示付款期限在期末。

2 年金终值函数的应用

年金终值主要分为普通年金终值、即付年金终值、复利终值 3 种。

（1）普通年金终值。例如某家企业每年年末存款 100000 元，年利率为 12%，计算 5 年后的本利累计之和的具体操作步骤如下。

步骤 1 新建一个空白工作表，将其命名为"普通年金终值"，在工作表中输入普通年金终值的相关项目并进行格式化，如图 13-13 所示。

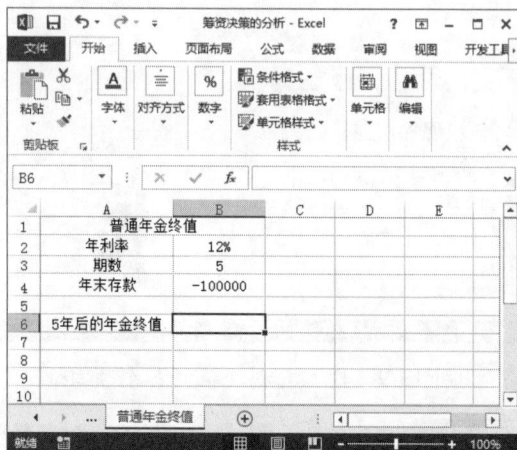

图 13-13　输入普通年金终值的各个项目

步骤 2 选中 B6 单元格，单击【公式】选项卡【函数库】组中的【插入函数】按钮，打开【插入函数】对话框，在【或选择类别】下拉列表中选择【财务】选项，在【选择函数】列表框中选择 FV 选项，如图 13-14 所示。

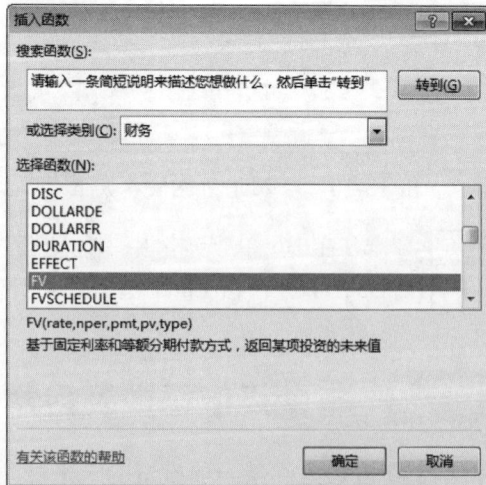

图 13-14　【插入函数】对话框

步骤 **3** 单击【确定】按钮，打开【函数参数】对话框，在其中输入相应的参数值，如图 13-15 所示。在其中该项投资的初始投资额 (Pv) 和年金类型 (Type) 两个选项均未输入，系统默认初始投资额为 0，年金类型为普通年金。

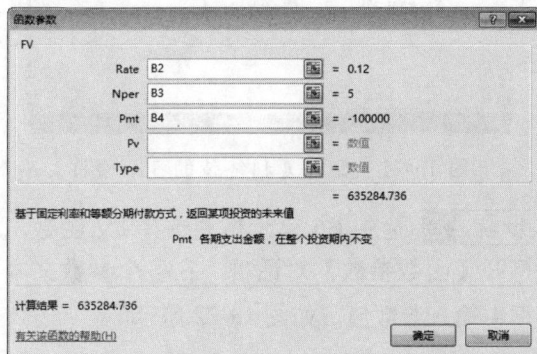

图 13-15　【函数参数】对话框

步骤 **4** 单击【确定】按钮，或在 B6 单元格中输入公式 "=FV(B2,B3,B4)"，按 Enter 键，即可计算出 5 年后的普通年金终值，如图 13-16 所示。

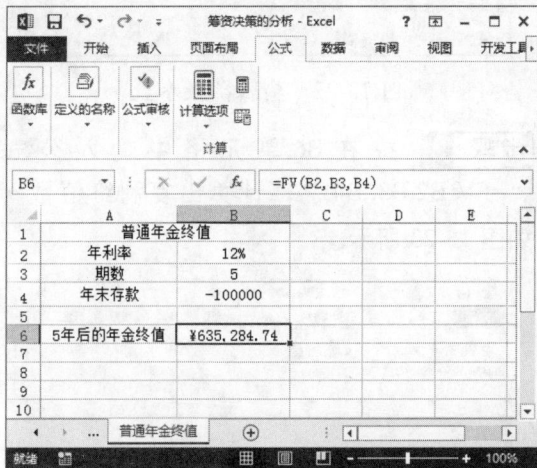

图 13-16　计算出 5 年后的普通年金终值

(2) 即付年金终值。例如把上面的存款条件改为每个月月初存款 10 000 元，年利率仍然是 12%，计算 5 年后存款的本利之和的具体操作步骤如下。

步骤 **1** 新建一个空白工作表，重命名为"即付年金终值"，然后在工作表中输入即付年金终值的相关项目并进行格式化，如图 13-17 所示。

图 13-17　输入即付年金终值的各个项目

步骤 **2** 选中 B6 单元格，采用上述方法打开【函数参数】对话框，在各个参数文本框中输入参数值，如图 13-18 所示。

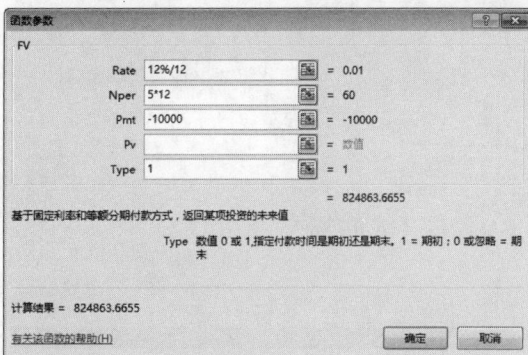

图 13-18　输入即付年金终值参数值

提示　由于付款条件由每年年末支付一次改为了每个月支付一次，所以存款次数由原来的 5 次变成了 60 次 (5*12)，年利率应该变为月利率 (12%/12)，付款时间由原来的年末改为月初，即由原来的普通年金现值变成了即付年金现值。

步骤 3 单击【确定】按钮返回工作表，在 B6 单元格中可计算出 5 年后的即付年金终值数，如图 13-19 所示。

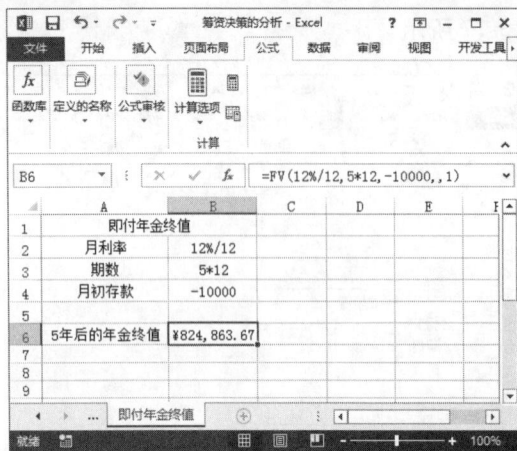

图 13-19　计算出即付年金终值数

步骤 4 也可选中 B6 单元格，在编辑栏中输入公式 "=FV(12%/12,5*12,-1000,,1)"，计算出即付年金终值，如图 13-20 所示。

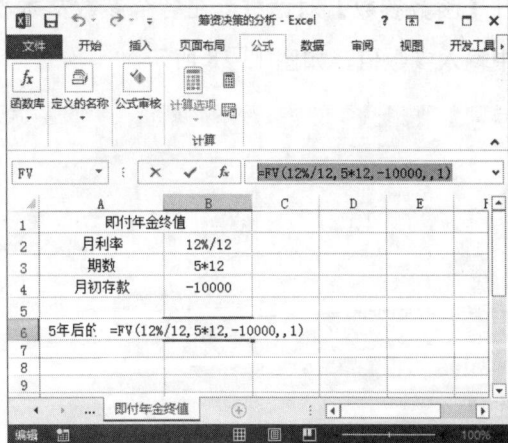

图 13-20　输入公式计算即付年金终值

(3) 复利终值。例如将 10 000 元存入银行，年利率为 5%，复利计息，计算 5 年后的本利之和的具体操作步骤如下。

步骤 1 新建一个空白工作表，重命名工作表为"复利终值"，然后在该工作表中输入复利终值的相关项目并进行格式化，如图 13-21 所示。

图 13-21　输入复利终值的各个项目

步骤 2 选中 B6 单元格并选择 FV 函数，打开【函数参数】对话框，在各个参数文本框中输入参数值，如图 13-22 所示。

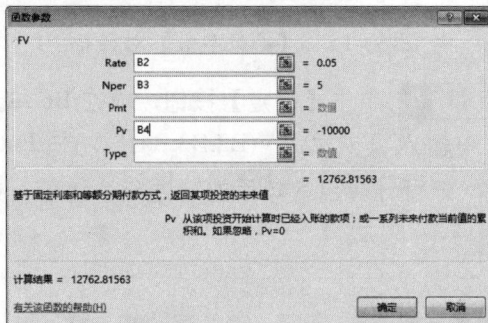

图 13-22　输入函数参数

步骤 3 或在 B6 单元格中输入公式 "=FV(B2,B3,,B4)"，计算出复利终值数，如图 13-23 所示。

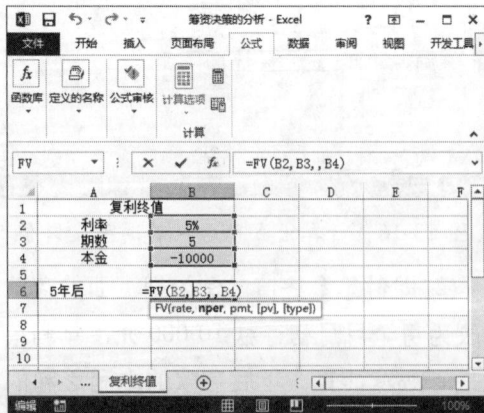

图 13-23　输入计算复利终值的公式

步骤 4 单击【确定】按钮返回工作表，此时在 B6 单元格中可计算出 5 年后的本利和，如图 13-24 所示。

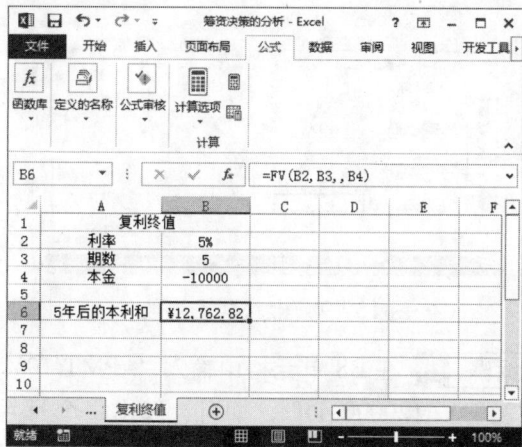

图 13-24 计算出复利终值数

13.1.3 等额还款函数及应用

等额还款函数是基于固定利率及等额分期付款方式，返回贷款的每一期付款额，计算的结果是相等的。PMT 函数是一种等额还款函数，下面介绍此函数的格式和应用的方法。

1 等额还款函数 PMT

☆ 函数格式：PMT(rate,nper,pv,fv,type)
☆ 函数功能：基于固定利率及等额分期付款方式，返回贷款的每一期付款额。
☆ 参数如下。
　▽ rate：贷款利率。
　▽ nper：该项贷款的付款总数。
　▽ pv：现值或一系列未来付款的当前值的累积和，也称为本金。
　▽ fv：为未来值或在最后一次付款后希望得到的现金余额。如果省略了 fv，则假设其值为零，也就是一笔贷款的未来值为零。
　▽ type：数字 0 或 1，用以指定各期的付款时间是在期初或期末。

2 等额还款函数的应用

例如某家企业从银行贷款 120 000 元，年利率为 10%，贷款期限为 8 年，假设条件为每年的年末还款，计算每年年末的还款额的具体操作步骤如下。

步骤 1 新建一个空白工作表，重命名为"等额还款函数"，在该工作表中输入各个项目并进行格式化，如图 13-25 所示。

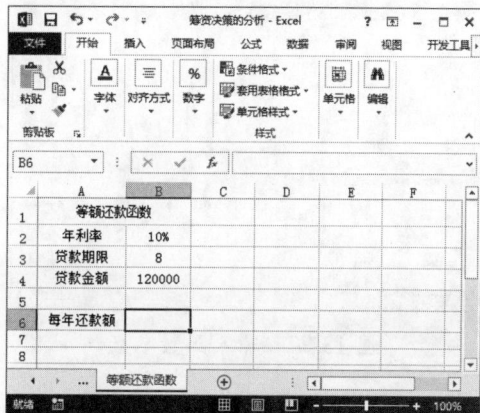

图 13-25 输入等额还款的各个项目

步骤 2 选中 B6 单元格，单击【公式】选项卡【函数库】组中的【插入函数】按钮，打开【插入函数】对话框，在【或选择类别】下拉列表中选择【财务】选项，在【选择函数】列表框中选择 PMT 选项，如图 13-26 所示。

步骤 3 单击【确定】按钮，打开【函数参数】对话框，在其中输入相应的参数值，如图 13-27 所示。

步骤 4 单击【确定】按钮返回到工作表，此时在 B6 单元格中可计算出每一年的等额还款额，负数表示每年年末还款额，如图 13-28 所示。

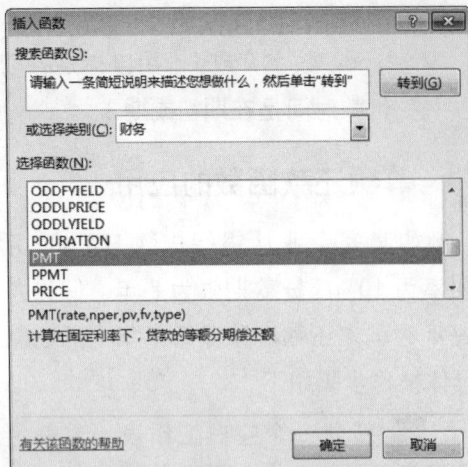

图 13-26 【插入函数】对话框

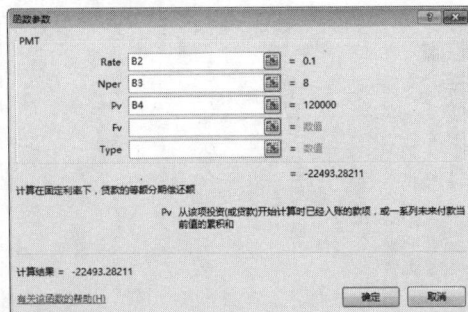

图 13-27 输入函数参数

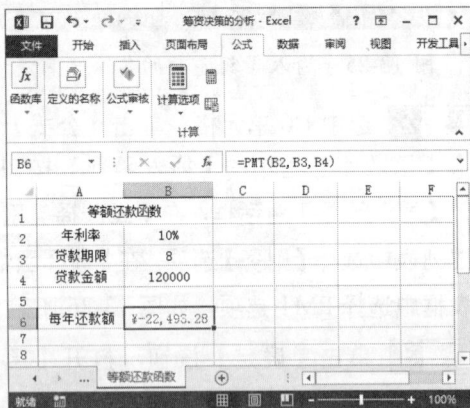

图 13-28 计算每年还款额

步骤 5 若将还款的条件改为每个月的月初等额还款，其他的条件不变，则可计算出该企业每个月月初的还款额。在 A8 单元格中输入"每月月初还款额"项目，如图 13-29 所示。

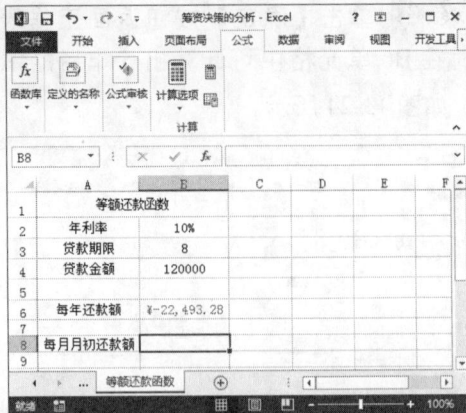

图 13-29 输入单元格数值

步骤 6 在 B8 单元格中输入"=PMT(10%/12, 8*12,120000,,1)"，即可计算出每个月月初还款额，如图 13-30 所示。

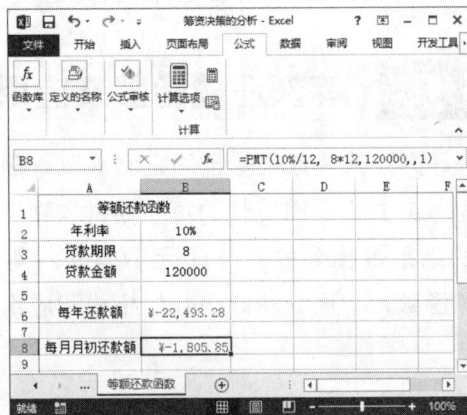

图 13-30 计算出每个月月初的还款额

13.1.4 本金函数及应用

本金函数是基于固定利率及等额分期付款方式，返回投资在某一个给定期间内的本金偿还额。PPMT 函数是一种本金函数，下面介绍此函数的语法和应用的方法。

1 本金函数 PPMT

☆ 函数格式：PPMT(rate,per,nper,pv,fv)
☆ 函数功能：基于固定利率及等额分期付款的方式，返回投资在某一个给定期间内的本金还额。

☆ 参数如下。

▽ rate：各期利率。

▽ per：用于计算其本金数额的期数，必须介于 1 ～ nper 之间。

▽ nper：为总投资期，即该投资的付款期数。

▽ pv：现值，即从该项投资开始计算时已经入账的款项，或一系列未来付款当前值的累积和，也称为本金。

▽ fv：为未来值，或在最后一次付款后希望得到的现金余额。如果省略了 fv，则假设其值为零，即一笔贷款的未来值为零。

② 本金函数的应用

例如某家企业贷款 120 000 元，年利率为 10%，贷款期限为 8 年，偿还条件为每个月的月初偿还，计算第 10 个月的支付本金数的具体操作步骤如下。

步骤 1 在"筹资决策的分析"工作簿中插入一张新的工作表，将其命名为"本金函数"，在该工作表中输入各个项目并进行格式化，如图 13-31 所示。

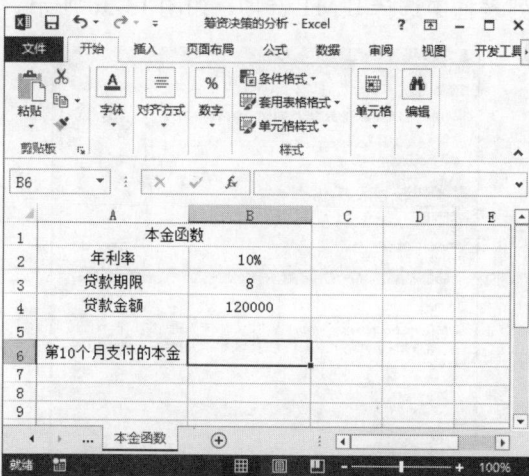

图 13-31　输入本金函数的各个项目

步骤 2 选中 B6 单元格，单击【公式】选项卡【函数库】组中的【插入函数】按钮，打开【插入函数】对话框，在【或选择类别】下拉列表中选择【财务】选项，在【选择函数】列表框中选择 PPMT 选项，如图 13-32 所示。

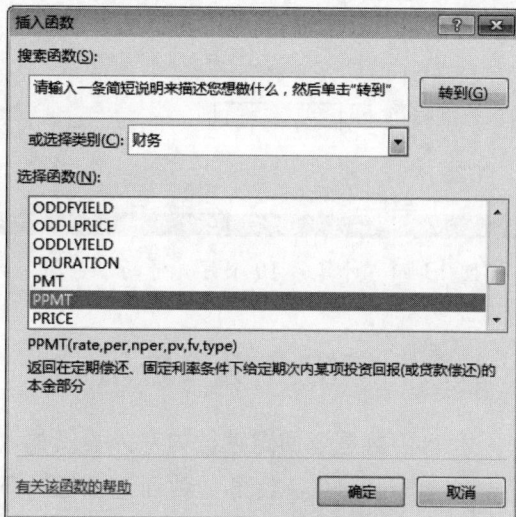

图 13-32　插入 PPMT 函数

步骤 3 单击【确定】按钮，在【函数参数】对话框中输入相应的参数值，如图 13-33 所示。

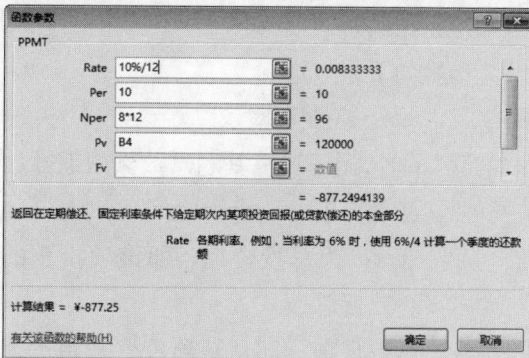

图 13-33　输入函数参数

步骤 4 单击【确定】按钮返回工作表中，或在 B6 单元格中输入公式"=PPMT(10%/12,10,8*12,B4,,1)"，即可计算出第 10 个月支付的本金额，如图 13-34 所示。

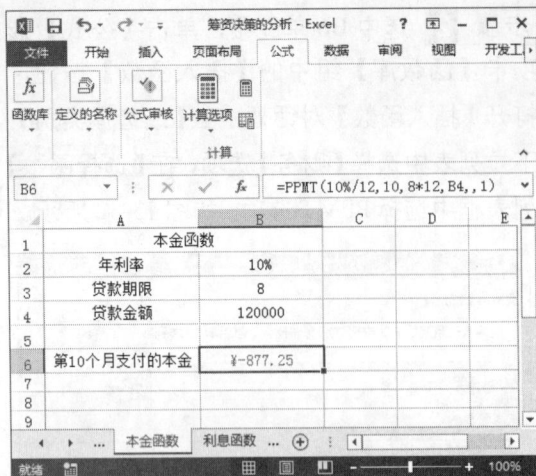

图 13-34　计算第 10 个月支付的本金额

13.1.5　利息函数及应用

利息函数是返回定期数内对外投资的利息偿还额。IPMT 函数是一种利息函数，下面介绍此函数的格式及应用。

1　利息函数 IPMT

☆　函数格式：IPMT(rate,per,nper,pv,fv)

☆　函数功能：返回定期数内对外投资的利息偿还额。

☆　参数如下。

▽　rate：各期利率。

▽　per：用于计算其利息数额的期数，必须介于 1～nper 之间。

▽　nper：为总投资期，即该项投资的付款期总数。

▽　pv：现值，即从该项投资开始计算时已经入账的款项，或一系列未来付款当前值的累积和，也称为本金。

▽　fv：为未来值或在最后一次付款后希望得到的现金余额。如果省略 fv，则假设其值为零，即一笔贷款的未来值为零。

2　利息函数的应用

例如某家企业贷款 120 000 元，年利率为 10%，贷款期限为 8 年，偿还条件为每个月的月初偿还，计算第 10 个月的支付利息数的具体操作步骤如下。

步骤 1　在"筹资决策的分析"工作簿中插入一张新工作表，将其命名为"利息函数"，在该工作表中输入各个项目并进行格式化，如图 13-35 所示。

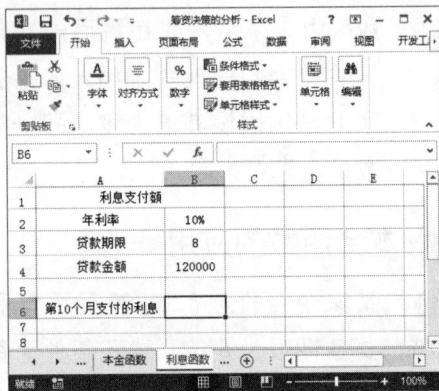

图 13-35　输入利息函数的各个项目

步骤 2　选中 B6 单元格，单击【公式】选项卡【函数库】组中的【插入函数】按钮，打开【插入函数】对话框，在【或选择类别】下拉列表中选择【财务】选项，在【选择函数】列表框中选择 IPMT 选项，如图 13-36 所示。

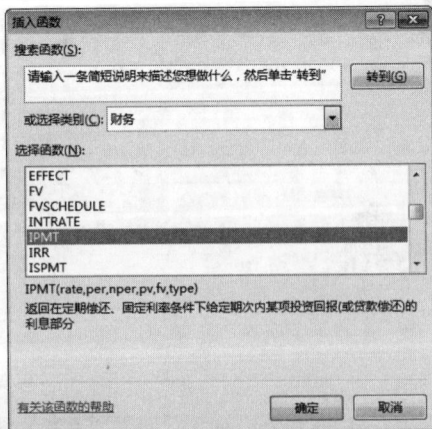

图 13-36　插入 IPMT 函数

步骤 3 单击【确定】按钮，在【函数参数】对话框中输入相应的参数值，如图 13-37 所示。

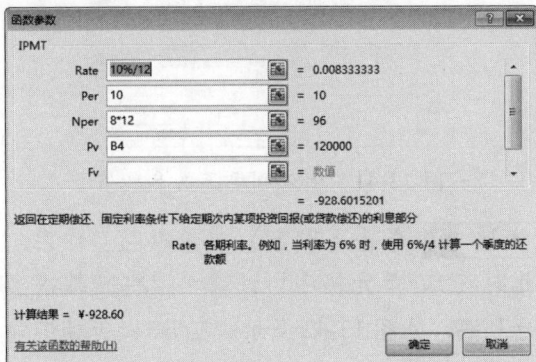

图 13-37　输入利息函数的相关参数

步骤 4 单击【确定】按钮返回工作表中，或在 B6 单元格中输入公式 "=IPMT(10%/12,10,8*12,B4,,1)"，此时在 B6 单元格中可计算出第 10 个月支付的利息数，如图 13-38 所示。

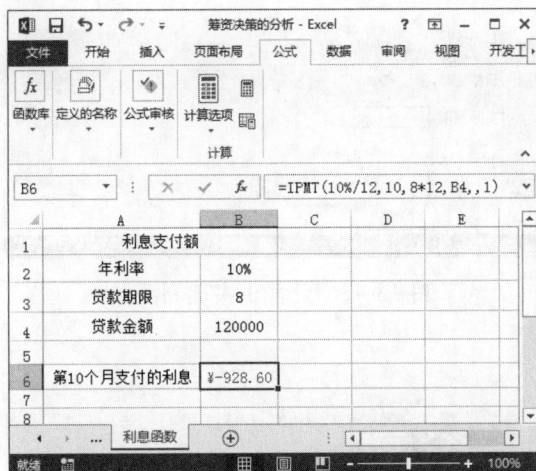

图 13-38　计算出第 10 个月支付的利息数

13.1.6　利率函数及应用

利率函数是返回年金的各期利率，也就是在贷款金额、贷款期限、偿还金额一定的情况下计算出实际的利率数。RATE 函数是一种利率函数，其语法及应用如下所述。

1　利率函数 RATE

☆ 函数格式：RATE(nper,pmt,pv,fv,type)

☆ 函数功能：返回年金的各期利率。

☆ 参数如下。

▽ nper：为总投资期，即该项投资的付款期总数。

▽ pmt：为各期付款项，其数值在整个的投资期内保护不变。通常 pmt 包括本金和利息，但不包括其他的费用或税金。如果省略 pmt，则必须包含 fv 参数。

▽ pv：为现值，即从该项投资开始计算时已经入账的款项，或一系列未来付款当前值的累计和，也称为本金。

▽ fv：为未来值，或在最后一次付款后希望得到的现金余额。如果省略了 fv，则假设其值为零。

▽ type：数字 0 或 1，用以指定各期的付款时间是在期初或期末。

2　利率函数的应用

例如某家企业贷款 5000 元，贷款期限 8 年，每个月的月初支付 100 元，计算该笔贷款的实际利率的具体操作步骤如下。

步骤 1 在 "筹资决策的分析" 工作簿中插入一张新工作表，将其命名为 "利率函数"，在该工作表中输入各个项目并进行格式化，如图 13-39 所示。

步骤 2 选中 B6 单元格，单击【公式】选项卡【函数库】组中的【插入函数】按钮，打开【插入函数】对话框，在【或选择类别】下拉列表中选择【财务】选项，在【选择函数】列表框中选择 RATE 选项，如图 13-40 所示。

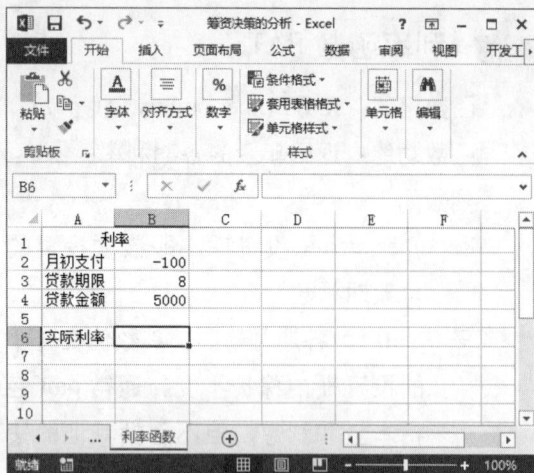

图 13-39 输入利率函数的各个项目

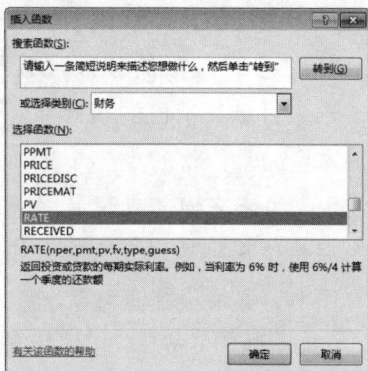

图 13-40 插入 RATE 函数

步骤 3 单击【确定】按钮，打开【函数参数】对话框，在其中输入相应的参数值，如图 13-41 所示。

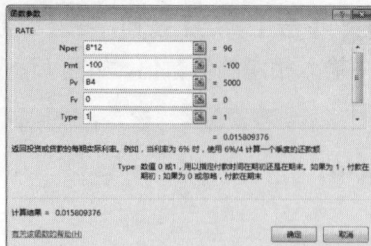

图 13-41 输入利率函数参数值

步骤 4 单击【确定】按钮返回工作表，此时在 B6 单元格中可计算出该笔贷款的实际利率，如图 13-42 所示。在 B6 单元格中输入公式 "=RATE(8*12,-100, B4,0,1)"，也可计算出该笔贷款的实际利率。

图 13-42 计算出实际利率值

13.2 资本成本计量模型

资本成本是指投资于新项目资金的机会成本。只有企业投资的收益率超过筹资来源（包括普通股股东）所要求的收益率，企业普通股股东的价值才会增加，才能增加股东的财富。

13.2.1 长期借款的资本成本

长期借款的资本成本是指借款利息和筹资费用。借款利息计入税前成本费用，可以起到抵税的作用。当长期借款的筹资费(主要是借款的手续费)很低时,也可忽略不计。因此,一次还本、分期付息借款的资本成本的计算公式为:

$$K_1 = \frac{R_1(1-T)}{1-F_1}$$

参数如下。

☆ K_1:长期借款资本成本。

☆ R_1:长期借款年利率。

☆ T:所得税率。

☆ F_1:长期借款筹资费用率。

例如某企业取得 5 年期长期借款 200 万元,年利率为 11%,每年付息一次,到期一次还本,筹资费用率为 0.5%,企业所得税率为 33%,计算该项长期借款的资本成本的具体操作步骤如下。

步骤 1 新建一个工作簿并命名为"资本成本",将 Sheet1 工作表重命名为"长期借款",在该工作表中输入各个项目并进行格式化,如图 13-43 所示。

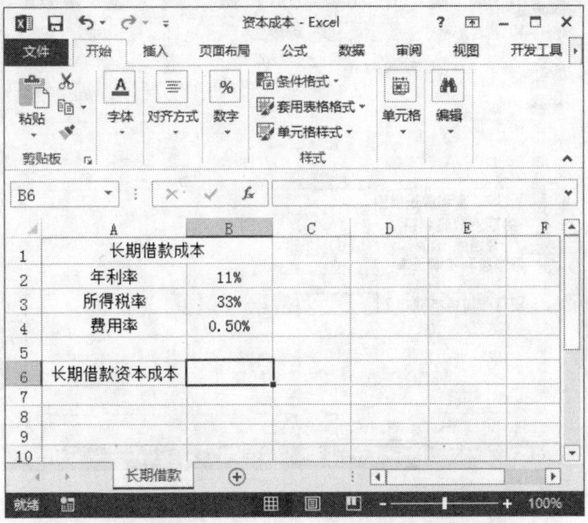

图 13-43　输入长期借款成本的各个项目

步骤 2 选中 B6 单元格,在编辑栏中输入公式"=B2*(1-B3)/(1-B4)",即可计算出长期借款资本成本,如图 13-44 所示。

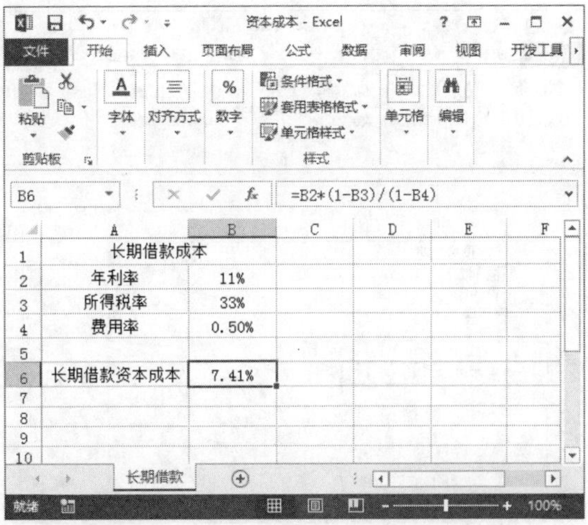

图 13-44　计算出长期借款资本成本

13.2.2 债券的资本成本

债券利息应计入税前成本费用,可以起到抵税的作用;债券筹资费用一般较高,不可省略。一次还本、分期付息的债券的资本成本的计算公式为

$$K_b = \frac{I_b(1-T)}{B(1-F)_b}$$

参数如下。

☆ K_b:债券资本成本。

☆ I_b:债券年利息。

☆ T:所得税率。

☆ B:债券筹资额。

☆ F_b:长期借款筹资费用率。

例如某家公司发行面值为 200 万的 12 年期债券,票面利率为 10%,发行费用率为 1.5%,该企业的所得税率为 33%,计算该债券的资本成本的具体操作步骤如下。

步骤 1 新建一个空白工作表,重命名为"债券",在工作表中输入各个项目并进行格式化,如图 13-45 所示。

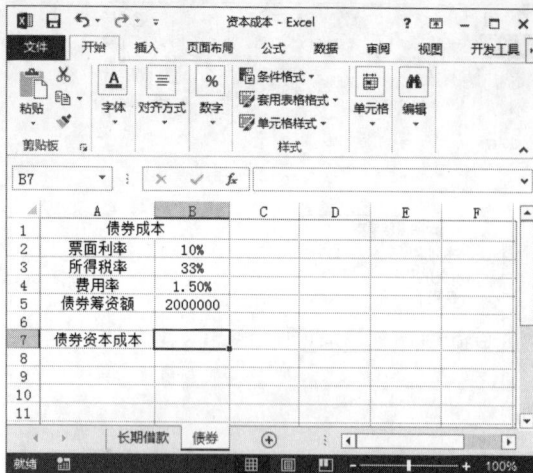

图 13-45　输入股利的各个项目

步骤 2 选中 B7 单元格，在编辑栏中输入公式"=B5*B2*(1-B3)/(B5*(1-B4))"，即可计算出债券资本成本，如图 13-46 所示。

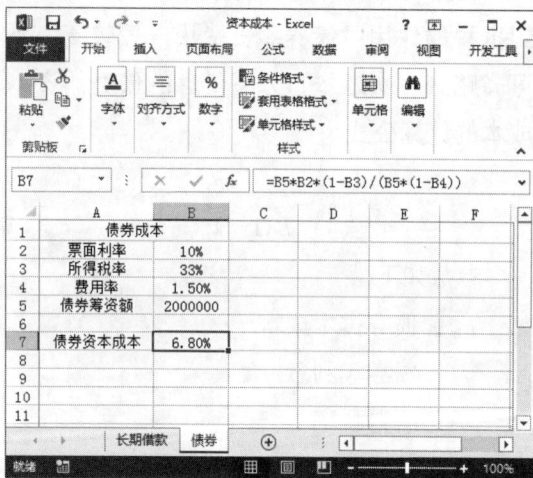

图 13-46　计算出债券资本成本

13.2.3　留存收益的资本成本

留存收益是企业缴纳所得税后形成的，其所有权属于股东。股东将其留存在企业，实际上是对企业追加投资。如果企业使用留存收益再投资的收益率低于股东自己进行其他风险相似的投资的收益率，企业就不应该保留留存收益，而应该分配给股东。对留存

收益的资本成本可以利用股利增长模型方法和资本资产定价模型方法来进行计算。

1 **股利增长模型**

计算公式为

$$K_e = \frac{D_1}{P_e} + G$$

参数如下。

☆ K_e：留存收益资本成本。

☆ D_1：预期年股利额。

☆ P_e：普通股市价。

☆ G：普通股利年增长率。

例如某家公司普通股股利目前的市价为 60 元，估计年增长率为 9%，本年发放股利 10 元，计算留存收益的资本成本的具体操作步骤如下。

步骤 1 新建一个空白工作表，重命名为"留存收益"，在工作表中输入各个项目并进行格式化，如图 13-47 所示。

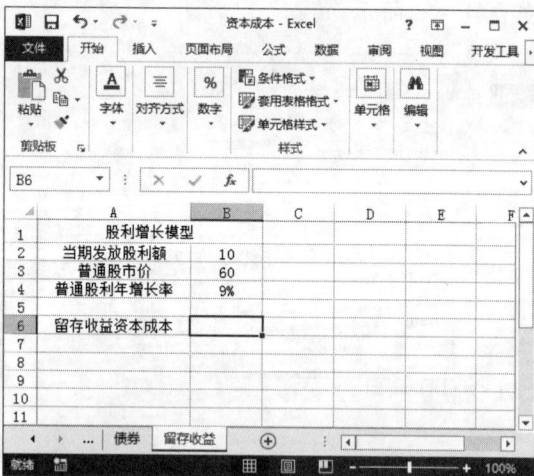

图 13-47　输入股利的各个项目

步骤 2 选中 B6 单元格，在编辑栏中输入公式"=B2*(1+B4)/ B3+B4"，即可利用股利增长模型方法计算留存收益资本成本，如图 13-48 所示。

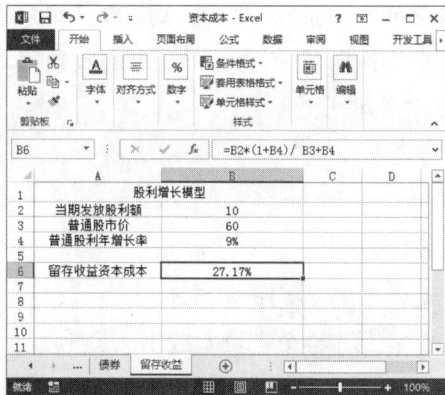

图 13-48　利用股利增长模型计算留存收益
资本成本

2　资本资产定价模型

计算公式为

$$K_1 = R_f + \beta (R_m - R_f)$$

参数如下。

☆　R_f：无风险报酬率。

☆　β：股票系数。

☆　R_m：平均风险股票必要报酬率。

例如某一期间市场无风险报酬率为
10%，平均风险股票必要报酬率为 15%，某
家企业普通股 β 值为 1.8，计算该期间的留存
收益的资本成本的具体操作步骤如下。

步骤 1　新建一个工作表，重命名工作表
为"留存收益 1"，然后在工作表中输入各
个项目并进行格式化，如图 13-49 所示。

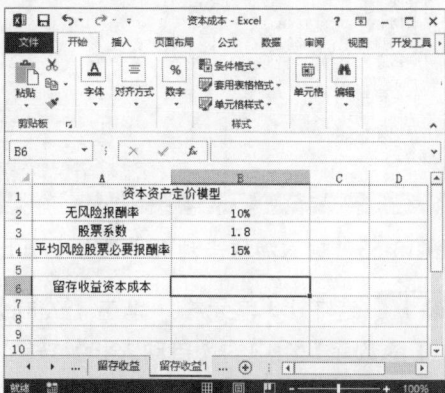

图 13-49　输入资本资产定价的各个项目

步骤 2　选中 B6 单元格，在编辑栏中输入
公式"=B2+B3*(B4-B2)"，即可利用资本资
产定价模型的方法计算出留存收益资本成本，
如图 13-50 所示。

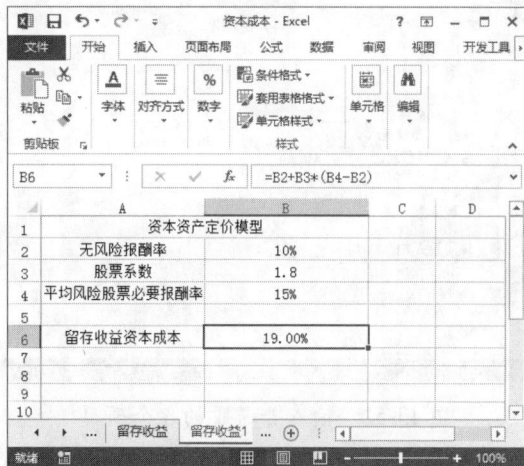

图 13-50　计算出留存收益资本成本

13.2.4　普通股新股的资本成本

普通股新股的资本成本是指新发行的普
通股成本，可以按照前述股利增长模型法的
思路计算，但需调整发行新股时发生的筹资
费用对资本成本的影响。

普通股新股的资本成本的计算公式为

$$K_v = \frac{D_1}{P_e(1-F_v)} + G$$

参数如下。

☆　K_v：普通股成本。

☆　F_v：普通股筹资费用率。

例如某家公司普通股股利目前市价为 60
元，估计年增长率为 8%，本年发放股利 10 元。
若该公司新发行普通股，筹资费用率为 5%，
计算发行的普通股的资本成本的具体操作步
骤如下。

步骤 1　在"资本成本 .xlsx"工作簿中插
入一张新工作表，将其命名为"普通股"，

在该工作表中输入各个项目并进行格式化，如图 13-51 所示。

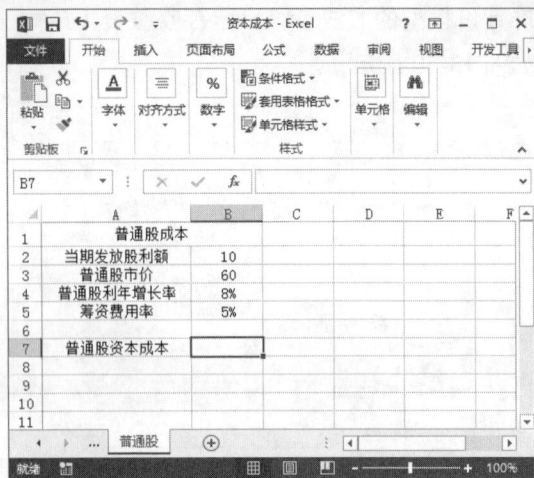

图 13-51　输入普通股的各个项目

步骤 2　选中 B6 单元格，在编辑栏中输入公式"=B2*(1+B4)/(B3*(1-B5))+B4"，即可计算出普通股资本成本，如图 13-52 所示。

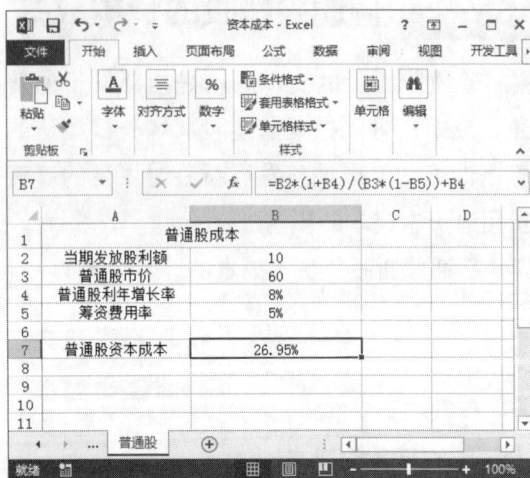

图 13-52　计算出普通股资本成本

13.2.5　加权平均资本成本

加权平均资本成本是指企业以各种资本在企业全部资本中所占的比重为权数，对各种长期资金的资本成本加权平均计算出来的资本总成本。加权平均资本成本可用来确定具有平均风险投资项目所要求的收益率，其计算公式为

$$K_w = \sum_{j=1}^{n} K_j \times W_j$$

参数如下。

☆　K_w：加权平均资本成本。

☆　K_j：第 j 种个别资本成本。

☆　W_j：第 j 种个别资本成本占全部资本的比重。

例如某家公司的长期资金共 1 000 000元，其中应付长期债券 500 000 元，长期借款 100 000 元，普通股 150 000 元，保留盈余 250 000 元，其成本分别为 4.2%、3.5%、15%、15.5%，计算该企业的加权平均资本成本的具体操作步骤如下。

步骤 1　在"资本成本"工作簿中，再插入一张新工作表并将其重命名为"加权平均"，在该表中输入各个项目并进行格式化，如图 13-53 所示。

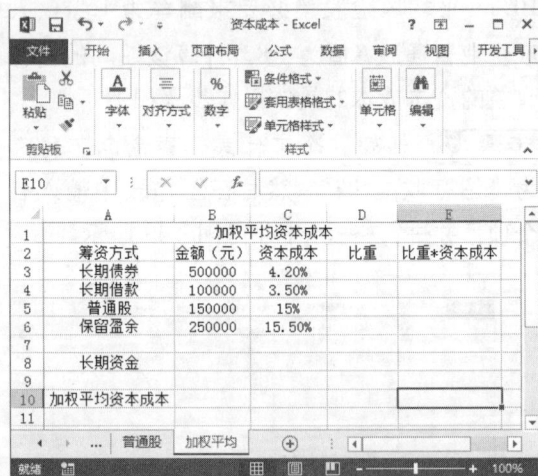

图 13-53　输入加权平均成本的各个项目

步骤 2　选中 B8 单元格，单击【公式】选项卡【函数库】组中的【自动求和】按钮，即可计算出长期资金的结果，如图 13-54 所示。

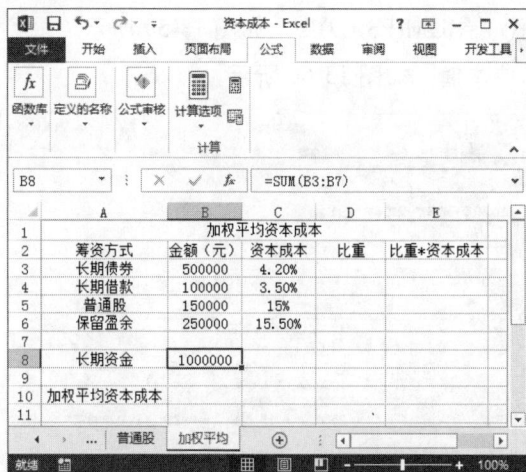

图 13-54　计算出长期资金

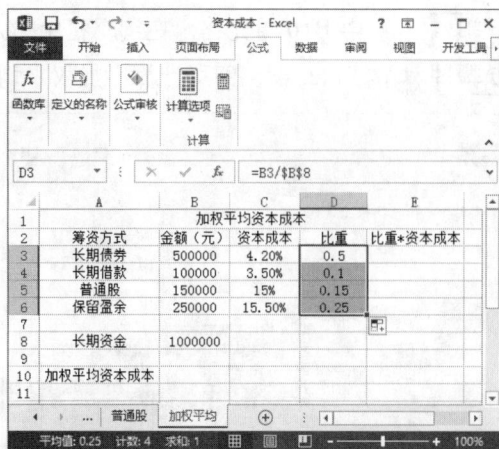

图 13-56　复制 D3 单元格公式

步骤 3 选中 D3 单元格，在编辑栏中输入公式 "=B3/$B$8"，即可计算出长期债券的资本比重，如图 13-55 所示。

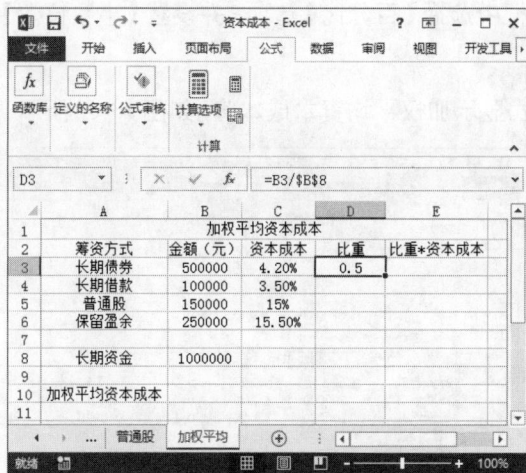

图 13-55　计算长期债券的资本比重

步骤 4 将 D3 单元格公式复制到 D4:D6 单元格区域，即可计算出其他筹资方式的资本比重，如图 13-56 所示。

步骤 5 选中 E3 单元格，在编辑栏中输入公式 "=D3*C3"，即可计算出长期债券的资本加权平均数，如图 13-57 所示。

步骤 6 将 E3 单元格公式复制到 E4:E6 单元格区域，即可计算出其他筹资方式的资本加权平均数，如图 13-58 所示。

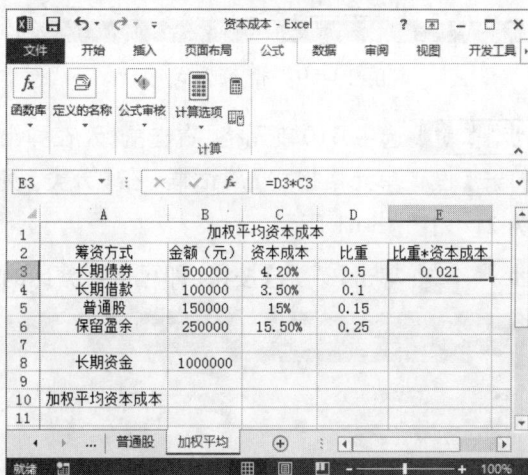

图 13-57　计算长期债券的资本加权平均数

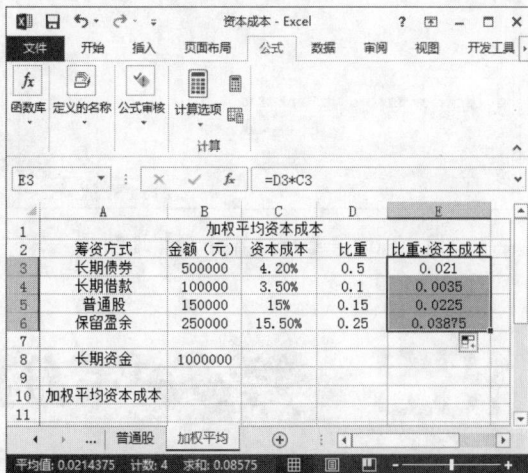

图 13-58　复制 E3 单元格公式

步骤 7 选中 B10 单元格，在编辑栏中输入公式 "=SUM(E3:E9)"，如图 13-59 所示。

步骤 8 按 Enter 键，即可计算出加权平均资本成本值，如图 13-60 所示。

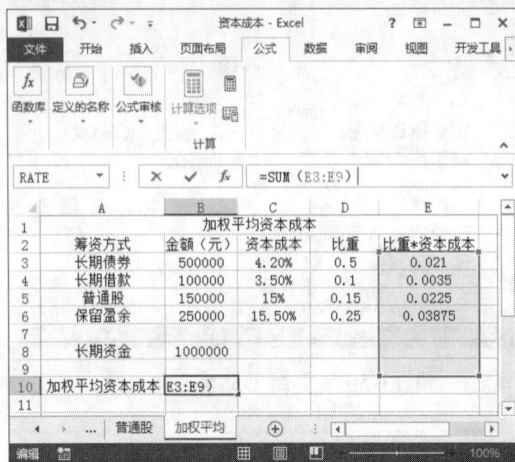

图 13-59　输入公式

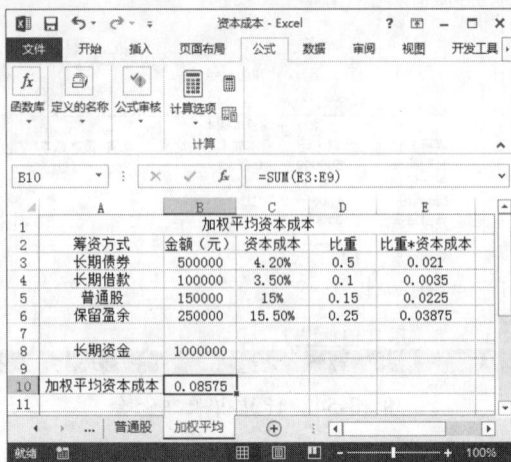

图 13-60　计算出加权平均资本成本

步骤 9 选中 B10 单元格，右击鼠标，在弹出的快捷菜单中选择【设置单元格格式】菜单命令，打开【设置单元格格式】对话框，在【分类】列表框中选择【百分比】选项，并设置【小数位数】为 2，如图 13-61 所示。

步骤 10 单击【确定】按钮，即可以百分比的方式显示加权平均资本成本值，如图 13-62 所示。

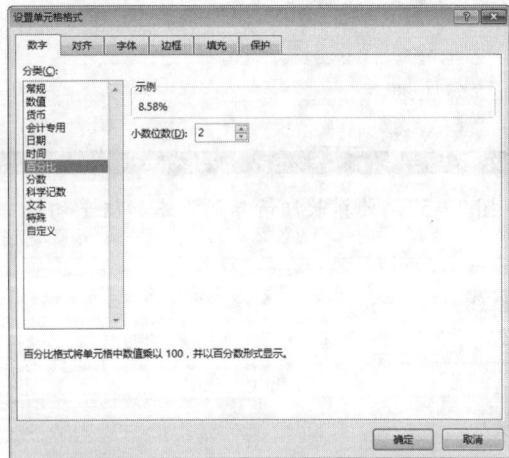

图 13-61　选择【百分比】选项

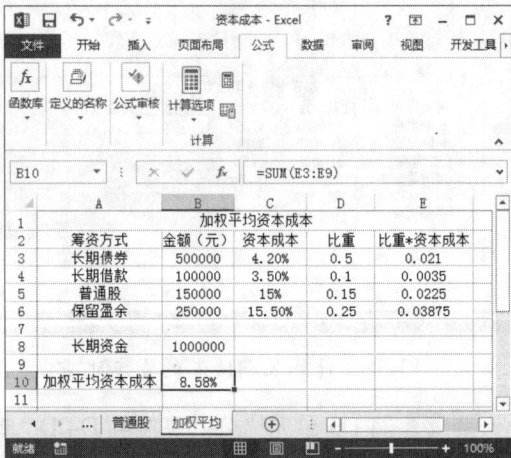

图 13-62　以百分比方式显示数据

13.3　筹资决策分析模型

在介绍了在筹资决策分析中应用到的货币时间价值函数以及各种资本成本的计算模型后，下面讲述如何建立一个全面的筹资分析模型。

13.3.1　建立基本模型表

下面以"长期借款"为例进行筹资决策的分析，建立分期等额偿还长期借款基本模型表。例如某家公司长期借款金额 500 000 元，借款年限为 10 年，借款年利率为 10%，每年还款 1 次，建立分期等额偿还长期借款基本模型表的具体操作步骤如下。

步骤 1　新建一个名为"筹资决策分析模型"的工作簿，将 Sheet1 工作表命名为"分期等额还款模型"，如图 13-63 所示。

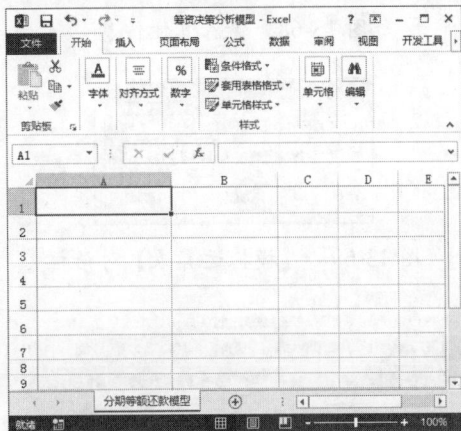

图 13-63　新建空白工作表

步骤 2　在工作表中输入相关的项目并进行格式化，如图 13-64 所示。

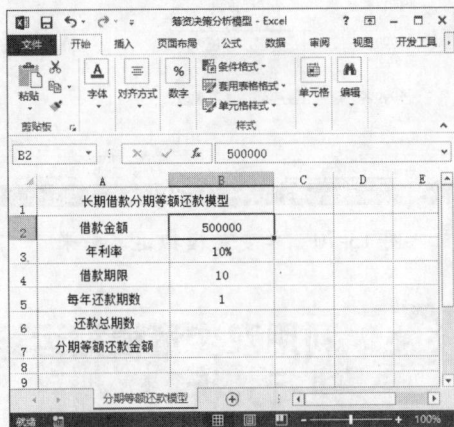

图 13-64　输入分期等额还款的各个项目

步骤 3　选中 B6 单元格，在编辑栏中输入公式"=B4*B5"，即可计算出还款总期数，如图 13-65 所示。

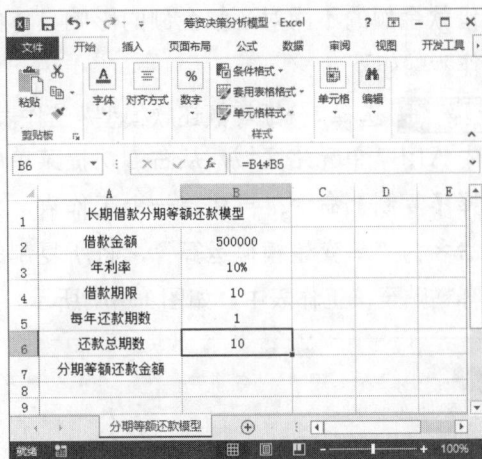

图 13-65　计算出还款总期数

步骤 4　选中 B7 单元格，在编辑栏中输入公式"=PMT($B$3/$B$5,$B$6,$B$2)"，即可计算出分期等额还款金额，如图 13-66 所示。

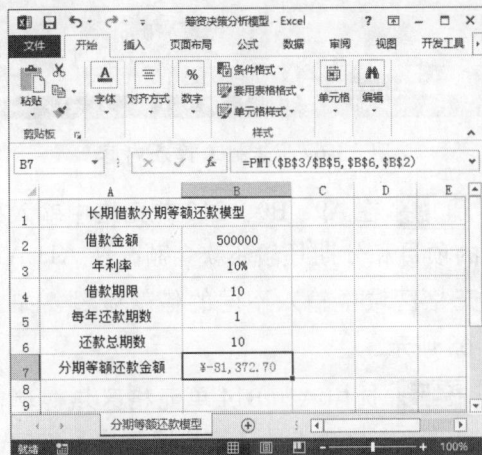

图 13-66　计算出分期等额还款金额

13.3.2　利用单变量模拟运算进行分析

单变量模拟运算是指在公式中可以有一个变量值，只要在单元格中输入此变量值，即可列出该数值变化后的所有的计算结果。下面以"分期等额还款模型"为例，在等额分期还款条件下，利用单变量模拟运算表分析借款金额的不同对还款金额的影响具体的操作步骤如下。

步骤 1 选择"分期等额还款模型"工作表，选中 A1:B7 单元格区域，从右键快捷菜单中选择【复制】命令；再新建一个工作表，将其命名为"单变量模拟运算"，将所复制的内容粘贴至该工作表中，如图 13-67 所示。

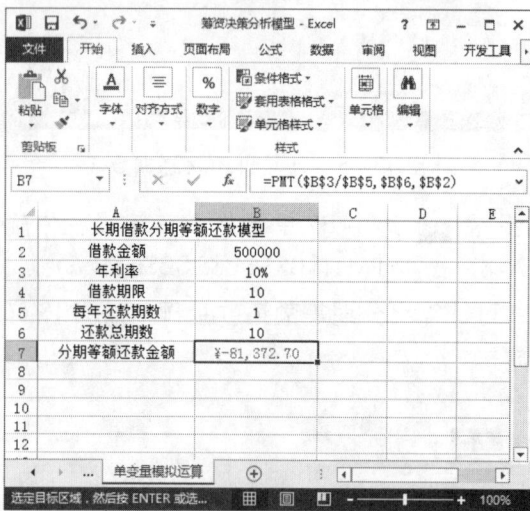

图 13-67　复制工作表内容

步骤 2 在 A9、B9、B10 单元格中输入相关的项目和分期等额还款金额；在 A11:A14 单元格区域中输入不同的借款金额，如图 13-68 所示。

步骤 3 选中 A10:B14 单元格区域，单击快速访问工具栏上的【模拟运算表】按钮，打开【模拟运算表】对话框，由于将不同的借款金额设置在 A 列，所以将借款金额变量设置为列变量，如图 13-69 所示。

步骤 4 单击【确定】按钮，即可计算出不同借款额所对应的模拟运算结果，如图 13-70 所示。

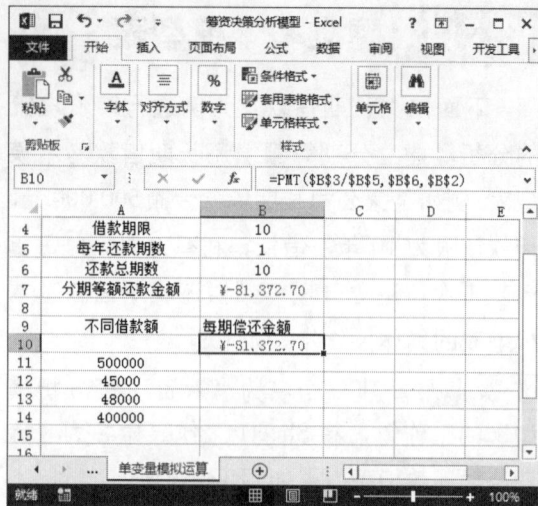

图 13-68　输入其他信息

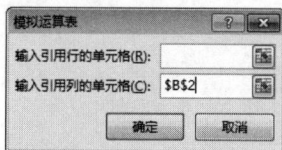

图 13-69　【模拟运算表】对话框

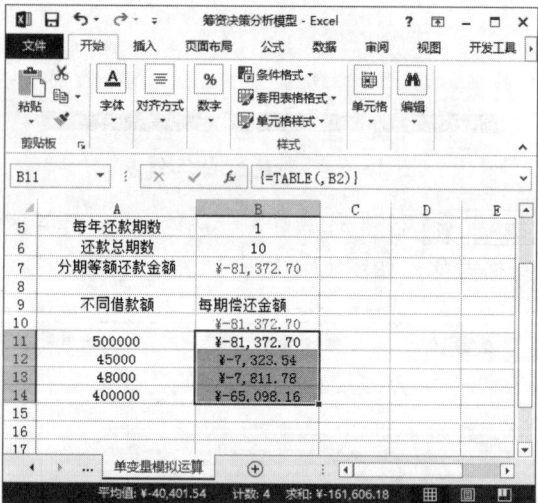

图 13-70　单变量模拟运算结果

13.3.3　利用双变量模拟运算进行分析

利用双变量模拟运算表可计算含有两个变量的公式，在一次操作过程中完成多组不同数组的计算，为筹资决策的分析带来了方便。下面以"分期等额还款模型"为例，在等额分期还款条件下，利用双变量模拟运算表分析借款年利率和借款期数的不同对还款金额的影响，具体的操作步骤如下。

步骤 1 新建一个工作表，将其重命名为"双变量模拟运算"名称，复制"分期等额还款模型"工作表中的数据信息至该工作表，在 A 列中输入不同的借款年利率，在 A10:J10 单元格区域中输入借款期数，如图 13-71 所示。

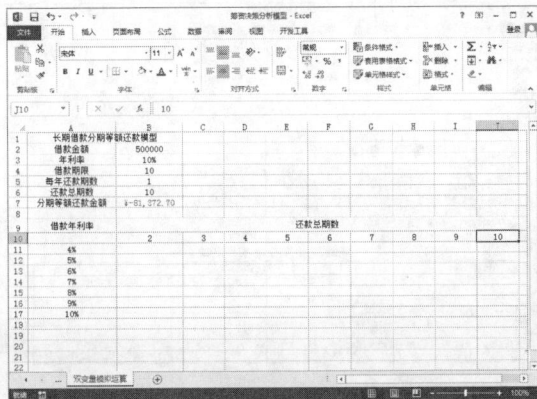

图 13-71　输入不同的年利率和还款期数

步骤 2 选中 A10 单元格，在编辑栏中输入公式"=B7"，即可获取等额还款金额，如图 13-72 所示。

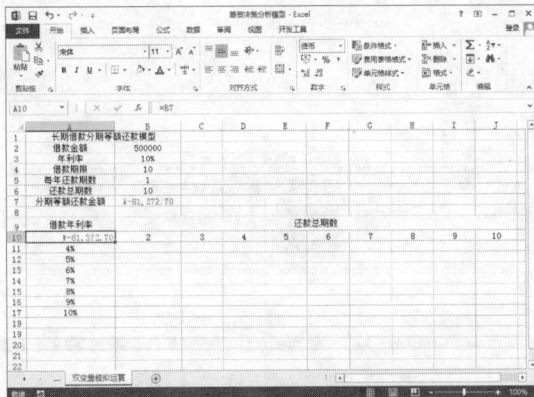

图 13-72　获取等额还款金额

步骤 3 选中 A10:J17 单元格区域，单击快速访问工具栏上的【模拟运算表】按钮，打开【模拟运算表】对话框，在其中分别输入引用行和引用列的单元格，如图 13-73 所示。

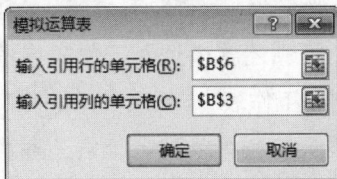

图 13-73　输入引用行和引用列的单元格

步骤 4 单击【确定】按钮返回工作表中，即可看到双变量模拟运算的结果，如图 13-74 所示。

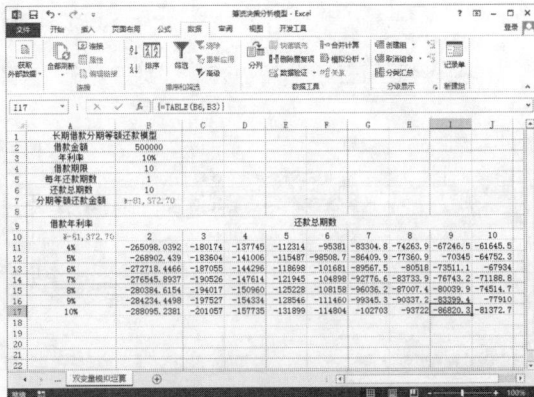

图 13-74　双变量模拟运算结果

财务人员利用模拟运算表可以直观比较不同组合下需要偿还的借款金额。当长期借款方案发生变化时，财务人员只需要改变该因素所在行和列的数值，系统就会自动地重新计算双变量模拟运算表中的所有值。若模拟运算结果中的出现负值，则表示现金的流出。

13.3.4　建立筹资决策分析表

下面以"分期等额还款模型"为例，利用 Excel 2013 建立借款筹资决策偿还分析表，以表明借款偿还的详细情况。假设某家公司从银行借款 500 000 元，借款期限为 5 年，银行年利率 10%，偿还条件是每年年末等额偿还本息建立等额还款筹资决策分析表的具体操作步骤如下。

步骤 **1** 在"筹资决策分析模型"工作簿中插入一张名为"筹资决策分析"的工作表，将"分期等额还款模型"工作表中的数据信息复制到该工作表中，更改其中的借款金额、借款期限、年利率以及每年偿还期数，即可计算出还款总期数和分期等额还款金额，同时需要在其他的单元格中输入所需要的项目并进行格式化，如图 13-75 所示。

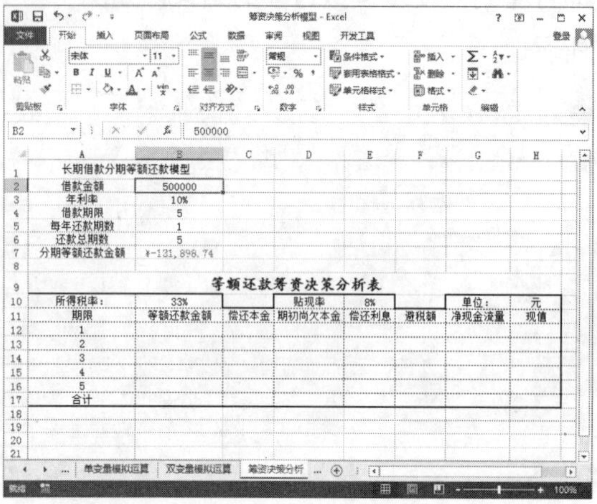

图 13-76　计算期限为 1 年的还款金额

图 13-75　筹资决策分析表结构图

步骤 **2** B12 单元格中输入公式"=-$B$7"，即可计算出期限为 1 年的还款金额，如图 13-76 所示。

步骤 **3** 将 B12 单元格公式复制到 B13:B16 单元格区域，即可计算出其他期限的等额还款金额，如图 13-77 所示。

步骤 **4** 选中 C12 单元格，在编辑栏中输入公式"=PPMT($B$3/$B$5,A12,$B$6,-$B$2)"，即可计算出偿还本金额，此时可利用自动填充功能将该公式填充到 C13:C16 单元格区域，如图 13-78 所示。

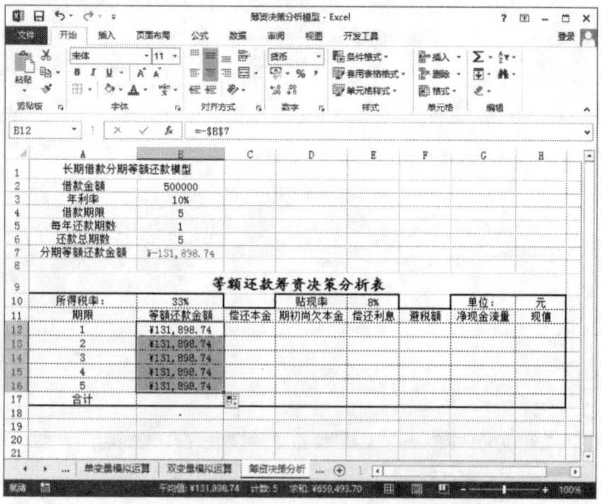

图 13-77　计算每年还款金额

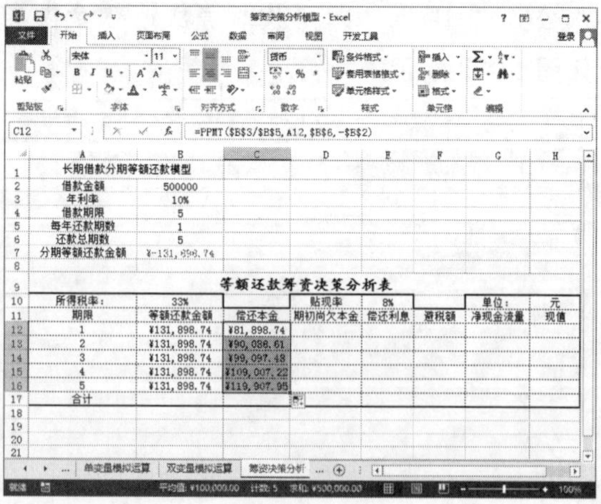

图 13-78　计算偿还本金额

步骤 5 根据公式"期初尚欠本金 = 上期期初尚欠本金 - 上期偿还本金",这里需要选中 D12 单元格,在编辑栏中输入公式"=$B$2",按 Enter 键,即可计算出第 1 期尚欠本金数,如图 13-79 所示。

图 13-79　计算第 1 期期初尚欠本金

步骤 6 选择 D13 单元格,在编辑栏中输入公式"=D12-C12",即可计算出第 2 期的期初尚欠本金。然后利用自动填充功能将 D13 单元格公式填充到 D14:D16 单元格区域中,计算其他期限的期初尚欠本金,如图 13-80 所示。

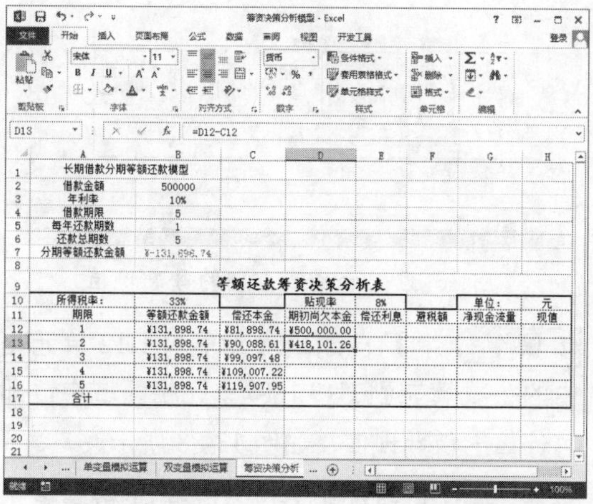

图 13-80　计算其他期限的期初尚欠本金

步骤 7 选中 E12 单元格,在编辑栏中输入

公式"=IPMT($B$3/$B$5,A12,$B$6,-$B$2)",即可计算出偿还利息,如图 13-81 所示。

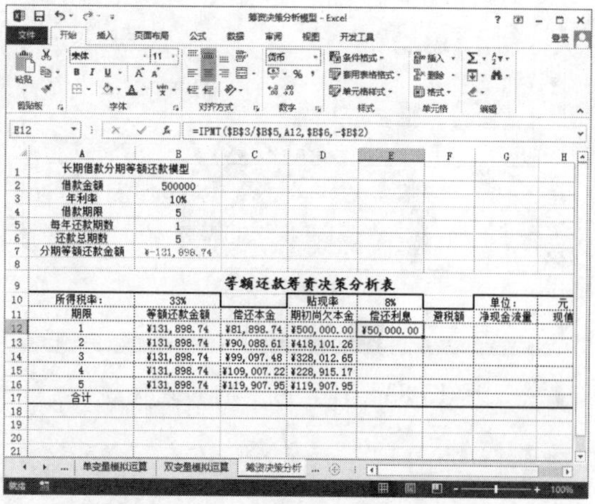

图 13-81　计算第 1 期的偿还利息

步骤 8 利用自动填充功能将该公式填充到 E13:E16 单元格区域,计算其他期的偿还利息,如图 13-82 所示。

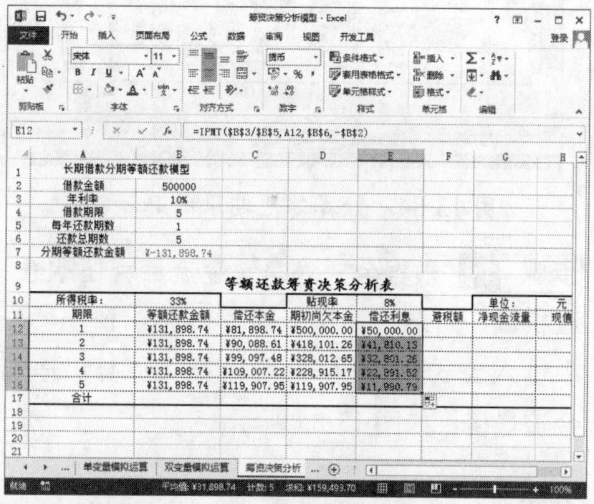

图 13-82　计算其他期限的偿还利息

步骤 9 根据公式"避税额 = 偿还利息 * 所得税率",这里选中 F12 单元格,在编辑栏中输入公式"=E12*$B$10",即可计算出避税额,如图 13-83 所示。

步骤 10 利用自动填充功能将 F12 单元格中的公式填充到 F13:F16 单元格区域,如图 13-84 所示。

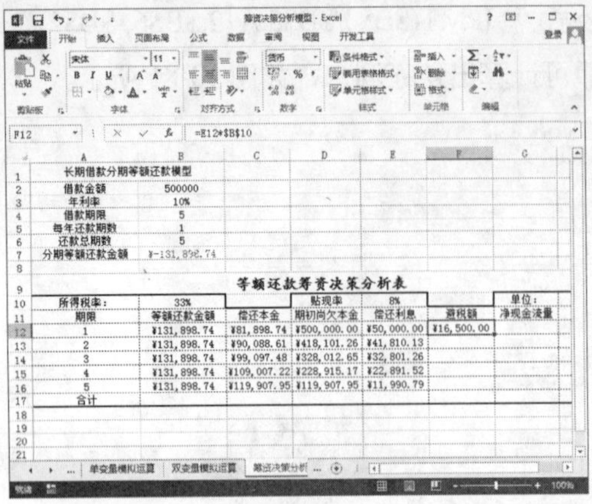

图 13-83　计算第 1 期的避税额

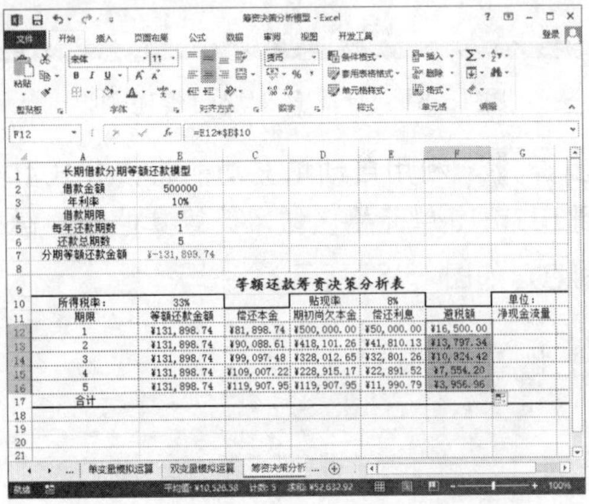

图 13-84　计算其他期限的避税额

步骤 11 根据公式"净现金流量＝还款额－避税额"，这里选中 G12 单元格，在编辑栏中输入公式"=B12-F12"，即可计算出净现金流量值，如图 13-85 所示。

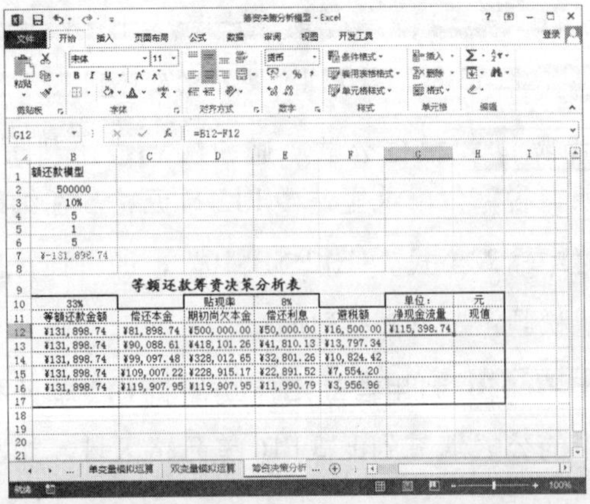

图 13-85　计算第 1 期的净现金流量值

步骤 12 利用自动填充功能将 G12 单元格中的公式填充到 G13:G16 单元格区域，计算其他期限的净现金流量值，如图 13-86 所示。

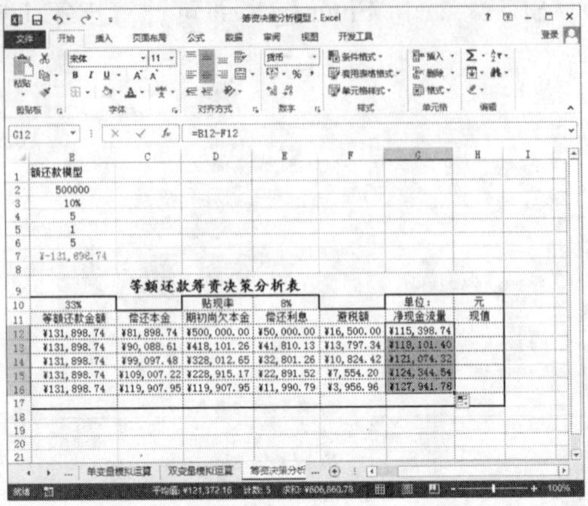

图 13-86　计算其他期限的净现金流量值

步骤 13 根据公式"现值＝净现金流量／((1+ 贴现率)^ 期数)"，这里选中 H12 单元格，在编辑栏中输入公式"=G12/((1+$E$10)^A12)"，即可计算出现值，如图 13-87 所示。

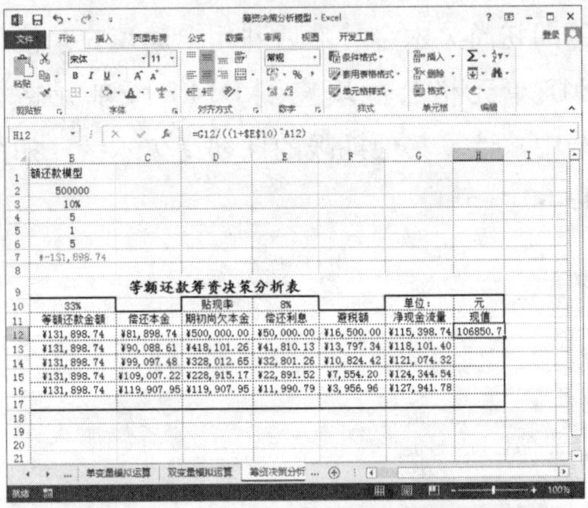

图 13-87　计算第 1 期的每期现值

步骤 14 利用自动填充功能将 H12 单元格中的公式填充到 H13:H16 单元格区域中，即可计算出每期现值，如图 13-88 所示。

步骤 15 分别选中 B17:H17 单元格，单击【公式】选项卡【函数库】中的【自动求和】按钮，即可计算出各个项目的合计数，如图 13-89 所示。

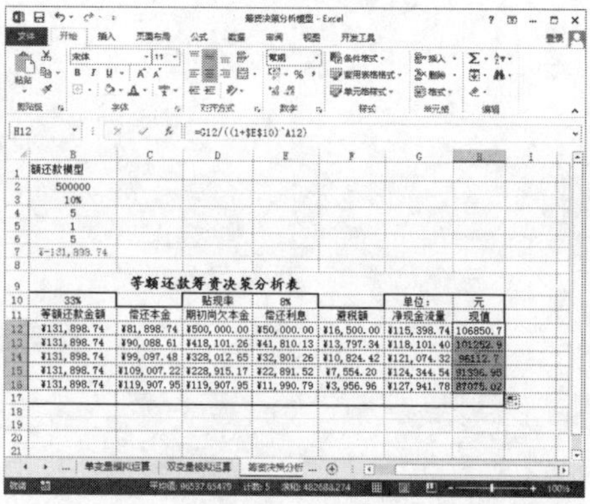

图 13-88　计算其他期限的每期现值

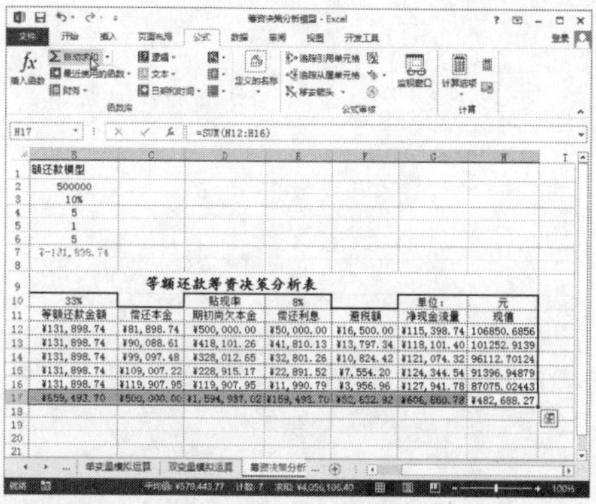

图 13-89　计算出各个项目的合计数

步骤 16 为使数据的形式保持一致，设置"等额还款金额"列的数据类型为 2 位小数位数的【数值型】，最后的分析表模型显示如图 13-90 所示。

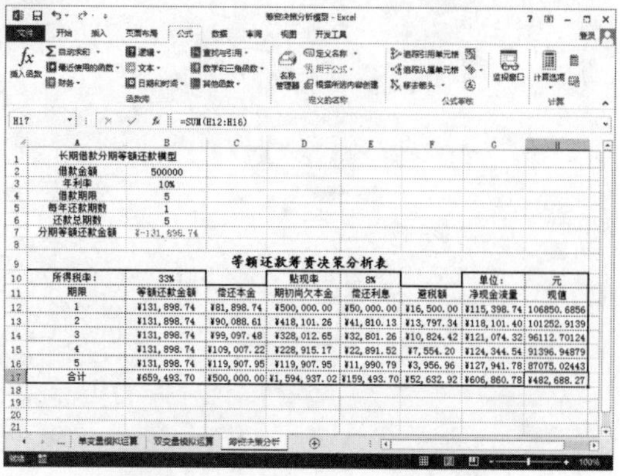

图 13-90　筹资决策分析表

由此可见，利用 Excel 2013 软件建立筹资决策分析表可以将复杂的问题简单化，便于操作、计算和比较不同方案下的数据；可根据分析表直观观察结果，从而做出有效决策。

13.4　疑难问题解答

问题 1：如何使用参数表示现金的流入与流出？

解答：在年金现值函数 PV 的所有参数中，若为现金流入则以正数表示；若为现金流出则以负数表示。

问题 2：为什么在功能区中无法找到【模拟运算表】按钮呢？

解答：出现这种情况，通常需要切换到【文件】选项卡，在界面中选择【选项】选项，弹出【Excel 选项】对话框，在左侧列表框中选择【快速访问工具栏】选项，在右侧【从下列位置选择命令】列表中选择【数据选项卡】下的【模拟运算表】命令，单击【添加】按钮，将其添加至【自定义快速访问工具栏】列表中，单击【确定】按钮，即可在快速访问工具栏中查看添加的结果。

第 **14** 章

使用 VBA 创建
财务管理系统

● **本章导读**

  现金和银行存款具有很强的流动性，是企业唯一转化为其他类型资产的资产。企业为了保证生产经营活动的正常进行，必须拥有一定数额的作为支付手段的货币资金。由于货币资金收支频繁，流动性极大，企业应该加强货币资金（主要是现金和银行存款）的管理和核算工作。本章将制作现金和银行存款管理系统，随时反映企业当前的现金和银行存款的余额，以及现金和银行存款的收支情况。

● **学习目标**

◎ 掌握创建系统表格的方法

◎ 掌握设计系统界面的方法

◎ 掌握创建日记账程序的方法

◎ 掌握创建用户登录和退出程序的方法

◎ 掌握封装工作表的方法

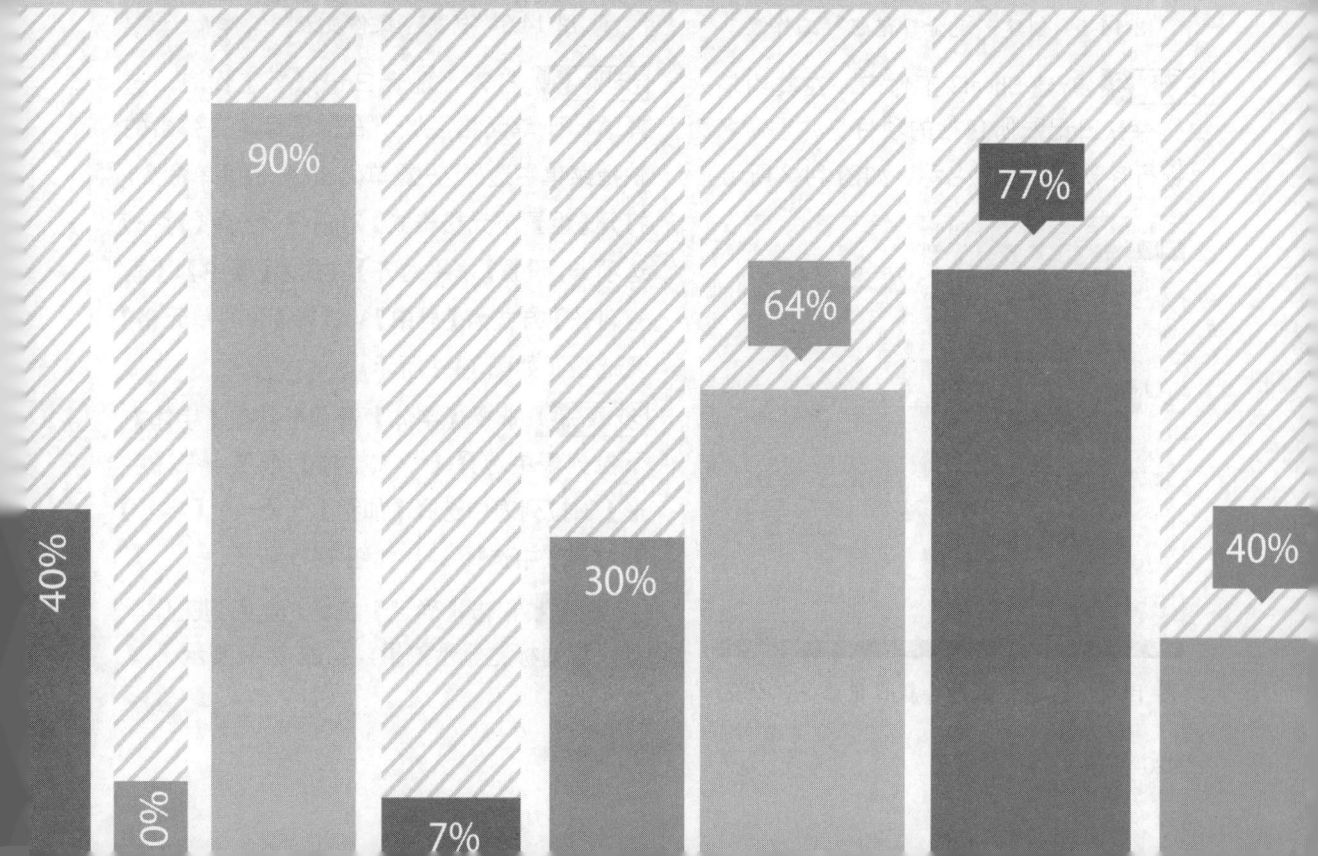

14.1 创建系统表格

由于本系统主要用于管理现金和银行存款，该系统的工作表主要有现金日记账和银行存款日记账。为对用户登录操作进行控制，在系统中还应包括一个操作员表。具体的操作步骤如下。

步骤 1 新建一个 Excel 工作簿，在 Sheet1 工作表中输入"日期""摘要""收入""支出"和"余额"信息，再双击该工作表标签，将其重命名为"现金日记账"，如图 14-1 所示。

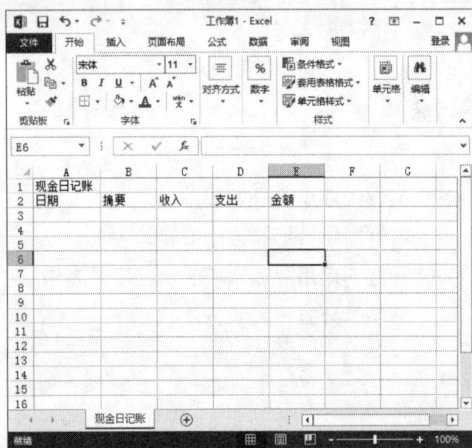

图 14-1 创建"现金日记账"工作表

步骤 2 新建 Sheet2 工作表，在其中输入银行存款日记账所包括的项目，并重命名为"银行存款日记账"名称，如图 14-2 所示。

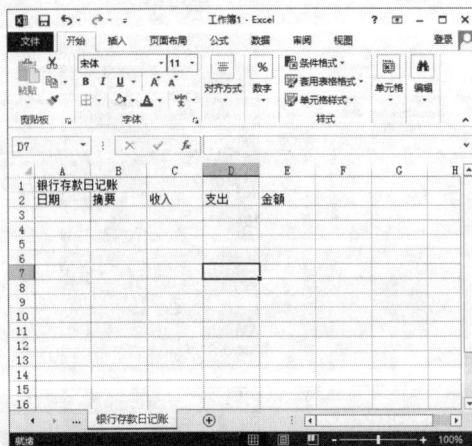

图 14-2 创建"银行存款日记账"工作表

步骤 3 新建 Sheet3 工作表，将其命名为"操作员表"名称，在其中输入各操作员的姓名和密码信息，如图 14-3 所示。

图 14-3 创建"操作员表"工作表

步骤 4 打开"现金日记账"工作表，选择 A1:E1 单元格区域，右击鼠标，在弹出的快捷菜单中选择【设置单元格格式】菜单命令，打开【设置单元格格式】对话框，选择【对齐】选项卡，设置【水平对齐】方式为【居中】、【垂直对齐】方式为【居中】，选择【合并单元格】复选框，如图 14-4 所示。

步骤 5 选择【字体】选项卡，在【字体】下拉列表中选择【华文楷体】选项，在【字形】下拉列表中选择【加粗】选项，在【字号】下拉列表中选择 24，如图 14-5 所示。

步骤 6 单击【确定】按钮，返回到工作，可以看到标题显示效果，如图 14-6 所示。

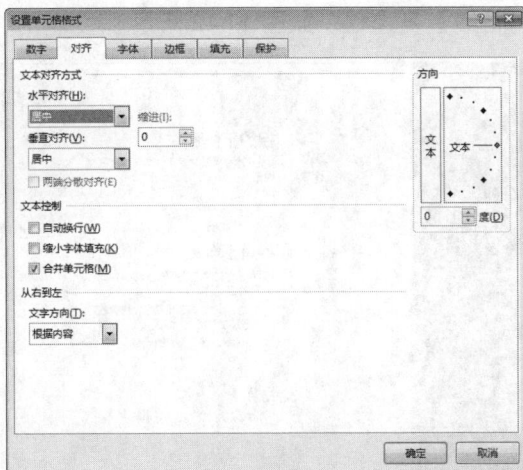

图 14-4　【设置单元格格式】对话框

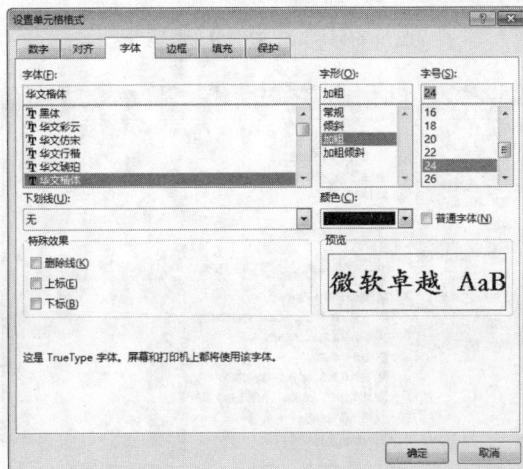

图 14-5　【字体】选项卡

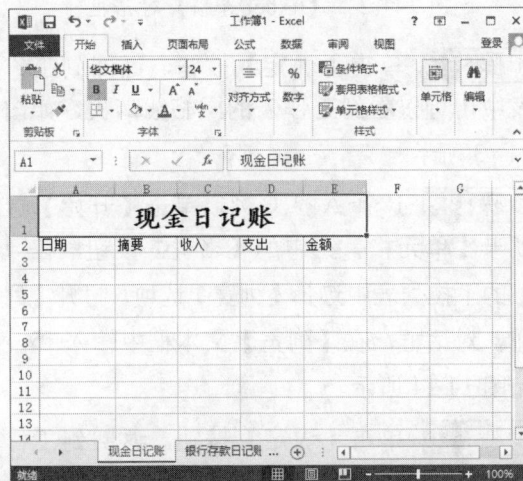

图 14-6　标题显示效果

步骤 **7** 选择 A2:E2 单元格区域，设置字体为【宋体】，【字号】为 12。然后单击【开始】选项卡【字体】组中的【填充颜色】按钮，在弹出的色板中选择一种颜色为表格的标题填充色，如图 14-7 所示。

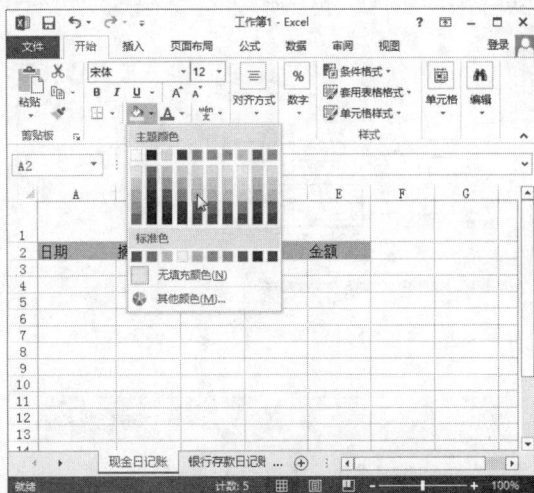

图 14-7　选择填充颜色

步骤 **8** 选择完毕后，返回到工作表，可以看到填充效果。然后单击【开始】选项卡【对齐方式】组中的【水平居中】按钮，即可居中显示表格的标题数据，如图 14-8 所示。

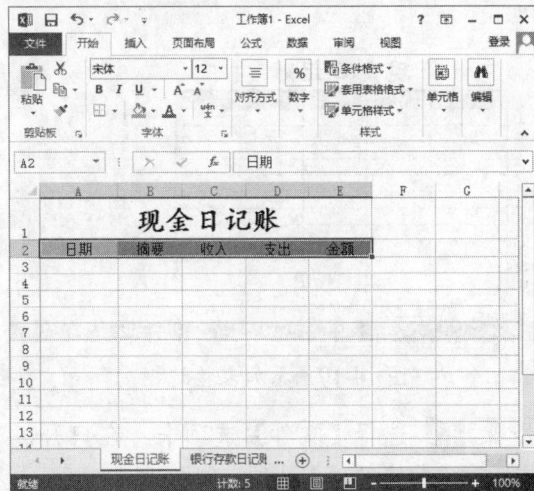

图 14-8　居中显示表格标题数据

步骤 **9** 选中 A2:E25 单元格区域，右击鼠标，在弹出的快捷菜单中选择【设置单元格格式】菜单命令，打开【设置单元格格式】对话框，在【边框】选项卡中将单元格内部设置为虚线边框，外部设置为双实线边框，如图 14-9 所示。

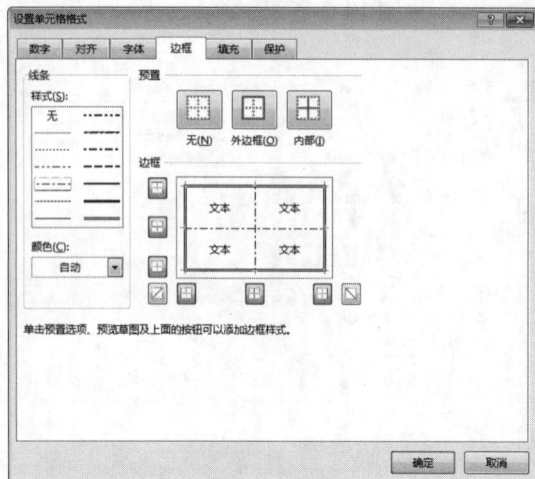

图 14-9　【边框】选项卡

步骤 10 单击【确定】按钮，即可完成表格边框的设置，如图 14-10 所示。

图 14-10　添加表格边框

步骤 11 选择【文件】选项卡，在打开的界面中选择【选项】选项，如图 14-11 所示。

步骤 12 打开【Excel 选项】对话框，在左侧列表框中选择【高级】选项，在右侧【此工作表的显示选项】区域中取消选择【显示

网格线】复选框，如图 14-12 所示。

图 14-11　【文件】选项卡

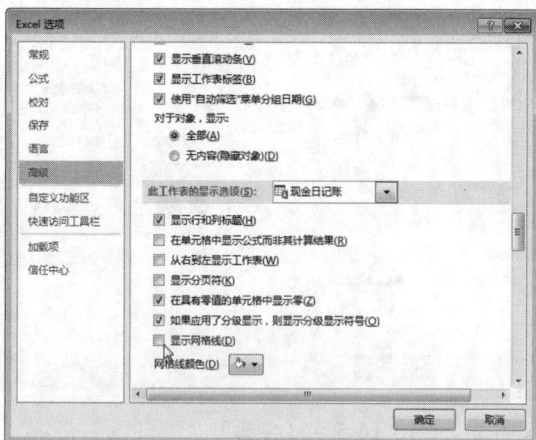

图 14-12　【Excel 选项】对话框

步骤 13 单击【确定】按钮，返回到工作表中，可以看到工作表的网格线消失，如图 14-13 所示。

步骤 14 选择 A～E 列，单击【开始】选项卡【单元格】组中的【格式】按钮，在弹出的下拉列表中选择【列宽】选项，打开【列宽】对话框，在【列宽】文本框中输入 15，如图 14-14 所示。

步骤 15 单击【确定】按钮，返回到工作表中，可以看到调整列宽之后的显示效果，如图 14-15 所示。

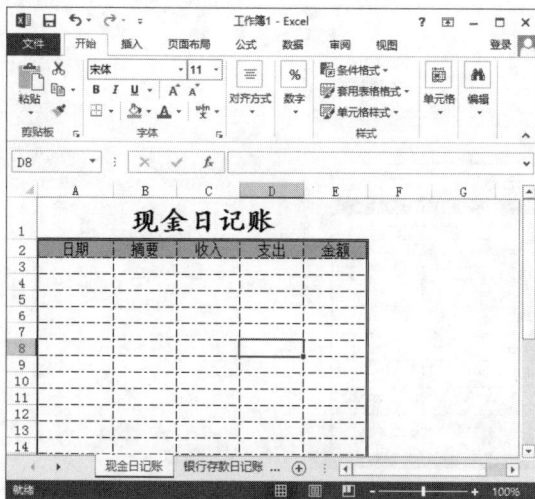

图 14-13　取消网格线的显示状态

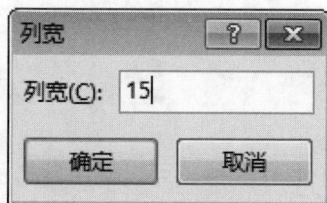

图 14-14　【列宽】对话框

图 14-15　调整列宽

步骤 16 为工作表中需要手动输入的单元格区域添加底纹效果。选择 B、C、D 列单元格区域，单击【开始】选项卡【字体】组中的【填

充颜色】按钮，在弹出的色板中选择橘色为填充颜色，最后的效果如图 14-16 所示。

图 14-16　填充单元格区域

步骤 17 选择 A2:E2 单元格区域，单击【开始】选项卡【字体】组中的【加粗字体】按钮，即可以加粗方式显示表格项目信息，如图 14-17 所示。

图 14-17　现金日记账工作表

步骤 18 采用上述表格设置方法，将"银行存款日记账"工作表设置成如图 14-18 所示的效果。

图 14-18　银行存款日记账工作表

14.2　设计系统界面

　　在 Excel 中可以创建出漂亮的界面系统，而且方法也有多种，可以采用自选图形，也可以采用用户窗体。

14.2.1　添加界面元素

　　使用 Excel 自带的一些自选图形对象，可以创建系统界面，具体的操作步骤如下。

步骤 1　右击"现金日记账"工作表标签，从弹出的快捷菜单中选择【插入】菜单命令，如图 14-19 所示。

步骤 2　打开【插入】对话框，在【常用】选项卡选择【工作表】图标，如图 14-20 所示。

图 14-19　选择【插入】菜单命令

图 14-20　【插入】对话框

步骤 3 单击【确定】按钮，即可插入一个新的工作表 Sheet4，如图 14-21 所示。

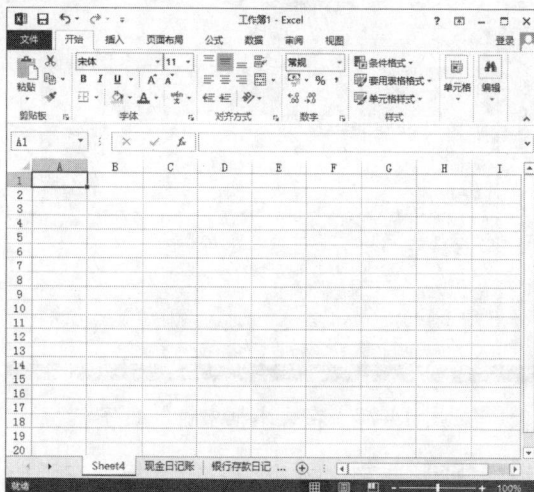

图 14-21　插入新的工作表

步骤 4 双击新插入的 Sheet4 工作表，将其重命名为"主菜单"，如图 14-22 所示。

图 14-22　重命名工作表

步骤 5 单击【插入】选项卡【插图】组中的【形状】下拉按钮，在弹出的下拉列表中选择【矩形】区域中的【矩形】图形，如图 14-23 所示。

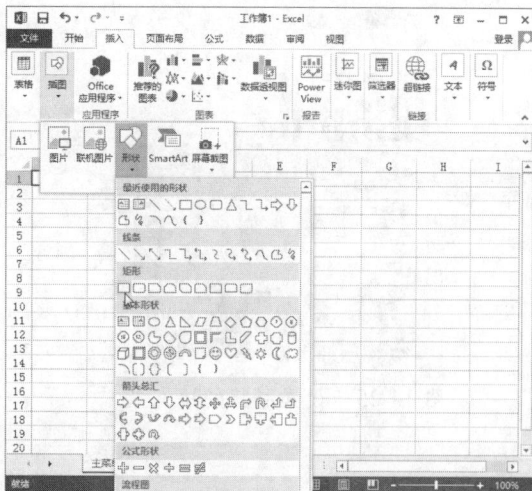

图 14-23　选择形状

步骤 6 从工作表的左上角开始绘制矩形，绘制完成后的显示效果如图 14-24 所示。

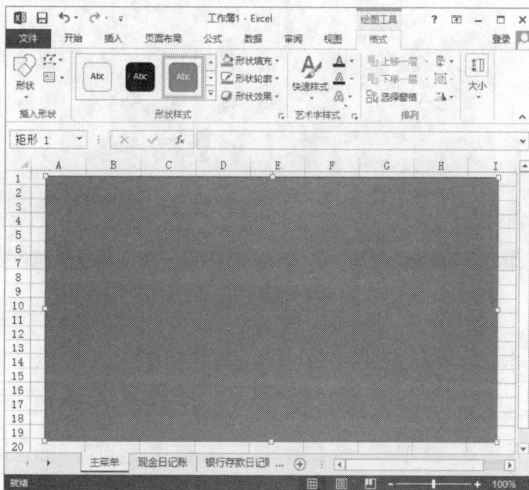

图 14-24　绘制矩形

步骤 7 选定绘制的矩形，在【绘图工具】下的【格式】选项卡【形状样式】组中单击【形状填充】按钮，在弹出的下拉列表中选择【纹理】→【水滴】选项，如图 14-25 所示。

步骤 8 返回到工作表中，可以看到应用水滴效果后的矩形，如图 14-26 所示。

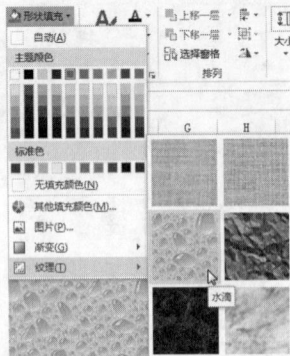

图 14-25　设置形状的填充效果

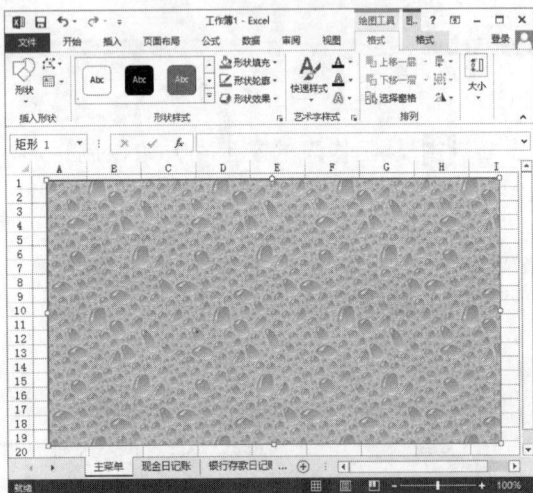

图 14-26　填充后的矩形

步骤 9 单击【格式】选项卡【插入形状】组中的【绘制横排文本框】按钮，在弹出的下拉列表中选择【横排文本框】选项，如图 14-27 所示。

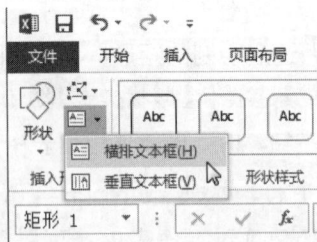

图 14-27　【横排文本框】选项

步骤 10 在矩形上绘制一个文本框，在其中输入"大华科技商贸有限公司"文字信息，如图 14-28 所示。

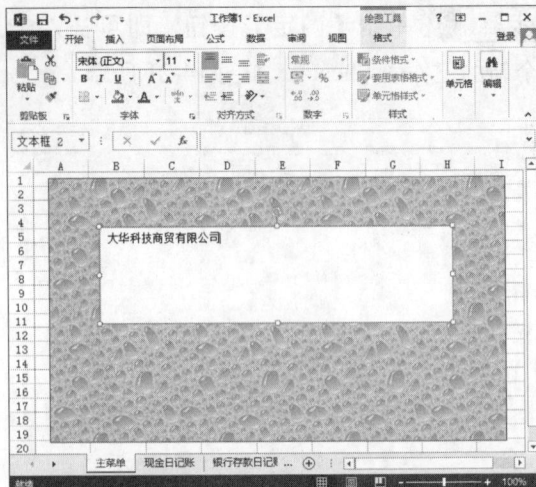

图 14-28　在文本框中输入文字

步骤 11 选定文本框，右击鼠标，在弹出的快捷菜单中选择【设置文字效果格式】菜单命令，如图 14-29 所示。

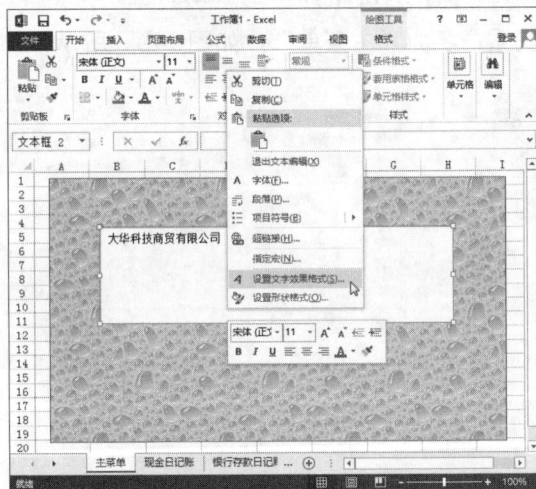

图 14-29　【设置文字效果格式】菜单命令

步骤 12 打开【设置形状格式】窗格，选择【文本填充】选项卡，在下方的列表中选择【纯色填充】单选按钮，单击【颜色】按钮，从色板中选择一种合适的颜色，如图 14-30 所示。

步骤 13 选中文本框中的文字，在【开始】选项卡【字体】组中设置【字体】为【华文隶书】、【字号】为 28，如图 14-31 所示。

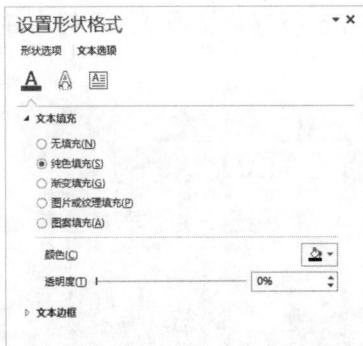

图 14-30　选择文本填充颜色

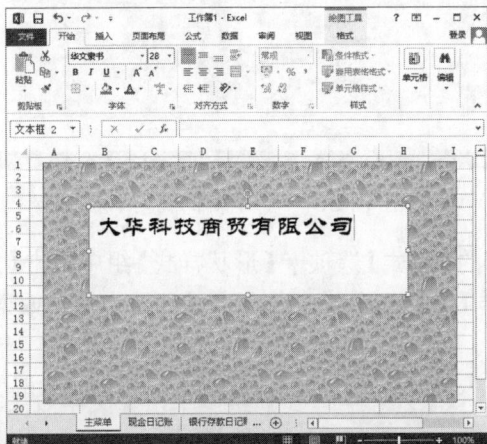

图 14-31　设置文字字体与字号

步骤 14 选择文本框，在【绘图工具】下的【格式】选项卡【形状样式】组中单击【形状填充】按钮，在弹出的下拉列表中选择【无填充颜色】选项，如图 14-32 所示。

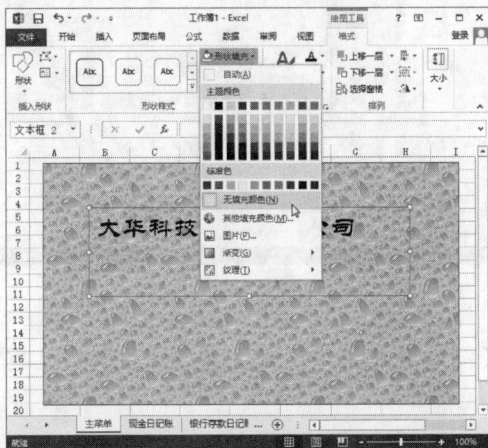

图 14-32　选择【无填充颜色】选项

步骤 15 选择文本框，在【绘图工具】下的【格式】选项卡【形状样式】组中单击【形状轮廓】按钮，在弹出的下拉列表中选择【无轮廓】选项，如图 14-33 所示。

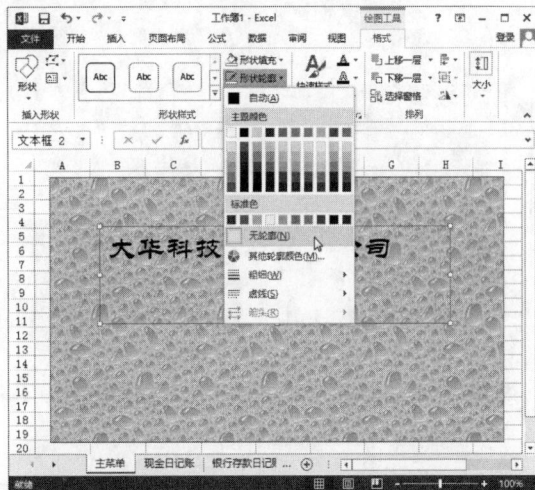

图 14-33　【无轮廓】选项

步骤 16 返回到工作表，可以看到文本框的填充颜色与轮廓消失，这样整个文本框以透明状态显示，如图 14-34 所示。

图 14-34　设置格式后的文本状态

步骤 17 选择文本框，在【绘图工具】下的【格式】选项卡【艺术字样式】组中单击【快速样式】按钮，在弹出的下拉列表中选择合适的艺术字样式，如图 14-35 所示。

步骤 18 再绘制一个横排文本框，在其中输入"现金和银行存款管理系统"信息并设置文本效果、文本框格式以艺术字样式等，如图 14-36 所示。

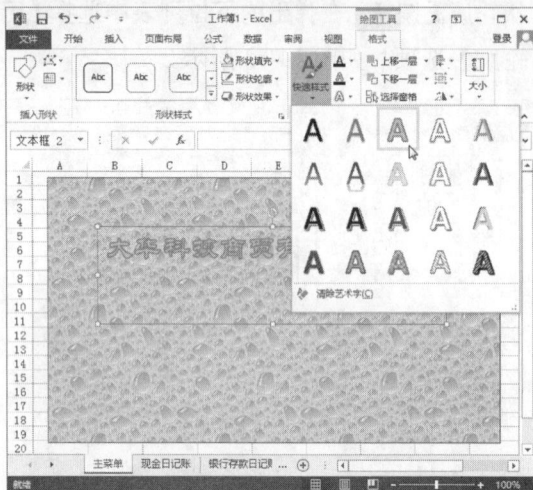

图 14-35 设置艺术字样式

图 14-36 绘制第 2 个文本框

步骤 19 选中新插入的艺术字，在【绘图工具】下的【格式】选项卡【形状样式】组中单击【形状效果】按钮，在弹出的下拉列表中选择【三维旋转】→【倾斜左下】选项，随即将应用该效果，如图 14-37 所示。

步骤 20 选中新插入的艺术字，在【格式】选项卡【艺术字样式】组中单击【文字效果】下拉按钮，选择【转换】→【正 V 型】选项，随即将应用该效果，如图 14-38 所示。

图 14-37 设置三维旋转效果

图 14-38 设置艺术字转换效果

步骤 21 单击【插入】选项卡【插图】组中的【图片】按钮，打开【插入图片】对话框，在其中选定所需要的图片，如图 14-39 所示。

步骤 22 单击【插入】按钮，即可将图片插入到矩形框中，然后调整图片的位置与大小至合适位置，如图 14-40 所示。

图 14-39　【插入图片】对话框

图 14-40　插入图片

步骤 23 选定插入的图片，在【图片工具】下的【格式】选项卡【调整】组中单击【颜色】按钮，在弹出的下拉列表中选择【设置透明色】选项，如图 14-41 所示。

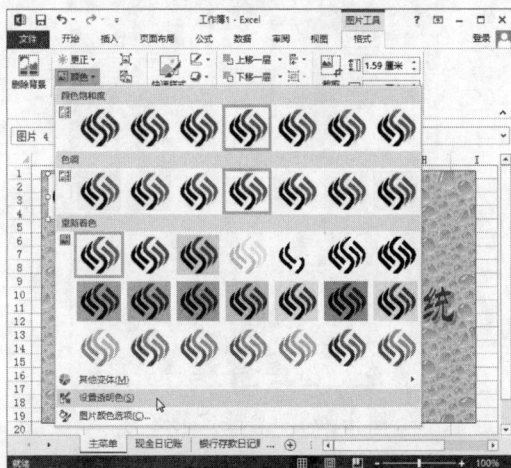

图 14-41　【设置透明色】选项

步骤 24 返回的工作表中，光标样式更改为设置透明色的图标样式 ✐，此时将指针移动到图片上，单击图片上白色的背景区域，即可设置图片的透明色，如图 14-42 所示。

图 14-42　设置透明色

步骤 25 调整 "主菜单" 工作表中图片与文本框的位置与大小，最终的显示效果如图 14-43 所示，至此，就完成了系统界面的设置。

图 14-43　调整图片与文本框的位置与大小

14.2.2　添加命令按钮

相信大多数用户都在使用 Windows 操作系统，对于命令按钮并不陌生，命令按钮的作用通常是单击时完成一个操作。添加命令按钮的操作步骤如下。

步骤 1 选择【文件】选项卡，在打开的界面中选择【选项】选项，打开【Excel 选项】

对话框，选择左侧列表中的【自定义功能区】选项，在右侧【主选项卡】列表中选择【开发工具】选项，如图 14-44 所示。

图 14-44 【Excel 选项】对话框

步骤 2 单击【确定】按钮，即可将其添加到 Excel 主窗口中，如图 14-45 所示。

图 14-45 添加【开发工具】选项卡

步骤 3 在【开发工具】选项卡单击【控件】组中的【插入】按钮，从弹出的面板中即可查看到所有窗体控件，如图 14-46 所示。

步骤 4 选择【表单控件】面板中的【按钮】选项，返回到矩形框中，待光标变为"+"形

状时拖动鼠标，即可打开【指定宏】对话框，如图 14-47 所示。

图 14-46 【表单控件】面板

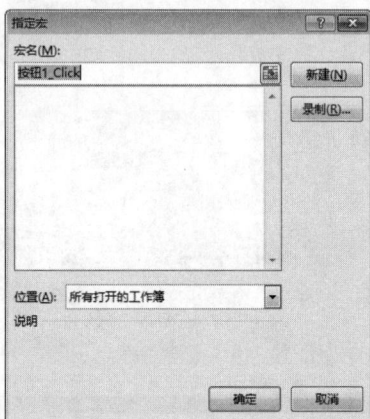

图 14-47 【指定宏】对话框

步骤 5 在【指定宏】对话框的【宏名】文本框中更改宏名为"comd1_单击"，如图 14-48 所示。

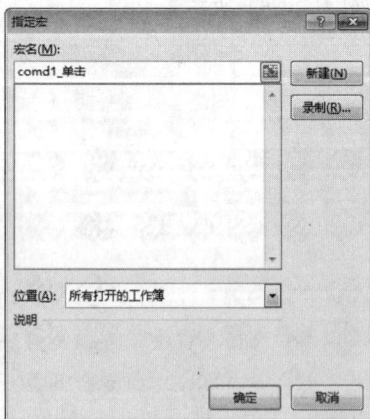

图 14-48 更改宏的名称

步骤 6 单击【确定】按钮，即可在矩形框中的艺术字下方插入一个命令按钮，如图 14-49 所示。

图 14-49　插入命令按钮

步骤 7 再次在【表单控件】面板中选择【按钮】选项，返回矩形框，待光标变为一个 "+" 形状时拖动鼠标，打开【指定宏】对话框，将宏名更改为 "comd2_ 单击"，如图 14-50 所示。

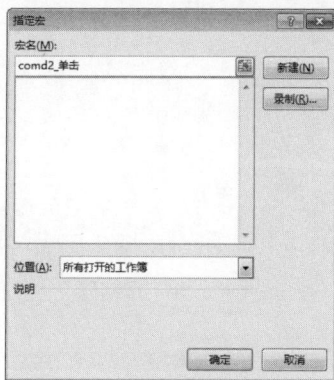

图 14-50　【指定宏】对话框

步骤 8 单击【确定】按钮，即可在矩形框中再次插入一个【命令】按钮，此时按钮显示为【按钮 2】，如图 14-51 所示。

> **提示**　这里指定的宏，从宏名中看出是按钮单击时所响应的，此时该宏并未被创建。在修改宏名时，如宏名中未加 "_ 单击"，则系统不会识别为单击时所响应的宏。

图 14-51　插入另一个命令按钮

步骤 9 此时若单击【按钮 2】，则屏幕上会显示出 Microsoft Excel 信息提示对话框，这里因为指定的宏还未创建，即此时该宏并不存在，如图 14-52 所示。

图 14-52　Microsoft Excel 信息提示对话框

步骤 10 选中【按钮 1】图标，右击鼠标，在弹出的快捷菜单中选择【编辑文字】菜单命令，进入文字编辑状态，如图 14-53 所示。

图 14-53　【编辑文字】菜单命令

步骤 11 在其中输入"现金日记账"。使用同样的方法，将【按钮2】图标上的文字更改为"银行存款日记账"，如图 14-54 所示。

图 14-54　更改按钮上的文字

步骤 12 右击【按钮1】，选择【设置控件格式】菜单命令，打开【设置控件格式】对话框，在【字体】选项卡中设置【字体】为【幼圆】、【字形】为【加粗】、【字号】为 18，如图 14-55 所示。

图 14-55　更改按钮文字格式

步骤 13 在【大小】选项卡中设置控件的大小与显示比例，选择【锁定纵横比】复选框，如图 14-56 所示。

图 14-56　【设置控件格式】对话框

步骤 14 单击【确定】按钮，即可完成控件的设置，如图 14-57 所示。

图 14-57　完成控件设置后的效果

步骤 15 参照上述方法，设置【按钮2】的字体格式，其最终设置效果如图 14-58 所示。

步骤 16 选择"现金日记账"工作表，在 A1 单元格中绘制一个命令按钮，即可自动弹出【指定宏】对话框，此时将宏名更改为"comd3_单击"，如图 14-59 所示。

图 14-58　按钮文字最终的显示效果

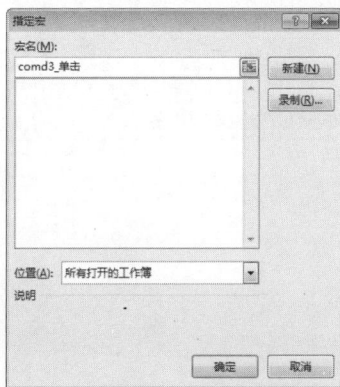

图 14-59　更改宏名

步骤 17 单击【确定】按钮，即可在矩形框中再次插入一个命令按钮，此时按钮显示为【返回】，如图 14-60 所示。

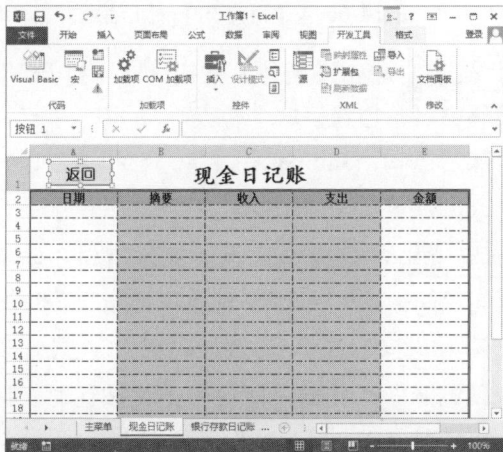

图 14-60　创建【返回】按钮

步骤 18 同样，在"银行存款日记账"工作表中的 A1 单元格中创建一个【返回】按钮，如图 14-61 所示。

图 14-61　插入【返回】按钮

步骤 19 在【文件】选项卡中选择【另存为】选项，进入【另存为】界面，如图 14-62 所示。

图 14-62　【另存为】界面

步骤 20 选择【计算机】选项，然后单击【浏览】按钮，打开【另存为】对话框，在【文件名】文本框中输入"现金和银行存款管理系统"，如图 14-63 所示。

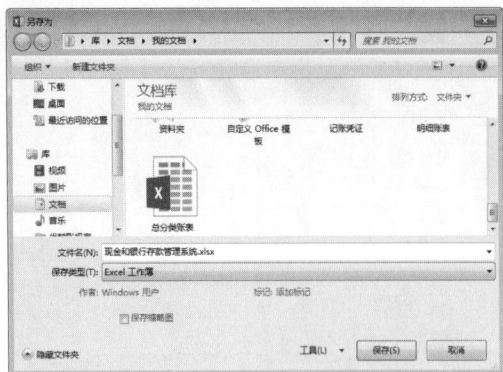

图 14-63　【另存为】对话框

步骤 21 单击【保存】按钮保存整个工作簿。再次打开该工作表后，即可查看所保存的标题栏，如图 14-64 所示。

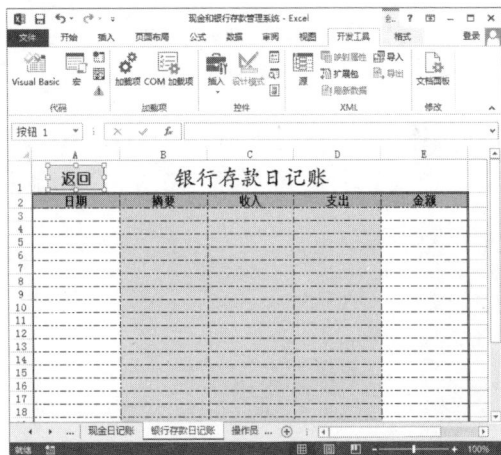

图 14-64　保存工作簿

14.2.3　创建按钮宏

在创建了按钮并为每个按钮指定宏之后，就可以开始为按钮创建所指定的宏了，具体的操作步骤如下。

步骤 1 选择"主菜单"工作表，右击【现金日记账】按钮，从快捷菜单中选择【指定宏】菜单命令，如图 14-65 所示。

步骤 2 打开【指定宏】对话框，此时【宏名】文本框中会显示先前指定的宏名，如图 14-66 所示。

图 14-65　【指定宏】选项

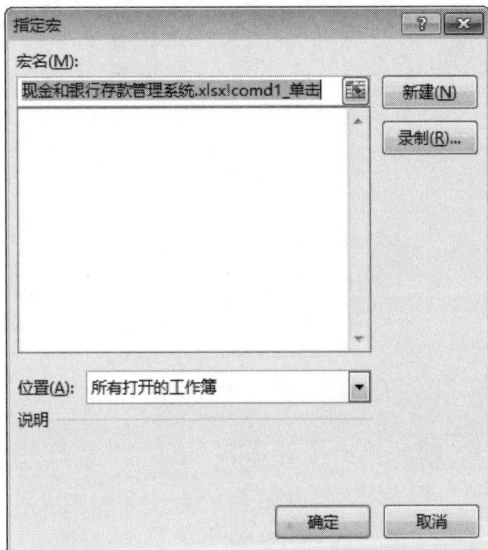

图 14-66　【指定宏】对话框

步骤 3 单击【新建】按钮，即可打开 VB 代码窗口，创建模块 1 和宏"comd1_ 单击"的开始语句"Sub comd1_ 单击"和结束语句"End Sub"，如图 14-67 所示。

步骤 4 在代码窗口中的开始语句和结束语句中间输入"Sheets(" 现金日记账 ").Select"代码，如图 14-68 所示。该代码意为定位到"现金日记账"工作表，即当单击该按钮时，自动切换到"现金日记账"工作表中。

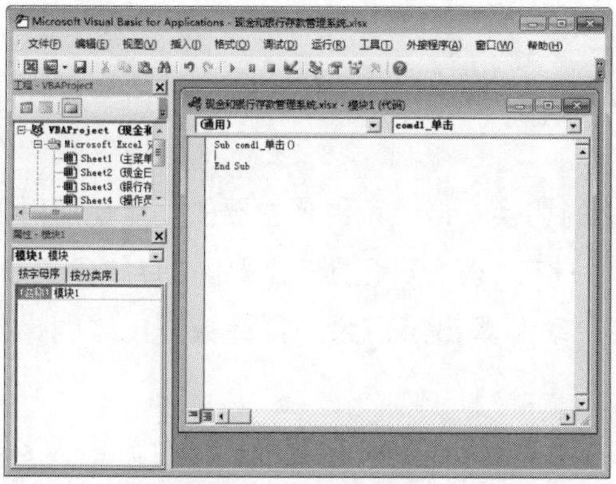

图 14-67　VB 代码窗口

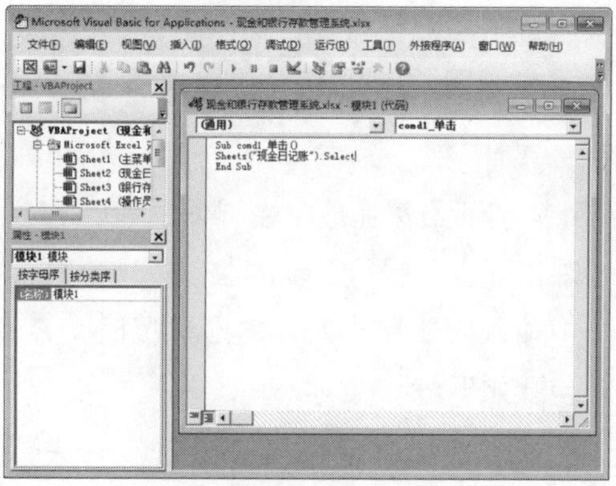

图 14-68　输入代码

步骤 5 按照同样的方法，为其他 3 个按钮添加代码，其各个宏的程序代码显示如下 (也可参见图 14-69)。

```
Sub comd2_单击 ()

  Sheets(" 银行存款日记账 ").Select

End Sub

Sub comd3_单击 ()

  Sheets(" 主菜单 ").Select

End Sub

Sub comd4_单击 ()

  Sheets(" 主菜单 ").Select

End Sub
```

　　如图 14-69 所示的这段代码的意思是：当单击"主菜单"工作表中的【银行存款日记账】按钮时，切换到"银行存款日记账"工作表；当单击"现金日记账"工作表中的【返回】按钮时，返回"主菜单"工作表，如图 14-70 所示；当单击"银行存款日记账"工作表中的【返回】按钮时，返回"主菜单"工作表。

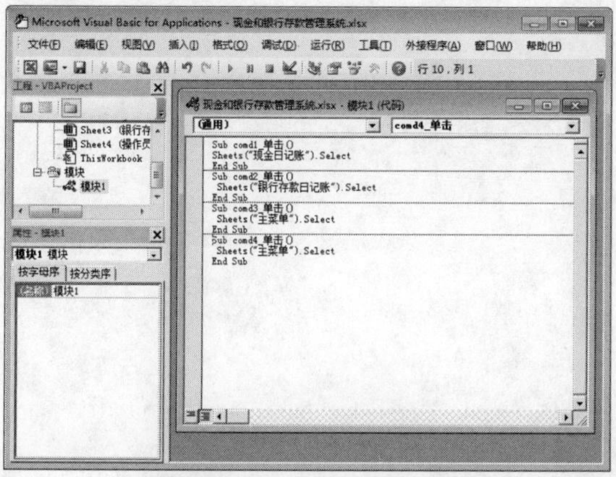

图 14-69　输入 VB 代码

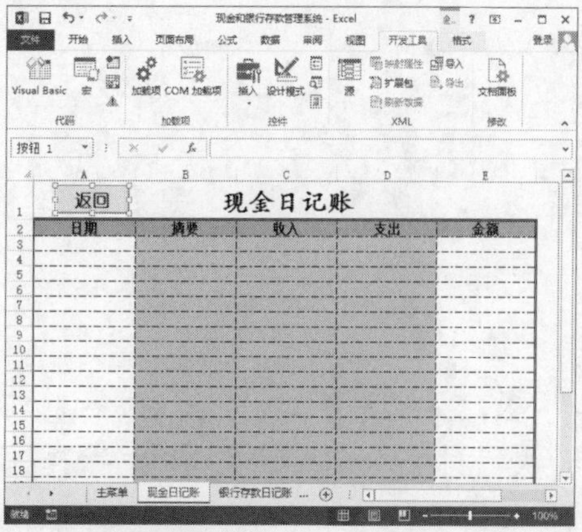

图 14-70　现金日记账工作表

14.3 创建日记账程序

前面虽然完成了主界面的设计和各工作表间的切换，但该系统最主要的功能是随时反映出现金和银行存款的收、支、余情况。要求当用户在"现金日记账"或"银行存款日记账"中输入摘要和收入、支出情况时，余额栏中能自动计算出当前余额累计数。具体的操作步骤如下。

步骤 1 选择"现金日记账"工作表，在【开发工具】选项卡【代码】组中单击 Visual Basic 按钮，打开 VB 代码编辑器窗口，输入的程序代码如图 14-71 所示。

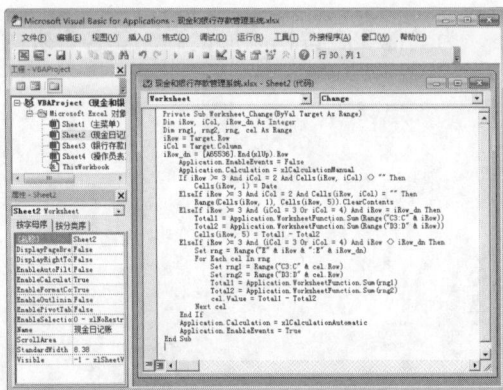

图 14-71 输入 VB 代码

其中的程序代码如下：

```
Private Sub Worksheet_Change(ByVal Target As Range)
Dim iRow, iCol, iRow_dn As Integer
Dim rng1, rng2, rng, cel As Range
iRow = Target.Row
iCol = Target.Column
iRow_dn = [A65536].End(xlUp).Row
  Application.EnableEvents = False
  Application.Calculation = xlCalculationManual
  If iRow >= 3 And iCol = 2 And Cells(iRow, iCol) <> "" Then
    Cells(iRow, 1) = Date '在第一列填写日期
  ElseIf iRow >= 3 And iCol = 2 And Cells(iRow, iCol) = "" Then
    Range(Cells(iRow, 1), Cells(iRow, 5)).ClearContents
  ElseIf iRow >= 3 And (iCol = 3 Or iCol = 4) And iRow = iRow_dn Then
    Total1 = Application.WorksheetFunction.Sum(Range("C3:C" & iRow))
    Total2 = Application.WorksheetFunction.Sum(Range("D3:D" & iRow))
```

```
      Cells(iRow, 5) = Total1 - Total2 ' 在第五列运算
  ElseIf iRow >= 3 And (iCol = 3 Or iCol = 4) And iRow <> iRow_dn Then
    Set rng = Range("E" & iRow & ":E" & iRow_dn)
    For Each cel In rng
      Set rng1 = Range("C3:C" & cel.Row)
      Set rng2 = Range("D3:D" & cel.Row)
      Total1 = Application.WorksheetFunction.Sum(rng1)
      Total2 = Application.WorksheetFunction.Sum(rng2)
      cel.Value = Total1 - Total2
    Next cel
  End If
  Application.Calculation = xlCalculationAutomatic
  Application.EnableEvents = True
End Sub
```

　　该段程序代码主要用来控制数据的输入和余额的累计计算。

步骤 2　VB 代码编辑器窗口中输入如下代码。这段代码主要功能是当打开"现金日记账"工作表时，自动定位到需要输入数据的第一个单元格中，如图 14-72 所示。

```
Private Sub Worksheet_Activate()
ActiveSheet.[B65536].End(xlUp).Offset(1, 0).Select
' 打开现金账后自动定位到需要输入数据的第一个单元格。
End Sub
```

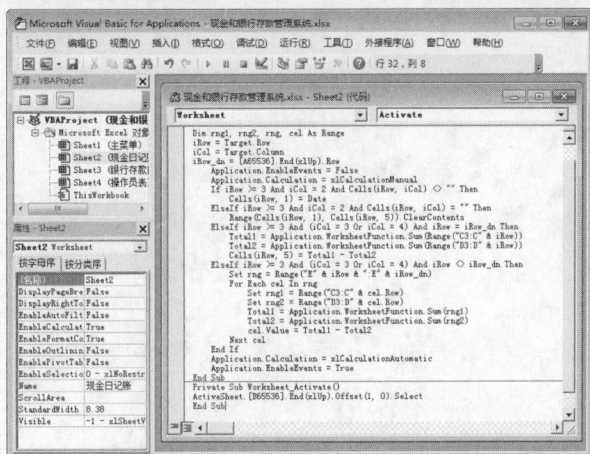

图 14-72　再次输入 VB 代码

步骤 3　在代码编辑器窗口左侧的【工程管理】窗格中，双击 Sheet3(银行存款日记账) 工作表，在其中输入如图 14-73 所示的代码。该工作表中的代码和"现金日记账"工作表中的代码类似，其程序代码如下。

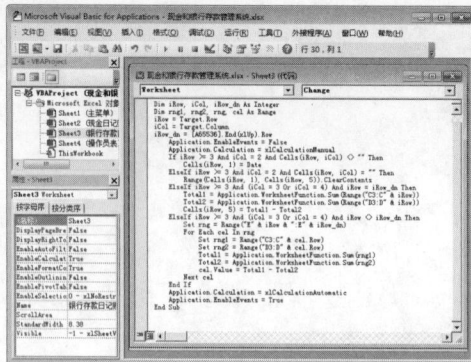

图 14-73　输入 VB 代码

```
Private Sub Worksheet_Change(ByVal Target As Range)
Dim iRow, iCol, iRow_dn As Integer
Dim rng1, rng2, rng, cel As Range
iRow = Target.Row
iCol = Target.Column
iRow_dn = [A65536].End(xlUp).Row
  Application.EnableEvents = False
  Application.Calculation = xlCalculationManual
  If iRow >= 3 And iCol = 2 And Cells(iRow, iCol) <> "" Then
    Cells(iRow, 1) = Date
  ElseIf iRow >= 3 And iCol = 2 And Cells(iRow, iCol) = "" Then
    Range(Cells(iRow, 1), Cells(iRow, 5)).ClearContents
  ElseIf iRow >= 3 And (iCol = 3 Or iCol = 4) And iRow = iRow_dn Then
    Total1 = Application.WorksheetFunction.Sum(Range("C3:C" & iRow))
    Total2 = Application.WorksheetFunction.Sum(Range("D3:D" & iRow))
    Cells(iRow, 5) = Total1 - Total2
  ElseIf iRow >= 3 And (iCol = 3 Or iCol = 4) And iRow <> iRow_dn Then
    Set rng = Range("E" & iRow & ":E" & iRow_dn)
    For Each cel In rng
      Set rng1 = Range("C3:C" & cel.Row)
      Set rng2 = Range("D3:D" & cel.Row)
      Total1 = Application.WorksheetFunction.Sum(rng1)
      Total2 = Application.WorksheetFunction.Sum(rng2)
      cel.Value = Total1 - Total2
    Next cel
  End If
```

```
    Application.Calculation = xlCalculationAutomatic

    Application.EnableEvents = True

End Sub
```

步骤 **4** 在 VB 代码编辑器窗口中输入如下代码，这段代码主要用于单元格的定位，即打开账表后，自动定位到需要输入数据的第一个单元格中，如图 14-74 所示。

```
Private Sub Worksheet_Activate()

ActiveSheet.[B65536].End(xlUp).Offset(1, 0).Select

' 打开账表后自动定位到需要输入数据的第一个单元格。

End Sub
```

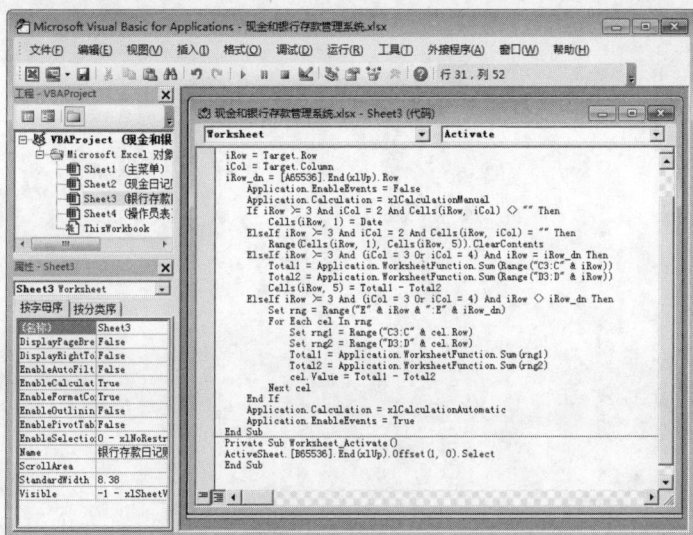

图 14-74　再次输入 VB 代码

14.4　创建用户登录和退出程序

为了充分保证系统的安全性，还应该设计用户登录程序。即当用户试图打开该文件时，要求输入用户名和密码。程序根据用户的输入进行判断，只有用户名和密码都输入正确时，才可以打开该文件，否则将阻止此操作。具体的操作步骤如下。

步骤 **1** 打开 VB 代码编辑器，在代码编辑窗口中输入如图 14-75 所示的程序代码。当打开工作簿时，要求用户输入用户名和密码。该段程序代码如下。

图 14-75　输入用户登录程序代码

```
Option Explicit
Dim namestr As String
Dim tempcount As Integer
Sub auto_open()
  Dim tempint As Integer
  Dim codestr As String
  Dim foundnameflag As Boolean
  namestr = InputBox(" 请输入您的姓名 ", " 输入 ")
  tempint = 3
foundnameflag = False
Do While Not (IsEmpty(Sheets(" 操作员表 ").Cells(tempint, 1).Value))
  tempint = tempint + 1
Loop
For tempcount = 3 To (tempint - 1)
  If (namestr = Sheets( "操作员表 ").Cells(tempcount, 1)) Then
  foundnameflag = True
  Exit For
  End If
Next tempcount
If (foundnameflag = False) Then
  MsgBox " 对不起，您无权使用该系统 ", vbOKOnly, " 错误登录 "
  Workbooks.Close
End If
codestr = InputBox(" 请输入您的密码 ")
If (codestr = Sheets(" 操作员表 ").Cells(tempcount, 2)) Then
  MsgBox "" & namestr & ", 欢迎您使用本系统 ", vbOKOnly, " 欢迎 "
  ActiveWorkbook.Protect Password:=" vba" , structure:=True, Windows:=False
  Sheets( "主菜单 ").Select
Else
  MsgBox  "登录错误 ", vbOKOnly, " 登录错误 "
  Workbooks.Close
End If
End Sub
```

步骤 2 在上段代码之后，输入如图 14-76 所示的关闭工作簿时运行的程序代码。

图 14-76　输入关闭工作簿时的程序代码

```
Sub auto_close()
MsgBox "谢谢" & namestr & "使用本系统！"
Sheets("主菜单").Select
ActiveWorkbook.Protect
Password:="vba", structure:=True,
Windows:=False
Workbooks.Close
End Sub
```

步骤 3　单击 VB 代码编辑器窗口中常用工具栏中的【保存】按钮，关闭该窗口。为了检查登录程序的正确性，先关闭工作簿。再打开该工作簿时，屏幕上将会弹出【输入】对话框，在其中要求输入用户的姓名，此时在文本框中输入"刘尧"，如图 14-77 所示。

步骤 4　单击【确定】按钮，屏幕上弹出要求输入密码的 Microsoft Excel 信息提示对话框，在其中输入密码 liuyao，如图 14-78 所示。

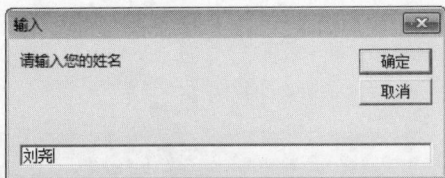

图 14-77　输入姓名

图 14-78　输入密码

步骤 5　单击【确定】按钮，即可弹出【欢迎】对话框，如图 14-79 所示。

步骤 6　单击【确定】按钮，即可打开工作簿并定位到"主菜单"工作表中，如图 14-80 所示。

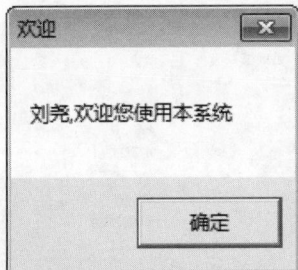

图 14-79　【欢迎】对话框

图 14-80　"主菜单"工作表

步骤 7 单击"主菜单"工作表中的【现金日记账】按钮，切换到"现金日记账"工作表中，此时根据所发生的经济业务，输入摘要和收支金额，即可自动计算出当前的累计余额，如图 14-81 所示。

步骤 8 当关闭工作簿时，屏幕上将弹出 Microsoft Excel 提示对话框，如图 14-82 所示。

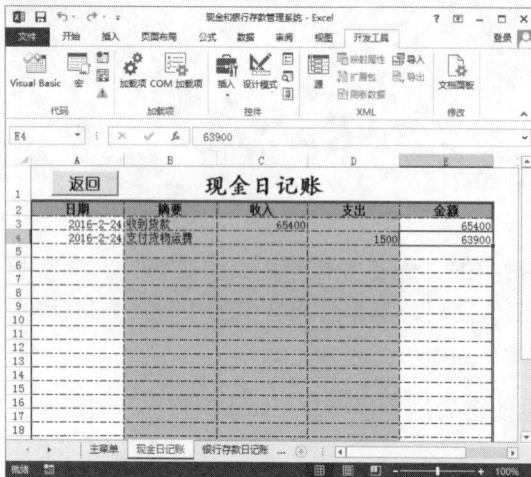

图 14-81　自动计算累计金额

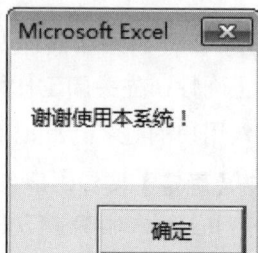

图 14-82　信息提示框

14.5 封装工作表

封装工作表可保护工作簿中的数据，将一些不必要的工作对象隐藏起来，使整个系统看上去更像一个完整的程序。例如"操作员表"中保存了每位操作员的姓名和密码，这个工作表只有系统管理员才能查看和编辑，因此应该将"操作员表"隐藏。具体的操作步骤如下。

步骤 1 在"操作员表"工作表中，单击【开始】选项卡【单元格】组中的【格式】按钮，在弹出的列表中选择【隐藏和取消隐藏】选项，发现【隐藏工作表】命令不可用，如图 14-83 所示。

步骤 2 这里不可用是因为在程序代码中对工作簿进行了保护。单击【审阅】选项卡【更改】组中的【保护工作簿】按钮，如图 14-84 所示。

图 14-83　命令不可用

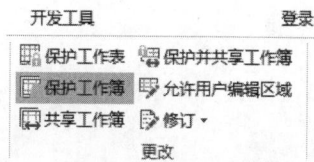

图 14-84　执行【保护工作簿】命令

步骤 3 打开【撤消工作簿保护】对话框，在【密码】文本框中输入密码为 vba，单击【确定】按钮，即可撤销工作表的保护，如图 14-85 所示。

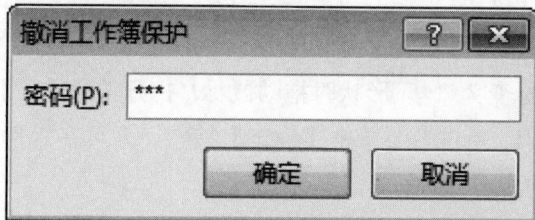

图 14-85　【撤消工作簿保护】对话框

步骤 4 再次单击【开始】选项卡【单元格】组中的【格式】按钮，在弹出的列表中选择【隐藏和取消隐藏】选项，【隐藏工作表】命令被激活。选择【隐藏工作表】选项，即可将"操作员表"工作表隐藏起来，如图 14-86 所示。

图 14-86　执行【隐藏工作表】命令

步骤 5 由于工作表之间的切换可以通过命令按钮来实现，可将工作表标签等一些不需要显示的对象隐藏起来。选择【文件】选项卡，在界面中选择【选项】选项，打开【Excel 选项】对话框，在左侧列表框中选择【高级】选项，在右侧取消选择【显示工作表标签】和【显示网格线】复选框，如图 14-87 所示。

图 14-87　【Excel 选项】对话框

步骤 6 单击【确定】按钮，返回到工作表中，此时，现金和银行存款管理系统的主界面显示效果如图 14-88 所示。

图 14-88　隐藏对象后的系统界面

14.6 疑难问题解答

问题 1：如何在界面中的矩形框内绘制多个相同的自选图形？

解答：选中矩形框，在【绘图工具】下的【格式】选项卡【插入图形】组中单击【其他】按钮，选择【星与旗帜】区域中的【爆炸形 2】选项，拖动鼠标在工作表中绘制该形状，按住 Ctrl 键，创建该形状的多个副本形状，并将这些形状放到适当的位置。

问题 2：如何在系统设计界面中添加一个命令按钮？

解答：在【开发工具】选项卡【控件】组中单击【插入】下拉按钮，选择【表单控件】面板下的【按钮】选项，返回到矩形框中，待光标变为"+"形状时拖动鼠标，打开【指定宏】对话框，在【宏名】文本框中更改宏名为"comd1_ 单击"。单击【确定】按钮，即可在矩形框中的艺术字下方插入一个命令按钮。

第15章

财务报表数据的共享与安全

第 章

● **本章导读**

　　保护工作表是为了防止与编辑工作表无关的人员更改工作表中的数据内容。对于使用 Excel 办公的人员来说，保护数据是一项很重要的工作。在实际工作中，应该养成对重要数据进行保护的好习惯，以免带来不必要的损失。本章将为读者介绍 Excel 2013 数据的共享与安全。

● **学习目标：**

◎ 掌握工作簿共享的方法
◎ 掌握保护工作簿的方法

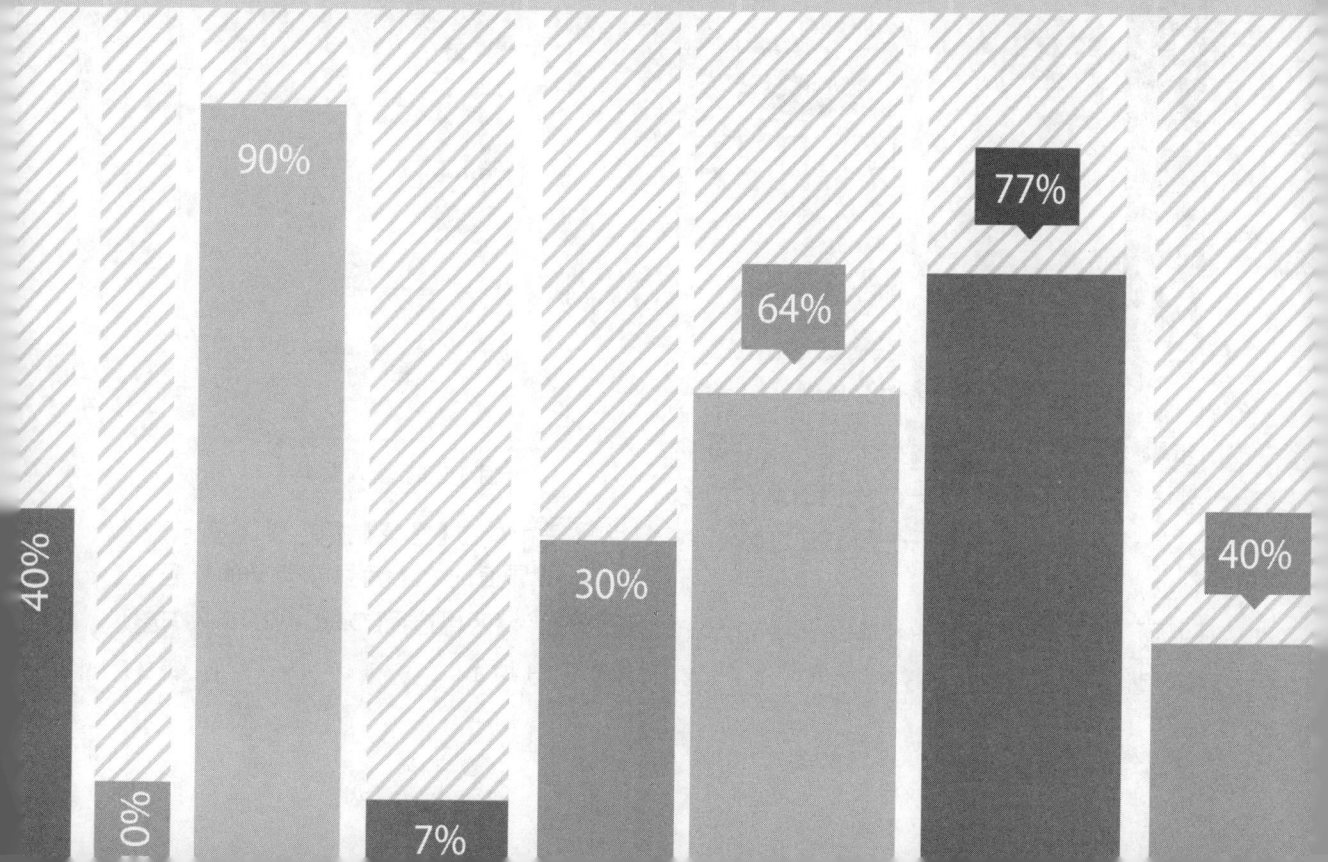

90%

77%

64%

40%

30%

0%

7%

40%

15.1 共享财务报表

Excel 2013 为用户提供了多种共享数据的方法，使用这些方法，用户可以将 Excel 数据保存到云端 OneDrive、通过电子邮件共享、在局域网中共享等。

15.1.1 将工作簿保存到云端 OneDrive

云端 OneDrive 是由微软公司推出的一项云存储服务，用户可以通过自己的 Microsoft 账户进行登录，并上传自己的图片、文档等到 OneDrive 中进行存储。无论身在何处，用户都可以访问 OneDrive 上的所有内容。

将文档保存到云端 OneDrive 的具体操作步骤如下。

步骤 1 打开需要保存到云端 OneDrive 的工作簿。选择【文件】选项卡，在打开的界面中选择【另存为】选项，在【另存为】区域选择 OneDrive 选项，如图 15-1 所示。

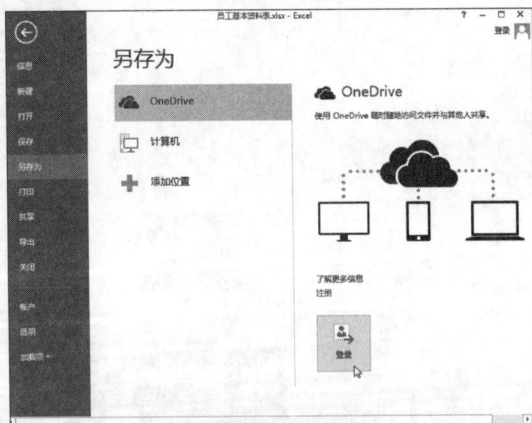

图 15-1 【另存为】区域

步骤 2 单击【登录】按钮，弹出【登录】对话框，输入与 Excel 一起使用的账户的电子邮箱地址，单击【下一步】按钮，如图 15-2 所示。

步骤 3 在【登录】对话框中输入电子邮箱地址的密码，如图 15-3 所示。

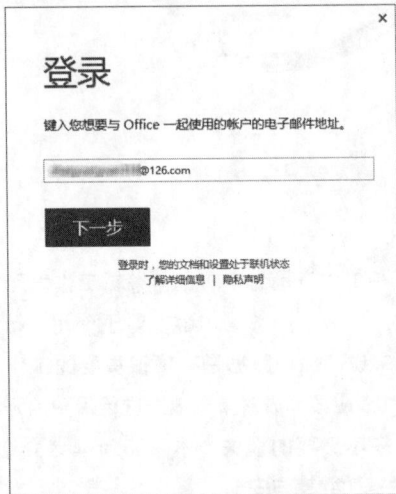

图 15-2 输入电子邮件地址

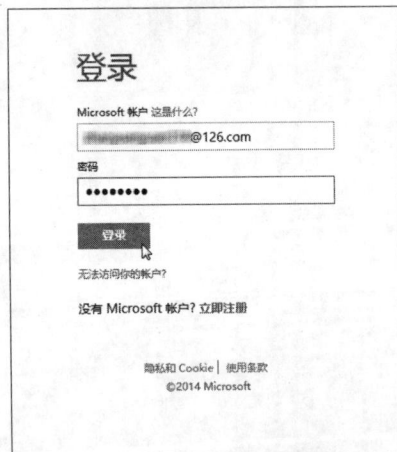

图 15-3 输入邮箱密码

步骤 4 单击【登录】按钮，即可登录账号，在 Excel 界面的右上角显示登录的账号名。在【另存为】区域选择【OneDrive - 个人】选项，如图 15-4 所示。

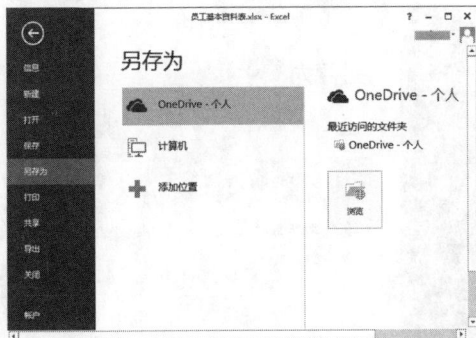

图 15-4 选择【OneDrive - 个人】选项

步骤 5 单击【浏览】按钮，弹出【另存为】对话框，在对话框中选择文件要保存的位置，这里选择【文档】文件夹，如图 15-5 所示。

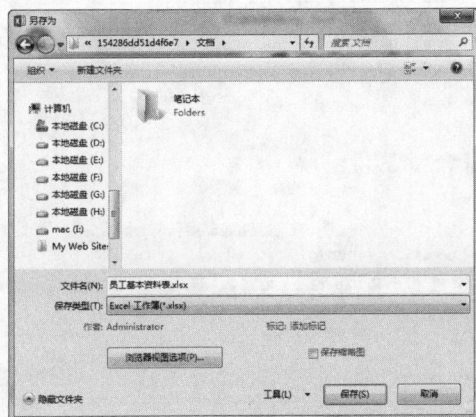

图 15-5 【另存为】对话框

步骤 6 单击【保存】按钮。在其他计算机上打开 Excel 2013，在【文件】选项卡中选择【打开】选项，在右侧窗格中选择【OneDrive - 个人】选项后单击【浏览】按钮，如图 15-6 所示。

图 15-6 单击【浏览】按钮

步骤 7 等软件从系统获取信息后，弹出【打开】对话框，即可选择保存在 OneDrive 端的工作簿，如图 15-7 所示。

图 15-7 【打开】对话框

15.1.2 通过电子邮件共享

Excel 2013 还可以通过发送到电子邮件的方式进行共享。发送到电子邮件主要有【作为附件发送】、【发送链接】、【以 PDF 形式发送】、【以 XPS 形式发送】和【以 Internet 传真形式发送】5 种形式，下面介绍以附件形式进行邮件发送的方法。

步骤 1 打开需要通过电子邮件共享的工作簿。选择【文件】选项卡，在打开的界面中选择【共享】选项，在【共享】区域选择【电子邮件】选项，然后单击【作为附件发送】按钮，如图 15-8 所示。

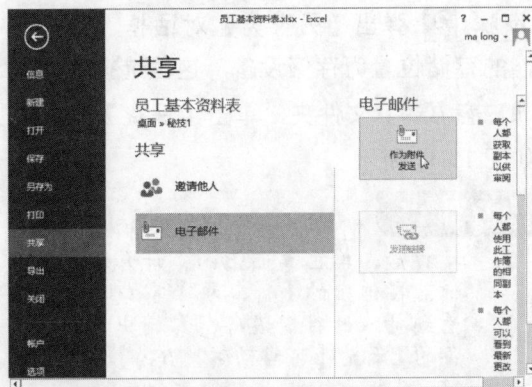

图 15-8 单击【作为附件发送】选项

步骤 2 系统将自动打开计算机中的邮件客户端，弹出【写邮件】窗口，在其中可以看到添加的附件，在【收件人】文本框中输入收件人的邮箱，单击【发送】按钮，即可将文档作为附件发送，如图15-9所示。

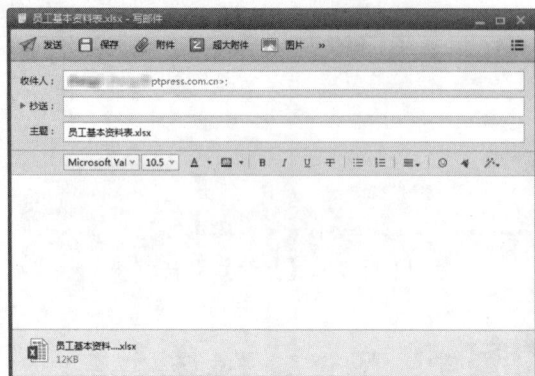

图15-9 【写邮件】窗口

15.1.3 向存储设备中传输

用户还可以将 Office 2013 文档传输到存储设备中，具体的操作步骤如下。

步骤 1 将存储设备 U 盘插入到计算机的 USB 接口中，打开需要向存储设备中传输的工作簿。选择【文件】选项卡，在打开的界面中选择【另存为】选项，在【另存为】区域选择【计算机】选项，然后单击【浏览】按钮，如图15-10所示。

步骤 2 弹出【另存为】对话框，选择文档的存储位置为存储设备，这里选择【可移动磁盘 (G:)】文件夹，单击【保存】按钮，如图15-11所示。

> **提示**
> 将存储设备插入电脑的 USB 接口后，单击桌面上的【计算机】图标，在弹出的【计算机】窗口中可以看到插入的存储设备，本例中存储设备的名称为【可移动磁盘 (G:)】，如图15-12所示。

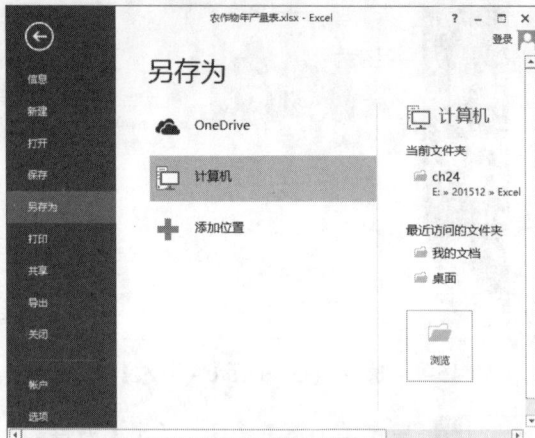

图15-10 【计算机】选项

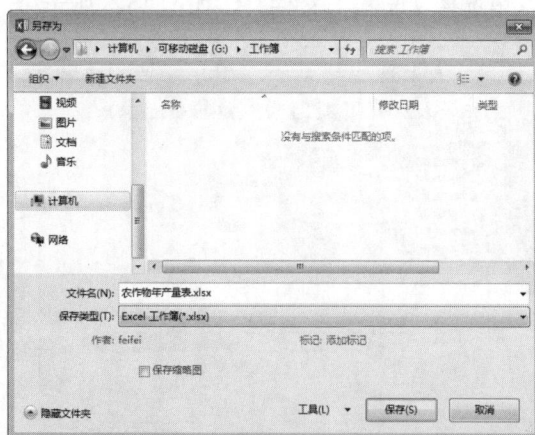

图15-11 【另存为】对话框

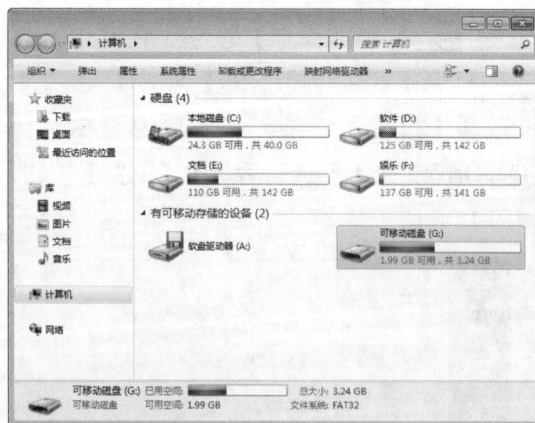

图15-12 选择移动存储盘

步骤 3 打开存储设备，即可看到保存的文档，如图15-13所示。

提示　用户可以复制该文档后，打开存储设备并粘贴，可以将文档传输到存储设备中。在本例中的存储设备为 U 盘，如果使用其他存储设备，操作过程类似，这里不再赘述。

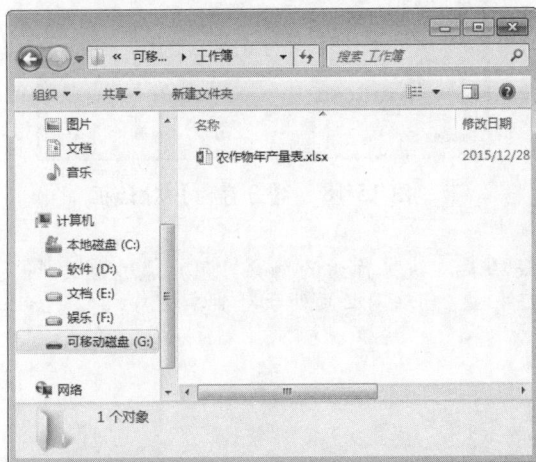

图 15-13　可移动存储盘中的文档

15.1.4　局域网中共享工作簿

局域网是在一个局部的范围内（如一个学校、公司和机关内），将各种计算机、外部设备和数据库等互相连接起来组成的计算机通信网。局域网可以实现文件管理、应用软件共享、打印机共享、扫描仪共享、工作组内的日程安排管理、电子邮件收发和传真通信服务等功能。

步骤 1　打开需要在局域网中共享的工作簿，单击【审阅】选项卡【更改】组中的【共享工作簿】按钮，如图 15-14 所示。

步骤 2　弹出【共享工作簿】对话框，选中【允许多用户同时编辑，同时允许工作簿合并】复选框，单击【确定】按钮，如图 15-15 所示。

步骤 3　弹出提示对话框，单击【确定】按钮，如图 15-16 所示。

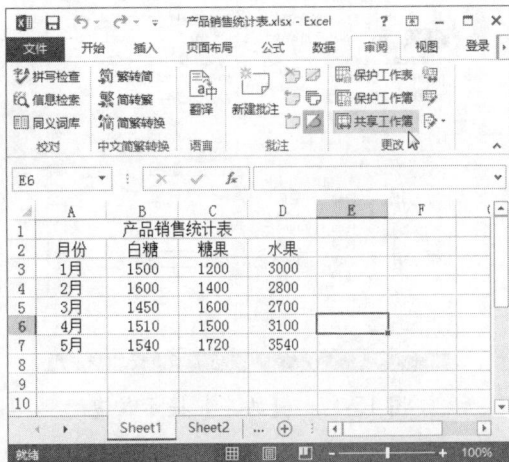

图 15-14　【共享工作簿】按钮

图 15-15　【共享工作簿】对话框

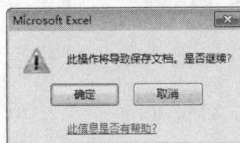

图 15-16　信息提示对话框

步骤 4　工作簿即处在局域网中共享的状态，在工作簿上方显示【共享】字样，如图 15-17 所示。

步骤 5　选择【文件】选项卡，在弹出的界面中选择【另存为】选项，单击【浏览】按钮，即可弹出【另存为】对话框。在对话框的地址栏中输入该文件在局域网中的位置，如图 15-18 所示。单击【保存】按钮，即可将该工作簿共享到网络中。

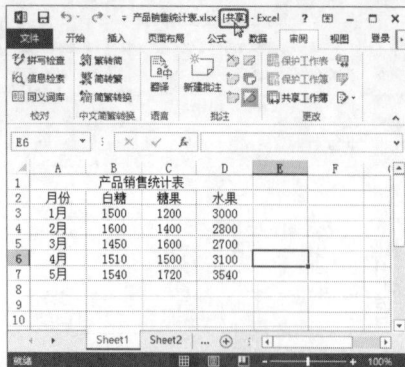

图 15-17　【共享】提示信息

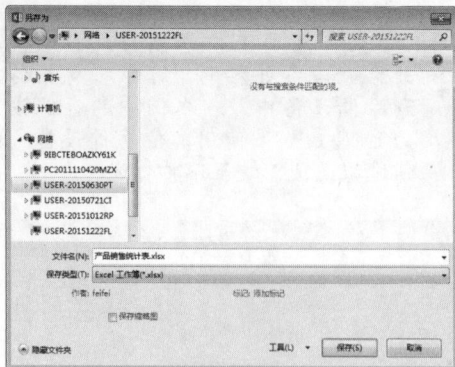

图 15-18　【另存为】对话框

提示 将文件的所在位置通过电子邮件发送给共享该工作簿的用户，用户通过该文件在局域网中的位置即可找到该文件。在共享文件时，局域网必须处于可共享状态。

15.2 保护财务报表

数据的安全始终是大家关心的问题，而设置工作表的保护，就能有效地防止误操作造成工作表数据丢失的情况发生。

15.2.1 标记为最终状态

【标记为最终状态】命令可将文档设置为只读，以防止审阅者或读者无意中更改文档。在将文档标记为最终状态后，键入、编辑命令以及校对标记都会禁用或关闭，文档的【状态】属性会设置为【最终】，具体的操作步骤如下。

步骤 1 打开需要标记为最终状态的工作簿。选择【文件】选项卡，在打开的界面中选择【信息】选项，在【信息】区域单击【保护工作簿】按钮，在弹出的下拉列表中选择【标记为最终状态】选项，如图 15-19 所示。

步骤 2 弹出 Microsoft Excel 信息提示框，单击【确定】按钮，如图 15-20 所示。

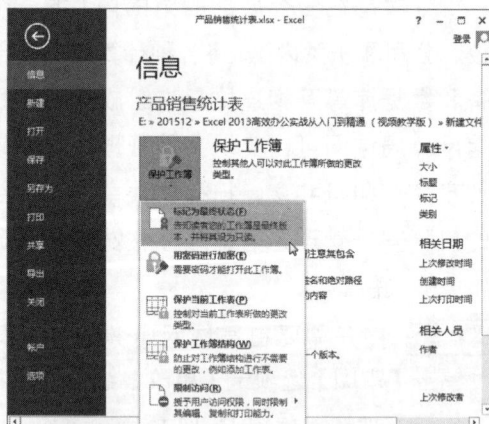

图 15-19　标记为最终状态

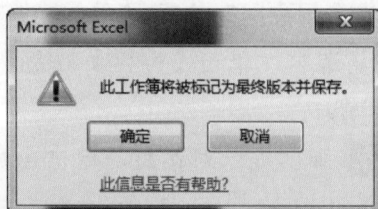

图 15-20　信息提示框

步骤 3 弹出 Microsoft Excel 提示框，单击【确定】按钮，如图 15-21 所示。

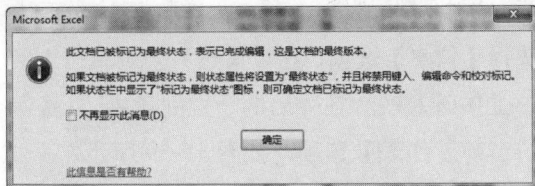

图 15-21 信息提示框

步骤 4 返回 Excel 页面，该文档即被标记为最终状态，以【只读】形式显示，如图 15-22 所示。

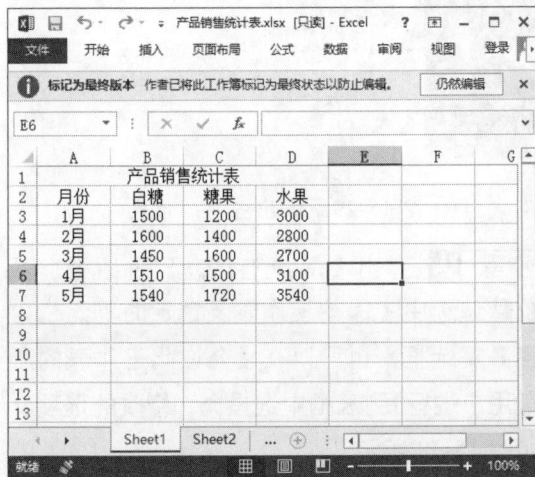

图 15-22 【只读】形式显示

▶ **提示** 单击页面上方的【仍然编辑】按钮，可以对文档进行编辑。

15.2.2 用密码进行加密

用密码加密工作簿的具体步骤如下。

步骤 1 打开需要密码进行加密的工作簿。选择【文件】选项卡，在打开的界面中选择【信息】选项，在【信息】区域单击【保护工作簿】按钮，在弹出的下拉列表中选择【用密码进行加密】选项，如图 15-23 所示。

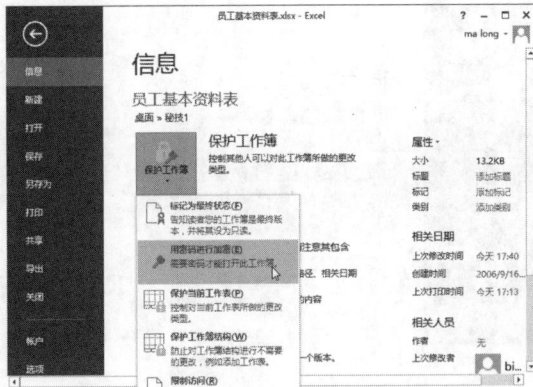

图 15-23 用密码进行加密

步骤 2 弹出【加密文档】对话框，输入密码，单击【确定】按钮，如图 15-24 所示。

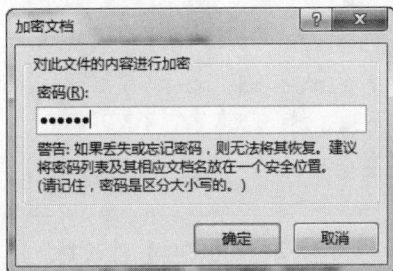

图 15-24 【加密文档】对话框

步骤 3 弹出【确认密码】对话框，再次输入密码，单击【确定】按钮，如图 15-25 所示。

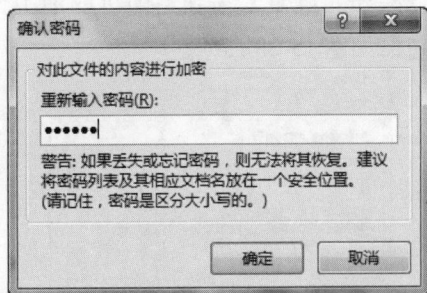

图 15-25 重新输入密码

步骤 4 即可为文档使用密码进行加密。在【信息】区域内显示已加密，如图 15-26 所示。

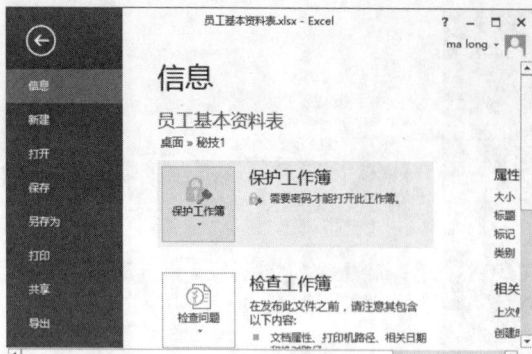

图 15-26　加密完成

步骤 5 再次打开文档时，将弹出【密码】对话框，输入密码后单击【确定】按钮，即可打开工作簿，如图 15-27 所示。

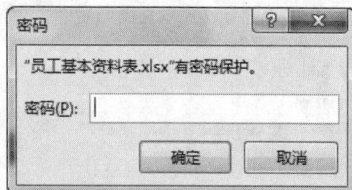

图 15-27　【密码】对话框

步骤 6 如果要取消加密，在【信息】区域单击【保护工作簿】按钮，在弹出的下拉列表中选择【用密码进行加密】选项，弹出【加密文档】对话框，清除【密码】文本框中的密码，单击【确定】按钮，即可取消工作簿的加密，如图 15-28 所示。

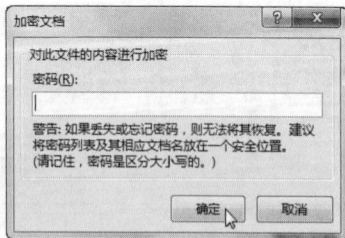

图 15-28　取消密码

15.2.3　保护当前工作表

除了对工作簿加密，用户也可以对工作簿中的某个工作表进行保护，防止其他用户

对其进行操作。其具体操作步骤如下。

步骤 1 打开需要保护当前工作表的工作簿，选择【文件】选项卡，在打开的界面中选择【信息】选项，在【信息】区域单击【保护工作簿】按钮，在弹出的下拉列表中选择【保护当前工作表】选项，如图 15-29 所示。

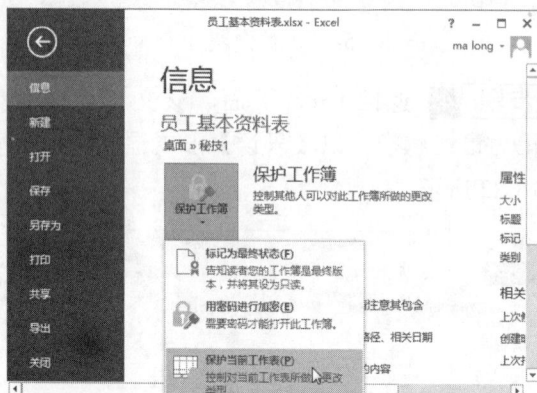

图 15-29　保护当前工作表

步骤 2 弹出【保护工作表】对话框，系统默认选中【保护工作表及锁定的单元格内容】复选框，也可以在【允许此工作表的所有用户进行】列表框中选择允许修改的选项，如图 15-30 所示。

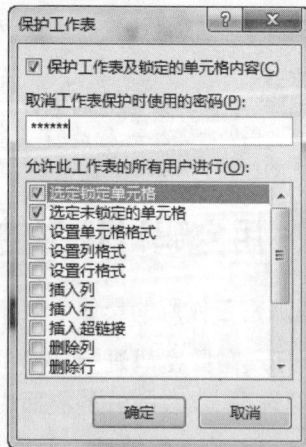

图 15-30　【保护工作表】对话框

步骤 3 弹出【确认密码】对话框，在此输入密码，单击【确定】按钮，如图 15-31 所示。

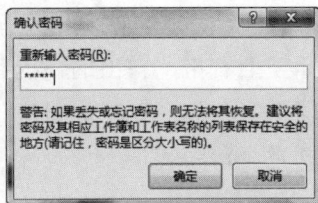

图 15-31　确认密码

步骤 4 返回 Excel 工作表中，双击任一单元格进行数据修改，则会弹出如图 15-32 所示的信息提示框。

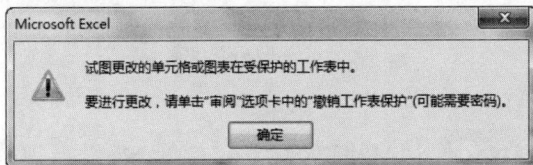

图 15-32　信息提示框

步骤 5 如果要取消对工作表的保护，在【信息】区域的【保护工作簿】选项中单击【取消保护】超链接，如图 15-33 所示。

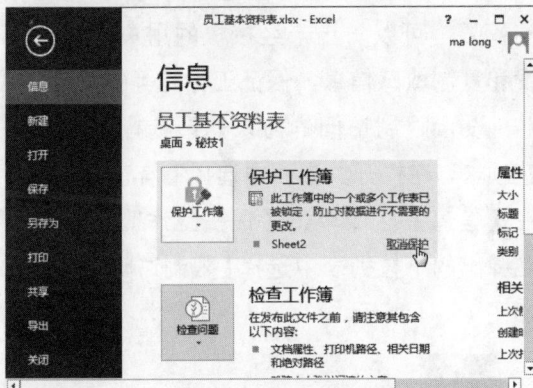

图 15-33　取消保护

步骤 6 在弹出的【撤消工作表保护】对话框中，输入设置的密码，单击【确定】按钮即可取消保护，如图 15-34 所示。

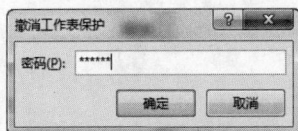

图 15-34　输入密码

15.2.4　不允许在单元格中输入内容

保护单元格的实质就是不允许在保护的单元格中输入数据，具体的操作步骤如下。

步骤 1 选定要保护的单元格，右击，在弹出的快捷菜单中选择【设置单元格格式】菜单命令，弹出【设置单元格格式】对话框，如图 15-35 所示。

图 15-35　【设置单元格格式】对话框

步骤 2 在【保护】选项卡中选中【锁定】复选框，单击【确定】按钮，如图 15-36 所示。

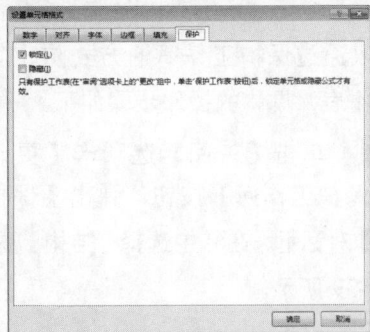

图 15-36　【保护】选项卡

步骤 3 单击【审阅】选项卡【更改】组中的【保护工作表】按钮，弹出【保护工作表】对话框，在其中进行相关参数的设置，如图 15-37 所示。

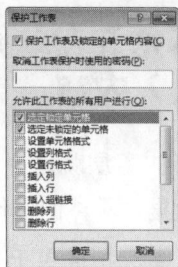

图 15-37　【保护工作表】对话框

步骤 4 单击【确定】按钮，这样在受保护的单元格区域中输入数据时，就会提示如图 15-38 所示的内容。

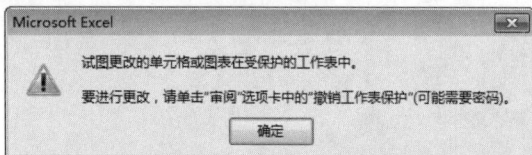

图 15-38　信息提示框

步骤 5 单击【审阅】选项卡【更改】组中的【撤消工作表保护】按钮，即可撤销保护，然后就可以在这些单元格中输入数据了。

15.2.5 不允许插入或删除工作表

可以通过保护工作簿的方式防止其他人修改工作表，具体的操作步骤如下。

步骤 1 单击【审阅】选项卡【更改】组中的【保护工作簿】按钮，弹出【保护结构和窗口】对话框，在其中选择【结构】复选框，如图 15-39 所示。

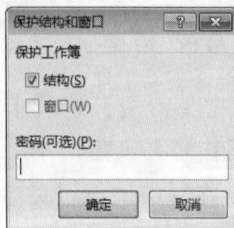

图 15-39　【保护结构和窗口】对话框

步骤 2 单击【确定】按钮，保护结构。在工作表标签上右击，弹出的快捷菜单中大部分菜单项是灰色的，即不能对工作表进行操作，如图 15-40 所示。

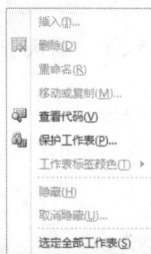

图 15-40　右键快捷菜单

15.2.6 限制访问工作簿

限制访问指通过使用 Microsoft Excel 2013 中提供的信息权限管理 (IRM) 来限制对工作簿中内容的访问权限，同时限制其编辑、复制和打印能力。用户通过对工作簿设置访问权限，可以防止未经授权的用户打印、转发和复制敏感信息，保证工作簿等的安全。

设置限制访问的方法是：选择【文件】选项卡，在打开的界面中选择【信息】选项，在【信息】区域单击【保护工作簿】按钮，在弹出的下拉列表中选择【限制访问】选项，如图 15-41 所示。

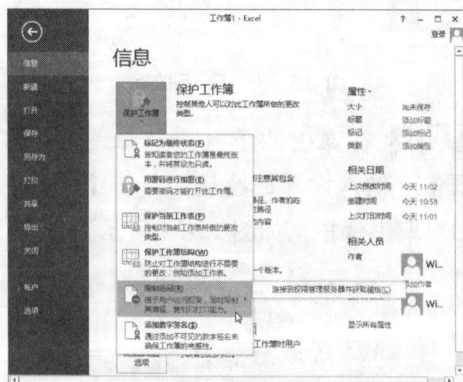

图 15-41　【限制访问】选项

15.2.7　添加数字签名

数字签名是电子邮件、宏或电子文档等数字信息上的一种经过加密的电子身份验证戳，用于确认宏或文档来自数字签名本人且未经更改。添加数字签名可以确保文档的完整性，从而进一步保证文档的安全。用户可以在 Microsoft 官网上获得数字签名。

添加数字签名的方法是：选择【文件】选项卡，在打开的界面中选择【信息】选项，在【信息】区域单击【保护工作簿】按钮，在弹出的下拉列表中选择【数字添加签名】选项，如图 15-42 所示。

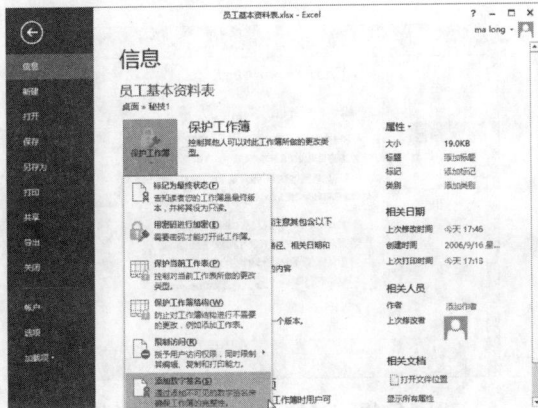

图 15-42　【添加数字签名】选项

15.2.8　检查文档的兼容性

Excel 2013 中的部分元素在早期的版本中是不兼容的，比如新的图表样式等。在保存工作簿时，可以先检查文档的兼容性，如果不兼容，更改为兼容的元素即可。具体的操作步骤如下。

步骤 1　选择【文件】选项卡，在界面中选择【信息】选项，在【信息】区域单击【检查问题】按钮，在弹出的下拉列表中选择【检查兼容性】选项，如图 15-43 所示。

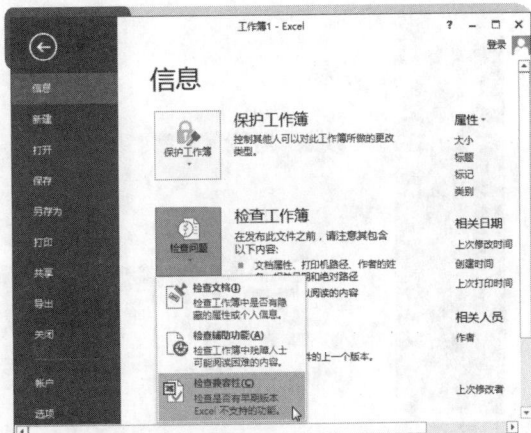

图 15-43　【检查兼容性】选项

步骤 2　在打开的【兼容性检查器】对话框中显示了兼容性检查的结果，如图 15-44 所示。

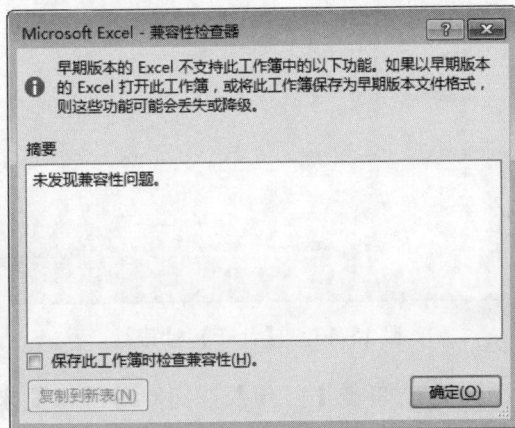

图 15-44　【兼容性检查器】对话框

15.2.9　恢复未保存的工作簿

Excel 提供有自动保存的功能，每隔一段时间会自动保存，因此用户可以通过自动保存的文件来恢复工作簿。具体的操作步骤如下。

步骤 1　选择【文件】选项卡，在界面中选择【信息】选项，在【信息】区域单击【管理版本】按钮，在弹出的下拉列表中选择【恢复未保存的工作簿】选项，如图 15-45 所示。

步骤 2　在弹出的【打开】对话框中选择自动保存的文件，如图 15-46 所示。

461

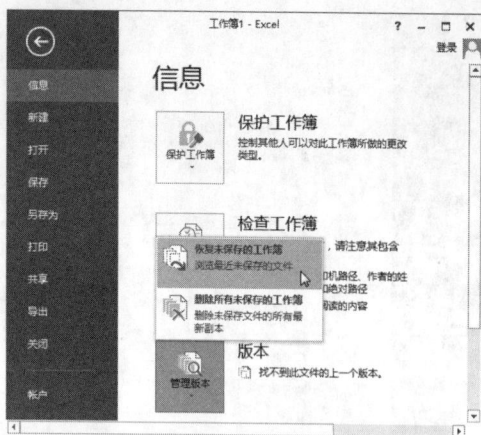

图 15-45　恢复未保存的工作簿

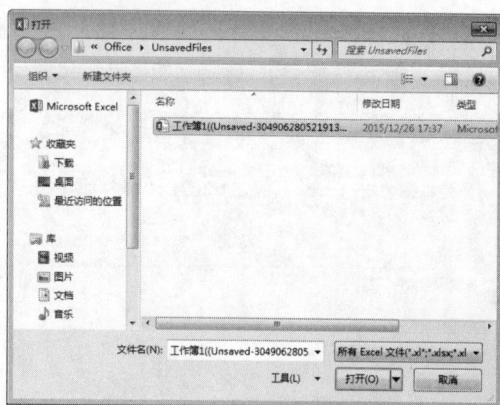

图 15-46　【打开】对话框

步骤 3 单击【打开】按钮，即可恢复未保存的文件，然后单击【另存为】按钮，将

恢复的文件保存即可，如图 15-47 所示。

图 15-47　恢复未保存的文件

步骤 4 对自动保存时间间隔，可以在【Excel 选项】对话框的【保存】选项中设置，如图 15-48 所示。

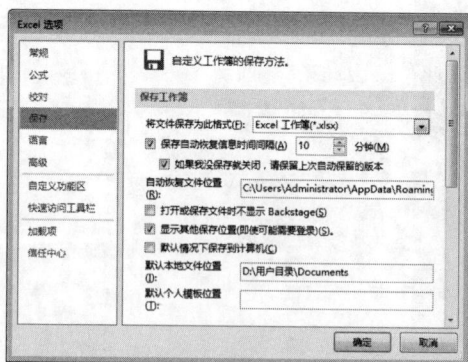

图 15-48　【Excel 选项】对话框

15.3　疑难问题解答

问题 1：为什么有时打开局域网共享文件夹中的工作簿后，却不能改写里面的相应数据呢？

解答：局域网中的共享文件夹，一般为只读模式，用户只能读取却不能对其进行更改。

问题 2：当多个人对共享工作簿进行了编辑时，需要显示修订的信息，为什么只能在原工作表中显示，却不能在新工件表上显示修订？

解答：解决这个问题的方法其实很简单，只需要在【突出显示修订】对话框中进行其他设置后，同时选中【在屏幕上突出显示修订】和【在新工作表上显示修订】复选框，那么软件将在原工作表中突出显示修订的信息，同时也会出现在新工作表中。